저자 소개

황기태
현 한성대학교 컴퓨터공학부 교수
서울대학교 컴퓨터공학과 박사
서울대학교 컴퓨터공학과 석사
서울대학교 컴퓨터공학과 학사
비트교육센터 센터장
IBM Watson Research Center 방문 연구원
University of California, Irvine 방문 교수
University of Florida 방문 교수

저서(역서)
비트프로젝트1, 2(1994, 비아이티출판)
어드밴스 윈도우 NT(1996, 대림출판사, 번역)
자바스크립트 웹프로그래밍(2000, 대림출판사)
DHTML+자바스크립트(2003, 대림출판사)
명품 JAVA Programming(개정4판, 2018, ㈜생능출판사)
명품 자바 에센셜(개정판, 2018, ㈜생능출판사)
명품 운영체제(2021, ㈜생능출판사)
명품 HTML5+CSS3+Javascript 웹 프로그래밍(개정판, 2022, ㈜생능출판사)

명품 C++ Programming

초판발행 2013년 7월 26일
제2판7쇄 2024년 8월 20일

지은이 황기태
펴낸이 김승기, 김민수
펴낸곳 (주)생능출판사 / **주소** 경기도 파주시 광인사길 143
출판사 등록일 2005년 1월 21일 / **신고번호** 제406-2005-000002호
대표전화 (031)955-0761 / **팩스** (031)955-0768
홈페이지 www.booksr.co.kr

책임편집 신성민 / **편집** 이종무, 최동진 / **디자인** 유준범, 노유안
마케팅 최복락, 심수경, 차종필, 백수정, 송성환, 최태웅, 명하나, 김민정
인쇄 · 제본 (주)상지사P&B

ISBN 978-89-7050-943-3 93000
정가 30,000원

● 이 도서의 국립중앙도서관 출판예정도서목록(CIP)은 서지정보유통지원시스템 홈페이지(http://seoji.nl.go.kr)와
국가자료공동목록시스템(http://www.nl.go.kr/kolisnet)에서 이용하실 수 있습니다.
(CIP제어번호: CIP2018003047)
● 이 책의 저작권은 (주)생능출판사와 지은이에게 있습니다. 무단 복제 및 전재를 금합니다.
● 잘못된 책은 구입한 서점에서 교환해 드립니다.

– 본 연구는 한성대학교 교내 학술연구비를 지원받았음 –

눈과 직관만으로도 누구나 쉽게 이해할 수 있는 명품 C++ 강좌

명품

C++
Programming

황기태 지음

생능출판

머 리 말

2013년 7월 초판이 나온 이래, 지금까지 명품 C++ 프로그래밍을 사랑해준 많은 교수님들과 독자들께 감사드립니다. 인쇄할 때마다 오타와 오류를 고쳐 왔지만, 그 동안 C++ 표준에 기능이 추가되고, 윈도우와 비주얼 스튜디오가 변하고, C++ 코딩 의 방향이 변하는 등 여러 변화가 있었습니다. 개정판을 통해 이러한 변화들을 수 용하고 부족했던 부분들을 보완하려 합니다. 개정판을 만들면서 가장 고심했던 부 분은 난이도와 페이지, 그리고 새로운 C++ 표준 기능 사이에 균형을 잡는 것이었습 니다. 사실 최근에 C++ 표준에 추가된 내용의 대부분은 고급 기술이어서 책의 난이 도에 맞지 않다고 판단하고 있습니다. 그래서 꼭 필요한 일부만 개정판에 넣었습니 다. 개정판에서 추가, 변경된 부분을 대략 소개드립니다.

1. 책 전반에 걸쳐 C++ 표준이 변화함에 따라 틀린 내용을 바로잡았습니다.
2. 연습문제를 추가하고 목적을 명시하여 독자들이 문제의 방향을 잡도록 하였습니다.
3. 3장에는 위임 생성자, 생성자와 멤버 변수 초기화 방법을 추가하였습니다.
4. 7장에는 << 연산자 작성을 추가하여 참조 리턴의 필요성을 깨닫도록 하였습니다.
5. 9장에는 함수 재정의와 오버라이딩이 잘 구분되도록 설명을 수정하고, override와 final 키워드에 관한 설명을 추가하였습니다.
6. 10장에는 4절에 map 컨테이너의 설명을 추가하고, 5절을 새로 추가하여 auto와 람다 (lambda)에 대한 기초적인 내용을 담았습니다.
7. 초판에 제공한 CD는 제공하지 않고 자료는 홈페이지에서 내려 받을 수 있게 하였습니다.

C 언어가 최고의 언어라고 생각하고 있었던 1980년대 후반, 저자는 C++를 처음 접하곤 객체 지향 개념의 새로움과 묘미에 흥분을 감추지 못했던 경험이 있습니다. 그리고 Unix 운영체제에서 대규모 VOD(Video On Demand) 시스템을 시뮬레이션하 는 멀티태스킹 프로그램을 C++로 작성하면서, 객체 지향 프로그래밍의 힘과 아름 다움에 완전히 빠져들게 되었습니다. 만일 클래스, 객체, 상속의 개념이 없는 C 언

어로 이 프로그램을 작성해야 했다면 얼마나 고생하였을까?

C++는 1979년 Bjarne Stroustrup에 의해 "C with Classes"라는 이름으로 시작되었지만, 지금은 시스템 소프트웨어, 응용 소프트웨어, 게임, 임베디드 소프트웨어, 모바일 프로그램 등 소프트웨어의 전 분야에 활용되고 있습니다. C++는 Java나 C#에 비해 실행 속도가 빠르다고 알려져 있고(다소 논쟁의 소지는 있지만), 메모리나 I/O 포트를 직접 접근하므로 하드웨어 제어에 강점을 가집니다. 이처럼 C++는 광범위하면서도 파괴력 있는 언어이고, Java나 C# 등 현대적 객체 지향 언어를 낳게 한 모태 언어이므로, 소프트웨어 전문가로서 탄탄한 기반을 갖추기 위해서라면 C++ 언어에 대한 충실한 이해가 필요합니다.

이 책은 C 언어의 기초를 아는 독자들을 대상으로 하는 책입니다. 변수, 함수, 순환문, 조건문 등의 기본 지식들에 대해서는 다루지 않고(홈페이지에 C++ 기초 학습 PDF 제공), 객체 지향 프로그래밍 및 C++만의 고유한 기능에 집중합니다. C++ 프로그래밍의 개념을 쉽게 배우도록 많은 그림과 삽화를 두었고, 실습을 통해 이론을 익힐 수 있도록 다양한 예제를 만들었습니다. 또한 절마다 Check Time 문제들을 삽입하여 배운 내용을 점검하도록 하였습니다. 연습문제는 더욱 정성을 쏟았습니다. 이론 문제는 정곡을 찔러 핵심에 접근하도록 하였고, 실습 문제의 경우, 각 장의 주제에 적합한 독창적인 문제를 만들고 문제의 난이도와 목적을 삽입하여 문제에 대한 관심과 이해를 더하였습니다. 또한 문제를 명확히 알도록 실행 결과를 삽입하였습니다. 특별히 각 장마다 재미있는 Open Challenge 문제를 두어 스스로 도전해 볼 수 있도록 하였습니다.

저자의 노력과 정성이 배움에 목마른 독자들, 그리고 이들을 가르치는 교수님들께 도움이 되었으면 하는 바램입니다. 초판을 만드는데 도움을 주신 유상미 교수님의 도움을 잊지 않고 있습니다. 하루가 멀다 하고 변하는 비주얼 스튜디오의 변덕을 참으면서 지겨운 소스 코드 정리를 도와준 최용석 학생과, 함께 있는 것만으로도 행복한 원선, 수연, 연수, 수희에게 감사합니다. 모든 영광은 하나님께 올립니다.

북극의 한파가 몰아치던 날에, 황기태

P R E F A C E

5

이·책·의·특·징

잠깐! 연속적인 스트링 다루기 ●━━━━━━

append, replace 등 string의 많은 멤버 함수들의 리턴 타입은 **string&**이다. 이는 다음과 같은 연속적인 스트링 다루기가 가능함을 말한다. **&**는 참조자로서 5.4절에서 다룬다.

```
string a("I love ");
a.append("Jane").append(" and ").append(" Helen");
// a = "I love Jane and Helen"이 된다.
```

잠깐!

지나치기 쉬운 내용들을 환기시키기 위해 주의 사항 등을 설명하였습니다.

Tip 동적 메모리 할당과 메모리 누수(memory leak)

동적으로 할당받은 메모리의 주소를 잃어버려 힙에 반환할 수 없게 되면 메모리 누수가 발생한다. 메모리 누수가 계속 발생하여 힙의 크기가 줄어들게 되면, 실행 중에 메모리를 할당받을 수 없는 심각한 상황이 발생할 수 있다.

[그림 4-9]는 **new**로 할당받은 **1024** 바이트의 메모리 누수가 발생하는 경우이다. 이 코드가 실행되면, p가 처음에는 할당받은 **1024** 바이트의 메모리 주소를 가지고 있었지만, p가 변수 n을 가리키게 되면서 **1024** 바이트의 메모리는 반환할 수 없게 되었다.

```
char n = 'a';
char *p = new char[1024];
p = &n;
```
p가 n을 가리키면 할당 받은
1024 바이트의 메모리 누수 발생

n → 'a'
p → ✕

반환할 수도 없고
사용하지도 않는
누수 메모리

char [1024]

힙

[그림 4-9] 1024 바이트의 메모리 누수가 발생하는 경우

Tip

학습한 내용의 보충 설명이나 참고 사항 등을 정리하였습니다.

CHECK TIME

1 다음 물음에 대한 간단한 코드를 보여라.
(1) 1개의 double 공간을 동적으로 할당받고 3.14를 기록하라.
(2) 배열을 동적 할당받아 5개의 정수를 입력받고, 제일 큰 수를 출력하고 배열을 반환한다.

2 다음 중 틀린 라인을 골라 수정하라.

(1)
```
int *p = new int(3);
int n = *p;
delete [] p;
```

(2)
```
char *p = new char [10];
char *q = p;
q[0] = 'a';
delete [] q;
delete [] p;
```

CHECK TIME

배운 내용을 점검하기 위해 단답형 문제를 제시하였습니다.

요약 SUMMARY

○ **객체 포인터**
● C++에서는 객체의 주소를 가지는 객체 포인터를 선언하고 활용할 수 있다.
● 객체 포인터로 객체의 멤버에 접근할 때 -> 연산자를 사용한다.
● 초기화되지 않는 객체 포인터를 사용하면 null pointer assignment 실행 오류가 발생한다.

○ **객체 배열**
● 객체 배열의 선언과 활용 방법은 기본 타입 배열과 동일하다.
● 객체 배열이 생성될 때 배열의 각 원소 객체마다 기본 생성자가 실행되며, 배열이 소멸될 때 각 원소 객체마다 소멸자가 실행된다. 원소 객체는 인덱스가 높은 곳에서 낮은 순으로 소멸된다.
● 객체 배열은 다음과 같이 생성자를 이용하여 초기화할 수 있다.

```
Circle circleArray[3] = { Circle(10), Circle(20), Circle() };
```

요약 SUMMARY

배운 내용을 정리하기 쉽도록 주요 용어를 중심으로 주요 내용을 요약하였습니다.

Open Challenge

프로젝트 문제로 그 장에서 학습한 내용을 응용하여 프로그램을 작성할 수 있도록 하였습니다.

Open Challenge 한글 끝말잇기 게임

힌트 여러 개의 클래스 만들기 동적 객체 배열 할당 및 반환, 객체 포인터 이용, string 클래스 다루기 연습

n명이 하는 한글 끝말잇기 게임을 작성해보자. 아래의 결과와 같이 선수의 수를 입력받고, 선수 각 사람의 이름을 입력받아 게임을 시작한다. [난이도 6]

```
끝말 잇기 게임을 시작합니다
게임에 참가하는 인원은 몇명입니까?3
참가자의 이름을 입력하세요. 빈칸 없이>>황기태
참가자의 이름을 입력하세요. 빈칸 없이>>한원선
참가자의 이름을 입력하세요. 빈칸 없이>>손연재
시작하는 단어는 아버지입니다
황기태>>지우개
한원선>>개나리
손연재>>리본
황기태>>본죽
한원선>>죽집
손연재>>잡수리
```
─ 빈칸 없이 입력

연습문제 EXERCISE

배운 내용을 정확히 이해하고 있는지 스스로 검토하도록 하기 위한 '이론 문제'와 이론을 바탕으로 실전 응용프로그램을 작성하도록 하는 다양한 '실습 문제'를 수록하였습니다.

연습문제
EXERCISE

이론 문제
• 홀수 문제는 정답이 공개됩니다.

1. C++에서 같은 이름의 함수를 여러 개 선언하는 것을 무엇이라고 부르는가?
   ① 함수 중첩　　　　　　　　　② 함수 중복
   ③ 함수 오버라이딩　　　　　　④ 함수 다중 선언

본문을 쉽게 이해하도록 돕는 그림과 삽화

내용을 쉽게 이해하고 지루하지 않도록 그림과 삽화를 다양하게 사용하였습니다.

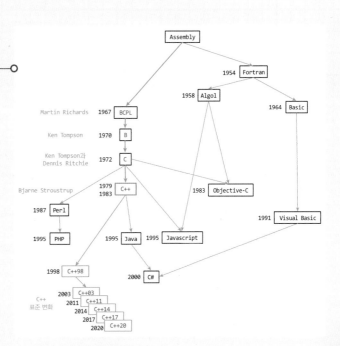

- 15주의 한 학기 강의에 맞추어 13장으로 구성하였습니다.
- 16주 강의의 경우 3, 4장을 3주에 걸쳐 강의하는 것도 좋은 방법입니다.
- 비전공자에게 3, 4장을 2주에 걸쳐 강의하기에는 다소 부담될 수 있습니다.
- 과제 – 복습에 적절한 연습문제(이론/실습 문제), **Open Challenge**를 활용하세요.
- 시험 문제 – **Check Time** 문제, 연습문제(이론/실습 문제)는 시험 문제로 적절합니다.
- 예제와 연습문제(정답이 공개된 문제)의 소스 및 정답은 출판사 홈페이지에서 제공합니다.

주	내용	목표
1	1장 C++ 시작	C++ 기초 이해, Visual Studio 사용
2	2장 C++ 프로그래밍의 기본	C++ 프로그램 구성, 키 입력, 화면 출력
3	3장 클래스와 객체	클래스 만들기, 객체 생성, 바람직한 C++ 프로그램 작성 등 C++ 주요 특징 이해
4	4장 객체 포인터와 객체 배열, 객체의 동적 생성	객체 포인터, 객체의 동적 생성 및 소멸, 동적 배열 다루기, this, string 클래스 사례 활용
5	5장 함수와 참조, 복사 생성자	값에 의한 호출의 문제점 이해, 참조와 참조에 의한 호출, 복사 생성자 작성
6	6장 함수 중복과 static 멤버	중복 함수 만들기, 중복으로 인한 모호성 이해, 디폴트 매개 변수를 가진 함수 만들기, static 멤버 활용
7	7장 프렌드와 연산자 중복	프렌드 개념 이해 및 활용, 다양한 연산자 중복과 프렌드가 필요한 연산자 만들기
8	중간고사	
9	8장 상속	상속 만들기와 파생 클래스의 객체 이해, 다중 상속, 가상 상속
10	9장 가상 함수와 추상 클래스	가상 함수와 오버라이딩, 동적 바인딩 이해, 추상 클래스를 이용하는 프로그래밍 연습
11	10장 템플릿과 표준 템플릿 라이브러리(STL)	일반화의 개념 이해, 템플릿 함수와 클래스 만들기, 간단한 STL 라이브러리 활용, auto와 람다 기초 이해
12	11장 C++ 입출력 시스템	스트림 입출력에 대한 이해, 문자 입출력, 포맷 입출력, 사용자 삽입 연산자와 추출 연산자 만들기, 사용자 조작자 만들기
13	12장 C++ 파일 입출력	텍스트 파일과 바이너리 파일에 대한 이해, 파일 읽기 및 쓰기, 스트림 상태 이해, 임의 접근으로 파일 입출력
14	13장 예외 처리와 C 언어와의 링크 지정	실행 오류와 오류 처리 방법 이해, 예외 처리 코드 작성, C++에서 C 코드 링킹 이해
15	기말고사	

※ **C++ 기초 학습 PDF** – 비전공자나 기초가 부족한 학생들을 위해 조건문/반복문/함수/포인터 등 C++ 기초를 2~3시간 내에 학습할 수 있도록 본문과 예제를 홈페이지에서 제공합니다.

차 례

CHAPTER 01   C++ 시작

CHAPTER 02   C++ 프로그래밍의 기본

CONTENTS

CONTENTS

CHAPTER 13   예외 처리와 C 언어와의 링크 지정

01

C++ 시작

C++ 시작

1.1 컴퓨터와 프로그래밍

세상을 먹어치우는 소프트웨어

2011년 8월 20일 마크 앤드리슨이 월스트리트 저널에 실은 다음 예언은 적중하였다.

Software is eating the world.

　오늘날 Amazon, eBay, Facebook, Groupon, Skype, Android, Netflix, Google, Apple, Samsung 등 분야를 가리지 않고 모든 분야에서 '소프트웨어 기업이 세상을 지배'하고 있으며, 기존의 하드웨어 기업들도 소프트웨어 기업으로 탈바꿈하고 있다. 이와 더불어 인공지능과 로봇, 빅데이터 등을 핵심 기술로 삼는 4차 산업의 물결은 소프트웨어의 지배력을 산업의 전 분야로 퍼뜨리고 있다.

소프트웨어

　4차 산업 기술의 핵심에는 소프트웨어가 있다. 로봇을 움직이는 두뇌도 소프트웨어이고, 자동차는 소프트웨어에 의해 제어되는 IT 제품으로 바뀌었으며, 구글의 알파고나 IBM의 왓슨은 소프트웨어가 만들어낸 인공지능(AI)이다. 수많은 센서들과 소형 장치들을 연결하는 IoT 플랫폼의 효율성은 소프트웨어의 질에 달려 있다. 마크 앤드리슨의 예언처럼 소프트웨어가 세상을 먹어치우고 있다. 이것을 간파한 많은 기업들은 역할에 관계없이 모든 직원이 프로그래밍을 배우도록 강요하고 있으며, 여러 선진국들이 어린 시절부터 코딩을 배우도록 교육하고 있다.

[그림 1-1] 기술과 산업의 핵심에 있는 소프트웨어

"Over the next 10 years, the battles between incumbents and software-powered insurgents will be epic."

소프트웨어가 이 시대의 IT, 자동차, 금융, 의료 등 세계를 지배할 것이다. [그림 1-1]은 소프트웨어가 기술과 산업의 핵심에 있음을 보여준다.

소프트웨어와 컴퓨터

컴퓨터 하드웨어
소프트웨어

컴퓨터의 형태는 [그림 1-2]와 같이 방 하나를 차지하는 메인 프레임, 친숙한 PC, 손안의 컴퓨터라고 불리는 태블릿(tablet)이나 스마트폰(smartphone), 더 작게는 장난감에 들어 있는 원 칩 컴퓨터(one-chip computer) 등과 같이 다양해졌다. 컴퓨터 하드웨어(hardware)를 작동시켜 쇼핑을 하고 신문을 보고 음악을 듣고 게임을 할 수 있게 하는 것을 소프트웨어(software)라고 하며, 프로그램(program)이라고 부르기도 한다. 소프트웨어는 컴퓨터의 중앙처리장치(CPU)가 이해할 수 있는 일련의 명령들(instructions)과 데이터로 구성되며, CPU는 이 명령들을 순차적으로 해석하여 실행함으로써 요구된 기능을 수행한다.

소프트웨어는 과거 보통 CD나 DVD로 제공되었지만, 최근에는 거의 인터넷에서 직접 다운로드받을 수 있는 형태로 제공된다. 특히 태블릿이나 스마트폰에서 작동하는 소프트웨어를 앱(APP)이라고 부르며, 이들은 인터넷 앱 스토어에서 사용자가 바로 구입하기도 한다.

애플의 아이폰에서 볼 수 있듯이 사용자들이 열광하는 사용자 인터페이스, 앱 스토어, 시리 등과 같은 것들은 모두 소프트웨어를 통해 이뤄진 혁신들로서, 소프트웨어가 제품 경쟁력을 좌우하는 가장 중요한 요소가 되었다. 하드웨어 경쟁력에 치중하던 국내 전자업계에서도 최근에는 소프트웨어 경쟁력 강화를 목표로 세우고 있으며 이를 위해 엄청난 소프트웨어 인력들을 필요로 하고 있다.

메인 프레임   태블릿   PC   스마트폰   장난감   게임기

소프트웨어 혹은 앱

[그림 1-2] 컴퓨터와 소프트웨어

프로그래밍과 프로그래밍 언어

컴퓨터가 처리할 일련의 작업을 묘사하는 것을 프로그래밍(programming)이라 하고, 이때 사용하는 컴퓨터 언어를 프로그래밍 언어(programming language)라고 한다. 이것은 마치 사람이 다른 사람에게 뜻을 전달하기 위해 글로 문서를 작성하는 것과 같다.

　프로그래밍 언어에는 여러 가지 종류가 있다. 컴퓨터의 두뇌인 CPU는 이진수(binary code)인 0과 1밖에 이해하지 못한다. 컴퓨터가 바로 이해하고 처리할 수 있는 0과 1만의 이진수를 사용하는 가장 원시적인 언어를 기계어(machine language)라고 한다. 그러나 기계어는 사람이 작성하기에는 매우 불편한 저수준 프로그래밍 언어(low-level programming language)로서, 컴퓨터가 등장한 1950년대 초기에는 기계어를 사용하여 프로그램을 작성하기도 하였지만, 프로그램을 만들기도 어렵고 작성된 프로그램을 읽고 수정하는 것 또한 어려웠다.

　이러한 어려움을 해결하기 위해 0과 1로 구성되는 기계어의 각 명령어를 ADD, SUB, MOVE 등과 같이 사람이 표현하기 쉬운 상징적인 니모닉 기호(mnemonic symbol)로 일대일 대응시킨 어셈블리어(assembly language)가 만들어졌다. 어셈블리어로 작성된 프로그램은 어셈블러(assembler)라고 부르는 시스템 프로그램에 의해 기계어 프로그램으로 변환되어 컴퓨터에서 실행된다. 그러나 어셈블리어 역시 사람이 다루기 힘든 저수준 언어로서 복잡한 구조의 프로그램 작성이나 다양한 형태의 자료를 표현하기에는 한계가 있다.

　이에 사람이 이해하고 표현하기 쉬우며, 복잡한 알고리즘이나 다양한 프로그램 구조 및 자료를 효율적으로 표현할 수 있는 Fortran, Pascal, Basic, C/C++, C#, Java 등의 고급 언어(high-level programming language)가 생겨나게 되었다. 고급 프로그래밍 언어로 작성된 프로그램은 컴파일러(compiler)라고 부르는 시스템 프로그램에 의해 기계어로 변환되어 컴퓨터에서 실행된다. 고급 프로그램을 기계어 프로그램으로 변환하는 과정을 컴파일(compile)이라고 부른다. 그러나 보이지는 않지만 고급 프로그램은 어셈블리어로 먼저 변환되고 다시 기계어로 변환되는 두 단계의 변환 과정을 거친다. [그림 1-3]은 프로그래밍 언어와 CPU, 사람 사이의 관계를 보여준다.

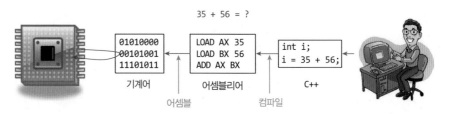

[그림 1-3] 사람과 고급 언어, 그리고 컴퓨터와 기계어 사이의 친밀성

1 많은 전문가들이 미래 세상을 바꾸고 지배할 것으로 예측하는 것은?
　① CPU　　　　　　　② 소프트웨어　　　　③ C++　　　　　　　④ 스티브잡스

2 다음 중 가장 고급 언어는?
　① C++　　　　　　　② 기계어　　　　　　③ 어셈블리어　　　　④ 자바의 바이트 코드

1.2 C++ 언어의 역사

프로그래밍 언어의 진화와 C++ 언어

BCPL
B 언어
C 언어

[그림 1-4]는 C++ 언어를 기준으로 지금까지 개발된 프로그래밍 언어의 진화 과정을 축소하여 보여준다. 1950년대부터 어셈블리어의 한계를 극복한 고급 언어들이 개발되기 시작했다. 1954년에 Fortran이 개발되었으며, 1967년에 운영체제나 컴파일러와 같은 시스템 소프트웨어(system software)를 작성하기 위한 용도로 BCPL이라는 언어가 Martin Richards에 의해 개발되었다. Ken Tompson은 1970년 BCPL을 개선하여 B 언어를 만들었고, 1972년에 Ken Tompson과 Dennis Ritchie는 DEC PDP-11 컴퓨터에서 실행되는 유닉스 운영체제(UNIX)를 작성하기 위해 B 언어를 개선한 C 언어를 만들었다. 그 후 C 언어는 가장 강력한 언어로 많은 프로그램 개발자들의 사랑을 받아 왔으며, 많은 소프트웨어 작성에 사용되었고, 지금도 여전히 활발히 사용되고 있다. C 언어는 시스템 소프트웨어뿐만 아니라 모바일, 게임, 그래픽, 임베디드 등 다양한 응용프로그램의 개발에 이르기까지 광범위하게 사용되고 있다.

객체 지향
C++ 언어

　한편, 컴퓨터의 속도가 빨라짐에 따라 소프트웨어의 크기도 커지게 되었고, C 언어로 덩치 큰 소프트웨어를 개발할 때 프로그램 코드 관리에 어려움을 겪게 되었다. 이러한 어려움을 개선하기 위해 Bell 연구소의 Bjarne Stroustrup은 1979년부터 C 언어에 객체 지향 특성(object oriented programming) 및 기능을 추가한 새로운 언어를 만들었고, 1983에 C++로 명명하였다. 객체 지향 프로그래밍 기법은 클래스와 상속을 이용하여 소프트웨어의 재사용성을 높이고 소프트웨어의 개발과 관리를 쉽게 한다. C++ 언어는 C 언어의 모든 기능을 가지고 있기 때문에 이미 작성된 C 소스 프로그램을 그대로 혹은 조금만 수정하면 C++ 프로그램으로 재사용할 수 있고, 이미 컴파일된 C 목적 코드도 C++ 프로그램에서 링크하여 사용할 수 있다.

Java

　객체 지향 특성의 장점은 다른 언어가 태동하는데 큰 기여를 하였다. 1995년에는 C++의 영향을 받은 또 하나의 객체 지향 언어인 Java가 선마이크로시스템(현재는 오

C# 언어

라클에 인수됨)의 제임스 고슬링에 의해 만들어졌으며, 2000년에는 마이크로소프트에서 C++와 Java의 개념을 섞은 C# 언어를 만들었으며, .NET 프레임워크가 설치된 플랫폼 상에서 실행된다. C++, C#, Java는 모두 C 언어에 바탕을 두기 때문에 서로 매우 유사하며, C 언어를 잘 알면 이들 언어의 습득은 매우 쉽다.

한편, C++ 언어는 [그림 1-4]와 같이 1998년 처음으로 C++98로 표준화되었고, C++03, C++11, C++14, C++17 등 표준은 계속 진화하고 있다.

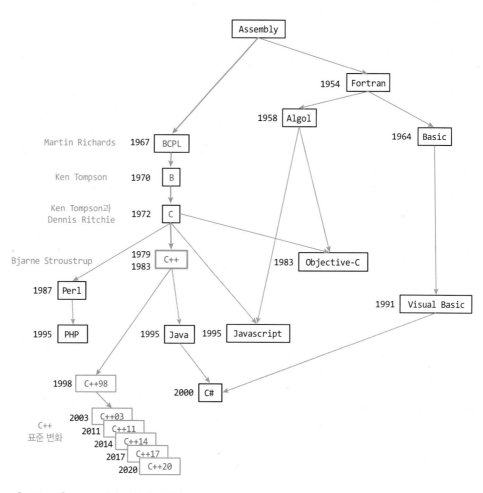

[그림 1-4] 프로그래밍 언어의 진화와 C++의 기원

표준 C++ 프로그램의 중요성

산업의 모든 분야에서 그렇지만 소프트웨어 개발 분야에서도 표준(standard)은 중요하다. 1998년 미국 국립 표준원인 ANSI(American National Standards Institute)에서 C++ 언어에 대한 표준을 정하였다. 그 후 2003년, 2007년, 2011년, 표준을 갱신하면서 C++ 표준은 계속 진화해가고 있다. 현재 C++ 표준은 ISO/IEC14882 문서에 작성되어 있으나 아쉽게도 이 문서는 공짜가 아니다. 현재 대부분의 컴파일러 회사들은 이 표준을 따르는 C++ 컴파일러를 제작 공급하고 있다. 그러므로 표준에 따라 만들어진 C++ 프로그램 소스는 모든 플랫폼, 모든 C++ 컴파일러에 의해 컴파일 가능하고, 모두 동일한 실행 결과를 보장한다. 이것이 바로 표준의 중요성이다.

한편, 볼랜드 사의 C++, 마이크로소프트의 비주얼 C++ 등 컴파일러를 제작하는 대부분의 회사들은 표준 C++ 기능에 자신만의 기능을 첨가한다. 현재 PC에서 많이 사용하는 비주얼 C++의 경우, C++ 표준에 자신만의 독특한 기능을 추가하고 있기 때문에, C++ 언어 표준에 대한 이해 없이 비주얼 C++로 C++ 프로그램을 작성하였을 때, 다른 C++ 컴파일러나 표준 C++ 컴파일러에서는 컴파일되지 않는 문제가 나타날 수 있다.

[그림 1-5]를 보자. 왼쪽의 경우, 표준 C++ 규칙에 따라 작성된 C++ 프로그램은 어떤 컴파일러에 의해서도 컴파일되고 타겟 컴퓨터에서 동일하게 실행되지만, 오른쪽 경우 __cdecl이라는 비주얼 C++만의 전용 키워드를 사용하여 비주얼 C++ 컴파일러가 아닌 다른 컴파일러에 의해서는 컴파일되지 않는다.

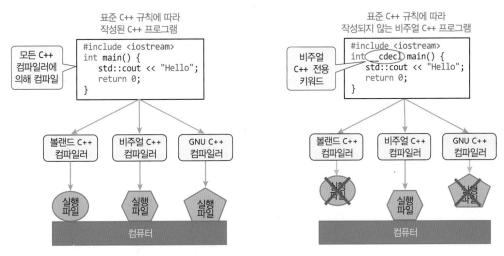

[그림 1-5] C++ 표준으로 작성된 C++ 프로그램은 모든 컴파일러에 의해 컴파일됨

비주얼 C++ 도구를 이용하되 C++ 언어 표준에 준하여 프로그래밍하면 컴파일러나 플랫폼에 상관없이 컴파일되고 실행 가능하다. C++ 언어로 소프트웨어를 개발하여 세상의 모든 컴퓨터와 플랫폼 사용자에게 판매하고자 한다면, 표준 C++ 언어로 프로그램을 작성하는 것이 바람직하다. 이 책은 ANSI/ISO 표준의 C++에 대해서만 다룬다.

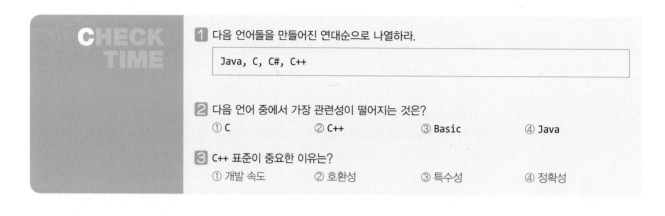

CHECK TIME

1 다음 언어들을 만들어진 연대순으로 나열하라.

> Java, C, C#, C++

2 다음 언어 중에서 가장 관련성이 떨어지는 것은?
① C   ② C++   ③ Basic   ④ Java

3 C++ 표준이 중요한 이유는?
① 개발 속도   ② 호환성   ③ 특수성   ④ 정확성

1.3 C++ 언어의 특징

C++ 언어의 주요한 설계 목표

C++ 언어의 기본적인 설계 목표에 대해 알아보자.

첫째, C 언어로 작성된 프로그램과의 호환성(compatability)을 유지한다. 기존에 작성된 C 프로그램을 그대로 사용할 수 있도록 C 언어의 문법적 체계를 그대로 계승한다. 또한 C 언어로 작성되어 컴파일된 목적 파일(object file)이나 라이브러리(library)를 C++ 프로그램에서 링크하여 사용할 수 있도록 한다.

둘째, 소프트웨어의 재사용을 통해 소프트웨어 생산성을 높이고, 복잡하고 큰 규모의 소프트웨어 작성, 관리, 유지 보수를 쉽게 하기 위해 데이터 캡슐화, 상속, 다형성 등 객체 지향 개념을 도입한다.

셋째, 타입 체크를 엄격히 하여 실행 시간 오류의 가능성을 줄이고 디버깅을 돕는다.

넷째, 실행 시간의 효율성 저하를 최소화한다. 객체 지향 개념의 도입으로 멤버 함수의 호출이 잦아지고 이로 인해 실행 시간이 저하되는 비효율성을 막기 위해 멤버 함수에 인라인 함수를 도입하는 등 함수 호출로 인한 시간 저하를 막는다.

C 언어에 추가한 기능

C++ 언어는 C 언어의 문법적 규칙을 그대로 승계하며, 프로그래밍의 편리와 다양성을 위해 다음과 같은 기능을 추가하였다.

함수 중복
디폴트 매개 변수
참조
참조에 의한 호출
new와 delete 연산자
연산자 재정의
제네릭 함수와 클래스

- 함수 중복(function overloading) – 매개 변수의 개수나 타입이 서로 다른 동일한 이름의 함수들을 선언할 수 있게 한다(6장).
- 디폴트 매개 변수(default parameter) – 매개 변수에 값이 전달되지 않는 경우 디폴트 값이 전달되도록 함수를 선언할 수 있게 한다(6장).
- 참조(reference)와 참조 변수 – 변수에 별명을 붙여 변수 공간을 같이 사용할 수 있는 참조의 개념을 도입한다(5장).
- 참조에 의한 호출(call-by-reference) – 함수 호출시 참조를 전달할 수 있게 한다(5장).
- new와 delete 연산자 – 동적 메모리 할당, 해제를 위한 new, delete 연산자를 도입한다(4장).
- 연산자 재정의(operator overloading) – 기존의 연산자에 새로운 연산을 정의할 수 있게 한다(7장).
- 제네릭 함수와 클래스(generics) – 함수나 클래스를 데이터 타입에 의존하지 않고 일반화시킬 수 있게 한다(10장).

C++의 객체 지향 특성

C++는 객체 지향 언어로서 다음과 같은 객체 지향 특성을 가지고 있다.

● 객체와 캡슐화(Encapsulation)

캡슐화
클래스
객체
실체

캡슐화는 데이터를 캡슐로 싸서 외부의 접근으로부터 데이터를 보호하는 객체 지향 특성이다. C++에서 캡슐의 역할을 하는 것이 클래스이며 class 키워드를 이용하여 작성한다. 클래스는 객체를 정의하는 틀이며, 객체는 클래스라는 틀에서 생겨난 실체(instance)이다. C++ 클래스는 멤버 변수들과 멤버 함수들로 이루어지며, 멤버들은 캡슐 외부에 공개하거나(public), 보이지 않게(private) 선언할 수 있다. 이중 공개된 멤버들만 외부 객체들이 접근할 수 있다. C++ 프로그램 개발 시, 멤버 변수들은 외부에 보이지 않게(private) 선언하여 외부에 노출시키지 않는 것이 좋다. 대신 일부 멤버 함수들을 외부에 공개하여(public), 이 멤버 함수를 통해서 멤버 변수에 간접적으로 접근하게 한다. [그림 1-6]은 원 객체를 C++로 추상화한 Circle 클래스를 작성한 사례이다.

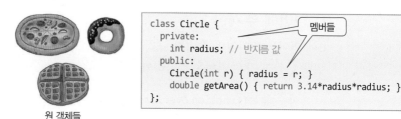

원 객체들

[그림 1-6] 원 객체를 정의하는 C++ 클래스

●상속성(Inheritance)

상속

객체 지향 언어에서 상속이란, 자식이 부모로부터 유산을 물려받는 개념이라기보다는, 자식이 부모의 유전자를 물려받는 것과 유사하다. C++에서 상속은 객체를 정의하는 클래스 사이에 상속 관계를 두어, 자식 클래스의 객체가 생성될 때 자식 클래스에 선언된 멤버뿐 아니라 부모 클래스에 선언된 멤버들도 함께 가지고 탄생하게 한다. 상속은 구현된 코드의 재사용성을 높여서 소프트웨어 생산성을 높인다. [그림 1-7]은 상속 관계로 선언된 3개의 클래스를 보여준다. MobilePhone(휴대 전화기) 클래스는 Phone(전화기) 클래스의 기능을 물려받고, MusicPhone(음악 기능 전화기) 클래스는 MobilePhone 클래스의 기능을 물려받는다.

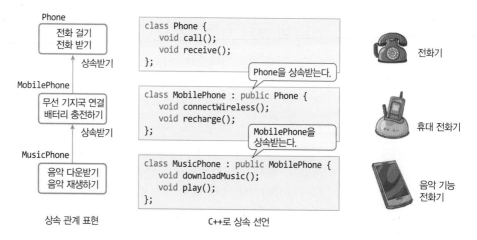

[그림 1-7] 상속 관계와 C++로 클래스 상속을 선언한 예

●다형성(Polymorphism)

다형성

다형성은 하나의 기능이 경우에 따라 서로 다르게 보이거나 다르게 작동하는 현상을 일컫는다. 다형성의 한 예로서 더하기 연산자(+)를 보자. + 연산자는 다음과 같이 정수 덧셈이나 문자열 연결(concatenation), 객체 더하기 등 피연산자에 따라 서로 다

른 연산이 이루어질 수 있다.

- 2 + 3 --> 5
- "남자" + "여자" --> "남자여자"
- redColor 객체 + blueColor 객체 --> purpleColor 객체

연산자 중복
operator overloading
함수 중복
function overloading

이것을 C++에서는 연산자 중복(operator overloading)이라고 부른다. 또한 같은 이름의 함수가 매개 변수의 개수나 타입이 다르면 서로 다른 함수로 인식되는 함수 중복(function overloading)도 다형성의 하나이다. 다음 3개의 함수 add()는 C++에서 서로 다른 함수로 다루어진다.

```
void add(int a, int b) { ... }
void add(int a, int b, int c) { ... }
void add(int a, double d) { ... }
```

함수 재정의
함수 오버라이딩
function overriding

C++에서 다형성은 상속 관계에서도 나타난다. [그림 1-8]은 상속 관계의 다형성을 보여주는 한 예로서, 강아지, 고양이, 닭은 모두 동물 클래스의 속성을 상속받고, '소리내기' 함수를 강아지, 고양이, 닭에서 모두 서로 다르게 구현하였다. 이것은 부모 클래스에 구현된 함수를 동일한 이름으로 자식 클래스에서 다르게 구현하는 함수 재정의 혹은 함수 오버라이딩(function overriding)으로 불린다.

[그림 1-8] 상속 관계에서 다형성 사례. 각 객체들의 '소리내기' 함수가 다르게 구현됨

C++ 언어에서 객체 지향 개념을 도입한 목적

C++는 C, Pascal 등 기존의 절차 지향 언어가 가진 단점을 보완하고 다음과 같은 목적으로 객체 지향 개념을 도입하였다.

●소프트웨어의 생산성 향상

컴퓨터 산업이 발전함에 따라 소프트웨어의 생명 주기(life cycle)가 짧아졌다. 이로 인해 제품이 기획되면 짧은 시간 내에 소프트웨어를 만들어야만 한다. C++는 상속, 다형성, 객체, 캡슐화 등 소프트웨어의 재사용을 위한 객체 지향적 장치를 내장하고 있기 때문에, 이미 만들어진 C++ 클래스를 상속받거나 C++ 객체를 가져다 재사용하거나, 부분 수정을 통해, 소프트웨어를 작성하는 부담을 대폭 줄일 수 있다. 소프트웨어의 생산성이 향상된다.

●실세계에 대한 쉬운 모델링

과거의 소프트웨어는 수학 계산이나 통계 처리 등 대체로 처리 과정이나 계산의 절차가 중요하므로 절차 지향 언어가 적합하였다. 그러나 컴퓨터가 산업 전반에 다양하게 활용되는 요즘 시대에는 응용 소프트웨어를 하나의 절차로 모델링하기 어렵다. 산업 전반에서 요구되는 응용 소프트웨어 특성상, 절차나 과정보다 관련된 많은 물체(객체)들의 상호 작용으로 묘사하는 것이 더 쉽고 적합하다. 이에 실세계의 현상을 보다 쉽게 프로그래밍하기 위해 객체를 중심으로 하는 객체 지향 언어가 나타나게 되었다. 게임을 예로 들어보자. 게임은 하나의 흐름도(flow chart)에 의해 진행되지 않는다. 게임에는 인물, 무기, 배경 등의 요소들이 등장하며, 이들은 프로그램이 실행되는 동안

[그림 1-9] 실세계의 일을 프로그래밍하기 적합한 객체 지향 언어

사용자의 입력에 의해 죽고, 살고, 움직이는 등 상호 작용하기 때문에 여기에 흐름도는 힘을 쓰지 못한다. 객체 지향 언어는 게임에 등장하는 각 요소를 객체로 정의하고, 객체의 속성과 행위를 묘사하고 객체 사이의 상호 작용을 표현하는 방법으로 효과적인 프로그래밍을 할 수 있게 한다.

절차 지향 프로그래밍과 객체 지향 프로그래밍

C 언어 등을 이용하여 실행하고자 하는 절차대로 일련의 명령어를 나열하여 프로그래밍하는 방법을 절차 지향 프로그래밍(procedural programming)이라고 부르며, 이런 방법론에 사용되는 언어를 절차 지향 언어라고 한다. 절차 지향 프로그래밍은 작업을 절차로 표현하며, 명령들의 순서나 흐름에 중점을 둔다. 자판기 시뮬레이터를 구현하는 경우를 예로 들어보자. 절차 지향 프로그래밍은 [그림 1-10](a)와 같이 흐름도(flow chart)를 설계하고 흐름도상의 동작들을 함수로 작성하여 흐름도에 따라 일련의 동작들이 순서에 맞추어 실행되도록 작성한다.

그러나 실제 응용의 세계는 일련의 행위뿐만 아니라 각 물체 간의 관계, 상호 작용

절차 지향 프로그래밍

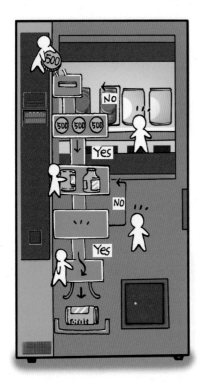

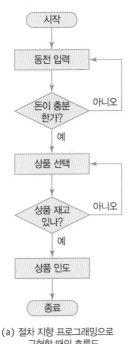

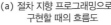

(a) 절차 지향 프로그래밍으로
구현할 때의 흐름도

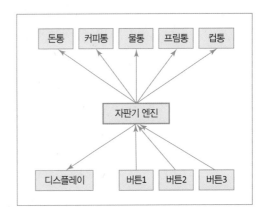

(b) 객체 지향 프로그래밍으로 구현할 때의 객체 관계도

[그림 1-10] 자판기 시뮬레이터를 구현하는 절차 지향 프로그래밍과 객체 지향 프로그래밍의 비교

객체 지향 프로그래밍

등 훨씬 복잡하게 구성되어 있다. 이것을 절차 지향 언어로 표현하기에는 한계가 있다. 객체 지향 개념은 이런 단점을 극복하며 프로그램을 보다 실제 세상에 가깝게 모델링(modeling)하여 실제 세상의 물체를 객체로 표현한다. 그리고 객체들의 관계, 상호 작용을 객체 지향 기법으로 구현한다. 자판기 시뮬레이터를 객체 지향 프로그래밍으로 구현하는 경우, [그림 1-10](b)와 같이 객체를 추출하고 객체들의 관계를 결정하고 이들의 상호 작용을 멤버 함수와 멤버 변수로 구현한다. 11장 연습문제에서 커피자판기 시뮬레이터를 작성하는 실습 문제를 풀어보라.

C++ 언어와 제네릭 프로그래밍

제네릭 프로그래밍
generic programming
제네릭 함수
제네릭 클래스

최근에 제네릭 프로그래밍(generic programming)이라는 새로운 프로그래밍 패러다임이 사용되고 있다. 동일한 프로그램 코드에 다양한 데이터 타입을 적용할 수 있도록 함수와 클래스를 일반화시킨 제네릭 함수(generic function)와 제네릭 클래스(generic class)를 만들고, 개발자가 원하는 데이터 타입을 적용시켜 프로그램 코드를 틀에서 찍어내는 듯이 생산하는 기법이다.

템플릿
STL

2003년 C++ 표준에서 전격적으로 C++ 표준 라이브러리의 2/3를 제네릭으로 표준화하였다. 입출력 라이브러리를 과감하게 템플릿(template)으로 선언하여 제네릭화하고, 응용 프로그램 개발에 필요한 대부분의 자료 구조를 제네릭 함수와 제네릭 클래스로 구현한 STL(Standard Template Library)을 표준화하여, 제네릭 프로그래밍 시대를 출범시켰고 C++11, C++14, C++17 등 새 표준이 나올 때마다 더욱 많은 STL 기능을 담아가고 있다.

제네릭은 C++뿐 아니라 Java, C# 등 다른 객체 지향 언어에서도 이미 도입하여 사용하고 있으며 점점 그 중요성이 높아지고 있으므로 독자들이 잘 알아두어야 할 것이다. 10장에서는 제네릭 함수와 제네릭 클래스를 만들고 활용하는 방법과 C++ 표준 STL 라이브러리를 사용하는 방법을 다룬다.

C++ 언어의 아킬레스

캡슐화

C++ 언어는 C 코드와의 호환성이라는 중요한 목표로 설계되어 기존의 C 코드를 재사용할 수 있게 되었지만, 그것으로 인해 객체 지향의 핵심 개념인 캡슐화(encapsulation)의 원칙이 다소 무너졌다.

전역 변수

캡슐화의 기본 원칙은 코드와 데이터를 외부의 접근으로부터 보호하기 위해, 변수와 함수를 캡슐 즉 클래스 안에 선언하도록 하는 강력한 원칙이다. Java 언어는 이 원칙을 굳건히 지키고 있지만, C++에서는 C 언어로 작성된 프로그램을 수용하기 위해, 함수 바깥에 전역 변수를 선언할 수 있는 C 언어의 특성을 받아들일 수밖에 없었다. 결국 이것 때문에, C++에서 클래스라는 캡슐 바깥에 함수나 전역 변수를 만들 수 있게 허용하였으며, C 프로그래밍에 있었던 전역 변수의 사용에 따른 부작용(side effect)이 여전히 존재하게 된다. 비유하자면, 집 안에 있어야 하는 내 소유물들을 집 바깥에 두어서 오가는 사람들이 함부로 건드릴 수 있게 된 것과 같다.

1 C 언어와 호환성을 유지하기 위해 원칙이 무너지게 된 C++ 언어의 객체 지향 특성은?
① 캡슐화   ② 다형성   ③ 상속성   ④ 데이터 추상화

2 C++에서 C 언어에 새로 추가한 기능이 아닌 것은?
① 멀티스레딩   ② new 연산자   ③ 연산자 재정의   ④ 참조에 의한 호출

1.4 C++ 프로그램 개발 과정

[그림 1-11]을 통해 C++로 프로그램을 개발하는 과정을 알아보자. 이 과정은 C++ 소스 프로그램(source program) 작성, 컴파일(compile), 링킹(linking)을 통해 하나의 실행 파일(executable file)을 만드는 과정으로 세분화된다. 일단 실행 파일이 생성되면 실행 파일은 독립적으로 실행 가능하므로, 실행되는 동안 소스 파일이나 목적 파일이 필요 없다. 이제 [그림 1-11]을 보면서 이 과정을 하나씩 살펴보자.

C++ 소스 프로그램 작성

통합 개발 환경

C++ 소스 프로그램은 표준 확장자가 cpp인 텍스트 파일이므로 아무 텍스트 편집기를 이용하여도 작성 가능하다. [그림 1-11]에서 hello.cpp는 화면에 "Hello" 문자열을 출력하는 간단한 C++ 소스 프로그램이다. 대부분의 컴파일러 회사들이 C++ 소스 프로그램의 작성 및 편집, 컴파일, 링킹, 실행, 디버깅 등 C++ 프로그램 개발의 모든 단계를 지원하는 통합 개발 환경(Integrated Development Environment)을 제공하고 있기 때문에, 독자들은 허접한 텍스트 편집기를 이용하지 말고 C++ 통합 개발 소프트웨어를 이용하기 바란다. 마이크로소프트의 Visual Studio(비주얼 스튜디오)는 PC에서 사용되는 대표적인 통합 개발 소프트웨어이다.

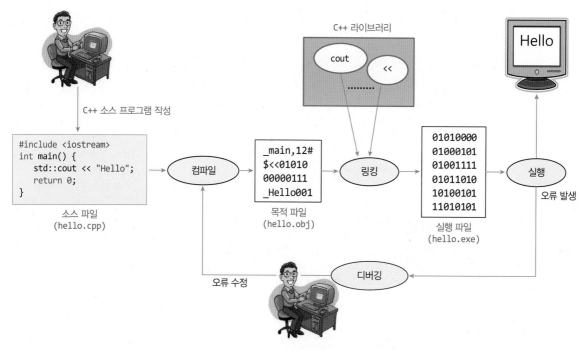

[그림 1-11] C++ 프로그램 개발 과정

컴파일(compile)

C++ 소스 프로그램 작성이 완료되었으면, C++ 컴파일러를 이용하여 C++ 소스 프로그램을 컴파일한다. C++ 컴파일러는 C++ 소스 프로그램이 문법에 맞게 작성되었는지 검사하고, 기계어 코드로 변환하여 목적 파일(object file)을 생성한다. 만일 문법에 맞지 않게 작성된 C++ 코드를 발견하면 컴파일 오류를 발생시킨다.

컴파일 후 기계어로 변환된 모양을 보여 주기 위해, [그림 1-12]를 마련하였다. [그림 1-12]는 hello.cpp를 컴파일한 기계어 코드 리스트를 보여준다. C++ 소스의 각 라인별로 컴파일된 기계어 코드와 각 기계어 코드에 해당하는 어셈블리어 코드도 함께 보인다.

```
1  #include <iostream>
2
3  int main() {
4     std::cout << "Hello";
5     return 0;
6  }
```

(a) hello.cpp 소스 파일

```
_main          PROC                                                                              ; COMDAT
                          ┌─ int main() { 라인을        어셈블리어 코드 ─┐
                          │  컴파일한 기계어 코드 │
; 3   int main() {

   00000       55                        push        ebp
   00001       8b ec                     mov         ebp ,esp
   00003       81 ec c0 00 00
               00                         sub         esp, 192                                    ;000000c0H
   00009       53                         push        ebx
   0000a       56                         push        esi
   0000b       57                         push        edi
   0000c       8d bd 40 ffff
               ff                         lea         edi, DWORD PTR [ebp -192]
   00012       b9 30 00 00 00             mov         ecx, 48                                     ; 00000030H
   00017       b8 cc cc cc cc             mov         eax, -858993460                             ;ccccccccH
   0001c       f3 ab                      rep stosd

; 4    :       std:cout << "Hello";

   0001e       68 00 00 00 00             push        OFFSET ??_C@_05COLMCDPH@Hello?$AA@
   00023       a1 00 00 00 00             mov         eax, DWORD PTR __imp_?cout@std@@3V?$basic_ostream@DU?$
   00028       50                         push        eax
   00029       e8 00 00 00 00             call        ??$?6U?$char_traits@D@std@@YAAAV?$basic_ostream@DU?$
   0002e       83 c4 08                   add         esp, 8

; 5    :       return 0;

   00031       33 c0                      xor         eax,eax

; 6    : }

   00033       5f                         pop         edi
   00034       5e                         pop         esi
   00035       5b                         pop         ebx
   00036       81 c4 c0 00 00
               00                         add         esp, 192                                    ;000000c0H
   0003c       3b ec                      cmp         ebp ,esp
   0003e       e8 00 00 00 00             call        __RTC_CheckEsp
   00043       8b e5                      mov         esp,ebp
   00045       5d                         pop         ebp
   00046       c3                         ret         0
_main          ENDP
```

(b) hello.cpp를 컴파일한 기계어와 어셈블리어 코드 리스트

[그림 1-12] hello.cpp를 컴파일하여 생성된 기계어와 어셈블리어 코드 리스트

> **잠깐!** 컴파일 시 어셈블리어 출력 결과 얻기 ●
>
> [그림 1-12]는 비주얼 스튜디오로 **hello.cpp**를 컴파일할 때, 기계어와 어셈블리어 코드 리스트를 파일로 저장하도록 한 후, 설명을 위해 파일을 보기 좋게 정리한 것이다. **C++** 소스 파일을 컴파일한 기계어나 어셈블리어 코드 리스트를 얻고 싶다면, 비주얼 스튜디오의 '프로젝트' 메뉴에서 속성 메뉴를 선택하여 속성 창을 출력하고, 이 창에서 '구성 속성/**C/C++**/출력 파일/어셈블러 출력' 메뉴를 차례로 선택하고, '어셈블리, 기계어 코드, 소스 (/**FAcs**)' 옵션을 선택한 후, 창을 닫고 나와서 프로젝트를 빌드하면 프로젝트 폴더의 **Debug** 폴더 안에 **hello.cod** 파일이 생성된다. 이 파일은 텍스트 파일이므로 비주얼 스튜디오에서 열어 볼 수 있다.

링킹(linking)

컴파일 후 기계어로 구성된 목적 파일(object file)이 생성되었다 하더라도 목적 파일은 바로 실행될 수 없다. 개발자가 작성한 C++ 프로그램이 표준 C++ 라이브러리나 다른 C++ 프로그램에 있는 함수, 객체, 데이터를 이용하는 경우, 개발자가 작성한 C++ 소스의 목적 파일에는 이들에 대한 참조 표시만 있을 뿐 이들 코드를 포함하지 않는다. 그러므로 목적 파일은 온전한 실행 파일이 아니며 이들과 결합되어야만 비로소 실행 가능한 파일이 된다.

[그림 1-11]의 hello.cpp 예를 들어보자. 다음 라인은 "Hello"를 화면에 출력하기 위해 cout 객체와 << 연산자를 사용하고 있다.

```
std::cout << "Hello";
```

cout 객체와 << 연산자 함수 코드는 C++ 표준 라이브러리에 컴파일된 형태로 존재하며, hello.obj에는 이들에 대한 참조 표시만 있다. 그러므로 hello.obj와 cout, << 연산자 함수의 코드를 함께 결합하는 링킹 과정이 필요하다.

> **링킹**
> 하나의 실행 파일로 만드는 과정

링킹(linking)이란 어떤 목적 파일이 참조하는 C++ 표준 라이브러리나 다른 목적 파일 속에 있는 함수, 객체, 데이터를 포함하여 실행에 필요한 모든 기계어 코드를 확보하여, 하나의 실행 파일로 만드는 과정이다. 링킹의 결과 비로소 실행에 필요한 모든 요소를 포함한 하나의 실행 파일(exe 파일)이 만들어진다. 실행 파일에는 실행에 필요한 모든 요소들이 들어 있다. [그림 1-13]은 hello.obj와 표준 C++ 라이브러리로부터 cout 객체와 << 연산자 함수를 합쳐 hello.exe 파일로 링킹하는 과정을 보여준다.

만일 링킹 과정 동안 목적 파일에서 참조하는 코드를 다른 목적 파일이나 C++ 표준 라이브러리 속에서 발견할 수 없다면 링크 오류가 발생한다.

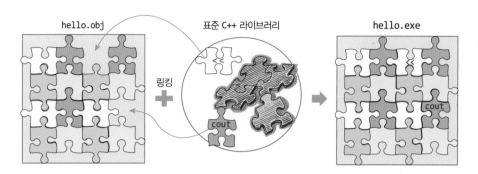

[그림 1-13] 링킹은 목적 파일이 필요로 하는 함수나 객체를 다른 목적 파일이나 라이브러리로부터 찾고
결합하여 실행 파일을 만드는 과정

> **잠깐!**   **링킹과** DLL(Dynamic Linking Library)
>
> 일반적으로 개발자가 작성한 **C++** 소스와 이 소스에서 필요한 모든 라이브러리는 링킹 단계에서 완전
> 히 결합되어 하나의 온전한 실행 파일이 만들어지며, 실행 시 이 실행 파일 외에 다른 코드는 필요 없
> 다. 하지만, 링킹 단계에서 결합하지 않고, 실행 중 필요한 순간에 결합하도록 만들어진 라이브러리가
> 있는데, 이것이 바로 **DLL**이다. **DLL**은 실행 파일의 크기를 줄이는 역할과 함께 여러 응용프로그램이
> 실행 중에 공유하는 특징이 있다.

프로그램 실행과 디버깅

디버깅
디버거

링킹의 과정에 의해 생성된 실행 파일(exe 파일)은 컴퓨터에서 바로 실행 가능하다.
만일 프로그램에 논리적 오류가 있다면, 실행 중 프로그램이 중단되거나 잘못된 결
과를 내게 된다. 이런 경우, 프로그램 내에 오류 위치를 발견하거나 문제의 원인을
찾아 수정하는 과정을 디버깅(debugging)이라고 부른다. 디버깅은 일반적으로 디
버거(debugger)라는 특별한 소프트웨어를 이용한다. 디버거는 C++ 프로그램을 라
인 단위로 실행시키면서 변수 값의 변화를 관찰하거나, 원하는 소스 라인에 정지점
(breakpoint)을 설정하여 프로그램이 정상적인 경로로 실행되는지 관찰하는 등 다양
한 오류 수정 방법을 제공한다. 디버거는 일반적으로 컴파일러를 공급하는 회사에서
함께 공급한다.

> **잠깐!**   C++ **프로그램의 확장자**
>
> **C++** 표준에서 **C++** 소스 프로그램의 확장자는 **.cpp**이다. 컴파일러에 따라 **.cxx**, **.c++**, **.cc**, **.C**, **.CC** 등
> 다양한 확장자를 사용하고 있으므로, 해당 컴파일러의 매뉴얼을 참조할 필요가 있다. 목적 파일의 확
> 장자 역시 운영체제에 따라 조금씩 다르다. 윈도우 운영체제에서는 **.obj**이며 유닉스 운영체제의 경우
> **.o**를 사용한다. 실행 파일의 경우, 윈도우 운영체제에서는 **.exe**이며 유닉스에서는 정해진 확장자가 없
> 고 개발자가 마음대로 사용하면 된다.

1 C++ 프로그램 개발에서 링킹이 필요한 이유가 아닌 것은?

① C++ 코드의 디버깅을 효율적으로 하기 위해

② C++ 프로그램에서 표준 C++ 라이브러리의 함수를 호출한 경우, 개발자가 작성한 코드와 표준 라이브러리 코드를 합쳐 실행 파일을 만드는 과정이 필요하기 때문

③ C++ 프로그램을 여러 개의 C++ 소스 파일로 나누어 작성할 때, 한 소스 파일에서 다른 소스 파일의 함수를 호출하면 두 프로그램을 합치는 과정이 필요하기 때문

④ C++ 언어로 작성된 목적 파일과 C 언어로 작성된 목적 파일을 합쳐 실행 파일을 만드는 과정이 필요하기 때문

2 main.cpp, f.cpp, g.cpp로 구성되는 C++ 프로그램 개발 과정에 대해 다음에 답하라.

(1) main.cpp, f.cpp, g.cpp를 각각 컴파일하여 생성되는 목적 파일은 무엇인가?

(2) 목적 파일들을 연결하여 하나의 실행 파일을 만드는 과정을 무엇이라고 하는가?

1.5 C++ 표준 라이브러리

C++ 표준 라이브러리

개발자들은 자신이 필요한 함수나 클래스를 스스로 작성하기도 하지만, 이미 만들어진 함수나 클래스를 활용하여 프로그램 개발에 걸리는 시간을 단축하고 프로그램의 확장성이나 정확성을 높인다. C++ 표준 라이브러리는 개발자들이 불러 쓸 수 있는 다양한 종류의 함수와 클래스가 컴파일된 목적 파일(object file)들이다. 이들 함수나 클래스 이름이 표준화되어 있기 때문에 C++ 표준 컴파일러 사이에 호환된다. C++ 표준 라이브러리는 컴파일된 목적 파일로만 제공되고 원시 소스 코드는 공개되지 않는다.

C++ 표준 라이브러리에 포함된 함수와 클래스는 〈표 1-1〉과 같이 수십 개의 헤더 파일에 분산되어 있으며 다음 3그룹과 기타 기능으로 나뉜다.

C 라이브러리
C++ 입출력 라이브러리
C++ STL 라이브러리

- C 라이브러리 – 기존 C 표준 라이브러리를 수용하여 C++에서 사용할 수 있게 한 함수들로서, 〈표 1-1〉에 이름이 c로 시작하는 헤더 파일에 선언됨
- C++ 입출력 라이브러리 – 콘솔 및 파일 입출력을 위한 함수와 클래스들로서, 제네릭 프로그래밍을 지원하기 위해 템플릿으로 작성. 〈표 1-1〉에서 초록색 글자로 표기된 것들
- C++ STL 라이브러리 – 제네릭 프로그래밍을 지원하기 위해 템플릿으로 작성된 유용한 함수와 클래스를 포함하는 라이브러리. 〈표 1-1〉에서 검은색 글자로 표기된 것들

C++ 표준 라이브러리에 대한 구체적인 설명은 다음 사이트를 참고하기 바란다.

```
https://cplusplus.com/reference/
```

〈표 1-1〉 C++ 표준 라이브러리를 구성하는 헤더 파일들

algorithm	complex	exception	list	stack
bitset	csetjmp	fstream	locale	stdexcept
cassert	csignal	functional	map	strstream
cctype	cstdarg	iomanip	memory	streambuf
cerrno	cstddef	ios	new	string
cfloat	cstdio	iosfwd	numeric	typeinfo
ciso646	cstdlib	iostream	ostream	utility
climits	cstring	istream	queue	valarray
clocale	ctime	iterator	set	vector
cmath	deque	limits	sstream	

* 〈new〉 헤더 파일은 STL에 포함되지 않는 기타 기능을 구현함

1.6 Visual Studio를 이용한 C++ 프로그램 개발

C++ 통합 개발 환경

마이크로소프트의 Visual Studio 패키지는 C++ 소스 편집기, C++ 컴파일러 및 링커, 소스 레벨 디버거 등을 모두 갖춘 C++ 통합 개발 환경(IDE, Integrated Development Environment)으로서, Visual Studio만 있으면 C++ 프로그램을 개발하는데 다른 도구가 필요 없다.

이 책에서는 개인 사용자에게 무료로 배포하는 Visual Studio의 커뮤니티 버전을 사용하며 다음 사이트에서 다운로드할 수 있다.

https://visualstudio.microsoft.com/ko/downloads/

또한 이 책의 소스 코드는 표준 C++로 작성되어 어떤 C++ 컴파일러를 사용해도 컴파일되고 실행된다.

Visual Studio 시작

Visual Studio를 설치하고 실행하면 처음으로 [그림 1-14]의 창이 출력된다.

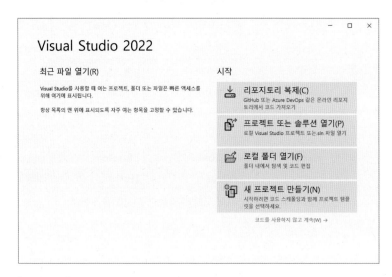

[그림 1-14] Visual Studio를 처음 실행하였을 때

여기서 '새 프로젝트 만들기(N)'를 눌러 바로 새 프로젝트를 만들 수 있지만 하단부의 '코드를 사용하지 않고 계속(W) →'을 눌러 진행해보자. [그림 1-15]의 창이 나타난다. 만일 '새 프로젝트 만들기(N)'를 누르면 바로 [그림 1-16] 창으로 넘어간다.

[그림 1-15] Visual Studio를 실행한 화면

프로젝트 만들기

C++ 프로그램을 작성하기 위해서는 **프로젝트**(project)를 생성하는 작업부터 시작해야 한다. 하나의 프로젝트는 하나의 C++ 프로그램을 작성하기 위해 필요한 소스 파일, 헤더 파일, 리소스 파일, 그리고 컴파일된 목적 파일과 실행 파일, 마지막으로 이들을 관리하기 위한 메타 파일 등을 포함하는 폴더의 개념이다.

Visual Studio에는 프로젝트보다 큰 개념으로 **솔루션**(solution)이 있다. 솔루션이란 개발자가 작성하고자 하는 소프트웨어를 구성하는 모든 프로젝트를 담는 컨테이너이다. 솔루션은 하나의 프로젝트로만으로 이루어질 수도 있고, 여러 개의 프로젝트로 이루어질 수도 있다. [그림 1-15]에 보이는 '솔루션 탐색기' 창은 솔루션에 포함된 여러 프로젝트와 각 프로젝트에 포함된 파일들을 보여 주는 탐색기 창이다.

이제, 다음과 같은 솔루션과 프로젝트를 만들어보자.

- 솔루션명 : chap1
- 프로젝트명 : Hello
- C++ 소스 파일명 : hello.cpp
- 프로그램 내용 : 화면에 "Hello" 문자열 출력

우선 솔루션과 프로젝트를 생성하기 위해 '파일/새로 만들기/프로젝트' 메뉴를 차례로 선택하면 [그림 1-16]과 같은 창이 출력된다.

여기서 '빈 프로젝트'를 선택하고 '다음' 버튼을 누른다.

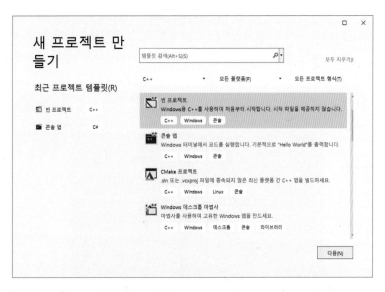

[그림 1-16] 새 프로젝트 만들기 창

그러면 [그림 1-17]의 창이 출력되는데 먼저 솔루션을 담을 폴더를 결정해야 한다. '위치' 난의 끝에 보이는 버튼을 눌러 솔루션 폴더를 선택하라. 저자는 미리 C:\C++ 폴더를 생성해 두었다가 지금 이 폴더를 선택하였다. 그리고 나서 '이름' 칸에 프로젝트 이름 Hello를, '솔루션 이름' 칸에 chap1을 입력한 후, '만들기' 버튼을 누른다.

[그림 1-17] 새 프로젝트 구성

C++ 소스 프로그램 편집

프로젝트가 생성되면 [그림 1-18]의 Visual C++ 인터페이스를 가진 창이 보인다. 솔루션 탐색기 창에 솔루션 'chap1'과 프로젝트 'Hello'가 보이고, 프로젝트에 포함된 4개의 요소(리소스 파일, 소스 파일, 외부 종속성, 헤더 파일)가 보인다.

[그림 1-18] Hello 프로젝트 생성 후

이제, C++ 소스 프로그램을 작성할 차례이다. [그림 1-19]와 같이 솔루션 탐색기 창에서 '소스 파일' 위에 마우스 오른쪽 버튼을 누르면 콘텍스트 메뉴가 보이며 여기서 '추가/새 항목' 메뉴를 선택한다.

그러면 [그림 1-20]의 새 항목 추가를 위한 창이 출력되며, 왼쪽 창에서 '**Visual C++**'를 선택하고 오른쪽 창에서 '**C++ 파일(.cpp)**'를 선택한다. 그리고 마지막으로 [그림 1-20] 아래 부분의 '이름' 칸에 '**hello.cpp**'를 입력하고 '**추가**' 버튼을 누른다. 이제, [그림 1-21] 창이 보이고 빈 **hello.cpp** 파일이 생성되었다.

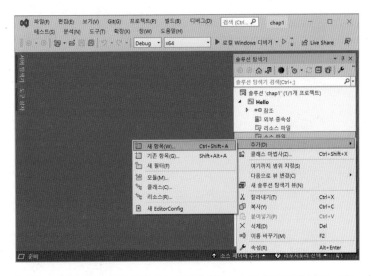

[그림 1-19] '소스 파일'에 마우스 오른쪽 버튼을 눌러 새 항목을 만드는 메뉴 선택

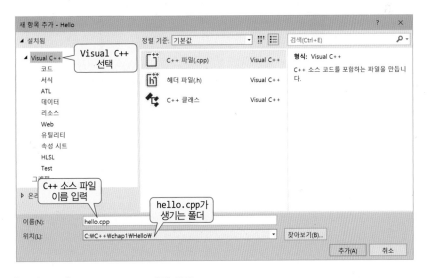

[그림 1-20] hello.cpp 소스 파일 생성

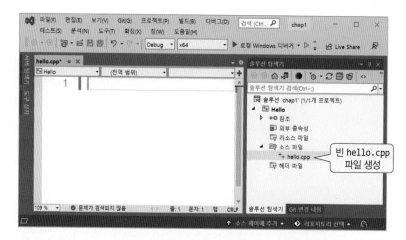

[그림 1-21] hello.cpp가 생성된 초기 모습

독자들은 [그림 1-22]와 같이 소스 프로그램을 입력하라. hello.cpp는 화면에 "Hello"를 출력하고 종료하는 간단한 프로그램이다.

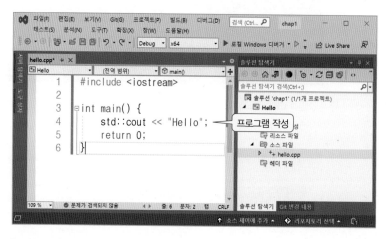

[그림 1-22] hello.cpp를 작성한 모습

컴파일과 빌드

컴파일
빌드

hello.cpp 파일의 작성이 끝났으면 컴파일을 해보자. [그림 1-23]과 같이 솔루션 탐색기 창에서 hello.cpp 위에 마우스 오른쪽 버튼을 눌러 콘텍스트 메뉴를 출력하고 '컴파일' 메뉴를 선택한다. 혹은 Ctrl+F7 키를 입력한다. 그 결과, hello.cpp만 컴파일하여 hello.obj가 만들어진다. 컴파일과 링킹을 모두 시행하여 실행 파일 Hello.exe를 만들려고 하면 빌드(build) 명령을 시행하여야 한다. 빌드는 [그림 1-24]와 같이 프로젝트명 Hello 위에 마우스 오른쪽 버튼을 눌러 콘텍스트 메뉴를 출력하고 '빌드' 메뉴를 선택하면 된다. 빌드 명령 실행 결과 컴파일과 링킹을 거쳐 Hello.exe가 만들어진다.

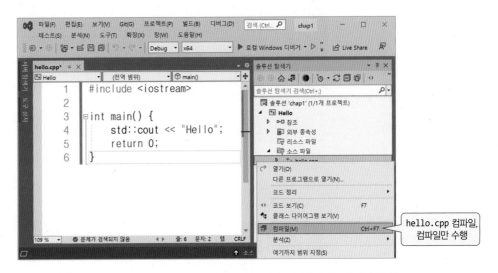

[그림 1-23] 솔루션 탐색기에서 hello.cpp에 마우스 오른쪽 버튼을 누를 때 컴파일 메뉴

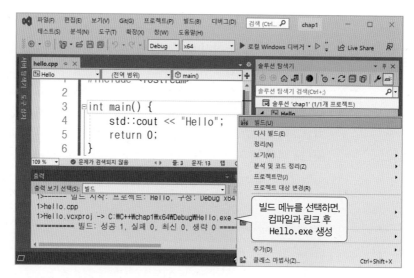

[그림 1-24] Hello 프로젝트의 빌드로 Hello.exe 생성

프로그램 실행

Ctrl+F5

컴파일 된 프로그램을 실행시키기 위해서는 메인 메뉴에서 '디버거/디버깅하지 않고 시작' 메뉴를 선택하든지 Ctrl+F5 키를 선택하면 된다. 그 결과 [그림 1-25]와 같은 콘솔 창이 나타나며 프로그램의 실행 결과가 출력된다.

컴파일과 빌드의 과정을 한 번에 하려면 앞의 [그림 1-23]의 컴파일 과정을 생략하고 바로 Ctrl+F5 키를 치면 된다. F5 키만 입력하면 디버거 모드에서 실행되어 실행 결과를 보여주고 바로 콘솔 창을 닫아버리므로 사용자는 출력 결과를 볼 수 없음에 주의하기 바란다.

(사진 출처 : 위키백과)

비아네 스트롭스트룹(덴마크어 : **Bjarne Stroustrup** 비아르네 스트 로우스트루프, **1950. 6. 11.** ~)은 C++ 프로그래밍 언어를 개발한 것으 로 유명한 덴마크의 컴퓨터 과학자이며, **2004**년 현재 텍사스 **A&M** 대학 의 컴퓨터과 학과장으로 재직 중이다. 그는 **1975**년 덴마크의 **Aarhus** 대학에서 수학과 컴퓨터 과학 석사를 받았고, **1979**년 영국 케임브리 지 대학교에서 컴퓨터 과학 분야의 박사학위를 받았다. **2002**년까지는

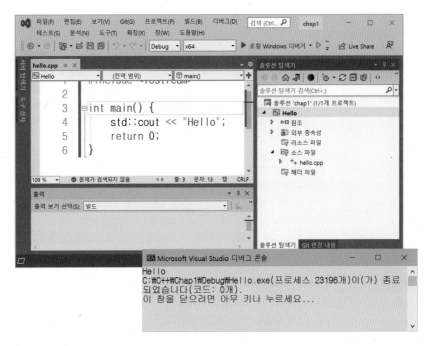

[그림 1-25] Hello 프로젝트가 실행되는 화면

AT&T 벨연구소에서 대형 프로그래밍 연구부(Large-scale Programming Research Department)를 이끌었었다. 그리고 지금까지 20여 년 동안 ISO에서 활동하면서, C++ 언어를 소프트웨어 개발을 위한 안전성과 최신 기반을 제공하는 언어로 만들기 위해 애쓰고 있다.

요약 SUMMARY

컴퓨터와 프로그래밍

- 전문가들은 소프트웨어가 주목받는 세상이 왔고, 이 시대의 IT 세계를 지배할 것으로 예측한다.
- 소프트웨어는 컴퓨터의 중앙처리장치(CPU)가 이해할 수 있는 일련의 명령들과 데이터로 구성되며, CPU는 이 명령들을 실행함으로써 요구된 기능을 수행한다.
- 프로그래밍 언어는 0과 1의 이진수로 구성되는 기계어(machine language), 기계어의 각 명령어를 ADD, SUB, MOVE 등과 같은 상징적 니모닉 기호로 일대일 대응시킨 어셈블리어(assembly language), 사람의 언어에 보다 가까운 C, C++, Java 등의 고급 언어로 진화하였다.
- 고급 언어는 컴파일러에 의해 기계어로 변환되고, 어셈블리어 프로그램은 어셈블러라는 시스템 프로그램에 의해 기계어로 변환된다. 대부분의 경우 컴파일러는 기계어로 변환할 때 어셈블러를 이용한다.

C++ 언어의 역사

- C++는 1967년 BCPL 언어에서 태동하여, 1970년 B, 1972년 C 언어로 진화하고, 1979년 Bjarne Stroustrup에 의해 만들어져 1983년 C++로 정식 명칭을 갖게 되었다.
- 표준 C++ 규칙에 맞게 작성된 C++ 프로그램은 하드웨어, 운영체제 플랫폼에 상관없이 표준 C++ 컴파일러에 의해 컴파일되고 동일한 실행 결과가 보장된다.

C++ 언어의 특징

- C++ 언어의 주요한 설계 목표는 C 언어와의 호환성, 객체 지향 개념 도입, 엄격한 타입 체크, 실행 시간의 효율성 저하 최소화 등이다.
- C++ 언어에서 C 언어에 추가적으로 도입한 기능은, 함수 중복, 디폴트 매개 변수, 참조와 참조 변수, 참조에 의한 호출, new와 delete 연산자, 연산자 재정의, 제네릭 함수와 제네릭 클래스 등이다.
- C++의 객체 지향 특성으로는 캡슐화, 상속, 다형성 등이며, C++에서 객체 지향 특성을 도입한 목적은 소프트웨어의 생산성을 향상하고, 실세계 문제를 쉽게 모델링하기 위한 것이다.
- 실행하고자 하는 절차대로 명령어를 나열하여 프로그램을 작성하는 방법을 절차 지향 프로그래밍(procedural programming)이라고 부른다.
- 실제 세상과 가깝게 모델링하기 위해, 응용에 필요한 물체(객체)를 모델링하고, 이들 간의 관계, 상호 작용을 표현하는 프로그래밍 기법이 객체 지향 프로그래밍(object oriented programming)이다.
- 제네릭 프로그래밍은 동일한 프로그램 코드에 다양한 데이터 타입을 적용할 수 있도록 클래스와 함수를 일반화시킨 제네릭 함수와 제네릭 클래스를 활용하는 기법이다.
- C++ 언어는 C 언어와의 호환성으로 인해 클래스 바깥에 변수를 선언할 수 있도록 허용함에 따라 캡슐화의 원칙이 무너졌다.

C++ 프로그램의 개발 과정

- C++ 프로그램은 C++ 소스 프로그램의 편집, 컴파일, 링킹 과정으로 세분화된다. 그리고 실행 오류를 수정하는 작업을 디버깅이라고 부른다.
- C++ 소스 프로그램은 표준 확장자가 .cpp인 텍스트 파일로서 아무 텍스트 편집기로 작성 가능하다.
- C++ 컴파일러로 생성된 목적 코드는 바로 실행할 수 없고, 링킹 과정을 거쳐야 한다.
- Visual Studio와 같이 C++ 프로그램 작성, 컴파일, 링킹, 실행, 디버깅 등 C++ 프로그램 개발에 필요한 모든 도구를 지원하는 C++ 통합 개발 환경을 사용하는 것이 좋다.

C++ 표준 라이브러리

- C++ 표준 라이브러리는 C 라이브러리, C++ 입출력 라이브러리, STL 라이브러리의 3그룹과 기타로 구분되며, C 라이브러리를 제외한 두 그룹은 템플릿(제네릭)으로 작성되어 있다.

Open Challenge — 기본 C++ 프로그램 작성

목적

Visual Studio로 솔루션과 프로젝트 만들고 기본 C++ 프로그램 작성

Visual Studio를 활용하여 다음에 지시한 대로 C++ 프로그램을 작성하고 실행하라. 난이도 3

- 솔루션명 : OpenChallenge
- 프로젝트명 : chap1
- 소스 파일명 : add.cpp

add.cpp 코드와 실행 결과는 아래와 같다.

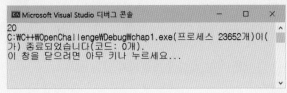

연습문제

이론 문제
• 홀수 문제는 정답이 공개됩니다.

1. 전문가들은 IT 분야에서 어떤 종류의 기업이 미래를 지배할 것이라고 예측하는가?
   ① 가전 기업
   ② 소프트웨어 기업
   ③ 증권사
   ④ 석유회사

2. 다음 설명 중에서 틀린 것은?
   ① 사람과 가장 친밀한 프로그래밍 언어가 고급 언어이다.
   ② CPU는 기계어만 이해하고 처리할 수 있다.
   ③ 고수준 언어를 저수준 언어로 번역할 컴파일러가 필요하다.
   ④ 기계어를 익혀서 프로그램을 작성하는 것이 좋은 개발자가 되는 지름길이다.

3. 다음 언어 중에서 계보가 다른 것은?
   ① Java
   ② C
   ③ C++
   ④ Fortran

4. 다음 중 객체 지향 언어가 아닌 것은?
   ① Java
   ② C
   ③ C++
   ④ C#

5. 객체 지향 언어가 태동하게 된 원인이 아닌 것은?
   ① 소프트웨어의 크기가 점점 커지게 되어 관리의 어려움을 극복하기 위해
   ② 소프트웨어의 생명 주기가 짧아지게 됨에 따라 빠른 소프트웨어 작성이 요구되어
   ③ 운영체제 독립적인 프로그램 작성이 필요해서
   ④ 실세계의 문제를 모델링하는데 객체의 개념이 적합해서

6. 다음 중 객체 지향 개념에 포함되지 않는 것은?
   ① 상속
   ② 흐름도
   ③ 캡슐화
   ④ 다형성

7. C++ 언어가 C 언어의 문법적 체계를 계승받음으로써 좋은 점은?
   ① C 언어로 작성된 프로그램과 호환성을 가질 수 있다.
   ② C 언어처럼 빠르게 실행될 수 있다.
   ③ C 언어처럼 절차 지향 프로그래밍도 할 수 있다.
   ④ 전역 변수를 만들어서 여러 함수에서 공유할 수 있다.

8. C++ 언어가 C 언어의 문법적 체계를 계승받음으로써 나타난 문제점은?
   ① 개발 과정이 복잡해졌다.
   ② 프로그램 관리가 어려워졌다.
   ③ C 라이브러리를 사용할 수 없게 되어 불편하다.
   ④ 전역 변수가 존재하게 되어 캡슐화의 원칙이 무너졌다.

9. 다음 빈칸에 적절한 단어를 기입하라.

   C++는 ＿＿＿＿＿언어와의 호환성을 목표로 하여 설계되었으며 객체 지향 개념을 추가하였다. 그러나 클래스 바깥에 전역 변수나 함수들을 선언하게 됨으로써 객체 지향의 핵심 개념인 ＿＿＿＿＿의 원칙이 무너지게 되었다.

10. C++ 표준으로 C++ 프로그램을 작성할 때의 장점은?
    ① 확장성   ② 호환성
    ③ 실행 성능   ④ 개발 용이성

11. C++의 객체 지향 특징이 아닌 것은?
    ① 상속   ② 함수 중복
    ③ 인라인 함수   ④ 클래스

12. C++ 언어가 가지고 있는 3가지 객체 지향 특성을, 주어진 예를 이용하여 설명하라.
    (1) 캡슐화 : 예 TV 객체로 캡슐화를 설명하라.
    (2) 다형성 : 예 > 연산자로 다형성을 설명하라.
    (3) 상속성 : 예 '메뚜기는 생물이다'라는 문구로 상속성을 설명하라.

13. C++에서는 C 언어와 달리 다음 3개의 함수를 함께 작성하고 구분하여 호출할 수 있다. 어떤 객체 지향 특성을 말하는가?

```
int big(int a, int b);
int big(int a[], int size);
int big(int a, int b, int c);
```

14. C++ 언어가 C 언어에 추가한 내용이 아닌 것은?
    ① delete 연산자   ② 함수 중복
    ③ 참조에 의한 호출   ④ 타입 변환

15. C와 C++ 언어에 대해 말한 것 중 틀린 것은?

① C++ 코드는 객체 지향 개념의 도입에 따라 C 코드에 비해 실행 속도가 떨어질 우려가 있다.

② C++ 표준에 따라 소스 프로그램을 작성하면 높은 호환성으로 인해 거의 모든 종류의 C++ 컴파일러에 의해 컴파일 가능하다.

③ C++ 프로그램은 C 소스 프로그램을 수용하여 사용할 수 있지만, 이미 컴파일된 C 언어의 목적 파일은 링크시켜 사용할 수 없다.

④ C 소스 파일의 표준 확장자는 .c이고 C++ 소스 파일의 표준 확장자는 .cpp이다.

16. C++ 프로그램에 대해 다음 중 틀린 것은?

① C++ 소스 파일은 텍스트 파일이 아니라 바이너리 파일이다.

② C++ 소스 파일의 표준 확장자는 .cpp이지만 컴파일러에 따라 .cc, .CC, .c++ 등의 확장자를 갖기도 한다.

③ C++ 소스 파일을 컴파일한 목적 파일의 확장자는 .obj 혹은 .o와 같이 운영체제에 따라 다를 수 있다.

④ C++ 프로그램의 디버깅이란 실행 파일(exe 파일)을 실행할 때 나타나는 오류를 발견하고 수정하는 과정이다.

17. 링킹에 대한 설명 중 바른 것은?

① C++ 소스 파일을 컴파일하여 생긴 목적 파일(obj 파일)은 기계어로 이루어져 있기 때문에 바로 실행 가능하다.

② 링킹 후 생성되는 실행 파일(exe 파일)을 컴퓨터에서 실행시키기 위해서는 목적 파일(obj 파일)도 함께 필요하다.

③ 링킹은 C++ 프로그램 개발 과정에서 실행 파일을 만들기 위해 반드시 필요하다.

④ 링킹을 통해 실행 파일(exe 파일)과 다른 실행 파일을 합쳐서 하나의 실행 파일(exe 파일)을 만들 수 있다.

18. 다음 그림에서 링킹의 의미를 구체적으로 설명하라.

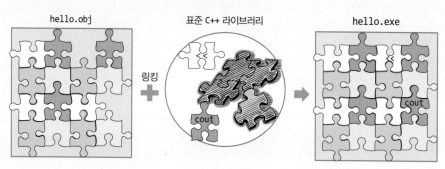

19. C++ 프로그램의 확장자에 대한 설명 중 틀린 것은?

① C++ 소스 파일의 확장자는 .cpp, .cxx, .c++ 등 운영체제에 따라 다양하다.

② 비주얼 C++에서 .c 확장자를 가진 파일은 C 컴파일러가, .cpp 확장자를 가진 파일은 C++ 컴파일러가 자동으로 컴파일한다.

③ 목적 파일의 확장자는 .obj나 .o 등 운영체제에 따라 다르다.

④ 실행 파일의 확장자는 운영체제에 관계없이 .exe로 표준화되어 있다.

20. C++ 표준 라이브러리에 포함되지 않는 것은?

① C++ 통신 라이브러리   ② C++ 입출력 라이브러리

③ STL 라이브러리   ④ C 라이브러리

21. 다음 빈칸에 적절한 단어를 기입하라.

> 최근에 동일한 프로그램 코드에 구체적인 타입을 적용할 수 있도록 함수나 클래스를 일반화시킨 _____ 함수와 _____ 클래스를 이용하여 프로그램을 작성하는 새로운 프로그래밍 패러다임인 _____이 활발히 사용되고 있다. 이것은 흐름도를 중심으로 작업의 실행 순서에 따라 프로그램을 작성하는 _____ 프로그래밍 기법에서, 객체 사이의 상호 작용과 관계를 중심으로 프로그램을 작성하는 _____ 프로그래밍 기법 이후에 도입된 것이다.

22. C++ 통합 개발 환경이란 무엇을 말하는가?

실습 문제   ★ 표시가 있는 문제는 정답이 공개됩니다.

목점 비주얼 스튜디오로 솔루션 만들기

1.★ 비주얼 스튜디오를 활용하여 다음에 지시한 대로 C++ 프로그램을 작성하고 실행하라.

난이도 **3**

- 솔루션명 : **prac1**
- 프로젝트명 : **1-1**
- 소스 파일명 : **name.cpp**

```cpp
#include <iostream>
int main() {
    std::cout << "My name is Mike.\n";
    return 0;
}
```

```
My name is Mike.
```

목표 비주얼 스튜디오로 솔루션 만들기

2. 다음 지시대로 자신의 학과, 나이, 희망 직업을 화면에 출력하는 C++ 프로그램을 비주얼 스튜디오로 작성하라. 난이도 3
   - 솔루션명 : prac1
   - 프로젝트명 : 1-2
   - 소스 파일명 : me.cpp

```
컴퓨터공학과
21세
대통령
```

목표 비주얼 스튜디오로 C++ 프로그램 작성

3.★ 1에서 10까지 더하여 결과를 다음과 같이 화면에 출력하는 C++ 프로그램을 비주얼 스튜디오로 작성하라. 난이도 3

```
1에서 10까지 더한 결과는 55입니다
```

힌트 Hint
std::cout을 이용하여 숫자, 문자, 문자열 등을 출력할 수 있다.

```
std::cout << "결과는 " << 55 << "입니다";
```

목표 비주얼 스튜디오로 C++ 프로그램 작성

4. 다음과 같이 출력하는 C++ 프로그램을 비주얼 스튜디오로 작성하라. 난이도 3

```
*
**
***
****
```

C++ 프로그래밍의 기본

C++ 프로그래밍의 기본

2.1 C++ 프로그램의 기본 요소와 화면 출력

예제 소스

C++ 프로그래밍의 기초를 설명하기 위해, 가장 기본적인 코드로 구성된 C++ 소스를 예제 2-1에 준비하였다.

예제 2-1 **기본적인 C++ 프로그램**

```cpp
1   /*
2     소스: SimpleC++.cpp
3     cout과 << 연산자를 이용하여 화면에 출력한다.
4   */
5
6   #include <iostream> // cout과 << 연산자 포함
7
8   // C++ 프로그램은 main() 함수에서부터 실행을 시작한다.
9   int main() {
10    std::cout << "Hello\n"; // 화면에 Hello를 출력하고 다음 줄로 넘어감
11    std::cout << "첫 번째 맛보기입니다.";
12    return 0; // main() 함수가 종료하면 프로그램이 종료됨
13  }
```

➡ 실행 결과

```
Hello
첫 번째 맛보기입니다.
```

주석문

주석문

주석문(comment)은 프로그램의 실행에 영향을 미치지 않으며 개발자가 프로그램에 대한 설명이나 자유롭게 붙인 특이 사항의 메모이다. C++에는 주석문을 만드는 2가지 방

법이 있다.

첫째, 여러 줄의 주석문을 만드는 것으로 다음과 같이 '/*'와 '*/'를 이용한다.

```
/*
    소스: SimpleC++.cpp
    cout과 << 연산자를 이용하여 화면에 출력한다.
*/
```

C++ 컴파일러는 '/*'와 '*/' 사이의 모든 내용을 주석문으로 처리하여 적법한 C++ 코드가 있어도 무시하고 컴파일하지 않는다.

둘째, 한 줄짜리 주석문으로 다음과 같이 '//'를 이용한다.

```
std::cout << "Hello\n"; // 화면에 Hello를 출력하고 다음 줄로 넘어감
```

C++ 컴파일러는 소스에서 '//'를 만나면 그 행의 끝까지 주석문으로 처리하여 무시하고 넘어간다.

main() 함수

main() 함수

C 언어와 마찬가지로 main() 함수는 C++ 프로그램의 실행 시작점이다. C++ 응용 프로그램에는 반드시 하나의 main() 함수가 존재해야 하며, main() 함수가 종료하면 프로그램이 종료된다.

● main() 함수의 표준 형식

C++ 표준에서 정한 main() 함수의 리턴 타입은 다음과 같이 int이다.

```
int main() { // ANSI C++ 표준의 main() 리턴 타입은 int
    ............
    return 0; // return이 실행되면 main() 함수가 종료하고 프로그램이 종료함
            // 필요에 따라 0이 아닌 다른 값을 리턴할 수 있음
}
```

간혹 다음과 같이 void를 리턴 타입으로 선언하기도 하는데, 이것은 C++ 표준이 아니다.

```
void main() { // void 타입은 표준이 아님
   ...
}
```

대부분의 컴파일러는 이를 문제 삼지 않지만 int main()으로 하는 것이 좋다.

● int main() 함수에서 return 문 생략 가능

return 문을 생략

한편, int main() 함수는 정수를 리턴하는 return 문을 가지고 있어야 한다. 그러나 개발자 편의를 위해 C++ 표준에서 main() 함수에 대해서만 예외적으로 return 문을 생략할 수 있도록 하였다. return 문이 생략되면 main()이 종료할 때 자동으로 다음 문이 실행된다.

```
return 0;
```

이 책에서는 main() 함수를 간단히 하기 위해 return 0;을 생략하여 쓴다.

> **잠깐!** main() 함수가 return한 정수 값은 누구에게 전달되는가?
>
> 부모 프로그램은 자식 프로그램의 main() 함수에서 리턴한 정수 값을 알아내는 함수를 통해, 자식 프로그램의 종료 상태를 알게 된다. 이를 위해서는 프로그램의 설계 단계에서, 리턴하는 정수 값의 의미를 정한다. 개발자가 응용프로그램을 부모 자식으로 나누어 작성하지 않는 경우 모든 프로그램의 부모는 운영체제이며, 운영체제와 응용프로그램 사이에 특별한 종료 관계가 설정되어 있지 않기 때문에, 응용프로그램이 0이 아닌 다른 정수를 리턴한다고 하더라도 아무 의미가 없다.

#include 〈iostream〉

전처리기

이 문장은 전처리기(C++ Preprocessor)에 대한 지시문으로서, C++ 소스 파일(SimpleC++.cpp)을 컴파일하기 전에 〈iostream〉 헤더 파일을 읽어 C++ 소스 파일 안에 삽입할 것을 지시한다. C++ 컴파일러는 처음에 전처리기를 호출하여 #include로 된 라인을 모두 처리하도록 한 후, C++ 소스 파일을 컴파일한다. 2.5절에서 #include 에 대해 자세히 설명한다.

〈iostream〉 헤더 파일에는 C++ 표준 입출력을 위한 클래스와 객체가 선언되어 있으므로, 키보드 입력이나 화면 출력을 위해서는 꼭 필요하다. 다음 문장은 문자열을 화면에 출력하는 코드로서, cout 객체와 << 연산자 함수가 선언된 〈iostream〉을 필요로 한다.

```
std::cout << "Hello\n"; // 화면에 Hello를 출력하고 다음 줄로 넘어감
```

화면 출력

cout
<< 연산자

C++에서는 다음과 같이 cout과 << 연산자를 이용하여 문자열뿐 아니라 다양한 데이터를 화면에 출력한다.

```
std::cout << "Hello\n"; // 화면에 Hello를 출력하고 다음 줄로 넘어감
std::cout << "첫 번째 맛보기입니다.";
```

● cout 객체

std::
이름 공간

cout은 스크린 장치와 연결된 C++ 표준 출력 스트림 객체(standard output stream object)이다. cout은 C++ 프로그램에서 출력한 데이터를 자신과 연결된 스크린에 대신 출력해 준다. cout 앞에 붙여진 std::의 접두어는 cout의 이름 공간(namespace)이 std임을 표시한다. 이름 공간과 std에 대해서는 다음 2.2절에서 설명한다.

● ≪ 연산자

<< 연산자

<< 연산자는 스트림 삽입 연산자(stream insertion operator)로 불리며, 오른쪽 피연산자 데이터를 왼쪽 스트림 객체에 삽입한다. 앞의 소스가 실행되면, "Hello"가 화면에 출력되고 뒤이어 '\n'이 출력되어 커서가 화면의 다음 줄로 넘어간다. 그리고 다시 "첫 번째 맛보기입니다."가 출력된다.

재정의
operator overloading

　　본래 << 연산자는 정수를 왼쪽으로 시프트(shift)하는 C++의 기본 연산자이다. 그러나 출력 스트림에 데이터를 삽입하는 삽입 연산자로 <iostream> 헤더 파일에 재정의(operator overloading)되어 cout과 함께 사용된다. 연산자 재정의는 7장에서 다루며, cout과 << 연산자는 11장에서 자세히 다룬다.

● 여러 개의 ≪ 연산자로 한 문장에 여러 데이터 출력

한 줄에 여러 개의 << 연산자를 사용하여 여러 개의 데이터를 출력할 수 있다. << 연산자는 왼쪽에서 오른쪽으로 순서대로 실행된다. 앞의 두 cout 문장을 다음과 같이 한 문장으로 줄여 쓸 수 있다.

```
std::cout << "Hello\n" << "첫 번째 맛보기입니다.";
```

● cout과 << 연산자 활용

<< 연산자는 문자열뿐 아니라 다음과 같은 C++ 기본 타입 데이터도 출력할 수 있다.

```
bool, char, short, int, long, float, double
```

예를 들어 보자.

```
int n=3;
char c='#';
std::cout << c << 5.5 << '-' << n << "hello" << true;
```

이 코드의 실행 결과는 다음과 같고, true는 정수 1로 출력된다.

```
#5.5-3hello1
```

불린 값 true나 false를 정수 1이나 0이 아닌 "true", "false"의 문자열로 출력하고자 하면, 11장의 예제 11-7과 〈표 11-3〉을 참고하기 바란다. 매우 간단하다.

<< 연산자는 다음과 같이 피연산자에 식이나 함수 호출 문을 둘 수 있다.

```
std::cout << "n + 5 =" << n + 5;
std::cout << f(); // 함수 f()의 리턴값 출력
```

화면에서 다음 줄로 넘어가기

'\n'

화면의 커서를 다음 줄로 넘기기 위해 '\n' 문자를 이용한다. 다음 코드는 "Hello" 문자열을 출력하고 커서를 다음 줄로 넘긴다.

```
std::cout << "Hello" << '\n'; // Hello를 화면에 출력하고 다음 줄로 넘어감
```

endl 조작자

'\n' 대신 다음과 같이 endl 조작자를 사용해도 된다.

```
std::cout << "Hello" << std::endl;
```

endl은 C++에서 도입한 조작자(manipulator)라고 불리는 함수로서, 11장에서 자세히 다룬다. 11.4절에서는 다양한 조작자를, 11.6절은 endl을 예로 들어 조작자가 실행되는 과정을 자세히 설명한다.

> **잠깐!**   '\n'과 endl 조작자
>
> std::cout << '\n'; 문장은 << 연산자가 '\n' 문자를 cout의 스트림 버퍼에 단순히 삽입하고 끝난다. 그 후 cout 스트림 버퍼가 꽉 차거나 강제 출력 지시가 있는 경우, cout은 '\n'을 해석하여 커서를 다음 줄로 넘긴다.
>
> 한편, endl()은 <iostream> 헤더 파일에 작성되어 있는 함수이다. std::cout << std::endl;이 실행되면, << 연산자가 endl() 함수를 호출한다. endl() 함수는 '\n'을 cout의 스트림 버퍼에 넣고, cout에게 현재 스트림 버퍼에 있는 데이터를 즉각 장치에 출력하도록 지시한다. endl을 사용하면 커서를 다음 줄로 넘기는 것과 동시에 현재 cout의 스트림 버퍼에 있는 모든 데이터를 출력시킨다.

예제 2-2   **cout과 <<를 이용한 화면 출력**

```
1   #include <iostream>
2
3   double area(int r); // 함수의 원형 선언
4
5   double area(int r) { // 함수 구현
6      return 3.14*r*r; // 반지름 r의 원 면적 리턴
7   }
8
9   int main() {
10     int n=3;
11     char c='#';
12     std::cout << c << 5.5 << '-' << n << "hello" << true << std::endl;
13     std::cout << "n + 5 = " << n + 5 << '\n';
14     std::cout << "면적은 " << area(n); // 함수 area()의 리턴 값 출력
15  }
```

> true는 1로 출력됨

실행 결과

```
#5.5-3hello1
n + 5 = 8
면적은 28.26
```

cout과 <<를 사용하자.

C 언어에서 사용했던 printf를 더 이상 C++에서 사용하지 말기 바랍니다. printf()나 scanf() 등을 사용하여 구석기 시대로 회귀한다면, 더 이상 C++ 프로그래머로서의 미래는 없습니다.

CHECK TIME

1 표준 C++에서 main() 함수의 리턴 타입은 무엇인가?

2 예제 2-1의 소스에서 #include <iostream>을 제거하면 소스의 어떤 부분에서 컴파일 오류가 발생하는가? 그 이유는 무엇인가?

3 cout은 무엇인가?
① 키워드   ② 연산자   ③ 객체   ④ 화면 출력 전처리 명령

4 <<란 무엇인가?
① 키워드   ② 연산자   ③ 객체   ④ 화면 출력 전처리 명령

5 자신의 이름을 출력하고. 다음 줄에 자신의 주소를 출력하는 한 줄의 C++ 코드를 작성하라.

2.2 namespace와 std::

이름 공간
std::

이 절에서는 이름 공간(namespace)과, cout과 endl 앞에 붙여 사용하는 std:: 접두어의 실체에 대해 알아본다. 이름 공간에 대한 이해를 돕기 위해 한 가지 예를 들어보자.

현재 우리 아파트 단지에는 '마이클'이라는 사람이 여럿 살고 있다. 그러므로 우리 아파트 단지에서 '마이클'을 찾고자 하면, 몇 동에 사는 '마이클'인지 구분해야 한다. [그림 2-1]은 '1동에 사는 마이클'을 찾기 위해, '1동::마이클'을 부르는 모양을 보여 준다. 여기서 '마이클'은 이름이며, '1동'은 이름 공간(namespace)이다. 이름 공간과 이름을 함께 표기하면 같은 이름을 가진 사람을 쉽게 구분할 수 있다. C++에서 말하는 이름 공간도 이와 유사하다.

[그림 2–1] '마이클'을 부를 때, 1동::마이클, 2동::마이클 등으로 부른다.

namespace

일상 생활뿐 아니라 C++ 프로그래밍 과정에서 이름(identifier)이 충돌하는 경우가 있다. 다음은 이름 충돌이 발생하는 대표적인 경우이다.

- 프로젝트를 여러 명이 나누어 개발하는 경우
- 다른 사람이 작성한 소스 코드나 목적 파일을 가져와서 사용하는 경우

프로젝트를 여러 명이 나누어 개발하는 경우, 한 개발자가 작성한 클래스, 상수, 변수, 함수의 이름이 같은 팀의 다른 개발자가 작성한 이름과 동일하면, 함께 컴파일하거나 링크할 때 오류가 발생하며, 이를 수정하는데 상당한 시간과 노력이 든다. 혹은 오픈 소스를 가져와서 개발자가 작성한 프로그램과 함께 컴파일 하는 경우에도 이름 충돌의 문제가 발생한다.

[그림 2–2](a)는 kitae, mike 두 사람으로 구성된 팀이 개발한 소스를 합칠 때 발생하는 함수 f()의 이름이 충돌하는 것을 보여준다. kitae.cpp를 작성한 kitae는 함수 m()이 자신이 작성한 함수 f()를 호출하도록 하였지만, mike가 작성한 mike.cpp에도 함수 f()가 작성되어 있기 때문에, 이 둘을 합쳐서 컴파일하거나 링크하면 함수 m()이 어떤 f()를 호출하는지 알 수 없어 오류가 발생한다.

이름
이름 충돌

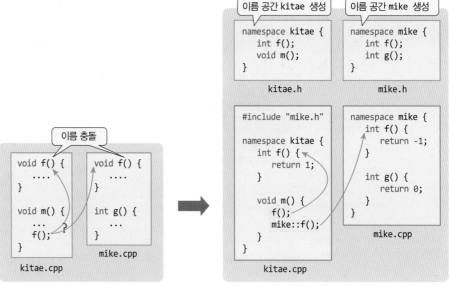

(a) kitae와 mike에 의해 각각 작성된 소스를 합치면
　 f() 함수의 이름 충돌. 컴파일 오류 발생

(b) 이름 공간을 사용하여 f() 함수 이름의 충돌 문제 해결

[그림 2-2] 이름 충돌의 경우와 namespace를 이용한 이름 충돌 해결

　　2003년 C++ 표준에서는 여러 프로젝트나 여러 사람들이 작성한 프로그램에서 변수, 함수, 클래스 등의 이름(identifier)이 충돌하는 것을 막기 위해, 개발자가 자신만의 고유한 이름 공간을 생성할 수 있도록 namespace 키워드를 도입하였다. 서로 다른 이름 공간 안에 선언된 이름들은 별개의 이름으로 취급되기 때문에, 각 개발자가 자신만의 이름 공간을 사용하면 이름의 충돌을 막을 수 있다.

　　이름 공간을 생성하는 방법은 다음과 같이 namespace 키워드 뒤에 자신만의 공간 이름을 짓고 '{'와 '}'로 묶는다.

이름 공간 생성
namespace 키워드

```
namespace kitae { // kitae라는 이름 공간 생성
    .......... // 이곳에 선언되는 모든 이름은 kitae 이름 공간에 생성된 이름
}
```

　　그리고 이름을 이용하기 위해서는 다음과 같이 이름 공간을 함께 사용한다.

```
이름공간(namespace) :: 이름(identifier)
```

　　[그림 2-2](b)는 [그림 2-2](a)에서 발생하는 함수 f()의 이름 충돌을 해결하기 위해, kitae, mike의 이름 공간을 생성한 사례이다. [그림 2-2](b)의 kitae 이름 공간에서 f()는 자기 이름 공간에 선언된 f()를 호출하며, mike::f()는 mike 이름 공간에 선언

::는 범위 지정 연산자

된 f()를 호출한다. 이름 공간을 만듦으로써 같은 이름 f()에 대한 충돌이 해결된다. ::는 범위 지정 연산자로서 C++ 표준 연산자이다.

std::란?

표준 이름 공간
std::

std는 2003년 C++ 표준에서 정한 **표준 이름 공간**으로서, 모든 C++ 표준 라이브러리는 std 이름 공간에 만들어져 있다. 그러므로 응용 프로그램이 C++ 표준 라이브러리에서 선언된 이름(identifier)을 사용할 때, std::를 접두어로 붙여야 한다. 앞의 예제 2-1, 2-2에서 이미 등장한 바와 같이 C++ 표준 입출력 라이브러리에 포함된 cout, endl은 std::와 함께 사용된다.

```
std::cout << "Hello" << std::endl;
```

std::의 생략과 using 지시어

using 지시어
std:: 생략

std 이름 공간에 선언된 수많은 이름에 대해 사용할 때마다 std:: 접두어를 붙이는 것은 상당히 번거롭다. using 지시어를 이용하면 이름 공간 접두어를 생략할 수 있는데, 다음은 cout 앞의 std::를 생략하도록 using 지시어를 사용한 사례이다.

```
using std::cout; // cout에 대해서만 std:: 생략
...............................
cout << "Hello" << std::endl; // std::cout에만 std:: 생략
```

앞의 using 지시어는 cout 이름이 std 이름 공간에 선언된 이름임을 공표함으로써, 지시어 아래 모든 코드에서 cout 앞에 std::를 생략할 수 있다. 그러나 endl 앞에는 std::를 생략할 수 없다.

만일, std 이름 공간에 선언된 모든 이름에 대해 std::를 생략하고자 한다면, 다음과 같이 namespace 키워드와 함께 using 지시어를 사용하면 된다.

using namespace std;

```
using namespace std; // std 이름 공간에 선언된 모든 이름에 std:: 생략
...............................
cout << "Hello" << endl; // cout과 endl 앞에 std:: 생략
```

#include 〈iostream〉과 std

C++ 표준에서 지원되는 모든 라이브러리는 std 이름 공간 안에 구현되어 있기 때문에 〈iostream〉 헤더 파일 내에 선언된 모든 클래스, 객체, 함수들을 사용할 때 std::를 생략하려면 다음과 같이 한다.

```
#include <iostream>
using namespace std; // <iostream> 헤더 파일에 선언된 이름을 사용할 때 std:: 생략
```

using namespace std;를 이용하여 예제 2-1의 소스 코드를 수정하면 다음과 같다.

```
#include <iostream> // cout과 << 연산자 정의 포함
using namespace std;

// C++ 프로그램은 main() 함수에서부터 실행을 시작한다.
int main() {
    cout << "Hello\n"; // 화면에 Hello를 출력하고 다음 줄로 넘어감
    cout << "첫 번째 맛보기입니다.";
    return 0; // main() 함수가 종료하면 프로그램이 종료됨
}
```

CHECK TIME

1 C++에서 이름(identifier)에 속하지 않는 것은?
　① 변수명　　　　② 클래스명　　　　③ 함수명　　　　④ 파일명

2 새로운 이름 공간을 선언할 때 사용하는 키워드는?
　① namespace　　　② std　　　　③ using　　　　④ include

3 C++ 표준 라이브러리에 선언된 모든 이름을 포함하는 C++ 표준 이름 공간은 무엇인가?

4 std 이름 공간의 모든 이름에 std::를 생략하도록 지시하는 지시문을 쓰라.

2.3 키 입력 받기

이 절에서는 C++ 응용프로그램에서 키를 입력받는 방법에 대해 설명한다. C 언어를 배운 독자들은 지금부터 scanf, gets, getc, getchar, getch 등 C 언어의 키 입력 방법은 잊고, 이 장과 11장에서 설명하는 C++의 키 입력 방법을 익혀 사용하도록 하라.

예제 소스

다음 예제 2-3을 보면서 C++에서 사용자로부터 키를 입력받는 방법을 배워보자.

예제 2-3   **cin과 >>로 키 입력 받기**

```cpp
1   #include <iostream>
2   using namespace std;
3
4   int main() {
5      cout << "너비를 입력하세요>>";
6
7      int width;
8      cin >> width; // 키보드로부터 정수 값 너비를 읽어 width 변수에 저장
9
10     cout << "높이를 입력하세요>>";
11
12     int height;
13     cin >> height; // 키보드로부터 정수 값 높이를 읽어 height 변수에 저장
14
15     int area = width*height; // 사각형의 면적 계산
16     cout << "면적은 " << area << "\n"; // 면적을 출력하고 다음 줄로 넘어감
17  }
```

`'\n'도 가능`

→ 실행 결과

```
너비를 입력하세요>>3
높이를 입력하세요>>5
면적은 15
```

cin과 >> 연산자를 이용한 키 입력

cin
>> 연산자

C++에서는 표준 입력 스트림인 cin과 >> 연산자를 이용하여 사용자로부터 키를 입력받는다. cin과 >> 연산자는 <iostream> 헤더 파일에 선언되어 있으므로 프로그램 서두에는 다음 문이 필요하다.

```
#include <iostream>
using namespace std;
```

다음의 모든 기본 타입에 대해 >> 연산자로 데이터 입력이 가능하다.

```
bool, char, short, int, long, float, double
```

다음은 정수형 변수 width와 문자형 변수 c에 각각 정수와 문자를 입력받는 코드이다.

```
int width;
cin >> width; // 키보드로부터 정수를 입력받아 width에 저장
char c;
cin >> c; // 키보드로부터 문자를 입력받아 c에 저장
```

C++에서는 C 언어와 달리 키 입력받는 변수를 다음과 같이 이름 그대로 사용한다.

```
int width;
cin >> width; // ( ○ )
cin >> &width; // ( X ), width의 주소 값을 주어서는 안 된다.
```
오류

cin은 여러 개의 >> 연산자를 이용하여 여러 값을 입력받을 수도 있다. >> 연산자들은 왼쪽부터 오른쪽으로 순서대로 키보드로부터 입력받는다. 다음은 한 문장에 두 개의 >> 연산자를 이용하여 width와 height에 값을 읽고 출력하는 코드이다.

```
cout << "너비와 높이를 입력하세요>>";
cin >> width >> height;
cout << width << '\n' << height << '\n';
```

```
너비와 높이를 입력하세요>>23 36
23          width에 입력    height에 입력
36
```

이제 cin과 >> 연산자에 대해 잠깐 정리하고 넘어가자.

●cin 객체

cin은 키보드와 C++ 응용프로그램을 연결하는 C++ 표준 입력 스트림 객체(standard input stream object)이다. 키보드로 입력되는 값들은 모두 cin 객체의 스트림 버퍼로 들어오며, 응용프로그램은 cin 객체로부터 입력된 키 값을 읽는다.

●>> 연산자

>> 연산자
재정의
operator overloading

>> 연산자는 스트림 추출 연산자(stream extraction operator)로 불리며 왼쪽 피연산자인 스트림 객체로부터 데이터를 읽어 오른쪽 피연산자에 지정된 변수에 삽입한다. 스트림 추출 연산자는 본래 정수를 시프트하는 C++의 기본 연산자이지만, <iostream> 헤더 파일에 스트림 추출 연산자로 재정의(operator overloading)되어 있다. 연산자 재정의는 7장에서 다루며 cin과 >> 연산자에 대한 자세한 설명은 11장에서 다룬다.

〈Enter〉 키를 칠 때 변수에 키 값 전달

다음은 키보드에서 사용자의 나이를 입력받아 정수형 변수 age에 저장하는 코드이다. >> 연산자가 언제 키를 읽는지 알아보자.

```
int age;
cin >> age;
```

〈Enter〉 키

만일 나이가 19세인 사용자가 19를 입력하기 위해 1을 입력하자마자 정수 1이 age에 저장된다면, 사용자는 결코 19를 age에 입력시킬 수 없을 것이다. 혹은 1을 잘못 입력하여 2를 입력하였다면 2를 지울 기회조차 없을 것이다. cin과 >> 연산자는 사용자의 키 입력이 다 끝났을 때 입력된 키를 정수로 변환하여 age에 저장한다. 그러면 C++ 입력 시스템은 사용자의 키 입력이 끝났다는 사실을 어떻게 인식하는가? 그것은 바로 〈Enter〉 키이다.

cin의 스트림 버퍼

사용자가 입력한 키들은 일차적으로 cin의 스트림 버퍼에 저장되며, 〈Enter〉 키가 입력되면 비로소 >> 연산자가 cin의 입력 버퍼에서 키 값을 끌어내어 변수에 저장한다. 앞의 코드의 경우 1과 9 키를 입력하고 〈Enter〉 키를 입력할 때 19가 age에 저장된다.

또한 키 입력 도중 사용자가 〈Backspace〉 키를 치면, cin의 스트림 버퍼에 입력된 키를 제거할 수 있다. 〈Enter〉 키를 입력하기 전까지는 사용자의 키 입력이 완료된 상태가 아니다. 〈Enter〉 키를 입력하여야 비로소 >> 연산자가 작동한다는 사실을 기억하기 바란다. 11.1절의 [그림 11-2]를 참고하라.

실행문 중간에 변수 선언

프로그램 어디서나 변수 선언

C 언어와 마찬가지로 C++에서도 프로그램 어디서나 변수 선언이 가능하다. 다음 소스는 실행문 사이에 변수 width, height, area를 선언한 사례이다. 물론, 변수의 범위 규칙에 따라, 변수 사용은 변수가 선언된 라인 아래부터 적용된다.

```cpp
int width;
cin >> width; // 키보드로부터 너비를 읽는다.

cout << "높이를 입력하세요>>";

int height;
cin >> height; // 키보드로부터 높이를 읽는다.

// 너비와 높이로 구성되는 사각형의 면적을 계산한다.
int area = width*height;
cout << "면적은 " << area << "\n"; // 면적을 출력하고 한 줄 띈다.
```

실행문 중간에 변수 선언 ⎤
실행문 중간에 변수 선언 ⎤

장점

실행문 중간에 변수를 선언하는 방식은 몇 가지 장점이 있다. 첫째, 변수를 사용하는 코드 바로 위에 변수를 선언할 수 있어 코드를 읽기 쉽게 만든다.

둘째, 변수를 사용하기 바로 전 라인에 변수를 선언하면, 변수 이름을 잘못 타이핑하는 실수를 줄일 수 있다. 예를 들어 보자. 다음은 함수의 서두에 모든 변수를 선언하는 경우이다.

```cpp
int time, timer;
...
timer = 5; // time에 5을 저장하려다 timer로 잘못 입력. 컴파일 오류 발생하지 않음
....
timer = 3;
```

이 경우는 time, timer 등 이름이 비슷한 변수들을 함수의 서두에 선언하고, 함수의 중간쯤에서 time 변수에 5 값을 저장하려다 실수하여 timer=5로 타이핑하였지만 컴파일 오류가 발생하지 않는다. 컴파일 오류가 발생하지 않았기 때문에 개발자는 오류가 없다고 생각하지만, 이 코드는 timer와 time 변수의 값이 개발자의 의도와 다른 값을 가지게 되어 잠재적인 논리 오류를 담고 있다.

이런 오류의 가능성은 다음 코드와 같이 변수가 필요한 곳 바로 전에 변수를 선언함으로써 줄일 수 있다.

컴파일 오류 >
```
int time;
timer = 5; // time에 5을 저장하려다 timer로 잘못 입력. 컴파일 오류 발생
....
int timer; // timer 변수가 필요할 때 선언
timer = 3;
```

timer 변수를 사용하기 직전에 선언하면, time이 timer로 잘못 타이핑된 경우 컴파일 오류가 발생하므로, 개발자의 타이핑 오류를 사전에 발견할 수 있다.

또 다른 장점의 예로서, 다음 for 문은 필요한 곳에 변수(int n)를 선언하여 사용하는 대표적인 경우이다.

```
for(int n=0; n<10; n++)
    cout << n;
```

단점

실행문 중간에 변수를 선언하면 단점도 있다. 선언된 변수들이 코드 사이에 흩어져 있으므로, 선언된 모든 변수를 한 눈에 보기 힘들고, 코드 사이에서 선언된 변수를 찾기가 용이하지 않다.

CHECK TIME

1 키보드 장치와 연결되어 C++ 응용프로그램에 사용자가 입력한 키를 공급하는 객체는?
  ① cin   ② cout   ③ std   ④ iostream

2 다음 문에서 >> 연산자가 입력된 키 값을 정수형 변수 n에 저장하는 시점은?

```
cin >> n;
```

  ① 키가 입력될 때마다   ② <Enter> 키가 입력될 때
  ③ ctrl-z 키가 입력될 때   ④ -1 키가 입력될 때

3 키보드로부터 int 형의 radius 변수에 반지름 값을 읽어 들이고, 원의 면적을 계산하여 double 형의 area 변수에 저장한 후, 출력하는 프로그램을 작성하라.

2.4 키보드로 문자열 입력

이 절에서는 C++에서 문자열을 다루는 방법과 키보드로부터 문자열을 입력받는 방법을 설명한다.

C++의 문자열

C++ 응용프로그램에서 가장 많이 다루어지는 데이터 중 하나가 문자열이다. 그러나 안타깝게도 문자열은 C++의 기본 데이터 타입이 아니다. C++에서는 다음 두 방법으로 문자열을 표현한다.

C-스트링
string 클래스

- C-스트링 – C 언어에서 문자열을 표현하는 방법
- string 클래스 – 문자열을 객체로 다루는 방법. 권장하는 방법

첫 번째 방법 : C-스트링

C-스트링
C 언어와의 호환성

C-스트링(C-string)은 널 문자('\0' 혹은 0)로 끝나는 char 배열을 말하며, C 언어에서 사용하는 문자열 방식이다. C++에서는 C 언어와의 호환성 때문에 C-스트링을 그대로 사용한다. C-스트링의 사례를 보자.

```
char name1[6] = {'G', 'r', 'a', 'c', 'e', '\0'}; // name1은 문자열 "Grace"
char name2[5] = {'G', 'r', 'a', 'c', 'e'}; // name2는 문자열이 아님. 단순 문자 배열
```

name1은 "Grace"라는 C-스트링 문자열이며, name2는 끝에 '\0' 문자가 없기 때문에 문자열이 아니고 단순 문자 배열일 뿐이다.

"Grace"는 'G', 'r', 'a', 'c', 'e', '\0'의 6개의 문자들로 구성된 문자열 리터럴(literal)이며, 문자열 리터럴을 직접 배열에 저장하여 다음과 같이 문자열을 만들기도 한다.

```
char name3[6] = "Grace";
char name4[] = "Grace"; // name4[] 배열의 크기는 6으로 자동 설정
```

마지막에 '\0'을 추가하기 위해 배열의 크기는 문자수보다 최소한 1은 커야 하며, 문자수보다 많이 커도 상관없다. 다음 코드를 보자.

```
char name5[10] = "Grace";
```

이 코드의 실행 결과 name5[] 배열은 [그림 2-3]과 같은 구조가 된다. name5[] 배열의 크기가 10이므로 "Grace" 문자열 뒤에 남은 4개의 원소들은 모두 '\0'으로 초기화되지만, '\0' 대신 어떤 값으로 초기화되어도 상관없다.

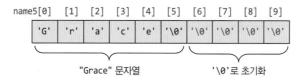

[그림 2-3] char name5[10] = "Grace";의 실행 결과

<cstring>

C++ 응용 프로그램은 C-스트링을 다루기 위해 C 프로그래밍에서 사용해왔던 strcpy(), strcmp(), strlen() 등 C 라이브러리 함수들을 그대로 사용할 수 있다. 이때 <cstring>이나 <string.h> 헤더 파일을 include 해야 한다.

```
#include <cstring> 또는 #include <string.h>
...
int n = strlen("hello");
```

C++ 표준

<cstring> 헤더 파일은 내부적으로 <string.h>를 include 하기 때문에 이 둘은 거의 같은 것으로 볼 수 있지만, C++ 표준에 따라 <cstring> 헤더 파일을 include 하는 것이 바람직하다. 또한, Visual C++에서 <iostream>만 include 하면 strcpy(), strcmp(), strlen() 등의 C 함수를 사용할 수 있지만, 리눅스 컴파일러 등 다른 컴파일러에서는 안 될 수 있으므로 C++ 표준안을 지키는 것이 바람직하다.

cin을 이용한 문자열 입력

cin과 >> 연산자를 이용하여 키보드로부터 간단히 문자열을 입력받을 수 있다. 다음은 name[] 배열에 문자열을 입력받는 코드이다.

```
char name[6]; // 5개의 문자로 구성되는 문자열을 저장할 수 있는 char 배열
cin >> name; // 키보드에서 문자열을 읽어 name 배열에 저장
```

키보드로 다음과 같이 입력하면

```
Grace
```

>> 연산자는 [그림 2-4]와 같이 name[] 배열에 'G', 'r', 'a', 'c', 'e'의 5개 문자와 널('\0')을 순서대로 삽입하며, name[] 배열은 문자열이 된다.

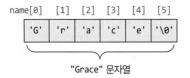

[그림 2-4] 키보드로 "Grace"가 입력되어 name[] 배열에 저장된 상태

name[] 배열의 크기가 6이기 때문에 사용자는 반드시 5개 이하의 문자만 입력할 수 있다. 사용자가 6개 이상의 문자를 키보드로 입력하면 name[] 배열에 다 저장할 수 없기 때문에 실행 오류(run-time error)가 발생한다. 예제 2-4는 키보드로부터 이름을 입력받고 다시 화면에 출력하는 사례를 보여준다.

예제 2-4 **키보드에서 문자열 입력받고 출력**

```cpp
1   #include <iostream>
2   using namespace std;
3
4   int main() {
5      cout << "이름을 입력하세요>>";
6
7      char name[11]; // 한글은 5개 글자, 영문은 10까지 저장할 수 있다.
8      cin >> name; // 키보드로부터 문자열을 읽는다.
9
10     cout << "이름은 " << name << "입니다\n"; // 이름을 출력한다.
11  }
```

실행 결과

```
이름을 입력하세요>>마이클   ← 빈칸 없이 키 입력해야 함
이름은 마이클입니다
```

예제 2-4에서 name[] 배열의 크기가 11이기 때문에, 영문자는 10개까지, 한글은 한 문자가 2바이트이므로 5글자까지 저장 가능하다. 더 이상 많은 문자를 키보드로 입력하면 실행 오류가 발생하고 프로그램은 비정상 종료한다.

예제 2-5	**C-스트링을 이용하여 암호가 입력되면 프로그램을 종료하는 예**

정확한 암호를 입력받을 때 프로그램을 종료하는 프로그램을 작성하라.

암호를 입력받기 위해 문자열 char password[11]를 선언하고, cin과 >> 연산자로 암호를 입력받는다. 암호는 "C++"로 하고, 암호를 입력받을 때까지 루프를 돌고, 암호가 입력되면 프로그램을 종료한다.

```
1   #include <iostream>
2   #include <cstring>      ← strcmp() 함수를 사용하기 위한 헤더 파일
3   using namespace std;
4
5   int main() {
6      char password[11];
7      cout << "프로그램을 종료하려면 암호를 입력하세요." << endl;
8      while(true) {
9         cout << "암호>>";
10        cin >> password;
11        if(strcmp(password, "C++") == 0) {
12           cout << "프로그램을 정상 종료합니다." << endl;
13           break;
14        }
15        else
16           cout << "암호가 틀립니다~~" << endl;
17     }
18  }
```

➡ 실행 결과

```
프로그램을 종료하려면 암호를 입력하세요.
암호>>Java      ← 빈칸 없이 입력해야 함
암호가 틀립니다~~
암호>>C
암호가 틀립니다~~
암호>>C++
프로그램을 정상 종료합니다.
```

cin과 >> 연산자로 문자열을 입력 받을 때의 허점

>> 연산자를 이용하여 문자열을 입력받는 방법은 쉽고 간단한 반면, 독자들이 유의할

공백 문자

허점이 하나 있다. >> 연산자는 공백 문자(white space character)를 만나면 그 전까지 입력된 문자들을 하나의 문자열로 인식한다. 예를 들면 앞의 예제 2-4에서 빈칸을 삽입하여 '마 이 클'로 입력하면 출력 결과는 다음과 같이 된다.

이름을 입력하세요>>마 이 클　──◁ 빈칸을 만나면 문자열 입력 종료
이름은 마입니다

　>> 연산자는 '마' 문자를 읽은 후 빈칸을 만나, 문자열("마")의 입력이 종료된 것으로 판단하기 때문이다. 그리고 '이 클'은 키 입력을 기다리는 다음 >> 연산자에서 처리된다.

cin.getline()을 이용하여 공백이 포함된 문자열 입력

getline() 멤버 함수
공백이 포함된 문자열 입력

cin 객체의 getline() 멤버 함수를 이용하면 공백이 포함된 문자열을 입력받을 수 있다. getline() 함수의 원형은 다음과 같다.

---

cin.getline(char buf[], int size, char delimitChar)
- *buf* : 키보드로부터 읽은 문자열을 저장할 배열
- *size* : buf[] 배열의 크기
- *delimitChar* : 문자열 입력 끝을 지정하는 구분 문자

　최대 size-1개의 문자를 입력받거나 delimitChar로 지정된 문자를 만나면 문자열의 입력이 종료된다. 입력된 문자열은 buf[] 배열에 저장되며, delimitChar로 지정된 문자는 저장되지 않고 cin의 버퍼에서도 사라진다. 그리고 buf[] 배열에 널 문자('\0')가 덧붙여진다.

---

　cin.getline()을 호출하면, delimitChar에 지정된 구분 문자가 입력될 때까지 공백 문자를 포함하여 문자열을 입력 받을 수 있다. 다음은 <Enter> 키를 구분 문자로 지정하여 문자열을 입력받는 예이다.

```
char address[100];
cin.getline(address, 100, '\n'); // <Enter> 키가 입력될 때까지 최대 99개의 문자 입력
```

　이 코드를 실행하고 사용자가 'Seoul Korea<Enter>'를 입력하면 실행 결과는 [그림 2-5]와 같이 된다.

사용자가 'Seoul Korea<Enter>'를 입력할 때

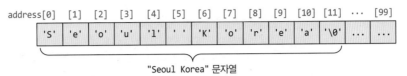

"Seoul Korea" 문자열

[그림 2-5] cin.getline(address, 100, '\n')으로 공백이 낀 문자열 입력

cin.getline() 함수의 마지막 매개 변수 delimitChar는 생략할 수 있다. delimitChar의 디폴트 값이 '\n'이므로, 앞의 getline() 호출은 다음과 같이 간소화할 수 있다.

```
cin.getline(address, 100); // cin.getline(address, 100, '\n');과 동일
```

예제 2-6은 cin.getline()을 이용하여 문자열을 입력받는 완성된 소스이다. 독자들은 getline()의 마지막 매개 변수를 ' '나 '&' 등 다른 문자로 변경하여 잘 작동하는지 실행해보기 바란다.

예제 2-6   **cin.getline()을 이용한 문자열 입력**

cin.getline()을 이용하여 빈칸을 포함하는 문자열을 읽는 예를 보인다.

```
1   #include <iostream>
2   using namespace std;
3
4   int main() {
5       cout << "주소를 입력하세요>>";
6
7       char address[100];
8       cin.getline(address, 100, '\n'); // 키보드로부터 주소 읽기
9
10      cout << "주소는 " << address << "입니다\n"; // 주소 출력
11  }
```

→ 실행 결과

주소를 입력하세요>>컴퓨터시 프로그램구 C++동 스트링 1-1

주소는 컴퓨터시 프로그램구 C++동 스트링 1-1입니다

빈칸이 있어도 <Enter> 키가 입력 될 때까지 하나의 문자열로 인식

> **잠깐!** **공백 문자(white space character)란?**
>
> 공백 문자란 단어나 줄 사이에 사용자가 읽기 쉽도록 삽입하는 문자로서, C++ 표준에서는 빈칸(' '), 탭('\t'), 다음 줄로 넘어가기('\n'), 캐리지 리턴('\r'), 폼피드('\f'), 수직 탭('\v') 문자들을 말한다. 문자가 공백 문자인지 판단하기 위해 다음 함수를 이용하면 된다.
>
> ```
> int isspace(char c) // c가 공백 문자이면 true(0이 아닌 정수) 리턴
> ```

두 번째 방법 : string 클래스

> **string 클래스**
> 문자열 크기 제약 없기 때문 문자열을 다루기 쉽다

C++에서 문자열을 다루는 두 번째 방법은 C++ 표준 라이브러리에서 제공하는 string 클래스를 사용하는 방법이다. 저자가 이 방법을 선호하는 이유는, C-스트링은 배열의 크기에 의해 문자열의 크기가 고정되는 불편함이 있지만, string 클래스는 문자열의 크기에 제약이 없기 때문이다. 또한 string 클래스를 이용하는 방법은 객체 지향적일 뿐 아니라, C-스트링 방식보다 문자열을 다루기 쉽다. 그리고 Java, C# 등 다른 언어에서도 string과 유사한 클래스로 문자열을 다루기 때문에, 다른 언어를 배우기 쉬운 장점도 있다.

string 클래스는 문자열 복사, 비교, 수정 등 다양한 문자열 연산을 위한 멤버 함수와 연산자를 제공하므로, 응용프로그램은 string 객체를 생성하여 쉽게 문자열을 다룰 수 있다. string 클래스에 대한 자세한 설명은 4장의 마지막 부분에서 다룬다. 다만 string 클래스에 대한 언급이 나온 만큼, 독자들을 위해 string 클래스로 문자열을 표현하고 다루는 간단한 사례를 예제 2-7에 준비하였다.

예제 2-7 **string 클래스를 이용한 문자열 입력 및 다루기**

"Falling in love with you"를 부른 가수의 이름을 묻는 프로그램 코드를 작성하였다. string 클래스를 사용하기 위해 <string> 헤더 파일을 include 해야 한다. 이 예제는 string 클래스를 사용하면, 문자열 연결, 비교, 문자열 속의 문자 알아내기 등, 문자열 조작을 쉽게 할 수 있음을 보여준다. 또한 string으로 문자열을 입력 받기 위해 C++ 표준 라이브러리에서 지원하는 전역 함수 getline(istream&, string&)을 사용하는 방법도 보여준다.

```
1  #include <iostream>
2  #include <string>         string 클래스를 사용하기 위한 헤더 파일
3  using namespace std;
4
5  int main() {
6      string song("Falling in love with you"); // 문자열 song
7      string elvis("Elvis Presley"); // 문자열 elvis
```

```
8      string singer; // 문자열 singer
9
10     cout << song + "를 부른 가수는"; // + 로 문자열 연결
11     cout << "(힌트 : 첫글자는 " << elvis[0] << ")?"; // [] 연산자 사용
12
13     getline(cin, singer); // 문자열 입력
14     if(singer == elvis)  // 문자열 비교
15         cout << "맞았습니다.";
16     else
17         cout << "틀렸습니다. " + elvis + "입니다." << endl; // + 로 문자열 연결
18   }
```

빈칸을 포함하는 문자열 입력 가능

getline()은 string 타입의 C++ 문자열을 입력 받기 위해 제공되는 전역 함수

➜ 실행 결과

Falling in love with you를 부른 가수는(힌트 : 첫글자는 E)?Elvis Pride   ← 빈칸 포함
틀렸습니다. Elvis Presley입니다.

CHECK TIME

1 다음 코드에 대해 잘못 설명한 것은?

```
char department[21];
cin >> department;
```

① 키보드로부터 문자열을 읽어 department[] 배열에 저장한다.
② 사용자는 영문자 20개로 구성된 문자열을 입력할 수 있다.
③ 사용자는 한글 20 글자로 구성된 문자열을 입력할 수 있다.
④ 사용자는 반드시 공백 없이 문자열을 입력하여야 정상적으로 입력된다.

2 '.' 문자가 입력될 때까지 도시의 이름을 문자열로 입력받아 char city[21] 배열에 저장하는 cin.getline() 호출 코드를 보여라. 도시의 이름은 최대 20 글자이며, 영문자로 입력하는 것을 가정한다.

2.5 #include ⟨iostream⟩에 숨은 진실

이 절에서는 ⟨iostream⟩ 헤더 파일과 관련된 독자들의 궁금증을 해소하고 #include 문의 처리 과정을 자세히 설명하고자 한다.

#include ⟨iostream⟩와 전처리기

전처리기
헤더 파일의 확장

C/C++ 컴파일러는 컴파일 전에 우선 전처리기(preprocessor)를 실행시켜 #include 문을 모두 처리한다. 전처리기는 컴파일러에 의해 내부적으로 호출되므로, 사용자가 전처리기의 실행 여부를 알기는 어렵다. 전처리기는 #include 문에 지정된 ⟨헤더 파일⟩의 텍스트를 #include 문이 있던 그 자리에 삽입한다. 이를 '헤더 파일의 확장'이라고 말한다. 만일 ⟨헤더 파일⟩ 내에 또 다른 include 하는 문이 내포되어 있으면, 다시 그 자리에 '헤더 파일의 확장'이 일어난다. 모든 '헤더 파일의 확장'이 완료되면 전처리기는 종료한다.

[그림 2–6]의 SimpleC++.cpp 파일에 들어 있는 #include ⟨iostream⟩ 문을 처리하는 과정을 구체적으로 살펴보자. ⟨iostream⟩ 파일은 ⟨istream⟩ 파일을 include 하고, ⟨istream⟩ 파일은 ⟨ostream⟩ 파일을 include 하며, 다시 ⟨ostream⟩ 파일은 ⟨ios⟩ 파일을 include 하므로 ⟨iostream⟩, ⟨istream⟩, ⟨ostream⟩, ⟨ios⟩ 헤더 파일이 모두 SimpleC++.cpp 소스 파일 내에 확장되어 들어오게 된다. 확장이 끝나면 확장된 상태의 SimpleC++.cpp 파일이 컴파일된다.

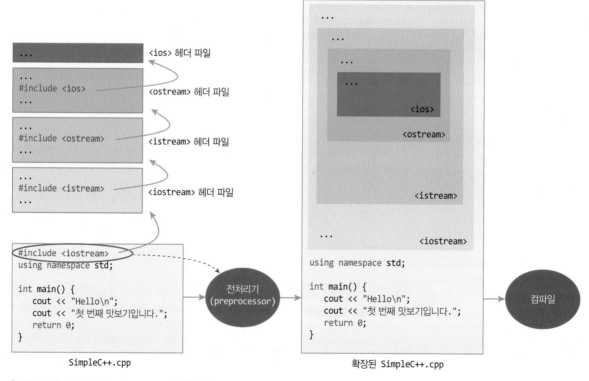

[그림 2–6] #include ⟨iostream⟩ 처리 과정

〈iostream〉 헤더 파일은 어디에?

컴파일러가 설치된 폴더의 include 폴더

그러면 〈iostream〉 헤더 파일은 어디에 있는가? 〈iostream〉 헤더 파일은 텍스트 파일로서 컴파일러가 설치된 폴더의 include 폴더에 존재한다. Visual C++의 경우, 저자의 컴퓨터에는 다음 폴더에 〈iostream〉 헤더 파일이 설치되어 있다.

```
C:\Program Files\Microsoft Visual Studio\2022\Community\VC\Tools\MSVC\14.30.
30705\include
```

이 폴더는 Visual Studio의 버전에 따라 변할 수 있음에 주의하기 바란다.

[그림 2-7]은 저자 컴퓨터의 include 폴더의 파일 리스트를 보여준다. 독자 여러분들도 직접 자신의 컴퓨터에서 〈iostream〉 헤더 파일을 찾아 열어 읽어 보기 바란다. 〈iostream〉 헤더 파일은 확장자가 없다.

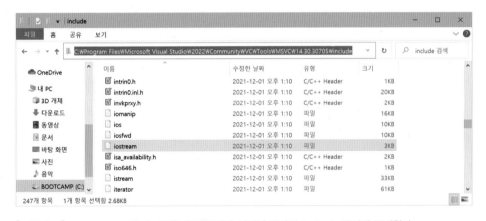

[그림 2-7] 〈iostream〉 헤더 파일은 컴파일러가 설치된 폴더의 include 폴더에 존재한다.

표준 C++ 헤더 파일은 확장자가 없다.

.h
헤더 파일에 확장자를 붙이지 않는다

C 언어에서 C 표준 라이브러리 헤더 파일의 확장자는 .h이다. 이러한 전통을 계승하여 C++에서도 C++ 표준 라이브러리의 헤더 파일 확장자를 .h로 사용하여 오다가 2003년 C++ 표준부터 헤더 파일에 확장자를 붙이지 않는다. C와 C++의 헤더 파일의 확장자에 대한 설명을 〈표 2-1〉에 간단히 요약하였다.

2.2절에서 설명한 바와 같이 #include 문과 함께 std의 이름 공간 사용을 표기하는 것이 일반적이다.

```
#include <iostream>
using namespace std;
```

현재 Visual C++에서는 C 라이브러리 함수를 사용하는 경우, 다음과 같이 .h 확장자를 가진 헤더 파일을 허용하고 있지만 표준이 아니므로 주의하기 바란다.

```
#include <string.h> // #include <cstring>이 표준 방법
```

〈표 2-1〉 헤더 파일의 확장자

언어	헤더 파일 확장자	사례	설명
C	.h	〈string.h〉	C/C++ 프로그램에서 사용 가능
C++	확장자 없음	〈cstring〉	using namespace std;와 함께 사용해야 함

#include 〈헤더 파일〉과 #include "헤더 파일"의 차이

〈헤더 파일〉
"헤더 파일"

#include 문에 헤더 파일을 지정할 때 헤더 파일이 존재하는 위치에 따라 〈헤더 파일〉과 "헤더 파일"로 달리 사용한다.

●#include 〈헤더 파일〉

컴파일러가 설치된 폴더

이 문은 컴파일러가 설치된 폴더에서 '헤더 파일'을 찾으라는 지시이다. 예를 들어 〈iostream〉 헤더 파일의 경우, 컴파일러가 설치된 폴더에 있기 때문에 다음과 같이 지정한다.

```
#include <iostream>
```

●#include "헤더 파일"

개발자의 프로젝트 폴더

이 문은 개발자의 프로젝트 폴더나 개발자가 컴파일 옵션으로 지정한 include 폴더에서 '헤더 파일'을 찾도록 지시한다. 개발자 자신이 만든 헤더 파일을 사용하는 경우 이 방법을 사용해야 한다.

헤더 파일에는 무엇이 들어 있는가?

이 질문에 대해 정확히 답을 한다면 매우 훌륭한 개발자임이 틀림없다. 과연 헤더 파일에 무엇이 들어 있을까? 대부분의 학생들은 헤더 파일에 함수들의 코드가 들어 있다고 답한다. 예를 들어 strcpy() 함수를 사용하려면 <cstring>을 include 하는데, 그 이유는 strcpy() 함수의 코드가 들어 있기 때문이라는 것이다. 전혀 틀린 답이다. strcpy() 함수의 코드는 이미 컴파일된 기계어 형태로 C 라이브러리에 들어 있다. 실행 중에 strcpy()가 호출되면 C 라이브러리의 코드를 호출하지 <cstring> 헤더 파일에 있는 무언가를 호출하는 것이 아니다. <cstring> 헤더 파일에는 strcpy() 함수의 선언만(원형) 들어 있으며, 컴파일할 때 strcpy() 함수의 호출이 정확한지 판단하는데 사용된다. include 디렉터리에 들어 있는 <cstring>과 같은 헤더 파일 내부를 들여다보아 이런 사실을 확인하기 바란다. Visual Studio나 메모장에서도 열 수 있다.

cout과 cin은 어디에 선언되어 있는가?

<iostream> 헤더 파일에 선언된 객체들

cout이나 cin은 모두 <iostream> 헤더 파일에 선언된 객체들이다. <iostream> 파일을 직접 열어 눈으로 확인해보자. <iostream> 파일을 열어 캡처한 화면을 [그림 2-8]에 삽입하였다. 그림에서 cin은 istream 타입, cout은 ostream 타입의 객체로 선언된 것을 볼 수 있다. 독자들도 자신의 컴퓨터에서 <iostream> 파일을 직접 열어 확인해보기 바란다. 그러나 실수로 파일을 지우거나 수정하게 되면 Visual Studio를 사용하는데 문제가 생기므로 조심하도록 하라.

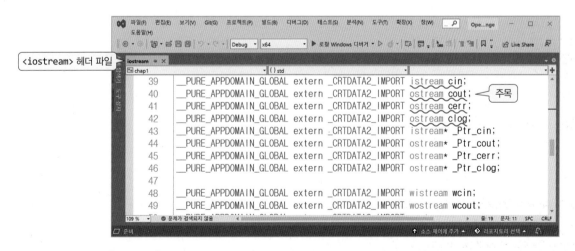

[그림 2-8] cin과 cout은 <iostream> 헤더 파일에 객체로 선언되어 있다.

C++ 프로그램의 기본 요소와 화면 출력

- C++ 프로그램은 main() 함수에서 실행을 시작하며, int main()으로 표준화되어 있다.
- C++ 프로그램에서 main() 함수만 예외적으로 return 문을 생략할 수 있다. return 문이 생략되면 함수가 종료할 때 0을 리턴한다.
- C++ 프로그램에서 입출력을 하기 위해서는 #include <iostream> 문이 반드시 필요하다.
- cout은 C++ 표준 출력 스트림 객체로서 C++ 프로그램과 스크린 장치를 연결한다.
- C++ 프로그램은 cout 객체와 << 연산자를 이용하여 쉽게 화면에 데이터를 출력한다.
- cin은 C++ 표준 입력 스트림 객체로서 C++ 프로그램과 키보드 장치를 연결한다
- C++ 프로그램은 cin과 >> 연산자를 이용하여 쉽게 사용자로부터 키 입력을 받을 수 있다.

namespace와 std::

- 여러 명이 나누어 작성한 코드나 오픈 소스 코드 사이에 클래스, 변수, 함수 등의 이름(identifier) 이 충돌하는 오류를 해결하기 위해, 2003년 C++ 표준에서는 이름 공간 개념을 도입하였다.
- 이름 공간은 namespace 키워드를 이용하여 간단히 생성할 수 있다. 소스별로 이름 공간을 따로 설정 하면 이름 충돌을 막을 수 있다.
- std는 C++ 표준 라이브러리가 모두 선언된 표준 이름 공간이다. 그러므로 C++ 표준 라이브러리를 사 용하려면 다음과 같이 std 이름 공간 사용을 표기하여야 한다.

```
using namespace std;
```

키 입력 받기

- 사용자가 키보드에 입력한 키 값은 cin의 스트림 버퍼에 일단 저장되며, <Enter> 키가 입력되어야 비로소 프로그램은 cin에서 키 값을 읽어 갈 수 있다.
- C++에서 프로그램 내의 아무 곳이나 변수를 선언할 수 있다.

키보드로 문자열 입력

- C++에서 문자열은 C-스트링 방식과 C++ 표준 라이브러리의 string 클래스를 이용하는 두 가지 방식 이 있다. C++ 프로그램에서 문자열을 다룰 때 가능하면 string 클래스를 이용하기 바란다. 문자열을 다루는데 매우 편리하고 쉽다.
- C-스트링은 '\0'로 끝나는 문자 배열로 표현되는 문자열이다. C-스트링을 다루기 위해, strcat, strcpy 등 기존 C 함수를 활용하는 것이 가능하다. 이때 #include <cstring> 문이 필요하다.
- cin과 >> 연산자를 이용하면, 문자열을 읽을 수 있되 빈칸이 낀 문자열은 읽지 못한다.
- cin.getline() 함수를 이용하면, 빈칸이 낀 문자열을 읽을 수 있다.

#include <iostream>에 숨은 진실

- <iostream> 등 C++ 표준 헤더 파일은 컴파일러가 설치된 폴더의 include 폴더에 존재한다.
- C++ 표준에서는 헤더 파일 명에 확장자(.h)가 없다.
- #include <헤더 파일> 문은 헤더 파일을 컴파일러가 설치된 폴더에서 찾으라는 지시이며, #include "헤더 파일" 문은 헤더 파일을 개발자의 프로젝트 폴더나 개발자가 컴파일 옵션으로 지정한 include 폴더에서 찾도록 지시하는 문이다.
- cin, cout 등은 <iostream> 헤더 파일에 선언된 표준 입출력 객체들이다.

Open Challenge

가위 바위 보 게임 만들기

C++ 프로그램 구성 연습, 키 입력 및 화면 출력 연습

두 사람이 하는 가위, 바위, 보 게임을 만들어보자. 두 사람의 이름은 '로미오'와 '줄리엣'으로 한다. 먼저 "로미오>>"를 출력하고 '로미오'로부터 "가위", "바위", "보" 중 하나의 문자열을 입력받고, 다시 "줄리엣>>"을 출력하고 '줄리엣'으로부터 "가위", "바위", "보" 중 하나의 문자열을 입력받는다. 누가 이겼는지 판단하여 승자를 출력한다. 비기게 되면 "비겼습니다"라고 출력하고 프로그램을 종료한다. 난이도 3

가위 바위 보 게임을 합니다. 가위, 바위, 보 중에서 입력하세요.
로미오>>가위
줄리엣>>바위
줄리엣이 이겼습니다.

힌트

사용자 입력을 저장하기 위해 string 타입 변수를 사용하라. #include <string>이 필요함

```
string s;
cout << "로미오>>";
cin >> s; // 로미오가 입력한 문자열
string t;
cout << "줄리엣>>";
cin >> t; // 줄리엣이 입력한 문자열
```

그리고 승자를 결정하기 위해 다음과 같이 비교하면 된다.

```
if(s == "가위" && t == "보")
    cout << "로미오가 이겼습니다." << endl;
```

연습문제

EXERCISE

이론 문제

1. C++ 응용프로그램이 실행을 시작하는 함수의 원형은 무엇인가?

2. C++에서 main() 함수에 대한 설명 중 틀린 것은?
   ① C++ 표준에서 정한 main() 함수의 리턴 타입은 int이다.
   ② void main()으로 작성해도 대부분의 컴파일러에서는 처리된다.
   ③ main() 함수는 반드시 return 문을 가지고 있어야 한다.
   ④ main() 함수는 반드시 정수 0을 리턴할 필요가 없다.

3. 다음 소스에서 생략해도 되는 라인은 어디인가?

```
#include <iostream>
int main() {
   std::cout << "I love C++\n";
   std::cout << "I love programming";
   return 0;
}
```

4. 다음 코드는 C 컴파일러로 컴파일하면 컴파일 오류가 발생하지만 C++ 컴파일러로 컴파일하면 정상적으로 컴파일된다.

```
int a;
a = 4;
int square = a * a;
```

(1) C 컴파일러로 컴파일할 때 어떤 컴파일 오류가 발생하는가?
(2) C++ 컴파일러로 컴파일할 때 정상적으로 컴파일되는 것은 C++ 언어의 어떤 특성 때문인가?
(3) 이 특징이 가진 장단점은 무엇인가?

5. 다음 프로그램의 실행 결과는 무엇인가?

```
#include <iostream>
int main() {
   std::cout << "I love C++\n" << "I love programming";
   return 0;
}
```

6. 다음 프로그램에 컴파일 오류가 발생하지 않도록 빈칸을 채워라.

(1)

```cpp
#include <iostream>
_____
int main() {
   int count = 0;
   std::cin >> count;
   cout << count + 1;
   return 0;
}
```

(2)

```cpp
#include <iostream>
_____
int main() {
   cout << "I love C++" << endl;
   cout << "I love programming";
   return 0;
}
```

7. 다음 C++ 프로그램 코드에서 틀린 부분을 수정하라.
   (1) #include <iostream>;
   (2) using namespace std
   (3) std::cin << name;
   (4) std:cout << 1 << 2 << 'a' << "hello" << '\n';

8. 다음 C++ 프로그램 코드에서 틀린 부분이 있으면 수정하라.
   (1) using std::cin;
   (2) int year = 1; // year은 년도를 나타낸다.
   (3) int n=1; cout >> n+200;
   (4) int year = 2014; cout << 2014+"년";

9. 다음은 개발자가 작성한 **myheader.h** 파일의 소스이다.

```cpp
#define MAX 100
#define MIN 0
```

다음 **myprog.cpp** 프로그램에서 빈칸에 적절한 라인을 삽입하라.

```
#include <iostream>
using namespace std;
_____ // 이 곳에 myheader.h를 include하는 문을 작성하라.
int main() {
  cout << MAX << MIN;
  return 0;
}
```

10. C++ 문자열에 대한 다음 질문에 O, ×로 답하라.

(1) C-스트링이란 C 언어에서 문자열을 다루는 방식이다. (   )

(2) C++에서 C-스트링 방식의 문자열이 사용된다. (   )

(3) C++에서는 문자열을 다루기 위해 string 클래스가 이용된다. (   )

(4) char name[]="C++";이 컴파일되면 name[] 배열의 크기가 3이 된다. (   )

(5) char name[10]; cin >> name;를 실행하면 공백 문자를 포함하여 키보드로부터 최대 9개의 문자를 읽을 수 있다. (   )

11. C-스트링을 다루기 위해, strcmp(), strlen() 등의 함수를 사용하고자 할 때 include 해야 하는 표준 헤더 파일은 무엇인가?

12. 다음 프로그램이 있다.

```
#include <iostream>
int main() {
  char name[20];
  std::cout << "이름을 입력하세요?";
  std::cin >> name;
  std::cout << name << "님 환영합니다";
  return 0;
}
```

(1) 프로그램을 실행하고 다음과 같이 키보드로 **Kitae**를 입력한 결과는 무엇인가?

이름을 입력하세요?Kitae
_____

(2) 프로그램을 실행하고 다음과 같이 키보드로 **Kitae Hwang**을 입력한 결과는 무엇인가?

이름을 입력하세요?Kitae Hwang
_____

13. cin.getline(buf, 100, ';')에 대한 설명으로 틀린 것은?
① buf는 아마 char buf[100];으로 선언되어 있을 것이다.
② 키보드로부터 최대 99개의 문자를 읽어 buf[] 배열에 저장한다.
③ 키보드 입력 도중 ';' 문자를 만나면 getline() 함수는 입력을 종료하고 끝에 '\0'를 삽입하고 리턴한다.
④ cin.getline(buf, 100);로 생략하여 써도 무관하다.

14. char buf[100];가 선언되어 있다고 가정하고, 다음과 같이 <Enter> 키가 입력될 때까지 문자열을 읽는 코드로 잘못된 것은 무엇인가?

```
I love C++<Enter>
```

① cin >> buf;
② cin.getline(buf, 11);
③ cin.getline(buf, 20, '\n');
④ cin.getline(buf, 11, '.');

15. C++에서 여러 사람들이 나누어 프로그램을 개발할 때 동일한 이름의 변수나 클래스, 함수 등이 충돌하는 것을 막기 위해, 개발자가 자신만의 이름 공간을 생성할 수 있도록 새로 도입한 키워드(혹은 개념)는 무엇인가?

16. C++ 표준 라이브러리가 모두 선언된 이름 공간은 무엇인가?

17. C++ 표준에서 입출력을 위한 클래스, 함수, 객체들이 포함된 이름 공간은 무엇인가?

18. C++ 표준에서 cin, cout 객체는 어떤 헤더 파일에 선언되어 있는가?

19. 다음은 화면에 나이와 학과를 출력하는 main.cpp 프로그램을 작성한 사례이다. 빈칸에 적절한 코드를 삽입하라.

```
#include <iostream>
using namespace std;
int main() {
   int age = 20;
   const char* pDept = "컴퓨터 공학과";
   _____
}
```

```
20 컴퓨터 공학과
```

20. 다음 출력 결과와 같은 코드를 작성하고자 한다. 다음 C++ 프로그램을 완성하라.

```cpp
#include <iostream>
using namespace std;
int main() {
   for(int n=0; n<4; n++) {

      _____

      _____

      _____

   }
}
```

```
*
**
***
****
```

실습 문제

★ 표시가 있는 문제는 정답이 공개됩니다.

목적 cout 활용, 화면 출력

1.★ cout과 << 연산자를 이용하여, 1에서 100까지 정수를 다음과 같이 한 줄에 10개씩 출력하라. 각 정수는 탭으로 분리하여 출력하라. 난이도 3

1	2	3	4	5	6	7	8	9	10
11	12	13	14	15	16	17	18	19	20
21	22	23	24	25	26	27	28	29	30
31	32	33	34	35	36	37	38	39	40
41	42	43	44	45	46	47	48	49	50
51	52	53	54	55	56	57	58	59	60
61	62	63	64	65	66	67	68	69	70
71	72	73	74	75	76	77	78	79	80
81	82	83	84	85	86	87	88	89	90
91	92	93	94	95	96	97	98	99	100

목정 cout 활용, 화면 출력

2. cout과 << 연산자를 이용하여 다음과 같이 구구단을 출력하는 프로그램을 작성하라.

난이도 4

```
1x1=1   2x1=2   3x1=3   4x1=4   5x1=5   6x1=6   7x1=7   8x1=8   9x1=9
1x2=2   2x2=4   3x2=6   4x2=8   5x2=10  6x2=12  7x2=14  8x2=16  9x2=18
1x3=3   2x3=6   3x3=9   4x3=12  5x3=15  6x3=18  7x3=21  8x3=24  9x3=27
1x4=4   2x4=8   3x4=12  4x4=16  5x4=20  6x4=24  7x4=28  8x4=32  9x4=36
1x5=5   2x5=10  3x5=15  4x5=20  5x5=25  6x5=30  7x5=35  8x5=40  9x5=45
1x6=6   2x6=12  3x6=18  4x6=24  5x6=30  6x6=36  7x6=42  8x6=48  9x6=54
1x7=7   2x7=14  3x7=21  4x7=28  5x7=35  6x7=42  7x7=49  8x7=56  9x7=63
1x8=8   2x8=16  3x8=24  4x8=32  5x8=40  6x8=48  7x8=56  8x8=64  9x8=72
1x9=9   2x9=18  3x9=27  4x9=36  5x9=45  6x9=54  7x9=63  8x9=72  9x9=81
```

목정 cin 활용, 키보드로부터 정수 읽기

3. 키보드로부터 두 개의 정수를 읽어 큰 수를 화면에 출력하라. 난이도 3

```
두 수를 입력하라>>10 20
큰 수 = 20
```

목정 cin 활용, 키보드로부터 실수 읽기

4. 소수점을 가지는 5개의 실수를 입력 받아 제일 큰 수를 화면에 출력하라. 난이도 3

```
5 개의 실수를 입력하라>>5.2 -2.5 3.4 9.9 7.7
제일 큰 수 = 9.9
```

목정 cin.getline()으로 한 줄의 문자열 읽기

5. <Enter> 키가 입력될 때까지 문자들을 읽고, 입력된 문자 'x'의 개수를 화면에 출력하라. 난이도 4

```
문자들을 입력하라(100개 미만).
Hexadecimal x-axe y-axe
x의 개수는 4
```

힌트
Hint

cin.getline()을 이용하라.

목적 공백 없이 입력된 문자열 읽기

6. 문자열을 두 개 입력받고 두 개의 문자열이 같은지 검사하는 프로그램을 작성하라. 만일 같으면 "같습니다", 아니면 "같지 않습니다"를 출력하라. 난이도 4

> 새 암호를 입력하세요>>파랑새 ← 빈칸 없이 입력
> 새 암호를 다시 한 번 입력하세요>>파랑새
> 같습니다

목적 공백을 포함하는 문자열 읽기

7. 다음과 같이 "yes"가 입력될 때까지 종료하지 않는 프로그램을 작성하라. 사용자로부터의 입력은 cin.getline() 함수를 사용하라. 난이도 4

> 종료하고싶으면 yes를 입력하세요>>OK
> 종료하고싶으면 yes를 입력하세요>>Yes Sir
> 종료하고싶으면 yes를 입력하세요>>yes
> 종료합니다...

목적 cin.getline()으로 문자열 읽기

8. 한 라인에 ';'으로 5개의 이름을 구분하여 입력받아, 각 이름을 끊어내어 화면에 출력하고 가장 긴 이름을 판별하라. 난이도 6

> 5 명의 이름을 ';'으로 구분하여 입력하세요
> >>Mozart;Elvis Presley;Jim Carry;Schubert;Dominggo;
> 1 : Mozart
> 2 : Elvis Presley
> 3 : Jim Carry
> 4 : Schubert
> 5 : Dominggo
> 가장 긴 이름은 Elvis Presley

힌트

';'까지 문자열을 읽고자하면 다음 코드를 사용하고

```
char name[100];
cin.getline(name, 100, ';');
```

5개 읽어야 하니 5번 루프를 돈다.

목적 빈칸을 포함하는 문자열 읽기

9. 이름, 주소, 나이를 입력받아 다시 출력하는 프로그램을 작성하라. 실행 예시는 다음과 같다. 난이도 5

```
이름은?황 기 태
주소는?서울시 안녕구 사랑동 해피아파트
나이는?21
황 기 태,  서울시 안녕구 사랑동 해피아파트,  21세
```

목적 문자열 읽기, 문자열 다루기

10. 문자열을 하나 입력받고 문자열의 부분 문자열을 다음과 같이 출력하는 프로그램을 작성하라. 예시는 다음과 같다. 난이도 5

```
문자열 입력>>hello
h
he
hel
hell
hello
```

목적 C++ 프로그래밍에 대한 전반적인 이해

11. ★ 다음 C 프로그램을 C++ 프로그램으로 수정하여 실행하라. 난이도 5

```c
#include <stdio.h>
int main() {
   int k, n=0;
   int sum=0;
   printf("끝 수를 입력하세요>>");
   scanf("%d", &n);
   for(k=1; k<=n; k++) {
      sum += k;
   }
   printf("1에서 %d까지의 합은 %d 입니다.\n", n, sum);
   return 0;
}
```

비주얼 스튜디오에서 scanf로 인한 오류를 막으려면 첫줄에 다음 문 삽입
#define _CRT_SECURE_NO_WARNINGS

```
끝 수를 입력하세요>>10
1에서 10까지의 합은 55입니다.
```

목적 C++ 프로그래밍에 대한 전반적인 이해

12. 다음 C 프로그램을 C++ 프로그램으로 수정하여 실행하라. 이 프로그램의 실행 결과는 연습문제 11과 같다. **난이도 5**

```c
#include <stdio.h>
int sum(); // 함수 원형 선언

int main() {
    int n=0;
    printf("끝 수를 입력하세요>>");
    scanf("%d", &n);
    printf("1에서 %d까지의 합은 %d 입니다.\n", n, sum(1, n));
    return 0;
}

int sum(int a, int b) {
    int k, res=0;
    for(k=a; k<=b; k++) {
        res += k;
    }
    return res;
}
```

> 비주얼 스튜디오에서 scanf로 인한 오류를 막으려면 첫줄에 다음 문 삽입
> #define _CRT_SECURE_NO_WARNINGS

힌트 C++에서는 함수의 원형 선언에 매개 변수를 모두 선언하여야 한다.

목적 C++ 프로그램 구성, 키 입력 등 종합 연습

13.★ 중식당의 주문 과정을 C++ 프로그램으로 작성해보자. 다음 실행 결과와 같이 메뉴와 사람 수를 입력받고 이를 출력하면 된다. 잘못된 입력을 가려내는 부분도 코드에 추가하라. **난이도 6**

```
***** 승리장에 오신 것을 환영합니다. *****
짬뽕:1, 짜장:2, 군만두:3, 종료:4>>   1
몇인분?4
짬뽕 4인분 나왔습니다
짬뽕:1, 짜장:2, 군만두:3, 종료:4>>   2
몇인분?6
짜장 6인분 나왔습니다
짬뽕:1, 짜장:2, 군만두:3, 종료:4>>   6
다시 주문하세요!!
짬뽕:1, 짜장:2, 군만두:3, 종료:4>>   4
오늘 영업은 끝났습니다.
```

목적 C++ 프로그램 구성, cin, strcmp() 활용 종합 연습

14. 커피를 주문하는 간단한 C++ 프로그램을 작성해보자. 커피 종류는 "에스프레소", "아메리카노", "카푸치노"의 3가지이며 가격은 각각 2000원, 2300원, 2500원이다. 하루에 20000원 이상 벌게 되면 카페를 닫는다. 실행 결과와 같이 작동하는 프로그램을 작성하라. **난이도 6**

```
에스프레소 2000원, 아메리카노 2300원, 카푸치노 2500원입니다.
주문>> 에스프레소 4
8000원입니다. 맛있게 드세요
주문>> 카푸치노 2
5000원입니다. 맛있게 드세요
주문>> 아메리카노 4
9200원입니다. 맛있게 드세요
오늘 22200원을 판매하여 카페를 닫습니다.  내일 봐요~~~
```

에스프레소 4잔을 뜻함

힌트 char coffee[100]; int num; cin >> coffee >> num;으로 커피 이름과 잔 수를 입력받으면 된다. 또한 커피는 if(strcmp(coffee, "에스프레소")==0)과 같이 비교하면 된다.

목적 공백을 포함하는 문자열 읽기, C++ 프로그램 종합 응용

15. 덧셈(+), 뺄셈(-), 곱셈(*), 나눗셈(/), 나머지(%)의 정수 5칙 연산을 할 수 있는 프로그램을 작성하라. 식은 다음과 같은 형식으로 입력된다. 정수와 연산자는 하나의 빈 칸으로 분리된다. **난이도 7**

```
? 2 + 34
2 + 34 = 36
? -1 - 36
-1 - 36 = -37
? 33 * 2
33 * 2 = 66
? 77 / 2
77 / 2 = 38
? 88 % 3
88 % 3 = 1
?
```

힌트 한 줄을 문자열로 읽고, 공백 문자를 찾아 연산자와 두 개의 피연산자를 구분한 후, 계산하면 된다. 문자열을 정수로 바꿀 때 atoi() 함수를 이용하면 된다. 예를 들면 atoi("34") = 34

목적 문자열 읽기, C++ 프로그램 종합 응용

16. 영문 텍스트를 입력받아 알파벳 히스토그램을 그리는 프로그램을 작성하라. 대문자는 모두 소문자로 집계하며, 텍스트 입력의 끝은 ';' 문자로 한다. 난이도 8

```
영문 텍스트를 입력하세요. 히스토그램을 그립니다.
텍스트의 끝은 ; 입니다. 10000개까지 가능합니다.
Wise men say, only fools rush in
But I can't help, falling in love with you

Shall I stay? Would it be a sin?
If I can't help, falling in love with you

Like a river flows, surely to the sea
Darling so it goes, some things aren't meant to be ;   ⟵ ; 뒤 <Enter> 키
총 알파벳 수 179

a (13)  : *************
b (3)   : ***
c (2)   : **
d (2)   : **
e (17)  : *****************
f (5)   : *****
g (5)   : *****
h (8)   : ********
i (19)  : *******************
j (0)   :
k (1)   : *
l (17)  : *****************
m (3)   : ***
n (14)  : **************
o (14)  : **************
p (2)   : **
q (0)   :
r (6)   : ******
s (14)  : **************
t (14)  : **************
u (6)   : ******
v (3)   : ***
w (5)   : *****
x (0)   :
y (6)   : ******
z (0)   :
```

힌트
cin.getline(buf, 10000, ';');를 이용하여 텍스트를 키보드로부터 읽으면 된다. 문자를 소문자로 바꿀 때 tolower(char c) 함수를 이용하고, 알파벳인지 검사하기 위해 isalpha(char c) 함수를 이용하라. 텍스트 입력을 쉽게 하려면, 입력할 텍스트를 메모장에 입력한 후 ctrl-c로 복사하고, DOS 실행 창에 마우스 오른쪽 버튼을 누르고 붙여 넣기 메뉴를 선택하면 된다.

03

클래스와 객체

CHAPTER **03**

클래스와 객체

3.1 객체에 대한 이해

클래스
객체

세상 모든 것이 객체다.

C++ 언어나 다른 객체 지향 언어를 처음 공부할 때, 독자를 괴롭히는 것이 바로 객체 (object)다. C++를 공부하는 동안 클래스를 설계하고, 객체를 생성하고, 객체를 활용하고, 클래스를 상속받고, C++ 라이브러리에서 제공하는 객체를 사용하는 등 온통 객체와 관련된 내용이 계속된다. 객체에 대한 개념만 이해하면 C++ 공부의 반은 성공했다고 할 수 있다.

사실 객체는 어려운 개념이 아니다. [그림 3-1]과 같이 우리 주변에 있는 모든 것이 객체다. 컴퓨터, 책, 건물, 의자, 사람, 자동차, 카메라, 캡슐 약, TV 등 실세계는 객체들의 집합이다. 컴퓨터 프로그램의 예를 들면 스타크래프트에 등장하는 각 인물들, 테트리스(tetris) 게임에 나오는 각 블록들, 한글 프로그램의 메뉴나 버튼 모두 객체이다.

| TV | 의자 | 책 | 집 | 카메라 | 컴퓨터 |

[그림 3-1] 우리 주변에 있는 객체들

객체는 캡슐화된다.

캡슐화

캡슐화(encapsulation)란 객체의 구성 요소들을 캡슐로 싸서 보호하고 볼 수 없게 하는 것으로, 객체의 가장 본질적인 특징이다. 캡슐 약을 생각하면 쉽게 이해할 수 있다. 캡슐에 든 약은 어떤 색인지 어떤 성분인지 보이지 않으며, 외부로부터 안전하다. [그림 3-2]는 다양한 실세계의 객체들이 자신만의 껍데기로 캡슐화 되어 있는 사례를 보여준다. TV에 케이스가 없다면 외부의 접촉이나 충격으로부터 보호할 수 없으며, 사람이 피부와 근육으로 캡슐화 되어 있지 않다면 혈관, 장기, 뇌 등이 노출되어 상상하기 어려운 끔찍한 일이 일어날 것이다. 객체는 캡슐화를 통해 외부의 접근을 통제하여 자신의 내부 요소들을 보호한다. [그림 3-3]과 같이 별주부전에 나오는 토끼의 간 예화는 비유적으로 객체의 캡슐화를 설명해준다.

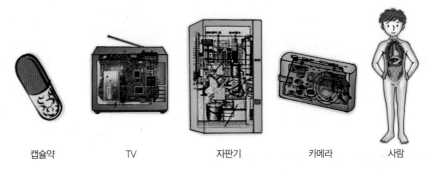

[그림 3-2] 실세계 객체의 캡슐화 사례

[그림 3-3] 토끼의 간과 객체의 캡슐화

객체의 일부 요소는 공개된다.

실세계나 C++ 프로그램이나 구성 객체들이 상호 통신하면서 시스템이 구동된다. 그러므로 객체를 완벽히 캡슐화 하여 모든 요소를 보이지 않게 하고 외부의 접근으로부터 완전히 차단해서는 안 된다. 객체들이 서로 정보를 교환하고 통신하기 위해 일부 요소의 공개 노출이 필요하다. 예를 들어 [그림 3-4]와 같이 TV의 On/Off 버튼, 밝기 조절, 채널 조절 버튼, 음량 조절 버튼 등은 사용자나 리모컨, 다른 기계와 통신하기 위해 노출되어 있다. 사람의 경우에도 뇌와 중요한 장기 부분은 외부의 접근으로부터 보호하기 위해 숨겨져 있지만, 눈, 입, 코, 손, 발 등은 공개되어 있다.

[그림 3-4] TV 객체의 공개된 요소. 외부와의 통신을 위해 공개한다.

C++ 객체는 멤버 함수와 멤버 변수로 구성된다.

상태
행동

이제 객체를 구성하는 요소에 대해 알아보자. 객체는 자신만의 고유한 **상태(state)**와 **행동(behavior)**으로 구성된다. 행동으로 객체 상태가 변하며 어떤 행동은 객체 상태를 외부에 전달하기도 한다. 객체의 상태나 행동은 여러 속성으로 표현되는데, TV 객체를 예를 들어 보자. TV 객체를 단순화하여 상태를 나타내는 속성들을 보면 다음과 같다.

- on/off 속성 – 현재 작동중인지 표시
- 채널(channel) – 현재 방송중인 채널
- 음량(volume) – 현재 출력되는 소리 크기

TV의 행동도 다음과 같이 단순화할 수 있다.

- 켜기(power on)
- 끄기(power off)
- 채널 증가(increase channel)
- 채널 감소(decrease channel)
- 음량 증가(increase volume)
- 음량 줄이기(decrease volume)

멤버 변수
멤버 함수

일반적인 객체의 상태와 행동 개념은 C++ 객체에도 그대로 적용된다. C++에서 객체는 멤버 변수와 멤버 함수로 구성된다. 멤버 변수들은 객체의 상태(state)를 나타내는 속성들이며, 멤버 함수들은 행동(behavior)을 구현한 코드들이다. 외부에서 C++ 객체에게 어떤 작업을 요청하거나 상태를 알고자 할 때, 객체 내에 공개된 멤버 함수를 호출한다. [그림 3-5]는 실세계의 TV와 C++로 설계된 TV 객체의 상태와 행동을 서로 비교하여 보여 준다.

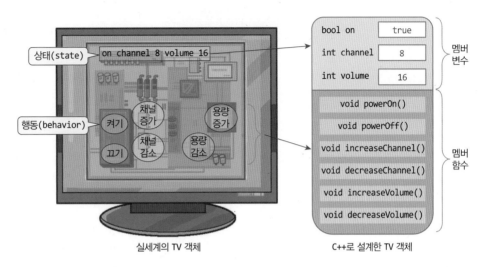

[그림 3-5] 실세계 TV 객체와 C++로 설계된 TV 객체

C++ 클래스와 C++ 객체

C++에서 클래스(class)란 객체(object)를 정의하는 틀 혹은 설계도로서, 클래스에 멤버 변수와 멤버 함수를 선언한다. 클래스와 객체 관계는 [그림 3-6](a)에 보이는 붕어빵 틀과 붕어빵의 관계와 비슷하다. 붕어빵 틀은 C++ 클래스에, 붕어빵은 C++ 객체에 비유된다. C++ 객체는 C++ 클래스라는 틀에서 찍어내어, 멤버 변수 메모리와 멤버 함수 코드를 실제 가지고 C++ 프로그램이 실행되는 동안 실존하는 실체 혹은 인스턴스(instance)이다. 클래스는 컴파일이 끝나면 사라지지만, 프로그램은 실행 중에 객체를 생성하여 멤버 변수에 값을 저장하기도 하고 멤버 함수 코드를 실행하기도 한다.

가끔 클래스와 객체를 같은 의미로 섞어 부르기도 하지만, 대화에 혼란을 가져오므로 정확하게 사용하는 것이 좋다. 클래스를 객체라고 부르지 않도록 주의하라.

[그림 3-6](b)는 C++ 언어로 작성된 TV 클래스와 TV 객체들을 보여준다. TV 클래스에는 멤버 변수와 멤버 함수들이 선언되어 있다. TV 클래스는 하나이지만 TV 객체들은 얼마든지 생성될 수 있다. 이때 각 TV 객체들은 상호 별도 공간에 생성된다. TV 객체들의 멤버 함수 코드는 TV 클래스에 선언된 코드와 동일하지만, 프로그램이 실행되는 동안 TV 객체들이 서로 다르게 활용되기 때문에, 동일한 멤버 변수의 값이 각 TV 객체에서 서로 다르게 유지된다.

클래스
객체
멤버 변수
멤버 함수
실체
인스턴스

별도 공간에 생성

(a) 붕어빵 틀과 붕어빵 객체들

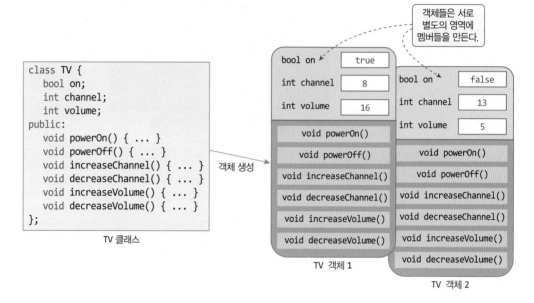

(b) C++로 표현한 TV 클래스와 TV 객체들

[그림 3-6] 클래스와 객체의 관계

1 C++에서 객체를 정의하는 틀을 무엇이라고 하는가?

2 캡슐화는 객체를 구성하는 요소들을 캡슐로 싸서 그 내부를 보호하고 볼 수 없게 하는 것이지만, 일부 요소들을 외부에 공개하는 이유는 무엇인가?

3 다음 객체의 상태 속성과 행동을 모델링하라.

　　예 라디오 객체의 예를 들면, 상태 속성은 채널, on/off, 볼륨 등이며 가능한 행동 속성은 켠다, 끈다, 채널을 변경한다, 볼륨을 올린다, 볼륨을 내린다 등이다.

　　(1) 사람　　　　　　　　(2) 자동차　　　　　　　　(3) 카메라

3.2 C++ 클래스 만들기

클래스 만들기

class 키워드
클래스 선언부
클래스 구현부

C++에서는 class 키워드를 이용하여 클래스를 선언한다. C++ 클래스는 C 언어의 구조체(struct)와 같이 개발자가 정의하는 새로운 데이터 타입이다. 지금부터 C++ 클래스를 만들어보자. [그림 3-7]은 원을 추상화한 Circle 클래스를 보여준다. Circle은 반지름 값을 가지는 radius 멤버 변수와 외부에 원의 면적 값을 제공하는 getArea() 멤버 함수를 가지고 있다. 그림 3-7에 보이는 것처럼, 클래스는 일반적으로 클래스 선언부(class declaration)과 클래스 구현부(class implementation)로 나누어 작성된다. 클래스 선언부는 class 키워드로 클래스의 모양을 선언하고, 클래스 구현부는 클래스의 멤버 함수들을 구현한다.

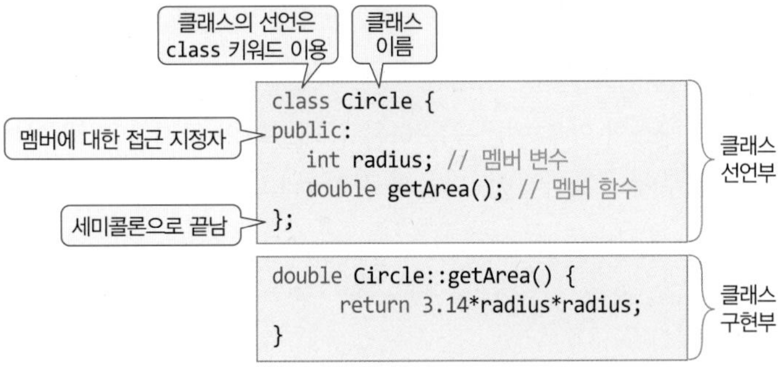

[그림 3-7] 원을 추상화한 Circle 클래스

클래스 선언부

class
클래스 이름

클래스는 class 키워드와 클래스 이름으로 선언한다.

```
class Circle { // Circle 이름의 클래스 선언
    ...
}; // 반드시 세미콜론(;)으로 종료
```

세미콜론(;)

　클래스 이름은 개발자가 원하는 대로 붙이면 된다. 클래스 선언은 클래스의 모양을 정의하는 것으로서, 멤버 변수와 멤버 함수의 원형을 선언한다. 이들은 { 와 }로 감싸며 마지막에 반드시 세미콜론(;)을 붙여야 한다.

● 클래스 멤버

클래스의 멤버는 변수와 함수로 구성된다. 2011년도 C++ 표준부터 멤버 변수는 클래스 선언부에서 다음과 같이 초기화할 수 있다.

```
class Circle {
public:
    int radius = 5; // 클래스 선언부에서 멤버 변수를 초기화할 수 있음
    ...
};
```

멤버 함수는 원형 형태로 선언되며, 리턴 타입, 매개 변수 리스트 등이 모두 선언되어야 한다.

```
double getArea();
```

● 접근 지정자, public

클래스의 일부 멤버들을 다른 클래스와의 통신을 위해 외부에 공개하기도 한다. 멤버를 외부에 공개하려면, 다음과 같이 public 접근 지정자(access specifier)로 선언한다.

public 접근 지정자

```
class Circle {
public: // 이하의 모든 멤버는 다른 접근 지정자가 선언될 때까지 public 접근 지정
    ...
};
```

접근 지정자
public
private
protected

접근 지정자가 선언되면, 다른 접근 지정자로 선언될 때까지 모든 멤버에 대해 적용된다. 접근 지정자는 public 외의 private, protected 등 총 3가지 종류가 있다. 그 중 public 접근 지정은 클래스 외부로부터의 접근을 허용한다는 뜻이다. [그림 3-7]에서 Circle 클래스의 radius와 getArea()가 public으로 선언되어 있기 때문에, 외부 함수나 다른 클래스의 멤버 함수에 의해 접근이 허용된다. 만일 멤버가 private으로 선언되었다면 외부에서 전혀 접근할 수 없다. 접근 지정의 디폴트는 private으로, 아무 접근 지정이 없는 멤버는 private으로 처리된다. protected 접근 지정은 상속 관계에서 적용되므로 8장에서 다룬다.

클래스 구현부

클래스 구현부에서는 클래스 선언부에 선언된 멤버 함수의 코드를 구현한다. [그림 3-8]은 Circle 클래스의 멤버 함수 getArea()를 구현한 사례를 보여준다.

```
┌함수의┐ ┌클래스┐ ┌범위 지정┐ ┌멤버 함수명과┐
│리턴 타입│ │ 이름 │ │ 연산자 │ │ 매개 변수 │
double Circle ::  getArea() {
    return 3.14*radius*radius;
}
```

[그림 3-8] Circle 클래스 구현부. getArea() 함수 구현

범위 지정 연산자(::)

    2개의 콜론으로 만들어진 범위 지정 연산자(::)를 사용하여 클래스 이름과 함께 멤버 함수를 기술한다. 이것은 같은 이름의 함수가 다른 클래스에 존재할 수 있기 때문이다.

> **잠깐!** **클래스 선언과 구현의 분리는 왜?**
>
> 클래스를 클래스 선언과 클래스 구현으로 분리하여 작성하는 이유는 클래스의 재사용을 위해서이다. 클래스를 사용하고자 하는 다른 **C++** 파일에서는 컴파일 시 클래스의 선언부만 필요하기 때문이다. 3.9절을 참고하라.

3.3 객체 생성과 객체 활용

객체 생성과 활용 예제

우선 객체를 생성하고 활용하는 예제를 들어보자. 예제 3-1은 Circle 클래스의 객체를 생성하고 활용하는 사례로서, main() 함수는 Circle 클래스의 객체 donut과 pizza를 생성하고 활용한다.

| 예제 3-1 | Circle 클래스의 객체 생성 및 활용 |

```cpp
1   #include <iostream>
2   using namespace std;
3
4   class Circle {
5   public:
6       int radius;
7       double getArea();
8   };
9
10  double Circle::getArea() {
11      return 3.14*radius*radius;
12  }
13
14  int main() {
15      Circle donut;
16      donut.radius = 1; // donut 객체의 반지름을 1로 설정
17      double area = donut.getArea(); // donut 객체의 면적 알아내기
18      cout << "donut 면적은 " << area << endl;
19
20      Circle pizza;
21      pizza.radius = 30; // pizza 객체의 반지름을 30으로 설정
22      area = pizza.getArea(); // pizza 객체의 면적 알아내기
23      cout << "pizza 면적은 " << area << endl;
24  }
```

Circle 선언부 (lines 4–8)

Circle 구현부 (lines 10–12)

객체 donut 생성 (line 15)

donut의 멤버 변수 접근 (line 16)

donut의 멤버 함수 호출 (line 17)

▶ 실행 결과

```
donut 면적은 3.14
pizza 면적은 2826
```

객체 생성과 객체 이름

객체 생성
객체 이름

예제 3-1의 코드를 보면서 객체 생성과 객체 이름에 대해 구체적으로 알아보자. 객체는 클래스 모양과 기능을 그대로 간직한 실체로서 이름을 가진다. 기본 타입의 변수를 선언하는 것과 같은 방법으로 객체를 생성하고 이름을 붙인다. 다음은 donut과 pizza 이름의 Circle 클래스 객체를 생성하는 코드이다.

```cpp
int money; // int 타입의 변수 money 생성

Circle donut; // Circle 클래스의 객체 생성. 객체 이름은 donut
Circle pizza; // Circle 클래스의 객체 생성. 객체 이름은 pizza
```

변수가 생성되면 메모리에 변수 공간이 할당되는 것처럼, 객체가 생성되면 클래스 크기의 메모리가 할당된다. [그림 3-9](1)은 donut 객체의 생성 당시 내부 모습을 보여준다.

객체의 멤버 접근

객체의 멤버에 접근하기 위해서는 다음과 같이 객체 이름 뒤에 .(점)을 찍고 그 뒤에 멤버를 쓴다.

```
객체이름.멤버
```

이것은 C 언어에서 구조체의 필드를 활용하는 방법과 동일하다. 다음은 donut의 멤버 radius에 1을 쓰는 코드이며,

```cpp
donut.radius = 1; // donut 객체의 radius 멤버에 1 기록
```

다음은 donut의 getArea() 멤버 함수를 호출하는 코드이다.

```cpp
double area = donut.getArea(); // donut 객체의 면적 알아내기
```

이 코드의 실행 결과 getArea()가 리턴한 값이 area에 저장된다. donut 객체는 main()에 의해 생성되었으므로 area 변수와 함께 main()의 스택에 존재된다. [그림 3-9](3)은 main() 함수의 스택을 보여준다.

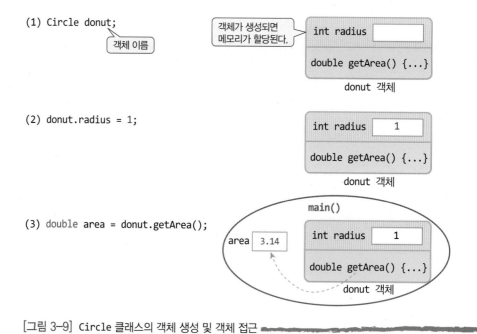

(1) Circle donut;
　　　　객체 이름

객체가 생성되면
메모리가 할당된다.

int radius

double getArea() {...}

donut 객체

(2) donut.radius = 1;

int radius   1

double getArea() {...}

donut 객체

(3) double area = donut.getArea();

main()

area   3.14

int radius   1

double getArea() {...}

donut 객체

[그림 3-9] Circle 클래스의 객체 생성 및 객체 접근

예제 3-2   Rectangle 클래스 만들기

다음 main() 함수가 잘 작동하도록 너비(width)와 높이(height)를 가지고 면적 계산 기능을 가진
Rectangle 클래스를 작성하고 전체 프로그램을 완성하라.

```
int main() {
   Rectangle rect;
   rect.width = 3;
   rect.height = 5;
   cout << "사각형의 면적은 " << rect.getArea() << endl;
}
```

실행 결과

사각형의 면적은 15

정답

```
1   #include <iostream>
2   using namespace std;
3
4   class Rectangle { // Rectangle 클래스 선언
5   public:
```

```
6      int width;
7      int height;
8      int getArea(); // 면적을 계산하여 리턴하는 함수
9    };
10
11   int Rectangle::getArea() { // Rectangle 클래스 구현
12      return width*height;
13   }
14
15   int main() {
16      Rectangle rect;
17      rect.width = 3;
18      rect.height = 5;
19      cout << "사각형의 면적은 " << rect.getArea() << endl;
20   }
```

➡ 실행 결과

사각형의 면적은 15

3.4 생성자

생성자란?

[그림 3-10]에 공을 생산하는 장치가 있다. 공이 생산될 때 빨간색 페인트를 사용하면 빨간색 공이, 파란색 페인트를 이용하면 파란색 공이, 황금을 넣어주면 황금 공이 생산된다. 아무 페인트를 주지 않았을 경우에 기본으로 흰 공이 생산된다. 생산 시점에 칠하고 싶은 색의 페인트를 주입하면 다양한 색의 공을 생산할 수 있다.

[그림 3-10] 공 생산 장치와 생성자

생성자
constructor
객체를 초기화

이와 같은 개념으로 C++ 객체를 생성할 때 객체를 초기화할 수 있다. 클래스는 객체가 생성될 때 자동으로 실행되는 생성자(constructor)라는 특별한 멤버 함수를 통해 객체를 초기화한다. 한 클래스에 여러 개의 생성자를 둘 수 있으나, 이 중 하나만 실행된다. [그림 3-11]은 Circle 클래스에 2개의 생성자를 작성한 사례이다.

```
class Circle {
    ........                    클래스 이름과 동일
    Circle();
    Circle(int r);              리턴 타입 명기하지 않음
    ....................
};

Circle::Circle() {             매개 변수 없는 생성자
    ........
}

Circle::Circle(int r) {        매개 변수를 가진 생성자
    ........
}
```

2개의 생성자
함수 선언

생성자 함수 구현

[그림 3-11] Circle 클래스에 2개의 생성자 작성

생성자의 특징을 하나씩 정리해보자.

●생성자의 목적은 객체가 생성될 때 필요한 초기 작업을 위함이다.

예를 들어 멤버 변수의 값을 특정 값으로 설정하거나, 메모리를 동적 할당 받거나, 파일을 열거나, 네트워크를 연결하는 등 객체를 사용하기 전에 필요한 조치를 할 수 있도록 하기 위함이다.

●생성자 함수는 오직 한 번만 실행된다.

생성자 함수는 각 객체마다 객체가 생성되는 시점에 오직 한 번만 자동으로 실행된다.

●생성자 함수의 이름은 클래스 이름과 동일하게 작성되어야 한다.

생성자 함수의 이름은 반드시 클래스 이름과 동일하게 작성되어야 한다. 이로 인해 생성자는 다른 멤버 함수와 쉽게 구분된다.

●생성자 함수의 원형에 리턴 타입을 선언하지 않는다.

생성자는 함수이지만 리턴 타입을 선언해서는 안 된다. void 리턴 타입을 설정해서도 안 된다. 다음은 생성자를 잘못 선언하여 컴파일 오류가 발생한 사례이다.

```
class Circle {
    ....
    Circle(); // 정상적인 생성자 선언. 리턴 타입 선언하지 않음
    void Circle(int r); // 컴파일 오류. 생성자는 리턴 타입 없음
    int Circle(double r); // 컴파일 오류. 생성자는 리턴 타입 없음
    ....
};
```

생성자 함수는 함수 실행을 종료하기 위해 return 문을 사용할 수 있다. 그러나 어떤 값도 리턴하면 안 된다. 다음 코드를 보자.

```
Circle::Circle() {
    ...
    return; // 생성자 함수를 종료하는 정상적인 리턴문
}
Circle::Circle() {
    ...
    return 0; // 컴파일 오류. 생성자 함수는 값을 리턴해서는 안 됨
}
```

● 생성자는 중복 가능하다.

생성자는 한 클래스에 여러 개 만들 수 있다. 물론 매개 변수 개수나 타입이 서로 다르게 선언되어야 한다. 다음은 Circle 클래스에 2개의 생성자가 중복 선언된 사례이다.

```
Circle(); // 매개 변수 없는 생성자
Circle(int r); // 매개 변수 있는 생성자
```

여러 생성자를 작성 가능하게 하는 것은 사용자가 다양한 방법으로 객체를 생성하도록 함에 있다. 객체가 생성될 때 생성자 중 하나가 호출되지만 이 생성자는 다른 생성자를 호출할 수 있다(뒤의 위임 생성자 절 참고).

객체 생성과 생성자 실행

이제, 객체가 생성될 때 생성자가 실행되는 과정을 살펴보자. 예제 3-3은 2개의 생성자를 가진 Circle 클래스 코드를 보여준다. 또한 Circle 클래스 객체가 생성될 때 생성자가 실행되는 것을 보여준다.

예제 3-3 2개의 생성자를 가진 Circle 클래스

```cpp
1   #include <iostream>
2   using namespace std;
3
4   class Circle {
5   public:
6      int radius;
7      Circle(); // 기본 생성자
8      Circle(int r); // 매개 변수 있는 생성자
9      double getArea();
10  };
11
12  Circle::Circle() {
13     radius = 1; // 반지름 값 초기화
14     cout << "반지름 " << radius << " 원 생성" << endl;
15  }
16
17  Circle::Circle(int r) {
18     radius = r; // 반지름 값 초기화
19     cout << "반지름 " << radius << " 원 생성" << endl;
20  }
21
22  double Circle::getArea() {
23     return 3.14*radius*radius;
24  }
25
26  int main() {
27     Circle donut; // 매개 변수 없는 생성자 호출
28     double area = donut.getArea();
29     cout << "donut 면적은 " << area << endl;
30
31     Circle pizza(30); // 매개 변수 있는 생성자 호출. 30이 r에 전달됨
32     area = pizza.getArea();
33     cout << "pizza 면적은 " << area << endl;
34  }
```

`Circle(); 호출` → 27

`Circle(30); 호출` → 31

→ 실행 결과

```
반지름 1 원 생성
donut 면적은 3.14
반지름 30 원 생성
pizza 면적은 2826
```

예제 3-3의 다음 코드에서 donut 객체와 pizza 객체의 생성자가 각각 실행된다.

```
Circle donut; // Circle() 호출
Circle pizza(30); // Circle(int r) 생성자 호출. Circle(30) 호출
```

donut이 생성될 때 매개 변수 없는 Circle()이 호출되며, pizza가 생성될 때 Circle(int r)을 호출하고 매개 변수 r에 30이 전달된다.

객체가 생성되는 과정은 [그림 3-12]에서 구체적으로 보여준다. 객체의 생성은 객체 크기의 공간을 할당한 후, 객체 내의 생성자 함수가 실행되는 과정으로 나누어진다. donut 객체와 pizza 객체는 서로 별도의 공간을 할당받고, radius 멤버 변수 역시 각 객체의 공간에 별도로 생성된다. 그러므로 donut 객체의 Circle() 생성자는 donut의 radius 멤버를 1로 설정하며, pizza 객체의 Circle(int r) 생성자는 pizza의 radius 멤버를 30으로 설정한다.

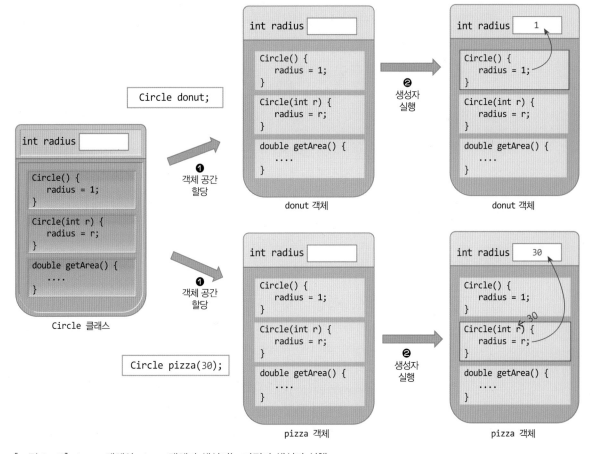

[그림 3-12] donut 객체와 pizza 객체가 생성되는 과정과 생성자 실행

위임 생성자(delegating constructor), 생성자가 다른 생성자 호출

한 클래스의 생성자들에는 대개 객체를 초기화하는 비슷한 코드가 중복된다. 예제 3-3
의 경우에도 다음과 같이 2개의 생성자에 코드가 중복되어 있다.

```cpp
Circle::Circle() {
    radius = 1;
    cout << "반지름 " << radius << " 원 생성" << endl;
}
Circle::Circle(int r) {
    radius = r;
    cout << "반지름 " << radius << " 원 생성" << endl;
}
```

코드 중복

C++11부터는 중복된 초기화 코드를 하나의 생성자로 몰고, 다른 생성자에서 이 생성
자를 호출할 수 있게 한다. 이 기능을 이용하면 앞의 코드는 다음과 같이 간소화된다.

위임 생성자
```cpp
Circle::Circle() : Circle(1) { } // Circle(int r)의 생성자 호출
```
호출

타겟 생성자
```cpp
Circle::Circle(int r) {
    radius = r;
    cout << "반지름 " << radius << " 원 생성" << endl;
}
```

Circle() 생성자가 호출되면 Circle() 생성자는 자신의 코드를 실행하기 전에
Circle(int r) 생성자를 호출하여, r에 1을 넘겨주어 radius를 1로 초기화하고 반지
름과 원 생성을 대신 출력하게 한다.

다음 coin 객체가 생성되는 과정을 통해 구체적으로 알아보자.

```cpp
Circle coin;
```

coin 객체가 생성될 때 생성자 Circle()이 호출되고, Circle()은 Circle(1)을 호
출하여 coin 객체의 radius는 1이 되고 화면에는 메시지가 출력된다.

여기서, 객체의 초기화 작업이 코딩된 Circle(int r)를 타겟 생성자라고 부르고,
Circle() 생성자는 객체의 초기화를 다른 생성자에 위임한다고 해서 위임 생성자
(delegating constructor)라고 부른다. 타겟 생성자에 객체 초기화를 전담시킴으로
써 객체의 생성 과정이 명료(clear)해지고 단순(simple)해진다. 위임 생성자에서는
타겟 생성자를 호출한 뒤, 자신만의 코드를 추가하면 된다.

타겟 생성자
위임 생성자

예제 3-4	생성자에서 다른 생성자 호출 연습(위임 생성자 만들기 연습)

예제 **3-3**을 수정하여, 객체 초기화를 전담하는 타겟 생성자와 타겟 생성자에 객체 초기화를 위임하는 위임 생성자로 재작성하라.

```cpp
1   #include <iostream>
2   using namespace std;
3
4   class Circle {
5   public:
6       int radius;
7       Circle(); // 위임 생성자
8       Circle(int r); // 타겟 생성자
9       double getArea();
10  };
11
12  Circle::Circle() : Circle(1) { }      위임 생성자
13                                        호출. r에 1 전달
14  Circle::Circle(int r) {               객체 초기화를 전담하는 타겟 생성자
15      radius = r;
16      cout << "반지름 " << radius << " 원 생성" << endl;
17  }
18
19  double Circle::getArea() {
20      return 3.14*radius*radius;
21  }
22
23  int main() {
24      Circle donut; // 매개 변수 없는 생성자 호출
25      double area = donut.getArea();
26      cout << "donut 면적은 " << area << endl;
27
28      Circle pizza(30); // 매개 변수 있는 생성자 호출
29      area = pizza.getArea();
30      cout << "pizza 면적은 " << area << endl;
31  }
```

→ 실행 결과

```
반지름 1 원 생성
donut 면적은 3.14
반지름 30 원 생성
pizza 면적은 2826
```

생성자와 멤버 변수의 초기화

클래스의 멤버 변수들은 자동으로 초기화되지 않기 때문에 생성자에서 초기화한다. 멤버 변수 초기화에 대해 알아보자.

● 생성자 코드에서 멤버 변수 초기화

다음은 2개의 생성자가 각각 멤버 변수를 초기화하는 Point 클래스의 사례이다.

```cpp
class Point {
    int x, y;
public:
    Point();
    Point(int a, int b);
};
Point::Point() { x = 0; y = 0; }
Point::Point(int a, int b) { x = a; y = b; }
```

● 생성자 서두에 초깃값으로 초기화

이 2개의 생성자는 다음과 같이 생성자 코드의 구현부에 멤버 변수와 초깃값을 쌍으로
지정하고 이들을 콤마(,)로 나열하여 작성할 수 있다.

```cpp
Point::Point() : x(0), y(0) { // 멤버 변수 x, y를 0으로 초기화
}
Point::Point(int a, int b) // 멤버 변수 x=a로, y=b로 초기화
    : x(a), y(b) {   // 콜론(:) 이하 부분을 다음 줄에 써도 됨
}
```

또는 다음과 같이 멤버 변수를 초기화해도 된다.

```cpp
Point::Point(int a)
    : x(a), y(0) {   // 멤버 변수 x=a, y=0으로 초기화
}
Point::Point(int a)
    : x(100+a), y(100) {   // 멤버 변수 x=100+a, y=100으로 초기화
}
```

● 클래스 선언부에서 직접 초기화

멤버 변수는 C++11부터 다음과 같이 선언문에서 직접 초기화할 수 있다.

```cpp
class Point {
    int x=0, y=0; // 클래스 선언부에서 x, y를 0으로 직접 초기화
    ...
};
```

| 예제 3-5 | **멤버 변수 초기화와 위임 생성자 활용** |

다음 Point 클래스의 멤버 x, y를 생성자 서두에 초깃값으로 초기화하고 위임 생성자를 이용하여 재작성하라.

```
class Point {
   int x, y;
public:
   Point();
   Point(int a, int b);
};
Point::Point() { x = 0; y = 0; }
Point::Point(int a, int b) { x = a; y = b; }
```

정답

```
1   #include <iostream>
2   using namespace std;
3
4   class Point {
5      int x, y;
6   public:
7      Point();
8      Point(int a, int b);
9      void show() { cout << "(" << x << ", " << y <<  ")" << endl; }
10  };
11
12  Point::Point() : Point(0, 0) { } // Point(int a, int b) 생성자 호출
13
14  Point::Point(int a, int b)
15     : x(a), y(b) { }
16
17  int main() {
18     Point origin;
19     Point target(10, 20);
20     origin.show();
21     target.show();
22  }
```

위임 생성자 → 12
타겟 생성자 → 14
호출. a, b에 모두 0 전달
호출

실행 결과

```
(0, 0)
(10, 20)
```

생성자는 꼭 있어야 하는가?

기본 생성자
default constructor

이 시점에서 한 가지 질문을 해보자. '클래스에 생성자는 꼭 있어야 할까?' 대답은 '예'이다. 그리고 클래스에 여러 개의 생성자가 있다 해도, C++ 컴파일러는 생성자 중 반드시 하나를 호출하도록 컴파일한다. 객체가 생성될 때 반드시 생성자가 호출된다면, 생성자를 선언하지 않은 클래스는 어떻게 되는가? 생성자 없는 클래스란 있을 수 없다. 생성자가 없는 클래스에 대해서는, 컴파일러가 기본 생성자(default constructor)를 만들어 삽입하고, 자신이 삽입한 기본 생성자를 호출하도록 컴파일한다. 기본 생성자에 대해서는 다음 절에서 설명한다.

기본 생성자

디폴트 생성자
매개 변수 없는 생성자

기본 생성자란 클래스에 선언된 어떤 생성자도 없을 때 컴파일러가 자동으로 생성해주는 생성자로서 디폴트 생성자(default constructor)라고도 부르며, 다음과 같이 매개 변수 없는 생성자이다.

```
class Circle {
    Circle(); // 기본 생성자
};
```

생성자가 하나도 없는 클래스
의 경우

●기본 생성자가 자동으로 생성되는 경우

생성자가 하나도 없는 클래스의 경우 컴파일러는 보이지 않게 기본 생성자를 삽입한다. [그림 3-13](a)는 생성자가 선언되지 않은 Circle 클래스를 보여준다. 하지만 main() 함수의 다음 코드는 생성자 Circle()을 필요로 하고 있다.

```
Circle donut; // 생성자 Circle() 호출
```

비록 Circle 클래스에 생성자가 선언되어 있지 않지만, 이 코드는 문제없이 컴파일된다. 이것은 컴파일러에 의해 [그림 3-13](b)와 같이 기본 생성자가 자동으로 삽입되었기 때문이다. 컴파일러가 삽입한 기본 생성자는 아무 실행 없이 바로 리턴한다. 컴파일러가 기본 생성자를 자동으로 삽입한다고 해서 개발자가 작성한 소스 코드가 변경되어 저장되는 것은 아니다.

```
class Circle {
public:
    int radius;
    double getArea();
};

int main() {
    Circle donut;
}
```

정상적으로 컴파일 됨

(a) 생성자를 선언하지 않은 Circle 클래스

```
class Circle {
public:
    int radius;
    double getArea();
    Circle();
};
 Circle::Circle() {
 }
int main() {
    Circle donut;
}
```

컴파일러에 의해 자동으로 삽입됨

기본 생성자 호출

(b) 컴파일러에 의해 기본 생성자 자동 삽입

[그림 3-13] 생성자가 없는 클래스에는 컴파일러가 기본 생성자를 자동으로 삽입한다.

● 기본 생성자가 자동으로 생성되지 않는 경우

생성자가 하나라도 선언된 클래스의 경우

생성자가 하나라도 선언된 클래스의 경우, 컴파일러는 기본 생성자를 자동 삽입하지 않는다. 생성자를 가지고 있는 [그림 3-14]의 코드 사례를 보자. 다음과 같이 pizza 객체를 생성하는 코드가 있다.

```
Circle pizza(30);
```

이 문장은 매개 변수를 가진 Circle(int r) 생성자를 호출하며 정상적으로 컴파일된다. 그러나 다음 코드를 보자.

오류 Circle donut; // Circle() 생성자가 없으므로 컴파일 오류

donut 객체 생성을 위해 필요한 기본 생성자 Circle()은 Circle 클래스에 없다. 불행하게도 Circle 클래스에 이미 하나의 생성자가 선언되어 있기 때문에, 컴파일러는 기본 생성자를 만들어 주지 않으며, 오히려 이 문장에 컴파일 오류를 발생시킨다.

```
class Circle {
public:
   int radius;
   double getArea();
   Circle(int r);
};

Circle::Circle(int r) {
   radius = r;
}

int main() {
   Circle pizza(30);
   Circle donut;
}
```

Circle 클래스에 생성자가 선언
되어 있기 때문에, 컴파일러는 기본
생성자를 자동 생성하지 않음

호출

오류

컴파일 오류.
기본 생성자 없기 때문

[그림 3-14] 컴파일러가 기본 생성자를 자동으로 삽입하지 않는 경우

예제 3-6   Rectangle 클래스 만들기

다음 main() 함수가 잘 작동하도록 Rectangle 클래스를 작성하고 프로그램을 완성하라.
Rectangle 클래스는 width와 height의 두 멤버 변수와 3개의 생성자, 그리고 isSquare() 함수를
가진다.

```
int main() {
   Rectangle rect1;
   Rectangle rect2(3, 5);
   Rectangle rect3(3);

   if(rect1.isSquare()) cout << "rect1은 정사각형이다." << endl;
   if(rect2.isSquare()) cout << "rect2는 정사각형이다." << endl;
   if(rect3.isSquare()) cout << "rect3는 정사각형이다." << endl;
}
```

실행 결과

rect1은 정사각형이다.
rect3는 정사각형이다.

정답

```
1    #include <iostream>
2    using namespace std;
3
```

```
4   class Rectangle {
5   public:
6       int width, height; // 너비와 높이
7       Rectangle(); // 생성자
8       Rectangle(int w, int h); // 생성자
9       Rectangle(int length); // 생성자
10      bool isSquare();
11  };
12
13  Rectangle::Rectangle() {
14      width = height = 1;
15  }
16
17  Rectangle::Rectangle(int w, int h) {
18      width = w; height = h;
19  }
20
21  Rectangle::Rectangle(int length) {
22      width = height = length;
23  }
24
25  bool Rectangle::isSquare() { // 정사각형이면 true를 리턴하는 멤버 함수
26      if(width == height) return true;
27      else return false;
28  }
29
30  int main() {
31      Rectangle rect1;
32      Rectangle rect2(3, 5);
33      Rectangle rect3(3);
34
35      if(rect1.isSquare()) cout << "rect1은 정사각형이다." << endl;
36      if(rect2.isSquare()) cout << "rect2는 정사각형이다." << endl;
37      if(rect3.isSquare()) cout << "rect3는 정사각형이다." << endl;
38  }
```

Rectangle::Rectangle() : Rectangle(1) { }
로 해도 됨

Rectangle::Rectangle(int length)
: Rectangle(length) { }로 해도 됨

bool은 논리값을 나타내는 C++의 기본 타입이다.

true와 false는 참과 거짓을 나타내는 상수이다.

Rectangle() 호출
Rectangle(int w, int h) 호출
Rectangle(int length) 호출

3개의 생성자가 필요함

⇥ 실행 결과

rect1은 정사각형이다.
rect3는 정사각형이다.

CHECK
TIME

1 다음 main() 함수에서 coin 객체 생성에 어떤 문제가 존재하는가? 문제를 해결하라.

```cpp
class Circle {
public:
    int radius;
    double getArea();
};
int main() {
    Circle coin(3);
}
```

2 다음 소스에서 컴파일 오류가 발생하는 라인은?

```cpp
class Circle {
    int radius;
public:
    double getArea();
    Circle();
    Circle(int r);
    void Circle(short r); // ①
};
int main() {
    Circle waffle; // ②
    Circle pizza(30); // ③
    double d = pizza.getArea(); // ④
}
```

3.5 소멸자

소멸자란?

소멸자
destructor

태어난 모든 생명체가 언젠가는 흙으로 돌아가는 것처럼, C++ 객체 역시 언젠가는 소멸된다. 객체가 소멸되면 객체 메모리는 시스템으로 반환된다. 또한 객체 생성 시 생성자 함수가 실행되는 것처럼 객체 소멸 시 소멸자 함수가 실행된다. 소멸자(destructor)는 객체가 소멸되는 시점에서 자동으로 호출되는 클래스의 멤버 함수이다. [그림 3-15]는 Circle 클래스에 소멸자를 작성한 사례이다.

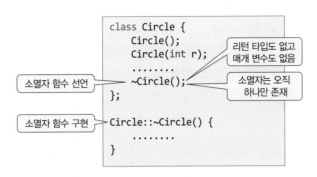

[그림 3-15] Circle 클래스에 소멸자 작성

소멸자의 특징은 다음과 같다.

●소멸자의 목적은 객체가 사라질 때 필요한 마무리 작업을 위함이다.

객체가 소멸할 때, 동적으로 할당받은 메모리를 운영체제에게 돌려주거나, 열어 놓은 파일을 저장하고 닫거나, 연결된 네트워크를 해제하는 등 객체가 사라지기 전에 필요한 조치를 하도록 하기 위함이다.

●소멸자의 이름은 클래스 이름 앞에 ∼를 붙인다.

Circle 클래스의 소멸자 이름은 ~Circle()이며, 소멸자는 다음과 같이 작성한다.

```
Circle::~Circle() { ... }
```

●소멸자는 리턴 타입이 없으며 어떤 값도 리턴해서도 안 된다.

소멸자는 생성자와 같이 리턴 타입 없이 선언되며 어떤 값도 리턴해서는 안 된다.

●소멸자는 오직 한 개만 존재하며 매개 변수를 가지지 않는다.

소멸자는 생성자와 달리 한 클래스에 한 개만 존재하며 매개 변수를 가지지 않는다.

●소멸자가 선언되어 있지 않으면 기본 소멸자(default destructor)가 자동으로 생성된다.

생성자와 마찬가지로 소멸자가 없는 클래스는 컴파일러에 의해 자동으로 기본 소멸자가 주어진다. 이때 기본 소멸자는 아무 일도 하지 않고 단순 리턴하도록 만들어진다.

소멸자 실행

Circle 클래스에 소멸자를 추가하고, 소멸자가 실행되면 화면에 메시지를 출력하도록 예제 3-7을 작성하였다. 예제 3-7에서 다음 main() 함수가 실행되면,

```
int main() {
    Circle donut;
    Circle pizza(30);
    return 0;
}
```

생성된 반대순으로 소멸

main()의 스택에 donut, pizza의 순서로 객체가 생성되며, return 0; 문이 실행되면 생성된 반대순으로 pizza, donut 객체가 소멸된다. pizza 객체의 ~Circle() 소멸자와 donut 객체의 ~Circle() 소멸자가 각각 순서대로 실행된다.

예제 3-7   **Circle 클래스에 소멸자 작성 및 실행**

Circle 클래스에서 소멸자를 작성한 사례와 생성자와 소멸자가 실행되는 사례를 보여준다.

```
1    #include <iostream>
2    using namespace std;
3
4    class Circle {
5    public:
6        int radius;
7        Circle();
8        Circle(int r);
9        ~Circle(); // 소멸자 선언
10       double getArea();
11   };
12
13   Circle::Circle() {
14       radius = 1;
15       cout << "반지름 " << radius << " 원 생성" << endl;
16   }
17
18   Circle::Circle(int r) {
19       radius = r;
20       cout << "반지름 " << radius << " 원 생성" << endl;
21   }
22
```

Circle::Circle()
    : Circle(1) { }
로 해도 됨

```
23
24    Circle::~Circle() { // 소멸자 구현
25        cout << "반지름 " << radius << " 원 소멸" << endl;
26    }
27
28    double Circle::getArea() {
29        return 3.14*radius*radius;
30    }
31
32    int main() {
33        Circle donut;
34        Circle pizza(30);
35        return 0;
36    }
```

> main() 함수가 종료하면 main() 함수의 스택에 생성된 pizza, donut 객체가 소멸된다.

◀─ 실행 결과

```
반지름 1 원 생성
반지름 30 원 생성
반지름 30 원 소멸
반지름 1 원 소멸
```

> 객체는 생성의 반대순으로 소멸된다.

●생성자/소멸자 실행 순서

지역 객체
전역 객체

함수 내에서 선언된 객체를 **지역 객체**(local object)라고 부르고 함수 바깥에 선언된 객체를 **전역 객체**(global object)라고 부른다. 다음 코드는 전역 객체와 지역 객체의 사례를 보여준다.

```
class Circle {
    ....
};
Circle globalCircle; // 전역 객체
void f() {
    Circle localCircle; // 지역 객체
}
```

생성된 순서의 반대순으로 소멸

지역 객체는 함수가 실행될 때 생성되고 함수가 종료할 때 소멸되지만, 전역 객체는 프로그램이 로딩될 때 생성되고 main()이 종료한 뒤 프로그램 메모리가 사라질 때 소멸된다. 전역 객체나 지역 객체 모두 생성된 순서의 반대순으로 소멸된다. 예제 **3-8**과 [그림 3-16]은 지역 객체와 전역 객체가 선언되어 있을 때 이들이 생성되고 소멸되는 시점을 보여준다.

| 예제 3-8 | 지역 객체와 전역 객체의 생성 및 소멸 순서 |

다음 프로그램의 실행 결과는 무엇인가?

```cpp
1   #include <iostream>
2   using namespace std;
3
4   class Circle {
5   public:
6      int radius;
7      Circle();
8      Circle(int r);
9      ~Circle();
10     double getArea();
11  };
12
13  Circle::Circle() {
14     radius = 1;
15     cout << "반지름 " << radius << " 원 생성" << endl;
16  }
17
18  Circle::Circle(int r) {
19     radius = r;
20     cout << "반지름 " << radius << " 원 생성" << endl;
21  }
22
23  Circle::~Circle() {
24     cout << "반지름 " << radius << " 원 소멸" << endl;
25  }
26
27  double Circle::getArea() {
28     return 3.14*radius*radius;
29  }
30
31  Circle globalDonut(1000);
32  Circle globalPizza(2000);
33
34  void f() {
35     Circle fDonut(100);
36     Circle fPizza(200);
37  }
38
39  int main() {
```

Circle::Circle()
   : Circle(1) { }
로 해도 됨

전역 객체 생성

지역 객체 생성

```
40    Circle mainDonut;
41    Circle mainPizza(30);          지역 객체 생성
42    f();
43 }
```

실행 결과

반지름 1000 원 생성
반지름 2000 원 생성
반지름 1 원 생성
반지름 30 원 생성
반지름 100 원 생성
반지름 200 원 생성
반지름 200 원 소멸
반지름 100 원 소멸
반지름 30 원 소멸
반지름 1 원 소멸
반지름 2000 원 소멸
반지름 1000 원 소멸

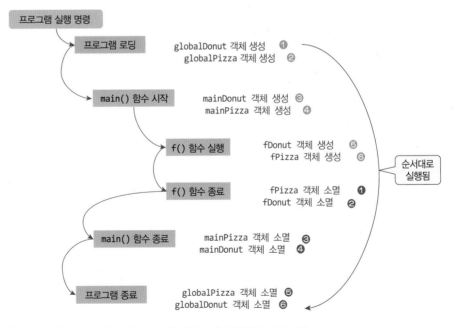

[그림 3–16] 예제 3-8의 지역 객체와 전역 객체의 생성과 소멸 과정

1 MyClass 클래스가 있다고 가정하면, 다음 코드에 의해 a, b, c, d 객체의 생성자와 소멸자가 실행되는 순서를 적어라.

```
MyClass a, b;
void f() {
    MyClass c;
}
int main() {
    f();
    MyClass d;
}
```

3.6 접근 지정

접근 지정자

멤버 접근 지정자

객체 지향 언어에서는 객체를 캡슐화하고, 외부에서 접근 가능한 공개 멤버와 외부의 접근을 허용하지 않는 비공개 멤버를 구분한다. C++에는 다음 3가지 멤버 접근 지정자(access specifier)가 있다.

private
public
protected

- private(비공개)
- public(공개)
- protected(보호)

멤버에 대한 접근 지정은 클래스 선언부에서 접근 지정자 다음에 콜론(:)을 찍고 멤버들을 선언하는 방식으로 이루어진다.

```
class Sample {
private:
    // private 멤버 선언. 클래스 내의 멤버 함수만 접근 가능
public:
    // public 멤버 선언. 클래스 내외의 모든 함수에게 접근 허용
protected:
    // protected 멤버 선언. 클래스 내의 멤버와 상속받은 파생 클래스에만 접근 허용
};
```

● private 멤버

private 접근 지정으로 선언된 멤버로서, 클래스 내의 멤버 함수들에게만 접근이 허용된다.

● public 멤버

public 접근 지정으로 선언된 멤버로서, 클래스 내외를 막론하고 프로그램의 모든 함수들에게 접근이 허용된다.

● protected 멤버

protected 접근 지정으로 선언된 멤버로서, 클래스 내의 멤버 함수와 이 클래스를 상속받은 파생 클래스의 멤버 함수에게만 접근이 허용된다. protected 접근 지정자는 상속을 다루는 8장에서 다시 설명한다.

접근 지정은 다음과 같이 여러 번 사용될 수 있고, 접근 지정자가 선언되면 다른 접근 지정자가 선언될 때까지 모든 멤버에 대해 적용된다.

```
class Sample {
private:
    // private 멤버 변수 선언
public:
    // public 멤버 선언
private:
    // private 멤버 함수 선언
};
```

디폴트 접근 지정은 private

디폴트 접근 지정
private

접근 지정을 하지 않은 경우 디폴트 접근 지정은 private으로 처리된다. 이것은 캡슐화의 기본 원칙이 비공개이기 때문이다. 다음 코드에서 radius는 private 멤버로 처리된다.

```
class Circle {
    int radius;  ◁ 디폴트 접근 지정은 private
public:
    Circle();
    Circle(int r);
    double getArea();
};
```

멤버 보호와 생성자

● 멤버 변수는 private으로 지정하는 것이 바람직함

클래스의 멤버들은 클래스 외부에서 마음대로 접근할 수 있도록 허용해서는 안 되는 것이 기본이다. 이것은 마치 사람이 자신의 위장을 다른 사람이 보거나 만질 수 없도록 노출시키지 않는 것과 같다. 위장은 사람에게 있어 중요한 데이터 멤버이기 때문에, 외부로부터 숨기고 보호하여야 한다.

private

클래스의 멤버 변수에 대해서는 public 사용을 자제하고 private으로 선언하는 것이 바람직하다. [그림 3-17]은 동일한 멤버를 public으로 선언한 경우와 private으로 선언한 경우를 대비하여 보여준다.

```
class Circle {
public:
   int radius;          ← 멤버 변수 보호받지 못함
   Circle();
   Circle(int r);
   double getArea();
};

Circle::Circle() {
   radius = 1;
}
Circle::Circle(int r) {
   radius = r;
}

int main() {
   Circle waffle;
   waffle.radius = 5;   ← 노출된 멤버는 마음대로 접근. 나쁜 사례
}
```

```
class Circle {
private:
   int radius;          ← 멤버 변수 보호받고 있음
public:
   Circle();
   Circle(int r);
   double getArea();
};

Circle::Circle() {
   radius = 1;
}
Circle::Circle(int r) {
   radius = r;
}

int main() {
   Circle waffle(5); // 생성자에서 radius 설정
   waffle.radius = 5; // private 멤버 접근 불가
}
```

(a) 멤버 변수를 public으로 선언한 나쁜 사례   (b) 멤버 변수를 private으로 선언한 바람직한 사례

[그림 3-17] 멤버를 public으로 선언하면 보호 받지 못함

[그림 3-17](a)에서는 Circle 클래스가 radius 멤버를 public으로 선언하고 있기 때문에, main() 함수에서 waffle 객체를 생성할 때 굳이 생성자를 이용하지 않고 다음과 같이 radius 변수에 직접 값 5를 지정하였다.

```
Circle waffle;
waffle.radius = 5;
```

그러나 Circle 클래스에서 radius는 가장 중요한 멤버 변수이므로, 다른 클래스나 외부 함수에서 접근할 수 없도록 하는 것이 바람직하다. [그림 3-17](b)와 같이 수정하

고, Circle 클래스의 생성자를 통해 radius 값을 전달하도록 하라.

```
Circle waffle(5);
```

●생성자는 public으로

클래스 외부에서 객체를 생성하기 위해서는 생성자를 public으로 선언해야 한다. 생성자가 public으로 선언되어 있지 않다면 다음 라인은 컴파일 오류가 발생한다.

```
Circle circle; // Circle() 생성자를 호출하므로 Circle()은 public이어야 함
```

> **잠깐!**   **생성자를 private이나 protected로 선언하는 경우** ●————————
>
> 생성자가 **public**이 아니면 외부에서 객체를 생성할 수 없다. 그러면 생성자는 항상 **public**으로 선언해야 하는가? 아니다. 의도적으로 외부에서 객체를 생성할 수 없도록 생성자를 **private**로 선언하기도 하고, 자식 클래스에서만 생성자를 호출하도록 **protected**로 선언하기도 한다.

예제 3-9   **다음 소스에서 컴파일 오류가 발생하는 곳은 어디인가?**

```
1   #include <iostream>
2   using namespace std;
3
4   class PrivateAccessError {
5   private:                              [주목]
6       int a;
7       void f();
8       PrivateAccessError();
9   public:                               [주목]
10      int b;
11      PrivateAccessError(int x);
12      void g();
13  };
14
15  PrivateAccessError::PrivateAccessError() {
16      a = 1; // (1)
17      b = 1; // (2)
18  }
19
20  PrivateAccessError::PrivateAccessError(int x) {
21      a = x; // (3)
```

```
22    b = x; // (4)
23  }
24
25  void PrivateAccessError::f() {
26    a = 5; // (5)
27    b = 5; // (6)
28  }
29
30  void PrivateAccessError::g() {
31    a = 6; // (7)
32    b = 6; // (8)
33  }
34
35  int main() {
36    PrivateAccessError objA; // (9)
37    PrivateAccessError objB(100); // (10)
38    objB.a = 10; // (11)
39    objB.b = 20; // (12)
40    objB.f(); // (13)
41    objB.g(); // (14)
42  }
```

정답

(9) 생성자 PrivateAccessError()는 private이므로 main()에서 호출할 수 없다.

(11) a는 PrivateAccessError 클래스의 private 멤버이므로 main()에서 접근할 수 없다.

(13) f()는 PrivateAccessError 클래스의 private 멤버이므로 main()에서 호출할 수 없다.

3.7 인라인 함수

함수 호출에 따른 시간 오버헤드

함수
적절한 단위 작업
시간 소모

함수는 초기 컴퓨터 언어의 발달사에서 획기적인 발명품이었다. 적절한 단위 작업을 하나의 함수로 작성하여 두고 필요할 때마다 호출하여 실행할 수 있으므로, 함수는 프로그램을 구성하는 빌딩 블록(building block)의 역할을 하여 왔다. 개발자들은 늘 프로그램 코드를 어떻게 쪼개서 함수들로 만들지 궁리한다. 그러나 함수의 호출에는 대가가 따른다. 함수 호출과 실행을 마치고 돌아오는 과정에서 [그림 3-18]과 같은 시간 소모가 발생한다.

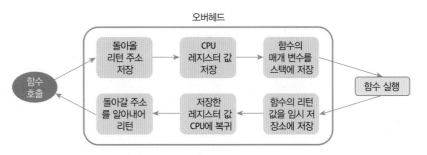

[그림 3-18] 함수 호출에 따른 시간 오버헤드

함수 호출 오버헤드(overhead) 시간이 무시할 수 없는 비중을 차지하는 경우도 있다. 다음 [그림 3-19]는 1에서 **10000**까지 루프를 돌면서 홀수 합을 구하는 코드로서, 함수 호출에 따른 시간 오버헤드의 심각성을 보여준다.

이 코드에서 odd() 함수의 코드 x%2를 계산하는 시간보다, odd() 함수의 호출과 리턴에 따른 오버헤드 시간이 더 크다. 그것도 **10000**번이나 odd() 함수를 호출하기 때문에 함수 호출 오버헤드는 더욱 가중된다. x%2 계산을 함수로 만든 것은 잘못된 판단이다.

이처럼 짧은 코드를 함수로 만들면, 함수 호출의 오버헤드가 상대적으로 커서 프로그램 실행 시간이 길어지는 원인이 된다. 짧은 코드로 이루어진 이러한 함수에 대해 호출 오버헤드를 줄일 방법이 있으면 프로그램의 실행 속도를 개선할 수 있을 것이다.

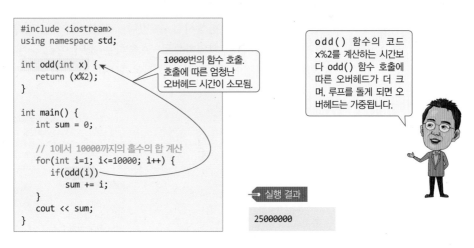

[그림 3-19] 함수 호출에 따른 오버헤드가 심각한 사례

인라인 함수(inline function)

인라인 함수란 짧은 코드로 구성된 함수에 대해, 함수 호출 오버헤드로 인한 프로그램

inline 키워드

의 실행 속도 저하를 막기 위해 도입된 기능이다(C 언어에도 인라인 함수 지원됨). 인라인 함수는 함수 앞에 inline 키워드를 이용하여 다음과 같이 선언한다.

```cpp
inline int odd(int x) { // odd 함수를 인라인 함수로 선언
    return (x%2);
}
```

실행 속도가 빨라진다

    컴파일러는 인라인 함수를 호출하는 곳에 인라인 함수의 코드를 그대로 삽입하여 함수 호출이 일어나지 않게 한다. 이렇게 되면, 함수 호출 오버헤드가 없어지기 때문에 실행 속도가 빨라진다.

    odd() 함수를 inline으로 선언하면, 컴파일러는 odd()를 호출하는 main() 함수를 [그림 3-20]과 같이 변형한다. 그리고 나서 컴파일러는 변형된 코드를 컴파일한다. 컴파일 되고 나면 인라인 함수 odd()는 사라지고 odd()를 호출한 곳에 x%2만 존재한다. 이제 odd() 함수 호출에 대한 오버헤드가 사라졌다.

●인라인 함수의 장단점

getter/setter
C++ 프로그램의 실행 속도를 향상
크기가 늘어나는 단점

대부분의 객체 지향 언어에서와 같이 C++ 프로그램 역시 비교적 작은 함수를 많이 만들게 된다. C++에서는 멤버 변수의 값을 알아내고 멤버 변수에 값을 쓰는 이른바 getter/setter라고 불리는 작은 멤버 함수들이 많이 존재하며, 이 멤버 함수들을 호출하는 코드 역시 많이 존재한다. 이런 작은 함수를 인라인으로 선언하면 C++ 프로그램의 실행 속도를 향상시킬 수 있다. 그러나 인라인 함수를 호출하는 곳에 인라인 함수의 코드를 단순 삽입하므로, 호출하는 곳이 여러 군데 있으면 그 만큼 전체 크기가 늘어나는 단점이 있다. 가능한 작은 함수를 인라인으로 선언하는 것이 현명하다.

```cpp
#include <iostream>
using namespace std;

inline int odd(int x) {
    return (x%2);
}

int main() {
    int sum = 0;

    for(int i=1; i<=10000; i++) {
        if(odd(i))
            sum += i;
    }
    cout << sum;
}
```

컴파일러에 의해
inline 함수의
코드 확장 삽입

```cpp
#include <iostream>
using namespace std;

int main() {
    int sum = 0;

    for(int i=1; i<=10000; i++) {
        if((i%2))
            sum += i;
    }
    cout << sum;
}
```

컴파일러는 확장된 C++
소스 파일을 컴파일한다.

[그림 3-20] 인라인 함수 선언과 인라인 함수의 확장

● 인라인 함수의 제약 사항

`inline` 선언은 컴파일러에게 주는 일종의 요청이지 강제 명령이 아니다. 컴파일러는 함수의 크기나 효율을 따져서 불필요한 경우, `inline` 선언을 무시할 수도 있다. 컴파일러에 따라 재귀 함수(recursion), `static` 변수, 반복문, `switch` 문, `goto` 문 등을 가진 함수는 인라인 함수로 허용하지 않는다.

멤버 함수의 인라인 선언과 자동 인라인

클래스의 선언부에 직접 구현
인라인 함수로 자동 처리

생성자를 포함하여 클래스의 모든 멤버 함수가 인라인으로 선언될 수 있다. [그림 3-21] (a)는 `Circle()` 생성자와 `getArea()` 함수를 인라인으로 선언한 예이다. C++에서는 멤버 함수의 크기가 작은 경우, 클래스의 선언부에 직접 구현하여도 무방하다. 컴파일러는 클래스의 선언부에 구현된 멤버 함수들에 대해서 `inline` 선언이 없어도 인라인 함수로 자동 처리한다. [그림 3-21](b)에서 `Circle()` 생성자와 `getArea()` 함수가 자동으로 인라인 처리된다. 그러므로 [그림 3-21](a)와 [그림 3-21](b)의 코드는 사실상 같다.

```cpp
class Circle {
private:
    int radius;
public:
    Circle();
    Circle(int r);
    double getArea();
};

inline Circle::Circle() {
    radius = 1;
}

Circle::Circle(int r) {
    radius = r;
}

inline double Circle::getArea() {
    return 3.14*radius*radius;
}
```

inline
멤버 함수

inline
멤버 함수

(a) 멤버 함수를 inline으로 선언하는 경우

```cpp
class Circle {
private:
    int radius;
public:
    Circle() { // 자동 인라인 함수
        radius = 1;
    }

    Circle(int r);
    double getArea() { // 자동 인라인 함수
        return 3.14*radius*radius;
    }
};

Circle::Circle(int r) {
    radius = r;
}
```

(b) 자동 inline으로 처리되는 경우

[그림 3-21] 인라인 멤버 함수와 자동 인라인 함수

1 인라인 함수에 대해 잘못 설명한 것은?
   ① 인라인 함수를 사용하면 프로그램의 실행 속도가 증가한다.
   ② 인라인 함수를 사용하면 컴파일된 프로그램의 크기가 줄어들어 실행 속도를 증가시킨다.
   ③ 컴파일러는 `inline`으로 선언된 모든 함수를 인라인으로 처리하는 것은 아니다.
   ④ 생성자도 자동 인라인 함수로 만들 수 있다.

3.8 C++ 구조체

C++ 구조체 선언

C++에서는 C 언어와의 호환성을 위해 구조체(struct)를 지원한다. C++ 구조체는 표준 C 구조체에 기능을 확장하여 클래스와 동일한 구조와 기능을 가진다. C++ 구조체는 struct 키워드로 선언하며, 멤버 변수와 멤버 함수를 가지고, 접근 지정도 해야 한다.

```
struct structName {
    // 디폴트 접근 지정은 public. public 속성의 멤버 변수나 멤버 함수 선언
private:
    // private 속성의 멤버 변수나 멤버 함수 선언
public:
    // public 속성의 멤버 변수나 멤버 함수 선언
protected:
    // protected 속성의 멤버 변수나 멤버 함수 선언
};
```

C++ 구조체의 객체 생성

C++ 구조체의 객체 생성은 클래스 객체 선언 방식과 같이 구조체 타입 뒤에 객체 이름을 지정하면 된다. 다음은 structName 타입의 객체 stObj를 생성하는 예이며 C 언어와 달리 객체 생성 시 struct 키워드는 사용하지 않는다.

```
structName stObj; // structName 타입의 구조체 객체 생성
```
 ~~struct~~ structName stObj; // C++에서 컴파일 오류. struct 키워드 사용 불가

구조체와 클래스의 차이점

C++ 구조체는 클래스와 기능적으로 동일하다. 멤버 변수뿐 아니라 생성자와 소멸자를 비롯한 멤버 함수를 가질 수 있으며, 다른 구조체나 클래스에게 상속 가능하고 다른 구조체나 클래스를 상속받을 수도 있다. 멤버들은 접근 지정자로 지정되며 멤버 활용 방법 또한 클래스와 완전히 동일하다.

　클래스와 구조체가 오직 한 가지 다른 점은, 클래스의 디폴트 접근 지정이 private 인 반면, 구조체는 public이다. 이는 C 언어와의 호환성을 위해, 모든 멤버들이 공개적인 C 구조체를 C++에서 수용하기 위해서이다. [그림 3-22]에서 왼쪽의 구조체와 오른쪽의 클래스는 같은 코드이다.

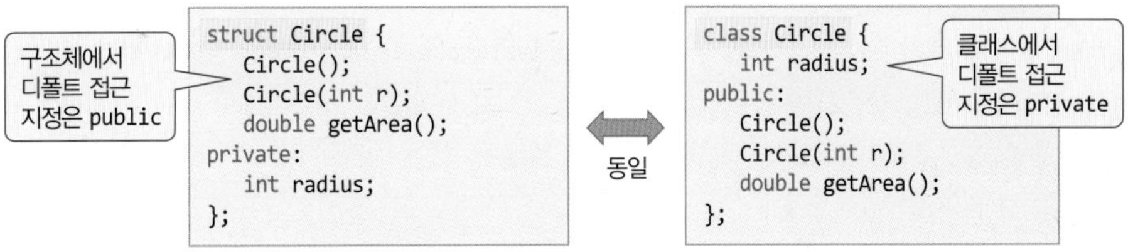

```
struct Circle {
    Circle();
    Circle(int r);
    double getArea();
private:
    int radius;
};
```
구조체에서 디폴트 접근 지정은 public

동일

```
class Circle {
    int radius;
public:
    Circle();
    Circle(int r);
    double getArea();
};
```
클래스에서 디폴트 접근 지정은 private

[그림 3-22] 클래스와 구조체의 디폴트 접근 지정의 차이

잠깐! **구조체보다 클래스를 사용하라.**

구조체와 클래스가 거의 같다면 구조체와 클래스 중 어떤 것을 사용하는 것이 좋을까? 정답은 없다. 개발자에 따라 멤버 변수만 있는 자료 구조의 경우 구조체를 사용하기도 한다. 다만, 저자의 경험을 토대로 말하면, C 언어적 사고의 탈피를 위해 구조체의 사용을 피하는 것이 좋다. 구조체와 클래스를 함께 사용하면서 스스로 혼란을 줄 필요가 없다.

예제 3-10 **Circle 클래스를 C++ 구조체를 이용하여 재작성**

앞서 다룬 **Circle** 클래스를 C++ 구조체를 이용하여 재작성하라.

```cpp
1  #include <iostream>
2  using namespace std;
3
4  struct StructCircle { // C++ 구조체 선언
5  private:
6      int radius;
7  public:
8      StructCircle(int r) { radius = r; } // 구조체의 생성자
9      double getArea();
10 };
11
12 double StructCircle::getArea() {
13     return 3.14*radius*radius;
14 }
15
16 int main() {
17     StructCircle waffle(3);
18     cout << "면적은 " << waffle.getArea();
19 }
```

→ 실행 결과

면적은 28.26

1 다음 빈칸에 private, public, protected 중에서 적절한 단어를 기입하라.

C++에서 클래스 멤버의 디폴트 접근 권한은 _____이며, 구조체 멤버의 디폴트 접근 권한은 _____이다.

3.9 바람직한 C++ 프로그램 작성법

C++ 프로그램은 여러 클래스들과 전역 함수들로 구성된다. 이들을 하나의 C++ 소스 파일로 작성할 수도 있고 여러 소스 파일로 나눌 수도 있다. 지금부터 바람직한 C++ 프로그램의 작성에 대해 알아보자.

헤더 파일과 cpp 파일 분리

C++ 프로그램의 소스 코드는 다음과 같은 원칙으로 분리하여 작성하는 것이 바람직하다.

• 클래스마다 선언부는 헤더 파일에, 구현부는 cpp 파일에 분리하여 작성한다.
• main() 등 함수나 전역 변수는 한 개 이상의 cpp 파일에 나누어 작성한다.

선언부
구현부
헤더 파일과 cpp 소스 파일로 분리

클래스마다 클래스의 선언부와 구현부를 헤더 파일과 cpp 소스 파일로 분리하면 전체 프로그램을 관리하기 쉽고 클래스를 재사용하기 쉽다. 클래스를 활용하는 코드들은 클래스에 대한 선언이 필요하므로, 클래스의 선언부가 들어 있는 헤더 파일만 include 하여 사용하면 된다. 만일 헤더 파일에 클래스의 구현부가 들어 있다면, 헤더 파일을 include 하는 여러 소스 파일에 구현부가 중복하여 들어가게 되므로, 링크 시 오류가 발생한다. 지금부터 앞의 예제 3-3 소스 코드를 헤더 파일과 cpp 파일로 분리하여 재작성 해보자. 다음과 같이 헤더 파일과 cpp 파일로 분리하여 작성할 수 있다.

• Circle.h : Circle 클래스 선언부
• Circle.cpp : Circle 클래스 구현부
• main.cpp : main() 함수 등 나머지 코드

Circle의 선언부를 Circle.h로 분리하였기 때문에, Circle 클래스를 활용하는 모

든 코드(Circle.cpp, main.cpp)에서는 다음과 같이 Circle.h를 include 해야 한다.

```
#include "Circle.h"
```

[그림 3-23]은 헤더 파일과 cpp 파일로 분리하여 재작성한 결과이다.

```
class Circle {
private:
    int radius;
public:
    Circle();
    Circle(int r);
    double getArea();
};
```
Circle.h

```
#include <iostream>
using namespace std;

#include "Circle.h"

Circle::Circle() {
    radius = 1;
    cout << "반지름 " << radius;
    cout << " 원 생성" << endl;
}

Circle::Circle(int r) {
    radius = r;
    cout << "반지름 " << radius;
    cout << " 원 생성" << endl;
}

double Circle::getArea() {
    return 3.14*radius*radius;
}
```
Circle.cpp

```
#include <iostream>
using namespace std;

#include "Circle.h"

int main() {
    Circle donut;
    double area = donut.getArea();
    cout << "donut 면적은 ";
    cout << area << endl;

    Circle pizza(30);
    area = pizza.getArea();
    cout << "pizza 면적은 ";
    cout << area << endl;
}
```
main.cpp

→ 실행 결과

반지름 1 원 생성
donut 면적은 3.14
반지름 30 원 생성
pizza 면적은 2826

컴파일

Circle.obj

컴파일

main.obj

링킹

main.exe

[그림 3-23] 예제 3-3의 소스를 헤더 파일과 cpp 파일로 분리하여 작성한 사례

C++ 컴파일러는 `Circle.cpp`와 `main.cpp`를 컴파일하여 `Circle.obj`와 `main.obj`를 각각 생성하고, 이들을 링크하여 `main.exe` 실행 파일을 만든다. 참고로 C++ 컴파일러는 cpp 파일들만 컴파일하며 헤더 파일만 따로 컴파일하지는 않는다.

헤더 파일을 중복 include 할 때 생기는 문제점 해결

클래스 선언부를 헤더 파일로 작성할 때 한 가지 주의할 것이 있다. cpp 파일에서 클래스가 선언된 헤더 파일을 여러 번 include 하면, 중복 선언으로 인해 컴파일 오류가 발생할 수 있다. 예를 들어 다음과 같이 `main.cpp`에서 `Circle.h`를 여러 번 include 하면 컴파일 오류가 발생한다.

```
#include <iostream>
using namespace std;

#include "Circle.h"
#include "Circle.h" // 컴파일 오류 발생
#include "Circle.h" // 컴파일 오류 발생

int main() {
    ..........
}
```
오류

컴파일 오류 메시지는 다음과 같이 Circle 클래스가 중복 선언되었음을 경고한다.

"Circle.h(4): error C2011: 'Circle' : 'class' 형식 재정의"

`main.cpp`에서 무턱대고 이렇게 세 번 `Circle.h`를 include 하는 사례는 거의 없겠지만, 헤더 파일의 중복 include는 독자의 의지와 상관없이 발생할 수 있다. 예를 들어 a.h 헤더 파일에서 b.h 헤더 파일을 내부적으로 include 하였는데, 이것을 모른 채 cpp 파일에서 a.h와 b.h 둘 다 include 하면 결국 cpp 파일에는 b.h가 두 번 include 된다.

조건 컴파일 문

지금부터 헤더 파일을 중복 include 해도 컴파일 오류가 발생하지 않도록 해 보자. `Circle.h` 헤더 파일에 조건 컴파일 문을 삽입하면 된다. [그림 3-24]는 [그림 3-23]의 `Circle.h`에 조건 컴파일 문을 삽입하도록 수정한 모습이다.

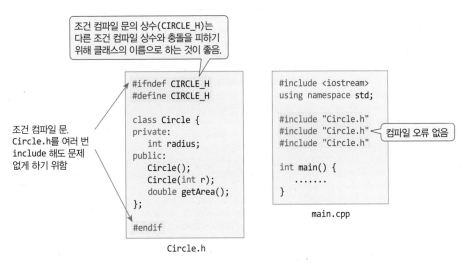

[그림 3-24] Circle.h를 조건 컴파일 문으로 감싸서 Circle.h의 중복 include 오류 해결

조건 컴파일 문

이제 [그림 3-24]의 조건 컴파일 문이 어떻게 이 문제를 해결하는지 알아보자.

1. main() 함수의 첫 번째 #include "Circle.h"이 처리될 때, 다음 문에 의해 CIRCLE_H 상수가 정의된다.

```
#define CIRCLE_H
```

그리고 클래스 Circle의 선언부가 main.cpp에 확장된다.

2. main() 함수의 두 번째 #include "Circle.h"가 처리될 때, CIRCLE_H 상수가 이미 정의되어 있기 때문에, 다음 조건 컴파일 문의 값이 false가 되어 #endif 문 밖으로 빠져나오게 된다. 그러므로 Circle 클래스의 선언부는 main.cpp에 확장되지 않는다.

```
#ifndef CIRCLE_H
```

3. main() 함수의 세 번째 #include "Circle.h" 문은 두 번째 include 문과 동일한 방식으로 처리된다.

　결국 처음 #include "Circle.h" 문만 처리되고 나머지 include 문은 처리되지 않게 되어, Circle 클래스의 선언부가 한 번만 main.cpp에 확장된다. 중복의 문제가 해결되었다.

| 예제 3-11 | 헤더 파일과 cpp 파일로 분리하기 |

다음은 두 개의 정수를 입력받아 덧셈을 실행하는 프로그램이다. 이 소스를 헤더 파일과 cpp 파일로 분리하여 프로그램을 재작성하라.

```cpp
#include <iostream>
using namespace std;

class Adder { // 덧셈 모듈 클래스
   int op1, op2;
public:
   Adder(int a, int b);
   int process();
};

Adder::Adder(int a, int b) {
   op1 = a; op2 = b;
}

int Adder::process() {
   return op1 + op2;
}

class Calculator { // 계산기 클래스
public:
   void run();
};

void Calculator::run() {
   cout << "두 개의 수를 입력하세요>>";
   int a, b;
   cin >> a >> b; // 정수 두 개 입력
   Adder adder(a, b); // 덧셈기 생성
   cout << adder.process(); // 덧셈 계산
}

int main() {
   Calculator calc; // calc 객체 생성
   calc.run(); // 계산기 시작
}
```

← 실행 결과

두 개의 수를 입력하세요>>5 -20
-15

정답

Adder.h

```cpp
#ifndef ADDER_H
#define ADDER_H

class Adder { // 덧셈 모듈 클래스
    int op1, op2;
public:
    Adder(int a, int b);
    int process();
};

#endif
```

Adder.cpp

```cpp
#include "Adder.h"

Adder::Adder(int a, int b) {
    op1 = a; op2 = b;
}

int Adder::process() {
    return op1 + op2;
}
```

Calculator.h

```cpp
#ifndef CALCULATOR_H
#define CALCULATOR_H

class Calculator { // 계산기 클래스
public:
    void run();
};

#endif
```

Calculator.cpp

```cpp
#include <iostream>
using namespace std;

#include "Calculator.h"
#include "Adder.h"

void Calculator::run() {
    cout << "두 개의 수를 입력하세요>>";
    int a, b;
    cin >> a >> b; // 정수 두 개 입력
    Adder adder(a, b); // 덧셈기 생성
    cout << adder.process(); // 덧셈 계산
}
```

main.cpp

```cpp
#include "Calculator.h"

int main() {
    Calculator calc; // calc 객체 생성
    calc.run(); // 계산기 시작
}
```

➡ 실행 결과

```
두 개의 수를 입력하세요>>5 -20
-15
```

객체에 대한 이해

- 실세계는 객체들의 집합이며 객체들이 상호 통신하는 시스템이다.
- 캡슐화는 객체를 캡슐로 싸서 그 내부를 볼 수 없게 하고 외부의 접근으로부터 보호한다.
- C++ 객체는 멤버 변수와 멤버 함수로 구성되며, 멤버 변수는 객체의 상태(state)를, 멤버 함수는 객체의 행동(behavior)을 표현한다.
- C++ 클래스는 객체를 정의하는 틀 혹은 설계도로서 사용자는 클래스로 새로운 데이터 타입을 선언한다. C++ 객체는 실행 중에 생성되어 존재하므로 실체(instance)라고도 부른다.

C++ 클래스 만들기

- class 키워드를 이용하여 클래스를 선언한다. 클래스 선언 뒤에는 반드시 세미콜론(;)을 붙인다.
- 클래스는 선언부와 구현부로 나누어 작성하는 것이 원칙이다. 클래스 구현부는 클래스 선언부에 선언된 함수들의 코드를 구현하는 부분이다.
- 객체의 멤버 접근은 '객체.멤버' 형식을 사용한다.

생성자

- 생성자는 클래스의 이름과 동일한 멤버 함수로서 객체가 생성될 때 한 번만 실행되는 특별한 멤버이다.
- 생성자는 객체의 초기화에 사용되며, 리턴 타입이 없고 중복이 가능하다.
- 기본 생성자는 디폴트 생성자라고도 불리며 매개 변수 없는 생성자이다. 아무 생성자도 선언되어 있지 않으면, 컴파일러가 기본 생성자를 자동으로 삽입한다. 기본 생성자는 단순 리턴한다.

소멸자

- 소멸자는 객체가 소멸될 때 실행되는 멤버 함수로서 클래스의 이름앞에 ~를 붙인 이름으로 선언되어야 한다. 소멸자는 매개 변수를 가지지 않고 리턴 타입도 없으며, 중복이 불가능하다. 객체는 생성된 반대순으로 소멸된다.

접근 지정

- 접근 지정이란 객체를 캡슐화함에 따라 외부에서 접근 가능한 멤버와 접근할 수 없는 멤버를 선언하는 지시이다.
- 멤버의 접근 지정은 private(비공개), public(공개), protected(보호)의 세 가지가 있다.
- private 멤버는 클래스 내부의 함수들만 접근할 수 있는 멤버이고, public 멤버는 클래스 내외의 모든 함수들이 접근할 수 있는 멤버이며, protected 멤버는 자식 클래스에서만 접근할 수 있는 멤버이다.
- C++ 클래스의 디폴트 접근 지정은 private이므로 접근 지정이 생략되면 private으로 처리된다.

인라인 함수

- 함수에 inline 키워드를 붙여 인라인으로 선언하면, 컴파일러는 인라인 함수의 코드를 함수를 호출하는 곳에 확장시킨다. 그러므로 함수 호출이 일어나지 않고, 함수 호출에 대한 오버헤드를 제거하여 실행 속도를 높인다.
- 인라인은 클래스의 멤버 함수나 외부 함수 모두 가능하며, 클래스 내의 선언부에 작성된 함수는 컴파일러에 의해 자동으로 인라인 처리된다.

C++ 구조체

- C++는 C 언어와의 호환성을 위해 구조체(struct)를 지원한다.
- C++ 구조체는 디폴트 접근 지정이 public이라는 점을 제외하고, 멤버 함수, 멤버 변수, 상속, 접근 지정 등 클래스의 기능과 동일하다.

바람직한 C++ 프로그램 작성법

- 클래스마다 선언부는 헤더 파일로, 구현부는 cpp 파일로 나누어 작성하는 것이 바람직하다.
- main() 등과 같은 외부 함수는 따로 cpp 파일에 나누어 작성하는 것이 바람직하다.

Open Challenge — 지수 표현 클래스 만들기

실수의 지수 표현을 클래스 Exp로 작성하라. Exp를 이용하는 main() 함수와 실행 결과는 다음과 같다. 클래스 Exp를 Exp.h 헤더 파일과 Exp.cpp 파일로 분리하여 작성하라. 난이도 5

```cpp
#include <iostream>
using namespace std;

#include "Exp.h"

int main() {
    Exp a(3, 2); // 3² = 9. 베이스 3, 지수 2
    Exp b(9); // 9¹ = 9. 베이스 9, 지수 1
    Exp c; // 1¹, 베이스 1, 지수 1

    cout << a.getValue() << ' ' << b.getValue() << ' ' << c.getValue() << endl;
    cout << "a의 베이스 " << a.getBase() << ',' << "지수 " << a.getExp() << endl;

    if(a.equals(b))
        cout << "same" << endl;
    else
        cout << "not same" << endl;
}
```

```
9 9 1
a의 베이스 3,지수 2
same
```

힌트
Hint
Exp 클래스는 3개의 생성자와 다음 4개의 멤버 함수가 필요하다.
- int getValue() // 지수를 정수로 계산하여 리턴
- int getBase() // 베이스 값 리턴
- int getExp() // 지수 값 리턴
- bool equals(Exp b) // 이 객체와 객체 b의 값이 같은지 판별하여 리턴

연습문제

이론 문제

• 홀수 문제는 정답이 공개됩니다.

1. 객체를 캡슐화하는 목적은 무엇인가?

2. 클래스와 객체에 관한 설명 중 틀린 것은?
   ① 객체를 실체 혹은 인스턴스(instance)라고 부른다.
   ② 클래스는 객체를 생성하기 위한 설계도 혹은 틀과 같다.
   ③ 클래스의 멤버들은 private보다 public 접근 지정이 바람직하다.
   ④ 클래스는 함수 멤버와 변수 멤버로 이루어진다.

3. 다음 C++ 코드가 객체 지향 언어의 캡슐화를 달성하고 있는지 설명하라.

```cpp
int acc;
int add(int x) {
   acc += x;
   return acc;
}
class Circle {
public:
   int radius;
   double getArea();
};
```

4. 다음 C++ 프로그램에 캡슐화가 부족한 부분을 수정하여 캡슐화하라.

```cpp
int age;
void older() {
   age++;
}
class Circle {
   int radius;
public:
   double getArea();
};
```

5. 다음 코드는 Circle 클래스의 선언부이다. 틀린 부분을 수정하라.

```cpp
class Circle {
   int radius;
   double getArea();
}
```

6. 다음 코드는 Tower 클래스를 작성한 사례이다. 틀린 부분을 수정하라.

```cpp
class Tower {
   int height = 20;
public:
   Tower() { height = 10; return; }
};
```

7. 다음 코드에서 틀린 부분을 수정하라.

```cpp
class Building {
private:
   int floor;
public:
   Building(int s) { floor = s; }
};
int main() {
   Building twin, star;
   Building BlueHouse(5), JangMi(14);
}
```

8. 다음 코드는 Calendar 클래스의 선언부이다. year를 10으로 초기화하는 생성자와 year 값을 리턴하는 getYear()를 구현하라.

```cpp
class Calendar {
private:
   int year;
public:
   Calendar();
   int getYear();
};
```

9. 생성자에 대한 설명 중 틀린 것은?
   ① 생성자의 이름은 클래스 이름과 같다.
   ② 생성자는 오직 하나만 작성 가능하다.
   ③ 생성자는 리턴 타입을 가지지 않는다.
   ④ 생성자가 선언되어 있지 않으면 컴파일러에 의해 기본 생성자가 삽입된다.

10. 소멸자에 대한 설명 중에 틀린 부분을 지적하라.

> 소멸자는 ① 객체가 소멸되는 시점에 자동으로 호출되는 멤버 함수로서 ② 클래스의 이름 앞에 ~를 붙인 이름으로 선언되어야 한다. ③ 매개 변수 있는 소멸자를 작성하여 소멸 시에 의미 있는 값을 전달할 수 있으며, 소멸자가 선언되어 있지 않으면 ④ 기본 소멸자가 자동으로 생성된다.

11. 다음 프로그램에 대해 답하여라.

```cpp
class House {
   int numOfRooms;
   int size;
public:
   House(int n, int s); // n과 s로 numOfRooms, size를 각각 초기화
};
void f() {
   House a(2,20);
}
House b(3,30), c(4,40);
int main() {
   f();
   House d(5,50);
}
```

(1) n과 s로 numOfRooms, size를 각각 초기화하고, 이들을 출력하는 생성자를 구현 하라.

(2) size와 numOfRooms 값을 출력하는 House 클래스의 소멸자를 작성하라.

(3) 객체 a,b,c,d가 생성되는 순서와 소멸되는 순서는 무엇인가?

12. 다음 프로그램에서 객체 a,b,c가 생성되고 소멸되는 순서는 무엇인가?

```cpp
class House {
   int numOfRooms;
   int size;
public:
   House(int n, int s) { numOfRooms = n; size = s; }
   void test() {
      House a(1,10);
   }
};
void f() {
   House b(2,20);
   b.test();
```

```
}
House c(3,30);
int main() {
    f();
}
```

13. 다음 프로그램의 오류를 지적하고 수정하라.

```
class TV {
    TV() { channels = 256; }
public:
    int channels;
    TV(int a) { channels = a;}
};
int main() {
    TV LG;
    LG.channels = 200;
    TV Samsung(100);
}
```

14. 다음 프로그램의 오류를 지적하고 수정하라.

```
class TV {
    int channels;
public:
    int colors;
    TV() { channels = 256; }
    TV(int a, int b) { channels = a; colors = b; }
};
int main() {
    TV LG;
    LG.channels = 200;
    LG.colors = 60000;
    TV Samsung(100, 50000);
}
```

15. 다음 코드에서 자동 인라인 함수를 찾아라.

```
class TV {
    int channels;
public:
    TV() { channels = 256; }
    TV(int a) { channels = a; }
```

```
    int getChannels();
};
inline int TV::getChannels() { return channels; }
```

16. 인라인 함수의 장단점을 설명한 것 중 옳은 것은?

① 인라인 함수를 사용하면 컴파일 속도가 향상된다.

② 인라인 함수를 이용하면 프로그램의 실행 속도가 향상된다.

③ 인라인 함수를 사용하면 프로그램 작성 시간이 향상된다.

④ 인라인 함수를 사용하면 프로그램의 크기가 작아져서 효과적이다.

17. 인라인 함수에 대해 잘못 설명한 것은?

① 인라인 선언은 크기가 큰 함수의 경우 효과적이다.

② C++ 프로그램에는 크기가 작은 멤버 함수가 많기 때문에 이들을 인라인으로 선언하면 효과적이다.

③ 컴파일러는 먼저 인라인 함수를 호출하는 곳에 코드를 확장시킨 후 컴파일한다.

④ 인라인 함수는 함수 호출에 따른 오버헤드를 줄이기 위한 방법이다.

18. inline 선언은 강제 사항이 아니다. 다음 함수 중에서 컴파일러가 인라인으로 처리하기에 가장 바람직한 것은?

①
```
inline int big(int a, int b) {
    return a>b?a:b;
}
```

②
```
inline int sum(int a, int b) {
    if(a>=b) return a;
    else return a + sum(a+1, b);
}
```

③
```
inline void add(int a, int b) {
    int sum=0;
    for(int n=a; n<b; n++)
        sum += n;
}
```

④
```
inline int add(int a) {
    static int x = 0;
    x += a;
    return x;
}
```

19. C++ 구조체(struct)에 대해 잘못 설명한 것은?

① C++에서 구조체를 둔 이유는 C 언어와의 호환성 때문이다.

② C++에서 구조체는 멤버 함수와 멤버 변수를 둘 수 있다.

③ C++에서 구조체는 생성자와 소멸자를 가진다.

④ C++에서 구조체는 상속을 지원하지 않는다.

20. 다음 C++ 구조체를 동일한 의미를 가지는 클래스로 작성하라.

```
struct Family {
    int count;
    char address[20];
public:
    Family();
private:
    char tel[11];
};
```

21. 다음 클래스를 구조체로 선언하라.

```
class Universe {
    char creator[10];
    int size;
private:
    char dateCreated[10];
public:
    Universe();
};
```

실습 문제

★ 표시가 있는 문제는 정답이 공개됩니다.

> 목적 2개의 생성자와 여러 멤버를 가진 클래스 만들기

1. main()의 실행 결과가 다음과 같도록 Tower 클래스를 작성하라. 난이도 3

```cpp
#include <iostream>
using namespace std;

int main() {
    Tower myTower; // 1 미터
    Tower seoulTower(100); // 100 미터
    cout << "높이는 " << myTower.getHeight() << "미터" << endl;
    cout << "높이는 " << seoulTower.getHeight() << "미터" << endl;
}
```

```
높이는 1미터
높이는 100미터
```

2. 날짜를 다루는 Date 클래스를 작성하고자 한다. Date를 이용하는 main()과 실행 결과는 다음과 같다. 클래스 Date를 작성하여 아래 프로그램에 추가하라. 난이도 6

```cpp
#include <iostream>
using namespace std;

int main() {
    Date birth(2014, 3, 20); // 2014년 3월 20일
    Date independenceDay("1945/8/15"); // 1945년 8월 15일
    independenceDay.show();
    cout << birth.getYear() << ',' << birth.getMonth() << ',' << birth.getDay() << endl;
}
```

```
1945년8월15일
2014,3,20
```

힌트
Hint

<string> 헤더 파일의 stoi() 함수를 이용하면 string의 문자열을 숫자로 변환할 수 있다. stoi()는 C++11 표준부터 삽입되었다.

```cpp
string s = "1945";
int n = stoi(s); // n은 정수 1945. VS 2008에는 int n = atoi(s.c_str());
```

3.★ 은행에서 사용하는 프로그램을 작성하기 위해, 은행 계좌 하나를 표현하는 클래스 Account가 필요하다. 계좌 정보는 계좌의 주인, 계좌 번호, 잔액을 나타내는 3 멤버 변수로 이루어진다. main() 함수의 실행 결과가 다음과 같도록 Account 클래스를 작성하라. 난이도 4

```cpp
int main() {
    Account a("kitae", 1, 5000);   // id 1번, 잔액 5000원, 이름이 kitae인 계좌 생성
    a.deposit(50000);              // 50000원 저금
    cout << a.getOwner() << "의 잔액은 " << a.inquiry() << endl;
    int money = a.withdraw(20000); // 20000원 출금. withdraw()는 출금한 실제 금액 리턴
    cout << a.getOwner() << "의 잔액은 " << a.inquiry() << endl;
}
```

```
kitae의 잔액은 55000
kitae의 잔액은 35000
```

힌트
Hint

Account는 name, id, balance(잔액)의 3 멤버 변수와 생성자, getOwner(), deposit(), withdraw(), inquiry()의 3 멤버 함수를 가지는 클래스로 만들면 된다.

목적 실세계의 객체를 클래스로
작성

4. CoffeeMachine 클래스를 만들어보자. main() 함수와 실행 결과가 다음과 같도록
CoffeeMachine 클래스를 작성하라. 에스프레소 한 잔에는 커피와 물이 각각 1씩 소
비되고, 아메리카노의 경우 커피는 1, 물은 2가 소비되고, 설탕 커피는 커피 1, 물 2,
설탕 1이 소비된다. CoffeeMachine 클래스에는 어떤 멤버 변수와 어떤 멤버 함수가
필요한지 잘 판단하여 작성하라. **난이도 4**

```cpp
int main() {
   CoffeeMachine java(5, 10, 3); // 커피량:5, 물량:10, 설탕:6으로 초기화
   java.drinkEspresso(); // 커피 1, 물 1 소비
   java.show(); // 현재 커피 머신의 상태 출력
   java.drinkAmericano(); // 커피 1, 물 2 소비
   java.show(); // 현재 커피 머신의 상태 출력
   java.drinkSugarCoffee(); // 커피 1, 물 2, 설탕 1 소비
   java.show(); // 현재 커피 머신의 상태 출력
   java.fill(); // 커피 10, 물 10, 설탕 10으로 채우기
   java.show(); // 현재 커피 머신의 상태 출력
}
```

```
커피 머신 상태, 커피:4  물:9    설탕:3  ← java.show();의 실행 결과
커피 머신 상태, 커피:3  물:7    설탕:3
커피 머신 상태, 커피:2  물:5    설탕:2
커피 머신 상태, 커피:10 물:10   설탕:10
```

목적 클래스와 멤버 변수, 멤버
함수 만들기

5.★ 랜덤 수를 발생시키는 Random 클래스를 만들자. Random 클래스를 이용하여 랜덤
한 정수를 10개 출력하는 사례는 다음과 같다. Random 클래스가 생성자, next(),
nextInRange()의 3개의 멤버 함수를 가지도록 작성하고 main() 함수와 합쳐 하나
의 cpp 파일에 구현하라. **난이도 4**

RAND_MAX 상수는
<cstdlib> 헤더
파일에 선언되어
있는 정수 32767

```cpp
int main() {
   Random r;
   cout << "-- 0에서 " << RAND_MAX << "까지의 랜덤 정수 10 개--" << endl;
   for(int i=0; i<10; i++) {
      int n = r.next(); // 0에서 RAND_MAX(32767) 사이의 랜덤한 정수
      cout << n << ' ';
   }
   cout << endl << endl << "-- 2에서 " << "4 까지의 랜덤 정수 10 개 --" << endl;
   for(int i=0; i<10; i++) {
      int n = r.nextInRange(2, 4); // 2에서 4 사이의 랜덤한 정수
      cout << n << ' ';
   }
   cout << endl;
}
```

```
-- 0에서 32767까지의 랜덤 정수 10 개--
3975 1512 15096 4317 14047 30968 21702 24510 5530 6633

-- 2에서 4 까지의 랜덤 정수 10 개 --
2 3 3 2 2 4 2 3 4 2
```

힌트
Hint
랜덤 정수를 발생시키기 위해 다음 두 라인의 코드가 필요하고, <cstdlib>와 <ctime> 헤더 파일을 include 해야 한다.

```
srand((unsigned)time(0)); // 시작할 때마다, 다른 랜덤수를 발생시키기 위한 seed 설정
int n = rand(); // 0에서 RAND_MAX(32767) 사이의 랜덤한 정수 발생
```

목표 클래스 작성 및 클래스 활용

6. 문제 5번을 참고하여 짝수 정수만 랜덤하게 발생시키는 EvenRandom 클래스를 작성하고 EvenRandom 클래스를 이용하여 10개의 짝수를 랜덤하게 출력하는 프로그램을 완성하라. 0도 짝수로 처리한다. 난이도 5

```
-- 0에서 32767까지의 랜덤 정수 10 개--
4556 9030 18662 27744 14522 2832 8594 18428 4130 24854   ← 짝수

-- 2에서 10 까지의 랜덤 정수 10 개 --
8 4 8 6 8 10 6 10 6 8   ← 짝수
```

목표 클래스 작성에서 매개 변수를 가진 생성자의 활용

7. 문제 5번을 참고하여 생성자를 이용하여 짝수 홀수를 선택할 수 있도록 Selectable Random 클래스를 작성하고 짝수 10개, 홀수 10개를 랜덤하게 발생시키는 프로그램을 작성하라. 난이도 6

```
-- 0에서 32767까지의 짝수 랜덤 정수 10 개--
15626 13266 20700 17984 16836 218 2020 24888 8532 9748   ← 짝수

-- 2에서 9 까지의 랜덤 홀수 정수 10 개 --
7 9 7 5 5 9 3 3 9 7   ← 홀수
```

목표 클래스 만들기와 객체 개념 이해

8. **int** 타입의 정수를 객체화한 **Integer** 클래스를 작성하라. **Integer**의 모든 멤버 함수를 자동 인라인으로 작성하라. **Integer** 클래스를 활용하는 코드는 다음과 같다.

난이도 5

```cpp
#include <iostream>
#include <string>
using namespace std;

int main() {
  Integer n(30);
  cout << n.get() << ' '; // 30 출력
  n.set(50);
  cout << n.get() << ' '; // 50 출력

  Integer m("300");
  cout << m.get() << ' '; // 300 출력
  cout << m.isEven(); // true(정수로 1) 출력
}
```

```
30 50 300 1
```

힌트
Hint

문제 2의 힌트와 동일하게 <string> 헤더 파일의 stoi() 함수를 이용하면 편하다.

목표 생성자/소멸자를 갖춘 클래스 만들기, 선언부와 구현부로 나누어 작성

9. Oval 클래스는 주어진 사각형에 내접하는 타원을 추상화한 클래스이다. Oval 클래스의 멤버는 모두 다음과 같다. Oval 클래스를 선언부와 구현부로 나누어 작성하라. 난이도 6

- 정수값의 사각형 너비와 높이를 가지는 **width**, **height** 변수 멤버
- 너비와 높이 값을 매개 변수로 받는 생성자
- 너비와 높이를 1로 초기화하는 매개 변수 없는 생성자
- **width**와 **height**를 출력하는 소멸자
- 타원의 너비를 리턴하는 **getWidth()** 함수 멤버
- 타원의 높이를 리턴하는 **getHeight()** 함수 멤버
- 타원의 너비와 높이를 변경하는 **set(int w, int h)** 함수 멤버
- 타원의 너비와 높이를 화면에 출력하는 **show()** 함수 멤버

Oval 클래스를 활용하는 코드의 사례와 실행 결과는 다음과 같다.

```cpp
#include <iostream>
using namespace std;

int main() {
  Oval a, b(3, 4);
  a.set(10, 20);
  a.show();
  cout << b.getWidth() << "," << b.getHeight() << endl;
}
```

a.show();의
실행 결과

```
width = 10, height = 20
3, 4
Oval 소멸 : width = 3, height = 4
Oval 소멸 : width = 10, height = 20
```

🔴🟢 클래스와 객체 활용 연습

10. 다수의 클래스를 선언하고 활용하는 간단한 문제이다. 더하기(+), 빼기(-), 곱하기(*), 나누기(/)를 수행하는 4개의 클래스 Add, Sub, Mul, Div를 만들고자 한다. 이들은 모두 공통으로 다음 멤버를 가진다.

- int 타입 변수 a, b : 피연산자
- void setValue(int x, int y) 함수 : 매개 변수 x, y를 멤버 a, b에 복사
- int calculate() 함수 : 연산을 실행하고 결과 리턴

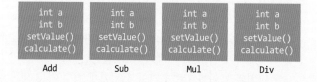

main() 함수는 Add, Sub, Mul, Div 클래스 타입의 객체 a, s, m, d를 생성하고, 아래와 같이 키보드로부터 두 개의 정수와 연산자를 입력받고, a, s, m, d 객체 중에서 연산을 처리할 객체의 setValue() 함수를 호출한 후, calculate()를 호출하여 결과를 화면에 출력한다. 프로그램은 무한 루프를 돈다.

```
두 정수와 연산자를 입력하세요>>3  4  *
12
두 정수와 연산자를 입력하세요>>5  2  /
2
두 정수와 연산자를 입력하세요>>8  2  -
6
```

(1) 클래스의 선언부와 구현부를 분리하고, 모든 코드를 Calculator.cpp 파일에 작성하라. 난이도 6

(2) 클래스의 선언부와 구현부를 헤더 파일과 cpp 파일로 나누어 프로그램을 작성하라. 난이도 7

목청 선언부와 구현부로 나누기 연습

11. 다음 코드에서 Box 클래스의 선언부와 구현부를 Box.h, Box.cpp 파일로 분리하고 main() 함수 부분을 main.cpp로 분리하여 전체 프로그램을 완성하라. 난이도 7

```cpp
#include <iostream>
using namespace std;

class Box {
    int width, height;
    char fill; // 박스의 내부를 채우는 문자
public:
    Box(int w, int h) { setSize(w, h); fill = '*'; }
    void setFill(char f) { fill = f; }
    void setSize(int w, int h) { width = w; height = h; }
    void draw(); // 박스 그리기
};
void Box::draw() {
    for(int n=0; n<height; n++) {
        for(int m=0; m<width; m++) cout << fill;
        cout << endl;
    }
}

int main() {
    Box b(10, 2);
    b.draw(); // 박스를 그린다.
    cout << endl;
    b.setSize(7, 4); // 박스의 크기를 변경한다.
    b.setFill('^'); // 박스의 내부를 채울 문자를 '^'로 변경한다.
    b.draw(); // 박스를 그린다.
}
```

```
**********
**********

^^^^^^
^^^^^^
^^^^^^
^^^^^^
```

12. 컴퓨터의 주기억장치를 모델링하는 클래스 Ram을 구현하려고 한다. Ram 클래스는 데이터가 기록될 메모리 공간과 크기 정보를 가지고, 주어진 주소에 데이터를 기록하고(write), 주어진 주소로부터 데이터를 읽어 온다(read). Ram 클래스는 다음과 같이 선언된다.

실세계 객체를 클래스로 코딩하는 연습

```cpp
class Ram {
   char mem[100*1024]; // 100KB 메모리. 한 번지는 한 바이트이므로 char 타입 사용
   int size;
public:
   Ram(); // mem 배열을 0으로 초기화하고 size를 100*1024로 초기화
   ~Ram(); // "메모리 제거됨" 문자열 출력
   char read(int address); // address 주소의 메모리 바이트 리턴
   void write(int address, char value); // address 주소에 한 바이트로 value 저장
};
```

다음 main() 함수는 100 번지에 20을 저장하고, 101 번지에 30을 저장한 후, 100 번지와 101 번지의 값을 읽고 더하여 102 번지에 저장하는 코드이다.

```cpp
int main() {
   Ram ram;
   ram.write(100, 20); // 100 번지에 20 저장
   ram.write(101, 30); // 101 번지에 30 저장
   char res = ram.read(100) + ram.read(101); // 20 + 30 = 50
   ram.write(102, res); // 102 번지에 50 저장
   cout << "102 번지의 값 = " << (int)ram.read(102) << endl; // 102 번지 값 출력
}
```

소멸자가 출력한 문자열
```
102 번지의 값 = 50
메모리 제거됨
```

실행 결과를 참고하여 Ram.h, Ram.cpp, main.cpp로 헤더 파일과 cpp 파일을 분리하여 프로그램을 완성하라. 난이도 7

04

객체 포인터와 객체 배열, 객체의 동적 생성

객체 포인터와 객체 배열, 객체의 동적 생성

4.1 객체 포인터

객체에 대한 포인터

C++에서 객체를 다루기 위해 객체에 대한 포인터 변수를 선언하고, 이 포인터 변수로 객체의 멤버 변수를 읽고 값을 쓰거나 멤버 함수를 호출할 수 있다. [그림 4-1]은 Circle 객체에 대한 포인터 변수를 선언하고 활용하는 사례이다. 지금부터 이 코드를 하나씩 설명해보자.

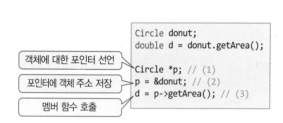

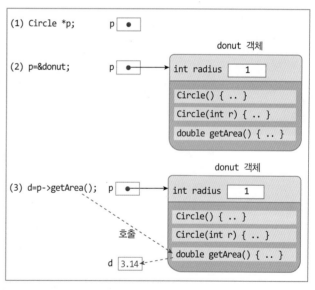

[그림 4-1] Circle 객체에 대한 포인터 변수를 선언하고 사용하는 예

● 객체에 대한 포인터 변수 선언

Circle 타입의 객체에 대한 포인터 변수 p는 다음과 같이 선언한다.

```
Circle *p;
```

선언된 포인터 변수 p는 현재 아무 객체도 가리키고 있지 않다.

●포인터 변수에 객체 주소 지정

객체의 주소는 객체 이름 앞에 & 연산자를 사용하여 표현한다. 포인터 변수 p에 donut 객체의 주소를 저장하는 코드는 다음과 같다.

```
p = &donut; // p에 donut 객체의 주소 저장
```

포인터 변수를 선언할 때 다음과 같이 객체의 주소로 초기화할 수도 있다.

```
Circle* p = &donut; // 포인터 변수 선언 시 객체 주소로 초기화
```

●포인터를 이용한 객체 멤버 접근

점(.) 연산자

객체 이름으로 멤버를 접근할 때는 다음과 같이 점(.) 연산자를 이용하지만,

```
d = donut.getArea(); // 객체 이름으로 멤버 함수 호출
```

-> 연산자

객체 포인터로 멤버를 접근할 때 -> 연산자를 사용한다. 다음 코드는 p가 가리키는 객체의 getArea() 함수를 호출한다.

```
d = p->getArea(); // 포인터로 객체 멤버 함수 호출
```

이 코드는 다음과 같이 코딩할 수도 있다.

```
d = (*p).getArea();
```

> **잠깐!** 초기화되지 않은 객체 포인터를 이용하면 오류 발생 ●
>
> ```
> Circle *p;
> p->getArea(); // 실행 오류 발생
> ```
>
> 이 코드는 p가 어떤 Circle 타입의 객체도 가리키지 않는 상태에서 getArea() 함수를 호출하므로, 실행 중에 'null pointer assignment' 오류가 발생한다.

| 예제 4-1 | 객체 포인터 선언 및 활용 |

```
1   #include <iostream>
2   using namespace std;
3
4   class Circle {
5      int radius;
6   public:
7      Circle() { radius = 1; }
8      Circle(int r) { radius = r; }
9      double getArea();
10  };
11
12  double Circle::getArea() {
13     return 3.14*radius*radius;
14  }
15
16  int main() {
17     Circle donut;
18     Circle pizza(30);
19
20     // 객체 이름으로 멤버 접근
21     cout << donut.getArea() << endl;    // 3.14 출력
22
23     // 객체 포인터로 멤버 접근
24     Circle *p;
25     p = &donut;
26     cout << p->getArea() << endl; // donut의 getArea() 호출   3.14 출력
27     cout << (*p).getArea() <<endl; // donut의 getArea() 호출   3.14 출력
28
29     p = &pizza;
30     cout << p->getArea() << endl; // pizza의 getArea() 호출   2826 출력
31     cout << (*p).getArea() << endl; // pizza의 getArea() 호출   2826 출력
32  }
```

실행 결과

```
3.14
3.14
3.14
2826
2826
```

CHECK TIME

1 public 멤버 함수 draw()를 가진 Polygon 클래스가 있을 때, 다음 두 선언문에 대해 물음에 답하여라.

```
Polygon poly;
Polygon *p;
```

(1) 포인터 p를 활용하여 poly 객체의 draw() 함수를 호출하는 코드를 두 줄로 작성하라.
(2) 다음 중에서 다른 하나는 무엇인가?
　① poly.draw();　　　　　　　　　② p=&poly; p->draw();
　③ p=&poly; (*p).draw();　　　　　④ poly->draw();

4.2 객체 배열

객체 배열 선언 및 활용

객체 배열

C++에서 객체의 배열을 선언하는 방법을 알아보자. 객체 배열은 원소가 객체라는 점을 빼고, int, char 등 기본 타입의 배열을 선언하고 활용하는 방법과 동일하다. 예제 4-2 는 Circle 클래스의 배열을 선언하고 활용하는 방법을 보여준다.

예제 4-2 | Circle **클래스의 배열 선언 및 활용**

```cpp
1   #include <iostream>
2   using namespace std;
3
4   class Circle {
5      int radius;
6   public:
7      Circle() { radius = 1; }
8      Circle(int r) { radius = r; }
9      void setRadius(int r) { radius = r; }
10     double getArea();
11  };
12
13  double Circle::getArea() {
14     return 3.14*radius*radius;
15  }
16
17  int main() {
18     Circle circleArray[3]; // (1) Circle 객체 배열 생성
19
20     // 배열의 각 원소 객체의 멤버 접근
21     circleArray[0].setRadius(10); // (2)
22     circleArray[1].setRadius(20);
23     circleArray[2].setRadius(30);
24
25     for(int i=0; i<3; i++) // 배열의 각 원소 객체의 멤버 접근
26        cout << "Circle " << i << "의 면적은 " << circleArray[i].getArea() << endl;
27
28     Circle *p; // (3)
29     p = circleArray; // (4)
30     for(int i=0; i<3; i++) { // 객체 포인터로 배열 접근
31        cout << "Circle " << i << "의 면적은 " << p->getArea() << endl;
32        p++; // (5)
33     }
34  }
```

p는 배열의 다음 원소를 가리킴

실행 결과

```
Circle 0의 면적은 314
Circle 1의 면적은 1256
Circle 2의 면적은 2826
Circle 0의 면적은 314
Circle 1의 면적은 1256
Circle 2의 면적은 2826
```

● 객체 배열 선언

다음 코드는 Circle 객체의 배열 circleArray를 선언하는 코드이다.

```
Circle circleArray[3];
```

circleArray는 3개의 Circle 객체를 원소로 가지는 배열로서, 생성된 결과는 [그림 4-2](1)과 같다.

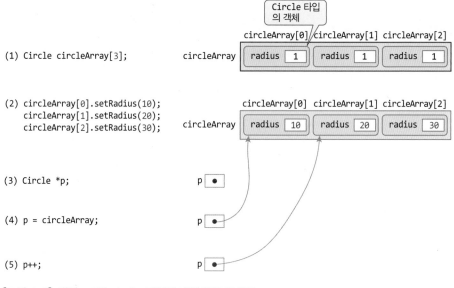

[그림 4-2] 예제 4-2의 Circle 타입의 배열 생성 및 활용

● 객체 배열 선언문은 기본 생성자를 호출한다.

객체 배열 선언문은 오직 매개 변수 없는 기본 생성자를 호출한다. 다음 Circle 배열 선언문이 실행되면,

```
Circle circleArray[3];
```

3개의 Circle 객체가 생성되고, 각 객체마다 다음의 기본 생성자가 호출된다.

```
Circle::Circle() { radius = 1; }
```

객체 배열과 생성자의 관계를 확실히 하기 위해 [그림 4-3]의 코드를 보자. 아무 생성자도 선언되어 있지 않은 [그림 4-3](a)의 경우, 컴파일러가 자동으로 기본 생성자를

입하므로, 객체 배열 생성 시 컴파일 오류가 발생하지 않는다. 한편, 매개 변수를 가진 생성자 Circle(int r)가 선언되어 있는 [그림 4-3](b)의 경우, Circle waffle(15); 선언 문은 Circle(int r)의 생성자를 호출하므로 문제가 없지만, Circle circleArray[3]; 선언문의 경우, 기본 생성자 Circle()이 선언되어 있지 않기 때문에 컴파일 오류가 발생한다.

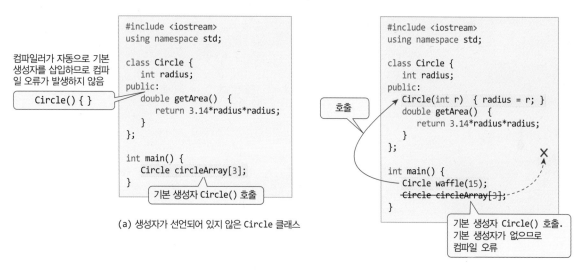

컴파일러가 자동으로 기본 생성자를 삽입하므로 컴파일 오류가 발생하지 않음

Circle() { }

```cpp
#include <iostream>
using namespace std;

class Circle {
    int radius;
public:
    double getArea() {
        return 3.14*radius*radius;
    }
};

int main() {
    Circle circleArray[3];
}
```

기본 생성자 Circle() 호출

(a) 생성자가 선언되어 있지 않은 Circle 클래스

호출

```cpp
#include <iostream>
using namespace std;

class Circle {
    int radius;
public:
    Circle(int r)  { radius = r; }
    double getArea()  {
        return 3.14*radius*radius;
    }
};

int main() {
    Circle waffle(15);
    Circle circleArray[3];
}
```

기본 생성자 Circle() 호출. 기본 생성자가 없으므로 컴파일 오류

error.cpp(15): error C2512: 'Circle' : 사용할 수 있는 적절한 기본 생성자가 없습니다

(b) 기본 생성자가 없으므로 컴파일 오류

[그림 4-3] 기본 생성자가 없는 경우, 객체 배열 선언문에서 컴파일 오류 발생

객체 배열을 선언할 때, 기본 생성자가 있는지 확인하는 것을 잊지 말도록 하라. 매개 변수를 가진 생성자를 호출하기 위해 다음과 같이 작성하면 컴파일 오류가 발생한다.

 **오류** `Circle circleArray[3](3);` // 구문 오류

● 객체 배열 사용

점(.) 연산자

배열의 각 원소 객체는 [ ] 연산자로 구분한다. 다음은 circleArray의 각 Circle 객체의 setRadius() 멤버 함수를 호출하는 코드이다. 원소 객체와 멤버 사이에 점(.) 연산자를 사용하는 것에 주목하기 바란다.

```cpp
circleArray[0].setRadius(10);
circleArray[1].setRadius(20);
circleArray[2].setRadius(30);
```

또한 circleArray의 각 객체 면적을 다음과 같이 화면에 출력할 수 있다.

```
for(int i=0; i<3; i++)
    cout << "Circle " << i << "의 면적은 " << circleArray[i].getArea() << endl;
```

포인터

Circle 클래스의 포인터를 이용하여 배열을 다룰 수 있다. 포인터를 이용하여 앞의 for 문을 다시 작성하면 다음과 같다.

```
Circle *p;
p = circleArray; // p는 circleArray 배열을 가리킨다.
for(int i=0; i<3; i++) {
    cout << "Circle " << i << "의 면적은 " << p->getArea() << endl;
    p++; // 다음 Circle 객체 주소로 증가
}
```

[그림 4-2]의 (3), (4), (5)는 이 for 문이 실행되는 동안 포인터 p의 변화를 보여준다.

포인터 p는 다르게 활용될 수 있다. p[i]는 배열의 i 번째 Circle 객체이다. 그러므로 첫 번째 Circle 객체의 getArea() 함수는 다음과 같이 호출할 수 있다.

```
p[0].getArea(); // 배열의 첫 번째 Circle 객체의 getArea() 함수 호출
(*p).getArea(); // 위와 동일한 코드
```

이제, 앞의 for 문은 p[i]를 사용하여 다음과 같이 작성할 수도 있다.

```
Circle *p = circleArray;
for(int i=0; i<3; i++)
    cout << "Circle " << i << "의 면적은 " << p[i].getArea() << endl;
```

●배열 소멸과 소멸자

원소 객체마다 소멸자가 호출

함수가 종료하면 함수 내에 선언된 배열도 소멸된다. 배열이 소멸되면, 모든 원소 객체가 소멸되며 각 원소 객체마다 소멸자가 호출된다. main() 함수가 종료하면 circleArray 배열이 소멸되며, 높은 인덱스에서부터 원소 객체가 소멸되고, 각 객체마다 ~Circle() 소멸자가 실행된다.

```
circleArray[2] 소멸자 실행 → circleArray[1] 소멸자 실행 → circleArray[0] 소멸자 실행
```

> **Tip**   객체 포인터를 사용하여 객체 배열을 다루는 다양한 사례
>
> 객체 포인터를 이용하여 circleArray의 각 Circle 객체의 면적을 출력하는 코드를 다양하게 작성할 수 있다.
>
> **(1) 포인터 p를 이용하여 객체처럼 접근**
>
> ```cpp
> Circle *p = circleArray;
> for(int i=0; i<3; i++)
>     cout << (*p++).getArea() << endl;
> ```
>
> **(2) 배열의 이름 circleArray를 포인터로 사용**
>
> ```cpp
> for(int i=0; i<3; i++)
>     cout << (circleArray+i)->getArea() << endl;
> ```
>
> **(3) 포인터 p의 정수 연산 이용**
>
> ```cpp
> Circle *p = circleArray;
> for(int i=0; i<3; i++)
>     cout << (p+i)->getArea();
> ```

객체 배열 초기화

생성자
원소 객체를 초기화

객체 배열을 생성할 때 생성자를 사용하여 다음과 같은 방법으로 원소 객체를 초기화할 수 있다.

```cpp
Circle circleArray[3] = { Circle(10), Circle(20), Circle() };
```

배열을 선언할 때 { } 안에 호출할 생성자를 지정한다. 앞의 선언문에 의해 circleArray[0], circleArray[1], circleArray[2]가 생성될 때, 생성자 Circle(10), Circle(20), Circle()이 각각 호출된다. 여기서, Circle(10)은 매개 변수를 가진 Circle(int r) 생성자를 호출하고, Circle()은 기본 생성자의 호출을 지시한다.

예제 4-3	객체 배열 초기화

```
1   #include <iostream>
2   using namespace std;
3
4   class Circle {
5      int radius;
6   public:
7      Circle() { radius = 1; }
8      Circle(int r) { radius = r; }
9      void setRadius(int r) { radius = r; }
10     double getArea();
11  };
12
13  double Circle::getArea() {
14     return 3.14*radius*radius;
15  }
16
17  int main() {
18     Circle circleArray[3] = { Circle(10), Circle(20), Circle() };
19
20     for(int i=0; i<3; i++)
21       cout << "Circle " << i << "의 면적은 " << circleArray[i].getArea() << endl;
22  }
```

> circleArray[0] 객체가 생성될 때, 생성자 Circle(10),
> circleArray[1] 객체가 생성될 때, 생성자 Circle(20),
> circleArray[2] 객체가 생성될 때, 기본 생성자
> Circle()이 호출된다.

→ 실행 결과

```
Circle 0의 면적은 314
Circle 1의 면적은 1256
Circle 2의 면적은 3.14
```

다차원 객체 배열

C++에서는 2차원, 3차원 등 다차원 객체 배열을 만들 수 있다. 예를 들어 2행 3열의 2차원 객체 배열은 다음과 같이 선언하며, [그림 4-4](a)와 같은 구조가 된다.

```
Circle circles[2][3]; // 2행 3열의 2차원 객체 배열 생성
```

2차원 배열도 일차원 배열과 동일하게, 각 원소 객체가 생성될 때 기본 생성자 Circle()이 실행되어 모든 객체의 radius 값이 1이 된다.

각 객체의 radius 값을 1에서 6까지로 초기화하고자 하면, 다음과 같이 setRadius() 멤버 함수를 호출하면 된다.

```
circles[0][0].setRadius(1);
circles[0][1].setRadius(2);
circles[0][2].setRadius(3);
circles[1][0].setRadius(4);
circles[1][1].setRadius(5);
circles[1][2].setRadius(6);
```

생성자
배열을 초기화

2차원 배열 역시 다음과 같이 { } 안에 생성자를 지정하여 배열을 초기화할 수 있다. 배열이 초기화된 결과는 [그림 4-4](b)와 같다.

```
Circle circles[2][3] = { { Circle(1), Circle(2), Circle(3) },
                         { Circle(4), Circle(5), Circle() } };
```

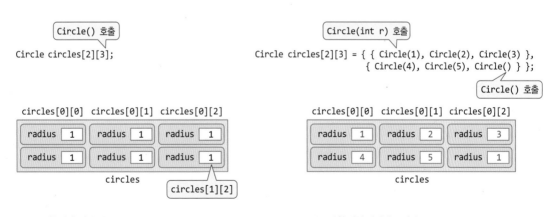

(a) 2차원 배열 선언 시   (b) 2차원 배열 선언과 초기화

[그림 4-4] Circle 클래스의 2차원 객체 배열 선언 및 초기화

예제 4-4   Circle 클래스의 2차원 배열 선언 및 활용

```cpp
1   #include <iostream>
2   using namespace std;
3
4   class Circle {
5      int radius;
6   public:
7      Circle() { radius = 1; }
8      Circle(int r) { radius = r; }
9      void setRadius(int r) { radius = r; }
10     double getArea();
11  };
12
13  double Circle::getArea() {
14     return 3.14*radius*radius;
15  }
16
17  int main() {
18     Circle circles[2][3];
19
20     circles[0][0].setRadius(1);
21     circles[0][1].setRadius(2);
22     circles[0][2].setRadius(3);
23     circles[1][0].setRadius(4);
24     circles[1][1].setRadius(5);
25     circles[1][2].setRadius(6);
26
27     for(int i=0; i<2; i++)   // 배열의 각 원소 객체의 멤버 접근
28        for(int j=0; j<3; j++) {
29           cout << "Circle [" << i << "," << j  << "]의 면적은 ";
30           cout << circles[i][j].getArea() <<endl;
31        }
32  }
```

→ 실행 결과

```
Circle [0,0]의 면적은 3.14
Circle [0,1]의 면적은 12.56
Circle [0,2]의 면적은 28.26
Circle [1,0]의 면적은 50.24
Circle [1,1]의 면적은 78.5
Circle [1,2]의 면적은 113.04
```

CHECK TIME

1 다음 클래스에 대해 물음에 답하여라.

```cpp
class Sample {
   int a;
public:
   Sample() { a = 100; cout << a << ' ' ;}
   Sample(int x) { a = x; cout << a << ' ' ;}
   Sample(int x, int y) { a = x*y; cout << a << ' ' ;}
   int get() { return a; }
};
```

(1) Sample arr[3];이 실행될 때 출력되는 결과는?
(2) Sample arr2D[2][2] = { {Sample(2, 3), Sample(2, 4)}, {Sample(5), Sample()} };이 실행될 때 출력되는 결과는?
(3) 객체 포인터를 이용하여 (1)에서 선언된 arr의 모든 원소(a)의 합을 출력하는 for 문을 작성하라.
(4) (2)에서 선언된 arr2D 배열 이름을 이용하여 모든 원소(a)의 합을 출력하는 for 문을 작성하라.

4.3 동적 메모리 할당 및 반환

동적 메모리 할당 및 반환
new
delete
힙

동적 메모리 할당

일반적으로 개발자는 프로그램 작성 단계에서 필요한 메모리를 확보하기 위해 변수, 객체, 배열을 정적으로 선언한다. 하지만, 문서 편집기나 그래픽 편집기를 개발하는 경우, 몇 줄의 텍스트를 입력할 것인지, 몇 개의 도형을 그릴 것인지 사용자의 마음에 달려 있기 때문에, 필요한 메모리를 프로그램을 작성하는 단계에서 모두 선언하는 것은 불가능하다. 이런 유형의 응용프로그램을 위해, 실행 중에 필요한 만큼 메모리를 할당받고 필요 없을 때 반환하는 '동적 메모리 할당/반환 메커니즘'이 필요하다.

　　C 언어에서는 동적 메모리 할당 및 반환을 위해 malloc()/ free() 등의 표준 C 함수를 이용하지만, C++에서는 new와 delete 연산자를 이용한다. new 연산자는 힙(heap)이라는 공간으로부터 메모리를 할당받고, delete 연산자는 할당받은 메모리를 힙으로 반환한다.

new와 delete 연산자

new와 delete는 C++의 기본 연산자이다. 지금부터 이들의 활용에 대해 설명한다.

●new와 delete의 기본 활용

new와 delete 연산자의 기본 형식은 다음과 같다.

```
데이터타입 *포인터변수 = new 데이터타입;
delete 포인터변수;
```

new 연산자
delete 연산자

　　new 연산자는 '데이터타입'의 크기만큼 힙으로부터 메모리를 할당받고 주소를 리턴한다. 그 결과 '포인터변수'는 할당받은 메모리의 주소를 가진다. delete 연산자는 '포인터변수'가 가리키는 메모리를 힙으로 반환한다. '데이터타입'은 int, char, double 등 기본 타입뿐 아니라 구조체(struct), 클래스(class)도 포함한다. 다음은 동적 메모리를 할당받고 반환하는 간단한 코드이다.

```
int *pInt = new int; // int 타입의 정수 공간 할당
char *pChar = new char; // char 타입의 문자 공간 할당
Circle *pCircle = new Circle(); // Circle 클래스 타입의 객체 할당

delete pInt; // 할당받은 정수 공간 반환
delete pChar; // 할당받은 문자 공간 반환
delete pCircle; // 할당받은 객체 공간 반환
```

NULL

　　힙 메모리가 부족하면 new는 NULL을 리턴하므로, new의 리턴 값이 NULL인지 검사하는 것이 좋다. 다음은 int 타입의 정수 공간 한 개를 할당받고 사용한 후 반환하는 코드이다.

```
int *p = new int; // 힙으로부터 int 타입의 정수 공간 할당
if(!p) { // if(p==NULL)과 동일. p가 NULL이면
    return; // 메모리 할당받기 실패
}
*p = 5; // 할당받은 정수 공간에 5 기록
int n = *p; // 할당받은 정수 공간에서 값 읽기. n = 5
delete p; // 할당받은 정수 공간 반환
```

[그림 4-5]는 이 코드가 실행되는 과정을 보여준다.

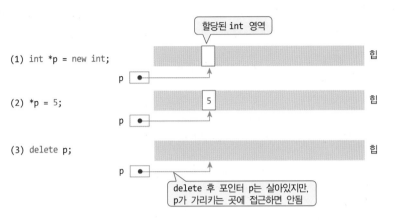

[그림 4-5] int 타입의 동적 할당, 사용, 반환

●동적 할당 메모리 초기화

new를 이용하여 메모리를 할당받을 때, 다음과 같이 '초깃값'을 지정하여 초기화할 수
있다.

```
데이터타입 *포인터변수 = new 데이터타입(초깃값);
```

다음은 동적 할당을 받으면서 20과 'a' 문자로 초기화하는 예이다.

```
int *pInt = new int(20); // 20으로 초기화된 int 공간 할당
char *pChar = new char('a'); // 'a'로 초기화된 char 공간 할당
```

●delete 사용 시 주의

delete로 메모리를 반환할 때 적절하지 못한 포인터를 사용하면, 실행 오류가 발생한
다. 다음 코드는 동적으로 할당받지 않는 메모리를 반환하여 실행 오류가 발생한다.

```
int n;
int *p = &n;
delete p; // 실행 오류. p가 가리키는 메모리는 동적 할당받은 것이 아님
```

또한 다음 코드와 같이 동일한 메모리를 두 번 반환하면 실행 오류가 발생한다.

```
int *p = new int;
delete p; // 정상적인 메모리 반환
```
오류 `delete p; // 실행 오류. 이미 반환한 메모리를 중복 반환할 수 없음`

예제 4-5 **정수형 공간의 동적 할당 및 반환**

```
1   #include <iostream>
2   using namespace std;
3
4   int main() {
5      int *p;
6
7      p = new int;          int 타입 1개 할당
8      if(!p) {
9         cout << "메모리를 할당할 수 없습니다.";
10        return 0;
11     }
12
13     *p = 5; // 할당 받은 정수 공간에 5 기록
14     int n = *p;
15     cout << "*p = " << *p << endl;
16     cout << "n = " << n << endl;
17
18     delete p;
19  }
```

p가 NULL이면, 메모리 할당 실패 → 8

할당 받은 메모리 반환 → 18

→ 실행 결과

```
*p = 5
n = 5
```

배열의 동적 할당 및 반환

new와 delete 연산자로 배열을 할당받고 반환할 수 있다.

● 배열의 동적 할당/반환의 기본 형식

배열을 동적으로 할당받고 반환하는 new와 delete의 사용 형식은 다음과 같다.

```
데이터타입 *포인터변수 = new 데이터타입 [배열의 크기]; // 배열의 동적 할당
delete [] 포인터변수; // 배열 메모리 반환
```

new 연산자는 '배열의 크기'만한 배열을 할당받아 주소를 리턴하며, delete는 '포인터변수'가 가리키는 배열 메모리를 반환한다. new를 이용하면 int, char 등의 기본 타입과 구조체, 클래스 등 사용자가 정의한 타입의 배열을 할당받을 수 있다.

다음은 int 배열을 할당받고 순서대로 0, 1, 2, 3, 4를 배열에 기록하는 예이며, [그림 4-6]은 이 코드의 실행 과정을 보여준다.

```
int *p = new int [5]; // 크기가 5인 정수형 배열의 동적 할당
if(!p)
    return; // 메모리 할당 실패

for(int i=0; i<5; i++)
    p[i] = i; // 배열에 순서대로 0, 1, 2, 3, 4를 기록한다.

delete [] p; // 배열 메모리 반환
```

동적으로 할당받은 배열은 [ ]을 이용하여 보통 배열과 동일한 방법으로 사용한다.

```
p[i]=i;
```

p가 배열에 대한 포인터이므로, 이 문장은 다음과 같이 쓸 수도 있다.

```
*(p+i) = i;
```

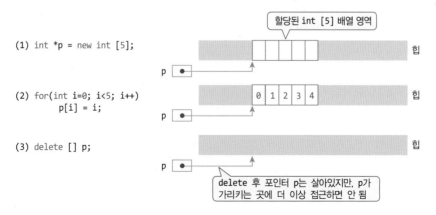

[그림 4-6] int [5] 배열을 할당받아 사용하고 반환하는 예

| 예제 4-6 | 정수형 배열의 동적 할당 및 반환 |

사용자로부터 정수의 개수를 입력 받아 배열을 동적 할당받고, 하나씩 정수를 입력받은 후 합을 출력하는 프로그램을 작성하라.

```cpp
1    #include <iostream>
2    using namespace std;
3
4    int main() {
5       cout << "입력할 정수의 개수는?";
6       int n;
7       cin >> n; // 정수의 개수 입력
8       if(n <= 0) return 0;
9       int *p = new int[n]; // n 개의 정수 배열 동적 할당
10      if(!p) {
11         cout << "메모리를 할당할 수 없습니다.";
12         return 0;
13      }
14
15      for(int i=0; i<n; i++) {
16         cout << i+1 << "번째 정수: "; // 프롬프트 출력
17         cin >> p[i]; // 키보드로부터 정수 입력
18      }
19
20      int sum = 0;
21      for(int i=0; i<n; i++)
22         sum += p[i];
23      cout << "평균 = " << sum/n << endl;
24
25      delete [] p; // 배열 메모리 반환
26   }
```

8번 줄 옆 말풍선: 1보다 작은 정수가 입력되면 프로그램 종료

▶ 실행 결과

```
입력할 정수의 개수는?4
1번째 정수: 4
2번째 정수: 20
3번째 정수: -5
4번째 정수: 9
평균 = 7
```

●배열을 초기화할 때 주의 사항

new로 배열을 동적 할당받을 때 다음과 같이 생성자를 통해 직접 '초깃값'을 지정할 수 없다.

오류   int *pArray = new int [10](20); // 구문 오류. 배열의 초기화는 불가
        int *pArray = new int(20)[10]; // 구문 오류

하지만 다음과 같이 초깃값을 지정할 수 있다.

```
int *pArray = new int [] {1, 2, 3, 4} // 1, 2, 3, 4로 초기화된 정수 배열 생성
```

● 배열을 delete할 때 주의 사항

배열을 반환할 때 delete 연산자의 사용에 다음과 같이 주의해야 한다.

```
int *p = new int [10];
```
오류   `delete p; // 비정상 반환. delete [] p;로 하여야 함`
```
int *q = new int;
```
오류   `delete [] q; // 비정상 반환. delete q;로 하여야 함`

> **잠깐!**   malloc()와 free()는 잊어버리라!
>
> C 언어의 메모리 동적 할당과 반환 함수인 **malloc()**와 **free()**를 C++ 프로그램에서도 사용할 수 있다. 예를 들면 다음과 같다.
>
> ```
> int *p = (int*)malloc(5*sizeof(int)); // 5개의 정수 배열의 동적 할당
> ```
>
> **malloc()**은 할당받는 크기(**5*sizeof(int)**)를 지정해야 하고, 리턴되는 포인터를 형 변환(**int ***)해야 하는 불편함이 있지만, **new**는 이런 불편함이 없다. 또한 **malloc()**이나 **free()**를 사용하기 위해서는 **<cstdlib>**를 include해야 하지만, **new**와 **delete**는 기본 C++ 연산자로서 어떤 헤더 파일도 include 할 필요가 없다. C++ 개발자로서 **malloc()**과 **free()**는 잊어버리는 것이 좋다.

CHECK TIME

1 **다음 물음에 대한 간단한 코드를 보여라.**
(1) 1개의 double 공간을 동적으로 할당받고 **3.14**를 기록하라.
(2) 배열을 동적 할당받아 5개의 정수를 입력받고, 제일 큰 수를 출력하고 배열을 반환한다.

2 **다음 중 틀린 라인을 골라 수정하라.**

(1)
```
int *p = new int(3);
int n = *p;
delete [] p;
```

(2)
```
char *p = new char [10];
char *q = p;
q[0] = 'a';
delete [] q;
delete [] p;
```

4.4 객체와 객체 배열의 동적 생성 및 반환

객체의 동적 생성 및 반환

new와 delete를 이용하여 객체를 동적으로 생성하고 반환하는 방법에 대해 알아보자.

●new를 이용한 객체의 동적 생성과 생성자

다음은 new 연산자를 이용하여 객체를 동적 생성하는 구문이다.

```
클래스이름 *포인터변수 = new 클래스이름; // 기본 생성자 호출
클래스이름 *포인터변수 = new 클래스이름(생성자매개변수리스트); // 매개 변수 있는 생성자 호출
```

new는 클래스 크기의 메모리를 할당받아 객체를 생성하며, 이때 생성자를 호출한다. 앞의 첫 번째 형식의 경우 기본 생성자가 호출되며, 두 번째의 경우 매개 변수를 가진 생성자가 호출된다. 다음은 Circle 타입의 객체를 생성하는 사례이다.

```
Circle *p = new Circle; // 기본 생성자 Circle() 호출. p = new Circle();와 같음
Circle *q = new Circle(30); // 생성자 Circle(30) 호출
```

[그림 4-7]은 Circle 객체를 동적 생성하고 반환하는 코드와 실행 결과를 보여준다.

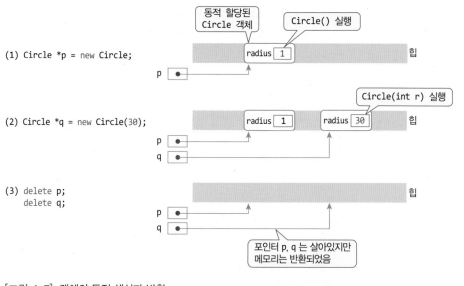

[그림 4-7] 객체의 동적 생성과 반환

●delete를 이용한 객체 반환과 소멸자

동적으로 생성된 객체는 객체에 대한 '포인터변수'를 이용하여 다음과 같이 반환한다.

```
delete 포인터변수;
```

객체를 반환하는 예는 다음과 같으며, [그림 4-7]은 이 코드의 실행 결과를 보여준다.

```
Circle *p = new Circle; // 생성자 Circle() 호출. p = new Circle();와 같음
Circle *q = new Circle(30); // 생성자 Circle(30) 호출

delete p; // Circle 객체 반환
delete q; // Circle 객체 반환
```

delete 사용 시 '포인터변수'는 반드시 new를 이용하여 동적 할당받은 메모리의 주소이어야 한다. 다음 delete 문은 실행 오류를 발생시킨다.

```
Circle donut;
Circle *p = &donut;
```

오류 `delete p; // 실행 오류. p가 가리키는 객체는 동적 할당받은 것이 아님`

delete가 실행되면, 객체를 반환하기 직전에 객체의 소멸자가 실행된다.

잠깐!　Circle waffle;과 Circle waffle()의 **차이점**

매개 변수 없는 생성자를 호출할 때 다음 두 개 중 어떤 것이 맞을까?

```
Circle waffle; // (○)
Circle waffle(); // (×) 오류를 발생시키지는 않지만 경고를 발생시키기도 한다.
```

답은 첫 번째 문장이다. 컴파일러는 두 번째 문장을 Circle 객체를 리턴하는 함수 waffle()의 선언으로 인지한다. 그러므로 waffle은 함수 이름으로 처리되어 다음과 같이 코딩하면 오류가 발생한다.

오류 `waffle.getArea(); // "getArea() 왼쪽에 클래스가 있어야 합니다."라는 오류 메시지`

그러나 다음 두 라인은 문제없다.

```
Circle *p = new Circle; // (○)
Circle *q = new Circle(); // (○)
```

예제 4-7	Circle 객체의 동적 생성 및 반환

```cpp
1   #include <iostream>
2   using namespace std;
3
4   class Circle {
5      int radius;
6   public:
7      Circle();
8      Circle(int r);
9      ~Circle();
10     void setRadius(int r) { radius = r; }
11     double getArea() { return 3.14*radius*radius; }
12  };
13
14  Circle::Circle() {
15     radius = 1;
16     cout << "생성자 실행 radius = " << radius << endl;
17  }
18
19  Circle::Circle(int r) {
20     radius = r;
21     cout << "생성자 실행 radius = " << radius << endl;
22  }
23
24  Circle::~Circle() {
25     cout << "소멸자 실행 radius = " << radius << endl;
26  }
27
28  int main() {
29     Circle *p, *q;
30     p = new Circle;
31     q = new Circle(30);
32     cout << p->getArea() << endl << q->getArea() << endl;
33     delete p;
34     delete q;
35  }
```

생성한 순서에 관계 없이 원하는
순서대로 delete 할 수 있음

→ 실행 결과

```
생성자 실행 radius = 1
생성자 실행 radius = 30
3.14
2826
소멸자 실행 radius = 1
소멸자 실행 radius = 30
```

예제 4-8　Circle 객체의 동적 생성 및 반환 응용

정수 값으로 반지름을 입력받고 Circle 객체를 동적 생성하여 면적을 출력하라. 음수가 입력되면 프로그램은 종료한다.

```cpp
#include <iostream>
using namespace std;

class Circle {
   int radius;
public:
   Circle();
   Circle(int r);
   ~Circle();
   void setRadius(int r) { radius = r; }
   double getArea() { return 3.14*radius*radius; }
};

Circle::Circle() {
   radius = 1;
   cout << "생성자 실행 radius = " << radius << endl;
}

Circle::Circle(int r) {
   radius = r;
   cout << "생성자 실행 radius = " << radius << endl;
}

Circle::~Circle() {
   cout << "소멸자 실행 radius = " << radius << endl;
}

int main() {
   int radius;
   while(true) {
      cout << "정수 반지름 입력(음수이면 종료)>> ";
      cin >> radius;
      if(radius < 0) break; // 음수가 입력되어 종료한다.
      Circle *p = new Circle(radius); // 동적 객체 생성
      cout << "원의 면적은 " << p->getArea() << endl;
      delete p; // 객체 반환
   }
}
```

정수 값 반지름 입력

delete 문이 없다면 메모리 누수 발생

> **실행 결과**
>
> 정수 반지름 입력(음수이면 종료)>> 5
> 생성자 실행 radius = 5
> 원의 면적은 78.5
> 소멸자 실행 radius = 5
> 정수 반지름 입력(음수이면 종료)>> 9
> 생성자 실행 radius = 9
> 원의 면적은 254.34
> 소멸자 실행 radius = 9
> 정수 반지름 입력(음수이면 종료)>> -1 ◁ 음수가 입력되면 종료

객체 배열의 동적 생성 및 반환

new와 delete를 이용하면 객체 배열을 동적 생성하고 반환할 수 있다.

● 객체 배열의 동적 생성과 생성자

new를 이용하여 객체 배열을 동적으로 생성하는 구문은 다음과 같다.

```
클래스이름 *포인터변수 = new 클래스이름 [배열 크기];
```

다음 코드는 3개의 Circle 객체로 구성된 배열을 동적 생성하는 예이다.

```
Circle *pArray = new Circle[3]; // 3개의 Circle 객체 배열의 동적 생성
```

기본 생성자 Circle() 호출

이 코드는 연속된 3개의 Circle 객체 배열을 동적 할당받고, 배열의 주소를 pArray에 저장한다. 이때 각 객체에 대해 기본 생성자 Circle()이 호출된다. new를 이용하여 동적으로 배열을 생성할 때, 다음과 같이 매개 변수 있는 생성자를 직접 호출할 수는 없다.

오류
```
Circle *pArray = new Circle[3](30); // 구문 오류. 컴파일 오류
```

대신 다음과 같이 배열을 각 원소 객체로 초기화 할 수 있다.

```
Circle *pArray = new Circle[3] { Circle(1), Circle(2), Circle(3) };
                        // 3개의 객체를 반지름 1, 2, 3으로 각각 초기화
```

[그림 4-8]은 new로 동적 배열을 생성하는 과정을 보여준다.

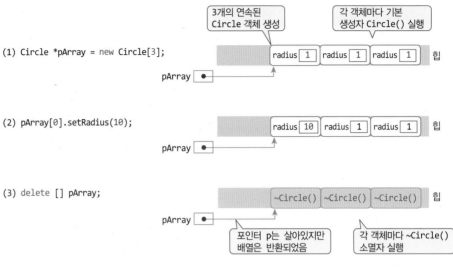

(1) `Circle *pArray = new Circle[3];`

(2) `pArray[0].setRadius(10);`

(3) `delete [] pArray;`

[그림 4-8] 객체 배열의 생성과 기본 생성자의 실행, 그리고 반환과 소멸자 실행

● 객체 배열의 사용

동적으로 생성된 객체 배열은 보통 객체 배열처럼 사용한다. 예를 들면 다음과 같다.

```
Circle *pArray = new Circle[3]; // 객체 배열의 동적 생성

pArray[0].setRadius(10); // 배열의 첫 번째 객체의 setRadius() 멤버 함수 호출
pArray[1].setRadius(20);
pArray[2].setRadius(30);
for(int i=0; i<3; i++)
    cout << pArray[i].getArea(); // 배열의 i 번째 객체의 getArea() 멤버 함수 호출
```

　pArray가 포인터이므로 앞의 코드를 다음과 같이 작성할 수도 있다.

```
pArray->setRadius(10);
(pArray+1)->setRadius(20);
(pArray+2)->setRadius(30);
for(int i=0; i<3; i++)
    cout << (pArray+i)->getArea();
```

● 배열의 반환과 소멸자

`delete` 연산자를 이용하여 동적으로 할당받은 배열을 반환하는 형식은 다음과 같다.

```
delete [] 포인터변수; // 포인터변수가 가리키는 배열을 반환한다.
```

pArray가 가리키고 있는 배열을 반환하는 delete 문의 예를 들면 다음과 같다.

```
delete [] pArray;
```

delete는 pArray가 가리키는 배열을 반환하기 직전, 배열의 각 원소 객체의 소멸자를 실행한다. 소멸자의 실행 순서는 다음과 같이 생성의 반대 순이다.

pArray[2] 객체의 소멸자 → pArray[1] 객체의 소멸자 → pArray[0] 객체의 소멸자

예제 4-9 | Circle 배열의 동적 생성 및 반환

```cpp
1   #include <iostream>
2   using namespace std;
3
4   class Circle {
5      int radius;
6   public:
7      Circle();
8      Circle(int r);
9      ~Circle();
10     void setRadius(int r) { radius = r; }
11     double getArea() { return 3.14*radius*radius; }
12  };
13
14  Circle::Circle() {
15     radius = 1;
16     cout << "생성자 실행 radius = " << radius << endl;
17  }
18
19  Circle::Circle(int r) {
20     radius = r;
21     cout << "생성자 실행 radius = " << radius << endl;
22  }
23
24  Circle::~Circle() {
25     cout << "소멸자 실행 radius = " << radius << endl;
26  }
27
28  int main() {
29     Circle *pArray = new Circle [3]; // 객체 배열의 동적 생성
30
```

각 객체의 기본 생성자
Circle() 실행

```
31      pArray[0].setRadius(10);
32      pArray[1].setRadius(20);
33      pArray[2].setRadius(30);
34
35      for(int i=0; i<3; i++) {
36          cout << pArray[i].getArea() <<  endl;
37      }
38      Circle *p = pArray; // 포인터 p에 배열의 주소값 설정
39      for(int i=0; i<3; i++) {
40          cout << p->getArea() << endl;
41          p++; // 다음 원소의 주소로 증가
42      }
43
44      delete [] pArray; // 객체 배열 반환
45  }
```

각 객체의 소멸자
~Circle() 실행

▶ 실행 결과

```
생성자 실행 radius = 1
생성자 실행 radius = 1
생성자 실행 radius = 1
314
1256
2826
314
1256
2826
소멸자 실행 radius = 30
소멸자 실행 radius = 20
소멸자 실행 radius = 10
```

소멸자는 생성의
반대 순으로 실행

예제 4-10   **Circle 배열의 동적 생성 및 반환 응용**

원의 개수를 입력받고 Circle 배열을 동적 생성하라.

반지름 값을 입력받아 Circle 배열에 저장하고, 면적이 100에서 200 사이인 원의 개수를 출력하라.

```
1   #include <iostream>
2   using namespace std;
3
4   class Circle {
5       int radius;
```

```
 6  public:
 7    Circle();
 8    ~Circle() { }
 9    void setRadius(int r) { radius = r; }
10    double getArea() { return 3.14*radius*radius; }
11  };
12
13  Circle::Circle() {
14    radius = 1;
15  }
16
17  int main() {
18    cout << "생성하고자 하는 원의 개수?";
19    int n, radius;
20    cin >> n; // 원의 개수 입력
21    if(n <= 0) return 0;
22    Circle *pArray = new Circle [n]; // n 개의 Circle 배열 생성
23    for(int i=0; i<n; i++) {
24      cout << "원" << i+1 << ": "; // 프롬프트 출력
25      cin >> radius; // 반지름 입력
26      pArray[i].setRadius(radius); // 각 Circle 객체를 반지름으로 초기화
27    }
28    int count = 0; // 카운트 변수
29    Circle* p = pArray;
30    for(int i=0; i<n; i++) {
31      cout << p->getArea() << ' '; // 원의 면적 출력
32      if(p->getArea() >= 100 && p->getArea() <= 200)
33        count++;
34      p++;
35    }
36    cout << endl << "면적이 100에서 200 사이인 원의 개수는 " << count << endl;
37    delete [] pArray; // 객체 배열 소멸
38  }
```

- 1보다 작은 정수가 입력되면 프로그램 종료 (line 21)
- 입력받은 원의 개수만큼 배열 생성 (line 22)

→ 실행 결과

```
생성하고자 하는 원의 개수?4
원1: 5
원2: 6      반지름 값 입력
원3: 7
원4: 8
78.5 113.04 153.86 200.96      원의 면적 출력
면적이 100에서 200 사이인 원의 개수는 2
```

> **잠깐!** 동적으로 할당받은 메모리는 반드시 반환해야 하는가? ●────
>
> 힙(heap)은 프로그램이 실행 중에 **new**를 이용하여 동적으로 할당받아 사용할 수 있는 메모리이다. 대부분의 운영체제에서 프로그램마다 힙이 따로 주어지기 때문에, 한 프로그램이 동적으로 많은 메모리를 할당받는 것이, 다른 프로그램의 힙에 전혀 영향을 주지 않는다. 다만, 할당받은 후 필요 없게 된 메모리를 힙에 반환하지 않거나 코딩 잘못으로 메모리 누수가 생기면, 힙에 메모리가 부족하여 할당받을 수 없게 되니 주의가 필요하다. 다행스럽게도 프로그램 종료 시, 힙 전체가 운영체제에 의해 반환되므로 누수 메모리에 대한 걱정은 하지 않아도 된다.

Tip 동적 메모리 할당과 메모리 누수(memory leak)

메모리 누수

동적으로 할당받은 메모리의 주소를 잃어버려 힙에 반환할 수 없게 되면 **메모리 누수**가 발생한다. 메모리 누수가 계속 발생하여 힙의 크기가 줄어들게 되면, 실행 중에 메모리를 할당받을 수 없는 심각한 상황이 발생할 수 있다.

[그림 4-9]는 new로 할당받은 **1024** 바이트의 메모리 누수가 발생하는 경우이다. 이 코드가 실행되면, **p**가 처음에는 할당받은 **1024** 바이트의 메모리 주소를 가지고 있었지만, **p**가 변수 **n**을 가리키게 되면서 **1024** 바이트의 메모리는 반환할 수 없게 되었다.

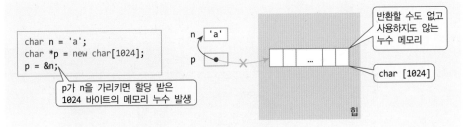

[그림 4-9] 1024 바이트의 메모리 누수가 발생하는 경우

[그림 4-10]은 이보다 더 심각한 메모리 누수의 경우를 보여준다. 한 번 for 문을 실행할 때마다 **1024** 바이트의 메모리 누수가 발생하여, 전체 **1000000**번 for 루프를 돌면 약 **1GB**(1024*1000000)의 메모리 누수가 발생한다. 그러나 프로그램이 종료되면 누수 메모리는 모두 시스템 힙으로 자동 반환된다.

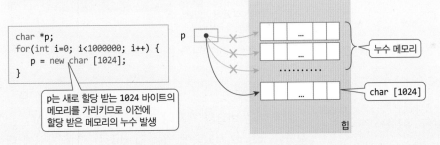

[그림 4-10] 약 1024*1000000 바이트의 메모리 누수가 발생하는 경우

4.5 this 포인터

this의 기본 개념

this는 객체 자신에 대한 포인터로서 클래스의 멤버 함수 내에서만 사용된다. this는 전역 변수도 아니고 함수 내에 선언된 지역 변수도 아니다. 정확히 말하면 this는 객체의 멤버 함수가 호출될 때, 컴파일러에 의해 보이지 않게 전달되는 객체에 대한 주소이다. this 포인터를 이용하여 Circle 클래스를 재작성하면 다음과 같다.

```cpp
class Circle {
    int radius;
public:
    Circle() { this->radius = 1; }
    Circle(int radius) { this->radius = radius; }
    void setRadius(int radius) { this->radius = radius; }
    ....
};
```

this와 객체

[그림 4-11]은 this와 객체의 관계를 보여준다. main() 함수는 3개의 Circle 객체를 생성한다. c1, c2, c3 속에 있는 각 this는 객체 자신에 대한 포인터이다. 각 객체 속의 this는 다른 객체 속의 this와 서로 다른 포인터임을 알기 바란다.

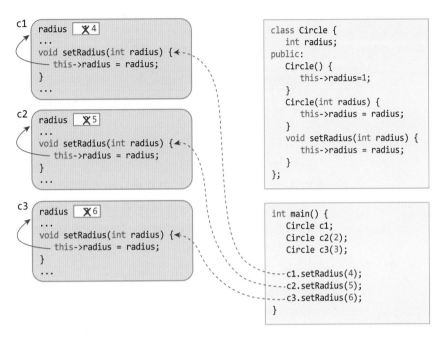

[그림 4-11] Circle 클래스와 객체, 그리고 this 포인터

　　그러면 this 포인터는 객체마다 선언된 변수인가? this 변수는 언제 생기고 언제 사라지는 것일까? 어떻게 해서 각 객체마다 this 포인터가 자신의 주소를 가지게 되는 것일까? 이 질문에 대한 답이 궁금한 독자들은 뒤에 나오는 **Tip**을 참고하기 바란다.

this가 필요한 경우

다음 생성자 함수의 경우 'this->'를 생략해도 된다.

```
Circle() {
    this->radius = 1; // this->를 생략하고 radius = 1;로 해도 무관함
}
```

　　this는 꼭 필요한가? this가 필요한 2가지 경우를 알아보자.
　　첫째, 멤버 변수의 이름과 동일한 이름으로 매개 변수 이름을 짓고자 하는 경우이다. [그림 4-12]의 생성자 코드를 보자.

멤버 변수 이름과 매개 변수 이름을 동일하게 선언하려면 this가 필요합니다.

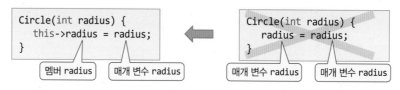

```
Circle(int radius) {
    this->radius = radius;
}
```
멤버 radius   매개 변수 radius

```
Circle(int radius) {
    radius = radius;
}
```
매개 변수 radius   매개 변수 radius

[그림 4-12] 멤버 변수 이름과 동일한 이름으로 매개 변수 이름을 짓는 경우 this 사용

왼쪽 생성자의 경우 매개 변수의 이름을 멤버 변수와 동일하게 radius로 선언한 경우로서, this를 이용하였다. 만일 this를 생략하여 오른쪽과 같이 하면, radius는 모두 매개 변수를 지칭하게 되어 멤버 변수에 값을 쓰는 목적이 왜곡된다. 이 경우, 매개 변수 이름을 r과 같이 다른 이름으로 선언하면, 굳이 this를 사용하지 않아도 된다고 생각할 수 있다. 그러나 매개 변수의 이름은 소스 프로그램의 강력한 주석 역할을 한다. 예를 들어 매개 변수 이름을 radius로 한 Circle(int radius)의 선언은, 매개 변수에 반지름 값이 전달된다는 강력한 메시지를 담고 있다.

객체 자신의 주소를 리턴

둘째, 객체의 멤버 함수에서 객체 자신의 주소를 리턴 할 때가 있다. 이때 this는 반드시 필요하다. 예를 들면 아래와 같다.

```
class Sample {
public:
    Sample* f() {
        ....
        return this; // 현재 객체의 주소 리턴
    }
};
```

연산자 중복

연산자 중복을 구현할 때, 이런 경우가 많이 발생하며, this 없이는 연산자를 중복할 수 없는 경우도 있다. 연산자 중복은 7장에서 자세히 다룬다.

this의 제약 조건

this를 사용하는데 있어 중요한 제약 사항을 알아보자.

멤버 함수
정적 멤버 함수

- this는 클래스의 멤버 함수에서만 사용할 수 있다. 멤버가 아닌 함수에서는 this를 사용할 수 없다. 왜냐하면 그 함수들은 어떤 객체에도 속하지 않기 때문이다.
- 멤버 함수라도 정적 멤버 함수(static member function)는 this를 사용할 수 없다. 정적 멤버 함수는 객체가 생성되기 전에 호출될 수 있으며, 정적 멤버 함수가 실행되는 시점에서 '현재 객체'는 존재하지 않을 수 있기 때문이다. 정적 멤버 함수는 5장에서 다룬다. 정적 멤버에 대해 공부하고 나면 this를 왜 사용할 수 없는지 이해하게 될 것이다.

Tip **컴파일러는 this를 어떻게 처리하는가?**

this의 존재

컴파일러
모든 멤버 함수

this**의 존재**가 무엇인지 심층적으로 알아보자. this는 컴파일러에 의해 탄생하는 변수이다. 이제부터 컴파일러는 어떻게 this를 다루는지 설명해보자.

[그림 4-13](a)의 Sample 클래스는 멤버 변수 a를 접근하기 위해 this를 사용하고 있다. Sample 클래스 어디에도 'this'라는 이름이 선언된 곳은 없다. this가 헤더 파일에 있을까? [그림 4-13](a)는 어떤 헤더 파일도 include 하고 있지 않다. 그럼에도 불구하고 컴파일러는 오류를 발생시키지 않는다. 컴파일러는 this를 어떻게 다룰까? **컴파일러는** [그림 4-13](a)의 Sample 클래스를 컴파일 할 때 [그림 4-13](b)와 같이 변환한다. 이런 변환은 **모든 멤버 함수**들에 대해 이루어진다.

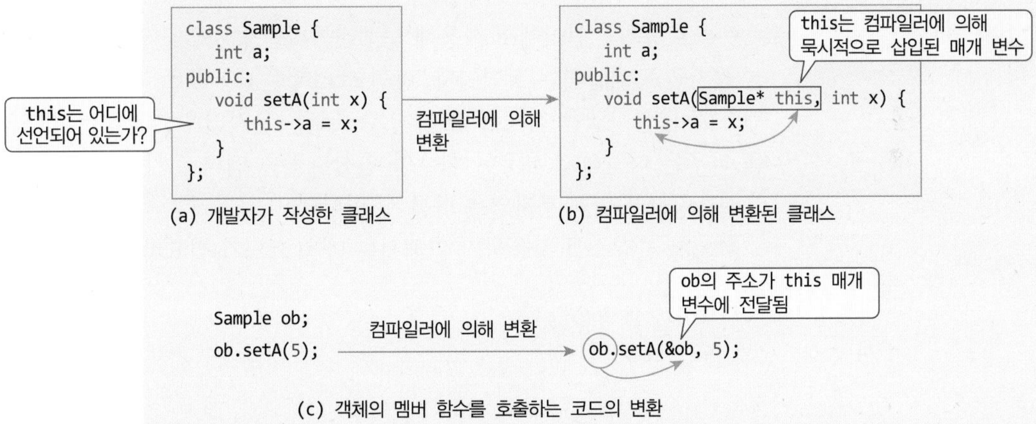

this는 어디에
선언되어 있는가?

```
class Sample {
    int a;
public:
    void setA(int x) {
        this->a = x;
    }
};
```

컴파일러에 의해
변환

this는 컴파일러에 의해
묵시적으로 삽입된 매개 변수

```
class Sample {
    int a;
public:
    void setA(Sample* this, int x) {
        this->a = x;
    }
};
```

(a) 개발자가 작성한 클래스　　　　　(b) 컴파일러에 의해 변환된 클래스

ob의 주소가 this 매개
변수에 전달됨

```
Sample ob;        컴파일러에 의해 변환
ob.setA(5);       ──────────────────▶  ob.setA(&ob, 5);
```

(c) 객체의 멤버 함수를 호출하는 코드의 변환

[그림 4-13] 컴파일러에 의해 멤버 함수의 매개 변수로 this가 자동으로 선언되는 모습

매개 변수 'Sample* this'

컴파일러는 Sample의 모든 멤버 함수에 **매개 변수** 'Sample* this'를 삽입한다. 컴파일러에 의해 변환된 Sample 클래스를 보면, 개발자가 작성한 this는 컴파일러가 삽입해준 바로 그 this 매개 변수인 것이다. 이제, [그림 4-13](b)의 코드는 this로 인한 문법적인 문제가 전혀 없다. this는 setA() 함수가 호출될 때 생성되어 setA() 함수가 종료하면 사라지는 매개 변수라는 것이 확실해졌다.

그러면, Sample 객체의 setA() 멤버 함수를 호출하는 문장은 어떻게 되는가? 이 문장 역시 [그림 4-13](c)와 같이 컴파일러에 의해 변형된다. 컴파일러는 객체의 멤버 함수를 호출하는 문장을 변환하여, 해당 객체의 주소가 매개 변수로 전달되도록 만든다. [그림 4-13](c)에서 객체의 주소 &ob가 매개 변수 this로 전달된다.

CHECK TIME

1 this에 대해 잘못 설명한 것은?
　① this는 포인터이다.
　② this는 static 타입을 제외한 객체의 모든 멤버 함수에서 사용할 수 있다.
　③ this는 컴파일러가 삽입해주는 전역 변수로서 현재 실행 중인 객체에 대한 주소를 가진다.
　④ 멤버 함수에서 this를 리턴할 수 있다.

4.6 string 클래스를 이용한 문자열 사용

string 클래스 개요

C++에서 문자열을 다루는 방법은 다음 2가지 방법이 있다고 2장에서 설명하였다.

- C-스트링
- string 클래스

C-스트링은 C 언어에서 사용해오던 전통적인 문자열로서, '\0'로 끝나는 문자 배열을 문자열로 취급하는 방법이다. 반면 string은 C++ 표준 라이브러리에서 제공하는 클래스로서, 문자열을 객체로 다룬다. string은 문자열을 저장하는 버퍼와 함께, 문자열을 다루는 다양하고 유용한 함수와 연산자들을 멤버로 가지고 있으므로, 개발자들은 C-스트링보다 쉽게 문자열을 다룰 수 있다.

string 클래스를 사용하기 위해서는 다음 코드가 필요하다.

```
#include <string>
using namespace std;
```

C-스트링은 초기에 할당받은 메모리 크기 이상의 문자열을 저장할 수 없기 때문에, 개발자의 프로그램 작성에 어려움이 있다. 그러나 string 클래스는 문자열의 크기에 맞추어 스스로 메모리 크기를 조절하므로 사용하기 매우 편리하다. 예를 들어 보자. 다음은 "I love " 문자열에 "C++."을 연결하는 코드이다.

```
string str = "I love "; // str은 'I', ' ', 'l', 'o', 'v', 'e', ' '의 7개 문자로 구성
str.append("C++."); // str은 "I love C++."이 된다.
```

개발자는 str에 저장되는 문자열의 크기를 염려하지 않아도 된다. 지금부터 문자열을 상황에 따라 '스트링 객체', '스트링', string 객체로 혼용하며 부르기로 한다.

〈표 4-1〉은 string 클래스의 생성자를, 〈표 4-2〉는 string 클래스의 주요 멤버 함수를, 〈표 4-3〉은 string 클래스의 연산자를 보여준다. 이들을 이용하면 문자열 조작이 매우 편리하다.

string 객체 생성 및 출력

●string 객체 생성

문자열을 생성

string 클래스의 생성자를 이용하여 다음과 같이 다양하게 문자열을 생성할 수 있다. 문자열의 크기에는 제한이 없다. string 클래스의 생성자는 〈표 4-1〉을 참고하라.

```
string str; // 빈 문자열을 가진 스트링 객체
string address("서울시 성북구 삼선동 389"); // 문자열 리터럴로 초기화
string copyAddress(address); // address를 복사한 copyAddress 생성

// C-스트링(char [] 배열)으로부터 스트링 객체 생성
char text[] = {'L', 'o', 'v', 'e', ' ', 'C', '+', '+', '\0'}; // C-스트링
string title(text); // "Love C++"을 가진 string 객체 생성
```

●string 객체가 가진 문자열 출력

cout <<

string 객체의 문자열은 cout <<를 이용하여 쉽게 화면에 출력할 수 있다.

```
cout << address << endl; // "서울시 성북구 삼선동 389" 출력
cout << title << endl; // "Love C++" 출력
```

●string 객체의 동적 생성

new와 delete 연산자

스트링 객체 역시 new와 delete 연산자를 이용하여 동적으로 생성하고 반환할 수 있다. 다음 예를 보자.

```
string *p = new string("C++"); // 스트링 객체 동적 생성
cout << *p; // "C++" 출력
p->append(" Great!!"); // p가 가리키는 스트링이 "C++ Great!!"가 됨
cout << *p; // "C++ Great!!" 출력
delete p; // 스트링 객체 반환
```

〈표 4-1〉 string 클래스의 주요 생성자

생성자	설명
string()	빈 문자열을 가진 스트링 객체 생성
string(const string& str)	str을 복사한 새로운 스트링 객체 생성
string(const char* s)	C-스트링 s의 문자열을 복사하여 스트링 객체 생성
string(const char* s, int n)	문자 배열 s에서 n개의 문자를 복사하여 스트링 객체 생성

예제 4-11 | **string 클래스를 이용한 문자열 생성 및 출력**

```cpp
1   #include <iostream>
2   #include <string>        ← string 클래스를 사용
3   using namespace std;        하기 위해 반드시 필요
4
5   int main() {
6       // 스트링 생성
7       string str; // 빈 문자열을 가진 스트링 객체 생성
8       string address("서울시 성북구 삼선동 389");
9       string copyAddress(address); // address의 문자열을 복사한 스트링 객체 생성
10
11      char text[] = {'L', 'o', 'v', 'e', ' ', 'C', '+', '+', '\0'}; // C-스트링
12      string title(text); // "Love C++" 문자열을 가진 스트링 객체 생성
13
14      // 스트링 출력
15      cout << str << endl; // 빈 스트링. 아무 값도 출력되지 않음
16      cout << address << endl;
17      cout << copyAddress << endl;
18      cout << title << endl;
19  }
```

→ 실행 결과

빈 문자열을 가진 스트링 출력

```
서울시 성북구 삼선동 389
서울시 성북구 삼선동 389
Love C++
```

string 객체에 문자열 입력

● string 객체에 문자열 입력

cin >>

cin >>을 이용하여 키보드로부터 string 객체에 문자열을 입력받을 수 있다. 키보드로부터 이름을 입력받아 name에 저장하는 코드를 보자.

```cpp
string name;
cin >> name;
```

<string> 헤더 파일
getline() 전역 함수

>> 연산자는 사용하기 쉽지만, 공백 문자가 입력되면 그 앞까지 하나의 문자열로 다루기 때문에 공백 문자를 포함하는 문자열은 읽어 들일 수 없다. 이런 문제는 <string> 헤더 파일에 선언된 getline() 전역 함수를 이용하면 된다. getline()으로 공백 문자가 낀 한 라인의 문자열을 입력받는 예를 들면 다음과 같다.

```
string name;
getline(cin, name, '\n'); // '\n'을 만날 때까지 키보드(cin)로부터 문자열을 읽어 name에 저장
```

이 getline()은 2장에서 설명한 cin.getline()과 다르다. getline()의 첫 번째 인자에는 cin을, 두 번째 인자에는 string 객체를, 세 번째 인자에는 문자열의 마지막을 표시하는 구분 문자(delimiter)를 준다. 앞의 코드는 '\n'을 만날 때까지 입력된 문자들을 name 객체에 문자열로 저장하는 코드이다. '\n'은 문자열에 삽입하지 않는다.

예제 4-12   string **배열과 문자열 키 입력 응용**

5개의 string 배열을 선언하고 getline() 전역 함수를 이용하여 문자열을 입력받아 사전 순으로 가장 뒤에 나오는 문자열을 출력하라. 문자열 비교는 <, > 연산자를 간단히 이용하면 된다.

```
1   #include <iostream>
2   #include <string>
3   using namespace std;
4
5   int main() {
6      string names[5]; // string 배열 선언
7
8      for(int i=0; i<5; i++) {
9         cout << "이름 >> ";
10        getline(cin, names[i], '\n');
11     }
12
13     string latter = names[0];
14     for(int i=1; i<5; i++) {
15        if(latter < names[i]) { // names[i]가 latter보다 뒤에 온다면
16           latter = names[i]; // latter 문자열 변경
17        }
18     }
19     cout << "사전에서 가장 뒤에 나오는 문자열은 " << latter << endl;
    }
```

> latter는 현재 가장 뒤에 나오는 문자열 저장 (13)

→ 실행 결과

```
이름 >> Kim Nam Yun
이름 >> Chang Jae Young
이름 >> Lee Jae Moon
이름 >> Han Won Sun
이름 >> Hwang Su hee
사전에서 가장 뒤에 나오는 문자열은 Lee Jae Moon
```

〈표 4-2〉 string 클래스의 주요 멤버 함수(표에서 pos는 문자열 내의 문자 위치로서, 0부터 시작함)

&는 참조자로서
5장에서 다룸

멤버 함수	설명
string& append(const string& str)	문자열 뒤에 str 추가
string& append(const string& str, int pos, int n)	str 문자열 내 pos 위치에서 n개의 문자를 현재 문자열 뒤에 덧붙임
string& insert(int pos, const string& str)	문자열의 pos 위치에 str 삽입
string& replace(int pos, int n, const string& str)	문자열의 pos 위치부터 n개 문자를 str 문자열로 대치
int size()	문자열의 길이 리턴. 문자열의 길이는 바이트 수(영어 문자 개수)
int length()	문자열의 길이 리턴. size()와 동일
int capacity()	할당된 메모리 크기 리턴
string& erase(int pos, int n)	pos 위치부터 n개 문자 삭제
void clear()	문자열 모두 삭제. 크기를 0으로 만듦
bool empty()	문자열의 크기가 0이면 true, 아니면 false 리턴
char& at(int pos)	pos 위치의 문자 리턴
int find(const string& str)	문자열의 처음부터 str을 검색하여 발견한 처음 인덱스 리턴. 없으면 −1 리턴
int find(const string& str, int pos)	문자열의 pos 위치부터 str을 검색하여 발견한 처음 인덱스 리턴. 없으면 −1 리턴
int rfind(const string& str, int pos)	문자열의 pos 위치부터 str을 검색하여 마지막에 발견한 인덱스 리턴. 없으면 −1 리턴
int compare(const string& str)	문자열과 str을 비교하여 같으면 0을, 사전 순으로 현재 문자열이 앞에 오면 음수, 뒤에 오면 양수 리턴
string substr(int pos, int n)	pos 위치부터 n개 문자를 새로운 서브스트링으로 생성, 리턴
void swap(string& str)	현재 객체의 문자열과 str의 문자열을 서로 바꿔치기 함
char* c_str()	C-스트링 문자열 리턴

〈표 4-3〉 string 클래스의 연산자(s, s1, s2는 모두 string 객체)

string s="C++"; string s1="C"; string s2="Java";일 때

연산자	설명	사용 예	결과
s1 = s2	s2를 s1에 치환	s1 = s2	s1="Java"
s []	s의 [] 인덱스에 있는 문자	char c = s[1]	c='+'
s1 + s2	s1과 s2를 연결한 새로운 문자열	s1 + s2	"CJava"

s1 += s2	s1에 s2 문자열 연결	s1 += s2	s1="CJava"
stream << s	s를 stream 스트림에 출력	cout << s;	"C++" 출력
stream >> s	stream에서 문자열을 s에 입력	cin >> s;	문자열 입력
s1 == s2	s1과 s2가 같은 문자열이면 true	s1 == s2	false
s1 != s2	s1과 s2가 다른 문자열이면 true	s1 != s2	true
s1 < s2	s1이 사전 순으로 s2 보다 앞에 오면 true	s1 < s2	true
s1 > s2	s1이 사전 순으로 s2 보다 뒤에 오면 true	s1 > s2	false
s1 <= s2	s1이 s2와 같거나 앞에 오면 true	s1 <= s2	true
s1 >= s2	s1이 s2와 같거나 뒤에 오면 true	s1 >= s2	false

문자열 다루기

이 절에서는 **string** 클래스의 멤버 함수와 연산자들을 이용하여 문자열을 다루는 다양한 사례를 소개한다.

●문자열 치환

문자열 치환은 간단히 = 연산자를 이용한다.

```
string a = "Java", b = "C++";
a = b; // a="C++"이 된다. a는 b를 복사한 문자열을 가진다.
```

●문자열 비교

compare()

문자열 비교는 compare() 함수를 이용한다. 이 함수는 두 문자열이 같으면 0, str보다 사전 순으로 앞에 오면 음수, 뒤에 오면 양수를 리턴한다. 다음 코드를 보자.

```
string name ="Kitae";
string alias = "Kito";
int res = name.compare(alias); // name과 alias를 비교한다.
if(res == 0) cout << "두 문자열이 같다."; // name과 alias가 동일
else if(res < 0) cout << name << " < " << alias << endl; // name이 앞에 옴
else cout << alias << " < " << name << endl; // name이 뒤에 오는 옴
```

"Kitae"가 "Kito" 보다 사전 순으로 앞에 오기 때문에 다음과 같이 출력된다.

```
Kitae < Kito
```

문자열 비교는 다음과 같이 〈표 4-3〉의 비교 연산자를 이용하면 보다 효과적이다.

```
if(name == alias) cout << "두 문자열이 같다";
if(name < alias) cout << name << "이 " << alias << "보다 사전에서 먼저 나온다";
```

●문자열 연결

append()

두 개의 문자열을 연결하기 위해 append() 함수를 이용한다. 다음은 "I" 문자열 끝에 " love "를 추가하는 예이다.

```
string a("I");
a.append(" love "); // a = "I love "
```

+, += 연산자

문자열 연결은 +, += 연산자를 이용하여 쉽게 작성할 수 있다.

```
string a("I love C++");
string b(".");
string c;
c = a + b; // a, b 문자열에는 변화가 없고, c = "I love C++."로 변경됨
c += b; // b 문자열에는 변화가 없고, c = "I love C++.."로 변경됨
```

●문자열 삽입

insert()

string 클래스는 문자열에 새로운 문자열이나 문자의 삽입 삭제가 가능하며, 문자열의 일부분을 다른 문자들로 변경할 수 있다. 다음은 insert() 함수를 이용하여 a의 인덱스 2 위치에 "really " 문자열을 삽입하는 코드이다.

```
string a("I love C++");
a.insert(2, "really "); // a = "I really love C++"
```

replace()

다음은 replace() 함수를 이용하여 a의 인덱스 2부터 11개의 문자("really love")를 "study"로 대치한다.

```
a.replace(2, 11, "study"); // a = "I study C++"
```

●문자열 길이

length()
size()
capacity()

문자열 길이는 문자열에 포함된 문자 개수를 말하며, length()와 size() 함수는 문자열의 길이를 리턴한다. 길이와는 달리 string 객체의 내부 메모리 용량을 리턴하는 capacity()도 있다. 용량은 자동으로 조절되므로 개발자가 신경 쓸 필요 없다. 다음은

문자열 길이와 용량을 리턴하는 코드 예이다.

```cpp
string a("I study C++");
int length = a.length(); // "I study C++"의 문자 개수는 11이다. length = 11
int size = a.size(); // length()와 동일하게 작동. size = 11
int capacity = a.capacity(); // 스트링 a의 현재 용량 capacity = 31. 변할 수 있다.
```

● 문자열 삭제

`erase()`
`clear()`

erase()는 문자열의 일부분을 삭제하고 clear()는 완전히 삭제한다.

```cpp
string a("I love C++");
a.erase(0, 7); // a의 처음부터 7개의 문자 삭제. a = "C++"로 변경
a.clear(); // a = ""
```

● 서브스트링

`substr()`

substr() 함수를 사용하면 문자열에서 일부분을 발췌한 문자열(서브스트링)을 얻을 수 있다. 다음 예를 보자. substr() 실행 후 b의 문자열은 변화가 없음에 유의하기 바란다.

```cpp
string b = "I love C++";
string c = b.substr(2, 4); // b의 인덱스 2에서 4개의 문자 리턴. c = "love"
string d = b.substr(2); // b의 인덱스 2에서 끝까지 문자열 리턴. d = "love C++"
```

● 문자열 검색

`find()`

문자열 내에 특정 문자열이 존재하는지 검색하는 기능은 많은 응용에서 사용된다. find()는 문자열에서 특정 문자나 문자열을 발견하면 첫 번째 인덱스를 리턴한다. 발견하지 못하면 -1을 리턴한다. 다음 예를 보자.

```cpp
string e = "I love love C++";
int index = e.find("love"); // e에서 "love" 검색. 인덱스 2 리턴
index = e.find("love", index+1); // e의 인덱스 3부터 "love" 검색. 인덱스 7 리턴
index = e.find("C#"); // e에서 "C#"을 발견할 수 없음. -1 리턴
index = e.find('v', 7); // e의 인덱스 7부터 'v' 문자 검색. 인덱스 9 리턴
```

● 문자열의 각 문자 다루기

`at()`
`[]`

at() 함수와 [] 연산자는 둘 다 문자열의 특정 위치에 있는 문자를 리턴한다. at()과 달리 [] 연산자를 이용하면 특정 문자를 다른 문자로 수정할 수 있다. 다음 예를 보자.

```
string f("I love C++");
char ch1 = f.at(7); // 문자열 f의 인덱스 7에 있는 문자 리턴. ch1 = 'C'
char ch2 = f[7]; // f.at(7)과 동일한 표현. ch2 = 'C'
f[7] = 'D'; // f는 "I love D++"
```

문자열 f의 마지막 문자는 다음과 같이 얻을 수 있다.

```
char ch3 = f.at(f.length()-1); // ch3은 '+'
```

문자열의 숫자 변환, stoi()

stoi()

C++11 표준부터는 문자열을 숫자로 변환하는 전역 함수 stoi()를 추가하였다. stoi() 함수는 다음과 같이 사용한다.

```
string year = "2014";
int n = stoi(year); // n은 정수 2014 값을 가짐
// int n = atoi(year.c_str()); // 비주얼 C++ 2008 이하
```

문자 다루기

<locale>
toupper()
isdigit()
isalpha()

string은 문자열만 다루지 문자를 다루는 기능은 없다. 문자를 다루는 함수는 <locale> 헤더 파일에 존재한다. 다음은 <locale> 헤더 파일에 있는 toupper(), isdigit(), isalpha() 함수를 사용하는 예이다.

```
string a = "hello";
for(int i=0; i<a.length(); i++) a[i] = toupper(a[i]); // a가 "HELLO"로 변경
cout << a; // "HELLO" 출력
if(isdigit(a[0])) cout << "숫자";
else if(isalpha(a.at(0))) cout << "문자"; // a[0]은 문자 'H'
```

HELLO문자

> **잠깐!** 연속적인 스트링 다루기 ◆
>
> append, replace 등 string의 많은 멤버 함수들의 리턴 타입은 string&이다. 이는 다음과 같은 연속적인 스트링 다루기가 가능함을 말한다. &는 참조자로서 5.4절에서 다룬다.
>
> ```
> string a("I love ");
> a.append("Jane").append(" and ").append(" Helen");
> // a = "I love Jane and Helen"이 된다.
> ```

예제 4–13   **문자열을 입력 받고 회전시키기**

빈칸을 포함하는 문자열을 입력 받고, 한 문자씩 왼쪽으로 회전하도록 문자열을 변경하고 출력하라.

```cpp
1   #include <iostream>
2   #include <string>
3   using namespace std;
4
5   int main() {
6      string s;
7
8      cout << "아래에 문자열을 입력하세요. 빈 칸이 있어도 됩니다.(한글 안됨) " << endl;
9      getline(cin, s, '\n'); // 문자열 입력
10     int len = s.length(); // 문자열의 길이
11
12     for(int i=0; i<len; i++) {
13        string first = s.substr(0, 1); // 맨 앞의 문자 1개를 문자열로 분리
14        string sub = s.substr(1, len-1); // 나머지 문자들을 문자열로 분리
15        s = sub + first; // 두 문자열을 연결하여 새로운 문자열로 만듦
16        cout << s << endl;
17     }
18  }
```

빈칸을 포함하는
문자열 입력

→ 실행 결과

아래에 문자열을 입력하세요. 빈 칸이 있어도 됩니다.(한글 안됨)

키 입력

```
I love you
 love youI
love youI
ove youI l
ve youI lo
e youI lov
 youI love
youI love
ouI love y
uI love yo
I love you
```

예제 4-14 문자열 처리 응용 - 덧셈 문자열을 입력받아 덧셈 실행

4+125+4+77+102 등으로 표현된 덧셈 식을 문자열로 입력받아 계산하는 프로그램 작성하라.

```cpp
1   #include <iostream>
2   #include <string>
3   using namespace std;
4
5   int main() {
6      string s;
7      cout << "7+23+5+100+25와 같이 덧셈 문자열을 입력하세요." << endl;
8      getline(cin, s, '\n'); // 문자열 입력
9      int sum = 0;
10     int startIndex = 0; // 문자열 내에 검색할 시작 인덱스
11     while(true) {
12        int fIndex = s.find('+', startIndex); // '+' 문자 검색
13        if(fIndex == -1) { // '+' 문자 발견할 수 없음
14           string part = s.substr(startIndex);
15           if(part == "") break; // "2+3+", 즉 +로 끝나는 경우
16           cout << part << endl;
17           sum += stoi(part); // 문자열을 수로 변환하여 더하기
18           break;
19        }
20        int count = fIndex - startIndex; // 서브스트링으로 자를 문자 개수
21        string part = s.substr(startIndex, count); // startIndex부터 count 개의
                                                    // 문자로 서브스트링 만들기
22        cout << part << endl;
23        sum += stoi(part); // 문자열을 수로 변환하여 더하기
24        startIndex = fIndex+1; // 검색을 시작할 인덱스 전진시킴
25     }
26     cout << "숫자들의 합은 " << sum;
27  }
```

stoi(part)는 part 문자열을 숫자로 바꾸어 리턴

▶ 실행 결과

```
7+23+5+100+25와 같이 덧셈 문자열을 입력하세요.
66+2+8+55+100
66
2
8
55
100
숫자들의 합은 231
```

| 예제 4-15 | 문자열 find 및 replace |

& 키가 입력될 때까지 여러 줄의 영문 문자열을 입력 받고, 찾는 문자열과 대치할 문자열을 각각 입력 받아 문자열을 변경하라.

```cpp
1   #include <iostream>
2   #include <string>
3   using namespace std;
4
5   int main() {
6       string s;
7       cout << "여러 줄의 문자열을 입력하세요. 입력의 끝은 &문자입니다." << endl;
8       getline(cin, s, '&'); // 문자열 입력
9       cin.ignore(); // '&' 뒤에 따라 오는 <Enter> 키를 제거하기 위한 코드!!!
10
11      string f, r;
12      cout << endl << "find: ";
13      getline(cin, f, '\n'); // 검색할 문자열 입력
14      cout << "replace: ";
15      getline(cin, r, '\n'); // 대치할 문자열 입력
16
17      int startIndex = 0;
18      while(true) {
19          int fIndex = s.find(f, startIndex); // startIndex부터 문자열 f 검색
20          if(fIndex == -1)
21              break; // 문자열 s의 끝까지 변경하였음
22          s.replace(fIndex, f.length(), r); // fIndex부터 문자열 f의 길이만큼 문자열 r로 변경
23          startIndex = fIndex + r.length();
24      }
25      cout << s << endl;
26  }
```

주목 — 9

→ 실행 결과

여러 줄의 문자열을 입력하세요. 입력의 끝은 &문자입니다.
It's now or never, come hold me tight. Kiss me my darling, be mine tonight
Tomorrow will be too late. It's now or never, my love won't wait& ← & 뒤에<Enter> 키 입력

find: now ← 검색할 단어

replace: Right Now ← 대치할 단어
It's Right Now or never, come hold me tight. Kiss me my darling, be mine tonight
Tomorrow will be too late. It's Right Now or never, my love won't wait

예제를 실행할 때 문자열을 쉽게 입력하려면, 아무 곳에서나 영문 텍스트를 **ctrl-c**로 복사하고 실행 창에서 마우스 오른쪽 버튼을 클릭한 후 붙여넣기 메뉴를 선택하면 된다.

CHECK TIME

1 다음 프로그램의 실행 결과는 무엇인가?

```cpp
string a("Hello C++");
cout << a.length() << endl;
a.append("!!");
cout << a << endl;
cout << a.at(6) << endl;
cout << a.find("C") << endl;
int n = a.find("+++");
cout << n << endl;
a.erase(1, 3);
cout << a << endl;
```

string으로 문자열을 처리
하니 정말 편하고 쉬워.

요약 **SUMMARY**

객체 포인터
- C++에서는 객체의 주소를 가지는 객체 포인터를 선언하고 활용할 수 있다.
- 객체 포인터로 객체의 멤버에 접근할 때 **->** 연산자를 사용한다.
- 초기화되지 않는 객체 포인터를 사용하면 **null pointer assignment** 실행 오류가 발생한다.

객체 배열
- 객체 배열의 선언 및 활용 방법은 기본 타입 배열과 동일하다.
- 객체 배열이 생성될 때 배열의 각 원소 객체마다 기본 생성자가 실행되며, 배열이 소멸될 때 각 원소 객체마다 소멸자가 실행된다. 원소 객체는 인덱스가 높은 곳에서 낮은 순으로 소멸된다.
- 객체 배열은 다음과 같이 생성자를 이용하여 초기화할 수 있다.

```
Circle circleArray[3] = { Circle(10), Circle(20), Circle() };
```

동적 메모리 할당 및 반환
- **new** 연산자로 동적 메모리를 할당받고, **delete** 연산자로 할당받은 메모리를 반환한다.
- **new**로 기본 타입의 배열을 할당받고, **delete**로 소멸할 수 있다.

객체와 객체 배열의 동적 생성 및 반환
- **new**와 **delete**를 이용하여 객체를 할당 받고 반환할 때, 생성자와 소멸자가 각각 실행된다.
- **new**와 **delete**를 이용하여 객체 배열을 할당 받고 반환할 수 있으며, 이때 배열의 각 객체마다 생성자와 소멸자가 실행되고, 소멸자는 생성된 반대순으로 실행된다.
- **new**로 객체 배열을 생성할 때는 기본 생성자가 호출된다.
- **new**로 할당받은 메모리는 실행 중에 **delete**를 이용하여 반환하지 않는 한 시스템에 반환되지 않는다. 동적으로 할당받은 메모리에 대한 주소를 잃어버리게 되면 메모리 누수가 발생한다. 프로그램이 종료하면 동적으로 할당받은 메모리는 자동 반환된다.

this 포인터
- **this**는 객체 자신에 대한 포인터이다.
- 객체의 멤버 함수가 호출될 때 컴파일러는 객체의 주소를 멤버 함수에 묵시적으로 전달하며, **this**는 이 주소를 받도록 컴파일러에 의해 몰래 삽입된 매개 변수의 이름이다.
- 클래스의 **non-static** 멤버 함수에서만 사용할 수 있다.

string 클래스를 이용한 문자열 사용
- **string** 클래스는 **C++** 표준 라이브러리에 포함된 것으로 문자열을 다루는 클래스이다.
- **<string>** 헤더 파일에 선언되어 있다.
- **string** 클래스는 문자열의 길이에 따라 문자열을 저장하는 내부 메모리의 크기를 자동으로 조절하므로 사용하기 편리하고, 문자열 조작을 위한 많은 멤버 함수와 연산자 함수를 제공한다.
- 문자열을 키보드로부터 입력 받기 위해 **<string>** 헤더 파일에 선언된 **getline()** 전역 함수를 이용하면, 공백 문자를 포함하는 문자열을 입력받을 수 있다.
- **stoi()** 함수를 이용하면 문자열을 숫자로 변환할 수 있다.

Open Challenge

한글 끝말잇기 게임

목적

여러 개의 클래스 만들기, 동적 객체 배열 할당 및 반환, 객체 포인터 이용, string 클래스 다루기 연습

n명이 하는 한글 끝말잇기 게임을 작성해보자. 아래의 결과와 같이 선수의 수를 입력받고, 선수 각 사람의 이름을 입력받아 게임을 시작한다. 난이도 6

```
끝말 잇기 게임을 시작합니다
게임에 참가하는 인원은 몇명입니까?3
참가자의 이름을 입력하세요. 빈칸 없이>>황기태
참가자의 이름을 입력하세요. 빈칸 없이>>한원선
참가자의 이름을 입력하세요. 빈칸 없이>>손연재
시작하는 단어는 아버지입니다
황기태>>지우개
한원선>>개나리
손연재>>리본          ◁── 빈칸 없이 입력
황기태>>본죽
한원선>>죽집
손연재>>잡수리
```

힌트
Hint

(1) 3개의 모듈로 나누어라.

- WordGame 클래스 – 끝말잇기 게임 전체를 운영하는 클래스
- Player 클래스 – 선수를 표현하는 클래스
- main() 함수 – WordGame 객체를 생성하고 게임을 시작하는 함수

(2) 한글 문제

한글 문자열을 저장하기 위해 string 클래스를 이용하라. 한글은 2바이트 코드로 저장되므로, string 객체에 저장된 한글 문자열에서 끝 글자를 비교하려면 두 바이트를 함께 비교하여야 한다. 예를 들면 다음과 같다.

```
string a="아버지"; // 6개의 바이트에 저장. a.size()는 6. 3이 아님
string b="지우개"; // 6개의 바이트에 저장
if(a.at(4) == b.at(0) &&
   a.at(5) == b.at(1)) { // "아버지"의 '지'와 "지우개"의 '지'를 비교
   //끝말잇기 성공한 경우 처리 코드
}
else {
   // 실패한 경우 처리 코드
}
```

연습문제

이론 문제

• 홀수 문제는 정답이 공개됩니다.

* 1~5번 문제에 사용되는 Rect 클래스. Rect 클래스는 폭과 높이로 사각형을 추상화한다.

```cpp
class Rect {
    int width, height;
public:
    Rect(int w, int h) { width = w; height = h; }
    int getWidth() { return width; }
    int getHeight() { return height; }
    int getArea();
};

int Rect::getArea() {
    return width*height;
}
```

1. Rect의 객체를 다루는 다음 코드를 작성하려고 한다. 아래의 문제에 따라 빈칸에 적절한 코드를 삽입하라.

```cpp
int main() {
    Rect r(2,3);
    _____(1)
    _____(2)
    _____(3)
}
```

(1) Rect 클래스에 대한 포인터 변수 p를 선언하라.
(2) 선언된 포인터 변수 p에 객체 r의 주소를 지정하라.
(3) 포인터 변수 p를 이용하여 객체 r의 폭과 높이를 출력하라.

2. 사용자로부터 폭과 높이 값을 입력받아 동적으로 Rect 객체를 생성하고 면적을 구하여 출력하는 코드를 작성하고자 한다. 다음 물음에 따라 빈칸을 채워라.

```cpp
int main() {
    Rect *q;
    int w, h;
    cin >> w >> h; // 사용자로부터 사각형의 폭과 높이를 w, h에 각각 입력받는다.
```

```
        _____(1)
        _____(2)
        _____(3)
    }
```

(1) 포인터 변수 q에 wxh 크기의 사각형을 표현하는 Rect 객체를 동적으로 생성한다.
(2) 포인터 q를 이용하여 사각형의 면적을 출력한다.
(3) 생성한 객체를 반환한다.

3. Rect 객체나 배열을 생성하는 다음 코드 중 컴파일 오류가 발생하는 것은?
   ① Rect a;
   ② Rect b(5, 6);
   ③ Rect c[2] = { Rect(1, 1), Rect(2, 3) };
   ④ Rect d[2][3] = { {Rect(1,2), Rect(2,3), Rect(3,4)}, {Rect(1,1), Rect(2,2), Rect(3,3)} };

4. Rect 객체의 배열을 생성하는 다음 코드는 컴파일 오류가 발생한다. 컴파일 오류가 발생하지 않기 위해 Rect 클래스를 어떻게 수정하여야 하는가?

   ```
   Rect *p = new Rect[10];
   ```

5. Rect 클래스에 다음과 같은 기본 생성자를 삽입하고,

   ```
   Rect() { width = 1; height = 1; }
   ```

   다음 배열 r 생성 후, 배열 r의 사각형 면적의 합을 출력하는 코드를 작성하라.

   ```
   Rect r[5] = { Rect(), Rect(2, 3), Rect(3,4), Rect(4,5), Rect(5,6) };
   ```

6. public 속성의 getVolume() 멤버 함수를 가진 Cube 클래스에 대해, 다음 코드가 있다.

   ```
   Cube c;
   Cube *p = &c;
   ```

   다음 중 컴파일 오류가 발생하는 것은?
   ① c.getVolume();   ② p->getVolume();
   ③ (*p).getVolume();   ④ c->getVolume();

7. 다음 객체 배열에 관해 잘못 설명된 것은?

```
Cube c[4];
```

① 배열 c가 생성될 때 c[0], c[1], c[2], c[3]의 4개의 Cube 객체가 생성된다.
② 기본 생성자 Cube()가 4번 호출된다.
③ 배열 c가 소멸될 때 c[3], c[2], c[1], c[0]의 순서로 소멸자가 실행된다.
④ delete c; 코드로 배열 c를 소멸한다.

8. 다음 프로그램이 실행될 때 출력되는 결과는 무엇인가?

```cpp
#include <iostream>
#include <string>
using namespace std;

class Color {
   string c;
public:
   Color() { c = "white"; cout << "기본생성자" << endl; }
   Color(string c) { this->c = c; cout << "매개변수생성자" << endl; }
   ~Color() { cout << "소멸자" << endl; }
};

class Palette {
   Color *p;
public:
   Palette() { p = new Color[3]; }
   ~Palette() { delete [] p; }
};

int main() {
   Palette *p = new Palette();
   delete p;
}
```

9. new와 delete는 무엇인가?
① C++의 기본 연산자   ② C++ 표준 함수
③ C++의 표준 객체   ④ C++의 특수 매크로

10. 다음 코드의 문제점은 무엇인가?

```cpp
Cube *p = new Cube [4];
delete p;
```

11. this에 대해 잘못 말한 것은?

① this는 포인터이다.

② this는 컴파일러에 의해 묵시적으로 전달되는 매개 변수이다.

③ this는 static 함수를 포함하여 멤버 함수 내에서만 다루어지는 객체 자신에 대한 포인터이다.

④ 연산자 중복에서 this가 필요하다.

12. this의 활용에 대해 잘못 설명한 것은?

① this는 클래스의 멤버 함수 외의 다른 함수에서는 사용할 수 없다.

② this는 static 멤버 함수에는 사용할 수 없다.

③ this는 생성자에서 사용할 수 없다.

④ 어떤 멤버 함수에서는 this를 리턴하기도 한다.

13. this를 최대한 많이 활용하여 다음 클래스를 가장 바람직하게 수정하라.

```cpp
class Location {
   int width, height;
public:
   Location() { width = height = 0; }
   Location(int w, int h) {
      width = w; height = h;
   }
   void show();
};
void Location::show() {
   cout << width << height << endl;
}
```

14. 메모리 누수란 어떤 상황에서 발생하는가?

15. 함수 f()가 실행되고 난 뒤 메모리 누수가 발생하는지 판단하고 메모리 누수가 발생하면 발생하지 않도록 수정하라.

(1)

```cpp
void f() {
   char *p = new char [10];
   strcpy(p, "abc");
}
```

(2)

```cpp
void f() {
   int *p = new int;
   int *q = p;
   delete q;
}
```

(3)

```
int f() {
    int n[10] = { 0 };
    return n[0];
}
```

(4)

```
void f() {
    int *p;
    for(int i=0; i<5; i++) {
        p = new int;
        cin >> *p;
        if(*p % 2 == 1) break;
    }
    delete p;
}
```

16. string 클래스를 사용하기 위해 필요한 헤더 파일은 무엇인가?

① **<string>**   ② **<string.h>**   ③ **<cstring>**   ④ **<iostream>**

17. string s1 = "123"; string s2 = "246"; 일 때, a와 b의 문자열 속에 있는 수를 더하여 369를 출력하고자 한다. 아래 빈칸을 채워라.

```
int n = _____ (s1);
int m = _____ (s2);
cout << n + m;
```

18. 문자열을 다루고자 한다. C-스트링과 **string** 클래스에 대해 설명이 틀린 것은?

① C-스트링은 문자의 배열을 이용하여 문자열을 표현한다.

② **string** 클래스가 문자열을 객체화하므로 C-스트링보다 사용하기 쉽다.

③ **string** 클래스가 좋기는 하지만 C++의 표준이 아니므로 가급적 사용하지 않는 것이 좋다.

④ **string** 클래스는 문자열만 다루지 대문자를 소문자로 변환하는 등 문자를 조작하는 기능은 없다.

19. 다음 프로그램의 각 라인을 **string** 클래스에서 제공하는 연산자를 이용하여 고쳐라.

```
string a("My name is Jane.");
char ch = a.at(2);
if(a.compare("My name is John.") == 0) cout << "same";
a.append("~~");
a.replace(1, 1, "Y");
```

실습 문제

목적 객체 포인터와 객체 배열 활용

1.★ 다음은 색의 3요소인 red, green, blue로 색을 추상화한 Color 클래스를 선언하고 활용하는 코드이다. 빈칸을 채워라. red, green, blue는 0~255의 값만 가진다.

난이도 4

```cpp
#include <iostream>
using namespace std;

class Color {
    int red, green, blue;
public:
    Color() { red = green = blue = 0; }
    Color(int r, int g, int b) { red = r; green = g; blue = b; }
    void setColor(int r, int g, int b) { red = r; green = g; blue = b; }
    void show() { cout << red << ' ' << green << ' ' << blue << endl; }
};

int main() {
    Color screenColor(255, 0, 0); // 빨간색의 screenColor 객체 생성
    Color *p;               // Color 타입의 포인터 변수 p 선언
    _____            // (1) p가 screenColor의 주소를 가지도록 코드 작성
    _____            // (2) p와 show()를 이용하여 screenColor 색 출력
    _____            // (3) Color의 일차원 배열 colors 선언. 원소는 3개
    _____            // (4) p가 colors 배열을 가리키도록 코드 작성

    // (5) p와 setColor()를 이용하여 colors[0], colors[1], colors[2]가
    // 각각 빨강, 초록, 파랑색을 가지도록 코드 작성
    _____
    _____
    _____

    // (6) p와 show()를 이용하여 colors 배열의 모든 객체의 색 출력. for 문 이용
    _____
    _____
    _____
}
```

```
255 0 0
255 0 0
0 255 0
0 0 255
```

2. 정수 공간 5개를 배열로 동적 할당받고, 정수를 5개 입력받아 평균을 구하고 출력한 뒤 배열을 소멸시키도록 main() 함수를 작성하라. 난이도 3

[배열의 동적 할당 및 반환]

```
정수 5개 입력>> 1 2 4 5 10
평균 4.4
```

3. string 클래스를 이용하여 빈칸을 포함하는 문자열을 입력받고 문자열에서 'a'가 몇 개 있는지 출력하는 프로그램을 작성해보자. 난이도 4

[getline(), string 클래스 활용]

```
문자열 입력>> Are you happy? I am so happy.
문자 a는 3개 있습니다.
```

(1) 문자열에서 'a'를 찾기 위해 string 클래스의 멤버 at()나 []를 이용하여 작성하라.

(2) 문자열에서 'a'를 찾기 위해 string 클래스의 find() 멤버 함수를 이용하여 작성하라. text.find('a', index);는 text 문자열의 index 위치부터 'a'를 찾아 문자열 내 인덱스를 리턴한다.

4. 다음과 같은 Sample 클래스가 있다.

[동적 배열을 가진 클래스 다루기]

```cpp
class Sample {
    int *p;
    int size;
public:
    Sample(int n) { // 생성자
        size = n; p = new int [n]; // n개 정수 배열의 동적 생성
    }
    void read(); // 동적 할당받은 정수 배열 p에 사용자로부터 정수를 입력 받음
    void write(); // 정수 배열을 화면에 출력
    int big(); // 정수 배열에서 가장 큰 수 리턴
    ~Sample(); // 소멸자
};
```

다음 main() 함수가 실행되도록 Sample 클래스를 완성하라. 난이도 4

```cpp
int main() {
    Sample s(10); // 10개 정수 배열을 가진 Sample 객체 생성
    s.read(); // 키보드에서 정수 배열 읽기
    s.write(); // 정수 배열 출력
    cout << "가장 큰 수는 " << s.big() << endl; // 가장 큰 수 출력
}
```

```
100 4 -2 9 55 300 44 38 99 -500
100 4 -2 9 55 300 44 38 99 -500
가장 큰 수는 300
```

string 클래스로 문자열 다루기

5. string 클래스를 이용하여 사용자가 입력한 영문 한 줄을 입력받고 글자 하나만 랜덤하게 수정하여 출력하는 프로그램을 작성하라. 난이도 5

```
아래에 한 줄을 입력하세요.(exit를 입력하면 종료합니다)
>>Falling in love with you.
Falling in love wxth you.
>>hello world
hello wobld
>>exit
```

> **힌트**
> 랜덤 정수를 발생시키기 위해 다음 두 라인의 코드가 필요하며, <cstdlib>와 <ctime> 헤더 파일을 include 해야 한다.
>
> ```
> srand((unsigned)time(0)); // 시작할 때마다, 다른 랜덤수를 발생시키기 위한 seed 설정
> int n = rand(); // 0에서 RAND_MAX(32767) 사이의 랜덤한 정수 발생
> ```

string 클래스로 문자열 다루기

6. string 클래스를 이용하여 사용자가 입력한 영문 한 줄을 문자열로 입력받고 거꾸로 출력하는 프로그램을 작성하라. 난이도 5

```
아래에 한 줄을 입력하세요.(exit를 입력하면 종료합니다)
>>Delicious C++
++C suoicileD
>>I love programming.
.gnimmargorp evol I
>>exit
```

객체 배열 다루기 연습

7. 다음과 같이 원을 추상화한 Circle 클래스가 있다. Circle 클래스와 main() 함수를 작성하고 3개의 Circle 객체를 가진 배열을 선언하고, 반지름 값을 입력받고 면적이 100보다 큰 원의 개수를 출력하는 프로그램을 완성하라. Circle 클래스도 완성하라. 난이도 4

```
class Circle {
    int radius; // 원의 반지름 값
public:
    void setRadius(int radius); // 반지름을 설정한다.
    double getArea(); // 면적을 리턴한다.
};
```

```
원 1의 반지름 >> 5
원 2의 반지름 >> 6
원 3의 반지름 >> 7
면적이 100보다 큰 원은 2개 입니다
```

[목표] 객체 배열 응용 연습

8. 실습 문제 7의 문제를 수정해보자. 사용자로부터 다음과 같이 원의 개수를 입력받고, 원의 개수만큼 반지름을 입력받는 방식으로 수정하라. 원의 개수에 따라 동적으로 배열을 할당받아야 한다. 난이도 5

```
원의 개수 >> 4
원 1의 반지름 >> 5
원 2의 반지름 >> 6
원 3의 반지름 >> 7
원 4의 반지름 >> 8
면적이 100보다 큰 원은 3개 입니다
```

[목표] 객체 배열과 string 응용 연습

9. 다음과 같은 Person 클래스가 있다. Person 클래스와 main() 함수를 작성하여, 3개의 Person 객체를 가지는 배열을 선언하고, 다음과 같이 키보드에서 이름과 전화번호를 입력받아 출력하고 검색하는 프로그램을 완성하라. 난이도 6

```
class Person {
   string name;
   string tel;
public:
   Person();
   string getName() { return name; }
   string getTel() { return tel; }
   void set(string name, string tel);
};
```

```
이름과 전화 번호를 입력해 주세요
사람 1>> 스폰지밥 010-0000-0000
사람 2>> 뚱이 011-1111-1111
사람 3>> 징징이 012-2222-2222
모든 사람의 이름은 스폰지밥 뚱이 징징이
전화번호 검색합니다.  이름을 입력하세요>>스폰지밥 ◁─ 빈칸 없이 입력
전화 번호는 010-0000-0000
```

객체의 동적 생성 및 소멸 응용

10.★ 다음에서 Person은 사람을, Family는 가족을 추상화한 클래스로서 완성되지 않은 클래스이다.

```cpp
class Person {
   string name;
public:
   Person(string name) { this->name = name; }
   string getName() { return name; }
};

class Family {
   Person *p; // Person 배열 포인터
   int size; // Person 배열의 크기. 가족 구성원 수
public:
   Family(string name, int size); // size 개수만큼 Person 배열 동적 생성
   void show(); // 모든 가족 구성원 출력
   ~Family();
};
```

다음 main()이 작동하도록 Person과 Family 클래스에 필요한 멤버들을 추가하고 코드를 완성하라. `난이도 7`

```cpp
int main() {
   Family *simpson = new Family("Simpson", 3); // 3명으로 구성된 Simpson 가족
   simpson->setName(0, "Mr. Simpson");
   simpson->setName(1, "Mrs. Simpson");
   simpson->setName(2, "Bart Simpson");
   simpson->show();
   delete simpson;
}
```

```
Simpson가족은 다음과 같이 3명 입니다.
Mr. Simpson    Mrs. Simpson    Bart Simpson
```

응용 객체 배열 응용

11. 다음은 커피자판기로 작동하는 프로그램을 만들기 위해 필요한 두 클래스이다.

```cpp
class CoffeeVendingMachine { // 커피자판기를 표현하는 클래스
  Container tong[3]; // tong[0]는 커피, tong[1]은 물, tong[2]는 설탕통을 나타냄
  void fill(); // 3개의 통을 모두 10으로 채움
  void selectEspresso(); // 에스프레소를 선택한 경우, 커피 1, 물 1 소모
  void selectAmericano(); // 아메리카노를 선택한 경우,  커피 1, 물 2 소모
  void selectSugarCoffee(); // 설탕커피를 선택한 경우, 커피 1, 물 2 소모, 설탕 1 소모
  void show(); // 현재 커피, 물, 설탕의 잔량 출력
public:
  void run(); // 커피 자판기 작동
};

class Container { // 통 하나를 나타내는 클래스
  int size; // 현재 저장 량, 최대 저장량은 10
public:
  Container() { size = 10; }
  void fill(); // 최대량(10)으로 채우기
  void consume(); // 1 만큼 소모하기
  int getSize(); // 현재 크기 리턴
};
```

다음과 같이 실행되도록 main() 함수와 CoffeeVendingMachine, Container를 완성하라. 만일 커피, 물, 설탕 중 잔량이 하나라도 부족해 커피를 제공할 수 없는 경우 '원료가 부족합니다.'를 출력하라. 난이도 6

```
***** 커피자판기를 작동합니다. *****
메뉴를 눌러주세요(1:에스프레소, 2:아메리카노, 3:설탕커피, 4:잔량보기, 5:채우기)>> 4
커피 10, 물 10, 설탕 10
메뉴를 눌러주세요(1:에스프레소, 2:아메리카노, 3:설탕커피, 4:잔량보기, 5:채우기)>> 1
에스프레소 드세요
메뉴를 눌러주세요(1:에스프레소, 2:아메리카노, 3:설탕커피, 4:잔량보기, 5:채우기)>> 4
커피 9, 물 9, 설탕 10
메뉴를 눌러주세요(1:에스프레소, 2:아메리카노, 3:설탕커피, 4:잔량보기, 5:채우기)>> 3
설탕커피 드세요
메뉴를 눌러주세요(1:에스프레소, 2:아메리카노, 3:설탕커피, 4:잔량보기, 5:채우기)>> 4
커피 8, 물 7, 설탕 9
메뉴를 눌러주세요(1:에스프레소, 2:아메리카노, 3:설탕커피, 4:잔량보기, 5:채우기)>> 5
커피 10, 물 10, 설탕 10
메뉴를 눌러주세요(1:에스프레소, 2:아메리카노, 3:설탕커피, 4:잔량보기, 5:채우기)>>
```

12. 다음은 이름과 반지름을 속성으로 가진 **Circle** 클래스와 이들을 배열로 관리하는 **CircleManager** 클래스이다.

```cpp
class Circle {
   int radius; // 원의 반지름 값
   string name; // 원의 이름
public:
   void setCircle(string name, int radius); // 이름과 반지름 설정
   double getArea();
   string getName();
};
```

```cpp
class CircleManager {
   Circle *p; // Circle 배열에 대한 포인터
   int size; // 배열의 크기
public:
   CircleManager(int size); // size 크기의 배열을 동적 생성. 사용자로부터 입력 완료
   ~CircleManager();
   void searchByName(); // 사용자로부터 원의 이름을 입력받아 면적 출력
   void searchByArea(); // 사용자로부터 면적을 입력받아 면적보다 큰 원의 이름 출력
};
```

키보드에서 원의 개수를 입력받고, 그 개수만큼 원의 이름과 반지름을 입력받고, 다음 과 같이 실행되도록 main() 함수를 작성하라. Circle, CircleManager 클래스도 완 성하라. 난이도 8

```
원의 개수 >> 4
원 1의 이름과 반지름 >> 빈대떡 10
원 2의 이름과 반지름 >> 도넛 2
원 3의 이름과 반지름 >> 초코파이 1
원 4의 이름과 반지름 >> 피자 15
검색하고자 하는 원의 이름 >> 도넛
도넛의 면적은 12.56
최소 면적을 정수로 입력하세요 >> 10
10보다 큰 원을 검색합니다.
빈대떡의 면적은 314,도넛의 면적은 12.56,피자의 면적은 706.5,
```

동적 클래스 만들기 종합 응용

13. ★ 영문자로 구성된 텍스트에 대해 각 알파벳에 해당하는 문자가 몇 개인지 출력하는 히스토그램 클래스 **Histogram**을 만들어보자. 대문자는 모두 소문자로 변환하여 처리한다.

Histogram 클래스를 활용하는 사례와 실행 결과는 다음과 같다. 난이도 8

```
Histogram elvisHisto("Wise men say, only fools rush in But I can't help, ");
elvisHisto.put("falling in love with you");
elvisHisto.putc('-');
elvisHisto.put("Elvis Presley");
elvisHisto.print();
```

elvisHisto.print();의
실행 결과로 출력된 결과

```
Wise men say, only fools rush in But I can't help,
falling in love with you-Elvis Presley

총 알파벳 수 69

a (3)   : ***
b (1)   : *
c (1)   : *
d (0)   :
e (7)   : *******
f (2)   : **
g (1)   : *
h (3)   : ***
i (7)   : *******
j (0)   :
k (0)   :
l (8)   : ********
m (1)   : *
n (6)   : ******
o (5)   : *****
p (2)   : **
q (0)   :
r (2)   : **
s (6)   : ******
t (3)   : ***
u (3)   : ***
v (2)   : **
w (2)   : **
x (0)   :
y (4)   : ****
z (0)   :
```

14. 갬블링 게임을 만들어보자. 두 사람이 게임을 진행하며, 선수의 이름을 초기에 입력 받는다. 선수가 번갈아 자신의 차례에서 <Enter> 키를 치면 랜덤한 3개의 수가 생성 되고 모두 동일한 수가 나오면 게임에서 이기게 된다. 숫자의 범위가 너무 크면 3개의 숫자가 일치할 가능성이 낮아 숫자의 범위를 0~2로 제한한다. 랜덤 정수 생성은 문제 3번의 힌트를 참고하라. 선수는 Player 클래스로 작성하고, 2명의 선수는 배열로 구 성하라. 그리고 게임은 GamblingGame 클래스로 작성하라. 난이도 8

```
***** 갬블링 게임을 시작합니다. *****
첫번째 선수 이름>>수연이
두번째 선수 이름>>제갈이
수연이:<Enter>                    <Enter> 키 입력
             2       1       2       아쉽군요!
제갈이:<Enter>
             1       0       2       아쉽군요!
수연이:<Enter>
             2       2       1       아쉽군요!
제갈이:<Enter>
             2       0       2       아쉽군요!
수연이:<Enter>
             0       0       0       수연이님 승리!!
```

05

함수와 참조, 복사 생성자

05

함수와 참조, 복사 생성자

5.1 함수의 인자 전달 방식 리뷰

인자 전달 방식

C/C++ 언어를 포함하여 프로그래밍 언어의 인자 전달 방식(argument passing)에 대해 잠깐 복습해보자. 함수의 대표적인 인자 전달 방식은 다음과 같다.

값에 의한 호출
주소에 의한 호출

- 값에 의한 호출(call by value)
- 주소에 의한 호출(call by address)

'값에 의한 호출'은 호출하는 코드에서 넘겨주는 실인자 값이 함수의 매개 변수에 복사되어 전달되는 방식이며, '주소에 의한 호출'은 주소를 직접 포인터 타입의 매개 변수에 전달받는 방식이다. 함수 호출 시 배열이 전달되는 경우, 배열의 이름이 전달되므로 자연스럽게 '주소에 의한 호출'이 이루어진다. 배열의 이름은 곧 배열의 주소이다. [그림 5-1]은 '값에 의한 호출'과 '주소에 의한 호출'을 비유적으로 보여준다.

(a) 값에 의한 호출   (b) 주소에 의한 호출

[그림 5-1] '값에 의한 호출'과 '주소에 의한 호출'

이제, swap() 함수를 통해 '값에 의한 호출'과 '주소에 의한 호출'의 차이를 자세히 알아보자. [그림 5-2](a)는 '값에 의한 호출' 과정을 보여준다. 다음과 같이 swap(int a, int b) 함수를 호출하면,

```
swap(m, n);
```

스택
복사

     매개 변수 a, b가 swap() 함수의 스택에 생성되고, m, n 값이 a, b에 복사된다. a와 b 값이 서로 교환되고, swap() 함수가 종료하면 swap() 스택과 함께 a, b도 사라지지만, main() 스택에 m, n은 변함없이 2, 9의 값을 유지한다.

```cpp
#include <iostream>
using namespace std;

void swap(int a, int b) {
    int tmp;

    tmp = a;
    a = b;
    b = tmp;
}

int main() {
    int m=2, n=9;
    swap(m, n);
    cout << m << ' ' << n;
}
```

➡ 실행 결과

2 9

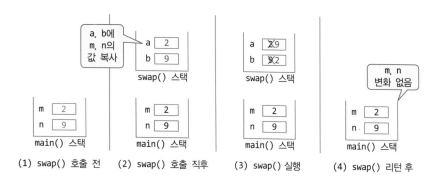

(a) '값에 의한 호출'로 swap() 함수 호출

```cpp
#include <iostream>
using namespace std;

void swap(int *a, int *b) {
    int tmp;

    tmp = *a;
    *a = *b;
    *b = tmp;
}

int main() {
    int m=2, n=9;
    swap(&m, &n);
    cout << m << ' ' << n;
}
```

➡ 실행 결과

9 2

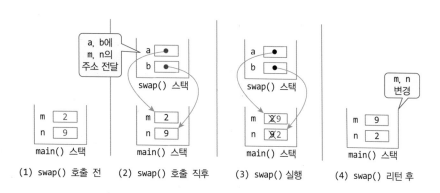

(b) '주소에 의한 호출'로 swap() 함수 호출

[그림 5-2] 값에 의한 호출과 주소에 의한 호출

[그림 5-2](b)는 '주소에 의한 호출' 과정을 보여준다. 다음 코드에 의해 swap(int *a, int *b) 함수가 호출되면,

```
swap(&m, &n);
```

포인터 매개 변수 a, b가 swap()의 스택에 생성되고, m, n의 주소가 a, b에 전달되어 포인터 a, b는 m, n의 공간을 각각 가리킨다. swap() 함수에 의해 포인터 a와 b가 가리키는 값이 서로 교환되면, 그 결과 m과 n의 값이 교환된다. swap() 함수가 종료하면 a, b가 사라지고 main() 스택의 m, n은 서로 교환된 채 남아있게 된다.

●'값에 의한 호출'과 '주소에 의해 호출'의 특징

참조에 의한 호출

'값에 의한 호출'은 실인자의 값을 복사하여 전달하므로, 함수 내에서 실인자를 손상시킬 수 없는 장점이 있다. 그러므로 함수 호출에 따른 부작용(side-effect)은 없다. 반면 '주소에 의한 호출'은 실인자의 주소를 넘겨주어 의도적으로 함수 내에서 실인자의 값을 변경하고자 할 때 이용된다. C++에서는 이들 외에 '참조에 의한 호출(call by reference)'을 추가하였는데 5.4 절에서 자세히 다룬다.

1 다음 빈칸에 가장 적절한 말을 아래 보기에서 골라 넣어라.

> '값에 의한 호출'은 실인자의 _____을(를) 함수 매개 변수에 _____하므로 매개 변수와 실인자는 서로 공간을 _____다. '주소에 의한 호출'은 함수 호출 시 _____이(가) 매개 변수로 전달되므로, 함수 내에서 _____의 매개 변수를 이용하여 실인자의 값을 _____할 수 있다.

> 보기
>
> 값, 주소, 참조, 복사, 주소로 전달, 공유한, 공유하지 않는, 분리한, 포인터 타입, 참조 타입, 기본 타입, 변경, 참조, 삭제, 리턴

5.2 함수 호출시 객체 전달

C++에서는 함수에 객체를 전달할 수 있으며, 이것은 int, char 등 기본 타입의 값을 전달하는 것과 여러 가지 면에서 다르다. 우선 '값에 의한 호출'로 객체를 전달하는 것부터 살펴보자.

'값에 의한 호출'로 객체 전달

●'값에 의한 호출' 과정

[그림 5-3]은 increase(Circle c) 함수를 통해, '값에 의한 호출'로 객체를 전달하는 과정을 보여준다. main()은 다음과 같이 반지름(radius)이 30인 waffle 객체를 생성한다.

```
Circle waffle(30);
```

그리고 다음과 같이 waffle 객체를 increase(Circle c) 함수에 전달한다.

```
increase(waffle);
```

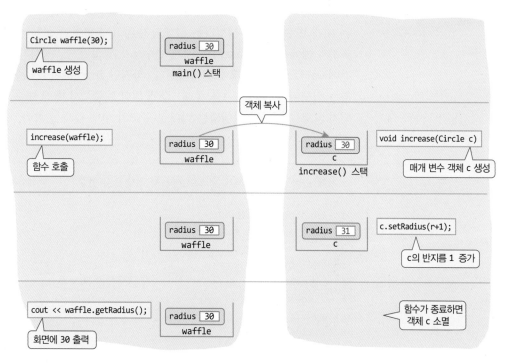

[그림 5-3] '값에 의한 호출' 방식으로 increase(Circle c) 함수가 호출되는 과정

함수에 객체를 전달할 때 객체 이름만 적는다. increase()가 호출되면, waffle 객체가 현재 상태 그대로 매개 변수 c에 복사된다. 이후 increase()는 객체 c의 반지름을 1 증가시켜 31이 되지만, waffle 객체의 반지름은 변하지 않는다. increase()가 종료하면 매개 변수 객체 c가 함께 소멸되고, main()의 waffle 객체는 increase()를 호출하기 전과 동일하게 반지름이 30이다.

> **잠깐!**   **값에 의해 호출 시 객체 복사 시간** ●────
>
> '값에 의한 호출'은 함수 안에서 매개 변수 객체에 어떤 변화가 일어나도 실인자(원본 객체)를 훼손시키지 않는 장점이 있는 반면, 실인자 객체의 크기가 크면 객체를 복사하는 시간이 커지는 단점이 있다.

● **'값에 의한 호출'로 객체를 전달할 때 문제점**

'값에 의한 호출'로 객체를 전달하면 표면적으로는 나타나지 않는 약간의 문제가 수반된다. 이 문제는 C++ 언어의 다른 요소와 관계되어 있기 때문에 알고 넘어가는 것이 좋을 듯하다.

객체가 함수에 전달되면, 함수의 매개 변수 객체가 생성되고, 함수가 종료하면 매개 변수 객체가 소멸된다. 이때 매개 변수 객체의 생성자와 소멸자가 모두 실행되는가? 답부터 말하면 '아니다'이다. 객체를 매개 변수로 가지는 함수의 경우, C++ 컴파일러는 매개 변수 객체의 생성자는 실행되지 않고 소멸자만 실행되도록 컴파일 한다. [그림 5-3]의 예에서 increase()의 매개 변수 c가 생성될 때, 생성자 실행 없이 c의 객체 공간에 waffle 객체가 그대로 복사된다. 하지만 increase()가 종료할 때 객체 c의 소멸자는 실행된다. 예제 5-1을 통해 '값에 의한 호출' 시 매개 변수 객체의 생성자가 실행되지 않고 소멸자만 실행되는 비대칭 구조의 실행 결과를 보라.

생성자
소멸자
생성자는 실행되지 않고 소멸자만 실행

예제 5-1   **'값에 의한 호출'시 매개 변수의 생성자 실행되지 않음**

```cpp
1  #include <iostream>
2  using namespace std;
3
4  class Circle {
5  private:
6     int radius;
7  public:
8     Circle();
9     Circle(int r);
```

```
10      ~Circle();
11      double getArea() { return 3.14*radius*radius; }
12      int getRadius() { return radius; }
13      void setRadius(int radius) { this->radius = radius; }
14   };
15
16   Circle::Circle() {
17      radius = 1;
18      cout << "생성자 실행 radius = " << radius << endl;
19   }
20
21   Circle::Circle(int radius) {
22      this->radius = radius;
23      cout << "생성자 실행 radius = " << radius << endl;
24   }
25
26   Circle::~Circle() {
27      cout << "소멸자 실행 radius = " << radius << endl;
28   }
29
30   void increase(Circle c) {
31      int r = c.getRadius();
32      c.setRadius(r+1);
33   }
34
35   int main() {
36      Circle waffle(30);
37      increase(waffle);
38      cout << waffle.getRadius() << endl;
39   }
```

객체 c의 생성자
실행되지 않음

객체 c의 소멸자
실행됨

waffle의 내용이
그대로 c에 복사

실행 결과

waffle 생성 ─ 생성자 실행 radius = 30
소멸자 실행 radius = 31 ─ c 소멸 ─ c의 생성자 실행되지 않았음
30
waffle 소멸 ─ 소멸자 실행 radius = 30

●왜 매개 변수 객체의 생성자가 실행되지 않도록 컴파일 되는가?

[그림 5-4]는 예제 5-1에서 increase() 함수의 매개 변수 객체 c가 생성되고 소멸되는 과정을 보여준다. 컴파일러가 왜 매개 변수 객체의 생성자가 실행되지 않도록 컴파일 하는지 이유를 알아보자.

다음 코드는 반지름이 30인 waffle 객체를 생성하고, increase() 함수를 호출하여 waffle 객체를 전달한다.

```
Circle waffle(30);
increase(waffle);
```

전달받은 원본의 상태

increase() 함수의 매개 변수 c에 waffle 객체가 전달된 후, 만일 객체 c의 생성자 Circle()이 실행된다면, 객체 c의 반지름(radius 멤버 변수)이 1로 초기화되어, 전달 받은 원본의 상태를 잃어버리게 된다. 컴파일러는 이런 문제가 발생하지 않도록, 매개 변수 객체의 생성자가 실행되지 않도록 한다. 소멸자의 경우는 다르다. increase()가 리턴하면 c의 소멸자가 실행되고 c는 사라진다.

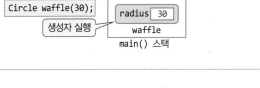

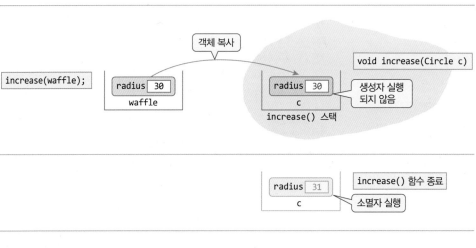

[그림 5-4] 예제 5-1의 increase(Circle c) 함수의 호출 및 실행 과정

복사 생성자
copy constructor

　매개 변수 객체의 생성자가 실행되지 않고 소멸자만 실행되는 비대칭 구조는, 함수 호출 시 원본 객체의 상태를 그대로 매개 변수 객체에 전달되도록 하기 위한 것이지만, 중대한 문제를 동반한다. 이 문제점에서 대해서는 5.5절에서 소개하고 이 문제점을 해결하기 위한 방법으로 복사 생성자(copy constructor)를 설명한다. 예제 5-11은 이 문제의 정확한 답을 알려준다.

> **잠깐!** 　복사 생성자 ●
>
> '값에 의한 호출' 시, 컴파일러는 매개 변수 객체의 생성자(constructor) 대신 복사 생성자(copy constructor)가 호출되도록 컴파일하기 때문에, 생성자가 실행되지 않는 것이다. 컴파일러는 클래스에 복사 생성자가 작성되어 있지 않는 경우, 실인자 객체의 멤버 변수를 1:1로 매개 변수 객체에 복사하는 디폴트 복사 생성자를 자동으로 삽입한다. 복사 생성자는 5.5절에서 다룬다.

'주소에 의한 호출'로 객체 전달

'주소에 의한 호출' 방식으로 함수를 작성하면 '값에 의한 호출' 시 생성자가 실행되지 않는 것으로 인한 염려에서 벗어날 수 있다.

●'주소에 의한 호출' 과정

함수 호출 시 객체를 통째로 복사하여 넘기는 '값에 의한 호출' 대신, 객체의 주소만 전달하는 '주소에 의한 호출'에 대해 알아보자. [그림 5-5]는 '주소에 의한 호출'이 이루어지도록 increase() 함수와 함수 호출 코드를 수정한 사례로서, '주소에 의한 호출' 과정을 자세히 보여준다.

　increase() 함수는 '주소에 의한 호출'이 일어나도록 다음과 같이 선언하고,

```
void increase(Circle *p)
```

　main() 함수에서 다음과 같이 increase()를 호출하면,

```
Circle waffle(30);
increase(&waffle); // waffle 객체의 주소를 전달한다.
```

　waffle 객체의 주소가 포인터 p에 전달된다. p는 객체가 아니므로 생성자나 소멸자와 상관이 없다. 다음 코드가 실행되면, waffle 객체의 반지름이 1 증가된다.

```
p->setRadius(r+1);
```

```
int main() {
   Circle waffle(30);
   increase(&waffle);
   cout << waffle.getRadius() ;
}
```

call by address

```
void increase(Circle *p) {
   int r = p->getRadius();
   p->setRadius(r+1);
}
```

➡ 실행 결과

31

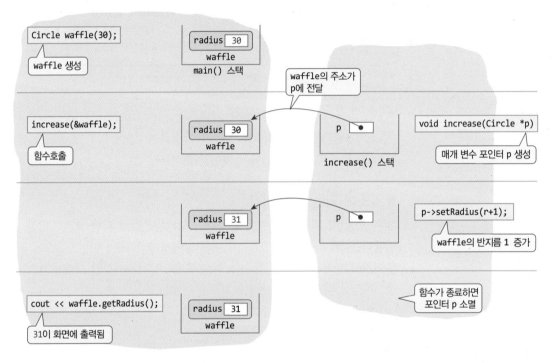

[그림 5–5] '주소에 의한 호출'로 increase(Circle *p) 함수가 호출되는 과정

● '주소에 의한 호출'의 특징

객체의 주소를 전달하는 방식은 원본 객체를 통째로 전달하는 '값에 의한 호출'에 비해 원본 객체를 복사하는 시간 소모가 없으며, 매개 변수가 단순 포인터이므로, '값에 의한 호출' 시에 발생하는 생성자 소멸자의 비대칭 문제도 없다. 하지만, 매개 변수 포인터로 의도하지 않게 원본 객체를 훼손할 가능성이 있기 때문에 코딩에 조심해야한다.

1 클래스 Sample 타입의 매개 변수를 가지는 다음 함수 f()에 대한 설명으로 틀린 것은?

```
void f(Sample a);
```

① 함수 f()를 호출하면 객체 a가 생성된다.
② 함수 f()를 호출하면 객체 a의 생성자가 실행된다.
③ 함수 f()가 종료하면 객체 a의 소멸자가 실행된다.
④ 함수 f()를 호출하면 '값에 의한 호출'이 일어난다.

2 함수에 객체를 전달하는 경우, '값에 의한 호출'과 '주소에 의한 호출' 중 호출에 따른 비용 부담이 작은 것은?

5.3 객체 치환 및 객체 리턴

객체 치환

객체 치환 시 객체의 모든 데이터가 비트 단위로 복사된다. 다음 예를 보자.

```
Circle c1(5);
Circle c2(30);
c1 = c2; // c2 객체를 c1 객체에 비트 단위로 복사한다. c1의 반지름이 30이 된다.
```

객체 치환 후 c1과 c2의 내용이 완전히 같다. 그러나 c1, c2가 하나의 객체가 되는 것은 아니다. c1과 c2는 별개이며 내용물만 같을 뿐이다. 객체 치환(assignment)은 동일한 클래스 타입에 대해서만 적용된다.

함수의 객체 리턴

객체 리턴

C++에서 함수가 객체를 리턴하는 경우를 보자. 다음은 Circle 클래스의 객체를 리턴하는 getCircle() 함수이다.

```
Circle getCircle() {
    Circle tmp(30);
    return tmp; // 객체 tmp 리턴
}
```

return 문이 실행되면 tmp의 복사본이 생기고 이 복사본이 getCircle()을 호출한 곳으로 전달된다. 그러고 나서 tmp는 소멸된다. 다음은 getCircle() 함수로부터 리턴되는 객체를 받는 코드이다.

```
Circle c; // c의 반지름은 1
c = getCircle(); // tmp 객체의 복사본이 c에 치환된다. c의 반지름이 30이 된다.
```

객체 c가 생성될 때 반지름 값이 1이었지만, getCircle()이 리턴한 tmp 객체로 치환되면 객체 c의 반지름은 30이 된다.

예제 5-2 | 객체 리턴

```
1   #include <iostream>
2   using namespace std;
3
4   class Circle {
5      int radius;
6   public:
7      Circle() { radius = 1; }
8      Circle(int radius) { this->radius = radius; }
9      void setRadius(int radius) { this->radius = radius; }
10     double getArea() { return 3.14*radius*radius; }
11  };
12
13  Circle getCircle() {
14     Circle tmp(30);
15     return tmp; // 객체 tmp를 리턴한다.
16  }
17
18  int main() {
19     Circle c; // 객체가 생성된다. radius=1로 초기화된다.
20     cout << c.getArea() << endl;
21
22     c = getCircle();
23     cout << c.getArea() << endl;
24  }
```

tmp 객체의 복사본 리턴 → 15

tmp 객체가 c에 복사. c의 radius는 30이 된다. → 22

실행 결과

```
3.14
2826
```

5.4 참조와 함수

참조 개념 – 메뚜기는 유재석의 별명

C++에서는 C 언어에 없는 참조(reference) 개념을 도입하였다. 포인터 변수를 선언하기 위해 * 기호를 사용하지만, 참조 변수를 선언하기 위해서는 & 기호를 사용한다. &를 참조자라고 부른다.

　참조와 참조 변수의 의미를 이해하기 위해 [그림 5-6]을 보자. 사람들은 국민 MC '유재석'을 '메뚜기'라고도 부른다. '메뚜기'와 '유재석'은 동일 인물이며 '메뚜기'는 '유재석'의 별명이다. 참조란 가리킨다는 뜻으로, 참조 변수(reference variable)는 '유재석'에게 붙여진 '메뚜기' 별명처럼, 이미 선언된 변수에 대한 별명(alias)이다.

메뚜기는 유재석의 별명

[그림 5-6] 메뚜기는 유재석의 별명

C++에서 참조는 다음과 같이 활용된다. 하나씩 살펴보자.

- 참조 변수
- 참조에 의한 호출
- 함수의 참조 리턴

참조 변수

● 참조 변수 선언

참조 변수는 이미 선언된 변수(원본 변수로 지칭)에 대한 별명으로서, 참조자(&)를 이용하여 선언하며, 선언 시 반드시 원본 변수로 초기화하여야 한다. 다음은 두 개의 참조 변수 refn과 refc를 선언하는 코드이다.

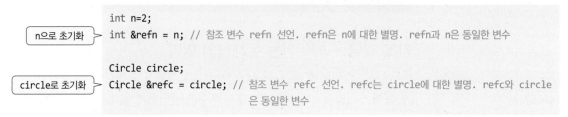

n으로 초기화
```
int n=2;
int &refn = n; // 참조 변수 refn 선언. refn은 n에 대한 별명. refn과 n은 동일한 변수

Circle circle;
```
circle로 초기화
```
Circle &refc = circle; // 참조 변수 refc 선언. refc는 circle에 대한 별명. refc와 circle
                       은 동일한 변수
```

**이름만 생성
원본 변수의 공간을 공유**

refn은 이미 선언된 변수 n에 대한 별명이며, refc는 circle 객체에 대한 별명이다. refn과 refc는 따로 변수 공간을 가지지 않고, 각각 n과 circle을 공유한다. [그림 5-7] 은 참조 변수 refn과 refc를 선언한 결과를 보여준다. 참조 변수가 선언되면, 참조 변수 이름만 생성되며, 별도의 공간이 할당되지 않는다. 대신, 참조 변수는 초기화로 지정된 원본 변수의 공간을 공유한다.

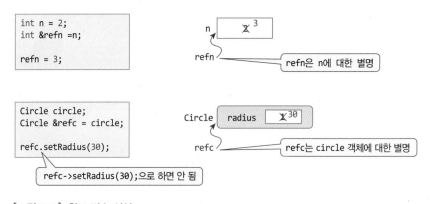

[그림 5-7] 참조 변수 선언

●참조 변수 사용

참조 변수를 사용하는 방법은 보통 변수와 동일하며, 참조 변수에 대한 사용은 바로 원본 변수의 사용이다. 다음 예를 보자.

```
refn = 3;
n = 5; // n=5, refn=5가 됨
refn++; // n=6, refn=6이 됨
```

참조 변수는 포인터가 아니므로, 다음과 같이 사용하지 않도록 주의하라.

오류 `refc->setRadius(30); // 컴파일 오류. refc.setRadius(30)로 해야 함`

참조 변수에 대한 포인터를 만들 수 있다. 다음 코드를 보자.

```
int *p = &refn; // p는 refn의 주소를 가짐. p는 n의 주소
*p = 20; // n=20, refn=20
```

●참조 변수 선언 시 주의 사항

참조 변수를 선언할 때 몇 가지 주의 사항을 살펴보자.

• 초기화가 없다면 컴파일 오류가 발생한다.

```
int n=2;
```
오류 `int &refn2; // 컴파일 오류. refn2가 어떤 변수에 대한 참조인지 초기화되지 않았음`

• 참조자 &의 위치에 무관하다. 다음 3개의 참조 변수 선언은 모두 동일하다.

```
int &refn = n;
int & refn = n;
int& refn = n;
```

• 참조자 &의 사용에 유의해야 한다. 다음은 문법적으로 잘못된 참조 변수 선언이다.

오류 `& int refn = n; // 컴파일 오류`
`int refn & = n; // 컴파일 오류`

• 참조 변수의 배열을 만들 수 없다.

오류 `char &n[10]; // 컴파일 오류. 참조의 배열을 만들 수 없다.`

• 참조 변수에 대한 참조 선언이 가능하다.

```
int &r = refn; // 참조 변수 refn에 대한 참조 변수 r 선언 가능
```

r과 refn은 모두 n의 공간을 공유하며 구분 없이 사용 가능하다.

예제 5-3 | 기본 타입 변수에 대한 참조

기본 타입 변수에 대한 참조 변수를 선언하고 사용하는 사례를 보인다. 실행 결과는 무엇인가?

```
1   #include <iostream>
2   using namespace std;
3
4   int main() {
5     cout << "i" << '\t' << "n" << '\t' << "refn" << endl;
6     int i = 1;
7     int n = 2;
8     int &refn = n; // 참조 변수 refn 선언. refn은 n에 대한 별명
9     n = 4;
10    refn++; // refn=5, n=5
11    cout << i << '\t' << n << '\t' << refn << endl;
12
13    refn = i; // refn=1, n=1
14    refn++; // refn=2, n=2
15    cout << i << '\t' << n << '\t' << refn << endl;
16
17    int *p = &refn; // p는 refn의 주소를 가짐. p는 n의 주소
18    *p = 20; // refn=20, n=20
19    cout << i << '\t' << n << '\t' << refn << endl;
20  }
```

참조 변수 refn 선언 → 8

참조에 대한 포인터 변수 선언 → 17

실행 결과

```
i    n     refn
1    5     5
1    2     2
1    20    20
```

예제 5-4	객체에 대한 참조

객체에 대한 참조 변수를 선언하고 사용하는 사례를 보인다. 실행 결과는 무엇인가?

```cpp
1   #include <iostream>
2   using namespace std;
3
4   class Circle {
5      int radius;
6   public:
7      Circle() { radius = 1; }
8      Circle(int radius) { this->radius = radius; }
9      void setRadius(int radius) { this->radius = radius; }
10     double getArea() { return 3.14*radius*radius; }
11  };
12
13  int main() {
14     Circle circle;
15     Circle &refc = circle;
16     refc.setRadius(10);
17     cout << refc.getArea() << " " << circle.getArea(); // 두 호출은 동일 객체에 대한 호출
18  }
```

> circle 객체에 대한
> 참조 변수 refc 선언

➡ 실행 결과

```
314 314
```

CHECK TIME

1 public 속성의 show() 멤버 함수를 가지고 있는 클래스 Sample의 객체 a가 선언되어 있다.

(1) 다음 중 틀린 선언문은?

① Sample &p = *a; ② Sample *q = &a; ③ Sample r = a; ④ Sample &s = a;

(2) 다음 주석에 따라 간단한 코드를 작성하라.

_____ // 객체 a에 대한 참조 변수 x 선언
_____ // 객체 a에 대한 포인터 변수 y 선언
_____ // 변수 x를 이용하여 show() 함수 호출
_____ // 변수 y를 이용하여 show() 함수 호출

참조에 의한 호출, call by reference

참조에 의한 호출

원본 변수와 참조 변수를 함께 사용하면 변수 사용이 혼란스러운 것은 사실이다. 참조는 어디에 가장 많이 사용될까? 참조는 C++의 새로운 인자 전달의 방식인 '참조에 의한 호출'에 많이 사용된다.

실인자를 참조
실인자와 공간을 공유
참조 매개 변수

'참조에 의한 호출'은 함수의 매개 변수를 참조 타입으로 선언하여, 매개 변수가 함수를 호출 하는 쪽의 실인자를 참조(reference)하여 실인자와 공간을 공유하도록 하는 인자 전달 방식이다. 참조 타입으로 선언된 함수의 매개 변수를 참조 매개 변수 (reference parameter)라고 부른다.

다음은 참조 매개 변수를 가진 함수의 선언 사례이다.

```
void swap(int &a, int &b);
```

swap() 함수는 두 개의 참조 매개 변수 a, b를 가지며, swap() 함수에 대한 호출은 '참조에 의한 호출'이 된다.

```
int m=2, n=9;
swap(m, n); // 참조에 의한 호출
```

함수의 원형에 의해 구분

swap(m, n); 함수 호출은 '값에 의한 호출'과 모양이 동일하여 헷갈릴 수 있는데, 이들은 함수의 원형에 의해 구분된다. 참조 매개 변수를 가진 함수에 대한 호출이 '참조에 의한 호출'이다. '참조에 의한 호출'이 작동하는 과정은 [그림 5-8]에서 보여준다.

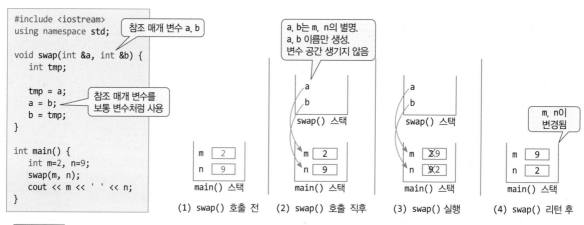

[그림 5-8] 참조 매개 변수로 선언된 swap() 함수와 '참조에 의한 호출'

swap() 함수가 호출되면, 참조 매개 변수 a, b는 실인자 m, n을 참조하도록 초기화되며, 함수 내에서는 보통 변수처럼 사용한다. 변수 m, n은 main() 스택에 생성되지만, 참조 매개 변수 a, b는 이름만 존재하며 swap()의 스택에 공간을 할당받지 않는다. swap() 함수가 실행되어 a와 b 값이 교환되면, 결과적으로 m과 n의 값이 교환된다. 함수가 종료하면 a, b의 이름이 사라지고 m, n은 각각 9, 2로서 교환된 값으로 남아 있다.

●참조 매개 변수가 필요한 사례

다음과 같이 평균을 구하여 리턴하는 함수가 있다고 하자.

```
int average(int a[], int size) {
    if(size <= 0) return 0; // size는 음수가 될 수 없음
    int sum = 0;
    for(int i=0; i<size; i++) sum += a[i];
    return sum/size;
}
```

이 함수에 별 문제가 없어 보인다. 그러나 만일 다음과 같이 함수를 호출하면 어떻게 되겠는가?

```
int x[]={1,2,3,4};
int avg = average(x, -1); // avg에 0이 리턴된다.
```

avg에 0이 리턴되기 때문에 평균이 0이라고 생각한다. 그러나 사실 매개 변수에 잘못된 값이 전달되었음을 알리기 위해 0이 리턴된 것이다. 그러므로 average()의 리턴 값이 0인 경우, 계산된 평균이 0인지 잘못된 매개 변수를 알리기 위한 0인지 알 수 없다. average() 함수를 어떻게 바꾸면 좋겠는가? 예제 5-5에 답이 있다.

| 예제 5-5 | **참조 매개 변수로 평균 리턴하기** |

참조 매개 변수를 이용하여 평균을 리턴하고, 함수의 리턴값을 통해 함수의 성공 여부를 리턴하도록 average() 함수를 작성하라.

```
1   #include <iostream>
2   using namespace std;
3
4   bool average(int a[], int size, int& avg) {        리턴 타입을 bool로 하고 평균값을 전
5       if(size <= 0)                                   달하기 위해 참조 매개 변수를 추가함
```

```
 6        return false;
 7     int sum = 0;
 8     for(int i=0; i<size; i++)
 9        sum += a[i];
10     avg = sum/size;
11     return true;
12  }
13
14  int main() {
15     int x[] = {0,1,2,3,4,5};
16     int avg;
17     if(average(x, 6, avg)) cout << "평균은 " << avg << endl;
18     else cout << "매개 변수 오류" << endl;
19
20     if(average(x, -2, avg)) cout << "평균은 " << avg << endl;
21     else cout << "매개 변수 오류 " << endl;
22  }
```

참조 매개 변수
avg에 평균값 전달 → 10

avg에는 평균이 넘어오고,
average()는 true 리턴 → 17

avg의 값은 의미 없고,
average()는 false 리턴 → 20

→ 실행 결과

평균은 2
매개 변수 오류

●참조에 의한 호출의 장점

'주소에 의한 호출'은 [그림 5-2](b)와 같이 포인터 타입으로 매개 변수를 선언하므로, 호출하는 쪽에서 주소를 전달하기 위해 & 연산자를 사용해야 하고, swap() 함수의 코드에서는 * 기호를 반복적으로 사용함에 따라, 실수의 가능성과 코드 작성의 긴장감이 배가 되고 코드의 가독성이 떨어진다.

그러나 참조 매개 변수를 사용하면 간단히 변수를 넘겨주기만 하면 되고, 함수 내에서도 참조 매개 변수를 보통 변수처럼 사용하기 때문에 작성하기 쉽고 보기 좋은 코드가 된다.

참조에 의한 호출로 객체 전달

값에 의한 호출

'값에 의한 호출'로 객체를 매개 변수에 전달하면 다음 두 가지 사항에 유의해야 한다.

- 함수 내에서 매개 변수 객체를 변경하여도, 원본 객체를 변경시키지 않는다.
- 매개 변수 객체의 생성자가 실행되지 않고 소멸자만 실행되는 비대칭 구조로 작동한다.

참조에 의한 호출

그러나 '참조에 의한 호출'은 이 두 가지 사항에 완전히 다르게 작동한다.

- 참조 매개 변수로 이루어진 모든 연산은 원본 객체에 대한 연산이 된다.
- 참조 매개 변수는 이름만 생성되므로, 생성자와 소멸자는 아예 실행되지 않는다.

예제 5-6은 예제 5-1의 코드에서 increase() 함수만 참조 매개 변수로 선언하여 '참조에 의한 호출'이 일어나도록 수정한 사례이다. increase() 함수에서 참조 매개 변수 c로 반지름을 변경하면 원본 객체 waffle의 반지름이 31로 변경된다.

예제 5-6   **참조에 의한 호출로 Circle 객체의 참조 전달**

예제 5-1의 코드를 수정하여 main() 함수가 increase() 함수를 호출하여 반지름을 1만큼 증가시키고자 한다. increase() 함수를 구현하라.

```
1    #include <iostream>
2    using namespace std;
3
4    class Circle {
5    private:
6       int radius;
7    public:
8       Circle();
9       Circle(int r);
10      ~Circle();
11      double getArea() { return 3.14*radius*radius; }
12      int getRadius() { return radius; }
13      void setRadius(int radius) { this->radius = radius; }
14   };
15
16   Circle::Circle() {
17      radius = 1;
18      cout << "생성자 실행 radius = " << radius << endl;
19   }
20
21   Circle::Circle(int radius) {
22      this->radius = radius;
23      cout << "생성자 실행 radius = " << radius << endl;
24   }
25
26   Circle::~Circle() {
27      cout << "소멸자 실행 radius = " << radius << endl;
28   }
29
```

```
30    void increase(Circle &c) { // c는 참조 매개 변수
31       int r = c.getRadius();
32       c.setRadius(r+1); // c가 참조하는 원본 객체의 반지름 1 증가
33    }
34
35    int main() {
36       Circle waffle(30);
37       increase(waffle);
38       cout << waffle.getRadius() << endl;
39    }
```

참조에 의한 호출 ─ 37

▶ 실행 결과

```
생성자 실행 radius = 30   ◁─ waffle 객체 생성
31
소멸자 실행 radius = 31   ◁─ waffle 객체 소멸
```

| 예제 5-7 | 참조 매개 변수를 가진 함수 만들기 연습 |

키보드로부터 반지름 값을 읽어 Circle 객체에 반지름을 설정하는 readRadius() 함수를 작성하라.

```
1    #include <iostream>
2    using namespace std;
3
4    class Circle {
5       int radius;
6    public:
7       Circle() { radius = 1; }
8       Circle(int radius) { this->radius = radius; }
9       void setRadius(int radius) { this->radius = radius; }
10      double getArea() { return 3.14*radius*radius; }
11   };

         ...

20   int main() {
21      Circle donut;
22      readRadius(donut);
23      cout << "donut의 면적 = " << donut.getArea() << endl;
24   }
```

readRadius()?

정수 값으로 반지름을 입력하세요>>3
donut의 면적 = 28.26

정답

```
13  void readRadius(Circle &c) {
14     int r;
15     cout << "정수 값으로 반지름을 입력하세요>>";
16     cin >> r; // 반지름 값 입력
17     c.setRadius(r); // 반지름 설정
18  }
```

참조 리턴

참조 리턴

C 언어에서 함수가 리턴하도록 허용된 것은 오직 값뿐이다. 값에는 void를 포함하여 정수, 문자, 실수 등의 기본 타입의 값과 주소(포인터)가 있다. 이와 달리 C++에서는 함수가 참조를 리턴할 수 있다. 참조 리턴이란 변수 등과 같이 현존하는 공간에 대한 참조의 리턴이다.

[그림 5-9]는 값을 리턴하는 함수 get()과 참조를 리턴하는 함수 find()를 비교하여 보여준다. 또한 [그림 5-9](b)는 C 언어에 없는 형태로서, 참조를 리턴하는 함수 find()를 활용하는 독특한 사례를 보여준다.

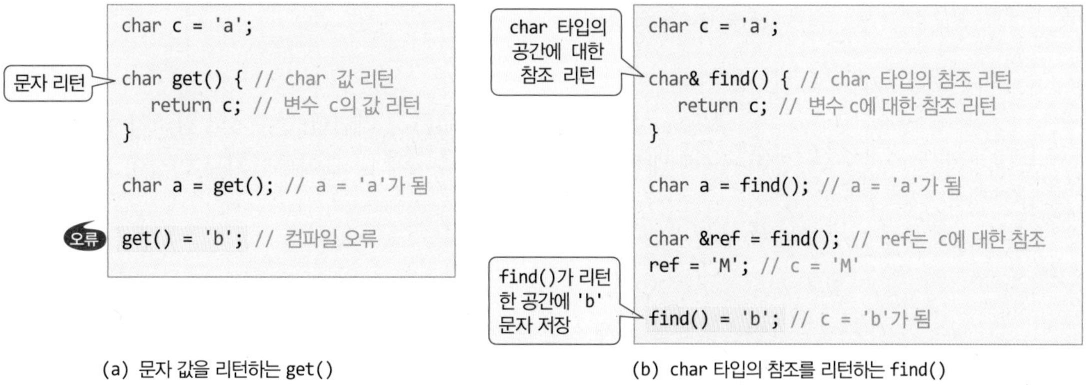

문자 리턴
```
char c = 'a';

char get() { // char 값 리턴
   return c; // 변수 c의 값 리턴
}

char a = get(); // a = 'a'가 됨
```
오류
```
get() = 'b'; // 컴파일 오류
```

char 타입의 공간에 대한 참조 리턴
```
char c = 'a';

char& find() { // char 타입의 참조 리턴
   return c; // 변수 c에 대한 참조 리턴
}

char a = find(); // a = 'a'가 됨

char &ref = find(); // ref는 c에 대한 참조
ref = 'M'; // c = 'M'
```
find()가 리턴한 공간에 'b' 문자 저장
```
find() = 'b'; // c = 'b'가 됨
```

(a) 문자 값을 리턴하는 get()

(b) char 타입의 참조를 리턴하는 find()

[그림 5-9] 값을 리턴하는 함수 get()과 참조를 리턴하는 함수 find()의 비교

참조를 리턴하는 함수를 선언해보자.

char에 대한 참조를 리턴하는 find() 함수는 다음과 같이 선언한다.

```
char& find();
```

참조를 리턴하는 return 문은 보통 return 문과 다를 바 없다. 다음 코드는 find() 함수 내에서 char 타입의 변수 c에 대한 참조를 리턴한다.

```
return c; // 변수 c에 대한 참조 리턴
```

이 return 문은 변수 c의 값 'a'가 아니라, 변수 c에 대한 참조를 리턴하므로, 다음 코드는 변수 c의 공간에 문자 'b'를 삽입한다.

```
find() = 'b'; // c = 'b'와 동일
```

●참조 리턴에 대한 치환문

[그림 5-9](b)에서 다음과 같이 find()가 치환문(=)의 오른쪽에 온다면 변수 c의 값 'a'가 변수 a에 치환된다.

```
char a = find(); // a = 'a'
```

그러나 다음과 같이 참조 변수로 참조를 리턴 받을 수 있다.

```
char& ref = find();
```

이 코드의 실행 결과 ref는 find()가 리턴한 변수 c의 참조가 된다. 그러므로 다음과 같이 ref에 대한 연산은 모두 변수 c에 대해 이루어지는 연산이 된다.

```
ref = 'M'; // c = 'M'
```

연습문제를 통해 참조를 리턴하는 사례들을 연습해보기 바란다.

예제 5-8 참조 리턴

문자열 배열에서 매개 변수로 주어진 인덱스의 원소 공간에 대한 참조를 리턴하는 find() 함수의 사례를 보여준다.

```cpp
1   #include <iostream>
2   using namespace std;
3
4   // 배열 s의 index 원소 공간에 대한 참조를 리턴하는 함수
5   char& find(char s[], int index) {
6       return s[index]; // 참조 리턴          s[index] 공간의
7   }                                          참조 리턴
8
9   int main() {
10      char name[] = "Mike";
11      cout << name << endl;
12
13      find(name, 0) = 'S'; // name[0] = 'S'로 변경      find()가 리턴한 위치에
14      cout << name << endl;                            문자 'S' 저장
15
16      char& ref = find(name, 2);       ref는 name[2]에 대한 참조
17      ref = 't'; // name = "Site"
18      cout << name << endl;
19  }
```

◀─ 실행 결과

```
Mike
Sike
Site
```

이 예제가 실행되는 과정은 [그림 5-10]과 같다.

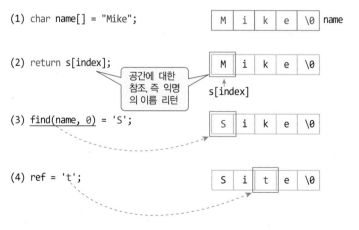

(1) char name[] = "Mike";

(2) return s[index];
공간에 대한 참조, 즉 익명의 이름 리턴

(3) find(name, 0) = 'S';

(4) ref = 't';

[그림 5-10] find() 함수가 호출되고 실행되는 과정

> **잠깐!** 참조 리턴은 C++에서 매우 중요하다. •————
>
> 참조 리턴은 C++에서 많이 사용된다. 〈표 4-2〉의 **string** 클래스의 멤버 함수들이나 C++ 표준 라이
> 브러리에는 참조를 리턴하는 많은 함수들이 있다. 하물며 참조를 리턴하지 않고는 작성하기 어려운
> 함수가 있는데, 7장에서 다루는 연산자 함수가 대표적이다.

Tip char&, char*, char **사용에 대한 비교**

(1) 다음 코드는 3가지 종류의 변수(기본 타입 변수, 포인터 변수, 참조 변수)의 선언과 활용을 비교하
여 보여 주며, [그림 5-11]은 이 코드의 실행 과정을 보여준다.

```
char c = 'a'; // 변수 c 생성. 'a'로 초기화
char* p = &c; // 포인터 변수 p 생성. p는 변수 c의 주소를 가짐
char& s = c; // 변수 s는 이름만 생성. s는 c에 대한 별명
*p = 'b'; // c = 'b'
s = 'c'; // c = 'c'
```

(1) c, p, s 변수가 선언되었을 때

(2) *p = 'b'; 실행 후

(3) s = 'c'; 실행 후

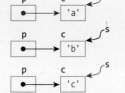

[그림 5-11] char&, char*, char 타입의 변수 선언 및 사용 예 ————————

(2) 참조를 리턴하는 함수와 포인터를 리턴하는 함수가 서로 어떻게 다른지 다음 코드를 보자.

```
char c = 'a';
char& r() { // 참조 리턴
    return c; // c의 참조 리턴. 변수 c의 참조(공간) 리턴
}
r() = 'c'; // 변수 c = 'c'로 변경

char* p() { // 주소 리턴. 주소는 값이다.
    return &c; // 변수 c의 주소 리턴
}
char *s = p(); // s는 c의 주소 저장
*s = 'b'; // s가 가리키는 변수 c = 'b'로 변경
p() = 'b'; // 컴파일 오류
```
오류

앞의 코드에서 포인터를 리턴하는 함수를 참조를 리턴하는 함수처럼 사용하면 컴파일 오류가 발생한다.

> **오류** ~~p()~~ = 'b'; // 컴파일 오류

그것은 L-value에 값이 올 수 없기 때문이다. 컴퓨터 언어 이론에서 치환 연산자(=)를 기준으로 왼쪽에 있는 것을 L-value, 오른쪽에 있는 것을 R-value라고 부른다.

L-value
R-value

```
L-value = R-value
```

값
공간

왼쪽에는 공간이 오른쪽에는 **값**이 와야, 오른쪽 값을 왼쪽 **공간**에 삽입하는 = 문이 성립된다. 예를 들어 c = 'a';은 성립하지만 'a' = c;은 성립하지 않는다.
p() 함수가 리턴한 것은 값(주소도 하나의 값)이다. 참조는 공간이므로 =의 왼쪽이나 오른쪽에 모두 올 수 있지만, 주소 값은 오른쪽에만 올 수 있기 때문에 p() 호출 역시 =의 오른쪽에 와야 한다.

CHECK TIME

1 다음 함수에 대한 호출이 잘된 것은?

```
void f(int &a, int b);
```

int m = 3, n = 2;
① f(m, 2);   ② f(&m, n);   ③ f(*m, 2);   ④ f(2, m);

2 다음 함수들에 대해 문제에서 주어진 함수의 실행 결과 n 값은 무엇인가?

```
void f(int a) {a = -a;}
void g(int *a) {*a = -*a;}
void h(int &a) {a = -a;}
```

int n = 5;
(1) f(n);   (2) g(&n);   (3) h(n);

3 다음 코드에 대해 아래 문제가 순서대로 실행될 때, 배열 ar은 어떻게 변하는가?

```
int ar[]={0,1,3,5,7};
int& f(int n) {
   return ar[n];
}
```

(1) f(0) = 100;
(2) f(0) = f(1) + f(2) + f(3) + f(4);
(3) int& v = f(2); v++;

5.5 복사 생성자

얕은 복사와 깊은 복사

복사

복사란 원본과 동일한 별개의 사본을 만드는 것으로, 만능 복사기가 있다면 [그림 5-12]와 같이 어떤 것도 복사할 수 있다.

원본 공   만능 복사기   복사본 공

[그림 5-12] 만능 복사기로 원본 공과 동일한 사본 공 복사

얕은 복사
깊은 복사
충돌

복사를 자세히 살펴보면 얕은 복사(shallow copy)와 깊은 복사(deep copy)로 구분할 수 있다. [그림 5-13]의 사례로 두 유형의 복사를 비교해 보자. [그림 5-13](a)에서 얕은 복사기는 어린이만 복사하고 어린이가 가진 장난감은 복사하지 않는다. 이것을 소위 얕은 복사(shallow copy)라고 부른다. 얕은 복사 후, 두 어린이는 장난감을 서로 자기 것이라고 아는 충돌이 생긴다. 이와 달리 [그림 5-13](b)의 깊은 복사(deep copy)는 원본이 소유한 모든 것까지 복사한다. 깊은 복사가 이루어지면 어린이가 소유한 장난감도 복사되므로 얕은 복사에서 생기는 충돌은 발생하지 않는다.

내 장난감 이야!   얕은 복사기   그 장난감 내거야!

원본   복사본

(a) 얕은 복사

원본   깊은 복사기   복사본

(b) 깊은 복사

[그림 5-13] 얕은 복사와 깊은 복사

● 객체의 얕은 복사와 깊은 복사

얕은 복사와 깊은 복사는 C++의 객체 복사에도 존재하며 이들에 따라 복사 결과에 심각한 차이가 발생한다. [그림 5-14]는 Person 객체의 얕은 복사와 깊은 복사를 비교하여 보여 준다.

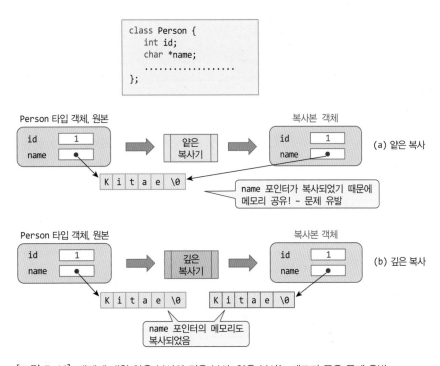

[그림 5-14] 객체에 대한 얕은 복사와 깊은 복사. 얕은 복사는 메모리 공유 문제 유발

Person 클래스는 id와 name 멤버를 가지고 있으며, 원본 Person 객체의 id는 1이고 name 포인터는 "Kitae" 문자열을 가진 동적 할당 배열을 가리키고 있다. 이 상태에서 얕은 복사가 이루어지면 원본 객체의 id와 name 멤버는 현재 상태 그대로 사본 객체에 복사되므로, 사본의 name은 원본의 name 메모리를 공유하게 된다. 그러나 깊은 복사는 원본의 name 포인터가 가리키는 메모리까지 복사하여 원본과 사본의 name은 별개의 메모리를 가리키므로, 완전한 복사가 이루어진다.

● 객체의 얕은 복사 문제점

[그림 5-14](a)의 얕은 복사가 이루어지면, 원본과 사본이 각각 name 포인터로 문자열 배열을 공유하고 있기 때문에 사본 객체에서 name 문자열을 변경하면 원본 객체의 name 문자열이 변경되는 문제가 발생한다. 이러한 문제는 많은 경우 개발자가 인지하지 못한 상태에서 발생하기 때문에 오류를 찾아내고 수정하는데 많은 시간이 걸리기도 한다. 가능하면 얕은 복사가 일어나지 않도록 해야 한다.

복사 생성 및 복사 생성자

●복사 생성자 선언

복사 생성은 객체가 생성될 때 원본 객체를 복사하여 생성되는 경우로서, C++에는 복사 생성 시에만 실행되는 특별한 복사 생성자(copy constructor)가 있다. 복사 생성자는 다음과 같이 선언한다.

```
class ClassName {
    ClassName(const ClassName& c); // 복사 생성자
};
```

복사 생성자의 매개 변수는 오직 하나이며, 자기 클래스에 대한 참조로 선언된다. 또한 복사 생성자는 클래스에 오직 한 개만 선언할 수 있다. Circle 클래스에 복사 생성자를 선언한 예를 들면 다음과 같다.

```
class Circle {
   .......
   Circle(const Circle& c); // 복사 생성자 선언
   .......              자기 클래스에 대한
};                      참조 매개 변수

Circle::Circle(const Circle& c) { // 복사 생성자 구현
   .......
}
```

●복사 생성자 실행

우선, 이 절에서 다루는 복사는 치환 연산(=)을 통한 객체 복사가 아니라, 복사 생성이라는 점을 분명히 알기 바란다. 다음 코드는 반지름이 30인 src 객체를 생성하며 생성자 Circle(int radius)을 호출한다.

```
Circle src(30); // 보통 생성자 호출
```

다음은 복사 생성의 사례로서, src 객체를 복사하여 dest를 생성하는 코드이다.

```
Circle dest(src); // src 객체를 복사하여 dest 객체 생성. 복사 생성자 Circle(Circle& c) 호출
```

컴파일러는 dest 객체가 생성될 때 보통 생성자 대신, 다음 복사 생성자 Circle(Circle& c)을 호출하도록 컴파일한다.

```
Circle::Circle(const Circle& c) {
    this->radius = c.radius;
}
```

참조 매개 변수

　　　　Circle(Circle& c)이 호출될 때, src 객체가 참조 매개 변수 c로 전달된다. c는 곧 src이다. 예제 5-9는 Circle 객체의 복사 생성 사례를 보여주며, [그림 5-15]는 이 과정을 그림으로 보여준다.

예제 5-9   **Circle 클래스의 복사 생성자와 객체 복사**

```
1   #include <iostream>
2   using namespace std;
3
4   class Circle {
5   private:
6       int radius;
7   public:
8       Circle(const Circle& c); // 복사 생성자 선언
9       Circle() { radius = 1; }
10      Circle(int radius) { this->radius = radius; }
11      double getArea() { return 3.14*radius*radius; }
12  };
13
14  Circle::Circle(const Circle& c) { // 복사 생성자 구현
15      this->radius = c.radius;
16      cout << "복사 생성자 실행 radius = " << radius << endl;
17  }
18
19  int main() {
20      Circle src(30); // src 객체의 보통 생성자 호출
21      Circle dest(src); // dest 객체의 복사 생성자 호출
22
23      cout << "원본의 면적 = " << src.getArea() << endl;
24      cout << "사본의 면적 = " << dest.getArea() << endl;
25  }
```

Circle(const Circle& c) 호출

→ 실행 결과

```
복사 생성자 실행 radius = 30
원본의 면적 = 2826
사본의 면적 = 2826
```

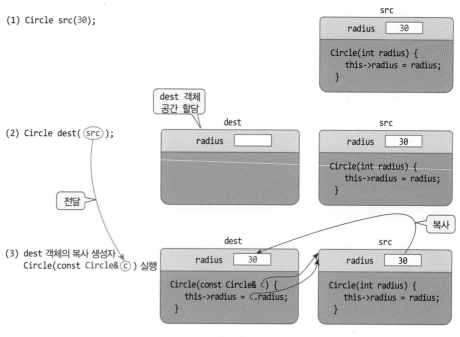

(1) Circle src(30);

(2) Circle dest(src);

(3) dest 객체의 복사 생성자
Circle(const Circle& c) 실행

[그림 5-15] 복사 생성자 실행

● 디폴트 복사 생성자

다음 Circle 클래스는 복사 생성자를 가지고 있지 않다.

```cpp
class Circle {
    int radius;
pubic:
    Circle(int r);
    double getArea();
};
```

그러면 다음 복사 생성문에 컴파일 오류가 발생할까?

```cpp
Circle dest(src); // 복사 생성자 Circle(const Circle&) 호출?
```

디폴트 복사 생성자

컴파일러는 오류로 처리하는 대신 다음과 같은 **디폴트 복사 생성자**(default copy constructor)를 묵시적으로 삽입하고 이 생성자를 호출하도록 컴파일 한다.

```
Circle::Circle(const Circle& c) { // 디폴트 복사 생성자
    this->radius = c.radius; // 원본 객체 c의 각 멤버를 사본(this)에 복사한다.
}
```

디폴트 복사 생성자
얕은 복사

컴파일러가 삽입하는 **디폴트 복사 생성자** 코드는 소위 얕은 복사를 실행하도록 만들어진 코드이다. 컴파일러가 삽입한 복사 생성자는 원본 객체의 모든 멤버를 일대일로 사본(this)에 복사하도록 구성된다. 앞의 Circle 클래스는 멤버 변수가 radius 하나뿐이므로 radius 값만 복사하는 코드로 구성되었다. [그림 5-16]을 통해 디폴트 복사 생성자의 다른 사례를 확인해 보도록 하라.

컴파일러가 삽입하는
디폴트 복사 생성자

```
Book(const Book& book) {
    this->price = book.price;
    this->pages = book.pages;
    this->title = book.title;
    this->author = book.author;
}
```

```
class Book {
    double price;  // 가격
    int pages;     // 페이지수
    char *title;   // 제목
    char *author;  // 저자이름
public:
    Book(double pr, int pa, char* t, char* a);
    ~Book();
};
```

복사 생성자가 없는 Book 클래스

[그림 5-16] 디폴트 복사 생성자의 사례 ━━━━━━━━━━

디폴트 복사 생성자든 개발자가 작성한 것이든 얕은 복사는 [그림 5-14](a)에서 보인 공유의 문제가 발생할 소지를 안고 있다. 이제, 얕은 복사 생성자가 지닌 문제의 실체를 살펴보고, 깊은 복사 생성자를 작성해보자.

얕은 복사 생성자의 문제점

공유의 문제

포인터 타입의 멤버 변수가 없는 클래스의 경우, 얕은 복사는 전혀 문제가 없다. 모든 멤버 변수를 일대일로 복사해도 공유의 문제가 발생하지 않기 때문이다. 그러나 클래스가 포인터 멤버 변수를 가지고 있는 경우, 원본 객체의 포인터 멤버 변수가 사본 객체의 포인터 멤버 변수에 복사되면, 이 둘은 같은 메모리를 가리키게 되어 심각한 문제를 야기한다.

예를 들어 보자. 포인터 멤버에 동적 메모리를 할당받은 원본 객체의 얕은 복사가 이루어지면, [그림 5-14](a)와 같이 원본 객체가 할당받은 메모리를 사본 객체가 공유하게 된다. 예제 5-10은 이 문제의 실체를 보여준다.

예제 5-10 **얕은 복사 생성자를 사용하여 프로그램이 비정상 종료되는 경우**

얕은 복사 생성자를 가진 경우, 객체 복사 시 프로그램이 비정상 종료되는 비극이 발생하는 예를 보인다.

비주얼 스튜디오에서 컴파일할 때 strcpy()로 인한 오류를 막으려면 코드 첫줄에 다음 문을 삽입하라.

#define _CRT_SECURE_NO_WARNINGS

```cpp
1   #include <iostream>
2   #include <cstring>
3   using namespace std;
4
5   class Person { // Person 클래스 선언
6      char* name;
7      int id;
8   public:
9      Person(int id, const char* name); // 생성자
10     ~Person(); // 소멸자
11     void changeName(const char *name);
12     void show() { cout << id << ',' << name << endl; }
13  };
14
15  Person::Person(int id, const char* name) { // 생성자
16     this->id = id;
17     int len = strlen(name); // name의 문자 개수
18     this->name = new char [len+1]; // name 문자열 공간 할당
19     strcpy(this->name, name); // name에 문자열 복사
20  }
21
22  Person::~Person() { // 소멸자
23     if(name) // 만일 name에 동적 할당된 배열이 있으면
24        delete [] name; // 동적 할당 메모리 소멸
25  }
26
27  void Person::changeName(const char* name) { // 이름 변경
28     if(strlen(name) > strlen(this->name))
29        return; // 현재 name에 할당된 메모리보다 긴 이름으로 바꿀 수 없다.
30     strcpy(this->name, name);
31  }
32
33  int main() {
34     Person father(1, "Kitae");       // (1) father 객체 생성
35     Person daughter(father);         // (2) daughter 객체 복사 생성. 복사 생성자 호출
36
37     cout << "daughter 객체 생성 직후 ----" << endl;
```

컴파일러에 의해 디폴트 복사 생성자 자동 삽입

```cpp
Person::Person(const Person& p) {
   this->id = p.id;
   this->name = p.name;
}
```

name 메모리 반환

컴파일러가 삽입한 디폴트 복사 생성자 호출

```
38    father.show();                    // (3) father 객체 출력
39    daughter.show();                  // (3) daughter 객체 출력
40
41    daughter.changeName("Grace");     // (4)  daughter의 이름을 "Grace"로 변경
42    cout << "daughter 이름을 Grace로 변경한 후 ----" << endl;
43    father.show();                    // (5) father 객체 출력
44    daughter.show();                  // (5) daughter 객체 출력
45
46    return 0;                         // (6), (7) daughter, father 객체 소멸
47 }
```

> daughter, father 순으로
> 소멸. father가 소멸할 때,
> 프로그램이 비정상 종료됨

지금부터 예제 **5-10**의 실행 과정을 통해 얕은 복사의 문제점을 구체적으로 설명해보자.

● 디폴트 복사 생성자 자동 삽입

컴파일러는 예제 **5-10**의 Person 클래스에 다음과 같은 디폴트 복사 생성자를 자동 삽입한다.

```
Person::Person(const Person& p) { // 컴파일러에 의해 삽입된 디폴트 복사 생성자
    this->id = p.id;
    this->name = p.name;
}
```

참조 매개 변수 p로 원본 객체의 id와 name 포인터를 사본 객체(this)에 복사한다.

● main() 함수 실행

main() 함수가 실행되는 과정을 하나씩 자세히 설명해보자.

(1) father 객체 생성

```
Person father(1, "Kitae");
```

father 객체가 생성되고, id에 1이 설정되며, name 포인터에 char[] 배열이 동적 할당되고 "Kitae"로 초기화된다.

(2) father를 복사한 daughter 객체 생성

```
Person daughter(father); // 디폴트 복사 생성자 호출
```

이 선언문은 daughter 객체를 생성하고 컴파일러가 삽입한 디폴트 복사 생성자 Person(Person& p)를 호출한다. 실행 결과 [그림 5-18]과 같이 daughter의 name 포인터에는 father의 name 포인터가 복사되어 father가 할당받은 메모리를 함께 가리킨다.

(3) father와 daughter 객체 출력

```
father.show();
daughter.show();
```

```
1,Kitae
1,Kitae
```

father와 daughter의 name은 동일한 메모리를 가리키므로 동일한 문자열을 출력한다.

(4) daughter 객체의 이름 변경

```
daughter.changeName("Grace");
```

이 코드에 의해 daughter 객체의 name 문자열이 "Grace"로 변경된다.

(5) father와 daughter 객체 출력
daughter 객체의 이름 변경이 잘 이루어졌는지 확인하기 위해 다음 코드를 실행한다.

```
father.show();
daughter.show();
```

```
1,Grace
1,Grace
```

실행 결과, daughter와 father 모두 이름이 "Grace"로 변경되었다. father의 name 포인터는 daughter와 동일한 메모리를 가리키고 있기 때문이다. 문제는 여기에 그치지 않는다.

(6), (7) main() 함수 종료

main()의 return 0; 문이 실행되면 daughter 객체가 먼저 소멸된다. 이때 다음 소멸자에 의해 name에 할당된 메모리를 힙에 반환한다. 여기까지는 문제가 없다.

```
Person::~Person() { // 소멸자
    if(name) // 만일 name에 동적 할당된 배열이 있으면
        delete [] name; // name에 할당된 메모리 반환
}
```

비정상 종료

daughter의 소멸 뒤 father 객체가 소멸되고, father 객체의 소멸자가 name에 할당된 메모리를 힙에 반환한다. 그러나 daughter가 소멸될 때 이미 반환한 메모리를 다시 반환하게 되므로, [그림 5-17]과 같이 실행 시간 오류가 발생하고 프로그램이 비정상 종료된다.

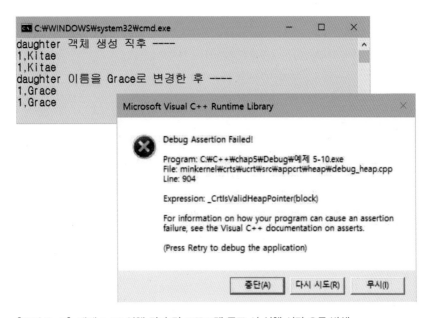

[그림 5-17] 예제 5-10 실행 결과 및 프로그램 종료 시 실행 시간 오류 발생

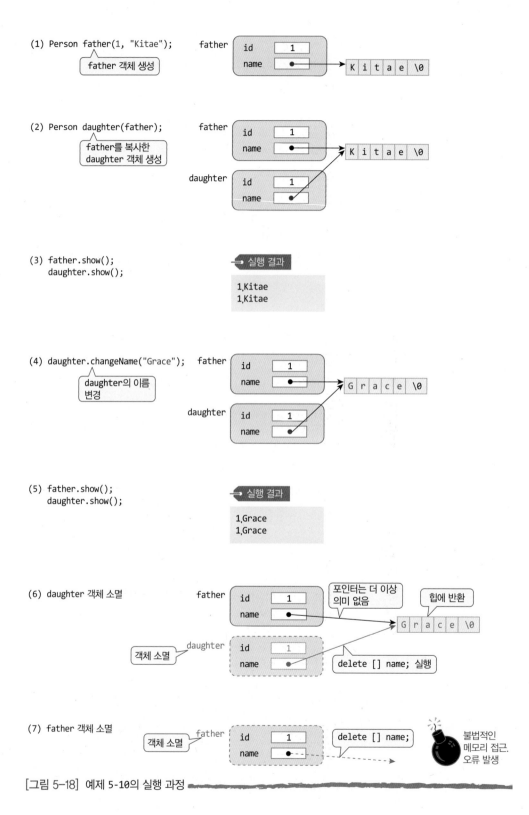

[그림 5-18] 예제 5-10의 실행 과정

사용자 복사 생성자 작성

깊은 복사 생성자

무심코 얕은 복사를 구현한 디폴트 복사 생성자를 사용하면 어떤 문제가 발생하는지 살펴보았다. 이제, 깊은 복사 생성자를 만들어보자. 예제 5-10에 깊은 복사 생성자를 추가하여 실행 오류가 발생하지 않도록 예제 5-11을 작성하였다.

예제 5-11 **깊은 복사 생성자를 가진 정상적인** Person **클래스**

예제 5-10에 복사 생성자를 추가한 것 외에 모든 것이 동일하다.

비주얼 스튜디오에서 컴파일할 때 strcpy()로 인한 오류를 막으려면 코드 첫줄에 다음 문을 삽입하라.

#define _CRT_SECURE_NO_WARNINGS

```cpp
1   #include <iostream>
2   #include <cstring>
3   using namespace std;
4
5   class Person { // Person 클래스 선언
6       char* name;
7       int id;
8   public:
9       Person(int id, const char* name); // 생성자
10      Person(const Person& person); // 복사 생성자
11      ~Person(); // 소멸자
12      void changeName(const char *name);
13      void show() { cout << id << ',' << name << endl; }
14  };
15
16  Person::Person(int id, const char* name) { // 생성자
17      this->id = id;
18      int len = strlen(name); // name의 문자 개수
19      this->name = new char [len+1]; // name 문자열 공간 할당
20      strcpy(this->name, name); // name에 문자열 복사
21  }
22
23  Person::Person(const Person& person) { // 복사 생성자
24      this->id = person.id; // id 값 복사                      [id 복사]
25      int len = strlen(person.name);// name의 문자 개수
26      this->name = new char [len+1]; // name을 위한 공간 할당    [name 복사]
27      strcpy(this->name, person.name); // name의 문자열 복사
28      cout << "복사 생성자 실행. 원본 객체의 이름 " << this->name << endl;
29  }
30
```

깊은 복사 생성자 작성

```
31  Person::~Person() {// 소멸자
32    if(name) // 만일 name에 동적 할당된 배열이 있으면
33      delete [] name; // 동적 할당 메모리 소멸          ← name 메모리 반환
34  }
35
36  void Person::changeName(const char* name) { // 이름 변경
37    if(strlen(name) > strlen(this->name))
38      return; // 현재 name에 할당된 메모리보다 긴 이름으로 바꿀 수 없다.
39    strcpy(this->name, name);
40  }
41
42  int main() {
43    Person father(1, "Kitae");      // (1) father 객체 생성
44    Person daughter(father);        // (2) daughter 객체 복사 생성. 복사 생성자 호출
45
46    cout << "daughter 객체 생성 직후 ----" << endl;
47    father.show();                  // (3) father 객체 출력
48    daughter.show();                // (3) daughter 객체 출력
49
50    daughter.changeName("Grace");   // (4) daughter의 이름을 "Grace"로 변경
51    cout << "daughter 이름을 Grace로 변경한 후 ----" << endl;
52    father.show();                  // (5) father 객체 출력
53    daughter.show();                // (5) daughter 객체 출력
54
55    return 0;                       // (6), (7) daughter, father 객체 소멸
56  }
```

Person에 작성된
깊은 복사 생성자 호출 → (line 44)

daughter, father
순으로 소멸 → (line 55)

```
C:\WINDOWS\system32\cmd.exe                           —   □   ×
복사 생성자 실행. 원본 객체의 이름 Kitae          복사 생성자에서 출력한 내용
daughter 객체 생성 직후 ----
1,Kitae
1,Kitae
daughter 이름을 Grace로 변경한 후 ----
1,Kitae
1,Grace
계속하려면 아무 키나 누르십시오 . . .
```

지금부터 예제 5-11의 main() 함수가 실행되는 과정을 살펴보자.

(1) father 객체 생성

```
Person father(1, "Kitae");
```

father 객체가 생성되고, id에 1이 설정되며, name 포인터에 char[] 배열이 동적 할당되고 "Kitae"로 초기화된다.

(2) father를 복사한 daughter 객체 생성

```
Person daughter(father); // 복사 생성자 Person(Person&) 호출
```

이 코드로 daughter 객체가 생성될 때 다음 복사 생성자가 호출된다.

```
Person::Person(const Person& person) { // 복사 생성자
    this->id = person.id; // id 값 복사
    int len = strlen(person.name); // name의 문자 개수
    this->name = new char [len+1]; // name을 위한 공간 할당
    strcpy(this->name, person.name); // name의 문자열 복사
    cout << "복사 생성자 실행. 원본 객체의 이름 " << this->name << endl;
}
```

실행 결과 [그림 5-19]와 같이 daughter의 name에 메모리가 따로 동적 할당되고, father의 name 문자열이 복사되어 같은 문자열 "Kitae"로 초기화된다.

(3) father와 daughter 객체 출력

```
father.show();
daughter.show();
```

```
1,Kitae
1,Kitae
```

father와 daughter는 각각 초기화된 name 문자열을 출력한다.

(4) daughter 객체의 이름 변경

```
daughter.changeName("Grace");
```

이 코드에 의해 daughter의 name이 "Grace"로 변경되지만, father의 name은 "Kitae"로 그대로 남아 있다.

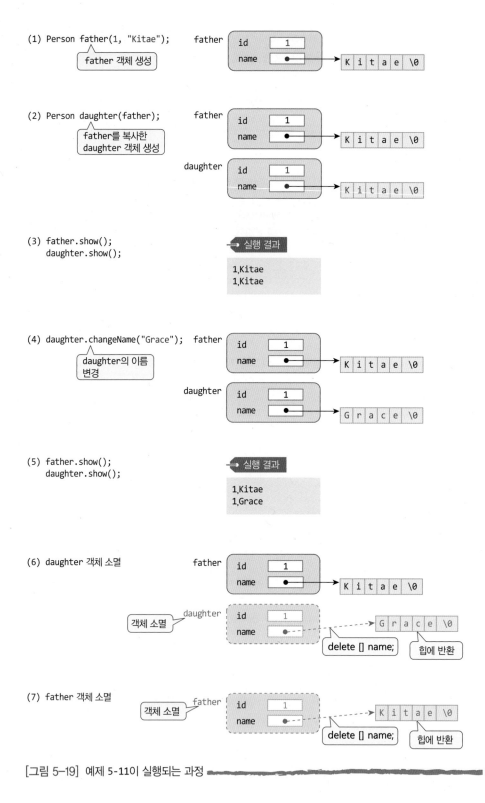

[그림 5-19] 예제 5-11이 실행되는 과정

(5) father와 daughter 객체 출력

daughter의 이름 변경이 잘 이루어졌는지 확인하기 위해 다음 코드를 실행한다.

```
father.show();
daughter.show();
```

```
1,Kitae
1,Grace
```

실행 결과, daughter의 이름이 "Grace"로 변경되었다.

(6), (7) main() 함수 종료

main() 함수의 return 0; 문이 실행되면 daughter 객체가 먼저 소멸된다. 이때 다음 소멸자가 실행되고 daughter의 name에 할당된 메모리를 힙에 반환한다.

```
Person::~Person() { // 소멸자
    if(name) // 만일 name에 동적 할당된 배열이 있으면
        delete [] name; // 할당받은 메모리 반환
}
```

daughter의 소멸 뒤 father 객체가 소멸된다. father 객체의 소멸자 역시 자신의 name에 할당된 메모리를 힙에 반환한다. 앞의 예제 5-10에서 발생한 비극은 일어나지 않는다.

묵시적 복사 생성

지금까지 다룬 아래 코드는 명시적으로 father를 원본으로 daughter를 복사 생성하기 때문에, 복사 생성자가 호출될 것을 독자들이 인지할 가능성이 매우 높다.

```
Person daughter(father); // 복사 생성자를 명시적으로 호출하는 사례
```

그러나 개발자도 모르게 복사 생성자가 호출되는 다른 경우들이 있다. 복사 생성자를 구현해 놓지 않고 있다가 예제 5-10처럼 디폴트 복사 생성자가 실행되어 프로그램이 비정상 종료하는 경우, 디버깅에 애를 먹는 개발자를 많이 본 적이 있다. 이런 경우에 대비하여 가능하면 깊은 복사 생성자를 구현해 놓아야 한다.

묵시적인 복사 생성

묵시적인 복사 생성의 경우는 다음 3가지로서, 컴파일러가 복사 생성자를 자동으로 호출하는 경우이다.

1. 객체로 초기화하여 객체가 생성될 때

다음은 son 객체를 생성할 때 father 객체로 초기화하도록 하는 선언문이다.

```
Person son = father; // 복사 생성자 자동 호출
```

컴파일러는 이 문장을 다음과 같이 변환하여 복사 생성자를 호출한다.

```
Person son(father);
```

이것을 다음의 치환문과 혼돈하지 마라.

```
Person son;
son = father; // 복사 생성자 호출되지 않음
```

2. '값에 의한 호출'로 객체가 전달될 때

값에 의한 호출

'값에 의한 호출'로 객체가 전달되면, 함수의 매개 변수 객체가 생성될 때 복사 생성자가 자동으로 호출된다. 다음 소스를 보자.

```
void f(Person person) { // 매개 변수 person이 생성될 때 복사 생성자 호출
    ......
}
Person father(1, "Kitae");
f(father); // '값에 의한 호출'로 father 객체 전달
```

함수 f()가 호출되어 매개 변수 person이 생성될 때, 다음과 유사한 모양으로 복사 생성자가 호출되도록 컴파일된다.

```
Person person(father); // 복사 생성자 호출
```

5.1절에서 '값에 의한 호출'

5.1절에서 '값에 의한 호출'로 매개 변수 객체가 생성될 때, 생성자가 실행되지 않는다고 하였다. 생성자 대신 복사 생성자가 실행된다. 그리고 복사 생성자가 구현되지 않은 경우, 컴파일러가 삽입한 디폴트 복사 생성자가 실행된다.

3. 함수가 객체를 리턴할 때

함수가 객체를 리턴
리턴 객체의 복사본을 생성

함수가 객체를 리턴할 때, return 문은 리턴 객체의 복사본을 생성하여 호출한 곳으로 전달한다. 이때 복사 생성자가 호출된다. 다음 코드를 보자.

```
Person g() {
    Person mother(2, "Jane");
    return mother; // mother의 복사본을 생성하여 복사본 리턴. 사본이 만들어질 때 복사 생성자 호출
}
g();
```

g()가 mother 객체를 리턴할 때, mother 객체의 복사본을 만들어 넘겨준다. 복사본이
만들어질 때 복사 생성자가 호출된다.

예제 5-12 **묵시적 복사 생성에 의해 복사 생성자가 자동 호출되는 경우**

묵시적으로 복사 생성이 이루어지는 3가지 경우에 대해, 복사 생성자가 자동 호출되는 결과를 보인다.
예제 5-11의 깊은 복사 생성자를 가진 Person 클래스를 이용한다.

예제 5-11의 Person
클래스 코드 생략

```
1   void f(Person person) {
2       person.changeName("dummy");
3   }
4
5   Person g() {
6       Person mother(2, "Jane");
7       return mother;
8   }
9
10  int main() {
11      Person father(1, "Kitae");
12      Person son = father; // 복사 생성자 호출
13      f(father); // 복사 생성자 호출
14      g(); // 복사 생성자 호출
15  }
```

2. '값에 의한 호출'로 객체가 전달될 때.
person 객체의 복사 생성자 호출

3. 함수에서 객체를 리턴할 때. mother 객체
의 복사본 생성. 복사본의 복사 생성자 호출

1. 객체로 초기화하여 객체가 생성될 때.
son 객체의 복사 생성자 호출

➡ 실행 결과

라인 12의 실행 결과 → 복사 생성자 실행 Kitae
복사 생성자 실행 Kitae ← 라인 13의 실행 결과
라인 14의 실행 결과 → 복사 생성자 실행 Jane

C++의 인자 전달 방식

- '값에 의한 호출', '주소에 의한 호출', '참조에 의한 호출'의 3가지가 있다.
- '값에 의한 호출'시 실인자의 값이 매개 변수에 복사되어 전달되므로, 매개 변수와 실인자는 메모리를 서로 공유하지 않는다. 그러므로 함수 내에서 매개 변수의 값을 변경해도 실인자의 값이 바뀌지 않는다. 객체가 '값에 의한 호출'로 전달되면 매개 변수 객체의 생성자는 실행되지 않고 소멸자만 실행되는 문제가 발생한다.
- '참조에 의해 호출'은 원본에 대한 참조만 전달되므로 함수 내에서 참조 매개 변수를 이용하여 원본 데이터를 읽고 수정할 수 있다.

객체 치환 및 객체 리턴

- 치환 연산자(=)로 객체를 치환하면, 비트 단위로 객체가 복사된다.
- C++ 함수는 객체를 리턴할 수 있다. 이때 객체의 복사본이 만들어져 리턴된다.

참조(reference)와 함수

- 참조란 '가리킨다'란 뜻이며, 참조 변수는 이미 존재하는 변수에 붙여진 별명이다.
- 참조 변수의 선언으로 변수 이름만 생기고 변수 공간이 할당되지 않는다.
- 참조는 포인터가 아니며, C++뿐 아니라 PASCAL 등 다른 언어에도 있다.
- 참조 변수는 참조자(&)를 이용하여 선언되며, 반드시 기존 변수로 초기화되어야 한다.
- 참조 타입의 매개 변수를 가진 함수에 대한 호출을 '참조에 의한 호출'이라고 부른다.
- C++에서 참조를 리턴하는 함수를 작성할 수 있다.

```
char& find(); // char 공간에 대한 참조 리턴
```

복사

- 복사에는 얕은 복사와 깊은 복사의 두 종류가 있다. 얕은 복사는 객체의 멤버를 1:1로 단순 복사하지만, 깊은 복사는 객체의 멤버 포인터가 할당받은 메모리까지 복사하는 완전한 형태의 복사이다.
- 복사 생성은 객체를 생성할 때 원본 객체를 복사하여 생성하는 것을 말한다.
- 묵시적으로 복사 생성이 일어나는 경우는 다음 3가지이다.

```
SampleClass x = y; // 객체 x가 y로 초기화되어 생성
void f(SampleClass x) { ... } // 함수 f()가 호출되어 객체 x가 생길 때
SampleClass f() { SampleClass x; ...; return x; } // 함수가 객체를 리턴할 때
```

복사 생성자

- 복사 생성자는 객체의 복사 생성 시에 호출되는 특별한 원형의 생성자로서, 하나의 매개 변수만을 가지며, 매개 변수는 클래스에 대한 참조 타입이다.

```
ClassName(ClassName&);
```

- 복사 생성자가 작성되지 않은 클래스의 경우 컴파일러가 디폴트 복사 생성자를 자동 삽입하며, 디폴트 복사 생성자는 얕은 복사를 실행한다.
- 클래스에 포인터 변수 멤버가 있는 경우, 디폴트 복사 생성자와 같이 얕은 복사 생성자를 사용하면 포인터가 가진 메모리를 원본과 사본 객체가 공유하는 문제가 생기고, 프로그램이 비정상 종료되기도 하므로 깊은 복사 생성자를 반드시 작성하는 것이 좋다.

Open Challenge — 영문 텍스트와 모스(Morse) 부호 변환기

목적
클래스 만들기, '참조에 의한 호출' 연습, 문자열 연습

아래 〈표 5-1〉을 참고하여 영문 텍스트, 숫자, 몇 개의 특수 문자로 구성되는 텍스트를 모스 부호로 변환하는 프로그램을 작성하라. 모스 부호는 전보를 쳐서 통신하는 시절에 사용된 유명한 코딩 시스템이다. 각모스 코드들은 **하나의 빈칸**으로 분리되고, 영문 한 워드가 모스 워드로 변환되면 워드들은 **3개의 빈칸**으로 분리된다. 실행 예는 다음과 같다. 영문 텍스트를 입력받아 모스 부호로 변환하여 출력하고, 변환이 잘 되었는지 확인하기 위해 다시 모스 부호를 영문 텍스트로 변환하여 원문을 출력한 사례이다. 난이도 8

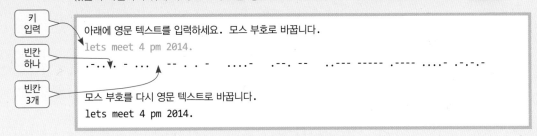

키 입력
빈칸 하나
빈칸 3개

```
아래에 영문 텍스트를 입력하세요. 모스 부호로 바꿉니다.
lets meet 4 pm 2014.
.-..-. - ...   -- . - .   ....-   .--. --   ..--- ----- .---- ...- .-.-.-
모스 부호를 다시 영문 텍스트로 바꿉니다.
lets meet 4 pm 2014.
```

〈표 5-1〉 영문 모스 부호표(-는 긴 음, .은 짧은 음을 뜻함)

A	B	C	D	E	F	G	H	I	J
.-	-...	-.-.	-..	.	..-.	--.	....	..	.---
K	L	M	N	O	P	Q	R	S	T
-.-	.-..	--	-.	---	.--.	--.-	.-.	...	-
U	V	W	X	Y	Z	0	1	2	3
..-	...-	.--	-..-	-.--	--..	-----	.----	..---	...--
4	5	6	7	8	9	/	?	,	.
....-	.....	-....	--...	---..	----.	-..-.	..--..	--..--	.-.-.-
+	=								
.-.-	-...-								

힌트 다음 소스와 같이 Morse 클래스를 선언하고 멤버 함수가 필요하면 추가하여 완성하라.

```cpp
class Morse {
    string alphabet[26]; // 알파벳의 모스 부호 저장
    string digit[10]; // 숫자의 모스 부호 저장
    string slash, question, comma, period, plus, equal; // 특수 문자의 모스 부호 저장
public:
    Morse(); // alphabet[], digit[] 배열 및 특수 문자의 모스 부호 초기화
    void text2Morse(string text, string& morse); // 영문 텍스트를 모스 부호로 변환
    bool morse2Text(string morse, string& text); // 모스 부호를 영문 텍스트로 변환
};
```

연습문제

이론 문제

· 홀수 문제는 정답이 공개됩니다.

1. C++의 함수 인자 전달 방식이 아닌 것은?
① 값에 의한 호출
② 주소에 의한 호출
③ 참조에 의한 호출
④ 묵시에 의한 호출

2. 일반적으로 함수 호출 시 가장 비용(cost) 부담이 큰 것은?
① 값에 의한 호출
② 주소에 의한 호출
③ 참조에 의한 호출
④ 묵시에 의한 호출

3. 다음에서 f() 함수가 호출될 때 사용되는 인자 전달 방식은 무엇인가?

```cpp
void f(int n[]);
int main() {
    int m[3]={1,2,3};
    f(m);
}
```

4. 다음 두 함수 선언은 같은 것인가?
(1) void f(int p[]);와 void f(int *p);
(2) void f(int *p);와 void f(int &p);

5. 다음 프로그램의 실행 결과는 무엇인가?

(1)
```cpp
#include <iostream>
using namespace std;

void square(int n) {
    n = n*n;
}

int main() {
    int m = 5;
    square(m);
    cout << m;
}
```

(2)
```cpp
#include <iostream>
using namespace std;

void square(int &n) {
    n = n*n;
}

int main() {
    int m = 5;
    square(m);
    cout << m;
}
```

6. 다음 프로그램의 실행 결과는 무엇인가?

```cpp
#include <iostream>
#include <string>
using namespace std;

void square(int n[], int size) {
    for(int i=0; i<size; i++) n[i] = n[i]*n[i];
}

int main() {
    int m[3] = {1,2,3};
    square(m, 3);
    for(int i=0; i<3; i++) cout << m[i] << ' ';
}
```

7. char 형 변수 c가 선언되어 있을 때, 참조 변수 r의 선언 중 틀린 것은?
① char & r = c;   ② char r & = c;   ③ char& r = c;   ④ char &r = c;

8. 변수 c에 'a' 문자를 기록하지 못하는 것은?

```cpp
char c;
char *p = &c;
char q = c;
char &r = c;
```

① c = 'a';   ② q = 'a';   ③ r = 'a';   ④ *p = 'a';

9. 다음 중 컴파일 오류가 발생하는 문장은?

```cpp
int n = 10;
int &refn;        // ①
refn = n;         // ②
refn++;           // ③
int & m = refn;   // ④
```

10. 다음의 각 문제가 별도로 실행될 때 array 배열은 어떻게 되는가?

```cpp
int array[]={0,2,4,6,8,10,12,14,16,18};
int& f(int n) {
    return array[n];
}
```

(1) f(9) = 100;   (2) for(int i=1; i<9; i++) f(i) = f(i) + 2;
(3) int v = f(0); v=100;   (4) f(f(2)) = 0;

11. 다음 copy() 함수는 src 값을 dest에 복사하는 함수이다.

```
void copy(int dest, int src) {
   dest = src;
}
```

copy()를 이용하여 b 값을 a에 복사하고자 하지만, b 값이 a에 복사되지 않는다.

```
int a=4, b=5;
copy(a, b); // b 값을 a에 복사
```

복사되지 않는 이유가 무엇인지 설명하고, 복사가 잘 되도록 copy() 함수만 고쳐라.

12. 비슷하게 생긴 다음 두 함수가 있다.

```
int& big1(int a, int b) {
   if(a > b) return a;
   else return b;
}
int& big2(int& a, int& b) {
   if(a > b) return a;
   else return b;
}
```

다음 코드를 실행하였을 때, x, y의 값이 어떻게 변하는지 예측하고, 그 이유를 설명하라.

```
int x=1, y=2;
int& z = big1(x, y);
z = 100;
int& w = big2(x, y);
w = 100;
```

13. MyClass 클래스의 기본 생성자(디폴트 생성자)와 복사 생성자의 원형은 무엇인가?

14. 클래스 MyClass가 있다고 할 때, 복사 생성자가 필요한 경우가 아닌 것은?
① MyClass a = f(); // f()가 MyClass 객체를 리턴하는 경우
② void f(MyClass *p);
③ MyClass b = a; // a는 MyClass 타입
④ MyClass b(a); // a는 MyClass 타입

15. 다음 클래스에 대해 물음에 답하여라.

```
class MyClass {
   int size;
   int *element;
public:
   MyClass(int size) {
      this->size = size;
      element = new int [size];
      for(int i=0; i<size; i++) element[i] = 0;
   }
};
```

(1) 적절한 소멸자를 작성하라.
(2) 컴파일러가 삽입하는 디폴트 복사 생성자 코드는 무엇인가?
(3) MyClass에 깊은 복사를 실행하는 복사 생성자 코드를 작성하라.

16. 복사 생성자에 대해 설명한 것 중 틀린 것은?
① 복사 생성자는 중복 가능하여 필요에 따라 여러 개 선언될 수 있다.
② 복사 생성자가 선언되어 있지 않는 경우, 컴파일러가 디폴트 복사 생성자를 삽입한다.
③ 디폴트 복사 생성자는 얕은 복사를 실행한다.
④ 포인터 멤버가 없는 경우 디폴트 복사 생성자는 거의 문제가 되지 않는다.

17. 다음 클래스에서 컴파일러가 삽입하는 디폴트 복사 생성자는 무엇인가?

```
class Student {
   string name;
   string id;
   double grade;
};
```

18. 다음 클래스에서 컴파일러가 삽입하는 디폴트 복사 생성자는 무엇인가?

```
class Student {
   string *pName;
   string *pId;
   double grade;
};
```

19. 문제 15의 클래스에 대해 다음 치환문이 있다면 어떤 문제가 발생하는가?

```
int main() {
   MyClass a(5), b(5);
   a = b; // 여기
}
```

실습 문제

★ 표시가 있는 문제는 정답이 공개됩니다.

목적 참조에 의한 호출 연습

1. 두 개의 Circle 객체를 교환하는 swap() 함수를 '참조에 의한 호출'이 되도록 작성하고 호출하는 프로그램을 작성하라. 난이도 3

목적 참조 연습

2.★ 다음 main() 함수와 실행 결과를 참고하여 half() 함수를 작성하라. 난이도 3

```cpp
int main() {
    double n=20;
    half(n); // n의 반값을 구해 n을 바꾼다.
    cout << n; // 10이 출력된다.
}
```

```
10
```

목적 string 클래스와 참조 사용 연습

3. 다음과 같이 작동하도록 combine() 함수를 작성하라. 난이도 3

```cpp
int main() {
    string text1("I love you"), text2("very much");
    string text3; // 비어 있는 문자열
    combine(text1, text2, text3); // text1과 " ", 그리고 text2를 덧붙여 text3 만들기
    cout << text3; // "I love you very much" 출력
}
```

```
I love you very much
```

목적 참조에 의한 호출 연습

4.★ 아래와 같이 원형이 주어진 bigger()를 작성하고 사용자로부터 2개의 정수를 입력받아 큰 값을 출력하는 main()을 작성하라. bigger()는 인자로 주어진 a, b가 같으면 true, 아니면 false를 리턴하고 큰 수는 big에 전달한다. 난이도 4

```cpp
bool bigger(int a, int b, int& big);
```

목적 참조에 의한 호출 연습

5. 다음 Circle 클래스가 있다.

```cpp
class Circle {
    int radius;
public:
    Circle(int r) {radius = r;}
    int getRadius() { return radius; }
    void setRadius(int r) { radius = r; }
    void show() { cout << "반지름이 " << radius << "인 원" << endl; }
};
```

Circle 객체 b를 a에 더하여 a를 키우고자 다음 함수를 작성하였다.

```
void increaseBy(Circle a, Circle b) {
   int r = a.getRadius() + b.getRadius();
   a.setRadius(r);
}
```

다음 코드를 실행하면 increaseBy() 함수는 목적대로 실행되는가?

```
int main() {
   Circle x(10), y(5);
   increaseBy(x, y); // x의 반지름이 15인 원을 만들고자 한다.
   x.show(); // "반지름이 15인 원"을 출력한다.
}
```

main() 함수의 목적을 달성하도록 increaseBy() 함수를 수정하라. 난이도 4

6. find() 함수의 원형은 다음과 같다. 문자열 a에서 문자 c를 찾아, 문자 c가 있는 공간에 대한 참조를 리턴한다. 만일 문자 c를 찾을 수 없다면 success 참조 매개 변수에 false를 설정한다. 물론 찾게 되면 success에 true를 설정한다.

> 목적 참조에 의한 호출과 참조를 리턴하는 함수 작성

```
char& find(char a[], char c, bool& success);
```

다음 main()이 잘 실행되도록 find()를 작성하라. 난이도 5

```
int main() {
   char s[] = "Mike";
   bool b = false;
   char& loc = find(s, 'M', b);
   if(b == false) {
      cout << "M을 발견할 수 없다" << endl;
      return 0;
   }
   loc = 'm'; // 'M' 위치에 'm' 기록
   cout << s << endl; // "mike"가 출력됨
}
```

```
mike
```

목표 참조에 의한 호출로 효율
적인 클래스 만들기

7.★ 다음과 같이 선언된 정수를 저장하는 스택 클래스 **MyIntStack**을 구현하라. 난이도 5
MyIntStack 스택에 저장할 수 있는 정수의 최대 개수는 10이다.

```cpp
class MyIntStack {
    int p[10]; // 최대 10개의 정수 저장
    int tos; // 스택의 꼭대기를 가리키는 인덱스
public:
    MyIntStack();
    bool push(int n); // 정수 n 푸시. 꽉 차 있으면 false, 아니면 true 리턴
    bool pop(int &n); // 팝하여 n에 저장. 스택이 비어 있으면 false, 아니면 true 리턴
};
```

MyIntStack 클래스를 활용하는 코드와 실행 결과는 다음과 같다.

```cpp
int main() {
    MyIntStack a;
    for(int i=0; i<11; i++) { // 11개를 푸시하면, 마지막에는 stack full이 된다.
        if(a.push(i)) cout << i << ' '; // 푸시된 값 에코
        else cout << endl << i+1 << " 번째 stack full" << endl;
    }
    int n;
    for(int i=0; i<11; i++) { // 11개를 팝하면, 마지막에는 stack empty가 된다.
        if(a.pop(n)) cout << n << ' '; // 팝 한 값 출력
        else cout << endl << i+1 << " 번째 stack empty";
    }
    cout << endl;
}
```

```
0 1 2 3 4 5 6 7 8 9
11 번째 stack full
9 8 7 6 5 4 3 2 1 0
11 번째 stack empty
```

목표 복사 생성자 활용

8. 문제 7번의 **MyIntStack**를 수정하여 다음과 같이 선언하였다. 스택에 저장할 수 있는
정수의 최대 개수는 생성자에서 주어지고 **size** 멤버에 유지한다. **MyIntStack** 클래
스를 작성하라. 난이도 6

```cpp
class MyIntStack {
    int *p; // 스택 메모리로 사용할 포인터
    int size; // 스택의 최대 크기
    int tos; // 스택의 탑을 가리키는 인덱스
public:
```

```
    MyIntStack();
    MyIntStack(int size);
    MyIntStack(const MyIntStack& s); // 복사 생성자
    ~MyIntStack();
    bool push(int n); // 정수 n을 스택에 푸시한다.
          // 스택이 꽉 차 있으면 false를, 아니면 true 리턴
    bool pop(int &n); // 스택의 탑에 있는 값을 n에 팝한다.
          // 만일 스택이 비어 있으면 false를, 아니면 true 리턴
};
```

MyIntStack 클래스를 활용하는 코드와 실행 결과는 다음과 같다.

```
int main() {
    MyIntStack a(10);
    a.push(10);
    a.push(20);
    MyIntStack b = a; // 복사 생성
    b.push(30);

    int n;
    a.pop(n); // 스택 a 팝
    cout << "스택 a에서 팝한 값 " << n << endl;
    b.pop(n); // 스택 b 팝
    cout << "스택 b에서 팝한 값 " << n << endl;
}
```

```
스택 a에서 팝한 값 20
스택 b에서 팝한 값 30
```

[목적] 참조 리턴의 의미 이해

9.★ 클래스 Accumulator는 add() 함수를 통해 계속 값을 누적하는 클래스로서, 다음과 같이 선언된다. Accumulator 클래스를 구현하라. [난이도 5]

```
class Accumulator {
    int value;
public:
    Accumulator(int value); // 매개 변수 value로 멤버 value를 초기화한다.
    Accumulator& add(int n); // value에 n을 더해 값을 누적한다.
    int get(); // 누적된 값 value를 리턴한다.
};
```

Accumulator는 다음과 같이 main() 함수에 의해 활용된다.

```
int main() {
   Accumulator acc(10);
   acc.add(5).add(6).add(7); // acc의 value 멤버가 28이 된다.
   cout << acc.get(); // 28 출력
}
```

```
28
```

목표 참조 매개 변수와 참조 리턴 이해

10. 참조를 리턴하는 코드를 작성해보자. 다음 코드와 실행 결과를 참고하여 append() 함수를 작성하고 전체 프로그램을 완성하라. append()는 Buffer 객체에 문자열을 추가하고 Buffer 객체에 대한 참조를 반환하는 함수이다. 난이도 4

```
class Buffer {
   string text;
public:
   Buffer(string text) { this->text = text; }
   void add(string next) { text += next; } // text에 next 문자열 덧붙이기
   void print() { cout << text << endl; }
};
int main() {
   Buffer buf("Hello");
   Buffer& temp = append(buf, "Guys"); // buf의 문자열에 "Guys" 덧붙임
   temp.print(); // "HelloGuys" 출력
   buf.print(); // "HelloGuys" 출력
}
```

```
HelloGuys
HelloGuys
```

목표 복사 생성자의 필요성 이해

11. 책의 이름과 가격을 저장하는 다음 Book 클래스에 대해 물음에 답하여라. 난이도 7

```
class Book {
   char *title; // 제목 문자열
   int price; // 가격
public:
   Book(const char* title, int price);
   ~Book();
   void set(char* title, int price);
   void show() { cout << title << ' ' << price << "원" << endl; }
};
```

(1) Book 클래스의 생성자, 소멸자, set() 함수를 작성하라. set() 함수는 멤버 변수 title에 할당된 메모리가 있으면 먼저 반환한다. 그러고 나서 새로운 메모리를 할당받고 이곳에 매개 변수로 전달받은 책이름을 저장한다.

(2) 컴파일러가 삽입하는 디폴트 복사 생성자 코드는 무엇인가?

(3) 디폴트 복사 생성자만 있을 때 아래 main() 함수는 실행 오류가 발생한다.

```
int main() {
    Book cpp("명품C++", 10000);
    Book java = cpp; // 복사 생성자 호출됨
    java.set("명품자바", 12000);
    cpp.show();
    java.show();
}
```

다음과 같이 실행 오류가 발생하지 않도록 깊은 복사 생성자를 작성하라.

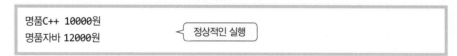

명품C++ 10000원
명품자바 12000원   정상적인 실행

(4) 문제 (3)에서 실행 오류가 발생하는 원인은 Book 클래스에서 C-스트링(char* title) 방식으로 문자열을 다루었기 때문이다. 복사 생성자를 작성하지 말고 문자열을 string 클래스를 사용하여, 문제 (3)의 실행 오류가 발생하지 않도록 Book 클래스를 수정하라. 이 문제를 풀고 나면 문자열을 다룰 때, string을 사용해야하는 이유를 명확히 알게 될 것이다.

12. 다음은 학과를 나타내는 Dept 클래스와 이를 활용하는 main()을 보여 준다. 난이도 7

(중상) C++ 프로그램의 실행 과정과 복사 생성자, 참조 매개 변수에 대한 이해

```
class Dept {
    int size; // scores 배열의 크기
    int* scores; // 동적 할당 받을 정수 배열의 주소
```

```
public:
  Dept(int size) { // 생성자
    this->size = size;
    scores = new int[size];
  }
  Dept(const Dept& dept); // 복사 생성자
  ~Dept(); // 소멸자
  int getSize() { return size; }
  void read(); // size 만큼 키보드에서 정수를 읽어 scores 배열에 저장
  bool isOver60(int index); // index의 학생의 성적이 60보다 크면 true 리턴
};
```

```
int countPass(Dept dept) { // dept 학과에 60점 이상으로 통과하는 학생의 수 리턴
  int count = 0;
  for (int i = 0; i < dept.getSize(); i++) {
    if (dept.isOver60(i)) count++;
  }
  return count;
}

int main() {
  Dept com(10); // 총 10명이 있는 학과 com
  com.read(); // 총 10명의 학생들의 성적을 키보드로부터 읽어 scores 배열에 저장
  int n = countPass(com); // com 학과에 60점 이상으로 통과한 학생의 수를 리턴
  cout << "60점 이상은 " << n << "명";
}
```

(1) main()의 실행 결과가 다음과 같이 되도록 Dept 클래스에 멤버들을 모두 구현하고, 전체 프로그램을 완성하라.

```
10개 점수 입력>> 10 20 30 40 50 60 70 80 90 100
60점 이상은 4명
```

(2) Dept 클래스에 복사 생성자 Dept(const Dept& dept);가 작성되어 있지 않은 경우, 컴파일은 되지만 프로그램 실행 끝에 실행 시간 오류가 발생한다(복사 생성자를 뺀 채 실행해보라). 위의 코드 어느 부분이 실행될 때 복사 생성자가 호출되는지 설명하고, 복사 생성자가 없으면 왜 실행 오류가 발생하는지 설명하라.

(3) Dept 클래스에 복사 생성자를 제거하라. 복사 생성자가 없는 상황에서도 실행 오류가 발생하지 않게 하려면 어느 부분을 수정하면 될까? 극히 일부분의 수정으로 해결된다. 코드를 수정해보라.

06

함수 중복과 static 멤버

함수 중복과 static 멤버

6.1 함수 중복

함수 중복
function overloading
다형성

C++에서는 C와 달리 같은 이름의 함수를 여러 개 만들 수 있으며 이것을 함수 중복 (function overloading)이라고 부른다. 함수 중복은 다형성의 한 사례로, 전역 함수와 멤버 함수에 모두 적용되며, 상속 관계에 있는 기본 클래스와 파생 클래스 사이에도 허용된다. C 언어에서 함수 중복이 안 되는 이유는 13.5절에서 설명한다.

중복 함수 조건

이름이 동일
타입
개수
리턴 타입

함수 중복이 가능하려면 다음 조건이 모두 만족되어야 한다.

- 중복된 함수들의 이름이 동일하여야 한다.
- 중복된 함수들은 매개 변수 타입이나 매개 변수의 개수가 달라야 한다.
- 함수 중복에 리턴 타입은 고려되지 않는다.

●함수 중복의 성공 사례

컴파일러

[그림 6-1]은 매개 변수의 타입이나 개수가 서로 다른 3개의 sum() 함수가 성공적으로 중복된 사례를 보여준다. 컴파일러는 sum() 함수의 호출문에서 매개 변수 개수와 타입에 따라 중복된 함수를 찾아 연결한다.

```cpp
int sum(int a, int b, int c) {
    return a + b + c;
}

double sum(double a, double b) {
    return a + b;
}

int sum(int a, int b) {
    return a + b;
}
```
중복된 sum() 함수들

```cpp
int main(){
    cout << sum(2, 5, 33);

    cout << sum(12.5, 33.6);

    cout << sum(2, 6);
}
```
중복된 sum() 함수 호출.
컴파일러가 구분

[그림 6-1] 3개의 sum() 함수가 성공적으로 중복된 사례

●함수 중복 실패 사례

컴파일러는 중복된 함수를 구분할 때 리턴 타입은 전혀 고려하지 않는다. [그림 6-2]는 sum() 함수의 중복이 실패한 경우이다. 함수 이름, 매개 변수 타입과 개수가 모두 같고 리턴 타입만 다른 경우 함수 중복이 성립되지 않는다.

```
int sum(int a, int b) {
    return a + b;
}

double sum(int a, int b) {
    return (double)(a + b);
}
```
함수 중복 실패

```
int main() {
    cout << sum(2, 5);
}
```

? 　　어떤 sum() 함수 인지 컴파일러가 구분할 수 없음

[그림 6-2] sum() 함수 중복 실패 사례

함수 중복의 편리함

함수 중복은 어떤 편리함을 주는 것일까? [그림 6-3]과 같이 동일한 msg() 이름으로 함수를 중복하면 작성이 편리하고, 이름을 구분지어 기억할 필요가 없어 함수를 잘못 호출하는 실수를 줄일 수 있다.

```
void msg1() {
    cout << "Hello";
}

void msg2(string name) {
    cout << "Hello, " << name;
}

void msg3(int id, string name) {
    cout << "Hello, " << id << " " << name;
}
```
(a) 함수 중복하지 않는 경우

```
void msg() {
    cout << "Hello";
}

void msg(string name) {
    cout << "Hello, " << name;
}

void msg(int id, string name) {
    cout << "Hello, " << id << " " << name;
}
```
(b) 함수 중복한 경우

[그림 6-3] 함수의 이름이 같기 때문에 함수 중복은 호출을 편리하게 함

잠깐! 　함수 중복과 실행 시간

C++ 컴파일러는 함수 중복이 성공적인지 판별하고, 중복된 함수의 호출이 옳은 지 확인한다. 함수 중복은 컴파일 시에 이루어지기 때문에, 함수 중복으로 인한 실행 시간 저하는 없다.

| 예제 6-1 | big() 함수 중복 연습 |

큰 수를 리턴하는 다음 두 개의 **big** 함수를 중복 구현하라.

```
int big(int a, int b);        // a와 b 중 큰 수 리턴
int big(int a[], int size);   // 배열 a[]에서 가장 큰 수 리턴
```

```cpp
1  #include <iostream>
2  using namespace std;
3
4  int big(int a, int b) { // a와 b 중 큰 수 리턴
5     if(a>b) return a;
6     else return b;
7  }
8  int big(int a[], int size) { // 배열 a[]에서 가장 큰 수 리턴
9     int res = a[0];
10    for(int i=1; i<size; i++)
11       if(res < a[i]) res = a[i];
12    return res;
13 }
14
15 int main() {
16    int array[5] = {1, 9, -2, 8, 6};
17    cout << big(2,3) << endl; // int big(int a, int b) 호출
18    cout << big(array, 5) << endl; // int big(int a[], int size) 호출
19 }
```

→ 실행 결과

```
3
9
```

함수 중복하면 함수 호출이 편리하고, 오류 가능성을 줄일 수 있어.

예제 6-2 | sum() 함수 중복 연습

함수 sum()을 호출하는 경우가 다음과 같을 때 sum()을 중복 구현하라. sum()의 첫 번째 매개 변수는 항상 두 번째 매개 변수보다 작은 값으로 전달되는 것으로 가정한다.

```
sum(3, 5); // 3~5까지의 합을 구하여 리턴
sum(3);    // 0~3까지의 합을 구하여 리턴
sum(100);  // 0~100까지의 합을 구하여 리턴
```

```cpp
1   #include <iostream>
2   using namespace std;
3
4   int sum(int a, int b) { // a에서 b까지 합하기
5       int s = 0;
6       for(int i=a; i<=b; i++)
7           s += i;
8       return s;
9   }
10
11  int sum(int a) { // 0에서 a까지 합하기
12      int s = 0;
13      for(int i=0; i<=a; i++)
14          s += i;
15      return s;
16  }
17
18  int main() {
19      cout << sum(3, 5) << endl;
20      cout << sum(3) << endl;
21      cout << sum(100) << endl;
22  }
```

→ 실행 결과

```
12
6
5050
```

생성자 함수 중복

생성자 중복

생성자 함수도 중복 가능하다. 이미 3, 4장에서 다음과 같이 Circle 클래스에 2개의
생성자를 중복 작성하였다.

```cpp
class Circle {
    int radius;
public:
    Circle(); // 생성자 중복
    Circle(int r); // 생성자 중복
    ........
};

int main() {
    Circle donut; // Circle() 생성자 호출
    Circle pizza(30); // Circle(int r) 생성자 호출
}
```

초깃값

객체를 생성할 때 매개 변수를 통해 다양한 형태로 **초깃값**을 전달하기 위해 생성
자 함수를 중복 선언한다. 예를 들어 C++ 표준의 string 클래스는 다음과 같은 다양
한 생성자를 제공하여, 사용자가 다양한 초깃값으로 string 객체를 생성할 수 있도록
한다. 〈표 4-1〉의 string 클래스의 주요 생성자를 참고하라.

```cpp
class string {
    .....
public:
    string(); // 빈 문자열을 가진 스트링 객체 생성
    string(char* s); // '\0'로 끝나는 C-스트링 s를 스트링 객체로 생성
    string(string& str); // str을 복사한 새로운 스트링 객체 생성
    .....
};
```

다음은 중복된 생성자를 활용하여 스트링 객체를 다양하게 생성하는 사례이다.

```cpp
string str; // 빈 문자열을 가진 스트링 객체
string address("서울시 성북구 삼선동 389");
string copyAddress(address); // address의 문자열을 복사한 별도의 copyAddress 생성
```

소멸자 함수 중복

소멸자 중복 불가능

소멸자는 매개 변수를 가지지 않기 때문에 한 클래스에 오직 하나만 존재한다. 소멸자
함수의 중복은 근본적으로 불가능하다.

1 함수 중복이 가능하지 않는 경우는?
　① 클래스 바깥에 선언된 전역 함수들
　② 생성자를 포함하여 클래스의 멤버 함수들
　③ 기본 클래스와 이를 상속받는 파생 클래스의 함수들
　④ 소멸자

2 함수 중복의 성공 조건에 맞도록 빈칸을 채워라.

> 함수들은 _____이 같아야 한다. 함수들은 _____의 개수나 타입이 달라야 한다.

6.2 디폴트 매개 변수

디폴트 매개 변수
default parameter

함수가 호출될 때 매개 변수에 값이 넘어오지 않는다면, 미리 정해진 디폴트 값을 받도록 선언된 매개 변수를 디폴트 매개 변수(default parameter) 혹은 기본 매개 변수라고 부른다.

디폴트 매개 변수 선언

매개 변수 = 디폴트 값

디폴트 매개 변수는 '매개 변수 = 디폴트 값' 형태로 선언된다. 다음은 디폴트 매개 변수를 가진 star() 함수 사례이다.

```
void star(int a=5); // a의 디폴트 값 5
```

　int a는 디폴트 매개 변수로서 디폴트 값으로 5를 가지도록 선언되었다. 디폴트 매개 변수를 가진 함수를 호출할 때는 디폴트 매개 변수에 값을 넘겨주어도 되고 생략해도 된다. 생략하는 경우 자동으로 디폴트 값이 매개 변수에 전달된다. star() 함수는 다음과 같이 2가지 모양으로 호출할 수 있다.

```
star(); // 매개 변수 a에 디폴트 값 5 자동 전달. star(5);와 동일
star(10); // 매개 변수 a에 10 전달
```

컴파일러

　디폴트 매개 변수에 디폴트 값을 전달하는 것은 컴파일러에 의해 처리된다. 디폴트 매개 변수를 가진 함수의 다른 예를 보자.

● 디폴트 매개 변수 사례

보통 매개 변수 id와 디폴트 매개 변수 text를 가진 함수 msg()는 다음과 같이 선언한다.

```
void msg(int id, string text="Hello"); // text의 디폴트 값은 "Hello"
```

msg()는 다음과 같이 호출 가능하다.

```
msg(10); // id에 10, text에 "Hello" 전달. msg(10, "Hello");로 처리됨
msg(20, "Good Morning"); // id에 20, text에 "Good Morning" 전달
```

msg() 호출문에서 두 번째 매개 변수가 생략되면 자동으로 **"Hello"**가 전달된다. 함수 호출 시, 디폴트 매개 변수에 값을 전달하는 것은 선택 사항이지만, 보통 매개 변수에는 반드시 값을 전달하여야 한다. 다음은 잘못된 함수 호출이다.

```
msg(); // 컴파일 오류. 매개 변수 id에 값이 전달되지 않았음
msg("Hello"); // 컴파일 오류. 매개 변수 id에 값이 전달되지 않았음
```

디폴트 매개 변수에 관한 제약 조건

디폴트 매개 변수
끝 쪽에 몰려 선언

디폴트 매개 변수를 가진 함수를 선언할 때 지켜야 할 규칙이 있다. 디폴트 매개 변수는 모두 끝 쪽에 몰려 선언되어야 한다. 디폴트 매개 변수는 보통 매개 변수 앞에 선언될 수 없으며 다음 함수 선언은 잘못된 것이다.

```
void calc(int a, int b=5, int c, int d=0); // 컴파일 오류
void sum(int a=0, int b, int c); // 컴파일 오류
```

calc()를 다음과 같이 수정하면 성공적으로 컴파일된다.

```
void calc(int a, int b=5, int c=0, int d=0); // 컴파일 성공
```

매개 변수에 값을 정하는 규칙

앞에서부터 순서대로
나머지는 디폴트 값으로 전달

디폴트 매개 변수를 가지고 있는 함수의 호출문을 컴파일할 때, 컴파일러는 함수 호출문에 나열된 실인자 값들을 앞에서부터 순서대로 함수의 매개 변수에 전달하고, 나머지는 디폴트 값으로 전달한다. 다음 예를 통해 매개 변수에 값을 정하는 규칙을 이해해보자.

●디폴트 매개 변수만 가진 함수

다음은 2개의 디폴트 매개 변수로 구성된 함수 사례이다.

```
void square(int width=1, int height=1);
```

square() 함수는 다음과 같이 다양하게 호출할 수 있다.

```
square(); // square(1, 1);
square(5); // square(5, 1);
square(3, 8); // square(3, 8);
```

[그림 6-4]는 컴파일러가 위의 square() 함수 호출문으로부터 매개 변수에 값을 설정하는 과정을 보여준다. 함수 호출 문에 나열된 실인자 값을 순서대로 매개 변수에 전달하고 나머지는 디폴트 값으로 전달한다. 예를 들어 square(5)를 호출하면, width에는 5를 전달하고 height에는 디폴트 값 1을 전달한다.

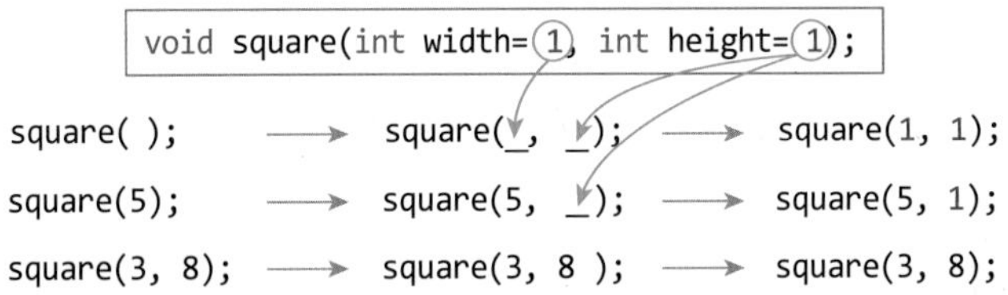

[그림 6-4] square() 함수 호출과 square() 함수의 매개 변수에 값을 정하는 과정

●디폴트 매개 변수와 보통 매개 변수를 가진 경우

다음과 같이 디폴트 매개 변수를 여러 개 가진 함수 g() 경우를 살펴보자.

```
void g(int a, int b=0, int c=0, int d=0);
```

함수 g()는 다음과 같이 다양하게 호출할 수 있으며, [그림 6-5]는 g() 함수의 호출문으로부터 매개 변수에 값을 정하는 과정을 보여준다.

```
g(10); // g(10, 0, 0, 0);
g(10, 5); // g(10, 5, 0, 0);
g(10, 5, 20); // g(10, 5, 20, 0);
g(10, 5, 20, 30); // g(10, 5, 20, 30);
```

```
void g(int a, int b=0, int c=0, int d=0);
```

g(10);   ⟶   g(10, _, _, _);   ⟶   g(10, 0, 0, 0);

g(10, 5);   ⟶   g(10, 5, _, _);   ⟶   g(10, 5, 0, 0);

g(10, 5, 20);   ⟶   g(10, 5, 20, _);   ⟶   g(10, 5, 20, 0);

g(10, 5, 20, 30);   ⟶   g(10, 5, 20, 30);   ⟶   g(10, 5, 20, 30);

[그림 6-5] g() 함수 호출과 매개 변수에 값을 정하는 과정

컴파일러

디폴트 매개 변수는 변수에 초깃값을 지정하는 것과 유사하며, 함수 호출문으로부터 디폴트 매개 변수에 전달되는 값을 정하는 것은 컴파일러의 기능이다.

예제 6-3 **디폴트 매개 변수를 가진 함수 선언 및 호출**

디폴트 매개 변수를 가진 함수의 원형 선언과 구현을 분리한 사례를 보여준다.

```cpp
1  #include <iostream>
2  #include <string>
3  using namespace std;
4
5  // 원형 선언                        디폴트 매개 변수 선언
6  void star(int a=5);
7  void msg(int id, string text="");
8
9  // 함수 구현
10 void star(int a) {
11    for(int i=0; i<a; i++) cout << '*';
12    cout << endl;
13 }
14
15 void msg(int id, string text) {
16    cout << id << ' ' << text << endl;
17 }
18
19 int main() {
20    star();          star(5);
21    star(10);
22
23    msg(10);         msg(10, "");
24    msg(10, "Hello");
25 }
```

→ 실행 결과

```
*****
**********
10
10 Hello
```

예제 6-4	디폴트 매개 변수를 가진 함수 만들기 연습

함수 f()를 호출하는 경우가 다음과 같을 때, f()를 디폴트 매개 변수를 가진 함수로 작성하라.

```
f();         // 한 줄에 빈칸을 10개 출력한다.
f('%');      // 한 줄에 '%'를 10개 출력한다.
f('@', 5);   // 다섯 줄에 '@'를 10개 출력한다.
```

```cpp
1   #include <iostream>
2   using namespace std;
3
4   // 원형 선언
5   void f(char c=' ', int line=1);
6
7   // 함수 구현
8   void f(char c, int line) {
9      for(int i=0; i<line; i++) {
10        for(int j=0; j<10; j++)
11           cout << c;
12        cout << endl;
13     }
14  }
15
16  int main() {
17     f(); // 한 줄에 빈칸을 10개 출력한다.
18     f('%'); // 한 줄에 '%'를 10개 출력한다.
19     f('@', 5); // 다섯 줄에 '@'를 10개 출력한다.
20  }
```

→ 실행 결과

빈칸이 10개 출력됨

```
%%%%%%%%%%
@@@@@@@@@@
@@@@@@@@@@
@@@@@@@@@@
@@@@@@@@@@
@@@@@@@@@@
```

> **잠깐!** 포인터 변수의 디폴트 값
>
> 포인터 변수를 디폴트 매개 변수로 선언할 때 다음과 같이 디폴트 값을 줄 수 있다.
>
> ```cpp
> void f(int *p = NULL);
> void g(int x[] = NULL);
> void h(const char *s = "Hello");
> ```

함수 중복 간소화

함수 중복 간소화

디폴트 매개 변수의 최대 장점은 함수 중복을 간소화할 수 있다는 점이다. [그림 6-6]은 Circle 클래스의 중복 생성자들을 디폴트 매개 변수를 가진 하나의 생성자로 간소화 시킨 사례를 보여준다.

```cpp
class Circle {
   ..........
public:
   Circle() { radius = 1; }
   Circle(int r) { radius = r; }
   ...........
};
```

2개의 생성자를 디폴트 매개 변수를 가진 함수로 간소화

```cpp
class Circle {
   ...........
public:
   Circle(int r=1) { radius = r; }
   ...........
};
```

[그림 6-6] 2개의 중복 생성자를 디폴트 매개 변수를 가진 생성자로 간소화시킴

그런데 디폴트 매개 변수를 가진 함수는 같은 이름의 중복 함수들과 함께 선언될 수 없다. 다음은 컴파일 오류가 발생한다.

```cpp
class Circle {
   ..................
public:
   Circle() { radius = 1; }
   Circle(int r) { radius = r; }
   Circle(int r=1) { radius = r; } // 중복된 함수와 함께 사용 불가
   ..................
};
```

오류

| 예제 6-5 | 디폴트 매개 변수를 이용하여 중복 함수 간소화 연습 |

다음 두 개의 중복 함수를 디폴트 매개 변수를 가진 하나의 함수로 작성하라.

```cpp
void fillLine() { // 25개의 '*' 문자를 한 라인에 출력
   for(int i=0; i<25; i++)
     cout << '*';
   cout << endl;
}

void fillLine(int n, char c) { // n개의 c 문자를 한 라인에 출력
   for(int i=0; i<n; i++)
     cout << c;
   cout << endl;
}
```

정답

```cpp
1   #include <iostream>
2   using namespace std;
3
4   void fillLine(int n=25, char c='*') { // n개의 c 문자를 한 라인에 출력
5      for(int i=0; i<n; i++)
6        cout << c;
7      cout << endl;
8   }
9
10  int main() {
11     fillLine(); // 25개의 '*'를 한 라인에 출력
12     fillLine(10, '%'); // 10개의 '%'를 한 라인에 출력
13  }
```

→ 실행 결과

```
*************************
%%%%%%%%%%
```

예제 6-6 **중복된 생성자들을 디폴트 매개 변수를 이용한 간소화 연습**

다음 클래스에 중복된 생성자를 디폴트 매개 변수를 가진 하나의 생성자로 작성하라.

```cpp
class MyVector{
  int *p;
  int size;
public:
  MyVector() {
    p = new int [100];
    size = 100;
  }
  MyVector(int n) {
    p = new int [n];
    size = n;
  }
  ~MyVector() { delete [] p; }
};
```

정답

```cpp
1   #include <iostream>
2   using namespace std;
3
4   class MyVector{
5     int *p;
6     int size;
7   public:
8     MyVector(int n=100) {
9       p = new int [n];
10      size = n;
11    }
12    ~MyVector() { delete [] p; }
13  };
14
15  int main() {
16    MyVector *v1, *v2;
17    v1 = new MyVector(); // 디폴트로 정수 배열 100 동적 할당
18    v2 = new MyVector(1024); // 정수 배열 1024 동적 할당
19
20    delete v1;
21    delete v2;
22  }
```

간소화된
생성자 → (line 8)

CHECK TIME

1 다음 중 디폴트 매개 변수를 가진 함수 선언이 잘못된 것은?

① void f(int a, int b=0);
② void f(int a, int b, double d=0.0);
③ void f(int a, int b=0, double d=0.0);
④ void f(int a=0, int b, double d=0.0);

2 디폴트 매개 변수를 가진 다음 함수 f()를 잘못 호출한 것은?

```
void f(string name, string addr="", int id=2000);
```

① f();
② f("Grace");
③ f("Helen", "Seoul");
④ f("Ashley", "Gainesville", 2011);

3 다음 두 개의 중복된 함수를 디폴트 매개 변수를 가진 하나의 함수로 작성하라.

```
int sum(int a, int b) {
   return a + b;
}
int sum(int a) {
   return a + 10;
}
```

6.3 함수 중복의 모호성

모호
함수 중복의 모호성

함수 중복 조건을 갖추었다 하더라도 중복된 함수에 대한 호출이 모호(ambiguous)해지는 경우가 발생한다. 함수 호출이 모호한 경우 컴파일러는 오류를 발생시키므로 모호하지 않게 함수를 중복 작성해야 한다. 지금부터 함수 중복의 모호성에 대해서 알아보자. 함수 중복으로 인한 모호성은 다음 3가지 종류가 있다.

- 형 변환으로 인한 모호성
- 참조 매개 변수로 인한 모호성
- 디폴트 매개 변수로 인한 모호성

형 변환으로 인한 모호성

형 변환

일반적으로 함수의 매개 변수 타입과 호출 문의 실인자 타입이 일치하지 않는 경우, 컴파일러는 보이지 않게 형 변환(type conversion)을 시도한다. 다음 예를 보자.

```
double square(double a); // double 타입의 매개 변수를 가진 함수
....
square(3); // int 타입의 매개 변수 전달. 컴파일 오류 발생하지 않음!!
```

square(3)의 호출 문에서 실인자 3은 int 타입이지만, 컴파일러는 double 타입으로 형 변환하여 square() 함수 호출에 문제가 없게 한다.

**컴파일러
자동 형 변환**

컴파일러는 다음과 같이 작은 타입을 큰 타입으로 자동 형 변환한다. 화살표(->)의 왼쪽에 있는 타입이 오른쪽에 있는 어떤 타입으로도 자동 형 변환 가능하다.

```
char -> int -> long -> float -> double
```

그러나 다음과 같이 2개의 중복된 square() 함수가 작성되어 있는 경우,

```
float square(float a);
double square(double a);
```

다음과 같이 호출하면, 컴파일 오류가 발생한다.

오류 square(3); // 정수 3을 float 타입으로 형변환할지 double 타입으로 할지 모호한 경우. 컴파일 오류

이 호출에 적합한 square(int a);의 함수가 없기 때문에, 컴파일러는 정수 3을 float 타입으로 변환할지 double 타입으로 변환할지 모호하다. 컴파일러가 임의로 선택하게 되면 개발자의 의도와 달라질 수 있기 때문에, 최선의 선택은 모호한 호출로 판정하여 컴파일 오류를 발생시키는 것이다.

| 예제 6-7 | 형 변환으로 인해 함수 중복이 모호한 경우 |

중복된 두 개의 **square()** 함수에 대한 호출이 모호한 경우의 코드 사례를 보여준다.

```
1   #include <iostream>
2   using namespace std;
3
4   float square(float a) {
5      return a*a;
6   }
7
8   double square(double a) {
9      return a*a;
10  }
11
12  int main() {
13     cout << square(3.0); // square(double a); 호출
오류 14     cout << square(3); // 중복된 함수에 대한 모호한 호출로서, 컴파일 오류
15  }
```

> 오류를 고치려면
> cout<<square((float)3);
> 으로 수정하면 됨

라인 **14**에서 컴파일 오류가 발생하며, 오류 메시지는 다음과 같다.

cout << square(3);

```
square

오버로드된 함수 "square"의 인스턴스 중 두 개 이상이 인수 목록과 일치합니다.
      함수 "square(float a)"      이 두 함수 중 어떤 함수를 호출하는지
      함수 "square(double a)"     알 수 없다는 오류 메시지
      인수 형식이 (int) 입니다.
```

참조 매개 변수로 인한 모호성

참조 매개 변수

중복된 함수 중에서 참조 매개 변수를 가진 함수가 있는 경우, 이들 사이에 모호성이 존재할 수 있다. 중복된 다음 두 함수를 보자.

```
int add(int a, int b);
int add(int a, int &b);
```

이때 다음과 같이 호출한다면,

```
int s=10, t=20;
오류 add(s, t); // 컴파일 오류. 함수 호출의 모호성
```

앞의 두 함수 중 어떤 함수를 호출하는 것인지 판단할 수 없어, 컴파일러는 컴파일 오류를 발생시킨다. 예제 6-8은 이 사례를 보여 준다.

예제 6-8 **참조 매개 변수로 인한 함수 중복의 모호성**

참조 매개 변수를 가진 함수와 보통 매개 변수를 가진 함수가 중복될 때, 함수 호출의 모호성으로 인해 컴파일 오류가 발생하는 경우를 보인다. 컴파일 오류 메시지는 예제 6-7과 동일하다.

```cpp
1   #include <iostream>
2   using namespace std;
3
4   int add(int a, int b) {
5      return a + b;
6   }
7
8   int add(int a, int &b) {
9      b = b + a;
10     return b;
11  }
12
13  int main(){
14     int s=10, t=20;
15     cout << add(s, t); // 컴파일 오류. 참조 매개 변수로 인해 함수 호출이 모호함
16  }
```
오류 15

디폴트 매개 변수로 인한 모호성

디폴트 매개 변수

디폴트 매개 변수를 가진 함수가 보통 매개 변수를 가진 함수와 중복 작성될 때, 모호성이 존재할 수 있다. 다음의 중복된 함수가 있을 때.

```cpp
void msg(int id) {
void msg(int id, string s="")
```

다음의 함수 호출은 앞의 중복된 두 **msg()** 함수 중 어떤 함수를 호출해도 무관하므로, 컴파일 오류가 발생한다.

오류 `msg(6); // 컴파일 오류. 함수 호출 모호`

예제 6-9는 이 사례를 보여 준다.

| 예제 6-9 | **디폴트 매개 변수로 인한 함수 중복의 모호성** |

디폴트 매개 변수를 가진 함수와 보통 매개 변수를 가진 함수가 중복되는 경우, 함수 호출에 따른 모호성이 발생하는 사례를 보인다. 컴파일 오류 메시지는 예제 **6-7**과 동일하다.

```
1   #include <iostream>
2   #include <string>
3   using namespace std;
4
5   void msg(int id) {
6      cout << id << endl;
7   }
8
9   void msg(int id, string s="") {
10     cout << id << ":" << s << endl;
11  }
12
13  int main(){
14     msg(5, "Good Morning"); // 정상 컴파일. 두번째 msg() 호출
오류 15     msg(6); // 함수 호출 모호. 컴파일 오류
16  }
```

잠깐! **틀린 함수 중복** ●

배열의 이름은 포인터이기 때문에, 다음 두 함수는 같은 함수로서, 공존할 수 없다.

```
void f(int a[]);
void f(int* a);
```

CHECK TIME

1 다음 함수 중복 중에서 모호한 함수 호출의 가능성이 있는 경우는?
① void f(int a, int b); void f(int a=3, int b=3);
② void f(int a); void f(int* a);
③ void f(int* a); void f(int& a);
④ void f(int a, int b); void f(int a=3);

6.4 static 멤버

static의 특성

static은 변수와 함수의 생명 주기(life cycle)와 사용 범위(scope)를 지정하는 방식(storage class) 중 하나로서, static으로 선언된 변수와 함수의 생명 주기와 사용 범위는 다음과 같은 특징을 가진다.

- 생명 주기 – 프로그램이 시작할 때 생성되고 프로그램이 종료할 때 소멸
- 사용 범위 – 변수나 함수가 선언된 범위 내에서 사용. 전역(global) 혹은 지역(local)으로 구분

C++에서 클래스 멤버 변수와 멤버 함수를 포함하여 모든 변수와 함수는 static 지정자로 선언 가능하다. 보통 변수와 함수의 static 선언은 C 언어와 동일하므로 설명을 생략하고, 이 절에서는 클래스 멤버들의 static 선언에 대해서만 설명한다. 지금부터 static 멤버의 특성을 '생명 주기'와 '사용 범위'의 관점에서 살펴본다.

static 멤버의 특성을 이해하기 위해 [그림 6-7]을 보면서 non-static 멤버의 특성과 대비하여 보자. 사람은 모두 각자 자신의 눈(eye)을 가지고 있다. 사람은 객체에, 눈은 멤버에 비유된다. 눈은 사람이 태어날 때 같이 생성되며 사람이 죽으면 함께 소멸된다. 마찬가지로 멤버들은 객체가 생길 때 함께 생성되고, 객체가 소멸할 때 함께 소멸한다.

사람은 모두 각자 눈을 가지고 태어난다.

사람이 태어나기 전부터 공기가 있으며, 모든 사람은 공기를 공유한다. 공기 역시 각 사람의 것이다.

[그림 6-7] 개별 소유인 눈과 모든 사람이 공유하는 공기

한편, 사람은 자신의 눈(eye)뿐 아니라 공기(air)도 자신의 것으로 알고 있다. 공기(air)는 어떤 사람도 태어나기 전에 존재하고 있었다. 사람은 태어나면서 공기를 자신의 것인 양 사용한다. 그러나 공기는 모든 사람이 공유하며, 자신이 죽은 후에도 공기는 여전히 사라지지 않는다.

눈과 공기 모두 사람이 소유하는 멤버라는 공통점이 있지만, 눈은 각 사람마다 있고 공기는 모든 사람이 공유한다는 차이점이 있다. 공기와 같은 멤버가 static 멤버이고, 눈과 같은 멤버가 non-static 멤버이다. non-static 멤버는 객체가 생성될 때 생성되고, 각 객체마다 별도로 생성된다. 즉, 객체와 생명 주기를 같이 한다. 그러나 static 멤버는 객체의 멤버이지만, 객체가 생기기 전에 이미 생성되어 있고 객체가 사라져도 소멸되지 않는다. 또한 static 멤버는 모든 객체들의 공통된 멤버로서 객체 사이에 공유 된다.

non-static 멤버는 각 객체마다 별도로 생성되므로 인스턴스(instance) 멤버라고 부르며, static 멤버는 클래스 당 하나만 생기고 모든 객체들이 공유하므로 클래스(class) 멤버라고도 부른다.

> non-static 멤버
> 인스턴스 멤버
> static 멤버
> 클래스 멤버

static 멤버 선언

> static 지정자

멤버를 static으로 선언하려면 멤버 함수나 멤버 변수의 선언문 앞에 static 지정자를 붙이면 된다. 모든 멤버들이 static으로 선언될 수 있으며, static 멤버들은 private, public, protected 등 어떤 접근 지정도 가능하다. [그림 6-8]은 static 멤버를 가진 Person 클래스의 사례이다.

```
class Person {
public:
    int money; // 개인 소유의 돈
    void addMoney(int money) {         ┐
        this->money += money;          ├ non-static 멤버 선언
    }                                  ┘

    static int sharedMoney; // 공금     ← static 멤버 변수 선언
    static void addShared(int n) {      ← static 멤버 함수 선언
        sharedMoney += n;
    }
};

int Person::sharedMoney = 10; // sharedMoney를 10으로 초기화
```

> static 변수 공간 할당. 반드시 프로그램의 전역 공간에 선언

[그림 6-8] static 멤버를 가지는 Person 클래스

money는 인스턴스 멤버로서 각 Person 객체의 개인 소유의 돈을 표현하지만, sharedMoney는 static 멤버로서 모든 Person 객체들이 공유하는 공금을 표현한다. money는 Person 객체마다 생성되지만, sharedMoney는 Person 객체의 개수와 상관없이 단 한 개만 생성되며, 모든 Person 객체가 sharedMoney와 addShared()를 자신의 멤버로 인식하면서 공유한다.

● static 멤버 변수는 외부에 전역(global) 변수로 선언되어야 한다.

static 멤버 변수는 변수의 공간을 할당받는 선언문이 추가적으로 필요하다. 이 선언문은 클래스 바깥의 전역 공간에 선언되어야 한다. Person 클래스의 sharedMoney의 경우 클래스 바깥에 다음과 같이 선언한다.

```
int Person::sharedMoney = 10;
```

이 선언문이 없으면 [그림 6-9]와 같은 링크 오류가 발생한다.

컴파일 성공

링크 오류

```
1>------ 빌드 시작: 프로젝트: StaticSample1, 구성: Debug Win32 ------
1>  StaticSample1.cpp
1>StaticSample1.obj : error LNK2001: "public: static int Person::sharedMoney" (?sharedMoney@Person@@2HA) 외부 기호를 확인할 수 없습니다.
C:\C++책\소스\chap6\Debug\그림 6-9.exe : fatal error LNK1120: 1개의 확인할 수 없는 외부 참조입니다.
========== 빌드: 성공 0, 실패 1, 최신 0, 생략 0 ==========
```

[그림 6-9] static 멤버 변수를 외부에 전역 변수로 선언하지 않았을 때 발생하는 링크 오류 ▬▬▬▬▬▬▬

[그림 6-10]은 Person 객체들이 여러 개 생성되었을 때 Person 객체와 static, non-static 멤버들 간의 관계를 보여준다.

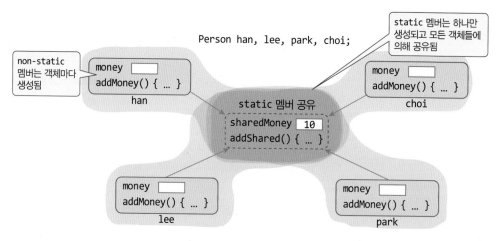

[그림 6-10] Person 객체들과 static 멤버 그리고 non-static 멤버 사이의 관계 ▬▬▬▬▬▬▬

⟨표 6-1⟩ static 멤버와 non-static 멤버 비교

항목	non-static 멤버	static 멤버

선언 사례	class Sample {
	　int n;
	　void f();
	};
		class Sample {
		　static int n;
		　static void f();
		};

공간 특성	멤버는 객체마다 별도 생성 • 인스턴스 멤버라고 부름	멤버는 클래스 당 하나 생성 • 멤버는 객체 내부가 아닌 별도의 공간에 생성 • 클래스 멤버라고 부름
시간적 특성	객체와 생명을 같이 함 • 객체 생성 시에 멤버 생성 • 객체 소멸 시 함께 소멸 • 객체 생성 후 객체 사용 가능	프로그램과 생명을 같이 함 • 프로그램 시작 시 멤버 생성 • 객체가 생기기 전에 이미 존재 • 객체가 사라져도 여전히 존재 • 프로그램이 종료될 때 함께 소멸
공유의 특성	공유되지 않음 • 멤버는 객체 별로 따로 공간 유지	동일한 클래스의 모든 객체들에 의해 공유됨

static 멤버 사용 : 객체의 멤버로 접근하는 방법

객체 이름
객체 포인터

static 멤버는 객체 이름이나 객체 포인터를 이용하여 보통 멤버와 동일하게 다루면 된다. 일반적인 형식은 다음과 같다.

```
객체.static멤버
객체포인터->static멤버
```

Person 타입의 객체 lee와 포인터 p를 이용하여 static 멤버를 접근하는 예를 들면 다음과 같다.

```
Person lee;
lee.sharedMoney = 500; // 객체 이름으로 접근

Person *p;
p = &lee;
p->addShared(200); // 객체 포인터로 접근
```

[그림 6-11]은 static 멤버를 가진 Person 클래스와 Person의 객체를 생성하고 static 멤버를 활용하는 사례를 보여 준다.

```cpp
#include <iostream>
using namespace std;

class Person {
public:
    int money; // 개인 소유의 돈
    void addMoney(int money) {
        this->money += money;
    }

    static int sharedMoney; // 공금
    static void addShared(int n) {
        sharedMoney += n;
    }
};

// static 변수 생성. 전역 공간에 생성
int Person::sharedMoney=10;   // 10으로 초기화

// main() 함수
int main() {
    Person han;
    han.money = 100; // han의 개인 돈=100
    han.sharedMoney = 200; // static 멤버 접근. 공금=200

    Person lee;
    lee.money = 150; // lee의 개인 돈=150
    lee.addMoney(200); // lee의 개인 돈=350
    lee.addShared(200); // static 멤버 접근. 공금=400

    cout << han.money << ' '
        << lee.money << endl;
    cout << han.sharedMoney << ' '
        << lee.sharedMoney << endl;
}
```

실행 결과

```
100 350      ← han과 lee의 money는 각각 100, 350
400 400      ← han과 lee의 sharedMoney는 공통 400
```

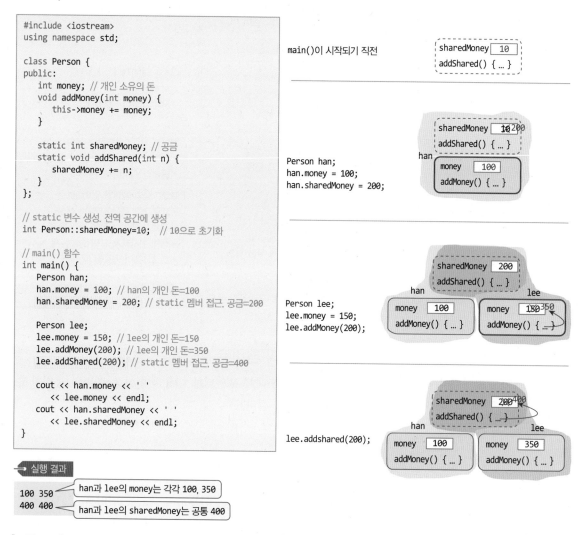

[그림 6–11] static 멤버의 선언과 활용. 객체 이름으로 접근

static 멤버 사용 : 클래스명과 범위지정 연산자(::)로 접근

●사용 방법

클래스의 이름으로도 접근
범위 지정 연산자(::)

static 멤버는 클래스 당 하나만 존재하므로 클래스의 이름으로도 접근할 수 있다. 다음과 같이 클래스 이름과 static 멤버 사이에 범위 지정 연산자(::)를 사용하여 static 멤버를 접근한다.

클래스명::static멤버

Person 클래스명으로 static 멤버를 접근하는 예를 들면 다음과 같다.

```
Person::sharedMoney = 200; // 클래스명으로 접근
Person::addShared(200); // 클래스명으로 접근
```

객체 이름으로 sharedMoney와 addShared() 멤버를 접근하는 코드는 다음과 같이 Person 클래스명으로 바로 접근할 수 있다.

```
han.sharedMoney = 200;     <->        Person::sharedMoney = 200; // 동일한 표현
lee.addShared(200);        <->        Person::addShared(200); // 동일한 표현
```

그러나 non-static 멤버는 클래스명으로 접근할 수 없다.

오류
```
Person::money = 100; // 컴파일 오류. non-static 멤버는 클래스명으로 접근 불가
Person::addMoney(200); // 컴파일 오류. non-static 멤버는 클래스명으로 접근 불가
```

non-static 멤버는 알다시피 다음과 같이 객체의 이름이나 포인터로만 접근 가능하다.

```
lee.money = 100;
Person *p = &lee;
p->addMoney(200);
```

● 코드 사례

클래스명과 범위지정 연산자
(::)

static 멤버들은 객체가 생기기 전부터 사용 가능하다. 클래스명과 범위지정 연산자 (::)를 이용하면, 객체를 언급하지 않고도 static 멤버를 활용할 수 있다. [그림 6-12] 는 클래스명과 범위지정 연산자(::)로 static 멤버를 접근하는 코드 사례를 보여준다.

[그림 6-12]에서 main() 함수의 처음 두 줄을 보자.

```
Person::addShared(50);
cout << Person::sharedMoney << endl;
```

어떤 Person 객체도 생기기 전에 addShared()와 sharedMoney를 활용하고 있다.

```cpp
#include <iostream>
using namespace std;

class Person {
public:
    int money; // 개인 소유의 돈
    void addMoney(int money) {
        this->money += money;
    }

    static int sharedMoney; // 공금
    static void addShared(int n) {
        sharedMoney += n;
    }
};
// static 변수 생성. 전역 공간에 생성
int Person::sharedMoney=10;   // 10으로 초기화

// main() 함수
int main() {
    Person::addShared(50); // static 멤버 접근, 공금=60
    cout << Person::sharedMoney << endl;

    Person han;
    han.money = 100;
    han.sharedMoney = 200; // static 멤버 접근, 공금=200
    Person::sharedMoney = 300; // static 멤버 접근, 공금=300
    Person::addShared(100); // static 멤버 접근, 공금=400

    cout << han.money << ' '
        << Person::sharedMoney << endl;
}
```

han 객체가 생기기 전부터 static 멤버 접근

실행 결과

```
60
100 400
```

sharedMoney 400

han의 money 100

main()이 시작되기 직전

```
sharedMoney  10
addShared() { ... }
```

Person::addShared(50);

```
sharedMoney  10 60
addShared() { ... }
```

Person han;

```
sharedMoney  60
addShared() { ... }
```
han
```
money  
addMoney() { ... }
```

han.money = 100;
han.sharedMoney = 200;

```
sharedMoney  200
addShared() { ... }
```
han
```
money  100
addMoney() { ... }
```

Person::sharedMoney = 300;
Person::addShared(100);

```
sharedMoney  200 300 400
addShared() { ... }
```
han
```
money  100
addMoney() { ... }
```

[그림 6-12] 클래스 명으로 static 멤버를 접근하는 사례

static의 활용

static은 다음과 같은 목적으로 활용된다.

● 전역 변수나 전역 함수를 클래스에 캡슐화

캡슐화
전역 변수
전역 함수

객체 지향 언어에서 추구하는 핵심 가치가 캡슐화이다. 전역 함수나 전역 변수를 없애고 모든 함수나 변수를 클래스 안에 선언하도록 한다. 같은 객체 지향 언어인 Java는 100% 캡슐화하지만, C++는 전역 변수와 전역 함수를 사용하는 C 언어와의 호환성 때문에, 100% 캡슐화하지 못한다. 독자들은 전역 변수와 전역 함수를 선언하지 말고, 클래

static 멤버
Math 클래스

스에 static 멤버로 선언하여 모두 캡슐화시키기 바란다.

다음은 클래스로 캡슐화되어 있지 않고 전역 함수들이 존재하는 좋지 않은 코딩 사례이다. 예제 6-10은 이 코드를 Math 클래스와 static 함수로 캡슐화한 사례를 보여준다.

```cpp
int abs(int a) { return a>0?a:-a; }
int max(int a, int b) { return (a>b)?a:b; }     클래스로 캡슐화되어 있지 않고 전역 함
int min(int a, int b) { return (a>b)?b:a; }     수들이 존재하는 좋지 않은 코드 사례

int main() {
    cout << abs(-5) << endl;
    cout << max(10, 8) << endl;
    cout << min(-3, -8) << endl;
}
```

예제 6-10   **static 멤버를 가진 Math 클래스 작성**

static 멤버를 가진 **Math** 클래스를 작성하고 멤버 함수를 호출하는 코드를 보인다.

```cpp
1   #include <iostream>
2   using namespace std;
3
4   class Math {
5   public:          주목
6       static int abs(int a) { return a>0?a:-a; }
7       static int max(int a, int b) { return (a>b)?a:b; }
8       static int min(int a, int b) { return (a>b)?b:a; }
9   };
10
11  int main() {          주목
12      cout << Math::abs(-5) << endl;
13      cout << Math::max(10, 8) << endl;
14      cout << Math::min(-3, -8) << endl;
15  }
```

→ 실행 결과

5
10
-8

● 객체 사이에 공유 변수를 만들고자 할 때

공유

static 멤버는 클래스의 모든 인스턴스(객체) 들이 공유하는 변수나 함수를 만들고자 할 때 사용된다. 예제 6-11은 static 멤버를 공유의 목적으로 활용하는 사례를 보여준다.

예제 6-11　static 멤버를 공유의 목적으로 사용하는 예

생성된 원의 개수를 기억하는 numOfCircles 멤버 변수를 Circle 클래스에 static으로 선언하여 모든 Circle 객체들이 공유한다. 그리고 이 멤버 변수를 리턴하는 함수 getNumOfCircles()를 static 타입으로 작성한다.

```cpp
1   #include <iostream>
2   using namespace std;
3
4   class Circle {
5   private:
6      static int numOfCircles; // 생성된 원의 개수 기억
7      int radius;
8   public:
9      Circle(int r=1);
10     ~Circle() { numOfCircles--; } // 생성된 원의 개수 감소
11     double getArea()  { return 3.14*radius*radius;}
12     static int getNumOfCircles() { return numOfCircles; }
13  };
14
15  Circle::Circle(int r) {
16     radius = r;
17     numOfCircles++; // 생성된 원의 개수 증가
18  }
19
20  int Circle::numOfCircles = 0; // 0으로 초기화        주목
21
22  int main() {
23     Circle *p = new Circle[10]; // 10개의 생성자 실행
24     cout << "생존하고 있는 원의 개수 = " << Circle::getNumOfCircles() << endl;
25
26     delete [] p; // 10개의 소멸자 실행
27     cout << "생존하고 있는 원의 개수 = " << Circle::getNumOfCircles() << endl;
28
29     Circle a; // 생성자 실행
30     cout << "생존하고 있는 원의 개수 = " << Circle::getNumOfCircles() << endl;
31
32     Circle b; // 생성자 실행
33     cout << "생존하고 있는 원의 개수 = " << Circle::getNumOfCircles() << endl;
34  }
```

6번 옆: static

12번 옆: static

23번 옆: 생성자가 10번 실행되어 numOfCircles = 10이 됨

26번 옆: numOfCircles = 0이 됨

29번 옆: numOfCircles = 1이 됨

32번 옆: numOfCircles = 2가 됨

→ 실행 결과

```
생존하고 있는 원의 개수 = 10
생존하고 있는 원의 개수 = 0
생존하고 있는 원의 개수 = 1
생존하고 있는 원의 개수 = 2
```

static 멤버 함수의 특징

● static 멤버 함수는 오직 static 멤버들만 접근

static 멤버 함수는 오직 static 멤버 변수에 접근하거나 static 멤버 함수만 호출할 수 있다. static 멤버 함수는 객체가 생성되지 않은 어떤 시점에서도 호출될 수 있고, 클래스 이름으로 직접 호출될 수 있기 때문에, static 멤버 함수에서 non-static 멤버에 접근하는 것은 허용되지 않는다.

[그림 6-13]은 static 멤버 함수가 non-static 멤버에 접근하도록 작성되어 컴파일 오류가 발생하는 경우를 보여준다. static 멤버 함수 getMoney()가 non-static 멤버 변수 money를 접근하도록 코딩하면, 생기지도 않는 money 공간으로부터 값을 읽어 오게 되는 오류를 범하게 된다.

결론적으로 static 멤버 함수는 static 멤버들만 접근할 수 있다.

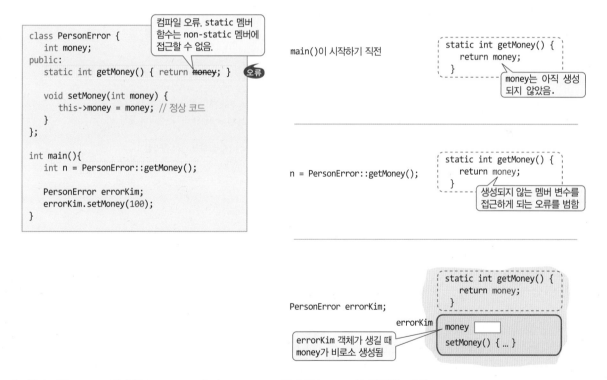

[그림 6-13] static 멤버 함수 getMoney()가 non-static 멤버 변수 money를 접근하는 오류

그러나 반대로 non-static 멤버 함수는 static 멤버를 접근하는데 전혀 제약이 없다. Person 클래스에 total() 함수를 다음과 같이 구현해도 정상 코드이다.

```
class Person {
public:
    double money; // 개인 소유의 돈
    static int sharedMoney; // 공금
    ....
    int total() { // non-static 함수는 non-static이나 static 멤버에 모두 접근 가능
        return money + sharedMoney;
    }
};
```

non-static   static

● static 멤버 함수는 this를 사용할 수 없다.

this

static 멤버 함수는 객체가 생기기 전부터 호출 가능하므로, static 멤버 함수에서 this를 사용할 수 없도록 제약한다. Person 클래스의 addShared() 함수를 다음과 같이 수정하면 컴파일 오류가 발생한다.

```
class Person {
public:
    double money; // 개인 소유의 돈
    static int sharedMoney; // 공금
    ....
    static void addShared(int n) { // static 함수에서 this 사용 불가
        this->sharedMoney + = n; // this를 사용하므로 컴파일 오류
    }
};
```

오류

sharedMoney += n;으로 하면 정상 컴파일

static 멤버 함수는 static 멤버들만 접근할 수 있어.

또 this를 사용할 수 없어.

1 static, 인스턴스 중에서 골라 빈칸에 기입하라.

_____ 멤버 변수는 객체가 생성될 때 객체 내에 메모리 공간을 할당받지만, _____ 멤
버 변수는 프로그램이 시작할 때 객체 외부에 메모리 공간을 할당받아 생긴다. 그러므로
_____ 멤버 변수는 동일한 클래스 타입의 모든 객체들에 의해 공유된다.

2 다음 코드에서 틀린 부분을 찾고 이유를 설명하라.

```cpp
class Sample {
   static int a;
   int b;
public:
   void f() { a = 3; } // ①
   void g() { b = 3; } // ②
   static void h() { a = 3; } // ③
   static void s() { b = 3; } // ④
};
```

3 다음 코드에서 틀린 부분을 찾고 이유를 설명하라.

```cpp
class Sample {
public:
   static int a;
   int b;
   void f();
   static void h();
};

int Sample::a;

int main () {
   Sample sample;
   sample.b = 5; // ①
   sample.a = 5; // ②
   Sample::f(); // ③
   Sample::h(); // ④
}
```

함수 중복

- C++에서는 같은 이름의 함수를 여러 개 작성할 수 있는 함수 중복을 지원한다.
- 함수 중복이 성공하기 위해서는 중복된 함수들의 이름이 같아야 하고, 이들의 매개 변수 타입이나 개수가 달라야 한다.
- 함수 중복과 중복된 함수에 대한 호출은 모두 컴파일러에 의해 처리된다.
- 소멸자는 매개 변수를 가지지 않기 때문에 함수 중복이 없다.
- 생성자 함수 중복을 통해 객체를 생성하는 방법을 다양화한다.

디폴트 매개 변수

- 디폴트 매개 변수란 함수의 호출문에서 매개 변수에 값을 전달하지 않는 경우, 디폴트 값으로 설정된 값을 받도록 선언된 매개 변수이다.
- 디폴트 매개 변수를 이용하면 중복된 함수들을 하나의 함수로 작성할 수 있다.
- 디폴트 매개 변수는 보통 매개 변수가 모두 선언된 뒤에 선언되어야 한다.

함수 중복의 모호성

- 중복된 함수를 호출하는 경우, 호출문이 어떤 함수를 호출하는지 컴파일러가 처리하지 못하는 모호한 경우가 있다.
- 형 변환으로 인한 모호성, 참조 매개 변수로 인한 모호성, 디폴트 매개 변수로 인한 모호성 등이 있다.

static 멤버

- static 멤버는 멤버 선언 시 static 지정자로 선언한다.
- static 멤버는 객체의 생성과 상관없이 프로그램이 시작할 때 생성되고, 프로그램이 종료할 때 소멸된다.
- static 멤버는 한 클래스에 하나만 생성되므로 클래스 멤버라고도 부르며, 클래스의 모든 객체들에 의해 공유된다.
- non-static 멤버는 static 멤버가 아닌 보통 멤버로서, 클래스의 객체가 생성될 때 객체 내에 생성되고 객체가 소멸될 때 함께 소멸된다.
- non-static 멤버는 각 객체의 독립된 공간에 생기기 때문에 객체 사이에 어떤 공유도 없다.
- static 멤버 함수는 static 멤버 함수나 변수만 접근할 수 있으며, non-static 멤버를 접근할 수 없다. 함수 내의 지역 변수를 접근하는 것은 문제 없다.
- non-static 멤버 함수는 static 멤버나 non-static 멤버 모두 정상적으로 접근 가능하다.
- static 멤버 함수는 함수의 코드 내에서 this를 사용할 수 없다.
- static 멤버를 접근하는 방법은 다음 세 가지가 있다.

```
객체이름.static멤버
객체포인터->static멤버
클래스명::static멤버
```

- static 멤버 변수에 대해, 반드시 클래스 바깥에 static 멤버 변수의 메모리를 할당하는 전역 변수 선언문을 작성해야 한다. 예를 들면 다음과 같다.

```
int Person::sharedMoney = 10; // sharedMoney가 Person에 static으로 선언되어 있음
```

- 전역 변수나 전역 함수는 static을 사용하여 클래스로 캡슐화할 수 있으며, static 멤버 변수는 객체 사이에 공유 변수로 활용된다.

Open Challenge — Up & down 게임 만들기

목적

여러 클래스 만들기, static 멤버를 가진 클래스 만들기 및 활용

Up & Down 게임 프로그램을 작성해보자. 게임에 참석하는 사람은 2명이며, 번갈아 가며 다음과 같이 숨겨진 답에 접근해 간다. Up & Down 게임은 전체적으로 **UpAndDownGame** 클래스로 작성하고 **static** 멤버로만 구성하라. 선수를 표현하기 위해 **Person** 클래스를 작성하고 main() 함수는 프로그램을 시작시키는 기능 정도로만 구현하라.   난이도 6

```
Up & Down 게임을 시작합니다.
답은 0과 99사이에 있습니다.        ← 랜덤하게 생성한 숨겨진 답은
김인수>>50                              현재 28이다.
답은 0과 50사이에 있습니다.
오은경>>25
답은 25과 50사이에 있습니다.
김인수>>33
답은 25과 33사이에 있습니다.
오은경>>30
답은 25과 30사이에 있습니다.
김인수>>27
답은 27과 30사이에 있습니다.
오은경>>29
답은 27과 29사이에 있습니다.
김인수>>28
김인수가 이겼습니다!!
```

힌트
Hint

게임의 숨겨진 정답 정수를 랜덤하게 생성하는 코드는 다음을 이용하라.

```
srand((unsigned)time(0)); // 항상 다른 랜덤수를 발생시키기 위한 seed 설정
int n = rand(); // 0에서 RAND_MAX(32767) 사이의 랜덤한 정수가 n에 발생
n = n % 100; // n은 0에서 99 사이의 정수
```

srand(), time(), rand() 함수를 사용하기 위해서는 다음 헤더 파일이 필요하다.

```
#include <ctime>
#include <cstdlib>
```

연습문제

EXERCISE

이론 문제

1. C++에서 같은 이름의 함수를 여러 개 선언하는 것을 무엇이라고 부르는가?
① 함수 중첩   ② 함수 중복
③ 함수 오버라이딩   ④ 함수 다중 선언

2. 함수 중복에 대한 설명 중 틀린 것은?
① C 언어에는 함수 중복이 없다.
② 함수 이름이 같고 매개 변수 타입이 서로 다르거나 매개 변수의 개수가 다르면 두 함수는 중복 가능하다.
③ 클래스의 멤버 함수는 중복할 수 없다.
④ 함수의 원형에서 리턴 타입만 다른 경우, 함수 중복이 성립되지 않는다.

3. 다음 함수 중 한 프로그램에 같이 선언할 수 없는 함수 2개를 골라라.
① int f(int x);   ② int f(double x);
③ double f(int x, int y);   ④ int f(int x, int y);

4. 다음 함수 중 한 프로그램에 같이 선언할 수 없는 함수 2개를 골라라.
① void g();   ② int g();
③ double g(int x)   ④ double g(int x, int y);

5. 함수 중복이 성공적인지 판별은 언제 이루어지는가?
① 전처리기(preprocessor)에 의해 컴파일 직전
② 컴파일러에 의해 컴파일 시
③ 실행 시간 중 함수가 호출되기 직전
④ 실행 시간 중 함수 중복을 판별하는 특정 시간에

6. 중복된 함수와 이를 호출하는 호출문의 연결(바인딩)은 언제 이루어지는가?
① 전처리기(preprocessor)에 의해 컴파일 직전
② 컴파일러에 의해 컴파일 시
③ 실행 시간 중 함수가 호출되기 직전
④ 실행 시간 중 함수 중복을 판별하는 특정 시간에

7. 다음과 같은 디폴트 매개 변수를 가진 함수가 있을 때, 적절치 못한 함수 호출은?

```
int add(int a=10, double b=10.0);
```

① int x = add();
② int x = add(20);
③ add(20, 3.14);
④ int x = add(20, 3.14, 10);

8. 다음과 같은 디폴트 매개 변수를 가진 함수가 있을 때, 적절치 못한 함수 호출은?

```
int add(int a, double b=10.0);
```

① int x = add(10);
② int x = add(10, 3.14, 10);
③ add(10, 3.14);
④ int x = add(10, 3.14);

9. 다음 함수의 선언이 잘못된 것은?
① void f1(int a, int b, int c);
② int f2(int a, int b, int c=0);
③ void f3(int a, int b=0, int c);
④ int f4(int a=0, int b=0, int c=0);

10. 중복 함수의 호출시 어떤 함수를 호출하는지 판단할 수 없는 모호성의 가능성이 있는 것은?
① int add(int a); int add(int a, int &b);
② int add(int a, int b); int add(int a, int &b);
③ int add(int a, int b); int add(int a, int* b);
④ int add(int a, int* b); int add(int a, int &b);

11. 다음 멤버 함수의 선언이 잘못된 것은?

```
class Overloading {
public:
  Overloading(); // ①
  Overloading(int x); // ②
  ~Overloading(); // ③
  ~Overloading(int x); // ④
};
```

12. 다음 클래스의 객체가 생성될 때 화면에 출력되는 결과는?

```
class Overloading {
public:
  Overloading(int x=0) { cout << x; }
  Overloading(int x, string b) { cout << x << b; }
};
```

(1) Overloading a;
(2) Overloading b(3);
(3) Overloading c(5, "hello");

13. 다음 함수 f()를 호출하는 사례를 들어 함수 f()의 중복에 문제가 있음을 보여라.

```cpp
int f(int a);
int f(int a, int b=0);
```

14. 다음 함수 area()를 호출하는 사례를 들어 함수 area()의 중복에 문제가 있음을 보여라.

```cpp
float area(float f);
double area(double d);
```

15. 다음 멤버 함수의 사용이 잘못된 것은?

```cpp
class StaticTest {
  static int a;
  static int getA() { return a; }        // ①
public:
  int b;
  int getB() { return b; }               // ②
  int f() { return getA(); }             // ③
  static int g() { return getB(); }      // ④
};
```

16. 다음 StaticTest 클래스가 있을 때,

```cpp
class StaticTest {
  static int a;
public:
  static int getA() { return a; }
};
```

다음 소스에서 잘못된 코드는?

```
StaticTest s;
StaticTest *p = &s;

StaticTest::getA();      // ①
s.getA();                // ②
s::getA();               // ③
p->getA();               // ④
```

실습 문제

★ 표시가 있는 문제는 정답이 공개됩니다.

함수 중복, 디폴트 매개 변수 연습

1.★ add() 함수를 호출하는 main() 함수는 다음과 같다. [난이도 4]

```
int main() {
    int a[] = {1,2,3,4,5};
    int b[] = {6,7,8,9,10};
    int c = add(a, 5); // 배열 a의 정수를 모두 더한 값 리턴
    int d = add(a, 5, b); // 배열 a와 b의 정수를 모두 더한 값 리턴
    cout << c << endl; // 15 출력
    cout << d << endl; // 55 출력
}
```

(1) add() 함수를 중복 작성하고 프로그램을 완성하라.

(2) 디폴트 매개 변수를 가진 하나의 add() 함수를 작성하고 프로그램을 완성하라.

함수 중복, 디폴트 매개 변수 연습

2. Person 클래스의 객체를 생성하는 main() 함수는 다음과 같다. [난이도 5]

```
class Person {
    int id;
    double weight;
    string name;
public:
    void show() { cout << id << ' ' << weight << ' ' <<name << endl; }
};

int main() {
    Person grace, ashley(2, "Ashley"), helen(3, "Helen", 32.5);
    grace.show();
    ashley.show();
    helen.show();
}
```

```
1 20.5 Grace
2 20.5 Ashley
3 32.5 Helen
```

(1) 생성자를 중복 작성하고 프로그램을 완성하라.

(2) 디폴트 매개 변수를 가진 하나의 생성자를 작성하고 프로그램을 완성하라.

3. 함수 **big()**을 호출하는 경우는 다음과 같다. 난이도 5

함수 중복, 디폴트 매개 변수 연습

```cpp
int main() {
   int x = big(3, 5); // 3과 5 중 큰 값 5는 최대값 100보다 작으므로, 5 리턴
   int y = big(300, 60); // 300과 60 중 큰 값 300이 최대값 100보다 크므로, 100 리턴
   int z = big(30, 60, 50); // 30과 60 중 큰 값 60이 최대값 50보다 크므로, 50 리턴
   cout << x << ' ' << y << ' ' << z << endl;
}
```

```
5 100 50
```

(1) **big()** 함수를 2개 중복하여 작성하고 프로그램을 완성하라.

(2) 디폴트 매개 변수를 가진 하나의 함수로 **big()**을 작성하고 프로그램을 완성하라.

4. 다음 클래스에 중복된 생성자를 디폴트 매개 변수를 가진 하나의 생성자로 작성하고 테스트 프로그램을 작성하라. 난이도 4

디폴트 매개 변수 연습

```cpp
class MyVector{
   int *mem;
   int size;
public:
   MyVector();
   MyVector(int n, int val);
   ~MyVector() { delete [] mem; }
};

MyVector::MyVector() {
   mem = new int [100];
   size = 100;
```

```
    for(int i=0; i<size; i++) mem[i] = 0;
}

MyVector::MyVector(int n, int val)  {
    mem = new int [n];
    size = n;
    for(int i=0; i<size; i++) mem[i] = val;
}
```

목적 static 멤버 함수 만들기

5. ★ 동일한 크기로 배열을 변환하는 다음 2개의 **static** 멤버 함수를 가진 **ArrayUtility** 클래스를 만들어라. 난이도 5

```
static void intToDouble(int source[], double dest[], int size);
                                             // int[]을 double[]로 변환
static void doubleToInt(double source[], int dest[], int size);
                                             // double[]을 int[]로 변환
```

ArrayUtility를 활용하는 **main()**은 다음과 같다.

```
int main() {
    int x[] = {1,2,3,4,5};
    double y[5];
    double z[] = {9.9, 8.8, 7.7, 6.6, 5.6};

    ArrayUtility::intToDouble(x, y, 5); // x[] -> y[]
    for(int i=0; i<5; i++) cout << y[i] << ' ';
    cout << endl;

    ArrayUtility::doubleToInt(z, x, 5); // z[] -> x[]
    for(int i=0; i<5; i++) cout << x[i] << ' ';
    cout << endl;
}
```

```
1 2 3 4 5
9 8 7 6 5
```

응용 static 멤버를 가진 클래스 만들기 및 사용 연습

6. 동일한 크기의 배열을 변환하는 다음 2개의 static 멤버 함수를 가진 Array Utility2 클래스를 만들고, 이 클래스를 이용하여 아래 결과와 같이 출력되도록 프로그램을 완성하라. 난이도 8

```
// s1과 s2를 연결한 새로운 배열을 동적 생성하고 포인터 리턴
static int* concat(int s1[], int s2[], int size);

// s1에서 s2에 있는 숫자를 모두 삭제한 새로운 배열을 동적 생성하여 리턴. 리턴하는 배열의 크기는
// retSize에 전달. retSize가 0인 경우 NULL 리턴
static int* remove(int s1[], int s2[], int size, int& retSize);
```

```
정수를 5 개 입력하라. 배열 x에 삽입한다>>5 4 3 2 1
정수를 5 개 입력하라. 배열 y에 삽입한다>>3 2 1 0 -1
합친 정수 배열을 출력한다
```

concat() 실행 결과 ⟩
```
5 4 3 2 1 3 2 1 0 -1
배열 x[]에서 y[]를 뺀 결과를 출력한다. 개수는 2
```
remove() 실행 결과 ⟩
```
5 4
```

응용 static 멤버를 가진 클래스 만들기 및 사용 연습

7. 다음과 같은 static 멤버를 가진 Random 클래스를 완성하라(Open Challenge 힌트 참고). 그리고 Random 클래스를 이용하여 다음과 같이 랜덤한 값을 출력하는 main() 함수도 작성하라. main()에서 Random 클래스의 seed() 함수를 활용하라. 난이도 7

```
class Random {
public:
    // 항상 다른 랜덤수를 발생시키기 위한 seed를 설정하는 함수
    static void seed() { srand((unsigned)time(0)); } // 씨드 설정
    static int nextInt(int min=0, int max=32767); // min과 max 사이의 랜덤 정수 리턴
    static char nextAlphabet(); // 랜덤 알파벳 문자 리턴
    static double nextDouble(); // 0보다 크거나 같고 1보다 적은 랜덤 실수 리턴
};
```

```
1에서 100까지 랜덤한 정수 10개를 출력합니다
1 96 81 59 23 61 35 1 86 12
알파벳을 랜덤하게 10개를 출력합니다
K H t r c S h V i N
랜덤한 실수를 10개를 출력합니다
0.196326 0.489395 0.682943 0.139348 0.392773
0.0628071 0.36671 0.198035 0.920011 0.271828
```

8. 디버깅에 필요한 정보를 저장하는 **Trace** 클래스를 만들어보자. 저자의 경험에 의하면, 멀티태스크 프로그램을 개발하거나 특별한 환경에서 작업할 때, **Visual Studio**의 디버거와 같은 소스 레벨 디버거를 사용하지 못하는 경우가 더러 있었고, 이때 실행 도중 정보를 저장하기 위해 **Trace** 클래스를 만들어 사용하였다. **Trace** 클래스를 활용하는 다음 프로그램과 결과를 참고하여 **Trace** 클래스를 작성하고 전체 프로그램을 완성하라. 디버깅 정보는 **100**개로 제한한다. [난이도 7]

static 멤버를 가진 클래스 만들기 종합 응용

```
void f() {
    int a, b, c;
    cout << "두 개의 정수를 입력하세요>>";
    cin >> a >> b;
    Trace::put("f()", "정수를 입력 받았음"); // 디버깅 정보 저장
    c = a + b;
    Trace::put("f()", "합 계산"); // 디버깅 정보 저장
    cout << "합은 " << c << endl;
}

int main() {
    Trace::put("main()", "프로그램 시작합니다"); // 디버깅 정보 저장
                    태그      디버깅 정보
    f();
    Trace::put("main()", "종료"); // put()의 첫 번째 매개 변수는 태그이고
                                  // 두 번째 매개변수는 디버깅 정보이다.
    Trace::print("f()"); // "f()" 태그를 가진 디버깅 정보를 모두 출력한다.
    Trace::print(); // 모든 디버깅 정보를 출력한다.
}
```

```
두 개의 정수를 입력하세요>>1 2
합은 3
----- f()태그의 Trace 정보를 출력합니다. -----      ⎫
f():정수를 입력 받았음                              ⎬  Trace::print("f()") 의
f():합 계산                                         ⎭  실행 결과
----- 모든 Trace 정보를 출력합니다. -----          ⎫
main():프로그램 시작합니다                          ⎪
f():정수를 입력 받았음                              ⎬  Trace::print() 의
f():합 계산                                         ⎪  실행 결과
main():종료                                        ⎭
```

응용 static 멤버를 가진 클래스 만들기 종합 응용

9. 게시판 프로그램을 작성해보자. 멀티태스킹의 경우 여러 사용자들이 게시판에 글을 올리기 때문에 게시판 객체는 전체 하나만 있어야 한다. 그러므로 게시판 객체의 멤버들은 **static**으로 작성한다. 다음은 게시판 기능을 하는 Board 클래스를 활용하는 **main()** 코드이다. 실행 결과를 참고하여 Board 클래스를 만들고 전체 프로그램을 완성하라. **static** 연습이 목적이기 때문에 게시판 기능을 글을 올리는 기능과 게시글을 모두 출력하는 기능으로 제한하고 **main()**도 단순화하였다. 난이도 6

```cpp
int main() {
    // Board myBoard; // 객체 생성은 컴파일 오류입니다.
    Board::add("중간고사는 감독 없는 자율 시험입니다.");
    Board::add("코딩 라운지 많이 이용해 주세요.");
    Board::print();
    Board::add("진소린 학생이 경진대회 입상하였습니다. 축하해주세요");
    Board::print();
}
```

```
************** 게시판입니다. *************
0: 중간고사는 감독 없는 자율 시험입니다.
1: 코딩 라운지 많이 이용해 주세요.

************** 게시판입니다. *************
0: 중간고사는 감독 없는 자율 시험입니다.
1: 코딩 라운지 많이 이용해 주세요.
2: 진소린 학생이 경진대회 입상하였습니다. 축하해주세요
```

> Board 클래스에는 게시글을 저장하기 위한 string 배열과 다음 저장할 위치 정보를 가진 static 멤버 변수가 필요하다. static 멤버 변수는 본문의 그림 6-8과 같이 전역 변수로 선언하는 것이 반드시 필요하다.

07

프렌드와 연산자 중복

프렌드와 연산자 중복

7.1 C++ 프렌드 개념

친구와 C++ 프렌드

친구

사람들은 누구나 친구(friend)가 있다. 친구가 우리 집에 오면 알아서 냉장고에서 음료수를 마시고 TV도 켜서 본다. 우리 식구랑 같이 밥도 먹고, 졸리면 내 침대에서 자기도 한다. 내 어머니를 어머니라고 부르며 애교를 떨기도 한다. 내가 초대한 친구를 가족들은 가족의 한 사람으로 대한다. 친구란 내 가족의 일원은 아니지만 내 가족과 동일한 권한을 가진 일원으로 인정받은 사람이다.

friend 키워드
프렌드 함수

갑자기 친구 얘기를 왜 하나 하는 생각이 들 것이다. C++의 friend 키워드에 대한 설명을 하기 위해서다. C++에서는 클래스 외부에 작성된 함수를 클래스 내에 friend 키워드로 선언하여, 클래스의 멤버 함수와 동일한 접근 자격을 부여할 수 있다. 물론 멤버가 아니므로 상속되지는 않는다. 클래스 내에 friend 키워드로 선언된 외부 함수를 프렌드 함수(friend function)라고 부르며, 프렌드 함수는 마치 클래스의 멤버인 것처럼 클래스의 모든 변수나 함수에 접근할 수 있다. 〈표 7-1〉은 세상의 친구와 C++의 프렌드 함수를 비교하여 보여준다. 오직 함수만이 프렌드가 되며 프렌드 변수라는 개념은 없다.

〈표 7-1〉 세상의 친구와 프렌드 함수의 비교

항목	세상의 친구	프렌드 함수
존재	가족이 아님. 외부인	클래스 외부에 작성된 함수. 멤버가 아님
자격	가족의 구성원으로 인정받음. 가족의 모든 살림살이에 접근 허용	클래스의 멤버 자격 부여. 클래스의 모든 멤버에 대해 접근 가능
선언	친구라고 소개	클래스 내에 friend 키워드로 선언
개수	친구의 명수에 제한 없음	프렌드 함수 개수에 제한 없음

프렌드 함수
연산자 함수

프렌드 함수는 왜 필요할까? 프렌드 함수를 클래스의 멤버 함수로 작성하면 되지 않을까? 프로그램을 작성하다보면, 클래스 멤버 함수로는 적합하지 않지만, 클래스의 private, protected 멤버를 접근해야 하는 특별한 경우, 이 함수를 외부 함수로 작성하고 프렌드로 선언한다. 프렌드 함수가 가장 유용하게 사용되는 대표적인 경우가 연산자 함수이다. 프렌드를 이용한 연산자 함수는 7.5절에서 다룬다.

프렌드 함수를 선언할 수 있는 경우는 다음 3가지로서 [그림 7-1]과 같다.

• 클래스 외부에 작성된 함수를 프렌드로 선언
• 다른 클래스의 멤버 함수를 프렌드로 선언
• 다른 클래스의 모든 멤버 함수를 프렌드로 선언

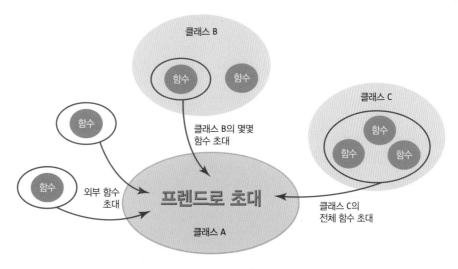

[그림 7-1] 프렌드 함수로 선언할 수 있는 경우

프렌드 함수 선언

friend 키워드

클래스 외부에 작성된 함수를 클래스 내에 프렌드로 선언하는 방법을 알아보자. 클래스 외부에 구현된 함수를 friend 키워드로 클래스 내의 아무 곳에나 선언하면 된다. 다음은 클래스 외부에 작성된 equals() 함수를 클래스 Rect에 프렌드 함수로 선언하는 사례이다.

```
class Rect {
   .....
   friend bool equals(Rect r, Rect s); // 함수 equals()를 프렌드 함수로 선언
};
```

equals()는 Rect 클래스의 모든 멤버를 자유롭게 접근할 수 있다.

예제 7-1 **프렌드 함수 만들기**

두 Rect 객체를 비교하는 bool equals(Rect r, Rect s)를 Rect 클래스에 프렌드 함수로 작성하라.

이 라인이 없으면 라인 5에 컴파일 오류

Rect 클래스가 선언되기 전에 먼저 참조되는 컴파일 오류(forward reference)를 막기 위한 선언문(forward declaration)

equals() 함수를 프렌드로 선언

equals() 함수는 private 속성을 가진 width, height에 접근할 수 있다.

```
1   include <iostream>
2   using namespace std;
3
4   class Rect;
5   bool equals(Rect r, Rect s); // equals() 함수 선언
6
7   class Rect { // Rect 클래스 선언
8      int width, height;
9   public:
10     Rect(int width, int height)  { this->width = width; this->height = height; }
11     friend bool equals(Rect r, Rect s); //프렌드 함수 선언
12  };
13
14  bool equals(Rect r, Rect s) { // 외부 함수
15     if(r.width == s.width && r.height == s.height) return true;
16     else return false;
17  }
18
19  int main() {
20     Rect a(3,4), b(4,5);
21     if(equals(a, b)) cout << "equal" << endl;
22     else cout << "not equal" << endl;
23  }
```

실행 결과

```
not equal
```

객체 a와 b는 서로 다른 크기의 사각형이므로 "not equal" 출력

잠깐! 전방 참조(forward reference) 문제 해결을 위한 전방 선언(forward declaration)

C++에서는 다음과 같이 변수나 함수, 클래스의 이름을 먼저 선언한 후 그 이름(identifier)을 참조(사용)하는 backward reference가 원칙이다.

```
class Rect { // Rect 이름 선언
...
};                    backward reference
int main() {
 Rect rect; // 선언된 Rect 사용. backward reference
}
```

하지만 가끔 뒤에서 선언되는 이름을 미리 참조(사용)하는 경우가 발생한다. 이런 경우를 전방 참조(forward reference)라고 부른다. 컴파일러 입장에서는 아직 선언되지 않은 이름을 참조(사용)하므로 forward reference를 컴파일 오류로 처리한다. 다음 예를 보자.

```
bool equals(Rect r, Rect s); // 뒤에 선언될 Rect 사용
        forward reference.
        컴파일 오류 발생
class Rect {
 friend bool equals(Rect r, Rect s);
};
```

```
class Rect;                Rect 이름에 대한 forward
                          reference 문제 해결
bool equals(Rect r, Rect s); // 선언된 Rect 사용

class Rect {
 friend bool equals(Rect r, Rect s);
};
```

forward reference로 인한 컴파일 오류 코드   class Rect; 선언으로 forward reference 문제 해결

왼쪽의 경우 forward reference로 인해 컴파일 오류가 발생한다. 오른쪽은 class Rect;로 Rect 이름을 미리 선언하여 forward reference 문제를 해결하였다. class Rect;와 같은 선언을 forward declaration이라 한다.

프렌드 멤버 선언

다른 클래스의 멤버 함수
프렌드 함수

다른 클래스의 멤버 함수를 클래스의 프렌드 함수로 선언할 수 있다. 다음은 RectManager 클래스의 멤버 함수 equals(Rect r, Rect s)를 Rect 클래스에 프렌드로 선언하는 사례이다.

```
class Rect {
    .............
    friend bool RectManager::equals(Rect r, Rect s); // RectManager의 equals() 멤버
                                                     함수를 프렌드로 초대
};
```

이렇게 함으로써 RectManager 클래스의 멤버 함수 equals(Rect r, Rect s)는 Rect 클래스의 모든 멤버를 접근할 수 있다.

| 예제 7-2 | 다른 클래스의 멤버 함수를 프렌드 함수로 선언 |

RectManager 클래스의 equals() 멤버 함수를 Rect 클래스의 프렌드로 선언한 사례를 보인다.

```cpp
1   #include <iostream>
2   using namespace std;
3
4   class Rect;
5
6   class RectManager { // RectManager 클래스 선언
7   public:
8       bool equals(Rect r, Rect s);
9   };
10
11  class Rect { // Rect 클래스 선언
12      int width, height;
13  public:
14      Rect(int width, int height) { this->width = width; this->height = height;}
15      friend bool RectManager::equals(Rect r, Rect s); // 프렌드 함수 선언
16  };
17
18  bool RectManager::equals(Rect r, Rect s) { // RectManager::equals() 구현
19      if(r.width == s.width && r.height == s.height) return true;
20      else return false;
21  }
22
23  int main() {
24      Rect a(3,4), b(3,4);
25      RectManager man;
26
27      if(man.equals(a, b)) cout << "equal" << endl;
28      else cout << "not equal" << endl;
29  }
```

> Rect 클래스가 선언되기 전에 먼저 참조되는 컴파일 오류(forward reference)를 막기 위한 선언문(forward declaration)

> RectManager 클래스의 equals() 멤버를 프렌드로 선언

→ 실행 결과

```
equal
```

> 객체 a와 b는 동일한 크기의 사각형이므로 "equal" 출력

프렌드 클래스 선언

다른 클래스의 모든 멤버 함수

다른 클래스의 모든 멤버 함수를 클래스의 프렌드 함수로 한 번에 선언할 수 있다. 다음 코드는 RectManager 클래스를 Rect 클래스에 프렌드로 초대한다.

```
class Rect {
    ............
    friend RectManager; // RectManager 클래스의 모든 함수를 프렌드로 초대
};
```

이렇게 함으로써 RectManager의 모든 멤버 함수는 Rect 클래스의 모든 멤버를 자유롭게 접근할 수 있다.

예제 7-3　　**다른 클래스 전체를 프렌드로 선언**

RectManager 클래스 전체를 Rect 클래스의 프렌드로 선언하는 사례를 보인다. RectManager 클래스에는 두 개의 멤버 함수가 있으며, 이들은 모두 Rect 클래스의 **private** 멤버를 자유롭게 접근한다.

```
1   #include <iostream>
2   using namespace std;
3
4   class Rect;                    Rect 클래스가 선언되기 전에 먼저 참조되는
                                   컴파일 오류(forward reference)를 막기
5                                  위한 선언문(forward declaration)
6   class RectManager { // RectManager 클래스 선언
7   public:
8       bool equals(Rect r, Rect s);
9       void copy(Rect& dest, Rect& src);
10  };
11
12  class Rect { // Rect 클래스 선언
13      int width, height;
14  public:
15      Rect(int width, int height)  { this->width = width; this->height = height; }
16      friend RectManager; // RectManager 클래스의 모든 함수를 프렌드 함수로 선언
17  };
18
19  bool RectManager::equals(Rect r, Rect s) { // r과 s가 같으면 true 리턴
20      if(r.width == s.width && r.height == s.height) return true;
21      else return false;
22  }
23
24  void RectManager::copy(Rect& dest, Rect& src) { // src를 dest에 복사
25      dest.width = src.width;   dest.height = src.height;
26  }
27
28  int main() {
```

RectManager 클래스를 프렌드 함수로 선언

```
29    Rect a(3,4), b(5,6);
30    RectManager man;
31
32    man.copy(b, a); // a를 b에 복사한다.
33    if(man.equals(a, b)) cout << "equal" << endl;
34    else cout << "not equal" << endl;
35  }
```

객체 b의 width, height 값이 a와 같아진다.

→ 실행 결과

equal ← man.copy(b,a)를 통해 객체 b와 a의 크기가 동일하므로 "equal" 출력

잠깐! 프렌드를 선언하는 위치 ●

프렌드 선언은 클래스 내에 private, public 영역 등 아무 위치에나 가능하다.

CHECK TIME

1 프렌드 함수에 대해서 틀린 것은?

① 프렌드 함수로 초대하기 위해 클래스 내에 friend 키워드로 선언한다.
② 프렌드 함수는 클래스의 멤버 함수이다.
③ 프렌드 함수는 연산자 중복에서 이용된다.
④ 프렌드 함수의 개수는 제한이 없다.

2 다음 소스에 요구된 선언문을 작성하라.

```
class Sample;
int f(Sample);
class Test {
public:
    void f(Sample);
    void g(Sample);
};
class Sample {
private:
    int x;
public:
    Sample(int x);
    _____  // (1) 함수 f()를 프렌드로 선언하라
    _____  // (2) Test 클래스의 함수 f()를 프렌드로 선언하라
    _____  // (3) Test 클래스의 모든 함수를 프렌드로 선언하라
};
```

7.2 연산자 중복

연산자 중복의 개념

+, -, ×, ÷ 등 수학 연산자는 사칙 연산뿐 아니라 사물이나 색깔, 행위 등 생활 속에서도 자주 사용되고 있다. + 를 사용하는 경우를 보자.

- 숫자 더하기 : 2 + 3 = 5
- 색 혼합   : 빨강 + 파랑 = 보라
- 생활   : 남자 + 여자 = 결혼

다형성

+ 기호로 표현된 숫자 더하기, 색 혼합, 결혼은 모두 다른 행위이지만, 사람들은 +의 의미를 알아서 이해한다. 이것은 동일한 연산 혹은 기호(+)를 대상(피연산자)에 따라 서로 다른 의미로 해석하는 일종의 **다형성**(polymorphism)이다.

함수 중복
연산자 중복
operator overloading
피연산자

C++ 언어에서 연산자 중복도 이와 다르지 않다. 같은 이름의 함수를 여러 개 만들 수 있는 것이 **함수 중복**(function overloading)이라면, 피연산자에 따라 서로 다른 연산을 하도록 동일한 연산자를 중복해서 작성하는 것이 **연산자 중복**(operator overloading)이다. **피연산자**에 적합한 연산자를 새로 작성하면 프로그램이 보다 쉽게 표현된다.

+ 연산자가 피연산자에 따라 얼마나 다양하게 활용될 수 있는지 예를 들어보자.

●두 개의 정수 더하기

C++에서 기본적으로 정의된 + 연산자는 다음과 같이 숫자 더하기만 한다.

```
int a=2, b=3, c;
c = a + b; // + 결과는 5. 정수가 피연산자일 때 숫자 더하기
```

●두 개의 문자열 합치기

그러나 다음과 같이 + 연산자는 문자열을 연결하는 표현으로 사용할 수 있다.

```
string a= "C", c;
c = a + "++"; // 문자열이 피연산자일 때 두 개의 문자열 합치기. c = "C++"
```

실제 <string> 헤더 파일에는 string 클래스와 함께 문자열을 연결하는 + 연산자가 구현되어 있다. string 클래스를 다루는 4장의 〈표 4-3〉을 참고하라.

●두 색을 섞은 새로운 색 만들기

하나의 색을 표현하는 Color 클래스가 있다고 할 때, 다음과 같이 + 연산자로 두 색을 혼합하여 새로운 색을 만드는 것을 표현할 수 있다.

```
Color a(BLUE), b(RED), c;
c = a + b; // c = VIOLET. a, b의 두 색을 섞은 새로운 Color 객체 c
```

물론 이를 위한 + 연산자가 만들어져야 한다(7장 실습 문제 5번 참고).

●두 개의 배열 더하기

정렬된 배열을 표현하는 클래스 SortedArray가 있다고 할 때, 두 개의 배열을 합쳐 새로운 배열을 만들 때, + 연산자를 이용하여 다음과 같이 표현할 수 있다.

```
SortedArray a(2,5,9), b(3,7,10), c; // a의 원소는 2,5,9, b의 원소는 3,7,10
c = a + b; // c = {2,3,5,7,9,10}. 정렬된 두 배열을 결합한(merge) 새로운 배열 생성
```

이 또한, 배열을 합치는 + 연산자가 만들어져야 한다(7장 실습 문제 12번 참고).

이처럼 연산자 중복은 코드를 직관적으로 표현할 수 있게 함으로써, 프로그램의 가독성을 높여주는 긍정적인 기능을 한다.

연산자 중복의 특징

연산자 중복을 보다 명확히 이해하기 위해, 연산자 중복의 특징을 살펴보자.

●C++ 언어에 본래 있는 연산자만 중복 가능하다.

연산자 중복은 C++ 언어에 본래부터 있는 연산자에 새로운 연산 처리를 추가하는 것이다. +, -, *, /, ==, !=, %, && 등 본래부터 있는 C++ 연산자에 새로운 의미를 부여하는 것은 가능하지만, 다음과 같이 %%, ## 등 새로운 연산자를 만들어 낼 수는 없다.

 3 %% 5 // %% 연산자를 만들 수 없다. 컴파일 오류
6 ## 7 // ## 연산자를 만들 수 없다. 컴파일 오류

●연산자 중복은 피연산자의 타입이 다른 연산을 새로 정의하는 것이다.

C++에서 기본 + 연산자의 피연산자는 모두 숫자이다. 그러므로 + 연산자를 새로 중복하려면 '객체+수', '수+객체', '객체+객체'와 같이 정수나 실수가 아닌 객체나 값을 더하는 + 연산이어야 한다.

●연산자 중복은 함수를 통해 이루어진다.

연산자 중복이란 새로운 연산 처리를 수행하는 함수를 구현하는 것이다. 이 함수를 연산자 함수(operator function)라고 부른다.

연산자 함수
operator function

●연산자 중복은 반드시 클래스와 관계를 가진다.

중복된 연산자는 반드시 피연산자에 객체를 동반한다. 그러므로 연산자 함수는 클래스의 멤버 함수로 구현하든지, 아니면 전역 함수로 구현하고 클래스에 프렌드 함수로 선언한다.

피연산자

●연산자 중복으로 피연산자의 개수를 바꿀 수 없다.

예를 들어 이항 연산자인 +에 대해, 피연산자가 1개 혹은 3개인 + 연산자로 중복할 수 없다.

●연산자 중복으로 연산의 우선순위를 바꿀 수 없다.

연산자의 중복을 통해 연산의 순위나 방향을 바꿀 수 없다. 예들 들어 '2 + 5 * 6'의 경우, * 연산자의 우선순위가 + 보다 높기 때문에 먼저 계산되어 결과가 32가 된다. 이런 연산의 순위를 바꿀 수 있는 연산자 중복은 불가능하다.

우선순위

●모든 연산자가 중복 가능한 것은 아니다.

〈표 7-2〉는 중복 가능한 연산자를, 〈표 7-3〉은 중복이 불가능한 연산자를 보여준다.

〈표 7-2〉 중복 가능한 연산자

+	-	*	/	%	^	&
|	~	!	=	<	>	+=
-=	*=	/=	%=	^_	&=	|=
<<	>>	>>=	<<=	==	!=	>=
<=	&&	||	++	--	->*	,
->	[]	()	new	delete	new[]	delete[]

〈표 7-3〉 중복 불가능한 연산자

.	.*	::(범위지정 연산자)	? : (3항 연산자)

연산자 함수 선언과 연산자 함수 개요

연산자 함수

연산자 중복은 연산자 함수를 통해 구현된다. 연산자 함수는 다음의 2가지 방법으로 작성 가능하다.

멤버 함수
외부 함수
프렌드 함수로 선언

- 클래스의 멤버 함수로 구현
- 외부 함수로 구현하고 클래스의 프렌드 함수로 선언

연산자 함수를 선언하는 방법을 알아보자. operator 키워드와 함께 다음과 같이 연산자 함수를 선언한다.

```
리턴타입 operator 연산자(매개변수리스트);
```

operator
연산자

연산자 함수는 이름이 'operator' 키워드와 '연산자'로 구성된다는 점 외에는 보통 함수 선언과 동일하다. 연산자 함수를 클래스의 멤버 함수로 구현하느냐 아니면, 외부 함수로 구현하고 프렌드로 선언하느냐에 따라 연산자 함수의 매개 변수 리스트는 달라진다. 두 Color 객체를 더하여 Color 객체를 리턴하는 + 연산자 함수와, 두 Color 객체를 비교하여 true나 false를 리턴하는 == 연산자의 예를 들어 비교해보자.

● 외부 함수로 구현하고 클래스에 프렌드 함수로 선언하는 경우

+ 연산자와 == 연산자 함수는 다음과 같이 외부 전역 함수로 작성하고, 두 개의 피연산자를 모두 매개 변수에 전달한다.

```
Color operator + (Color op1, Color op2); // 외부 전역 함수
bool operator == (Color op1, Color op2); // 외부 전역 함수
...
class Color {
...
    friend Color operator + (Color op1, Color op2); // 프렌드 선언
    friend bool operator == (Color op1, Color op2); // 프렌드 선언
};
```

●클래스의 멤버 함수로 선언되는 경우

\+ 연산자와 == 연산자 함수를 Color의 멤버 함수로 구현할 때 다음과 같이 선언한다.

```
class Color {
    ...
    Color operator + (Color op2); // 왼쪽 피연산자는 객체 자신이고 오른쪽 피연산자가 op2에
                                     전달
    bool operator == (Color op2); // 왼쪽 피연산자는 객체 자신이고 오른쪽 피연산자가 op2에
                                     전달
};
```

오른쪽 피연산자
왼쪽 피연산자

+나 ==의 **오른쪽 피연산자**만 매개 변수 op2에 전달되고, **왼쪽 피연산자**는 객체 자신이므로 매개 변수에 전달되지 않는다.

클래스의 멤버로 구현되었든 외부 함수로 구현되었든, +나 == 연산자는 다음과 같이 사용된다.

```
Color a(BLUE), b(RED), c;
c = a + b; // Color operator + (Color op2)나
             Color operator + (Color op1, Color op2) 중 구현된 것을 호출한다.
if(a == b)  { // bool operator == (Color op2)나
               bool operator == (Color op1, Color op2) 중 구현된 것을 호출한다.
    ...
}
```

이제 7.3절과 7.4절에서는 클래스의 멤버 함수로 연산자 함수를 작성하는 방법을 설명하고, 7.5절에서는 외부 함수로 작성하고 클래스에 프렌드로 선언하는 방법을 설명한다.

> **잠깐!**   operator+()와 operator + ()
>
> operator+()를 operator + ()로 띄어 써도 무관하다.

1 다음 중 연산자 중복이 불가능한 것은?

① new   ② ++   ③ **   ④ [ ]

2 Money 클래스의 두 객체를 더하여 합한 결과를 Money 객체로 리턴하고자 한다. + 연산자를 Money 클래스의 멤버 함수로 선언할 때, + 연산자 함수의 원형은 무엇인가?

```
class Money {
    _____  // + 연산자 함수의 원형을 쓰라
};
```

만일 외부 함수로 구현한다면 + 연산자 함수의 원형은 무엇인가?

3 연산자 중복과 가장 거리가 먼 것은?

① 연산자 함수   ② 클래스   ③ 프렌드   ④ 동적 바인딩

7.3 이항 연산자 중복

이항 연산자

이 절에서는 연산자 함수를 클래스의 멤버 함수로 작성하며, 외부 함수로 작성하는 방법은 7.5절에서 다룬다. 피연산자가 2개인 이항 연산자(binary operator)를 중복해보자. 이 과정을 알고 나면 전체적으로 연산자 함수를 선언하고 구현하는 방법을 알게된다. 지금부터 Power라는 클래스를 가지고 여러 가지 이항 연산자의 중복을 설명한다. Power는 게임에서 인물이나 기계의 에너지(파워)를 표현하는 것으로, 발로 차는힘 kick과 주먹으로 때리는 힘 punch의 두 멤버 변수로 모델링한다.

```cpp
class Power { // 에너지를 표현하는 파워 클래스
    int kick; // 발로 차는 힘
    int punch; // 주먹으로 치는 힘
public:
    Power(int kick=0, int punch=0) {
        this->kick = kick;
        this->punch = punch;
    }
};
```

+ 연산자 중복

산술 연산자를 대표하여 두 개의 Power 객체를 더하는 + 연산자를 선언하고 구현하는과정을 알아보자.

● 연산자 착안

두 개의 Power 객체를 더하는 + 연산자를 만들기 전에 우선 +의 의미를 결정해야 한다. + 연산의 의미를 정하는 것은 전적으로 개발자의 몫이다. 여기서는 + 연산을 두 Power 객체의 kick과 punch를 각각 더하는 것으로 정의한다.

이제, 다음과 같이 3개의 Power 객체 a, b, c를 생성하고,

```
Power a(3,5), b(4,6), c;
```

a, b를 합치는 + 연산자는 다음과 같이 사용한다.

```
c = a + b; // 두 개의 파워 객체를 더하는 + 연산
```

● 연산자 함수 선언

C++의 기본 더하기(+) 연산에서는 피연산자에 수 이외의 값이 올 수 없기 때문에, 컴파일러는 a + b의 연산이 C++의 기본 더하기로 처리될 수 없음을 판단한다. 그리고 Power 클래스에 Power 객체를 더하는 + 연산자 함수가 새로 선언되어 있는지 찾는다. 이를 위해 컴파일러는 a + b 식을 다음과 같이 변형한다.

```
a . + ( b );
```

operator+()

이 식은 [그림 7-2]와 같이 Power 객체 a의 멤버 함수 operator+()를 호출하며, b를 매개 변수로 넘겨주는 함수 호출이다. 우리는 이 호출이 성공할 수 있도록 다음과 같이 operator+() 함수를 Power 클래스의 멤버 함수로 선언한다.

```
class Power {
    Power operator+ (Power op2); // + 연산자 함수 선언
};
```

operator+() 함수는 리턴 타입을 Power로 하고, 더한 결과로 새로운 Power 객체를 리턴한다. [그림 7-2]는 두 개의 Power 객체를 더하는 + 연산과 연산자 함수를 작성하는 과정을 보여준다.

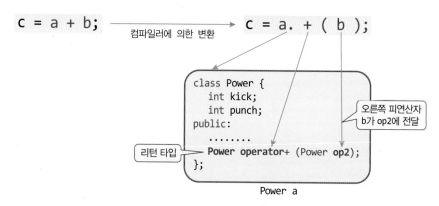

[그림 7-2] operator+() 연산자 함수를 Power 클래스의 멤버로 선언

●연산자 함수 구현

+ 연산은 Power 객체의 kick 멤버와 punch 멤버를 각각 더하는 것이므로, 다음과 같이
연산자 함수로 구현한다.

```
Power Power::operator+(Power op2) {
    Power tmp;
    tmp.kick = this->kick + op2.kick;
    tmp.punch = this->punch + op2.punch;
    return tmp;
}
```

여기서, this는 Power 객체 a 자신에 대한 포인터이며 op2는 Power 객체 b를 전달받
은 매개 변수이므로, this->kick + op2.kick;은 a의 kick과 b의 kick을 더하는 것이다.
이 연산자 함수는 더한 결과 tmp 객체를 리턴한다.

> **잠깐!** 연산자 함수의 참조 매개 변수와 리턴 타입
>
> • Power operator+ (Power op2);는 다음과 같이 참조 매개 변수를 사용해도 무관하다.
>
> ```
> Power operator+ (Power & op2);
> ```
>
> 참조 매개 변수를 사용하면 매개 변수로 객체가 복사되지 않기 때문에 효과적이나, 참조 매개 변수
> 로 원본 객체를 수정할 수 있기 때문에 주의해야 한다.
> • 연산자의 리턴 타입은 연산에 따라 달라진다. 예를 들어 비교(==) 연산자의 경우 리턴 타입은
> bool로 선언되어야 한다.

예제 7-4   **두 개의 Power 객체를 더하는 + 연산자 작성**

두 Power 객체를 더하는 + 연산자를 Power 클래스의 operator+() 멤버 함수로 작성하라.

```
1   #include <iostream>
2   using namespace std;
3
4   class Power {
5       int kick;
6       int punch;
7   public:
8       Power(int kick=0, int punch=0) {
9           this->kick = kick; this->punch = punch;
10      }
11      void show();
12      Power operator+ (Power op2); // + 연산자 함수 선언
13   };
14
15   void Power::show() {
16       cout << "kick=" << kick << ',' << "punch=" << punch << endl;
17   }
18
19   Power Power::operator+(Power op2) {
20       Power tmp; // 임시 객체 생성
21       tmp.kick = this->kick + op2.kick; // kick 더하기
22       tmp.punch = this->punch + op2.punch; // punch 더하기
23       return tmp; // 더한 결과 리턴
24   }
25
26   int main() {
27       Power a(3,5), b(4,6), c;
28       c = a + b; // 파워 객체 + 연산
29       a.show();
30       b.show();
31       c.show();
32   }
```

11번째 줄 말풍선: Power& op2로 해도 됨

19번째 줄 말풍선: Power& op2로 해도 됨

19번째 줄 왼쪽 말풍선: + 연산자 멤버 함수 구현

28번째 줄 말풍선: 객체 a의 operator+() 멤버 함수 호출

▶ 실행 결과

```
kick=3,punch=5
kick=4,punch=6
kick=7,punch=11
```

실행 결과 말풍선: 객체 a, b, c 순으로 출력

== 연산자 중복

비교 연산자(==)의 중복을 통해 관계 연산자를 재정의하는 과정을 알아보자.

●연산자 착안

먼저 == 연산자는 두 개의 Power 클래스를 비교하는 것으로 다음과 같이 사용된다.

```
Power a(3,5), b(3,5);
if(a == b) cout << "두 파워가 같다.";
else cout << "두 파워가 같지 않다.";
```

operator==()
bool

   구체적으로 == 연산자는 두 피연산자의 kick과 punch가 각각 같으면 true를, 아니면 false를 리턴하도록 정의한다. 그러므로 operator==() 연산자 함수의 리턴 타입은 bool이다.

●연산자 함수 선언

컴파일러는 a == b의 식을 다음과 같이 변형하여 Power 클래스의 멤버로 작성된 operator==() 함수를 찾는다.

```
a . == ( b )
```

   이 식은 Power 객체 a의 operator==() 연산자 함수를 호출하고 b를 매개 변수로 넘긴다. 그러므로 우리는 이에 맞추어 [그림 7-3]과 같이 Power 클래스에 operator==() 함수를 멤버로 작성한다.

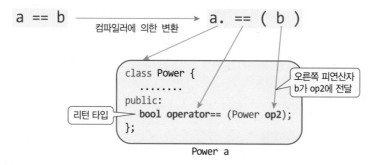

[그림 7-3] operator==() 연산자 함수를 Power 클래스의 멤버로 선언

●연산자 함수 코드

두 개의 Power 객체를 비교하는 operator==() 연산자 함수는 다음과 같이 구현한다.

```
bool Power::operator==(Power op2) {
    if(kick==op2.kick && punch==op2.punch) return true;
    else return false;
}
```

여기서 kick과 punch는 객체 a의 멤버이며, op2.kick과 op2.punch는 객체 b의 멤버들이다.

예제 7-5 두 개의 Power 객체를 비교하는 == 연산자 작성

두 Power 객체를 비교하는 == 연산자를 Power 클래스의 operator==() 멤버 함수로 작성하라.

```
1   #include <iostream>
2   using namespace std;
3
4   class Power {
5       int kick;
6       int punch;
7   public:
8       Power(int kick=0, int punch=0) { this->kick = kick; this->punch = punch; }
9       void show();
10      bool operator== (Power op2); // == 연산자 함수 선언
11   };
12
13   void Power::show() {
14       cout << "kick=" << kick << ',' << "punch=" << punch << endl;
15   }
16
17   bool Power::operator==(Power op2) {
18       if(kick==op2.kick && punch==op2.punch) return true;
19       else return false;
20   }
21
22   int main() {
23       Power a(3,5), b(3,5); // 2 개의 동일한 파워 객체 생성
24       a.show();
25       b.show();
26       if(a == b) cout << "두 파워가 같다." << endl;
27       else cout << "두 파워가 같지 않다." << endl;
28   }
```

- == 연산자 멤버 함수 구현 → 17
- operator==() 멤버 함수 호출 → 26

→ 실행 결과

```
kick=3,punch=5
kick=3,punch=5
두 파워가 같다.
```

+= 연산자 중복

같은 이항 연산자이지만 += 연산자는 + 연산자와 달리 약간의 주의를 기울여야 한다.

● 연산자 착안

다음과 같이 파워 객체 a, b에 대해 += 연산을 적용해보자. 여기서, += 연산은 a와 b를 합쳐 a를 새로운 파워로 갱신하는 것으로 정의한다.

```
Power a(3,5), b(4,6);
a += b;
```

● 연산자 함수 선언

+= 연산자의 리턴 타입을 무엇으로 선언해야 할까? += 연산이 사용되는 사례를 보자.

```
(a += b) += b; // a += b를 계산한 결과 a에 다시 += b가 계산됨
```

이 문장은 (a += b) 연산이 먼저 실행되어 b가 a에 더해진다. 그리고 더해진 a에 += b 연산이 실행된다. 만일 처음 (a += b) 연산에서 += 연산자 함수가 객체 a를 리턴한다면 리턴된 객체는 a의 복사본이다. 그러면 그 다음에 실행되는 += b 연산은 원본 객체 a가 아닌 복사본에 b를 더하게 되는 문제가 발생한다. 이 문제를 해결하기 위해서는 (a += b) 연산이 객체 a의 참조를 리턴하면 된다. 그러므로 += 연산자의 리턴 타입은 Power&으로 해야 한다.

이제 연산자 함수를 만들어 보자. 컴파일러는 a += b;의 식을 다음과 같이 변형하며,

```
a . += ( b );
```

operator+=()

Power 객체 a의 operator+=() 함수를 호출하고 객체 b를 매개 변수로 넘긴다. 이에 적절한 operator+=() 연산자 함수는 [그림 7-4]와 같다.

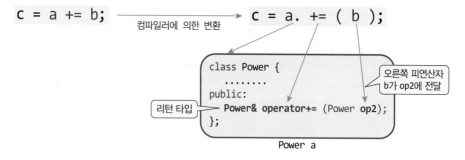

[그림 7-4] operator+=() 연산자 함수를 Power 클래스의 멤버로 선언

● 연산자 함수 코드

operator+=() 연산자 함수는 다음과 같이 구현된다.

```
Power& Power::operator+=(Power op2) {
    kick = kick + op2.kick; // a의 kick에 b의 kick을 더함
    punch = punch + op2.punch;  // a의 punch에 b의 punch을 더함
    return *this; // 갱신된 Power 객체 a 리턴
}
```

주목 →

this

이 함수에서 주목할 것은 this를 이용하여 += 연산의 결과를 리턴한다는 점이다.

```
return *this; // 리턴 타입이 Power&이므로 객체 자신의 참조가 리턴된다.
```

예제 7-6   **두 개의 Power 객체를 더하는 += 연산자 작성**

두 Power 객체를 더하는 += 연산자를 Power 클래스의 operator+=() 멤버 함수로 작성하라.

```
1   #include <iostream>
2   using namespace std;
3
4   class Power {
5       int kick;
6       int punch;
7   public:
8       Power(int kick=0, int punch=0) {
9           this->kick = kick; this->punch = punch;
10      }
11      void show();
12      Power& operator+= (Power op2); // += 연산자 함수 선언
13  };
14
15  void Power::show() {
16      cout << "kick=" << kick << ',' << "punch=" << punch << endl;
17  }
18
19  Power& Power::operator+=(Power op2) {      += 연산자 멤버 함수 구현
20      kick = kick + op2.kick; // kick 더하기
21      punch = punch + op2.punch; // punch 더하기
22      return *this; // 합한 결과 리턴
23  }
```

```
24
25  int main() {
26      Power a(3,5), b(4,6), c;
27      a.show();
28      b.show();
29      c = a += b; // 파워 객체 더하기
30      a.show();
31      c.show();
32  }
```

> operator+=() 멤버 함수 호출

실행 결과 →   a, b 출력

```
kick=3,punch=5
kick=4,punch=6
kick=7,punch=11
kick=7,punch=11
```

a+=b 후 a, c 출력

+ 연산자 작성 실습 : b = a + 2;

이제 이항 연산자 중복에 대해 어느 정도 감을 잡았을 것이다. 연산자와 연산을 착안하고, 그에 맞추어 연산자 함수를 선언하고 구현하면 된다. 지금부터 독자의 실력을 검증해보자. Power 객체 a, b에 대해 다음 + 연산자를 구현해보라.

```
Power a(3,5), b;
b = a + 2;
```

● 연산자 착안

a + 2의 의미를 a의 kick과 punch 값에 각각 2를 더한 결과를 리턴하는 것으로 정의한다.

● 연산자 함수 선언

컴파일러는 우선 a + 2를 다음과 같이 변형할 것이다.

```
a . + ( 2 )
```

operator+(int)

이를 위해 Power 클래스에 operator+(int) 연산자 함수를 다음과 같이 선언한다.

```
class Power {
public:
    Power operator+ (int op2); // operator+(int) 함수는 더한 결과로 Power 객체를 리턴한다.
};
```

● 연산자 함수 구현

연산자를 구현한 결과는 예제 7-7에 있다. a == 2, a += 2 등의 연산도 동일한 방법으로 작성하면 된다.

예제 7-7   **b = a + 2;의 + 연산자 작성**

Power 객체에 정수를 더하는 + 연산자를 Power 클래스의 **operator+(int)** 멤버 함수로 작성하라.

```cpp
1   #include <iostream>
2   using namespace std;
3
4   class Power {
5      int kick;
6      int punch;
7   public:
8      Power(int kick=0, int punch=0) {
9         this->kick = kick; this->punch = punch;
10     }
11     void show();
12     Power operator+ (int op2); // + 연산자 함수 선언
13  };
14
15  void Power::show() {
16     cout << "kick=" << kick << ',' << "punch=" << punch << endl;
17  }
18
19  Power Power::operator+(int op2) {      ← + 연산자 멤버 함수 구현
20     Power tmp; // 임시 객체 생성
21     tmp.kick = kick + op2; // kick에 op2 더하기
22     tmp.punch = punch + op2; // punch에 op2 더하기
23     return tmp; // 임시 객체 리턴
24  }
25
26  int main() {
27     Power a(3,5), b;
28     a.show();
29     b.show();              operator+(int) 함수 호출
30     b = a + 2; // 파워 객체와 정수 더하기
31     a.show();
32     b.show();
33  }
```

→ 실행 결과

```
kick=3,punch=5   ⎫
kick=0,punch=0   ⎬  a, b 출력

kick=3,punch=5   ⎫
kick=5,punch=7   ⎬  b = a + 2 후 a, b 출력
```

1 Power 객체 a, b에 대해 다음 연산을 위한 연산자 함수를 Power 클래스의 멤버 함수로 선언하라.
(1) a > 0
(2) a & b

2 cout 객체는 <iostream> 헤더 파일에 선언된 ostream 클래스 타입의 객체이다. 정수 n을 출력하기 위해 cout과 정수 n은 다음과 같이 사용된다.

```
int n = 5;
cout << n;
```

(1) 컴파일러는 cout << n; 문을 어떻게 변형하겠는가?
(2) << 연산자는 원래 정수 시프트를 위한 C++ 기본 연산자이지만, ostream 클래스 내에 스트림 출력을 위해 중복되었다. 연산자 << 가 어떤 원형으로 선언되어 있겠는가?(자세한 것은 11장을 참고하라.)

7.4 단항 연산자 중복

단항 연산자
전위 연산자
prefix operator
후위 연산자
postfix operator

이 절에서는 피연산자가 하나인 **단항 연산자**(unary operator)의 연산자 함수를 클래스의 멤버 함수로 작성하는 방법을 소개한다. 단항 연산자는 연산자의 위치에 따라 전위 연산자(prefix operator)와 후위 연산자(postfix operator)로 나뉜다. 전위 연산자는 연산자가 피연산자 앞에 오는 경우이며, 후위 연산자는 연산자가 뒤에 오는 경우이다. 다음은 전위 연산자와 후위 연산자의 사례를 보여 주며, op는 피연산자이다.

• 전위 연산자 : !op, ~op, ++op, --op
• 후위 연산자 : op++, op--

단항 연산자 !와 ~는 전위 연산자로만 사용되지만, ++와 -- 연산자는 전위나 후위 연산자 모두 사용된다.

전위 ++ 연산자 중복

전위 ++ 연산자

먼저, 전위 ++ 연산자의 사례로 전위 연산자를 중복하는 방법에 대해 알아보자.

● 연산자 착안

Power 객체 a, b에 대해 전위 ++ 연산자는 다음과 같이 사용 가능하다.

```
Power a(3,5), b;
b = ++a;
++a = b; // ++a는 1-value가 될 수 있음. 5장의 '참조 리턴'과 Tip을 참고할 것
```

　++a 식은 객체 a의 모든 멤버(kick과 punch)들의 값을 1씩 증가시킨 후, 변경된 객체 a의 참조를 리턴하는 것으로 정의한다.

● 연산자 함수 선언

operator++()

컴파일러는 ++a 식을 다음과 같이 변형하여 Power 클래스에 선언된 operator++() 연산자 함수를 호출한다.

```
a . ++ ( );
```

　이 호출이 성공하도록 하기 위해, 매개 변수 없는 operator++() 연산자 함수를 [그림 7-5]와 같이 선언한다. operator++() 함수의 리턴 타입은 Power&이다.

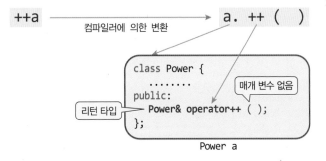

[그림 7-5] 전위 ++ 연산을 위한 operator++() 연산자 함수를 Power 클래스의 멤버로 선언 ━━━━━━

● 참조를 리턴하는 연산자 함수 구현

자신(*this)에 대한 참조를 리턴

operator++() 연산자 함수는 다음과 같이 자신의 kick과 punch를 각각 1씩 증가시킨 후, 자신(*this)에 대한 참조를 리턴한다.

```
Power& Power::operator++( ) {
    kick++;
    punch++;
    return *this; // 변경된 객체 자신(객체 a)의 참조 리턴
}
```

예제 7-8 전위 ++ 연산자 작성

Power 객체를 1 증가시키는 전위 ++ 연산자를 Power 클래스의 operator++() 멤버 함수로 작성하라.

```cpp
1   #include <iostream>
2   using namespace std;
3
4   class Power {
5      int kick;
6      int punch;
7   public:
8      Power(int kick=0, int punch=0) {
9         this->kick = kick; this->punch = punch;
10     }
11     void show();
12     Power& operator++ (); // 전위 ++ 연산자 함수 선언
13   };
14
15   void Power::show() {
16      cout << "kick=" << kick << ',' << "punch=" << punch << endl;
17   }
18
19   Power& Power::operator++() {          전위 ++ 연산자 멤버 함수 구현
20      kick++;
21      punch++;
22      return *this; // 변경된 객체 자신(객체 a)의 참조 리턴
23   }
24
25   int main() {
26      Power a(3,5), b;
27      a.show();                operator++() 함수 호출
28      b.show();
29      b = ++a; // 전위 ++ 연산자 사용
30      a.show();
31      b.show();
32   }
```

→ 실행 결과

```
kick=3,punch=5        a, b 출력
kick=0,punch=0

kick=4,punch=6        b = ++a 후 a, b 출력
kick=4,punch=6
```

예제 7-9   Power 클래스에 ! 연산자 작성

! 연산자를 Power 클래스의 멤버 함수로 작성하라. !a는 a의 kick과 punch가 모두 0이면 true, 아니면 false를 리턴하는 것으로 정의한다.

```cpp
1   #include <iostream>
2   using namespace std;
3
4   class Power {
5       int kick;
6       int punch;
7   public:
8       Power(int kick=0, int punch=0) {
9           this->kick = kick; this->punch = punch;
10      }
11      void show();
12      bool operator! (); // ! 연산자 함수 선언
13  };
14
15  void Power::show() {
16      cout << "kick=" << kick << ',' << "punch=" << punch << endl;
17  }
18
19  bool Power::operator!() {
20      if(kick == 0 && punch == 0) return true;
21      else return false;
22  }
23
24  int main() {
25      Power a(0,0), b(5,5);
26      if(!a) cout << "a의 파워가 0이다." << endl; // ! 연산자 호출
27      else cout << "a의 파워가 0이 아니다." << endl;
28      if(!b) cout << "b의 파워가 0이다." << endl; // ! 연산자 호출
29      else cout << "b의 파워가 0이 아니다." << endl;
30  }
```

전위 ! 연산자 멤버 함수 구현 (line 19)

operator!() 함수 호출 (line 26)

operator!() 함수 호출 (line 28)

→ 실행 결과

a의 파워가 0이다.
b의 파워가 0이 아니다.

후위 ++ 연산자 중복

후위 ++ 연산자
매개 변수를 가지도록 선언

Power 클래스에 후위 ++ 연산자 함수를 만들어보자. 전위 연산자와 후위 연산자를 구분하기 위해 후위 연산자 함수는 다음과 같이 매개 변수를 가지도록 선언된다.

```
Power operator++(); // 전위 ++ 연산자 함수
Power operator++(int x); // 후위 ++ 연산자 함수
```

후위 연산자 함수에서 매개 변수 x에는 의미 없는 값이 전달되므로 무시해도 된다. 이제 후위 ++ 연산자를 작성해보자.

● 연산자 착안

Power 객체 a, b에 대해 후위 ++ 연산자는 다음과 같이 사용된다.

```
Power a(3,5), b;
b = a++; // a++ = b;는 허용되지 않음. C++에서 a++는 l-value가 될 수 없도록 설계됨
```

a++는 객체 a의 kick과 punch를 1씩 증가시키지만, 증가 이전의 객체 a를 리턴하는 것으로 정의한다. a++는 l-value가 될 수 없으므로 ++는 참조를 리턴해서는 안 된다.

● 연산자 함수 선언

operator++(int)

컴파일러는 a++ 식을 다음과 같이 변형하여 Power 클래스에서 int 타입의 매개 변수를 가진 operator++(int) 연산자 함수를 호출한다.

```
a .++(임의의 정수); // 임의의 정수(보통 0)가 operator++(int)의 매개 변수로 넘겨진다.
```

이 호출이 성공하도록 int 타입의 매개 변수를 가진 operator++(int) 연산자 함수를 [그림 7-6]과 같이 선언한다.

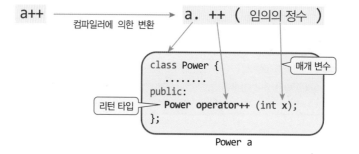

[그림 7-6] 후위 ++ 연산을 위한 operator++(int) 연산자 함수를 Power 클래스의 멤버로 선언

●연산자 함수 구현

operator++(int) 연산자 함수의 코드는 다음과 같다.

```
Power Power::operator++(int x) {
    Power tmp = *this; // 증가 이전 객체 상태 저장
    kick++;
    punch++;
    return tmp; // 증가 이전의 객체(객체 a) 리턴
}
```

　　이 함수는 현재 객체(a)를 tmp 객체에 복사해 놓고, 현재 객체(a)의 kick과 punch
를 1씩 증가시킨 후, tmp를 리턴하여 증가시키기 이전의 객체 a를 리턴한다.

예제 7-10　　**후위 ++ 연산자 작성**

Power 객체를 1 증가시키는 후위 ++ 연산자를 Power 클래스의 operator++(int) 멤버 함수로 작성
하라.

```
1   #include <iostream>
2   using namespace std;
3
4   class Power {
5       int kick;
6       int punch;
7   public:
8       Power(int kick=0, int punch=0) {
9           this->kick = kick; this->punch = punch;
10      }
11      void show();
12      Power operator++ (int x); // 후위 ++ 연산자 함수 선언
13  };
14
15  void Power::show() {
16      cout << "kick=" << kick << ',' << "punch=" << punch << endl;
17  }
18                                        후위 ++ 연산자 멤버 함수 구현
19  Power Power::operator++(int x) {
20      Power tmp = *this; // 증가 이전 객체 상태를 저장    주목
21      kick++;
22      punch++;
23      return tmp; // 증가 이전 객체 상태 리턴
```

```
24   }
25
26   int main() {
27       Power a(3,5), b;
28       a.show();
29       b.show();
30       b = a++; // 후위 ++ 연산자 사용
31       a.show(); // a의 파워는 1 증가됨
32       b.show(); // b는 a가 증가되기 이전 상태를 가짐
33   }
```

29번째 줄 주석: operator++(int) 함수 호출

실행 결과

```
kick=3,punch=5     a, b 출력
kick=0,punch=0
kick=4,punch=6     b = a++ 후 a, b 출력
kick=3,punch=5
```

Tip Power 클래스에 선언된 다양한 연산자

〈표 7-4〉, 〈표 7-5〉는 여러 개의 이항 연산자와 단항 연산자를 Power 클래스에 멤버 함수로 선언한 사례이다. 참고하기 바란다.

〈표 7-4〉 Power 클래스의 멤버로 선언되는 이항 연산자(Power 객체 a, b에 대해)

연산자	사례	컴파일러에 의해 변형된 호출식	클래스의 연산자 멤버 함수
+	a + b	a.+(b)	Power operator + (Power op2)
!=	a != b	a.!=(b)	bool operator != (Power op2)
+=	a += b	a.+=(b)	Power& operator += (Power op2)
+	a + 3	a.+(3)	Power operator + (int b)
>	a > 3	a.>(3)	bool operator > (int b)
+=	a += b	a.+=(b)	Power& operator += (int b)

〈표 7-4〉에서 +, !=, += 연산자 함수는 다음과 같이 참조 매개 변수로 작성해도 된다.

```
Power operator + (Power& op2)
bool operator != (Power& op2)
Power& operator += (Power& op2)
```

〈표 7-5〉 Power 클래스의 멤버로 선언되는 단항 연산자(Power 객체 a, b에 대해)

연산자	사례	컴파일러에 의해 변형된 호출식	클래스의 연산자 멤버 함수
!	!a	a.!()	bool operator ! ()
~	~a	a.~()	Power operator ~ ()
전위 ++	++a	a.++()	Power& operator ++ () // 참조 리턴
후위 ++	a++	a.++(0)	Power operator ++ (int x)
전위 --	--a	a.--()	Power& operator -- () // 참조 리턴
후위 --	a--	a.--(0)	Power operator -- (int x)

7.5 프렌드를 이용한 연산자 중복

외부 전역 함수로도 작성
friend

지금까지 연산자 함수를 모두 클래스의 멤버 함수로 작성하였다. 연산자 함수는 클래스 바깥의 외부 전역 함수로도 작성 가능하다. 이런 경우, 연산자 함수를 클래스에서 friend로 취하여 클래스의 멤버를 자유롭게 접근할 수 있게 한다. 이제부터 연산자 함수를 클래스의 외부 함수로 작성하고 프렌드로 선언하는 방법을 알아보자.

2 + a를 위한 + 연산자 함수 작성

●+ 연산자를 외부 함수로 작성
다음 + 연산 식을 보자.

```
Power a(3,4), b;
b = 2 + a;
```

지금까지 배운 바에 따르면, 컴파일러는 2 + a 연산을 다음과 같이 변형하여 operator+() 함수를 호출하려고 한다.

```
2 . + ( a )
```

그러나 2가 객체가 아니므로 이 변형식은 완전히 잘못된 문장이다. 이처럼 첫 번째 피연산자가 객체가 아닌 경우, 컴파일러는 다음과 같은 식([그림 7-7]의 ②식)으로 변환한다.

```
+ ( 2 , a )
```

외부 함수

사실 컴파일러에게 두 개의 옵션이 있는 셈이다. 앞의 식이 성공적이기 위해서는 operator+() 함수를 Power 클래스의 **외부 함수**로 밖에 구현할 수 없다.

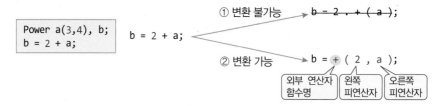

[그림 7-7] 2+a 식의 변환. 컴파일러에 의한 시도

[그림 7-8]은 + 연산자를 Power 클래스의 외부 함수로 구현한 코드를 보여준다. 이처럼 어떤 연산의 경우, 연산자 함수를 오직 외부 함수로만 작성해야 하는 경우가 있다.

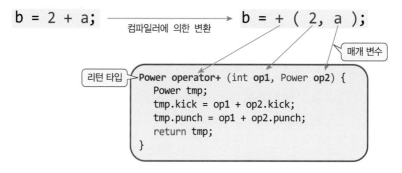

[그림 7-8] 2+a 연산을 위한 외부 operator+(int, Power) 함수 구현

● 외부 연산자 함수의 프렌드 선언

public

[그림 7-8]의 operator+(int, Power) 연산자 함수에는 한 가지 걱정거리가 있다. 함수 내에서 Power의 private 멤버인 kick과 punch를 자유롭게 접근하고 있기 때문이다. 이대로라면, 이 연산자 함수에 컴파일 오류가 발생할 것이 뻔하다. 이 문제의 손쉬운 해결책은 kick과 punch를 public으로 선언하면 된다. 그러나 이러한 해결책은 연산자

함수를 작성하고자 Power 클래스의 캡슐화 원칙을 무너뜨리게 되는 치명적인 판단 미스라고 볼 수 있다.

　　friend를 사용하면 깔끔하게 해결된다. 외부에 구현된 operator+(int, Power)의 연산자 함수를 다음과 같이 Power 클래스에 프렌드로 초대하는 방법이다.

friend
operator+(int, Power)

```cpp
class Power {
    int kick;
    int punch;
public:
    ...
    friend Power operator+(int op1, Power op2); // 프렌드 선언
};


Power operator+(int op1, Power op2) { // 외부 함수로 구현된 연산자 함수
    ...
}
```

예제 7-11　**2+a를 위한 + 연산자 함수를 프렌드로 작성**

2+a를 위한 operator+(int, Power) 연산자 함수를 외부 함수로 작성하고, Power 클래스에 프렌드로 선언하라. operator+(int, Power) 함수가 Power 클래스의 **private** 멤버를 자유롭게 접근할 수 있다.

```cpp
1   #include <iostream>
2   using namespace std;
3
4   class Power {
5       int kick;
6       int punch;
7   public:
8       Power(int kick=0, int punch=0) {
9           this->kick = kick; this->punch = punch;
10      }
11      void show();
12      friend Power operator+(int op1, Power op2); // 프렌드 선언
13  };
14
15  void Power::show() {
16      cout << "kick=" << kick << ',' << "punch=" << punch << endl;
17  }
18
19  Power operator+(int op1, Power op2) {   // + 연산자 함수를 외부 함수로 구현
20      Power tmp; // 임시 객체 생성
```

```
21      tmp.kick = op1 + op2.kick; // kick 더하기
22      tmp.punch = op1 + op2.punch; // punch 더하기
23      return tmp; // 임시 객체 리턴
24    }
25
26    int main() {
27      Power a(3,5), b;
28      a.show();
29      b.show();
30      b = 2 + a; // 파워 객체 더하기 연산
31      a.show();
32      b.show();
33    }
```

private 속성인 kick, punch를 접근하도록 하기 위해 연산자 함수를 friend로 선언해야 함

operator+(2, a) 호출

➡ 실행 결과

```
kick=3,punch=5
kick=0,punch=0
kick=3,punch=5
kick=5,punch=7
```

a, b 출력

b = 2 + a 후 a, b 출력

+ 연산자를 외부 프렌드 함수로 작성

두 개의 Power 객체를 더하는 + 연산자를 외부 함수로 작성해보자. 다음과 같이 + 연산을 실행하는 코드가 있다고 하자.

```
Power a(3,4), b(4,5), c;
c = a + b;
```

operator+(Power, Power) friend

컴파일러는 a + b 식을 [그림 7-9]에 보이는 바와 같이, 외부에 선언된 operator+(Power, Power) 함수를 호출하고 피연산자 a, b를 모두 매개 변수로 전달한다. 그리고 이 함수를 friend로 선언한다.

c = a + b; ——컴파일러에 의한 변환—→ c = + (a, b);

매개 변수

리턴 타입

```
Power operator+ (Power op1, Power op2) {
    Power tmp;
    tmp.kick = op1.kick + op2.kick;
    tmp.punch = op1.punch + op2.punch;
    return tmp;
}
```

[그림 7-9] 클래스 외부에 구현된 operator+() 연산자 함수 ━━━━━

예제 7-12   **a+b를 위한 + 연산자 함수를 프렌드로 작성**

a+b를 위한 operator+(Power, Power) 연산자 함수를 외부 함수로 작성하고, Power 클래스에 프렌드로 선언하라.

```cpp
1   #include <iostream>
2   using namespace std;
3
4   class Power {
5      int kick;
6      int punch;
7   public:
8      Power(int kick=0, int punch=0) {
9         this->kick = kick; this->punch = punch;
10     }
11     void show();
12     friend Power operator+(Power op1, Power op2); // 프렌드 선언
13  };
14
15  void Power::show() {
16     cout << "kick=" << kick << ',' << "punch=" << punch << endl;
17  }
18
19  Power operator+(Power op1, Power op2) {       // + 연산자 함수 구현
20     Power tmp; // 임시 객체 생성
21     tmp.kick = op1.kick + op2.kick; // kick 더하기
22     tmp.punch = op1.punch + op2.punch; // punch 더하기
23     return tmp; // 임시 객체 리턴
24  }
25
26  int main() {
27     Power a(3,5), b(4,6), c;
28     c = a + b; // 파워 객체 더하기 연산
29     a.show();       operator+(a,b) 호출
30     b.show();
31     c.show();
32  }
```

실행 결과

```
kick=3,punch=5
kick=4,punch=6       객체 a, b, c 순으로 출력
kick=7,punch=11
```

> **잠깐!** **동일한 연산자 함수를 멤버 함수와 프렌드 함수로 동시 구현할 수 없다.**
>
> 하나의 연산자 함수를 멤버 함수와 프렌드 함수로 동시에 구현할 수 없다.

단항 연산자 ++를 프렌드로 작성하기

프렌드 함수

Power 객체에 대한 ++ 연산자를 프렌드 함수로 작성해보자. ++ 연산자는 다음과 같이 전위 ++ 연산과 후위 ++ 연산으로 구분되어 사용된다.

```
Power a(3, 5), b;
b = ++a; // 전위 ++ 연산
b = a++; // 후위 ++ 연산
```

컴파일러는 앞의 ++ 연산을 [그림 7-10]과 같이 변환하여 클래스 외부의 연산자 함수를 호출한다. 후위 ++ 연산자 함수는 전위 ++ 연산자 함수와 구분하기 위해 int 매개 변수를 추가적으로 가지며, 의미 없는 값이 전달된다.

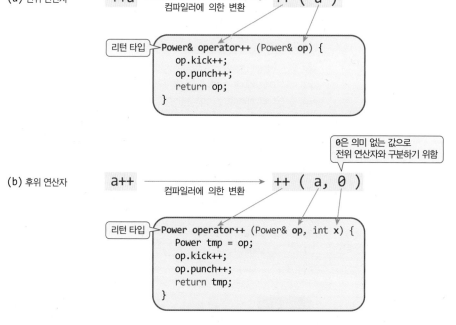

[그림 7-10] 전위 ++ 연산자와 후위 ++ 연산자를 위한 연산자 함수

● 참조 매개 변수와 참조 리턴 사용

참조 매개 변수

여기서 매우 중요한 것이 있다. [그림 7-10]의 두 연산자 함수는 모두 참조 매개 변수

Power& op를 사용하며, 전위 연산자의 경우 참조를 리턴한다는 점이다.

```
Power& operator++ (Power& op); // 전위 ++ 연산자 함수
Power operator++ (Power& op, int x); // 후위 ++ 연산자 함수
```

참조 매개 변수를 사용하지 않는다면, 매개 변수 op에 객체 a의 복사본이 전달되므로, op 객체의 kick과 punch 값을 증가시켜도 객체 a는 변하지 않고, ++a나 a++의 실행 후 객체 a는 ++ 연산 이전과 동일하게 된다.

Power& op의 참조 매개 변수

Power& op의 참조 매개 변수를 사용함으로써 op는 객체 a를 참조하게 되어 op 객체를 변경하면 바로 객체 a가 변경된다.

예제 7-13   **++ 연산자 함수를 프렌드로 작성**

전위 ++과 후위 ++를 위한 연산자 함수를 외부 함수로 작성하고, **Power** 클래스에 프렌드로 선언하라.

```cpp
1   #include <iostream>
2   using namespace std;
3
4   class Power {
5       int kick;
6       int punch;
7   public:
8       Power(int kick=0, int punch=0) { this->kick = kick; this->punch = punch; }
9       void show();
10      friend Power& operator++(Power& op); // 전위 ++ 연산자 함수 프렌드 선언
11      friend Power operator++(Power& op, int x); // 후위 ++ 연산자 함수 프렌드 선언
12  };
13
14  void Power::show() {
15      cout << "kick=" << kick << ',' << "punch=" << punch << endl;
16  }
17
18  Power& operator++(Power& op) { // 전위 ++ 연산자 함수 구현
19      op.kick++;
20      op.punch++;
21      return op; // 연산 결과 리턴
22  }
23
24  Power operator++(Power& op, int x) { // 후위 ++ 연산자 함수 구현
25      Power tmp = op; // 변경하기 전의 op 상태 저장
26      op.kick++;
```

전위 연산자의 경우 참조 리턴에 주목

참조 매개 변수 사용에 주목

참조 매개 변수 사용에 주목

```
27      op.punch++;
28      return tmp; // 변경 이전의 op 리턴
29  }
30
31  int main() {
32      Power a(3,5), b;
33      b = ++a; // 전위 ++ 연산자
34      a.show();  b.show();
35
36      b = a++; // 후위 ++ 연산자
37      a.show();  b.show();
38  }
```

→ 실행 결과

kick=4,punch=6 ⎱ b = ++a 실행 후
kick=4,punch=6 ⎰   a, b 출력
kick=5,punch=7 ⎱ b = a++ 실행 후
kick=4,punch=6 ⎰   a, b 출력

잠깐! **연산자 함수는 멤버 함수나 프렌드 함수 중 어떤 것이 바람직한가?**

개발자가 연산자 함수를 클래스의 멤버 함수로 작성할 것인지 외부 함수로 작성할 것인지 선택해야 한다. 가능하면 클래스의 멤버 함수로 작성하기를 권한다. 새로운 연산자는 클래스와 연계하여 작동 하기 때문이며, 클래스의 멤버로 선언하면 외부의 연산자 함수를 friend로 취할 필요도 없고 프로그램의 가독성도 높아지기 때문이다. 물론 2 + a처럼 + 연산자를 외부 함수로 밖에 만들 수 없는 경우를 제외하고!

잠깐! **연산자 함수에 디폴트 매개 변수를 사용할 수 있나?**

연산자 함수는 디폴트 매개 변수를 가질 수 없다.

CHECK TIME

1 Circle 클래스의 객체 donut, pizza가 있을 때, Circle 클래스의 멤버 함수로 연산자 함수를 작성할 수 없는 경우는?

① 3 < donut   ② !donut   ③ pizza + 3.14   ④ pizza != donut

2 연산자 함수를 작성하는데 있어 friend는 왜 필요한가?

7.6 참조를 리턴하는 << 연산자 작성 실습

참조 리턴

초급자에게 참조 리턴은 어렵다. 반복하다 보면 감을 잡게 될 날이 온다. << 연산자를 만들어보면서 참조 리턴을 이해해보자. Power 객체 a에 대해 다음 << 연산자를 구현해 보라.

```
Power a(1,2);
a << 3 << 5 << 6;
```

●연산자 착안

이 연산은 객체 a의 kick과 punch에 각각 3을 더하고 다시 5, 6을 연속적으로 더하는 연산이다. 실행 결과 객체 a의 kick은 15, punch는 16이 된다.

●연산자 함수 구현

여기서 잠깐, << 연산이 어떻게 진행되어야 하는지 생각해보자. 'a<<3'의 실행 후 다음 '<<5' 연산이 객체 a에 대해 진행되려면, 'a<<3'에서 연산자 <<가 연산 후 객체 a의 참조를 리턴해야 한다. 컴파일러는 a << 3 연산을 다음과 같이 변형한다.

```
a . << (3);
```

우리는 이에 맞추어 << 연산자 함수를 다음과 같이 Power 클래스의 멤버로 선언한다.

```
class Power {
public:
    Power& operator << (int n); // 연산 후 Power 객체의 참조 리턴
};

Power& Power::operator <<(int n) {
    kick += n;
    punch += n;
    return *this; // 이 객체의 참조 리턴
}
```

만일 참조를 리턴하지 않고 다음과 같이 구현한다면

```
Power operator << (int n); // 참조를 리턴하지 않으면 연속된 << 연산이 정상 작동하지 않음
```

a<<3 연산에서 << 연산자가 객체 a의 복사본을 리턴하기 때문에, 'a<<3' 후에 계속되는 '<<5' 연산은 객체 a의 복사본에 5를 증가시키는 결과가 된다. << 연산자가 제대로 작동하려면 << 연산자 함수가 원본(*this)에 대한 참조(&)를 리턴해야 한다.

예제 7-14 **참조를 리턴하는 << 연산자 작성**

Power 객체의 kick과 punch에 정수를 더하는 << 연산자를 멤버 함수로 작성하라.

```cpp
1   #include <iostream>
2   using namespace std;
3
4   class Power {
5      int kick;
6      int punch;
7   public:
8      Power(int kick = 0, int punch = 0) {
9         this->kick = kick; this->punch = punch;
10     }
11     void show();
12     Power& operator << (int n); // 연산 후 Power 객체의 참조 리턴
13  };
14
15  void Power::show() {
16     cout << "kick=" << kick << ',' << "punch=" << punch << endl;
17  }
18
19  Power& Power::operator <<(int n) {
20     kick += n;
21     punch += n;
22     return *this; // 이 객체의 참조 리턴
23  }
24
25  int main() {
26     Power a(1, 2);
27     a << 3 << 5 << 6; // 객체 a에 3, 5, 6이 순서대로 더해진다.
28     a.show();
29  }
```

→ 실행 결과

```
kick=15,punch=16
```

요약 **SUMMARY**

C++ 프렌드 개념

- 클래스의 모든 멤버를 접근할 수 있도록 허용된 외부 함수나 다른 클래스의 멤버 함수를 프렌드 함수라고 부른다.
- 프렌드 함수는 friend 키워드를 이용하여 선언한다.
- 프렌드 함수는 클래스의 멤버 함수가 아니다.
- 프렌드는 클래스 내의 아무 위치에나 선언하면 된다.
- 프렌드로 선언할 수 있는 종류는 외부 함수, 다른 클래스의 멤버 함수, 다른 클래스 전체로 3가지이다.
- 프렌드는 클래스의 멤버로 선언하기에는 부적합하지만, 특별한 사유로 클래스의 모든 멤버에 대한 접근 권한이 필요한 함수의 경우에 활용된다.

연산자 중복과 프렌드

- 사용자는 C++ 기본 연산자에 대해, 피연산자가 다른 경우 새로운 연산을 하도록 재정의할 수 있으며, 이를 연산자 중복이라고 부른다.
- C++의 기본 연산자가 아닌 새로운 기호를 연산자로 만들 수 없다.
- 모든 C++의 연산자 기호를 중복하여 새로운 연산을 정의할 수 있는 것은 아니다.
- 연산자 중복은 연산자 함수의 구현을 통해 이루어진다. 예를 들어 cout << 'a';에서 << 연산자도 ostream 클래스에서 스트림에 문자를 출력하도록 재정의된 함수이다.
- 연산자 함수의 원형은 다음과 같이 operator 뒤에 연산자 기호와 ()를 붙여 선언한다.

```
Circle operator+(Circle op2);
```

- 새로운 연산자의 피연산자 중 하나는 반드시 클래스 타입이어야 한다.

```
Circle donut(10);
donut = donut + 3;
```

- 연산자 함수는 클래스의 멤버 함수로 구현할 수 있고, 외부 함수로 구현하고 클래스에 프렌드로 선언하여 작동하게 할 수 있다.

이항 연산자 중복

- 피연산자가 두 개인 +, -, +=, ==, < 등의 많은 이항 연산자를 중복할 수 있다.

단항 연산자 중복

- 단항 연산자는 !, ~, ++ 등 피연산자가 하나인 연산자이다.
- 단항 연산자 ++, -- 는 ++op, op++와 같이 전위 연산자로 사용되기도 하고 후위 연산자로 사용되기도 하므로 연산자 중복 시 이들을 구분해야 한다. ++ 연산자의 경우 전위 연산자와 후위 연산자를 Circle 클래스에 선언하면 다음과 같다.

```
Circle& operator++(); // 전위 연산자
Circle operator++(int x); // 후위 연산자
```

참조를 리턴하는 연산자 중복

- +=, <<, 전위 연산자 ++, -- 등의 연산자는 참조를 리턴하도록 작성되어야 한다.

히스토그램 클래스에 ≪, ! 연산자 작성

목적
연산자 중복, 참조 리턴의 의미

히스토그램을 표현하는 **Histogram** 클래스를 만들고 ≪, ! 연산자를 작성해보자. **Histogram** 클래스는 영문자 알파벳만 다루며 대문자는 모두 소문자로 변환하여 처리한다. **Histogram** 클래스를 활용하는 코드 사례는 다음과 같다. **난이도 6**

```cpp
int main() {
    Histogram song("Wise men say, \nonly fools rush in But I can't help, \n");
    song << "falling" << " in love with you." << "- by "; // 히스토그램에 문자열 추가
    song << 'k' << 'i' << 't';  // 히스토그램에 문자 추가
    !song; // 히스토그램 그리기
}
```

```
Wise men say,
only fools rush in But I can't help,
falling in love with you.- by kit

총 알파벳 수 62
a:***
b:**
c:*
d:
e:****
f:**
g:*
h:***
i:*******
j:
k:*
l:******
m:*
n:******
o:*****
p:*
q:
r:*
s:****
t:****
u:***
v:*
w:**
x:
y:****
z:
```

1. Histogram 클래스는 문자열을 저장하기 위해 string을 사용하면 편리하다.

2. 문자가 알파벳인지 판별하기 위해 isalpha(). 소문자로 바꾸기 위해서는 tolower()를 다음과 같이 이용하면 된다.

```
char c, d;
isalpha(c); // 문자 c가 알파벳이면 true를 리턴한다.
d = tolower(c); // 문자 c를 소문자로 변환하여 리턴한다.
```

3. 다음과 같이 연속적으로 << 연산자가 작동하게 하기 위해서는,

```
song << 'k' << 'i' << 't';
```

　<< 연산자의 리턴 타입이 아래와 같이 Histogram&로 선언되어야 한다.

```
Histogram& operator << (char c) {
  ...
  return *this;
}
```

4. 4장의 실습 문제 13번 정답을 참고하라.

연습문제

이론 문제 ・홀수 문제는 정답이 공개됩니다.

1. 프렌드에 대한 설명 중 틀린 것은?
   ① 한 클래스의 전체 멤버 함수를 프렌드로 선언할 수 없다.
   ② 프렌드 함수는 클래스의 멤버 함수가 아니다.
   ③ 프렌드 함수는 클래스의 private 멤버에 대한 접근 권한을 가진다.
   ④ 프렌드 함수는 friend 키워드로 클래스 내에 선언된다.

2. 프렌드 함수가 필요한 경우가 아닌 것은?
   ① 멤버는 아니지만 클래스의 private 멤버에 접근해야만 하는 함수를 작성하는 경우
   ② 두 개 이상의 클래스에 대해 private 멤버를 동시에 접근하는 함수를 작성하는 경우
   ③ 연산자 중복 시에
   ④ 함수 중복 시에

3. 다음 클래스 Sample에서 클래스 SampleManager의 모든 멤버 함수를 프렌드로 초대하도록 선언하라.

```
class Sample {
...
};
```

4. 클래스 SampleManager에는 다음의 멤버 함수가 있다.

```
bool compare(Sample &a, Sample &b);
```

이 멤버 함수를 다음 클래스 Sample에 프렌드로 초대하도록 선언하라.

```
class Sample {
...
};
```

5. 다음 프로그램은 컴파일 오류가 발생한다. 오류의 원인은 무엇인가? 오류를 바람직하게 수정하라.

```cpp
class Student {
    int id;
public:
    Student(int id) { this->id = id;}
};
bool isValid(Student s) {
    if(s.id > 0) return true;
    else return false;
}
```

6. 다음 프로그램은 컴파일 오류가 발생한다. 오류의 원인은 무엇인가? 오류를 바람직하게 수정하라.

```cpp
class Student {
    int id;
public:
    Student(int id) { this->id = id;}
};
class Professor {
    string name;
public:
    Professor(string name) { this->name = name;}
};
void show(Student s, Professor p) {
    cout << s.id << p.name;
}
```

힌트
Hint

문제를 푸는 와중에 전방 참조 문제를 해결하기 위해, 코드의 맨 앞에 다음 두 줄의 전방 선언문을 삽입하는 것을 잊지 마라.

```cpp
class Student;
class Professor;
```

7. 다음 프로그램은 컴파일 오류를 가지고 있다. 오류를 지적하고 바람직하게 수정하라.

```cpp
class Food {
   int price;
   string name;
public:
   Food(string name, int price);
   void buy();
};
class Person {
   int id;
public:
   void shopping(Food food) {
      if(food.price < 1000)
         food.buy();
   }
   int get() { return id; }
};
```

8. 프렌드 선언의 위치에 대한 설명 중 옳은 것은?
   ① 클래스 내의 **private** 영역에 선언되어야 한다.
   ② 클래스 내의 **protected** 영역에 선언되어야 한다.
   ③ 클래스 내의 **public** 영역에 선언되어야 한다.
   ④ 클래스 내의 아무 영역에 선언되어도 상관없다.

9. 다음의 **friend** 선언과 **main()** 함수의 **isZero()**의 호출이 옳은지 설명하라.

```cpp
class Sample {
public:
   int x;
   Sample(int x) {this->x = x;}
   friend bool isZero(Sample &a) { // 이곳에 주목
      if(a.x == 0) return true;
      else return false;
   }
};
int main() {
   Sample a(5), b(6);
   bool ret = a.isZero(b); // 이곳에 주목
}
```

10. 다음 코드에서 프렌드 선언이 필요한지 설명하라.

```cpp
class Sample {
public:
   int x;
   Sample(int x) {this->x = x;}
   friend bool isZero(Sample &a); // 이곳에 주목
};
bool isZero(Sample& a) {
   if(a.x == 0) return true;
   else return false;
}
```

11. 다음은 어떤 다형성을 보여주고 있는가?

```cpp
int a = 4 << 2;
cout << 'a';
```

12. 다음에 보이는 다형성에 일치하는 다른 사례를 하나만 들어라.

2 + 3 = 5

빨강 + 파랑 = 보라

남자 + 여자 = 결혼

_____

13. 연산자 중복의 특징이 아닌 것은?

① 모든 연산자를 중복할 수 있는 것은 아니다.

② 연산자 중복을 통해 연산자의 근본 우선순위를 바꿀 수 없다.

③ 연산자 중복은 반드시 클래스와 관계를 가진다.

④ 연산자 중복은 어떤 기호를 사용하든지 가능하다.

14. 다음에서 멤버 함수로 + 연산자 함수를 작성할 수 없는 경우는?

```cpp
Power a, b; // Power 클래스에 대해
```

① a = a + b   ② b = a + 3   ③ b = a += 3   ④ b = 3 + a

15. 다음에서 a, b는 Power 클래스의 객체이다. 연산자 함수를 Power 클래스의 멤버 함수로 작성한다고 할 때, 왼쪽의 연산과 오른쪽의 연산자 함수의 선언이 잘못된 것은?

① a + b   Power operator + (Power b);

② a == b   bool operator == (Power &b);

③ a += b   void operator += (Power b);

④ !a   bool operator !();

16. 다음에서 a, b는 Power 클래스의 객체이다. 연산자 함수를 Power 클래스의 프렌드 함수로 작성한다고 할 때, 왼쪽의 연산과 오른쪽의 연산자 함수의 선언이 잘못된 것은?

① a + b   Power operator + (Power& a, Power &b);

② a == b   bool operator == (Power a, Power b);

③ a++   Power operator ++ (Power a, int b);

④ a = b   Power& operator = (Power &a, Power b);

17. 다음과 같은 Circle 클래스가 있다.

```cpp
class Circle {
   int radius;
public:
   Circle(int radius=0) { this->radius = radius; }
   int getRadius() { return radius; }
};
```

다음과 같이 Circle 객체 a, b에 대한 치환 연산(=)이 제대로 이루어지도록 할 때 치환연산자를 작성할 필요가 있는지 설명하라.

```cpp
Circle a(20), b(30);
a = b;
```

실습 문제

★ 표시가 있는 문제는 정답이 공개됩니다.

* 문제 1~4까지 사용될 Book 클래스는 다음과 같다.

```cpp
class Book {
   string title;
   int price, pages;
public:
   Book(string title="", int price=0, int pages=0) {
      this->title = title; this->price = price; this->pages = pages;
   }
   void show() {
      cout << title << ' ' << price << "원 " <<pages << " 페이지" << endl;
   }
   string getTitle() { return title; }
};
```

목적 +=, -=, 참조 매개 변수, 참조 리턴의 연산자 구현 연습

1.★ Book 객체에 대해 다음 연산을 하고자 한다. 난이도 **4**

```
Book a("청춘", 20000, 300), b("미래", 30000, 500);
a += 500; // 책 a의 가격 500원 증가
b -= 500; // 책 b의 가격 500원 감소
a.show();
b.show();
```

```
청춘 20500원 300 페이지
미래 29500원 500 페이지
```

(1) +=, -= 연산자 함수를 Book 클래스의 멤버 함수로 구현하라.
(2) +=, -= 연산자 함수를 Book 클래스 외부 함수로 구현하라.

목적 == 연산자 구현 연습

2. Book 객체를 활용하는 사례이다. 난이도 **4**

```
Book a("명품 C++", 30000, 500), b("고품 C++", 30000, 500);
if(a == 30000) cout << "정가 30000원" << endl; // price 비교
if(a == "명품 C++") cout << "명품 C++ 입니다." << endl; // 책 title 비교
if(a == b) cout << "두 책이 같은 책입니다." << endl; // title, price, pages 모두 비교
```

```
정가 30000원
명품 C++ 입니다.
```

(1) 세 개의 == 연산자 함수를 가진 Book 클래스를 작성하라.
(2) 세 개의 == 연산자를 프렌드 함수로 작성하라.

목적 ! 연산자 구현 연습

3. 다음 연산을 통해 공짜 책인지를 판별하도록 ! 연산자를 작성하라. 난이도 **4**

```
Book book("벼룩시장", 0, 50); // 가격은 0
if(!book) cout << "공짜다" << endl;
```

```
공짜다
```

목적 < 연산자 구현 연습

4. 다음 연산을 통해 책의 제목을 사전 순으로 비교하고자 한다. < 연산자를 작성하라. 난이도 **5**

```
Book a("청춘", 20000, 300);
string b;
cout << "책 이름을 입력하세요>>";
getline(cin, b); // 키보드로부터 문자열로 책 이름을 입력 받음
if(b < a)
   cout << a.getTitle() << "이 " << b << "보다 뒤에 있구나!" << endl;
```

```
책 이름을 입력하세요>>바람과 함께 사라지다
청춘이 바람과 함께 사라지다보다 뒤에 있구나!
```

5. 다음 main()에서 Color 클래스는 3요소(빨강, 초록, 파랑)로 하나의 색을 나타내는 클래스이다(4장 실습 문제 1번 참고). + 연산자로 색을 더하고, == 연산자로 색을 비교하고자 한다. 실행 결과를 참고하여 Color 클래스와 연산자, 그리고 프로그램을 완성하라. 난이도 5

연산자를 클래스의 멤버 함수와 프렌드로 각각 중복

```cpp
int main() {
   Color red(255, 0, 0), blue(0, 0, 255), c;
   c = red + blue;
   c.show(); // 색 값 출력

   Color fuchsia(255, 0, 255);
   if (c == fuchsia)
      cout << "보라색 맞음";
   else
      cout << "보라색 아님";
}
```

> 빨간색 성분 255, 초록색 성분 0, 파란색 성분 255가 합쳐진 보라색을 나타냄. 성분의 최대치는 255

```
255 0 255
보라색 맞음
```

(1) +와 == 연산자를 Color 클래스의 멤버 함수로 구현하라.
(2) +와 == 연산자를 Color 클래스의 프렌드 함수로 구현하라.

6. 2차원 행렬을 추상화한 Matrix 클래스를 작성하고, show() 멤버 함수와 다음 연산이 가능하도록 연산자를 모두 구현하라. 난이도 5

연산자와 클래스 구현 연습

```cpp
Matrix a(1,2,3,4), b(2,3,4,5), c;
c = a + b;
a += b;
a.show(); b.show(); c.show();
if(a == c)
   cout << "a and c are the same" << endl;
```

```
Matrix = { 3 5 7 9 }
Matrix = { 2 3 4 5 }
Matrix = { 3 5 7 9 }
a and c are the same
```

(1) 연산자 함수를 Matrix의 멤버 함수로 구현하라.
(2) 연산자 함수를 Matrix의 프렌드 함수로 구현하라.

7. 2차원 행렬을 추상화한 **Matrix** 클래스를 활용하는 다음 코드가 있다. [난이도 6]

`목적` <<, >> 연산자와 클래스 구현 연습

```
Matrix a(4,3,2,1), b;
int x[4], y[4] = {1,2,3,4};   // 2차원 행렬의 4 개의 원소 값
a >> x; // a의 각 원소를 배열 x에 복사. x[]는 {4,3,2,1}
b << y; // 배열 y의 원소 값을 b의 각 원소에 설정

for(int i=0; i<4; i++) cout << x[i] << ' '; // x[] 출력
cout << endl;
b.show();
```

```
4 3 2 1
Matrix = { 1 2 3 4 }
```

(1) <<, >> 연산자 함수를 Matrix의 멤버 함수로 구현하라.
(2) <<, >> 연산자 함수를 Matrix의 프렌드 함수로 구현하라.

8. 원을 추상화한 **Circle** 클래스는 간단히 아래와 같다.

`목적` 프렌드 함수로 연산자 구현 연습

```
class Circle {
   int radius;
public:
   Circle(int radius=0) { this->radius = radius; }
   void show() { cout << "radius = " << radius << " 인 원" << endl; }
};
```

다음 연산이 가능하도록 연산자를 프렌드 함수로 작성하라. [난이도 5]

```
Circle a(5), b(4);
++a; // 반지름을 1 증가 시킨다.
b = a++; // 반지름을 1 증가 시킨다.
a.show();
b.show();
```

```
radius = 7 인 원
radius = 6 인 원
```

목정 프렌드 함수로 연산자 구현 연습

9. 문제 8번의 **Circle** 객체에 대해 다음 연산이 가능하도록 연산자를 구현하라. 난이도 5

```
Circle a(5), b(4);
b = 1 + a; // b의 반지름을 a의 반지름에 1을 더한 것으로 변경
a.show();
b.show();
```

```
radius = 5 인 원
radius = 6 인 원
```

목정 참조 리턴 등 참조자(&) 사용이 필요한 연산자 종합 응용

10. 통계를 내는 **Statistics** 클래스를 만들려고 한다. 데이터는 **Statistics** 클래스 내부에 **int** 배열을 동적으로 할당받아 유지한다. 다음과 같은 연산이 잘 이루어지도록 **Statistics** 클래스와 !, >>, <<, ~ 연산자 함수를 작성하라. 난이도 8

```
Statistics stat;
if(!stat) cout << "현재 통계 데이타가 없습니다." << endl;

int x[5];
cout << "5 개의 정수를 입력하라>>";
for(int i=0; i<5; i++) cin >> x[i]; // x[i]에 정수 입력

for(int i=0; i<5; i++) stat << x[i]; // x[i] 값을 통계 객체에 삽입한다.
stat << 100 << 200; // 100, 200을 통계 객체에 삽입한다.
~stat; // 통계 데이타를 모두 출력한다.

int avg;
stat >> avg;   // 통계 객체로부터 평균을 받는다.
cout << "avg=" << avg << endl; // 평균을 출력한다
```

```
현재 통계 데이타가 없습니다.
5 개의 정수를 입력하라>>1 2 3 4 5
1 2 3 4 5 100 200 ──────────  ~stat의 실행 결과
avg=45
```

11. 스택 클래스 **Stack**을 만들고 푸시(**push**)용으로 **<<** 연산자를, 팝(**pop**)을 위해 **>>** 연산자를, 비어 있는 스택인지를 알기 위해 **!** 연산자를 작성하라. 다음 코드를 **main()**으로 작성하라. 난이도 7

> 참조 리턴 등 참조자(&) 사용이 필요한 연산자 종합 응용

```
Stack stack;
stack << 3 << 5 << 10; // 3, 5, 10을 순서대로 푸시
while(true) {
    if(!stack) break; // 스택 empty
    int x;
    stack >> x; // 스택의 탑에 있는 정수 팝
    cout << x << ' ';
}
cout << endl;
```

push 한 반대 순으로 pop 한 결과 출력

```
10 5 3
```

12. 정수 배열을 항상 증가 순으로 유지하는 **SortedArray** 클래스를 작성하려고 한다. 아래의 **main()** 함수가 작동할 만큼만 **SortedArray** 클래스를 작성하고 **+**와 **=** 연산자도 작성하라. 난이도 8

> 연산자 중복, 복사 생성자의 종합 응용

```
class SortedArray {
    int size; // 현재 배열의 크기
    int *p; // 정수 배열에 대한 포인터
    void sort(); // 정수 배열을 오름차순으로 정렬
public:
    SortedArray(); // p는 NULL로 size는 0으로 초기화
    SortedArray(SortedArray& src); // 복사 생성자
    SortedArray(int p[], int size); // 생성자. 정수 배열과 크기를 전달받음
    ~SortedArray(); // 소멸자
    SortedArray operator + (SortedArray& op2); // 현재 배열에 op2 배열 추가
    SortedArray& operator = (const SortedArray& op2); // 현재 배열에 op2 배열 복사
    void show(); // 배열의 원소 출력
};
```

```
int main() {
  int n[] = { 2, 20, 6 };
  int m[] = { 10, 7, 8, 30 };
  SortedArray a(n, 3), b(m, 4), c;

  c = a + b; // +, = 연산자 작성 필요
  // + 연산자가 SortedArray 객체를 리턴하므로 복사 생성자 필요

  a.show();
  b.show();
  c.show();
}
```

배열 a	배열 출력 : 2 6 20
배열 b	배열 출력 : 7 8 10 30
배열 c	배열 출력 : 2 6 7 8 10 20 30

모두 정렬된 형태로 출력

힌트
Hint

+ 연산자는 SortedArray 객체를 리턴하므로 복사 생성자가 반드시 필요하다. a=b; 연산에서 = 연산자는 객체 a의 배열 메모리를 모두 delete 시키고 객체 b의 크기만큼 다시 할당받은 후 객체 b의 배열 내용을 복사하도록 작성되어야 한다.

08

상속

08
CHAPTER

상속

8.1 상속의 개념

상속
Inheritance

상속(Inheritance)은 객체 지향 언어의 본질적인 특성이다. 상속 개념이 없다면 객체 지향 언어라고 말하지 않는다. 상속은 소프트웨어의 재사용을 가능하게 하며, 동적 바인딩을 통해 객체 지향 프로그래밍의 묘미를 그대로 살리는 매우 중요한 기능이다.

유전적 상속과 객체 지향 상속

인간은 다른 동물과 달리 부모가 자식에게 유산을 상속한다. 부모가 가진 집과 재산을 자식들에게 나누어 주어 자식이 편안히 살 수 있도록 한다. 사람들은 이것을 상속이라고 말하지만, 객체 지향 언어에서의 상속은 이와 다르다. 객체 지향 언어에서의 상속은 부모 유전자를 자식이 물려받는 유전적 상속과 유사하다. [그림 8-1]은 이들을 비교하여 보여준다.

유산 상속   유전적 상속 : 객체 지향 상속

[그림 8-1] 사람들의 상속 개념과 객체 지향 언어의 상속 개념 비교

　[그림 8-2]의 생물 분류 또한 객체 지향 언어의 상속과 흡사하다. '동물'은 '생물'의 속성을 물려받고 자신만의 고유한 속성을 추가적으로 가진다. '어류'는 '동물'의 속

성과 '생물'의 속성을 물려받고 역시 어류만의 고유한 속성을 추가적으로 가진다. '나무'는 '식물'과 '생물'의 속성을 물려받지만 '동물'의 속성을 물려받지 못한다. 우리는 모두 자기의 부모 속성을 물려받아 부모의 외형을 닮고 부모의 성격을 닮는다. 부모가 유산을 남기지 않았다고 해도 우리는 부모 형질을 상속받아 생겨난 객체인 것이다.

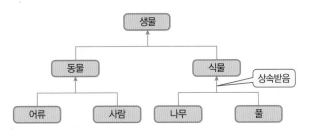

[그림 8-2] 생물 분류. 생물 분류는 객체 지향 언어의 상속과 흡사

C++의 클래스 상속

C++에서는 두 클래스(class) 사이에 부모-자식의 상속 관계를 선언한다. 상속은 자식 클래스의 객체가 생성될 때, 자신의 멤버뿐 아니라 부모 클래스의 멤버를 포함할 것을 지시한다. C++에서 부모 클래스를 기본 클래스(base class), 자식 클래스를 파생 클래스(derived class)라고 부른다.

C++의 상속은 이미 만들어진 클래스의 멤버들을 물려받게 함으로써, 코드의 중복 작성을 없애 코드 작성에 드는 시간과 비용을 줄일 수 있게 한다. C++에서는 특히 여러 개의 클래스를 동시에 상속받는 다중 상속(multiple inheritance)을 허용한다.

[그림 8-3]은 상속 관계를 보여준다. 그림에서 Phone, MobilePhone, MusicPhone 클래스들은 상속 관계를 가지고 있다. MobilePhone 클래스는 Phone 클래스로부터 '전화 걸기', '전화 받기' 기능을 물려받고, '무선 기지국 연결', '배터리 충전하기' 등의 기능을 추가한다. Phone이 기본 클래스이고 MobilePhone은 파생 클래스이다. MusicPhone 클래스는 MobilePhone 클래스를 상속받고 '음악 다운받기', '음악 재생하기'의 두 기능을 추가하여, '전화 걸기', '전화 받기', '무선 기지국 연결', '배터리 충전하기', '음악 다운받기', '음악 재생하기'의 총 6개의 기능을 가진 클래스가 된다.

[그림 8-3]의 오른쪽에는 각 클래스의 객체 사례를 보여주는데, '전화기' 객체는 Phone 클래스의 객체로서 Phone 클래스의 기능만 가지며, '휴대 전화기' 객체는 Phone을 상속받은 MobilePhone의 객체로서, MobilePhone 클래스의 멤버와 Phone의 멤버를 가지며, '음악 기능 전화기' 객체는 MusicPhone 클래스와 상속받은 기본 클래스의 기능을 합친 6개의 기능을 모두 가진다.

[그림 8-3] Phone, MobilePhone, MusicPhone 클래스로 살펴본 상속 개념

잠깐! **상속 관계에 있는 두 클래스의 이름**

상속 관계에 있는 두 클래스를 부르는 이름이 프로그래밍 언어마다 서로 다르다. Java에서는 상속해 주는 클래스를 슈퍼 클래스(super class)로, 상속받는 클래스를 서브 클래스(sub class)라고 부르며, C#에서는 부모 클래스(parent class), 자식 클래스(child class)로 각각 부른다.

상속의 목적과 장점

C++에서 상속의 목적과 장점에 대해 알아보자.

●간결한 클래스 작성

동일한 코드 중복

[그림 8-4]에는 4개의 클래스가 있다. 이들 클래스에는 '말하기', '먹기', '걷기', '잠자기' 코드가 공통으로 있다. 만일 '말하기' 기능에 오류가 있어 수정하게 되면, 4개의 클래스를 모두 수정해야 하고, '걷기' 코드를 개선한다고 하면 역시 4개의 클래스를 모두 수정하여야 한다. 이처럼 동일한 코드가 여러 클래스에 중복되면 클래스의 유지 보수에 번거로운 일이 일어난다.

class Student	class StudentWorker	class Researcher	class Professor
말하기 먹기 걷기 잠자기 공부하기	말하기 먹기 걷기 잠자기 공부하기 일하기	말하기 먹기 걷기 잠자기 연구하기	말하기 먹기 걷기 잠자기 연구하기 가르치기

[그림 8-4] 기능이 중복된 4개의 클래스

상속을 이용하면 이 문제는 간단히 해결된다. [그림 8-5]와 같이 4개의 클래스에 공통된 기능을 가진 Person 클래스를 추가 작성하고, 나머지 클래스를 상속 관계로 선언하면 코드를 중복 작성할 필요 없이 물려받기만 하면 된다. 상속을 통해 Student, StudentWorker, Researcher, Professor 클래스가 간결해졌다. '말하기' 코드에 오류가 있다면 Person 클래스만 수정하면 되고, '걷기' 코드를 개선하고자 하면 Person 클래스만 수정하면 된다. 상속은 클래스들 사이의 중복을 제거하여 클래스를 간결하게 구현할 수 있게 한다.

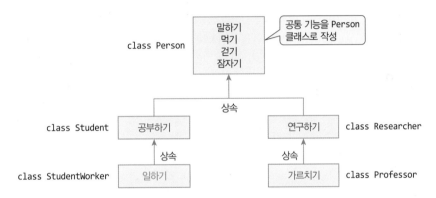

[그림 8-5] 상속을 이용하여 중복을 제거하고 간결하게 선언된 클래스들

●클래스 간의 계층적 분류 및 관리의 용이함

클래스 계층 관계

상속은 서로 관련된 클래스를 계층 관계로 표현함으로써, 프로그램에 존재하는 클래스들의 구조적인 관계 파악을 쉽게 해준다. 일차원으로 펼쳐진 [그림 8-4]의 클래스들이 상속을 통해 [그림 8-5]와 같이 계층 관계로 표현되면 클래스나 객체의 관리가 용이하다.

●클래스 재사용과 확장을 통한 소프트웨어의 생산성 향상

소프트웨어의 생산성을 향상

상속의 가장 큰 장점은 소프트웨어의 생산성을 향상하는 데 있다. 정보 통신 기술의 발전이 가속화됨에 따라 새로운 소프트웨어 출시나 업그레이드 주기가 점점 빨라지고 있다. 새로운 소프트웨어를 밑바닥부터 작성해서는 시장에서 살아남을 수 없다. 상속은 기존에 작성해 놓은 클래스를 상속받고 기능을 확장하여 새로운 소프트웨어를 빠른 시간 내에 만들어낼 수 있게 한다. 소프트웨어 생산성이 높아진다.

실례로 C++의 표준 입출력 라이브러리나 마이크로소프트에서 제공하는 윈도우 MFC 라이브러리는 모두 C++ 클래스로 작성되어 개발자에게 제공된다. 개발자는 이들을 간단히 상속받아 응용 프로그램을 쉽고 빠르게 작성할 수 있다.

> **잠깐!** 상속 주의 ●
>
> 기능이 필요하다는 이유만으로 연관성 없는 클래스를 상속해서는 안 된다. [그림 8-5]처럼 서로 관련 있는 클래스들을 상속 관계로 정의하여야 객체 지향적 특성이 살아나며, 코드의 재사용성이 높아진다. 예를 들어 독자가 자동차 클래스를 만들 때, 비행기 클래스에 이미 만들어진 엔진 기능을 사용하고자, 비행기 클래스를 상속받으면 안 된다. 이것은 '하늘을 나는 자동차'를 작성한다는 뜻이 되기 때문이다.

1 객체 지향 언어의 상속과 개념적으로 거리가 가장 먼 것은?

① 나는 어머니의 얼굴을 닮아서 예쁘다.

② 독수리는 허파로 숨을 쉬는 동물이다.

③ 빌 게이츠는 자식에게 재산을 많이 물려주지 않을 것이라고 말했다.

④ 컬러 TV는 기존 흑백 TV에 컬러 방송이 가능하게 했다.

2 C++ 언어의 상속으로 인한 장점이 아닌 것은?

① 코드의 중복 작성 제거   ② 클래스의 간결화

③ C 언어와의 호환성   ④ 클래스 관리 용이

8.2 클래스 상속과 객체

상속 선언

두 클래스 사이의 상속 관계를 선언하는 방법은 간단하다. [그림 8-5]에서 Person, Student, StudentWorker 클래스 사이의 상속을 선언하면 다음과 같다.

> 파생 클래스명   상속 접근 지정. private, protected도 가능   기본 클래스명

```
class Student : public Person {
   // Person을 상속받는 Student 선언
   .....
};

class StudentWorker : public Student {
   // Student를 상속받는 StudentWorker 선언
   .....
};
```

public
private
protected

상속은 class 선언 뒤에, 콜론(:)과 기본 클래스 이름을 선언하면 된다. 이때 기본 클래스 이름 앞에 반드시 상속 접근을 지정해야 하는데, public, private, protected 중 어떤 것도 가능하다. 접근 지정은 8.6절에서 다룬다. 상속을 통해 Student 클래스는 Person 클래스에 선언된 멤버 변수나 멤버 함수를 물려받고, StudentWorker 클래스는 Student와 Person의 멤버를 모두 물려받는다. 상속 횟수는 제한이 없다.

파생 클래스 객체와 멤버 호출

파생 클래스를 작성하고, 파생 클래스의 객체를 구성하는 멤버들의 실체, 파생 클래스에서 기본 클래스 멤버 접근, 클래스 외부에서 파생 클래스 멤버의 접근 등에 대해 알아보자.

이를 위해 예제 8-1을 준비하였다. Point 클래스를 기본 클래스로 하고 ColorPoint를 파생 클래스로 한다. Point는 2차원 평면에서 한 점을 표현하기 위해 int 타입의 변수 x, y를 가진다. ColorPoint는 Point를 상속받는 파생 클래스로서, string 타입의 color 멤버 변수를 가진다. 예제 8-1의 소스를 기반으로 하나씩 설명해보자.

예제 8-1 Point 클래스를 상속받는 ColorPoint 클래스 만들기

```cpp
1  #include <iostream>
2  #include <string>
3  using namespace std;
4
5  class Point { // 2차원 평면에서 한 점을 표현하는 클래스 Point 선언
6    int x, y; //한 점 (x,y) 좌표값
7  public:
8    void set(int x, int y) { this->x = x; this->y = y; }
9    void showPoint() {
10     cout << "(" << x << "," << y << ")" << endl;
11   }
12 };
13
14 class ColorPoint : public Point { // 2차원 평면에서 컬러 점을 표현하는 클래스
                                      ColorPoint. Point를 상속받음
15   string color;// 점의 색 표현
16 public:
17   void setColor(string color)  { this->color = color; }
18   void showColorPoint();
19 };
20
```

상속 ⟶ 14

```
21   void ColorPoint::showColorPoint() {
22      cout << color << ":";
23      showPoint(); // Point의 showPoint() 호출
24   }
25
26   int main() {
27      Point p; // 기본 클래스의 객체 생성
28      ColorPoint cp; // 파생 클래스의 객체 생성
29      cp.set(3,4); // 기본 클래스의 멤버 호출
30      cp.setColor("Red"); // 파생 클래스의 멤버 호출
31      cp.showColorPoint(); // 파생 클래스의 멤버 호출
32   }
```

→ 실행 결과

```
Red:(3,4)
```

● 상속 선언

상속 선언

Point를 상속받는 ColorPoint의 상속 선언은 다음과 같다.

```
class ColorPoint : public Point { // 상속 선언
    ...
};
```

● 파생 클래스 객체 생성

Point 타입의 객체 p와 ColorPoint 타입의 객체 cp는 다음과 같이 생성하며, [그림 8-6]은 객체 p와 cp의 내부 구성을 보여준다.

```
Point p; // 기본 클래스 객체 생성
ColorPoint cp; // 파생 클래스 객체 생성
```

객체 p는 Point 클래스의 멤버만 가지지만, cp는 Point의 멤버와 ColorPoint의 멤버를 모두 가진다. 파생 클래스 객체는 기본 클래스의 멤버와 파생 클래스의 멤버를 모두 가진다.

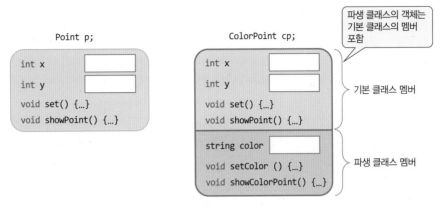

[그림 8-6] Point 타입의 객체 p와 ColorPoint 타입의 객체 cp의 구성

●파생 클래스에서 기본 클래스 멤버 접근

상속을 통해 멤버 확장

파생 클래스는 상속을 통해 기본 클래스의 멤버를 자신의 멤버로 확장한다. 파생 클래스의 멤버들은 기본 클래스의 private 멤버 외에 모든 멤버를 접근할 수 있다. [그림 8-7]은 ColorPoint의 showColorPoint() 함수가 기본 클래스의 showPoint() 함수를 호출하는 것을 보여준다. 이 두 함수는 cp 내에 실존하는 코드들임을 주목하기 바란다.

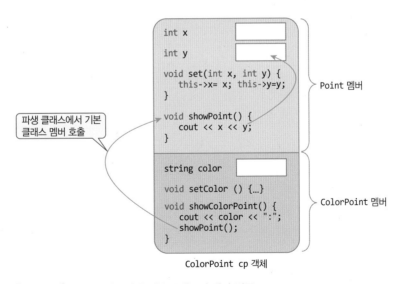

[그림 8-7] 파생 클래스에서 기본 클래스의 멤버 접근

● 기본 클래스의 private 멤버의 상속과 접근

많은 C++ 학습자들이 기본 클래스의 private 멤버 x, y의 상속에 대해 혼란스러워 한다. 우선 Point 클래스에 x, y 멤버를 private으로 선언함은, x, y는 Point 클래스의 set(), showPoint() 함수만 접근할 수 있다는 뜻이다. 이러한 선언의 의미는 파생 클래스인 ColorPoint에서도 여전히 적용된다.

private 멤버도 파생 클래스에 상속
객체 내에 생성

　　기본 클래스의 private 멤버도 파생 클래스에 상속되며, 파생 클래스의 객체가 생길 때 파생 클래스의 객체 내에 생성된다. 그러므로 ColorPoint 객체 cp에는 [그림 8-7]과 같이 상속받은 x, y를 포함하여 7개의 멤버가 존재한다. 하지만, x, y 멤버는 set()과 showPoint()에게만 접근이 허용된다. ColorPoint에서 x, y 멤버를 접근하고자 하면, 간접적으로 set()과 showPoint() 함수를 이용해야만 한다. 정리하면, 기본 클래스에 선언된 private 멤버는 파생 클래스에 상속되고 파생 클래스의 객체에도 포함되지만, 파생 클래스의 어떤 함수에서도 직접 접근할 수 없다.

● 클래스 외부에서 파생 클래스의 멤버 호출

main() 함수와 같이 파생 클래스 외부에서 파생 클래스 객체의 public 멤버와 기본 클래스의 public 멤버를 모두 접근할 수 있다. [그림 8-8]은 main() 함수에서 cp 객체의 멤버에 접근하는 사례를 보여준다. Point 클래스의 set(), showPoint() 함수는, 상속에 의해 ColorPoint의 멤버로 확장되었기 때문에, 외부에서 ColorPoint의 멤버처럼 다루어진다.

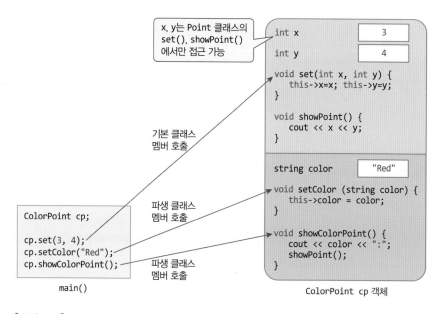

[그림 8-8] main() 함수에서 cp 객체의 멤버 호출

8.3 상속과 객체 포인터

파생 클래스는 상속을 통해 기본 클래스를 확장한다. 파생 클래스의 객체에는 기본 클래스에서 선언된 멤버들과 파생 클래스에서 선언한 멤버들이 모두 존재하기 때문에, 파생 클래스 객체를 파생 클래스의 포인터나 기본 클래스의 포인터로 모두 가리킬 수 있다. 파생 클래스의 객체와 포인터 사이의 관계에 대해 알아보자.

업 캐스팅

업 캐스팅
up-casting

업 캐스팅(up-casting)이란 파생 클래스의 객체를 기본 클래스의 포인터로 가리키는 것을 말한다. 마치 사람을 동물로 볼 수 있는 것처럼, 업 캐스팅은 파생 클래스의 객체를 기본 클래스의 객체처럼 다룰 수 있게 한다. 이것은 파생 클래스 객체가 기본 클래스의 멤버를 포함하기 때문에 가능하다. [그림 8-9]는 Point 클래스의 포인터로 ColorPoint 객체를 가리키는 업 캐스팅 사례로서, 하나씩 살펴보자.

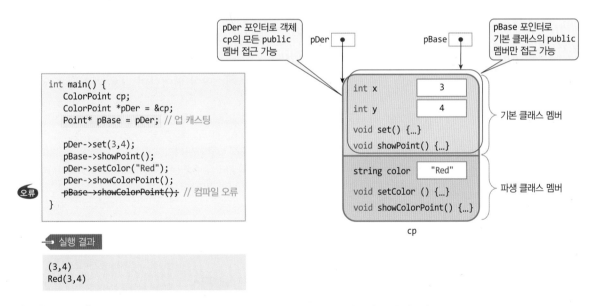

[그림 8-9] 파생 클래스의 객체 cp를 기본 클래스의 포인터 pBase로 접근하는 업 캐스팅

업 캐스팅은 main() 함수의 다음 라인에서 일어난다.

```
Point* pBase = pDer; // 업 캐스팅
```

기본 클래스 point 타입의 포인터 pBase로 파생 클래스인 ColorPoint 객체를 가리킨다. 하지만 pBase는 Point 클래스의 포인터이므로, pBase 포인터로는 ColorPoint 객체 내의 Point 클래스 멤버만 접근할 수 있다. showColorPoint() 함수는 Point 클래스의 멤버가 아니므로 다음 문장에 컴파일 오류가 발생한다.

 pBase->showColorPont(); // showColorPoint()는 Point의 멤버가 아니므로 컴파일 오류

기본 클래스의 멤버만 접근
명시적 타입 변환

업 캐스팅한 기본 클래스의 포인터로는 기본 클래스의 멤버만 접근할 수 있다. 업 캐스팅 시 다음과 같이 **명시적 타입 변환**이 필요 없다.

Point* pBase = (Point*)pDer; // (Point*) 생략 가능

왜냐하면 cp 객체는 ColorPoint 타입이지만 Point 타입이기도 하기 때문이다. 업 캐스팅은 객체 지향 프로그래밍에서 중요한 개념이며 9장에서 배울 오버라이딩과 동적 바인딩의 기초가 되는 개념이므로 잘 이해할 필요가 있다.

다운 캐스팅

다운 캐스팅
down-casting

기본 클래스 포인터가 가리키는 객체를 파생 클래스의 포인터로 가리키는 것을 다운 캐스팅(down-casting)이라고 한다. [그림 8-10]은 다운 캐스팅의 사례를 보여준다.

main() 함수의 다음 라인에서 다운 캐스팅이 일어나며 다운 캐스팅은 업 캐스팅과

잠깐! 업 캐스팅

'고양이만 가리킬 수 있는 손가락'으로는 오직 고양이만 가리킬 수 있고, '고래를 가리킬 수 있는 손가락'으로는 고래만 가리킬 수 있다. '사람을 가리킬 수 있는 손가락'으로 고래를 가리킨다면 일종의 오류이다. 그러나 만일 '생물만 가리킬 수 있는 손가락'이 있다고 하자. 이 손가락으로 고양이, 고래, 나무, 사람을 가리키는 것은 자연스럽다. 그 이유는 고양이, 고래, 나무, 사람이 모두 생물을 상속받은 객체이기 때문이며, 이들은 모두 생물적 속성을 가지고 있기 때문이다.

생물

생물을 가리키는 손가락으로 어류, 포유류, 사람, 식물 등 생물의 속성을 상속받은 객체들을 가리키는 것은 자연스럽습니다. 이것이 업 캐스팅의 개념입니다.

이처럼 업 캐스팅은 기본 클래스의 포인터(생물을 가리키는 손가락)로 파생 클래스의 객체(고양이, 고래, 사람, 나무)를 가리키는 것을 말한다. 그러나 컵은 무생물이므로 '생물을 가리키는 손가락'으로 컵을 가리킬 수는 없다.

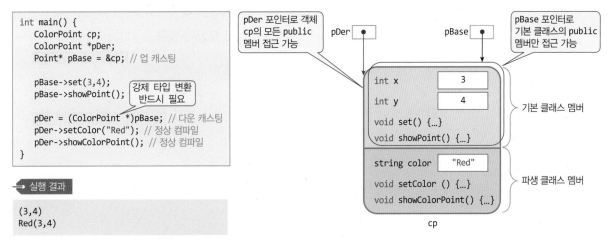

```
int main() {
    ColorPoint cp;
    ColorPoint *pDer;
    Point* pBase = &cp; // 업 캐스팅

    pBase->set(3,4);
    pBase->showPoint();

    pDer = (ColorPoint *)pBase; // 다운 캐스팅
    pDer->setColor("Red"); // 정상 컴파일
    pDer->showColorPoint(); // 정상 컴파일
}
```

pDer 포인터로 객체 cp의 모든 public 멤버 접근 가능

pBase 포인터로 기본 클래스의 public 멤버만 접근 가능

강제 타입 변환 반드시 필요

기본 클래스 멤버

파생 클래스 멤버

cp

실행 결과

```
(3,4)
Red(3,4)
```

[그림 8-10] 다운 캐스팅의 사례

명시적 타입 변환

는 달리 명시적으로 타입 변환을 지정해야 한다.

pDer = (ColorPoint*)pBase; // 다운 캐스팅. 강제 타입 변환 필요

pBase로는 cp 객체의 멤버 중 Point의 public 멤버만 접근할 수 있지만, pDer로는 cp 객체의 모든 public 멤버를 접근할 수 있다.

한편, 다운 캐스팅에는 주의해야 하는 상황이 있다. 다음의 다운 캐스팅 코드를 보자.

```
ColorPoint *pDer;
Point *pBase, po;
pBase = &po;
pDer = (ColorPoint*)pBase; // 다운 캐스팅
```

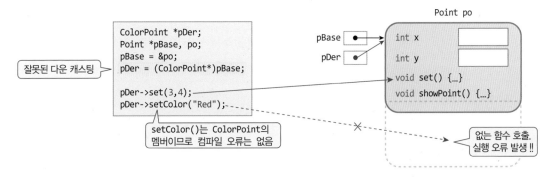

잘못된 다운 캐스팅

```
ColorPoint *pDer;
Point *pBase, po;
pBase = &po;
pDer = (ColorPoint*)pBase;

pDer->set(3,4);
pDer->setColor("Red");
```

setColor()는 ColorPoint의 멤버이므로 컴파일 오류는 없음

Point po

없는 함수 호출. 실행 오류 발생 !!

[그림 8-11] 잘못된 다운 캐스팅으로 인해 실행 오류가 발생하는 경우

다운 캐스팅 이후, pDer은 ColorPoint 타입의 포인터이므로 다음 라인에서 pDer로 setColor() 함수를 호출하는 데에 문법적인 오류가 없다.

오류 `pDer->setColor("Red");` // 컴파일 오류는 아니지만, 실행 중에 오류 발생

그러나 이 라인이 실행되면, pDer이 가리키는 객체 공간에는 setColor() 함수가 없기 때문에 실행 중에 오류가 발생하여 비정상 종료하게 된다.

1 기본 클래스 TV와 파생 클래스 ColorTV가 있을 때, 다음 중 업 캐스팅과 다운 캐스팅을 찾아라.

```
TV *p, tv;
ColorTV *q, ctv;
```

① p = &tv;   ② p = &ctv;   ③ q = (ColorTV*)&tv;   ④ q = &ctv;

2 업 캐스팅에 비유되는 사례가 아닌 것은?
① 사람 클래스는 동물 클래스를 상속받기 때문에 사람은 동물로 볼 수 있다.
② 비행기, 자동차, 배 등은 모두 탈 것을 상속 받기 때문에 탈 것으로 분류된다.
③ 선, 원, 사각형, 오각형, 타원은 모두 도형을 상속받기 때문에 도형으로 다룰 수 있다.
④ 황기태, 김효수, 이재문, 김승천 등의 인물은 모두 인간이다.

8.4 protected 접근 지정

protected

C++의 멤버에 대한 접근 지정자는 private, public, protected의 3가지로서, 모든 멤버는 이 중 하나로 반드시 지정되어야 한다. private, public 접근 지정은 3장에서 설명하였으므로 이 절에서는 상속과 관련된 protected에 집중하여 설명한다.

〈표 8-1〉 멤버의 접근 지정에 따라 접근 가능 여부(○: 접근 가능, ✕: 접근 불가능)

	private 멤버	protected 멤버	public 멤버
멤버를 선언한 클래스	○	○	○
파생 클래스	✕	○	○
다른 클래스나 외부 함수	✕	✕	○

protected 멤버 파생 클래스에게 접근을 허용

    기본 클래스에 protected로 지정된 멤버는 파생 클래스에게 접근을 허용하고 다른 클래스나 외부 함수에서 접근할 수 없도록 숨겨진다. 〈표 8-1〉은 기본 클래스와 파생 클래스, 다른 클래스나 외부 함수 등 3가지 유형으로 나누어 멤버에 대한 접근 가능 여부를 보여주며, [그림 8-12]는 코드의 실례를 보여준다. [그림 8-12]에서 클래스 A의 protected 멤버가 클래스 A를 상속받은 파생 클래스 B에 의해 접근 가능하지만 다른 클래스 C나 외부 함수 function()에서는 접근이 불가능함을 보여준다.

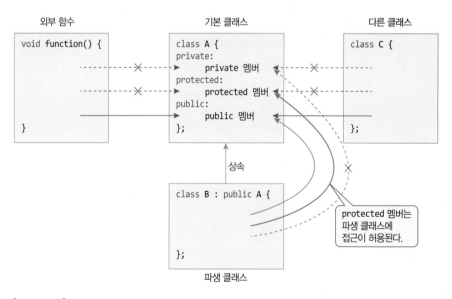

[그림 8-12] private, public, protected 멤버에 대한 접근 여부

| 예제 8-2 | protected 멤버에 대한 접근 |

파생 클래스에서 기본 클래스의 멤버에 대한 접근 가능성을 확인해보자. 다음 코드에서 접근 여부에 따라 컴파일 오류가 발생하는 라인은 어디인가?

```cpp
1   #include <iostream>
2   #include <string>
3   using namespace std;
4
5   class Point {
6   protected:
7     int x, y; //한 점 (x,y) 좌표값
8   public:
9     void set(int x, int y) { this->x = x; this->y = y; }
10    void showPoint() {
11      cout << "(" << x << "," << y << ")" << endl;
12    }
13  };
14
15  class ColorPoint : public Point {
16    string color;
17  public:
18    void setColor(string color)  { this->color = color; }
19    void showColorPoint();
20    bool equals(ColorPoint p);
21  };
22
23  void ColorPoint::showColorPoint() {
24    cout << color << ":";
25    showPoint(); // Point 클래스의 showPoint() 호출
26  }
27
28  bool ColorPoint::equals(ColorPoint p) {
29    if(x == p.x && y == p.y && color == p.color)     // ①
30      return true;
31    else
32      return false;
33  }
34
35  int main() {
36    Point p; // 기본 클래스의 객체 생성
37    p.set(2,3);                                        // ②
38    p.x = 5;                                           // ③
39    p.y = 5;                                           // ④
```

주목 (6)

```
40      p.showPoint();
41
42      ColorPoint cp; // 파생 클래스의 객체 생성
43      cp.x = 10;                                      // ⑤
44      cp.y = 10;                                      // ⑥
45      cp.set(3,4);
46      cp.setColor("Red");
47
48      ColorPoint cp2;
49      cp2.set(3,4);
50      cp2.setColor("Red");
51      cout << ((cp.equals(cp2))?"true":"false");      // ⑦
52  }
```

①의 코드에서는 컴파일 오류가 발생하지 않는다. Point 클래스의 x, y는 protected 멤버이므로 파생 클래스인 ColorPoint에서 접근이 가능하기 때문이다.

②의 코드 역시 set() 함수가 Point의 public 멤버이므로 컴파일 오류가 발생하지 않는다.

③, ④, ⑤, ⑥의 코드에서는 protected 멤버로 선언된 x, y를 접근하기 때문에 컴파일 오류가 발생한다.

⑦의 코드에서도 컴파일 오류가 발생하지 않는다.

8.5 상속과 생성자, 소멸자

클래스마다 생성자와 소멸자가 최소한 하나씩 있으며, 객체가 생성되거나 소멸될 때 생성자와 소멸자가 각각 실행된다. 이 절에서는 파생 클래스의 객체가 생성되거나 소멸될 때, 파생 클래스의 생성자와 기본 클래스의 생성자, 파생 클래스의 소멸자와 기본 클래스의 소멸자 사이의 관련성에 대해 설명한다.

파생 클래스와 기본 클래스의 생성자 호출 및 실행 관계

생성자

파생 클래스와 기본 클래스는 각각 생성자를 가지고 있다. 이와 관련하여 독자들은 다음 2가지 질문에 답해보기 바란다.

질문 1 파생 클래스의 객체가 생성될 때 파생 클래스의 생성자와 기본 클래스의 생성자가 모두 실행되는가? 아니면 파생 클래스의 생성자만 실행되는가?

답 둘 다 실행된다. 생성자는 객체를 초기화할 목적으로 사용되므로, 파생 클래스의 생성자는 파생 클래스의 멤버를 초기화하거나 필요한 초기 작업을 수행하고, 기본 클래스의 생성자는 기본 클래스의 멤버 초기화나 필요한 초기화를 각각 수행한다.

질문 2 파생 클래스의 생성자와 기본 클래스의 생성자 중 어떤 생성자가 먼저 실행되는가?

답 기본 클래스의 생성자가 먼저 실행된다.

클래스 A, B, C가 상속 관계에 있는 [그림 8-13]의 사례를 보면서 이 질문에 대한 답을 자세히 설명해보자. [그림 8-13]의 main() 함수에서 다음과 같이 객체 c를 생성한다.

```
C c;
```

객체 c가 생성
생성자 C()
생성자 B()를 호출
생성자 A()를 호출

이 선언문에 의해 객체 c가 생성될 때, 생성자 C()가 바로 호출된다. 그렇지만 클래스 C는 클래스 B를 상속받고 있기 때문에, 생성자 C()는 자신이 실행되기 전에 기본 클래스 B의 생성자 B()를 호출한다. 생성자 B()는 같은 이유로 실행 전에 생성자 A()를 호출한다. 클래스 A는 어떤 클래스도 상속받지 않기 때문에 생성자 A()를 실행하고 리턴한다. 이제 생성자 B()가 실행되고, 다시 리턴하여 생성자 C()가 실행된다.

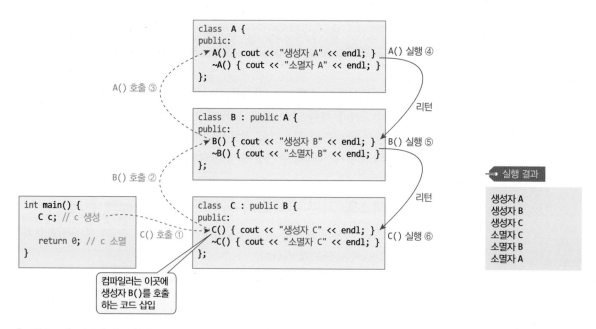

[그림 8-13] 파생 클래스와 기본 클래스의 생성자 호출 및 실행 순서

파생 클래스의 생성자가 먼저 호출되지만, 결국 기본 클래스의 생성자가 먼저 실행되고 파생 클래스의 생성자가 나중에 실행된다. 이것은 당연한 이치로서 기본 클래스의 초기화가 먼저 이루어지고, 이를 활용하는 파생 클래스의 초기화가 나중에 이루어져야 하기 때문이다.

컴파일러

이러한 생성자의 호출 관계는 모두 **컴파일러의** 의해 이루어진다. 컴파일러는 생성자 C()의 코드를 컴파일할 때, 기본 클래스의 생성자 B()를 호출하는 코드를 삽입한다. 마찬가지로 생성자 B()를 컴파일할 때 생성자 A()를 호출하는 코드를 삽입한다.

> **잠깐!** **생성자의 호출 순서가 중요한가?**
>
> 생성자가 호출되는 순서까지 이해해야 하는 이유는 무엇일까? 그 이유는 파생 클래스의 생성자에서 기본 클래스의 생성자를 호출할 때 인자 값을 전달하기 때문이다.

소멸자의 실행 순서

생성자의 실행 순서와 반대로 실행

파생 클래스의 객체가 소멸될 때, 기본 클래스와 파생 클래스의 소멸자 역시 각각 실행된다. 이것은 파생 클래스의 소멸자를 컴파일할 때, 파생 클래스의 소멸자 코드를 실행한 후 기본 클래스의 소멸자를 호출하도록 컴파일하기 때문이다. 그러므로 소멸자는 생성자의 실행 순서와 반대로 실행된다. [그림 8-13]의 실행 결과는 이를 잘 보여준다.

파생 클래스에서 기본 클래스 생성자 호출

파생 클래스와 기본 클래스는 여러 개의 생성자를 가질 수 있지만, 파생 클래스의 객체가 생성될 때, 반드시 파생 클래스의 생성자 하나와 기본 클래스의 생성자 하나가 실행된다. 그러면 파생 클래스의 생성자가 실행될 때 함께 실행되는 기본 클래스의 생성자는 어떻게 결정되는가? 지금부터 이 질문에 대한 답을 알아보자.

함께 실행할 기본 클래스의 생성자를 지정

원래 파생 클래스를 작성하는 개발자는 파생 클래스의 생성자와 **함께 실행할 기본 클래스의 생성자를 지정**하여야 한다. 그러나 파생 클래스의 각 생성자에 대해 함께 실행될 기본 클래스의 생성자를 명시적으로 지정하지 않으면, 컴파일러는 묵시적으로 기본 클래스의 기본 생성자가 실행되도록 컴파일한다.

●컴파일러에 의해 묵시적으로 기본 클래스의 생성자가 선택되는 경우

기본 클래스의 기본 생성자가 호출

파생 클래스를 작성한 개발자가 기본 클래스의 생성자를 선택하지 않은 경우, 컴파일러는 기본 클래스의 기본 생성자가 호출되도록 묵시적으로 선택한다. [그림 8-14]는 파생 클래스의 기본 생성자 B()가 호출될 때, 기본 클래스의 기본 생성자 A()가 호출되도록 컴파일러에 의해 묵시적으로 짝지어진 경우이다. 클래스 A에는 매개 변수를 가진 A(int x)가 있지만 컴파일러는 B()가 기본 생성자 A()를 호출하도록 컴파일한다.

```
                                    class  A {
                                    public:
  컴파일러는 묵시적으로            A() { cout << "생성자 A" << endl; }
  기본 클래스의 기본                A(int x) {
  생성자를 호출하도록                  cout << "매개변수생성자 A" << x << endl;
  컴파일함                          }
                                    };


                                    class  B : public A {
                                    public:
                                      B() { // A()를 호출하도록 컴파일          실행 결과
  int main() {                          cout << "생성자 B" << endl;
     B b;                             }                                        생성자 A
  }                                 };                                         생성자 B
```

[그림 8-14] 파생 클래스의 기본 생성자가 실행될 때 기본 클래스의 기본 생성자가 묵시적으로 호출됨

만일 [그림 8-15]와 같이 기본 생성자 A()가 선언되어 있지 않으면 어떻게 될까? 컴
파일러는 다음과 같은 오류를 발생시킨다.

    error C2512: 'A' : 사용할 수 있는 적절한 기본 생성자가 없습니다.

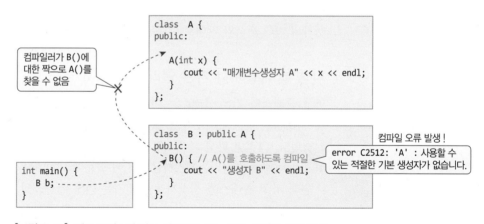

[그림 8-15] 기본 클래스에 기본 생성자가 없는 경우, 컴파일 오류 발생

파생 클래스의 매개 변수를 가진 생성자에 대해서도 컴파일러는 묵시적으로 기본
클래스의 기본 생성자를 호출하도록 컴파일한다. [그림 8-16]의 경우를 보자. 컴파일러
는 생성자 B(int x)가 실행될 때 기본 생성자 A()를 호출하도록 컴파일하기 때문에,
main()에서 다음과 같이 객체 b를 생성하면,

```
B b(5);
```

클래스 B의 생성자 B(int x)를 호출하며, 생성자 B(int x)는 기본 생성자 A()를 호출한다.

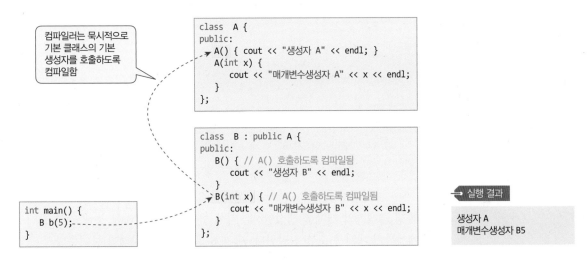

컴파일러는 묵시적으로 기본 클래스의 기본 생성자를 호출하도록 컴파일함

```
class  A {
public:
   A() { cout << "생성자 A" << endl; }
   A(int x) {
       cout << "매개변수생성자 A" << x << endl;
   }
};
```

```
class  B : public A {
public:
   B() { // A() 호출하도록 컴파일됨
       cout << "생성자 B" << endl;
   }
   B(int x) { // A() 호출하도록 컴파일됨
       cout << "매개변수생성자 B" << x << endl;
   }
};
```

```
int main() {
   B b(5);
}
```

실행 결과

생성자 A
매개변수생성자 B5

[그림 8-16] 파생 클래스의 매개 변수를 가진 생성자가 실행될 때, 기본 클래스의 기본 생성자가 묵시적으로 호출됨

●명시적인 기본 클래스의 생성자 선택

원칙적으로 파생 클래스의 생성자를 작성할 때, 기본 클래스의 생성자 중 하나를 선택해야 하지만, 앞의 [그림 8-14], [그림 8-16] 경우는 이런 작업을 하지 않아서, 컴파일러가 묵시적으로 기본 클래스의 기본 생성자를 호출하도록 컴파일한 경우이다.

생성자 명시적 선택

이제 파생 클래스의 생성자를 작성할 때 기본 클래스의 생성자를 명시적으로 선택하는 방법을 알아보자. [그림 8-17]은 파생 클래스의 생성자에서 기본 클래스의 생성자를 명시적으로 선택한 사례를 보여준다. 파생 클래스 B의 생성자 B(int x)가 기본 클래스 A의 생성자 A(int x)를 명시적으로 선택하는 코드를 보면 다음과 같다.

```
B(int x) :  A(x+3) {
    cout << "매개변수생성자 B" << x << endl;
}
```

B(int x) 생성자가 호출되면, 매개 변수 x로 받은 값에 3을 더하여 생성자 A(int x)의 매개 변수 x에 넘겨준다. 그러므로 main() 함수에서 다음과 같이 객체 b를 생성하면,

```
B b(5);
```

B(int x)가 호출되며 x에 5가 전달되고, 이 생성자는 자신의 생성자 코드를 실행하기 전 생성자 A(8)을 호출한다.

파생 클래스에서 기본 클래스의 생성자를 선택하는 코드를 클래스의 선언부와 구현부로 분리하면 다음과 같이 작성한다.

```cpp
class B : public A {
public:
    B(int x); // 생성자 선언
};

B::B(int x) : A(x+3) { // 명시적으로 기본 클래스 A의 생성자 A(int x) 호출
    cout << "매개변수생성자 B" << x << endl;
}
```

파생 클래스의 개체를 생성할 때, 파생 클래스의 생성자를 통해 기본 클래스의 생성자에게까지 매개 변수를 전달한다. 예제 8-3은 이러한 사례를 보여준다.

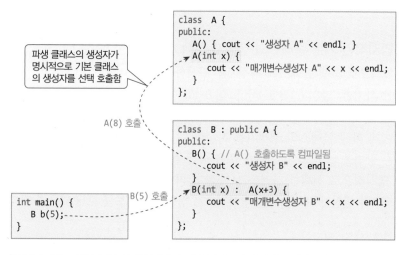

[그림 8-17] 파생 클래스의 생성자에서 기본 클래스의 생성자를 선택 호출한 경우

● 컴파일러의 기본 생성자 호출 코드 삽입

컴파일러

다시 [그림 8-16]의 코드로 돌아가 보자. 클래스 B의 생성자가 기본 클래스의 생성자 A()를 묵시적으로 호출하게 되는 것은, 사실상 **컴파일러**가 다음과 같이 명시적으로 A()를 호출하도록 클래스 B의 생성자를 변형하기 때문이다.

```
class B {
    B() : A() {                    컴파일러가 묵시적으로 삽입한 코드
        cout << "생성자 B" << endl;
    }
    B(int x) : A() {               컴파일러가 묵시적으로 삽입한 코드
        cout << "매개변수생성자 B" << x << endl;
    }
};
```

예제 8-3   **TV, WideTV, SmartTV의 상속 관계와 생성자 매개 변수 전달**

매개 변수를 가진 파생 클래스의 생성자를 통해, 기본 클래스의 생성자에게까지 매개 변수에 값을 전달
하는 사례를 보여준다.

```
1   #include <iostream>
2   #include <string>
3   using namespace std;
4
5   class TV {
6       int size; // 스크린 크기
7   public:
8       TV() { size = 20; }          32
9       TV(int size) { this->size = size; }
10      int getSize() { return size; }
11  };
12
13  class  WideTV : public TV { // TV를 상속받는 WideTV
14      bool videoIn;
15  public:                  32            true
16      WideTV(int size, bool videoIn) : TV(size) {
17          this->videoIn = videoIn;
18      }
19      bool getVideoIn() { return videoIn; }
20  };
21
22  class  SmartTV : public WideTV { // WideTV를 상속받는 SmartTV
23      string ipAddr; // 인터넷 주소
24  public:                              32
25      SmartTV(string ipAddr, int size) : WideTV(size, true) {
26          this->ipAddr = ipAddr;            "192.0.0.1"
27      }
28      string getIpAddr() { return ipAddr; }
```

```
29    };
30
31    int main() {
32        // 32 인치 크기에 "192.0.0.1"의 인터넷 주소를 가지는 스마트 TV 객체 생성
33        SmartTV  htv("192.0.0.1", 32);
34        cout << "size=" << htv.getSize() << endl;
35        cout << "videoIn=" << boolalpha << htv.getVideoIn() << endl;
36        cout << "IP=" << htv.getIpAddr() << endl;
37    }
```

> boolalpha는 불린 값을 true, false로 출력되게 하는 조작자.
> <표 11-3> 참고

➡ 실행 결과

```
size=32
videoIn=true
IP=192.0.0.1
```

int size	32	⎫ TV 영역
bool videoIn	true	⎫ WideTV 영역
string ipAddr	"192.0.0.1"	⎫ SmartTV 영역

htv

CHECK TIME

1 다음 클래스 A, B, C에 대해 물음에 답하라.

```
class  A {
   int x;
public:
   A() { x = 0; }
   A(int x) { this->x = x; }
};
class  B : public A {
   int y;
public:
   B(int x, int y) : A(x+5) { this->y = y; }
};
class  C : public B {
   int m;
public:
   C(int x, int y, int z) : B(x, y) { m = x*y*z; }
};
```

다음의 객체 생성 코드가 실행되면 객체 내의 멤버 변수 x, y, m의 값은 무엇인가?
(1) C c(3,5,2);
(2) B b(3,4);

8.6 상속의 종류 : public, protected, private 상속

public 상속

상속을 통해 기본 클래스의 멤버들이 파생 클래스의 멤버로 확장될 때, 기본 클래스 멤버의 접근 지정은 상속 조건에 따라 달라진다. 지금까지는 다음과 같은 'public 상속'에 대해서만 다루었다.

```
class Derived : public Base {
    ...
};
```

private 상속
protected 상속

'public 상속'을 사용하면 Base에 선언된 멤버들은 접근 지정을 그대로 유지한 채 Derived의 멤버로 확장된다. 하지만, 'private 상속'이나 'protected 상속'은 기본 클래스에 선언된 멤버들의 접근 지정을 변경한다. [그림 8-18]은 public, protected, private으로 상속하는 경우, 기본 클래스의 멤버들이 파생 클래스의 멤버로 확장될 때 접근 지정의 변화를 보여준다.

●public 상속

기본 클래스를 public으로 상속받으면, 기본 클래스의 protected, public 멤버들은 접근 지정 변경 없이 파생 클래스에 그대로 상속 확장된다.

●protected 상속

기본 클래스를 protected로 상속받으면, 기본 클래스의 protected, public 멤버들은 모두 protected 접근 지정으로 변경되어 파생 클래스에 상속 확장된다.

●private 상속

기본 클래스를 private으로 상속받으면, 기본 클래스의 protected, public 멤버들은 모두 private 접근 지정으로 변경되어 파생 클래스에 상속 확장된다.

잠깐! 상속 접근 지정자가 생략되면 private 상속으로 처리 ●

다음과 같이 상속시 접근 지정자를 생략하면 어떻게 될까?

```
class Derived : Base { ... }; // 접근 치정자 생략
```

접근 지정자가 생략되면 **private** 상속으로 자동 처리된다.

```
class Derived : private Base { ... };
```

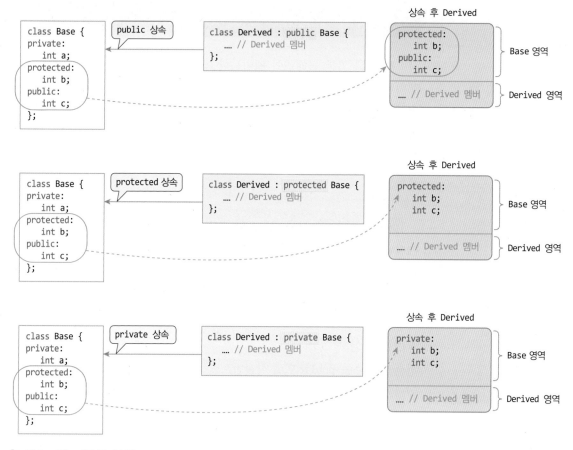

[그림 8-18] 기본 클래스를 public, protected, private으로 상속받는 경우

예제 8-4   private 상속 사례

다음에서 컴파일 오류가 발생하는 부분을 찾아라.

```
1   #include <iostream>
2   using namespace std;
3
4   class Base {
5       int a;
6   protected:
7       void setA(int a) { this->a = a; }
8   public:
9       void showA() { cout << a; }
10  };
11
12  class Derived : private Base {        ← private 상속
13      int b;
14  protected:
15      void setB(int b) { this->b = b; }
16  public:
17      void showB() { cout << b; }
18  };
19
20  int main() {
21      Derived x;
22      x.a = 5;        // ①
23      x.setA(10);     // ②
24      x.showA();      // ③
25      x.b = 10;       // ④
26      x.setB(10);     // ⑤
27      x.showB();      // ⑥
28  }
```

Derived 클래스가 Base 클래스를 'private 상속'함에 따라 Base 클래스의 setA(), showA() 멤버는 private 속성으로 변경되어 Derived에 상속된다.

① 컴파일 오류. a는 Derived 클래스에 상속되지만 private 멤버이므로 접근 불가

②, ③ 컴파일 오류. setA(), showA()는 private 멤버로 변경되어 Derived 클래스에 상속되기 때문에 Derived 클래스 외부에서 접근 불가

④ 컴파일 오류. b는 private 멤버이기 때문에 Derived 클래스 외부에서 접근 불가

⑤ 컴파일 오류. setB()는 protected 멤버이기 때문에 main()에서 접근 불가

⑥ 정상 컴파일. showB()는 public 멤버이기 때문에 누구나 접근 가능

| 예제 8-5 | protected 상속 사례 |

다음에서 컴파일 오류가 발생하는 부분을 찾아라.

```
1   #include <iostream>
2   using namespace std;
3
4   class Base {
5       int a;
6   protected:
7       void setA(int a) { this->a = a; }
8   public:
9       void showA() { cout << a; }
10  };
11
12  class Derived : protected Base {
13      int b;
14  protected:
15      void setB(int b) { this->b = b; }
16  public:
17      void showB() { cout << b; }
18  };
19
20  int main() {
21      Derived x;
22      x.a = 5;        // ①
23      x.setA(10);     // ②
24      x.showA();      // ③
25      x.b = 10;       // ④
26      x.setB(10);     // ⑤
27      x.showB();      // ⑥
28  }
```

protected 상속 → 12

Derived 클래스가 Base 클래스를 'protected 상속'함에 따라 Base 클래스의 setA(), showA() 멤버는 protected 속성으로 변경되어 Derived에 상속된다.

① 컴파일 오류. a는 Derived 클래스에 상속되지만 private 멤버이므로 접근 불가

②, ③ 컴파일 오류. setA(), showA() 멤버는 protected 멤버로 변경되어 Derived 클래스에 상속되기 때문에 Derived 클래스 외부에서 접근 불가

④ 컴파일 오류. b는 private 멤버이기 때문에 Derived 클래스 외부에서 접근 불가

⑤ 컴파일 오류. setB()는 protected 멤버이기 때문에 main() 함수에서 접근 불가

⑥ 정상 컴파일. showB()는 public 멤버이기 때문에 누구나 접근 가능

예제 8-6	상속이 중첩될 때 접근 지정 사례

다음 코드에서 컴파일 오류가 발생하는 부분을 찾아라.

```
1   #include <iostream>
2   using namespace std;
3
4   class Base {
5       int a;
6   protected:
7       void setA(int a) { this->a = a; }
8   public:
9       void showA() { cout << a; }
10  };
11
12  class Derived : private Base {
13      int b;
14  protected:
15      void setB(int b) { this->b = b; }
16  public:
17      void showB() {
18          setA(5);     // ①
19          showA();     // ②
20          cout << b;
21      }
22  };
23
24  class GrandDerived : private Derived {
25      int c;
26  protected:
27      void setAB(int x) {
28          setA(x);     // ③
29          showA();     // ④
30          setB(x);     // ⑤
31      }
32  };
```

(line 12) private 상속
(line 24) private 상속

Derived 클래스가 Base 클래스를 'private 상속'함에 따라 setA(), showA()는 private 속성으로 변경되어 Derived에 상속된다.

① 정상 컴파일. setA()는 Base 클래스의 protected 멤버이기 때문에 파생클래스 Derived에게 접근 허용

② 정상 컴파일. showA()는 Base 클래스의 public 멤버이기 때문에 파생 클래스 Derived에게 접근 허용

③ 컴파일 오류. setA()는 private 속성으로 변경되어 Derived 클래스에 상속되기 때문에 GrandDerived 클래스에서 접근 불가

④ 컴파일 오류. showA()는 private 속성으로 변경되어 Derived 클래스에 상속되기 때문에 GrandDerived 클래스에서 접근 불가

⑤ 정상 컴파일. setB()는 Derived 클래스의 protected 멤버이기 때문에 파생 클래스 GrandDerived에게 접근 허용

8.7 다중 상속

지금은 융합 혹은 컨버전스(convergence)의 시대이다. 융합은 여러 기술이나 기능을 하나로 합친다는 뜻으로 무선 전화기와 MP3의 기능을 합친 제품들이 대표적인 사례이다. 각 기능을 모듈화하고 여러 모듈을 조립하면 융합된 새로운 형태의 제품이 만들어진다. 소프트웨어의 경우에도 모듈화를 통해 코드를 재사용하는 것이 대세이며, C++ 프로그래밍의 관점에서는 코드를 클래스로 모듈화하고 상속을 통해 기능을 확장한다.

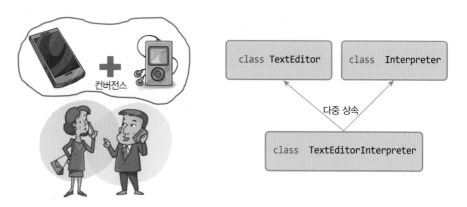

[그림 8-19] 기기의 컨버전스와 C++의 다중 상속

다중 상속
multiple inheritance

다중 상속(multiple inheritance)은 하나의 파생 클래스가 여러 클래스를 동시에 상속받는 것을 말한다. 다중 상속을 통해 여러 기능을 통합한 클래스를 만들 수 있다. [그림 8-19]는 한영 번역 기능을 덧붙인 새로운 개념의 텍스트 편집기를 만들고자 할 때, 텍스트 편집 기능만 가진 TextEditor 클래스와 한영 번역 기능을 가진

Interpreter 클래스를 다중 상속받아 TextEditorInterpreter 클래스를 구성하는 사
례이다.

다중 상속 선언

다중 상속으로 파생 클래스를 선언하는 방법을 알아보자. 다음은 MP3와 MobilePhone
을 상속받은 파생 클래스 MusicPhone을 선언하는 예이다.

```cpp
class MP3 { // MP3 클래스 선언
public:
    void play();
    void stop();
};

class MobilePhone { // MobilePhone 클래스 선언
public:
    bool sendCall();
    bool receiveCall();
    bool sendSMS();
    bool receiveSMS();
};

class MusicPhone : public MP3, public MobilePhone { // 다중 상속 선언
public:
    void dial();
};
```

　　다중 상속으로 파생 클래스를 선언할 때는 클래스 선언문에서 접근 지정과 함께 기
본 클래스를 콤마(,)로 나열하면 된다.

다중 상속 활용

파생 클래스는 다중 상속받은 기본 클래스들의 멤버들을 모두 호출할 수 있기 때문에,
MusicPhone 클래스의 dial() 함수는 다음과 같이 구현할 수 있다.

```cpp
void MusicPhone::dial() {
    play(); // mp3 음악을 연주시키고
    sendCall(); // 전화를 건다
}
```

또한 다른 클래스나 외부 함수에서 MusicPhone이 다중 상속받은 멤버들을 다음과 같이 호출할 수 있다.

```cpp
int main() {
    MusicPhone hanPhone;
    hanPhone.play(); // MP3의 멤버 play() 호출
    hanPhone.sendSMS(); // MobilePhone의 멤버 sendSMS() 호출
}
```

예제 8-7 | Adder와 Subtractor를 다중 상속받는 Calculator 클래스 작성

Adder 클래스와 Subtractor 클래스를 동시에 상속받는 Calculator 클래스를 만든 사례이다.

```cpp
1   #include <iostream>
2   using namespace std;
3
4   class Adder {
5   protected:
6       int add(int a, int b) { return a+b; }
7   };
8
9   class Subtractor {
10  protected:
11      int minus(int a, int b) { return a-b; }
12  };
13
14  class Calculator : public Adder, public Subtractor {
15  public:
16      int calc(char op, int a, int b);
17  };
18
19  int Calculator::calc(char op, int a, int b) {
20      int res=0;
21      switch(op) {
22        case '+' : res = add(a, b); break; // Adder의 add() 호출
23        case '-' : res = minus(a, b); break; // Subtractor의 minus() 호출
24      }
25      return res;
26  }
27
28  int main() {
29      Calculator handCalculator;
30      cout << "2 + 4 = " << handCalculator.calc('+', 2, 4) << endl;
31      cout << "100 - 8 = " << handCalculator.calc('-', 100, 8) << endl;
32  }
```

14행 왼쪽: 다중 상속

→ 실행 결과

```
2 + 4 = 6
100 - 8 = 92
```

8.8 가상 상속

다중 상속의 문제점

다중 상속이 가진 문제점 해결 방법

다중 상속은 여러 개의 클래스를 상속받음으로써 클래스의 재사용과 코딩의 효율을 높이는 장점이 있는 반면, 보이지 않는 치명적인 문제를 내포하고 있다. 이 문제 때문에 Java 언어에서는 클래스의 다중 상속을 지원하지 않는다. 지금부터 C++의 다중 상속이 가진 문제점과 이 문제를 해결하는 방법을 설명해보자.

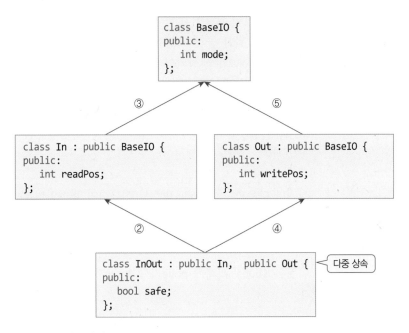

(a) 클래스 상속 관계

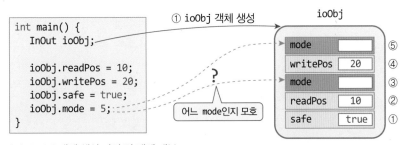

(b) ioObj 객체 생성 과정 및 객체 내부

[그림 8-20] 다중 상속 시 기본 클래스 멤버 접근에 모호한(ambiguous) 문제가 발생하는 경우

[그림 8-20]을 보자. BaseIO, In, Out, InOut의 4개의 클래스는 다이아몬드 형의 상속 관계를 가지며, InOut 클래스는 In과 Out 클래스를 다중 상속받고 있다. 이 경우, [그림 8-20](b)의 main() 함수에 있는 다음 코드에서 ioObj 객체가 생성되는 과정을 알아보자.

```
InOut ioObj; // ioObj 객체 생성
```

먼저 InOut 클래스의 safe 변수 공간이 배정되고(①), 기본 클래스 In의 readPos 변수 공간이 배정된다(②). 그리고 다시 BaseIO 클래스의 mode 변수 공간이 배정된다 (③). InOut 클래스는 Out 클래스를 상속받기 때문에 다시 Out 클래스의 writePos 변수 공간이 배정되고(④), Out의 기본 클래스 BaseIO의 mode 변수 공간이 배정되면(⑤) ioObj 객체를 위한 공간 구성이 완료된다. 이 결과는 [그림 8-20](b)의 오른쪽과 같으며, mode 공간이 2개 생성되어 있는 것을 볼 수 있다.

ioObj 객체가 생성된 후, 다음과 같이 ioObj의 멤버를 정상적으로 접근할 수 있다.

```
ioObj.readPos = 10;
ioObj.writePos = 20;
ioObj.safe = true;
```

그러나 다음과 같이 mode 변수를 접근하면 컴파일러는 오류를 발생시킨다.

오류 ioObj.mode = 5; // 컴파일 오류

이것은 ioObj 객체에 mode가 2개 있기 때문이며, 컴파일 오류 메시지는 다음과 같다.

```
int BaseIO::mode
error : 'mode' 액세스가 모호합니다.
```

컴파일러
중복 상속

ioObj 객체 내에 2개의 mode 변수가 있기 때문에, 컴파일러는 그 중 어떤 mode인지 판단할 수 없다는 뜻이다. 다이아몬드 형의 다중 상속 구조는 기본 클래스의 멤버가 중복 상속되어 객체 속에 존재하는 상황을 초래하여 컴파일 오류를 발생시키게 된다.

InOut 클래스 내에서 mode를 접근할 때도 마찬가지로 컴파일 오류가 발생한다.

```
class InOut : public In, public Out {
public:
    bool safe;
    void setMode() { mode = 3; } // mode에 대한 모호성으로 인해 컴파일 오류 발생
};
```
오류

가상 상속

● 가상 상속 선언

virtual
가상 상속

다중 상속에서 생기는 멤버 중복 생성 문제를 해결하려면, 파생 클래스를 선언할 때 기본 클래스 앞에 virtual 키워드를 이용하여 가상 상속을 선언하면 된다. 다중 상속에 문제가 발생한 In 클래스와 Out 클래스를 다음과 같이 가상 상속으로 선언해 보자.

```
class In : virtual public BaseIO { // In 클래스는 BaseIO 클래스를 가상 상속함
 ...
};
class Out : virtual public BaseIO { // Out 클래스는 BaseIO 클래스를 가상 상속함
 ...
};
```

가상 기본 클래스
virtual base class

이때, In과 Out은 '가상 기본 클래스(virtual base class) BaseIO를 상속 받는다' 라고 하거나 BaseIO를 '가상 상속 받는다'라고 한다. virtual 키워드는 컴파일러에게 파생 클래스의 객체가 생성될 때 기본 클래스의 멤버 공간을 오직 한 번만 할당하고, 이미 할당되어 있다면 그 공간을 공유하도록 지시한다. 그러므로 가상 기본 클래스의 멤버 공간은 오직 한 번만 생성한다.

● 가상 상속으로 다중 상속의 문제 해결

모호성

[그림 8-21]은 [그림 8-20]에서 발생하는 모호성을 기본 클래스를 가상 상속받음으로써 해결하는 코드를 보여준다. 이 과정을 설명해보자.

다음과 같이 ioObj 객체가 생성될 때,

```
InOut ioObj;
```

InOut 클래스의 safe 변수 공간이 배정되고(①), In의 readPos 변수 공간이 배정된다(②). 그리고 아직 mode 변수 공간이 할당된 적이 없기 때문에 BaseIO 클래스의 mode 변수 공간이 배정된다(③). 다시 Out 클래스의 writePos 변수 공간이 배정된다(④).

가상 상속

마지막으로 ⑤의 과정에서, BaseIO의 mode 멤버 공간이 이미 ioObj 객체에 할당되어 있기 때문에, mode 변수 공간을 추가로 만들지 않는다. Out은 BaseIO 클래스와 상속 관계는 유지하되, BaseIO의 멤버 공간을 생성하지 않고 이미 할당된 공간을 공유한다. 이것이 바로 가상 상속이다. 이제, mode 변수 공간이 하나만 생성되어 있기 때

모호성

문에 mode 변수에 대한 모호성은 없다. 다음 코드는 컴파일 오류를 발생시키지 않는다.

```
ioObj.mode = 5; // 모호성 없음. 컴파일 오류 발생하지 않음
```

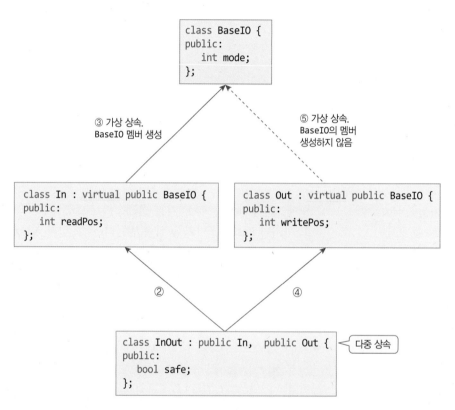

(a) 기본 클래스를 가상 상속 받는 클래스 상속 관계

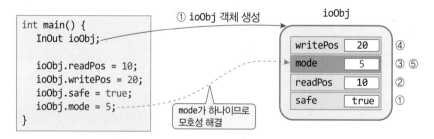

(b) 가상 기본 클래스를 가진 경우, ioObj 객체 생성 과정 및 객체 내부

[그림 8-21] 기본 클래스를 가상 상속 받음으로써 다중 상속의 모호성 해결

> **잠깐!** **가상 상속 사례 : C++ 표준 라이브러리** •
>
> 기본 클래스를 가상 상속받는 경우는 C++ 표준 클래스 라이브러리에도 종종 볼 수 있다. 대표적으로 **ios** 클래스를 istream과 ostream이 상속받고, **iostream**이 istream과 ostream을 다중 상속받는 경우로서 istream과 ostream이 ios를 다음과 같이 가상 상속받아 다중 상속의 모호성 문제를 해결한다.
>
> ```cpp
> class istream : virtual public ios { ... };
> class ostream : virtual public ios { ... };
> class iostream : public istream, public ostream { ... };
> ```

CHECK TIME

1 다음 프로그램은 상속으로 인한 모호성을 가지고 있다.

```cpp
class Person {
public:
    int id;
};
class Student : public Person { };
class Worker : public Person { };
class StudentWorker : public Student, public Worker {
    public: void getId() { return id; }
};
```

(1) 어떤 라인에서 모호성으로 인해 컴파일 오류가 발생하는가?
(2) 모호성이 없도록 수정하라.

2 다중 상속의 모호성은 virtual 키워드를 이용한 가상 상속으로 해결한다. 모호성은 어떤 시점에서 검사되는가? 컴파일 타임인가, 런타임인가?

상속의 개념
- 객체 지향 언어에서 말하는 상속은 부모의 유전자가 자식에게 물려지는 것과 같다.
- 중복된 기능을 가진 여러 클래스들을 상속 관계로 설정하면 클래스를 간소화할 수 있다.
- 상속은 클래스들을 계층적으로 분류하여 관리를 용이하게 한다.
- 상속은 부모 클래스의 재사용을 통해 소프트웨어 생산성을 향상시킨다.
- 부모 클래스를 기본 클래스(base class), 자식 클래스를 파생 클래스(derived class)라고 부른다.

클래스 상속과 객체
- C++에서 파생 클래스 Derived는 다음과 같이 선언한다.

```
class Derived : public Base { // Base 클래스를 상속받는 Derived 클래스 선언
};
```

- 파생 클래스의 객체는 파생 클래스의 멤버와 기본 클래스의 멤버를 모두 가진다.

상속과 객체 포인터
- 기본 클래스의 포인터로 파생 객체를 가리키는 것을 업 캐스팅이라고 한다.
- 업 캐스팅된 포인터로 객체의 기본 클래스 멤버만 접근할 수 있다.
- 파생 클래스의 포인터에 기본 클래스 타입의 주소가 치환되는 것을 다운 캐스팅이라고 한다.

protected 접근 지정
- 기본 클래스의 protected 멤버는 파생 클래스를 제외한 다른 클래스나 외부 함수에서 접근할 수 없다.

상속과 생성자, 소멸자
- 파생 클래스의 생성자는 기본 클래스의 생성자를 먼저 호출한 후, 자신의 생성자 코드를 실행한다. 결국 기본 클래스의 생성자가 파생 클래스의 생성자보다 먼저 실행된다.
- 파생 클래스의 소멸자는 자신이 먼저 실행한 후 기본 클래스의 소멸자를 호출한다. 결국 파생 클래스, 기본 클래스의 순으로 소멸자가 실행된다.
- 파생 클래스 생성자에서 기본 클래스의 생성자를 명시적으로 선택하지 않으면, 컴파일러는 묵시적으로 기본 클래스의 기본 생성자를 호출하도록 컴파일한다.

상속의 종류
- 기본 클래스를 상속받을 때, public 상속, protected 상속, private 상속의 3가지 방법이 있다.
- public 상속은 기본 클래스에 선언된 접근 지정이 그대로 상속되며, protected 상속은 기본 클래스의 protected, public 멤버가 모두 protected 속성으로 변경되어 상속되며, private 상속은 protected, public 멤버가 모두 private 속성으로 변경되어 상속된다.

다중 상속
- C++는 다중 상속을 허용한다. 다음은 다중 상속 사례이다.

```
class MusicPhone : public MP3, public MobilePhone {
};
```

- 다중 상속을 받은 파생 클래스의 객체가 생성될 때, 기본 클래스의 멤버가 중복하여 공간을 차지하는 문제가 발생할 수 있으며, 이 문제는 가상 상속을 통해 해결된다.

가상 상속
- 가상 상속은 virtual 키워드를 이용한 상속이며, 파생 클래스의 객체가 생성될 때 이미 공간을 할당받은 기본 클래스의 멤버에 대해 공간을 할당하지 않도록 하는 지시이다.

<table>
</table>

Open Challenge — 상속 관계의 클래스 작성

목적
상속 관계 클래스 작성. 파생 클래스 생성자에서 기본 클래스 생성자 선택, 업 캐스팅/다운 캐스팅 연습

다음과 같은 상속 관계를 가진 Product, Book, CompactDisk, ConversationBook 클래스를 작성하고 아래 실행 화면과 같이 상품을 관리하는 프로그램을 작성하라. 난이도 7

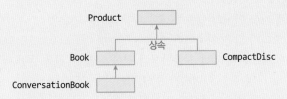

Product 클래스는 상품의 식별자(id), 상품 설명, 생산자, 가격을 나타내는 정보를 포함한다. Book 클래스는 ISBN 번호, 저자, 책 제목 정보를 포함한다. CompactDisc 클래스는 앨범 제목, 가수 이름 정보를 포함한다. ConversationBook은 회화 책에서 다루는 언어 명 정보를 포함한다. 객체 지향 개념에 부합하도록 적절한 접근 지정자, 멤버 변수 및 함수, 생성자 등을 작성하라. main()에서는 최대 100개의 상품을 관리하며, 모든 상품의 정보를 조회할 수 있다. 상품의 식별자는 상품을 등록할 때 자동으로 붙인다.

```
***** 상품 관리 프로그램을 작동합니다 *****
상품 추가(1), 모든 상품 조회(2), 끝내기(3) ? 1
상품 종류 책(1), 음악CD(2), 회화책(3) ? 2
상품설명>>조수미 기념 음반
생산자>>한성기획
가격>>15000
앨범제목>>조수미 forever
가수>>조수미

상품 추가(1), 모든 상품 조회(2), 끝내기(3) ? 1
상품 종류 책(1), 음악CD(2), 회화책(3) ? 3
상품설명>>팝으로 배우는 영어 회화
생산자>>한성기획
가격>>20000
책제목>>팝영어
저자>>제인
언어>>영어
ISBN>>000111

상품 추가(1), 모든 상품 조회(2), 끝내기(3) ? 2
--- 상품ID : 0
상품설명 : 조수미 기념 음반
생산자 : 한성기획
가격 : 15000
앨범제목 : 조수미 forever
가수 : 조수미
--- 상품ID : 1
상품설명 : 팝으로 배우는 영어 회화
생산자 : 한성기획
가격 : 20000
ISBN : 111
책제목 : 팝영어
저자 : 제인
언어 : 영어

상품 추가(1), 모든 상품 조회(2), 끝내기(3) ? 3
```

연습문제

이론 문제

· 홀수 문제는 정답이 공개됩니다.

1. 객체 지향 언어의 상속 개념과 가장 가까운 것은?
   ① 오리와 닭은 가축이다.
   ② 스마트폰은 일반 전화기처럼 전화를 할 수 있을 뿐만 아니라 사진도 찍을 수 있다.
   ③ 박 군의 집은 아버지가 주신 집이다.
   ④ 사람은 원숭이로부터 진화했다.

2. 객체 지향에서의 상속 개념과 가장 가까운 것은?
   ① TV와 스마트 TV   ② 천 소파와 가죽 소파
   ③ CPU와 PC   ④ 자동차 엔진과 변속기

3. C++의 상속 특징 중 틀린 것은?
   ① C++에서는 다중 상속을 허용하지만 다중 상속으로 문제가 발생하는 경우도 있다.
   ② C++에서는 상속의 횟수에 제한이 없다.
   ③ protected 멤버는 클래스 내에서 보호받기 때문에 상속되지 않는다.
   ④ 상속의 가장 큰 장점은 소프트웨어의 재사용에 있다.

4. 다음 코드에 대해 컴파일 오류가 발생하는 것은?

```cpp
class A {
   public: int w;
};
class B : public A {
   public: int x;
};
class C : private A {
   public: int y;
};
class D : protected B {
   public: int z;
};
```

   ① A a; a.w=10;   ② B b; b.w=10;
   ③ C c; c.y=10;   ④ D d; d.w=10;

5   다음 코드에서 컴파일 오류가 발생하는 곳을 있는 대로 골라라.

```
class A {
   int s, x;
protected :
   void setX(int x) { this->x = x; }
   void setS(int s) { this->s = s; }
};

class B : private A {       // ①
   int y;
public:
   void setXY(int a, int b, int s) {
      x = a;                // ②
      y = b;                // ③
      setS(s);              // ④
   }
};
```

6. 다음 코드에서 컴파일 오류가 발생하는 곳을 있는 대로 골라라.

```
class A {
   int x;
public :
   void setX(int x) { this->x = x; }
};

class B : protected A {
   int y;
public:
   void setXY(int x, int y) { setX(x); this->y = y; }
};

int main() {
   A a;
   B b;
   a.x = 3;        // ①
   b.y = 3;        // ②
   a.setX(5);      // ③
   b.setX(5);      // ④
}
```

7. 다음 클래스 A, B와 변수가 선언되어 있을 때 물음에 답하라.

```cpp
class A {
   public: int x;
};
class B : public A {
   public: int y;
};
A a, *p;
B b, *q;
```

(1) 업 캐스팅과 다운 캐스팅을 골라라.

   ① p = &a;   ② p = &b;   ③ q = (B*)&a;   ④ q = &b;

(2) 다음 코드는 컴파일 오류는 없지만 실행 중에 오류가 발생한다. 그 이유는 무엇인가?

```cpp
p = &a;
q = (B*)p;
q->y = 100;   // 실행 중 오류 발생
```

8. 다음 클래스 A, B와 변수가 선언되어 있을 때 물음에 답하라.

```cpp
class A {
   public: int w;
};
class B : public A {
   public: int x;
};
class C : public A {
   public: int y;
};
class D : public B {
   public: int z;
};
A a; B b; C c; D d; // 클래스마다 하나씩 객체 생성

A *ap = &a;
B *bp = &b;
C *cp = &c;
D *dp = &d;
```

(1) 업 캐스팅에 해당하지 않는 것은?

   ① ap = bp;   ② ap = cp;   ③ bp = cp;   ④ bp = dp;

(2) 객체 d의 멤버를 모두 나열하라.

(3) 객체 d의 멤버에 대한 접근 중에서 컴파일 오류가 발생하는 것은?

① d.x = 10;   ② dp->x = 10;

③ ap = dp; ap->x = 10;   ④ bp = dp; bp->x = 10;

(4) 아래 두 라인을 작성하면 두 번째 라인에서 컴파일 오류가 발생한다. 수정하라.

```
ap = dp; // 컴파일 오류 발생하지 않음. 업 캐스팅
dp = ap; // 컴파일 오류 발생. 다운 캐스팅
```

9. 다음 코드에 대한 물음에 답하라.

```
class A {
public:
  A() { cout << "생성자 A" << endl; }
  A(int x) { cout << "생성자 A " << x << endl; }
};
class B : public A {
public:
  B() { cout << "생성자 B" << endl; }
  B(int x) { cout << "생성자 B " << x << endl; }
  B(int x, int y) : A(x + y + 2) { cout << "생성자 B " << x*y*2 << endl; }
};
```

다음과 같이 객체 b가 생성될 때 화면에 출력되는 내용은?

(1) B b;

(2) B b(10);

(3) B b(10, 20);

10. 다음 코드에 대해 물음에 답하라.

```
class A {
public:
  A(int x) { cout << "생성자 A " << x << endl; }
};
class B : public A {
public:
  B() { cout << "생성자 B" << endl; }
  B(int x) { cout << "생성자 B " << x << endl; }
};
```

(1) 위 코드에서 컴파일 오류가 발생하는 곳은 어디인가? 컴파일 오류의 내용은 무엇
인가?

(2) 다음 코드와 실행한 결과가 아래와 같도록 생성자 B()를 수정하라.

B b;　━▶ 실행 결과

```
생성자 A 20
생성자 B
```

(3) 다음 코드와 실행한 결과가 아래와 같도록 생성자 B(int x)를 수정하라.

B b(15);　━▶ 실행 결과

```
생성자 A 35
생성자 B 15
```

11. 파생 클래스의 객체가 생성되거나 소멸될 때에 관한 설명 중 틀린 것은?

① 파생 클래스 객체 생성 시, 파생 클래스와 기본 클래스의 생성자가 모두 실행된다.

② 개발자는 파생 클래스의 생성자가 실행될 때 함께 실행될 기본 클래스의 생성자를 선택할 수 있다.

③ 파생 클래스 객체 소멸 시, 기본 클래스의 소멸자가 먼저 실행되고 파생 클래스의 소멸자가 나중에 실행된다.

④ 파생 클래스의 생성자가 실행될 때 함께 실행할 기본 클래스의 생성자를 찾는 과정은 실행 시간이 아닌 컴파일 시에 이루어진다.

12. 다중 상속에 관한 설명 중 틀린 것은?

① 자바에는 클래스의 다중 상속이 없다.

② 기존 클래스를 재사용하여 프로그래밍의 생산성을 높인다.

③ 다중 상속으로 인한 모호성이 발생할 수 있다.

④ 다중 상속으로 인한 모호성은 실행 시간에 발견되므로 동적 바인딩을 통한 가상 상속으로 해결한다.

13. 다음 클래스 Rocket과 클래스 Computer를 동시에 상속받아 클래스 Satellite을 선언하라.

```
class Rocket { .... };
class Computer { ... };
```

14. 다음 클래스가 있을 때 물음에 답하라.

```
class Pen { ... };
class Eraser { ... };
class Lock { ... };
```

(1) 클래스 Pen과 클래스 Eraser를 동시에 상속받는 클래스 HiPen을 선언하라.

(2) 클래스 Pen, Eraser, Lock을 동시에 상속받는 클래스 OmniPen을 선언하라.

15. 다음 4개의 클래스가 있다.

```cpp
class Vehicle {
   public: int power;
};
class Car : public Vehicle {
   public: int color;
};
class Airplane : public Vehicle {
   public: int altitude;
};
class FlyingCar : public Car, public Airplane {
   public: void go();
};
```

다음 코드 중에서 컴파일 오류가 발생하는 라인을 발견하고 오류를 수정하라. 컴파일 오류의 원인이 무엇인지 설명하라.

```cpp
FlyingCar fCar;
fCar.go();              // ①
fCar.altitude=2000;     // ②
fCar.color=2000;        // ③
fCar.power=2000;        // ④
```

16. 다음 클래스들의 상속 관계가 가진 잠재적 문제점을 지적하고 수정하라.

```cpp
class TV {
   public: int screenSize;
};
class ColorTV : public TV {
   public: int color;
};
class InternetTV : public TV {
   public: string ipAddr;
};
```

실습 문제

* 문제 1~2에 적용되는 원을 추상화한 Circle 클래스가 있다.

```cpp
class Circle {
    int radius;
public:
    Circle(int radius=0) { this->radius = radius; }
    int getRadius() { return radius; }
    void setRadius(int radius) { this->radius = radius; }
    double getArea() { return 3.14*radius*radius; }
};
```

목적 상속, 파생 클래스와 생성자 작성

1.★ 다음 코드가 실행되도록 Circle을 상속받은 NamedCircle 클래스를 작성하고 전체 프로그램을 완성하라. 난이도 4

```cpp
NamedCircle waffle(3, "waffle"); // 반지름이 3이고 이름이 waffle인 원
waffle.show();
```

```
반지름이 3인 waffle
```

목적 상속, 파생 클래스 작성 및 응용

2. 다음과 같이 배열을 선언하여 다음 실행 결과가 나오도록 Circle을 상속받은 NamedCircle 클래스와 main() 함수 등 필요한 함수를 작성하라. 난이도 5

```cpp
NamedCircle pizza[5];
```

```
5 개의 정수 반지름과 원의 이름을 입력하세요
1>> 5 크림피자
2>> 8 치즈피자
3>> 25 대왕피자
4>> 30 블랙홀피자
5>> 15 마늘피자
가장 면적이 큰 피자는 블랙홀피자입니다
```

 힌트 NamedCircle 클래스에 디폴트 매개 변수를 가진 생성자를 작성해야 한다.

* 문제 3~4에 적용되는 2차원 상의 한 점을 표현하는 Point 클래스가 있다.

```cpp
class Point {
    int x, y;
public:
    Point(int x, int y) { this->x = x; this->y = y; }
    int getX() { return x; }
    int getY() { return y; }
protected:
    void move(int x, int y) { this->x = x; this->y = y; }
};
```

목점 상속, 파생 클래스 작성

3.★ 다음 main() 함수가 실행되도록 Point 클래스를 상속받은 ColorPoint 클래스를 작성하고, 전체 프로그램을 완성하라. 난이도 4

```cpp
int main() {
    ColorPoint cp(5, 5, "RED");
    cp.setPoint(10, 20);
    cp.setColor("BLUE");
    cp.show();
}
```

> BLUE색으로 (10,20)에 위치한 점입니다.

목점 상속, 파생 클래스와 생성자 작성 및 응용

4. 다음 main() 함수가 실행되도록 Point 클래스를 상속받는 ColorPoint 클래스를 작성하고, 전체 프로그램을 완성하라. 난이도 5

```cpp
int main() {
    ColorPoint zeroPoint; // BLACK 색에 (0, 0) 위치의 점
    zeroPoint.show(); // zeroPoint를 출력한다.

    ColorPoint cp(5, 5);
    cp.setPoint(10, 20);
    cp.setColor("BLUE");
    cp.show(); // cp를 출력한다.
}
```

> BLACK색으로 (0,0)에 위치한 점입니다.
> BLUE색으로 (10,20)에 위치한 점입니다.

* 문제 5~6에 적용되는 **BaseArray** 클래스는 다음과 같다.

```cpp
class BaseArray {
private:
    int capacity; // 배열의 크기
    int *mem; // 정수 배열을 만들기 위한 메모리의 포인터
protected:
    BaseArray(int capacity=100) {
        this->capacity = capacity; mem = new int [capacity];
    }
    ~BaseArray() { delete [] mem; }
    void put(int index, int val) { mem[index] = val; }
    int get(int index) { return mem[index]; }
    int getCapacity() { return capacity; }
};
```

주목, 생성자가 protected

난이도 상속과 protected, 파생 클래스 작성

5.★ **BaseArray**를 상속받아 큐처럼 작동하는 **MyQueue** 클래스를 작성하라. **MyQueue**를 활용하는 사례는 다음과 같다. 난이도 6

```cpp
MyQueue mQ(100);
int n;
cout << "큐에 삽입할 5개의 정수를 입력하라>> ";
for(int i=0; i<5; i++) {
    cin >> n;
    mQ.enqueue(n); // 큐에 삽입
}
cout << "큐의 용량:" << mQ.capacity() << ", 큐의 크기:" << mQ.length() << endl;
cout << "큐의 원소를 순서대로 제거하여 출력한다>> ";
while(mQ.length() != 0) {
    cout << mQ.dequeue() << ' '; // 큐에서 제거하여 출력
}
cout << endl << "큐의 현재 크기 : " << mQ.length() << endl;
```

```
큐에 삽입할 5개의 정수를 입력하라>> 1 3 5 7 9
큐의 용량:100, 큐의 크기:5
큐의 원소를 순서대로 제거하여 출력한다>> 1 3 5 7 9
큐의 현재 크기 : 0
```

6. 상속과 protected, 파생 클래스 작성

6. BaseArray 클래스를 상속받아 스택으로 작동하는 MyStack 클래스를 작성하라.

난이도 6

```
MyStack mStack(100);
int n;
cout << "스택에 삽입할 5개의 정수를 입력하라>> ";
for(int i=0; i<5; i++) {
    cin >> n;
    mStack.push(n); // 스택에 푸시
}
cout << "스택용량:" << mStack.capacity() << ", 스택크기:" << mStack.length() << endl;
cout << "스택의 모든 원소를 팝하여 출력한다>> ";
while(mStack.length() != 0) {
    cout << mStack.pop() << ' '; // 스택에서 팝
}
cout << endl << "스택의 현재 크기 : " << mStack.length() << endl;
```

```
스택에 삽입할 5개의 정수를 입력하라>> 1 3 5 7 9
스택 용량:100, 스택 크기:5
스택의 모든 원소를 팝하여 출력한다>> 9 7 5 3 1
스택의 현재 크기 : 0
```

7. 기본 클래스와 파생 클래스로 나누어 응용 작성

7.★ 아래와 같은 BaseMemory 클래스를 상속받는 ROM(Read Only Memory), RAM 클래스를 작성하라. BaseMemory에 필요한 코드를 수정 추가하여 적절히 완성하라. 난이도 7

```
class BaseMemory {
    char *mem;
protected:
    BaseMemory(int size) { mem = new char [size]; }
};
```

ROM은 읽기 전용 메모리이므로 작동 중에 값을 쓸 수가 없기 때문에, 공장에서 생산할 때 생산자가 요청한 데이터로 초기화하는데 이 작업을 굽는다(burn)라고 한다. 그러므로 ROM은 반드시 생성자에서 burn 작업이 일어나야 한다.

다음은 ROM과 RAM 메모리를 생성하고 사용하는 사례이다. ROM의 0번지에서 4번지까지 읽어 RAM 메모리의 0~4번지에 쓰고, 다시 RAM 메모리의 값을 화면에 출력한다. 전체 프로그램을 완성하라.

```
char x[5]={'h', 'e', 'l', 'l', 'o'};
ROM biosROM(1024*10, x, 5); // 10KB의 ROM 메모리. 배열 x로 초기화됨
RAM mainMemory(1024*1024); // 1MB의 RAM 메모리

// 0 번지에서 4번지까지 biosROM에서 읽어 mainMemory에 복사
for(int i=0; i<5; i++) mainMemory.write(i, biosROM.read(i));
for(int i=0; i<5; i++) cout << mainMemory.read(i);
```

```
hello
```

8. 다음 그림과 같은 상속 구조를 갖는 클래스를 설계한다. `난이도 7`

상속 구조로 종합 응용 연습

모든 프린터는 모델명(`model`), 제조사(`manufacturer`), 인쇄 매수 (`printedCount`), 인쇄 종이 잔량(`availableCount`)을 나타내는 정보와 `print(int pages)` 멤버 함수를 가지며, `print()`가 호출할 때마다 `pages` 매의 용지를 사용한다. 잉크젯 프린터는 잉크 잔량(`availableInk`) 정보와 `printInkJet(int pages)` 멤버 함수를 추가적으로 가지며, 레이저 프린터는 토너 잔량(`availableToner`) 정보와 역시 `printLaser(int pages)` 멤버 함수를 추가적으로 가진다. 각 클래스에 적절한 접근 지정으로 멤버 변수와 함수, 생성자, 소멸자를 작성하고, 다음과 같이 실행되도록 전체 프로그램을 완성하라. 잉크젯 프린터 객체와 레이저 프린터 객체를 각각 하나만 동적 생성하여 시작한다.

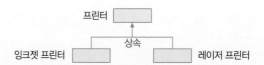

```
현재 작동중인 2 대의 프린터는 아래와 같다
잉크젯 : Officejet V40 ,HP ,남은 종이 5장 ,남은 잉크 10
레이저 : SCX-6x45 ,삼성전자 ,남은 종이 3장 ,남은토너 20

프린터(1:잉크젯, 2:레이저)와 매수 입력>>1 4
프린트하였습니다.
Officejet V40 ,HP ,남은 종이 1장 ,남은 잉크 6
SCX-6x45 ,삼성전자 ,남은 종이 3장 ,남은토너 20
계속 프린트 하시겠습니까(y/n)>>y

프린터(1:잉크젯, 2:레이저)와 매수 입력>>2 10
용지가 부족하여 프린트할 수 없습니다.
Officejet V40 ,HP ,남은 종이 1장 ,남은 잉크 6
SCX-6x45 ,삼성전자 ,남은 종이 3장 ,남은토너 20
계속 프린트 하시겠습니까(y/n)>>y
```

```
프린터(1:잉크젯,  2:레이저)와 매수 입력>>2 2
프린트하였습니다.
Officejet V40 ,HP ,남은 종이 1장 ,남은 잉크 6
SCX-6x45 ,삼성전자 ,남은 종이 1장 ,남은토너 19
계속 프린트 하시겠습니까(y/n)>>n
```

<table>
<tr><td>학습 정리</td><td>종합 응용 연습(상속 필요 없음)</td></tr>
</table>

9. 비행기 예약 프로그램을 작성하라. 이 문제는 여러 개의 클래스와 객체들을 다루는 연습을 위한 것이다. 클래스 사이의 상속 관계는 없다. 항공사 이름은 '한성항공'이고, 8개의 좌석을 가진 3대의 비행기로 서울 부산 간 운항 사업을 한다. 각 비행기는 하루에 한 번만 운항하며 비행 시간은 **07**시, **12**시, **17**시이다. 비행기 예약 프로그램은 다음의 기능을 가진다. 난이도 9

· 예약 : 비행 시간, 사용자의 이름, 좌석 번호를 입력받아 예약한다.
· 취소 : 비행 시간, 사용자의 이름, 좌석 번호를 입력받고 예약을 취소한다.
· 예약 보기 : 예약된 좌석 상황을 보여준다.

```
***** 한성항공에 오신것을 환영합니다 *****

예약:1, 취소:2, 보기:3, 끝내기:4>> 1
07시:1, 12시:2, 17시:3>> 1
07시:   ---      ---      ---      ---      ---      ---      ---      ---
좌석 번호>> 3
이름 입력>> 황기태

예약:1, 취소:2, 보기:3, 끝내기:4>> 1
07시:1, 12시:2, 17시:3>> 2
12시:   ---      ---      ---      ---      ---      ---      ---      ---
좌석 번호>> 5
이름 입력>> 이재문

예약:1, 취소:2, 보기:3, 끝내기:4>> 1
07시:1, 12시:2, 17시:3>> 3
17시:   ---      ---      ---      ---      ---      ---      ---      ---
좌석 번호>> 8
이름 입력>> 정인환

예약:1, 취소:2, 보기:3, 끝내기:4>> 3
07시:   ---      ---    황기태    ---      ---      ---      ---      ---
12시:   ---      ---      ---      ---    이재문    ---      ---      ---
17시:   ---      ---      ---      ---      ---      ---      ---    정인환

예약:1, 취소:2, 보기:3, 끝내기:4>> 2
07시:1, 12시:2, 17시:3>> 1
```

```
07시:     ---      ---      황기태     ---      ---      ---      ---      ---
좌석 번호>> 3
이름 입력>> 황기태

예약:1,  취소:2,  보기:3,  끝내기:4>> 3
07시:     ---      ---      ---      ---      ---      ---      ---      ---
12시:     ---      ---      ---      ---      이재문    ---      ---      ---
17시:     ---      ---      ---      ---      ---      ---      ---      정인환

예약:1,  취소:2,  보기:3,  끝내기:4>> 4
예약 시스템을 종료합니다.
```

힌트
Hint

이 프로그램에 필요한 클래스는 AirlineBook, Schedule, Seat의 3개이며, main 함수는 별도의 cpp 파일에 작성한다. 또한 사용자 입력을 전담하는 Console 클래스를 작성한다.

- AirlineBook 클래스 : Schedule 객체 3개 생성. 예약 시스템 작동
- Schedule 클래스 : 하나의 스케쥴을 구현하는 클래스. 8개의 Seat 객체 생성. Seat 객체에 예약, 취소, 보기 등 관리
- Seat 클래스 : 하나의 좌석을 구현하는 클래스. 예약자 이름 저장, 좌석에 대한 예약, 취소, 보기 등 관리
- Console 클래스 : 메뉴를 출력하는 함수, 사용자로부터 메뉴 선택, 비행 시간, 사용자 이름, 좌석 번호 등을 입력받는 멤버 함수들을 구현. 멤버들은 static으로 작성하는 것이 좋다.

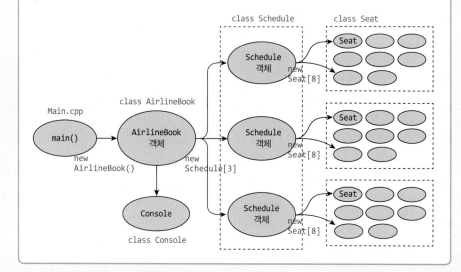

09

가상 함수와 추상 클래스

가상 함수와 추상 클래스

9.1 상속 관계에서의 함수 재정의

함수 재정의

C++에서는 파생 클래스에 기본 클래스의 멤버 함수와 동일한 이름과 원형으로 함수를 재정의(redefine)하여 사용할 수 있다. 예제 9-1은 파생 클래스에서 함수 f()를 재정의한 사례이다. 예제 9-1을 통해 함수 재정의의 의미를 알아보자.

예제 9-1 **파생 클래스에서 함수를 재정의하는 사례**

```cpp
1   #include <iostream>
2   using namespace std;
3
4   class Base {
5   public:
6       void f() { cout << "Base::f() called" << endl; }
7   };
8
9   class Derived : public Base {
10  public:
11      void f() { cout << "Derived::f() called" << endl; }
12  };
13
14  void main() {
15      Derived d, *pDer;
16      pDer = &d; // 객체 d를 가리킨다.
17      pDer->f(); // Derived의 멤버 f() 호출
18
19      Base* pBase;
20      pBase = pDer; // 업캐스팅. 객체 d를 가리킨다.
21      pBase->f(); // Base의 멤버 f() 호출
22  }
```

> Base의 멤버 함수 f()를 재정의

➡ 실행 결과

```
Derived::f() called
Base::f() called
```

main() 함수의 다음 코드는 객체 d를 생성한다.

```
Derived d;
```

객체 d는 [그림 9-1](1)과 같이 Base의 f()와 Derived의 f() 함수를 모두 가지고 있다. pDer이 Derived에 대한 포인터이므로 다음 코드는 Derived의 f()를 호출한다.

```
pDer = &d;
pDer->f(); // Derived의 멤버 f() 호출
```

pDer이 가리키는 객체에는 [그림 9-1](2)와 같이 두 개의 f() 함수가 있지만, 컴파일러는 파생 클래스의 함수를 우선적으로 바인딩하기 때문이다.

다음 코드는 업 캐스팅을 통해 pBase가 객체 d를 가리킨다. pBase로 함수 f()를 호출하면 어떤 결과가 나타나게 될까?

업 캐스팅

```
pBase = pDer; // 업 캐스팅. pBase는 객체 d를 가리킨다.
pBase->f(); // Base의 멤버 f() 호출
```

pBase가 Base 클래스에 대한 포인터이므로 컴파일러는 Base의 멤버 f() 함수를 호출하도록 컴파일한다. 그 결과 [그림 9-1](3)과 같이 Base의 f() 함수를 호출한다.

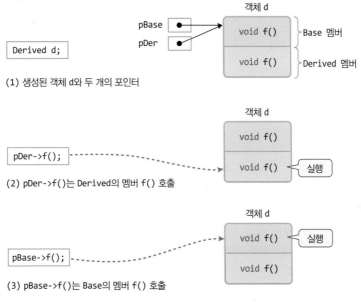

(1) 생성된 객체 d와 두 개의 포인터

(2) pDer->f()는 Derived의 멤버 f() 호출

(3) pBase->f()는 Base의 멤버 f() 호출

[그림 9-1] 예제 9-1의 실행 과정. Derived와 Base의 포인터로 함수 f()를 호출하는 경우 비교

예제 9-1에서는 Base의 멤버 함수 f()와 완전히 동일한 원형으로 멤버 함수 f()를 Derived에 재정의하였다. 상속에 있어 기본 클래스의 멤버 함수로 원하는 작업을 할 수 없는 경우, 파생 클래스에서 동일한 원형으로 그 함수를 재정의하여 해결한다.

정리하면, 파생 클래스에서 기본 클래스와 동일한 형식의 함수를 재정의하는 경우, 기본 클래스에 대한 포인터로는 기본 클래스의 함수를 호출하고, 파생 클래스의 포인터로는 파생 클래스에 작성된 함수를 호출한다. 이러한 호출 관계는 컴파일 시에 결정된다(정적 바인딩).

컴파일

> **잠깐!** **범위 지정 연산자로 Base 멤버 접근 가능**
>
> **범위 지정 연산자**(::)를 사용하면 기본 클래스의 멤버 함수와 파생 클래스에 재정의된 함수를 구분하여 호출할 수 있다. [그림 9-1]의 사례에서는 다음과 같이 **pDer**을 이용하면 된다.
>
> ```
> pDer->f(); // Derived의 멤버 f() 호출
> pDer->Base::f(); // Base의 멤버 f() 호출
> ```

범위 지정 연산자(::)

9.2 가상 함수와 오버라이딩

가상 함수
오버라이딩

가상 함수(virtual function)와 오버라이딩(overriding)은 상속에 기반을 둔 기술로서 객체 지향 언어의 꽃이다. 상속의 진정한 묘미와 상속을 활용한 소프트웨어 재사용은 가상 함수와 오버라이딩을 통해 이루어진다. 가상 함수를 통해 객체 지향의 진정한 맛을 보기 바란다.

가상 함수와 오버라이딩

●오버라이딩의 개념

오버라이딩에 쉽게 접근하기 위해 [그림 9-2]를 보자. 기태네 집에 '새로운 기태'가 들어와서 '원래 기태'를 무력화시키면, '새로운 기태'가 기태네 집의 주인이 된다. 다른 사람이 바깥에서 기태를 부르면 항상 '새로운 기태'가 대답한다.

[그림 9-2] 가상 함수와 오버라이딩의 개념

    오버라이딩은 파생 클래스에서 기본 클래스에 작성된 가상 함수를 재작성하여, 기본 클래스에 작성된 가상 함수를 무력화시키고, 객체의 주인 노릇을 하는 것이다. 매우 중요한 것으로, 기본 클래스의 포인터를 이용하든 파생 클래스의 포인터를 이용하든 가상 함수를 호출하면, 파생 클래스에 오버라이딩된 함수가 항상 실행된다.

● 가상 함수 선언과 오버라이딩

가상 함수
virtual 키워드 멤버 함수

가상 함수(virtual function)란 virtual 키워드로 선언된 멤버 함수이다. virtual은 컴파일러에게 자신에 대한 호출 바인딩을 실행 시간까지 미루도록 지시하는 키워드이다. 가상 함수는 기본 클래스나 파생 클래스 어디에서나 선언될 수 있다. 가상 함수를 선언하는 사례는 다음과 같다.

```
class Base {
public:
    virtual void f(); // f()는 가상 함수
};
```

가상 함수
함수 오버라이딩
오버라이딩
컴파일 시간 다형성
실행 시간 다형성

    파생 클래스에서 기본 클래스의 가상 함수를 재정의하는 것을 특별히 '함수 오버라이딩(function overriding)' 혹은 간단히 '오버라이딩'이라고 부른다. 예제 9-1의 함수 재정의(redefine)가 컴파일 시간 다형성(compile time polymorphism)이라면, 오버라이딩은 실행 시간 다형성(run time polymorphism)을 실현한다.

    [그림 9-3](a)는 함수 재정의를, (b)는 Base 클래스의 가상 함수 f()를 Derived 클래스에서 오버라이딩하는 예를 비교하여 보여준다.

```
class Base {
public:
  void f() {
    cout << "Base::f() called" << endl;
  }
};

class Derived : public Base {
public:
  void f() {
    cout << "Derived::f() called" << endl;
  }
};
```

함수 재정의 ──▶

함수 재정의(redefine)

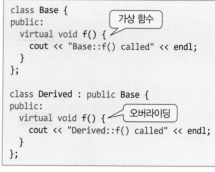

class Base {
public:
  virtual void f() {   ── 가상 함수
    cout << "Base::f() called" << endl;
  }
};

class Derived : public Base {
public:
  virtual void f() {   ── 오버라이딩
    cout << "Derived::f() called" << endl;
  }
};

오버라이딩

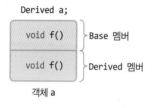

Derived a;

| void f() | }Base 멤버 |
| void f() | }Derived 멤버 |

객체 a

(a) 객체 a에는 동등한 호출 기회를 가진 함수 f()가
두 개 존재

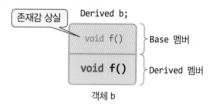

존재감 상실 ──▶   Derived b;

| void f() | }Base 멤버 |
| **void f()** | }Derived 멤버 |

객체 b

(b) 객체 b에는 두 개의 함수 f()가 존재하지만, Base의
f()는 존재감을 잃고, 항상 Derived의 f()가 호출됨

[그림 9–3] 함수 재정의와 오버라이딩

잠깐! **변수 오버라이딩?**

오버라이딩은 멤버 함수에만 적용되므로 변수 오버라이딩이란 용어는 없다.

잠깐! **함수 재정의와 오버라이딩**

함수 재정의라는 용어를 사용할 때 신중을 기해야 한다. 가상 함수를 재정의하는 경우와 아닌 경우에 따라 프로그램의 실행이 완전히 달라지기 때문이다([그림 9–3] 참고). 가상 함수를 재정의하는 오버라이딩의 경우 함수가 호출되는 실행 시간에 동적 바인딩이 일어나지만, 그렇지 않은 경우 컴파일 시간에 결정된 함수가 단순히 호출된다(정적 바인딩). 저자는 가상 함수를 재정의하는 것을 오버라이딩으로, 그렇지 않는 경우를 함수 재정의로 구분하고자 한다. **Java**의 경우 이런 혼란은 없다. 멤버 함수가 가상이냐 아니냐로 구분되지 않으며, 함수 재정의는 곧 오버라이딩이며, 무조건 동적 바인딩이 일어난다.

오버라이딩과 가상 함수 호출

●오버라이딩 사례

예제 9-2를 통해 가상 함수의 호출에 대해 알아보자. 예제 9-2는 예제 9-1의 코드에서 함수 f()를 virtual 키워드로 선언한 것 외에 모든 것이 동일하다. 주목할 것은 실행 결과가 예제 9-1과 달라진다는 점이다.

예제 9-2   **오버라이딩과 가상 함수 호출**

예제 9-1의 Base 클래스의 f()를 virtual로 선언하여 오버라이딩을 만든 사례이다.

```
1   #include <iostream>
2   using namespace std;
3
4   class Base {
5   public:
6       virtual void f() { cout << "Base::f() called" << endl; }
7   };
8
9   class Derived : public Base {
10  public:
11      virtual void f() { cout << "Derived::f() called" << endl; }
12  };
13
14  void main() {
15      Derived d, *pDer;
16      pDer = &d; // 객체 d를 가리킨다.
17      pDer->f(); // Derived::f() 호출
18
19      Base* pBase;
20      pBase = pDer; // 업 캐스팅. 객체 d를 가리킨다.
21      pBase->f(); // 동적 바인딩 발생!! Derived::f() 실행
22  }
```

가상 함수 선언 → 6

주목 ← 21

→ 실행 결과

```
Derived::f() called
Derived::f() called
```

예제 9-2의 main() 함수는 예제 9-1과 완전히 동일하지만 Base에 선언된 멤버 함수 f()가 가상 함수이므로 예제 9-1과 다르게 실행된다. pDer과 pBase는 모두 객체 d를 가리킨다. pDer 포인터가 Derived 타입이므로 다음 코드는 [그림 9-4](2)와 같이 당연히 Derived의 f()을 호출한다.

```
pDer->f(); // Derived::f() 호출
```

그러나 pBase가 Base 타입의 포인터이므로 다음 코드는 Base의 f()을 호출할 것으로 예상되지만, [그림 9-4](3)과 같이 pBase가 가리키는 객체는 오버라이딩한 Derived

동적 바인딩

의 f()를 포함하므로 동적 바인딩을 통해 Derived의 f()가 호출된다.

```
pBase->f(); // 동적 바인딩에 의해 Derived::f() 호출
```

무시

객체 d에는 2개의 f() 함수가 있으나, Derived의 f()가 Base의 f()를 무시하도록 오버라이딩되었기 때문이다. Base의 f()에 대한 모든 호출은 실행 시간 중에 Derived의 f() 함수로 동적 바인딩된다.

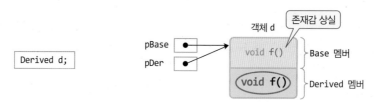

(1) 객체 d에는 두 개의 f() 함수 존재

(2) pDer->f()는 파생 클래스 Derived의 f() 함수 호출

(3) pBase->f()는 Base의 f()에 대한 호출로 인지되지만, 실행 시간에 동적 바인딩에 의해 Derived의 f()가 실행됨

[그림 9-4] 가상 함수를 호출하는 예제 9-2의 실행 과정

● 오버라이딩의 목적

**가상 함수
함수 인터페이스**

기본 클래스에 가상 함수를 만드는 목적은 파생 클래스들이 자신의 목적에 맞게 가상 함수를 재정의 하도록 하는 것이다. 기본 클래스의 가상 함수는 상속받는 파생 클래스에서 구현해야 할 일종의 함수 인터페이스를 제공한다. 다시 말하면, 가상 함수는 '하나의 인터페이스에 대해 서로 다른 모양의 구현'이라는 객체 지향 언어의 다형성 (polymorphism)을 실현하는 도구이다.

[그림 9-5]를 보자. Shape은 기본 클래스로서, 여러 종류의 파생 클래스들에게 상속된다. Shape은 draw()를 가상 함수로 선언하였기 때문에, 파생 클래스들은 Shape의 draw() 함수를 오버라이딩하여 자신만의 모양을 그리도록 코딩한다. 이것은 [그림 9-5]의 다음 paint(Shape* p) 함수에서 더욱 빛을 발한다.

```
void paint(Shape* p) {
    p->draw();
}
```

paint(Shape* p) 함수는 p->draw()를 통해 포인터 p가 가리키는 객체에 오버라이딩된 draw() 함수를 호출하도록 작성하였다.

다음 코드가 호출되면 p->draw()는 Circle의 draw()를 호출하여 원이 그려지고,

```
paint(new Circle());
```

다음 코드가 호출되면, p->draw()는 Rect의 draw()를 호출하여 사각형이 그려진다.

```
paint(new Rect());
```

오버라이딩을 통한 다형성의 실현

p->draw()는 p가 가리키는 객체 내에 오버라이딩된 draw() 함수를 호출하기 때문이다. 이것이 바로 오버라이딩을 통한 다형성의 실현이다.

```
class Shape {
protected:
    virtual void draw() { }
};
```
가상 함수 선언. 파생 클래스에서 재정의할 함수에 대한 인터페이스 역할

```
class Circle : public Shape {
protected:
    virtual void draw() {
        // Circle을 그린다.
    }
};
```
오버라이딩

```
class Rect : public Shape {
protected:
    virtual void draw() {
        // Rect을 그린다.
    }
};
```

```
class Line : public Shape {
protected:
    virtual void draw() {
        // Line을 그린다.
    }
};
```

Shape의 draw()가 호출되지 않고, p가 가리키는 객체 내에 오버라이딩된 draw() 호출

```
void paint(Shape* p) {
    p->draw();
}

paint(new Circle()); // Circle을 그린다.
paint(new Rect()); // Rect을 그린다.
paint(new Line()); // Line을 그린다.
```

[그림 9-5] 오버라이딩을 이용한 다형성

동적 바인딩

●동적 바인딩 : 오버라이딩된 함수가 무조건 호출

가상 함수를 호출하는 코드를 컴파일할 때, 컴파일러는 바인딩을 실행 시간에 결정하도록 미루어둔다. 나중에 가상 함수가 호출되면, 실행 중에 객체 내에 오버라이딩된 가상 함수를 동적으로 찾아 호출한다. 이 과정을 동적 바인딩(dynamic binding)이라고 부른다. 오버라이딩은 파생 클래스에서 재정의한 가상 함수의 호출을 보장받는 선언이다.

동적 바인딩은 실행 시간 바인딩(run-time binding) 혹은 늦은 바인딩(late binding)이라고도 부른다. [그림 9-4](3)은 Base의 f()가 호출되었지만 동적 바인딩을 통해 Derived의 f()가 실행되는 사례이다.

●동적 바인딩이 발생하는 구체적 경우

기본 클래스의 객체에 대해서는 가상 함수가 호출된다고 하더라도 동적 바인딩은 일어나지 않는다. 객체 내에 오버라이딩된 가상 함수가 없기 때문이다. 동적 바인딩은 파생 클래스의 객체에 대해, 기본 클래스의 포인터로 가상 함수가 호출될 때 일어난다. 동적 바인딩이 발생하는 경우를 구체적으로 나열해보자.

- 기본 클래스 내의 멤버 함수가 가상 함수 호출
- 파생 클래스 내의 멤버 함수가 가상 함수 호출
- main()과 같은 외부 함수에서 기본 클래스의 포인터로 가상 함수 호출
- 다른 클래스에서 가상 함수 호출

가상 함수를 호출하면, 무조건 동적 바인딩을 통해 파생 클래스에 오버라이딩된 가상 함수가 실행된다.

●동적 바인딩 사례

[그림 9-6]은 두 개의 코드 사례를 보여준다. [그림 9-6](a)는 Shape 클래스만 있는 경우로서, 다음 코드는 자연스럽게 Shape의 draw()가 실행된다.

```
Shape *pShape = new Shape();
pShape->paint(); // paint()는 Shape의 draw() 함수를 호출한다.
```

[그림 9-6](b)에는 Shape을 상속받고 draw()를 오버라이딩한 Circle 클래스가 있다. 다음과 같이 Circle 객체를 생성하고 Shape 타입의 포인터로 paint()를 호출하면 결과는 어떻게 될까?

```
Shape *pShape = new Circle(); // 업 캐스팅
pShape->paint(); // paint()는 Circle에서 오버라이딩한 draw() 함수를 호출한다.
```

실행 결과 paint() 함수는 pShape이 가리키는 객체 속에 오버라이딩한 draw()가 있는 것을 발견하고, 동적 바인딩을 통해 Circle의 draw()를 호출한다. 이처럼 기본 클래스에서 자신의 멤버를 호출하더라도 그것이 가상 함수이면 역시 동적 바인딩이 발생한다.

```cpp
#include <iostream>
using namespace std;

class Shape {
public:
  void paint() {
    draw();-------
  }
  virtual void draw() {
    cout << "Shape::draw() called" << endl;
  }
};

int main() {
  Shape *pShape = new Shape();
  pShape->paint();
  delete pShape;
}
```

```cpp
#include <iostream>
using namespace std;

class Shape {
public:
  void paint() {
    draw();-------X
  }
  virtual void draw() {
    cout << "Shape::draw() called" << endl;
  }
};

class Circle : public Shape {
public:
  virtual void draw() {
    cout << "Circle::draw() called" << endl;
  }
};

int main() {
  Shape *pShape = new Circle();
  pShape->paint();
  delete pShape;
}
```

기본 클래스에서 파생 클래스의 함수를 호출하는 사례

◄ 실행 결과

```
Shape::draw() called
```

◄ 실행 결과

```
Circle::draw() called
```

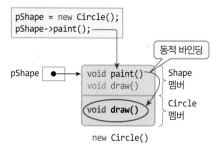

```
pShape = new Shape();
pShape->paint();
```

pShape → void paint() / void draw() } Shape 멤버

new Shape()

```
pShape = new Circle();
pShape->paint();
```

동적 바인딩

pShape → void paint() / void draw() } Shape 멤버

void draw() } Circle 멤버

new Circle()

(a) paint() 함수에서 Shape의 draw() 호출

(b) paint() 함수에서 동적 바인딩에 의해 Circle의 draw() 호출

[그림 9-6] 오버라이딩한 함수를 호출하는 동적 바인딩

[그림 9-6](b) 예제 코드의 또 다른 묘미는, Shape의 paint() 개발자는 파생 클래스의 개발자가 작성할 draw()를 미리 호출하고 있다는 점이다. 이러한 가상 함수의 묘미는 추상 클래스를 사용할 때 더욱 두드러지며, 예제 9-7에서 꼭 확인하기 바란다.

Tip C++11에서 **추가된** override와 final **지시어**

상속과 관련하여 **C++11**부터 추가된 **2**개의 지시어에 대해 알아보자.

• override 지시어
다음 코드는 Rect를 작성할 때 Shape 클래스의 draw()를 오버라이딩하려다가 drow()로 잘못 타이핑한 사례이다.

```
class Shape {
public:
   virtual void draw(); // 가상 함수
};
class Rect : public Shape {
public:
   void drow();   // Shape의 draw()를 오버라이딩하려고 시도하였지만 이름이 틀린 경우. 컴
                  파일러는 Rect에 새로운 멤버 함수 drow()를 작성하는 것으로 처리하고
                  컴파일 오류를 발생시키지 않음

};
```

하지만 컴파일러는 Rect 클래스에 새로운 함수 drow()가 작성된 것으로 판단하고 오류를 발생시키지 않는다. 그러므로 다음 코드는 Shape의 멤버 draw()를 호출한다.

```
Rect r;
r.draw(); // Shape::draw() 호출
```

개발자는 한참 후에야 자신이 잘못 작성한 것을 깨닫게 된다. **override** 지시어를 사용하면 개발자의 이런 실수는 컴파일할 때부터 발견할 수 있다. **override**는 컴파일러에게 오버라이딩을 확인하도록 지시하는 것으로, 파생 클래스의 오버라이딩하려는 가상 함수의 원형 바로 뒤에 작성한다. **override**를 사용하여 Rect 클래스를 다음과 같이 수정해보자.

```
class Rect : public Shape {
public:
   void drow() override; // 컴파일 오류 발생
};
```
(오류)

컴파일러는 **draw()** 함수의 오버라이딩이 잘못되었음을 알고 컴파일 오류를 발생시키고, 개발자는 **drow()**의 작성 실수를 금방 발견하게 된다.

• final 지시어

final 지시어를 사용하면 파생 클래스에서 오버라이딩을 할 수 없게 하거나, 클래스의 상속 자체를 금지할 수 있다. final 지시어를 사용하는 두 가지 경우를 알아보자.

첫째, 다음과 같이 final 지시어를 가상 함수의 원형 바로 뒤에 작성하면, 파생 클래스는 이 가상 함수를 오버라이딩 할 수 없다.

```cpp
class Shape {
public:
    virtual void draw() final; // draw()의 오버라이딩 금지 선언
};
class Rect : public Shape {
public:
    void draw(); // 컴파일 오류. 금지된 오버라이딩을 시도함
};
```

둘째, 클래스 이름 바로 뒤에 final을 작성하면 다른 클래스는 이 클래스를 상속받을 수 없다. 다음 코드에서 Shape 클래스는 어떤 클래스에도 상속되지 않는다.

```cpp
class Shape final { // Shape 클래스의 상속 금지 선언
    // ...
};
class Rect : public Shape { // 컴파일 오류. Shape 클래스는 상속 안 됨
    ...
};
```

파생 클래스 Rect도 final로 선언할 수 있는데 사용 사례는 다음과 같다.

```cpp
class Shape {
    ...
};
class Rect final : public Shape { // Rect 클래스의 상속 금지 선언
    ...
};
class RoundRect : public Rect { // 컴파일 오류. Rect 클래스는 상속 안 됨
    ...
};
```

override와 final 지시 기능은 다른 객체 지향 언어에도 대체로 존재하는데, 자바의 경우 @Override, final 키워드가 이에 해당한다.

C++ 오버라이딩의 특징

C++ 오버라이딩의 특징에 대해서 알아보자.

● 오버라이딩의 성공 조건과 실패

리턴 타입

가상 함수의 이름과 매개 변수 타입, 개수뿐 아니라 리턴 타입도 일치해야 오버라이딩이 성공한다. [그림 9-7]은 리턴 타입이 달라 가상 함수 fail()의 오버라이딩이 실패한 사례이다.

```cpp
class Base {
public:
  virtual void success();
  virtual void fail();
  virtual void g(int);
};

class Derived : public Base {
public:
  virtual void success(); // 오버라이딩 성공
  virtual int fail(); // 오버라이딩 실패. 리턴 타입이 다름
  virtual void g(int, double); // 오버로딩 사례. 정상 컴파일
};
```

> error C2555: 'Derived::fail': 'Base::fail' 과(와) 재정의 가상 함수의 반환 형식이 다르거나 공변(covariant)이 아닙니다.

오류

[그림 9-7] 오버라이딩의 성공과 실패 사례

● 오버라이딩 시 virtual 지시어 생략 가능

상속
virtual 키워드 생략

가상 함수의 virtual 속성은 상속되는 성질이 있어서, 파생 클래스에서 virtual 키워드를 생략해도 자동으로 가상 함수가 된다. [그림 9-8]과 같이 Derived나 GrandDerived 클래스에서 virtual을 생략해도 된다.

```
class Base {
public:
  virtual void f(); // 가상 함수
};

class Derived : public Base {
public:
  virtual void f(); // 가상 함수. virtual 생략 가능
};

class GrandDerived : public Derived {
public:
  void f(); // 가상 함수. virtual 생략 가능
};
```

생략 가능

[그림 9-8] virtual 속성은 상속되므로, 파생 클래스에서 virtual 키워드 생략 가능

● 가상 함수의 접근 지정

가상 함수도 보통 함수와 마찬가지로 private, protected, public 중에서 자유롭게 지정할 수 있다.

예제 9-3　│　**상속이 반복되는 경우 가상 함수 호출**

Base, Derived, GrandDerived가 상속 관계에 있을 때, 다음 코드를 실행한 결과는 무엇인가?

```
1   #include <iostream>
2   using namespace std;
3
4   class Base {
5   public: virtual void f() { cout << "Base::f() called" << endl; }
6   };
7
8   class Derived : public Base {
9   public: void f() { cout << "Derived::f() called" << endl; }
10  };
11
12  class GrandDerived : public Derived {
13  public: void f() { cout << "GrandDerived::f() called" << endl; }
14  };
15
16  int main() {
17     GrandDerived g;
18     Base *bp;
19     Derived *dp;
20     GrandDerived *gp;
```

가상 함수 → 5

오버라이딩 → 9

오버라이딩 → 13

```
21    bp = dp = gp = &g; // 모든 포인터가 객체 g를 가리킴
22
23    bp->f(); // Base의 멤버 f() 호출 --> 결과는?
24    dp->f(); // Derived의 멤버 f() 호출 --> 결과는?
25    gp->f(); // GrandDerived의 멤버 f() 호출 --> 결과는?
26 }
```

→ 실행 결과

```
GrandDerived::f() called
GrandDerived::f() called          동적 바인딩에 의해 모두 GrandDerived의 함수 f() 호출
GrandDerived::f() called
```

오버라이딩과 범위 지정 연산자(::)

범위 지정 연산자(::)
정적 바인딩으로 호출

오버라이딩에 의해 무시되고 존재감을 상실한 기본 클래스의 가상 함수는 더 이상 실행할 수 없는가? 아니다. 범위 지정 연산자(::)를 이용하여 기본 클래스의 가상 함수를 호출할 수 있다. 예제 9-4는 범위 지정 연산자를 이용하여 기본 클래스 Shape의 가상 함수를 정적 바인딩으로 호출하는 사례를 보여준다.

예제 9-4는 범위 지정 연산자를 사용하는 두 가지 경우를 모두 보여주고 있다. 첫째, main() 함수와 같이 클래스 외부에서 호출하는 경우이다. 다음 코드는 정적 바인딩으로 Shape의 draw()를 호출한다.

```
Circle circle;
Shape *pShape = &circle;
pShape->Shape::draw(); // 정적 바인딩. Shape의 멤버 함수 draw() 호출
```

둘째, 클래스의 멤버 함수에서도 범위 지정 연산자를 이용하여 기본 클래스의 가상 함수를 호출할 수 있다. 이 경우에도 정적 바인딩이 이루어진다.

```
class Circle : public Shape {
public:
    virtual void draw() {
        Shape::draw(); // 기본 클래스 Shape의 draw() 실행. 정적 바인딩
        // 필요한 기능 추가
    }
};
```

응용에서 많이 활용

　　　이 두 번째의 경우는 실제 응용에서 많이 활용된다. 상속은 기본 클래스에 새로운 기능을 추가하는 것이므로, 일반적으로 파생 클래스의 가상 함수(Circle::draw())를 작성하는 개발자는 기본 클래스의 가상 함수(Shape::draw())를 그대로 활용하고 기능을 추가하여 개발한다. 기본 클래스의 가상 함수에 중요한 기능이 들어 있어 파생 클래스에서 다시 작성하는 것이 무리이므로, 기본 클래스의 가상 함수를 호출하여 이용한 후 추가적으로 코딩할 수밖에 없는 경우도 많다.

예제 9-4　범위 지정 연산자를 이용한 기본 클래스의 가상 함수 호출

범위 지정 연산자로 기본 클래스의 가상 함수를 직접 호출하는 경우를 보여준다.

```cpp
1   #include <iostream>
2   using namespace std;
3
4   class Shape {
5   public:
6       virtual void draw() {
7           cout << "--Shape--";
8       }
9   };
10
11  class Circle : public Shape {
12  public:
13      int x;
14      virtual void draw() {
15          Shape::draw(); // 기본 클래스의 draw() 호출
16          cout << "Circle" << endl;
17      }
18  };
19
20  int main() {
21      Circle circle;
22      Shape * pShape = &circle;
23
24      pShape->draw(); // 동적 바인딩 발생. draw()가 virtual이므로
25      pShape->Shape::draw(); // 정적 바인딩 발생. 범위 지정 연산자로 인해
26  }
```

정적 바인딩

정적 바인딩

동적 바인딩

➡ 실행 결과

```
--Shape--Circle
--Shape--
```

> **Tip** 범위 지정 연산자

컴퓨터 언어 이론에서 **범위 규칙**(scope rule)이란 동일한 이름(identifier)의 변수나 함수가 여러 곳에 선언되어 있을 때, 가장 가까운 범위에 선언된 이름을 사용하는 규칙이다. 클래스나 블록 내에 선언된 이름과 동일한 이름이 전역 범위(global area)에 선언되면, 전역 범위에 선언된 이름은 클래스나 블록으로부터 숨겨지게(hidden) 된다. 이때 다음과 같이 **범위 지정 연산자**(::)를 사용하면 숨겨진 전역 범위의 이름(함수나 변수 등)에 접근할 수 있다.

```
::전역범위이름
```

• **전역 변수와 지역 변수의 이름이 같은 경우**

다음은 전역 변수와 지역 변수의 이름이 같을 때 범위 지정 연산자(::)를 이용하여 전역 변수에 접근하는 사례이다.

```cpp
#include <iostream>
using namespace std;

int n=11; // 전역 변수

int main() {
   int n=3; // 지역 변수
   cout << ::n << endl; // 전역 변수 n(11) 출력
   cout << n << endl;   // 지역 변수 n(3) 출력
}
```

→ 실행 결과

```
11
3
```

• **클래스의 멤버 함수와 외부 함수의 이름이 같은 경우**

다음은 클래스 멤버 함수와 외부 함수의 이름이 같을 때 외부 함수를 호출하는 사례이다.

```cpp
#include <iostream>
using namespace std;

void sendMessage(const char* msg) { cout << msg << endl; }

class Window {
public:
   void sendMessage(const char* msg) { cout << "window msg : "<< msg << endl; }
   void run() {
```

```
        ::sendMessage("Global Hello"); // 전역 함수 호출
        sendMessage("Local Hello"); // 멤버 함수 호출
    }
};

int main() {
    Window window;
    window.run();
}
```

➡ 실행 결과

```
Global Hello
window msg : Local Hello
```

가상 소멸자

기본 클래스의 소멸자를 만들 때 가상 함수로 작성할 것을 권한다. 그 이유는 파생 클래스의 객체가 기본 클래스에 대한 포인터로 delete 되는 상황에서도 정상적인 소멸이 되도록 하기 위해서이다. [그림 9-9]는 소멸자가 virtual로 선언된 경우와 아닌 경우, 객체 소멸 과정을 비교하여 보여준다.

● 소멸자를 가상 함수로 선언하지 않은 경우

[그림 9-9](a)의 경우를 보자. 다음과 같이 Base 타입의 포인터 p로 객체를 소멸하면,

```
Base *p = new Derived();
delete p;
```

p가 Base 타입이므로 컴파일러는 ~Base() 소멸자를 호출하도록 컴파일한다. 그러므로 ~Base()만 실행되고 ~Derived()가 실행되지 않는다.

● 소멸자를 가상 함수로 선언한 경우

소멸자를 가상 함수로 선언

[그림 9-9](b)의 경우를 보자. 소멸자를 가상 함수로 선언하면, ~Base()에 대한 호출은 실행 중에 동적 바인딩에 의해 ~Derived()에 대한 호출로 변하게 되어 ~Derived()가 실행된다. 한편, 8.5절에서 배운 것과 같이, 파생 클래스의 소멸자는 자신이 실행된 후 기본 클래스의 소멸자를 호출하도록 컴파일되기 때문에, ~Derived() 코드 실행 후 ~Base() 코드가 실행되어 기본 클래스와 파생 클래스의 소멸자가 모두 순서대로 실행된다.

```
class Base {
public:
    ~Base();
};

class Derived: public Base {
public:
    ~Derived();
};
```

~Base() 소멸자만 실행 ❶

```
int main() {
    Base *p = new Derived();
    delete p;
}
```

❶ ~Base() 소멸자 실행

(a) 소멸자가 가상 함수가 아닌 경우

```
class Base {
public:
    virtual ~Base();          동적 바인딩
};

class Derived: public Base {  ❷   ❸
public:
    virtual ~Derived();
};
```

파생 클래스의 소멸자는 자신의 코드 실행 후, 기본 클래스의 소멸자를 호출(❸)하도록 컴파일됨

```
int main() {
    Base *p = new Derived();
    delete p;
}
```

❶ ~Base() 소멸자 호출
❷ ~Derived() 실행(동적 바인딩)
❸ ~Base() 실행

(b) 소멸자를 가상 함수로 선언한 경우

[그림 9-9] 소멸자를 가상 함수로 선언한 경우, 파생 클래스의 소멸자와 기본 클래스의 소멸자가 모두 실행됨

virtual로 선언

정리하면, 소멸자를 가상 함수로 선언하면, 객체를 기본 클래스의 포인터로 소멸하든, 파생 클래스의 포인터로 소멸하든 파생 클래스와 기본 클래스의 소멸자를 모두 실행하는 정상적인 소멸의 과정이 진행된다. 독자들은 기본 클래스의 소멸자를 작성할 때, 고민할 것 없이 바로 virtual로 선언하기 바란다. 그래야 뒤탈이 없다.

예제 9-5 소멸자를 가상 함수로 선언

소멸자를 가상 함수로 선언하여, 객체 소멸시 기본 클래스와 파생 클래스의 소멸자가 모두 실행되는 정상적인 소멸 과정을 보여준다. 이 예제에서 소멸자에 **virtual**키워드를 삭제하고 다시 실행해보라. 두 번째 소멸 코드인 **delete bp;**의 경우 **~Base()**만 실행될 것이다.

```cpp
1   #include <iostream>
2   using namespace std;
3
4   class Base {
5   public:
6       virtual ~Base() { cout << "~Base()" << endl; }
7   };
8
9   class Derived: public Base {
10  public:
```

가상 소멸자 ← 6

```
가상 소멸자  11    virtual ~Derived() { cout << "~Derived()" << endl; }
           12  };
           13
           14  int main() {
           15    Derived *dp  = new Derived();
           16    Base *bp = new Derived();
           17
           18    delete dp; // Derived의 포인터로 소멸
주목       19    delete bp; // Base의 포인터로 소멸
           20  }
```

➡ 실행 결과

```
~Derived()  ⎤
~Base()     ⎦ ← delete dp;

~Derived()  ⎤
~Base()     ⎦ ← delete bp;
```

> **잠깐!** 생성자, 소멸자, 가상 함수
>
> 생성자는 가상 함수가 될 수 없으며, 생성자에서 가상 함수를 호출해도 동적 바인딩이 일어나지 않는다. 그러나 소멸자는 가상 함수가 될 수 있으며, 가상 함수로 만드는 것이 바람직하다.

오버로딩, 함수 재정의, 오버라이딩 비교

오버로딩
오버라이딩
함수 재정의

오버로딩은 매개 변수의 타입이나 개수가 다른 함수들을 여러 개 중복 작성하는 것이다. 함수 중복은 상속 관계에서도 존재할 수 있는데, 기본 클래스의 멤버 함수와 이름은 같지만 매개 변수 타입이나 개수가 다른 함수를 파생 클래스에서 멤버 함수로 작성할 수 있다. 기본 클래스의 가상 함수를 파생 클래스에서 재작성하여 동적 바인딩을 유발시키는 것을 오버라이딩, 가상 함수가 아닌 멤버 함수를 재작성하여 정적 바인딩으로 처리되는 것을 함수 재정의라고 하며, 이들의 특징은 〈표 9-1〉과 같다.

〈표 9-1〉 오버로딩, 함수 재정의, 오버라이딩 비교

비교 요소	오버로딩	함수 재정의(가상 함수가 아닌 멤버에 대해)	오버라이딩
정의	매개 변수 타입이나 개수가 다르지만, 이름이 같은 함수들이 중복 작성되는 것	기본 클래스의 멤버 함수를 파생 클래스에서 이름, 매개 변수 타입과 개수, 리턴 타입까지 완벽히 같은 원형으로 재작성하는 것	기본 클래스의 가상 함수를 파생 클래스에서 이름, 매개 변수 타입과 개수, 리턴 타입까지 완벽히 같은 원형으로 재작성하는 것
존재	클래스의 멤버들 사이, 외부 함수들 사이, 그리고 기본 클래스와 파생 클래스 사이에 존재 가능	상속 관계	상속 관계
목적	이름이 같은 여러 개의 함수를 중복 작성하여 사용의 편의성 향상	기본 클래스의 멤버 함수와 별도로 파생 클래스에서 필요하여 재작성	기본 클래스에 구현된 가상 함수를 무시하고, 파생 클래스에서 새로운 기능으로 재작성하고자 함
바인딩	정적 바인딩. 컴파일 시에 중복된 함수들의 호출 구분	정적 바인딩. 컴파일 시에 함수의 호출 구분	동적 바인딩. 실행 시간에 오버라이딩된 함수를 찾아 실행
객체 지향 특성	컴파일 시간 다형성	컴파일 시간 다형성	실행 시간 다형성

CHECK TIME

1 다음 코드를 보자.

```cpp
class A {
public:
    void f() { cout << "A::f()" << endl; }
    virtual void g() { cout << "A::g()" << endl; }
    ~A() { cout << "~A()" << endl; }
};
class B : public A {
public:
    void f()  { cout << "B::f()" << endl; }
    virtual void g()  { cout << "B::g()" << endl; }
    ~B() { cout << "~B()" << endl; }
};

int main() {
    B *q = new B();
    A *p = q;
}
```

(1) main()의 끝에 다음 각 보기를 추가하였을 때, 실행 결과는 무엇이며 동적 바인딩이 발생하는 보기는 어느 것인가?

　① p->f();　　　　　② p->g();　　　　　③ q->f();　　　　　④ q->g();

(2) main()의 끝에 다음 각 코드를 별도로 실행한다면 실행 결과는 무엇인가?
```cpp
delete p;
delete q;
```

(3) 클래스 A의 소멸자에 virtual을 붙였을 때, delete p;와 delete q;의 실행 결과는?

9.3 가상 함수와 오버라이딩의 활용 사례

인터페이스

가상 함수는 파생 클래스에서 오버라이딩할 함수를 알려주는 인터페이스의 역할을 한다. 이 절에서는 사례를 통해 가상 함수와 오버라이딩을 활용하는 객체 지향 프로그래밍의 응용에 대해 다룬다. 저자는 이 응용 사례를 통해 다음의 4가지 주제를 설명하고자 한다.

- 가상 함수를 가진 기본 클래스의 목적
- 동적 바인딩 실행
- 가상 함수 오버라이딩
- 기본 클래스의 포인터 활용

가상 함수를 가진 기본 클래스의 목적

[그림 9-10]은 이 절에서 다루고자 하는 응용 프로그램의 코드를 보여준다. 그래픽에

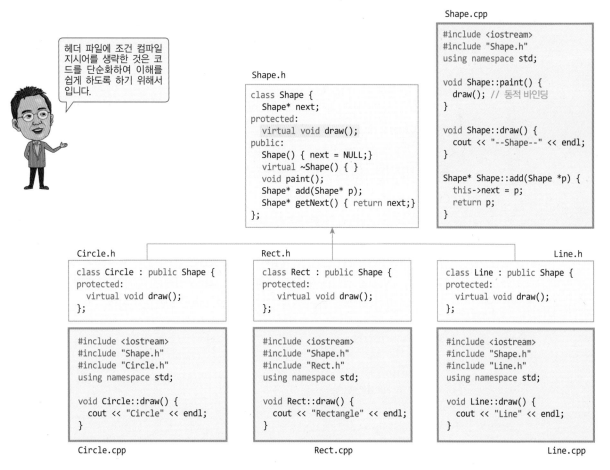

[그림 9-10] 가상 함수 draw()를 가진 Shape 클래스와 이를 오버라이딩하는 파생 클래스

등장하는 원, 사각형, 선 등의 도형을 추상화한 클래스들을 상속 관계로 작성하였다. Shape은 Circle, Rect, Line 등 도형의 공통 속성을 구현하는 기본 클래스의 역할을 한다. Shape은 가상 함수 draw()를 선언하여, 파생 클래스에서 draw()를 오버라이딩 하여 자신의 도형을 그리도록 유도한다. 실제 그래픽에서는 원, 선, 사각형 등의 구체적인 도형 객체를 다루기 때문에, 구체적인 도형을 묘사하지 않는 Shape 클래스는 Shape 객체를 생성하려는 의도로 만들어진 것은 아니다.

가상 함수 오버라이딩 : 파생 클래스마다 다르게 구현하는 다형성

Circle, Rect, Line 등의 파생 클래스는 자신의 모양을 그리기 위해 draw() 함수를 오버라이딩 한다. 파생 클래스들은 가상 함수인 draw() 함수를 오버라이딩 함으로써 어떤 경우에도 자신이 만든 draw() 함수가 호출되는 것을 보장받는다. 또한 Circle, Rect, Line이 draw() 함수를 다음과 같이 서로 다르게 구현한다는 점에 주목하기 바란다. 이것이 바로 다형성이다.

```
void Circle::draw() { cout << "Circle" << endl; }
void Rect::draw() { cout << "Rectangle" << endl; }
void Line::draw() { cout << "Line" << endl; }
```

뒤집어 생각하면, Shape 클래스에 draw()를 가상 함수로 선언한 것은 Circle, Rect, Line이 draw()라는 공통된 이름으로 각기 자신을 그리도록 하기 위함이다.

동적 바인딩 실행 : 파생 클래스의 가상 함수 실행

Circle, Rect, Line 클래스를 활용하여 원, 사각형, 선 등의 도형을 생성하고 이들을 링크드 리스트로 연결하여 관리하는 코드를 작성해보자. [그림 9-11]은 main() 함수의 코드와 실행 결과를, [그림 9-12]는 실행되는 동안 객체들이 연결된 모양을 보여준다. main() 함수는 Circle, Rect, Circle, Line, Rect 객체를 순서대로 생성하여 링크드 리스트로 연결한다. pStart 포인터가 처음 객체를, pLast 포인터가 마지막 객체를 가리킨다.

동적 바인딩이 가장 화려하게 꽃피는 곳은 바로 다음 코드이다.

```
Shape* p = pStart;
while(p != NULL) {
    p->paint();
    p = p->getNext();
}
```

위 코드는 Shape 타입의 포인터 p를 이용하여 [그림 9-12]와 같이 연결된 모든 도형을 방문하면서 paint() 함수를 호출하면, paint()는 동적 바인딩을 통해 Circle, Rect,

Line 클래스에 재정의된 각 draw() 함수를 호출한다. 만일 오버라이딩이 사용되지 않았다면, 링크드 리스트에 연결된 객체들의 검색 프로그램이 이렇게 쉽고 단순하게 작성될 수 있겠는가!

```cpp
#include <iostream>
#include "Shape.h"
#include "Circle.h"
#include "Rect.h"
#include "Line.h"
using namespace std;

int main() {
  Shape *pStart=NULL;
  Shape *pLast;

  pStart = new Circle(); // 처음에 원 도형을 생성한다.
  pLast = pStart;

  pLast = pLast->add(new Rect()); // 사각형 객체 생성
  pLast = pLast->add(new Circle()); // 원 객체 생성
  pLast = pLast->add(new Line()); // 선 객체 생성
  pLast = pLast->add(new Rect()); // 사각형 객체 생성

  // 현재 연결된 모든 도형을 화면에 그린다.
  Shape* p = pStart;
  while(p != NULL) {
    p->paint();
    p = p->getNext();
  }

  // 현재 연결된 모든 도형을 삭제한다.
  p = pStart;
  while(p != NULL) {
    Shape* q = p->getNext(); // 다음 도형 주소 기억
    delete p; // 현재 도형 객체 소멸
    p = q; // 다음 도형의 주소를 p에 저장
  }
}
```

기본 클래스의
가상 소멸자 호출

◆ 실행 결과

Circle
Rectangle
Circle
Line
Rectangle

[그림 9–11] Circle, Rect, Line 객체를 연결하고 모든 도형을 화면에 출력하는 main() 함수

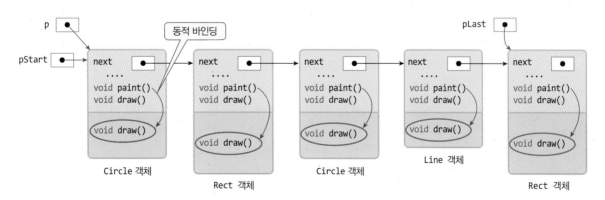

[그림 9–12] main() 함수가 실행될 때 구성된 객체의 연결

기본 클래스의 포인터 활용

또 한 가지 유의해서 볼 부분은 pStart, pLast, p의 타입이다. 이들은 모두 기본 클래스 Shape에 대한 포인터이다. 그러므로 pLast는 Shape를 상속받은 어떤 객체든지 가리킬 수 있으므로, 링크드 리스트를 따라 이동하면서 파생 클래스의 객체들을 삽입할 수 있으며, p의 경우 링크드 리스트를 따라 이동하면서 Shape의 paint()를 호출하여, 동적 바인딩으로 각 파생 클래스의 draw()를 호출하는 환상적인 상황을 만들어 낸다.

이 절에서는 가상 함수의 동적 바인딩의 설명을 위해 코드를 단순화시켰지만, 도형을 생성하고 삭제하고 검색하고 그리기를 하는 등, 온전한 그래픽 편집기는 연습 문제를 통해 만들어 보기 바란다.

9.4 추상 클래스

순수 가상 함수

기본 클래스에 작성된 가상 함수는 실행할 목적보다는, 파생 클래스에서 재정의하여 구현할 함수를 알려주는 인터페이스의 역할을 한다. 그리고 파생 클래스에서 가상 함수를 재정의 하면, Shape 클래스의 draw() 함수처럼, 동적 바인딩에 의해 기본 클래스의 가상 함수는 거의 실행되지 않는다. 실행이 목적이 아니라면 굳이 기본 클래스의 가상 함수에 코드를 작성할 필요가 없다.

순수 가상 함수(pure virtual function)는 함수의 코드가 없고 선언만 있는 가상 함수를 일컫는다. 순수 가상 함수는 멤버 함수의 원형 뒤에 =0;으로 선언하며, Shape 클래스의 draw()를 순수 가상 함수로 선언하면 다음과 같다.

> 순수 가상 함수
> pure virtual function
> 코드가 없고 선언만 있는 가상
> 함수

```
class Shape {
public:
    virtual void draw()=0; // 순수 가상 함수 선언
};
```

순수 가상 함수는 코드를 가지지 않으므로, Shape 클래스의 구현부에 draw() 함수를 구현하면 안 된다.

추상 클래스

추상 클래스
abstract class

최소 하나의 순수 가상 함수를 가진 클래스를 추상 클래스(abstract class)라고 말한다. 이제, 다음 Shape은 순수 가상 함수 draw()를 가지고 있기 때문에 추상 클래스이다.

```cpp
class Shape { // Shape은 추상 클래스
public:
  void paint() {
    draw(); // 순수 가상 함수를 호출할 수 있다.
  }
  virtual void draw() = 0; // 순수 가상 함수
};
```

불완전한 클래스
추상 클래스의 인스턴스(객체)를 생성할 수 없다

추상 클래스는 실행 코드가 없는 순수 가상 함수를 가지고 있기 때문에 불완전한 클래스이다. 그러므로 응용프로그램에서 추상 클래스의 인스턴스(객체)를 생성할 수 없다. 다음 코드에 컴파일 오류가 발생한다.

오류
```cpp
Shape shape; // 컴파일 오류
Shape *p = new Shape(); // 컴파일 오류
```

이때 발생하는 오류 메시지는 다음과 같다.

error C2259: 'Shape' : 추상 클래스를 인스턴스화할 수 없습니다.

그러나 다음과 같이 추상 클래스에 대한 포인터의 선언은 문제되지 않는다.

```cpp
Shape *p; // 추상 클래스의 포인터 선언
```

추상 클래스의 목적

상속을 위한 기본 클래스

추상 클래스는 인스턴스를 생성할 목적으로 만들지 않고, 상속을 위한 기본 클래스로 활용하는 것이 목적이다. 또한 순수 가상 함수를 통해 파생 클래스가 구현할 함수의 원형을 보여주는 인터페이스 역할을 한다. 추상 클래스의 모든 멤버 함수를 순수 가상 함수로 선언할 필요는 없다. 일반적으로 추상 클래스는 여러 멤버 변수와 여러 멤버 함수를 구현하고 나름대로의 기능을 갖춘다. 다만, 파생 클래스에서 구현해야 할 함수만 순수 가상 함수로 선언한다.

추상 클래스 상속

추상 클래스를 상속받는 파생 클래스는 자동으로 추상 클래스가 된다. 순수 가상 함수를 그대로 상속받기 때문이다. 다음에서 Circle은 추상 클래스 Shape을 상속받아 추상 클래스가 된다.

```cpp
class Shape { // Shape은 추상 클래스
public:
    void paint() {
        draw();
    }
    virtual void draw() = 0; // 순수 가상 함수
};

class Circle : public Shape { // Circle은 추상 클래스
public:
    string toString() { return "Circle 객체"; }
};
```

추상 클래스 ⊳ (위 Circle 부분을 가리키는 말풍선)

Circle도 추상 클래스이므로 다음과 같이 객체를 생성할 수 없다.

오류
```cpp
Circle circle; // 컴파일 오류. 추상 클래스의 객체를 생성할 수 없다.
Circle *p = new Circle(); // 컴파일 오류. 추상 클래스의 객체를 생성할 수 없다.
```

추상 클래스의 구현

추상 클래스 구현
모든 순수 가상 함수를 오버라이딩하여 구현

추상 클래스의 구현이란, 파생 클래스에 추상 클래스의 순수 가상 함수의 코드를 작성함을 뜻한다. 파생 클래스가 온전한 클래스가 되려면 상속받은 추상 클래스의 모든 순수 가상 함수를 오버라이딩하여 구현하여야 한다. 다음은 추상 클래스 Shape을 구현한 Circle 클래스의 사례이다.

```cpp
class Shape { // Shape은 추상 클래스
public:
    void paint() {
        draw();
    }
    virtual void draw() = 0; // 순수 가상 함수
};

class Circle : public Shape { // Circle은 정상 클래스
public:
```

추상 클래스 아님 ⊳ (위 Circle 부분을 가리키는 말풍선)

```
    virtual void draw() { cout << "Circle"; } // 순수 가상 함수 구현
    string toString() { return "Circle 객체"; }
};
```

Circle은 이제 추상 클래스가 아니므로 다음과 같이 객체를 생성할 수 있다.

```
Circle circle; // 정상 코드
Circle *p = new Circle(); // 정상 코드
```

[그림 9-10]의 프로그램을 수정하여 Shape을 추상 클래스로 작성하면 [그림 9-13]과 같이 된다. 정말 아름다운 코드이다. (연습문제에서 이들을 이용하여 그래픽 편집기를 만들어보라.)

Shape.cpp
```
#include <iostream>
#include "Shape.h"
using namespace std;

void Shape::paint() {
  draw();
}

void Shape::draw() {
  cout << "--Shape--" << endl;
}

Shape* Shape::add(Shape *p) {
  this->next = p;
  return p;
}
```

Shape은 추상 클래스

순수 가상 함수

Shape.h
```
class Shape {
  Shape* next;
protected:
  virtual void draw() = 0;
public:
  Shape() { next = NULL;}
  virtual ~Shape() { }
  void paint();
  Shape* add(Shape* p);
  Shape* getNext() { return next;}
};
```

Circle.h
```
class Circle : public Shape {
protected:
  virtual void draw();
};
```
```
#include <iostream>
#include "Shape.h"
#include "Circle.h"
using namespace std;

void Circle::draw() {
  cout << "Circle" << endl;
}
```
Circle.cpp

Rect.h
```
class Rect : public Shape {
protected:
  virtual void draw();
};
```
```
#include <iostream>
#include "Shape.h"
#include "Rect.h"
using namespace std;

void Rect::draw() {
  cout << "Rectangle" << endl;
}
```
Rect.cpp

Line.h
```
class Line : public Shape {
protected:
  virtual void draw();
};
```
```
#include <iostream>
#include "Shape.h"
#include "Line.h"
using namespace std;

void Line::draw() {
  cout << "Line" << endl;
}
```
Line.cpp

[그림 9-13] Shape을 추상 클래스로 선언한 경우

| 예제 9-6 | 추상 클래스 구현 연습 |

다음과 같은 추상 클래스 Calculator가 있다고 할 때 이를 상속받은 GoodCalc 클래스를 구현하라.

```cpp
class Calculator {
public:
  virtual int add(int a, int b) = 0; // 두 정수의 합 리턴
  virtual int subtract(int a, int b) = 0; // 두 정수의 차 리턴
  virtual double average(int a [], int size) = 0; // a의 평균 리턴. size는 배열 크기
};
```

Calculator는 계산기가 제공해야 하는 기능을 정의하고 있다고 볼 수 있다. GoodCalc는 Calculator에 선언된 3개의 순수 가상 함수를 모두 구현하여야 한다. GoodCalc 클래스와 이를 활용하는 main() 함수는 다음과 같다.

```cpp
1  #include <iostream>
2  using namespace std;
3
4  class Calculator {          // 추상 클래스
5  public:
6    virtual int add(int a, int b) = 0; // 두 정수의 합 리턴
7    virtual int subtract(int a, int b) = 0; // 두 정수의 차 리턴
8    virtual double average(int a [], int size) = 0; // 배열 a의 평균 리턴. size는
                                                     //  배열의 크기
9  };
10
11 class GoodCalc : public Calculator {   // 추상 클래스 구현
12 public:
13   int add(int a, int b) { return a + b; }
14   int subtract(int a, int b) { return a - b; }
15   double average(int a [], int size) {
16     double sum = 0;
17     for(int i=0; i<size; i++)
18       sum += a[i];
19     return sum/size;
20   }
21 };
22
23 int main() {
24   int a[] = {1,2,3,4,5};
25   Calculator *p = new GoodCalc();
26   cout << p->add(2, 3) << endl;
27   cout << p->subtract(2, 3) << endl;
28   cout << p->average(a, 5) << endl;
29   delete p;
30 }
```

실행 결과

```
5
-1
3
```

| 예제 9-7 | **추상 클래스를 상속받는 파생 클래스 구현 연습** |

다음 코드와 실행 결과를 참고하여, 추상 클래스 Calculator를 상속받는 Adder와 Subtractor 클래스를 구현하라.

```cpp
#include <iostream>
using namespace std;

class Calculator {        // 추상 클래스
   void input() {
      cout << "정수 2 개를 입력하세요>> ";
      cin >> a >> b;
   }
protected:
   int a, b;
   virtual int calc(int a, int b) = 0; // 순수 가상 함수  // 두 정수의 합 리턴
public:
   void run() {
      input();
      cout << "계산된 값은 " << calc(a, b) << endl;
   }
};

int main() {
   Adder adder;
   Subtractor subtractor;

   adder.run();
   subtractor.run();
}
```

◀ 실행 결과

정수 2 개를 입력하세요>> 5 3
계산된 값은 8   ← adder.run()에 의한 결과
정수 2 개를 입력하세요>> 5 3
계산된 값은 2   ← subtractor.run()에 의한 결과

Adder와 Subtractor 클래스는 다음과 같이 구현된다.

```cpp
class Adder : public Calculator {
protected:
   int calc(int a, int b) { // 순수 가상 함수 구현
      return a + b;
   }
```

```
6   };
7
8   class Subtractor : public Calculator {
9   protected:
10    int calc(int a, int b) { // 순수 가상 함수 구현
11      return a - b;
12    }
13  };
```

Adder와 Subtractor가 Calculator를 구현하기 위해서는 반드시 calc(int a, int b) 함수를 작성해야 한다. calc(int a, int b) 함수는 파생 클래스의 목적에 따라 매개 변수로 전달된 a와 b를 계산하여 결과를 리턴한다. 사용자로부터 입력을 받고 calc()를 호출하는 작업은 이미 추상 클래스 Calculator::run()에 모두 구현되어 있다.

추상 클래스의 용도

설계와 구현 분리
계층적 상속 관계

추상 클래스를 상속받는 파생 클래스는 그 목적에 따라 순수 가상 함수를 다양하게 구현한다. 추상 클래스를 책의 목차에 비유하면, 파생 클래스는 목차에 따라 작성된 책과 같다. 목차를 잡아 놓고 책을 쓰면 방향이 흐트러지지 않는 것처럼, 추상 클래스를 이용하면 응용프로그램의 설계와 구현을 분리할 수 있다. 추상 클래스로 기본 방향을 잡아놓고 파생 클래스를 목적에 따라 구현하면 작업이 쉬워진다. 또한 추상 클래스는 계층적 상속 관계를 가진 클래스들의 구조를 만들 때 적합하다.

CHECK TIME

1 다음에서 추상 클래스는?

①
```
class Base {
  virtual void run();
};
```

②
```
abstract class Base {
  virtual void run();
};
```

③
```
class Base {
  virtual void run() = 0;
};
```

④
```
abstract class Base {
  virtual void run() = 0;
};
```

2 만일 Shape이 추상 클래스라고 하면 다음 중 옳은 코드는?
① Shape shape;
② Shape *p;
③ Shape *p = new Shape();
④ class Circle : public Shape {
  };
  Circle circle;

상속 관계에서의 함수 재정의(redefine)

- 파생 클래스에 기본 클래스와 동일한 형식의 함수가 중복 작성된 경우, 기본 클래스에 대한 포인터로 는 기본 클래스에 선언된 함수를 호출하고, 파생 클래스에 대한 포인터로는 파생 클래스에 선언된 함수를 호출한다.

가상 함수와 오버라이딩

- 가상 함수(virtual function)란 virual 키워드로 선언된 멤버 함수로서, 컴파일러에게 자신에 대한 호출을 실행 시간까지 미루도록 지시한다.
- 파생 클래스에서 기본 클래스의 가상 함수와 동일한 타입의 함수를 재작성하는 것을 함수 오버라이 딩(overriding)이라고 부른다.
- 파생 클래스에서 가상 함수를 오버라이딩하고 기본 클래스의 포인터로 파생 클래스의 객체를 가리킬 때, 가상 함수를 호출하면 무조건 파생 클래스에서 오버라이딩한 가상 함수가 호출된다. 이것을 동적 바인딩이라고 부른다.
- 가상 함수의 이름, 매개 변수 개수와 타입, 리턴 타입까지 일치할 때 오버라이딩이 성공한다.
- 가상 함수의 virtual 선언은 상속되므로 오버라이딩 시 virtual을 생략할 수 있다.
- 파생 클래스에서 범위 지정 연산자(::)를 사용하면 기본 클래스의 가상 함수를 강제로 호출할 수 있다. 컴파일러에 의해 정적 바인딩된다.
- 가상 소멸자는 virtual로 선언된 소멸자로서 사용을 권장한다. 기본 클래스에 대한 포인터를 이용하여 파생 클래스의 객체를 소멸시켜도, 소멸자가 virtual로 선언되어 있으면, 파생 클래스의 소멸자가 실행되고 뒤이어 기본 클래스의 소멸자가 실행되는 정상적인 과정이 진행된다.
- override 키워드는 오버라이딩하는 함수 끝에 사용하며 컴파일러로 하여금 오버라이딩이 정확한지 확인하도록 한다. final을 가상 함수의 끝에 작성하면 오버라이딩할 수 없음을 지시하고, 클래스 선언 부의 클래스 이름 끝에 붙이게 되면 클래스를 상속받을 수 없음을 지시한다.

추상 클래스

- 함수의 코드가 없고 선언만 있는 가상 함수를 순수 가상 함수(pure virtual function)라고 부른다.
- 최소한 하나의 순수 가상 함수를 가진 클래스를 추상 클래스(abstract class)라고 부른다.

```cpp
class Shape { // Shape은 추상 클래스
public:
    virtual void draw() = 0; // 순수 가상 함수
};
```

- 추상 클래스는 온전한 클래스가 아니므로 인스턴스를 생성할 수 없다.

> **오류**
> Shape shape; // 컴파일 오류
> Shape *p = new Shape(); // 컴파일 오류

- 추상 클래스에 대한 포인터는 선언할 수 있다.
- 추상 클래스는 상속을 위한 기본 클래스로서 파생 클래스에서 구현할 함수의 원형을 알려주는 인터 페이스의 역할을 한다.
- 추상 클래스 구현은 파생 클래스에서 추상 클래스를 상속받아 순수 가상 함수를 모두 구현하는 것이다.
- 추상 클래스를 상속받은 클래스가 순수 가상 함수를 모두 구현하지 않는 경우 추상 클래스가 된다.
- 추상 클래스로 기본 방향을 잡아놓고 파생 클래스에서 그 목적에 따라 서로 다르게 구현할 수 있으므로, 프로그램 설계와 구현을 분리할 수 있다.

요약 SUMMARY

목적

추상 클래스 작성, 동적 바인딩 구현, 상속과 가상 함수 필요성 이해

게임에는 Human, Monster, Food의 세 객체가 등장하며, 이들은 10x20 격자판에서 각각 정해진 규칙에 의해 움직인다. Human 객체는 사용자의 키에 의해 왼쪽(a 키), 아래(s 키), 위(d 키), 오른쪽(f 키)으로 한 칸씩 움직이고, Monster는 한 번에 2칸씩, 왼쪽, 아래, 위, 오른쪽 방향으로 랜덤하게 움직인다. Food는 5번 중에 3번은 제자리에 있고, 나머지 2번은 4가지 방향 중 랜덤하게 한 칸씩 움직인다.

게임은 Human이 Monster를 피해 Food를 먹으면(Food의 위치로 이동) 성공으로 끝나고, Monster가 Food를 먹거나 Human이 Monster에게 잡히면 실패로 끝난다.

다음은 각 객체의 이동을 정의하는 move()와 각 객체의 모양을 정의하는 getShape() 함수를 순수 가상 함수로 가진 추상 클래스 GameObject이다. GameObject를 상속받아 Human, Monster, Food 클래스를 작성하라. 그리고 전체적인 게임을 진행하는 Game 클래스와 main() 함수를 작성하고 프로그램을 완성하라.

난이도 7

```cpp
class GameObject { // 추상 클래스
protected:
    int distance; // 한 번 이동 거리
    int x, y; // 현재 위치
public:
    GameObject(int startX, int startY, int distance) { // 초기 위치와 이동거리 설정
        this->x = startX; this->y = startY;
        this->distance = distance;
    }
    virtual ~GameObject() {}; // 가상 소멸자

    virtual void move() = 0; // 이동한 후 새로운 위치로 x, y 변경
    virtual char getShape() = 0; // 객체의 모양을 나타내는 문자 리턴

    int getX() { return x; }
    int getY() { return y; }
    bool collide(GameObject *p) { // 이 객체가 객체 p와 충돌했으면 true 리턴
        if(this->x == p->getX() && this->y == p->getY())
            return true;
        else
            return false;
    }
};
```

> Human의 경우 'H'
> Monster의 경우 'M'
> Food의 경우 '@'

키가 입력될 때마다 Human, Monster, Food 객체의 move()를 순서대로 호출한다. 게임이 진행되는 과정은 다음 그림과 같으며, 게임의 종료 조건에 일치하면 게임을 종료한다.

```
** Human의 Food 먹기 게임을 시작합니다. **

H-------------------
--------------------          H : Human
--------------------          M : Monster
--------------------          @ : Food
--------------------
-----M--------------
--------------------
--------------------
---------@----------
왼쪽(a), 아래(s), 위(d), 오른쪽(f) >> s      <Enter> 키

H-------------------
--------------------
---M----------------
--------------------
--------------------
--------------------
--------------------
--------------------
---------@----------
왼쪽(a), 아래(s), 위(d), 오른쪽(f) >> s      <Enter> 키

<----------중간 과정 생략-------->

-------M------------
--------------------
--------------------
--------------------
--------------------
--------------------
--------------------
--------------------
------H@------------
왼쪽(a), 아래(s), 위(d), 오른쪽(f) >> f      <Enter> 키

--------------------
--------------------
-----M--------------
--------------------
--------------------
--------------------
--------------------
--------------------
-------@------------
-------H------------
왼쪽(a), 아래(s), 위(d), 오른쪽(f) >> d      <Enter> 키

--------------------
--------------------
--------------------
--------------------
--------M-----------
--------------------
--------------------
--------------------
-------H------------
--------------------
Human is Winner!!
```

10X20 격자판

키를 입력할 때마다 Human, Monster, Food는 각각 한 번씩 이동시킨다.

Human이 Food 먹음

연습문제

이론 문제 • 홀수 문제는 정답이 공개됩니다.

1. 호출하는 함수의 결정을 실행 시간에 하도록 컴파일러에게 지시하는 키워드는?
   ① virtual　　　② static　　　③ public　　　④ extern

2. 기본 클래스의 가상 함수와 동일한 타입의 함수를 파생 클래스에서 작성하는 것을 무엇이라고 하는가?
   ① overloading　　② overriding　　③ virtual　　④ dynamic binding

3. 다음 중 의미가 다른 하나는?
   ① dynamic binding　　　　　② late binding
   ③ compile-time binding　　　④ run-time binding

4. 오버로딩, 오버라이딩, 연산자 중복 등은 C++ 언어의 어떤 객체 지향 특성인가?

5. 다음 코드에 대해 물음에 답하여라.

```cpp
class Base {
public:
    void func() { f(); }
    void f() { cout << "Base::f() called" << endl; }
};
class Derived : public Base {
public:
    void f() { cout << "Derived::f() called" << endl; }
};
```

(1) 기본 클래스와 파생 클래스는 무엇인가?

* 다음 코드가 실행될 때 화면에 출력되는 내용은?

```cpp
Derived der;
der.f();   // (2)
Base base;
Base* p = &base;
p->f();    // (3)
p = &der;
```

```
p->f();    // (4)
p->func();   // (5)
```

6. 다음 코드에 대해 물음에 답하여라.

```
class A {
public:
   void func() { f(); }
   virtual void f() { cout << "A::f() called" << endl; }
};
class B : public A {
public:
   void f() { cout << "B::f() called" << endl; }
};
class C : public B {
public:
   void f() { cout << "C::f() called" << endl; }
};
```

(1) 다음 함수 중 가상 함수를 모두 골라라.
　① A의 f()　　　② B의 f()　　　③ C의 f()　　　④ A의 func()

* 다음 코드가 실행될 때 출력되는 결과는 무엇인가?

```
C c;
c.f();   // (2)
A* pa;
B* pb;
pa = pb = &c;
pb->f();   // (3)
pa->f();   // (4)
pa->func();   // (5)
```

7. 다음 빈칸에 적절한 단어를 보기에서 골라 삽입하라.

> 동일한 이름의 변수나 함수가 여러 곳에 선언되었을 때, 가장 _____ 범위에
> 선언된 이름을 사용하는 규칙을 컴퓨터 언어 이론에서 _____(이)라고 한다.
> _____(을)를 사용하면 클래스 멤버와 동일한 이름의 외부 함수를 클
> 래스 내에서 호출할 수 있다.

> **보기**
>
> 생명 주기, 범위 규칙, 가까운, 먼, 전역, 지역, 범위 지정 연산자, 괄호 연산자, virtual 키워드,
> 상속, 동적 바인딩

8. 각 문항에 따라 함수 g()의 빈칸에 적절한 코드는?

```cpp
void f() {
   cout << "f() called" << endl;
}
class A {
public:
   virtual void f() { cout << "A::f() called" << endl; }
};
class B : public A {
public:
   void g() { _____ }
   void f() { cout << "B::f() called" << endl; }
};
```

(1) 함수 g()가 외부 함수 f()를 호출한다.
(2) 함수 g()가 클래스 A의 멤버 함수 f()를 호출한다.
(3) 함수 g()가 자신의 멤버 함수 f()를 호출한다.

9. 생성자와 소멸자를 가상 함수로 선언하는 것에 대한 설명 중 맞는 것은?
① 소멸자는 동적 바인딩 되지 않는다.
② 소멸자를 가상 함수로 선언하는 것이 바람직하다.
③ 소멸자를 가상 함수로 선언해도 동적 바인딩이 일어나지 않는다.
④ 생성자를 가상 함수로 선언하는 것이 바람직하다.

10. 다음은 Person 클래스와 파생 클래스 Student를 작성한 사례이다.

```cpp
class Person {
   int id;
public:
   Person(int id=0) { this->id = id; }
   ~Person() { cout << "id=" << id << endl; }
};
class Student : public Person {
   char* name;
public:
   Student(int id, const char* name) : Person(id) {
      int len = strlen(name);
      this->name = new char [len + 1];
      strcpy(this->name, name);
   }
   ~Student() {
```

```
        cout << "name=" << name << endl;
        delete [] name;
    }
};
int main() {
    Person *p = new Student(10, "손연재");
    delete p;
}
```

(1) 다음 코드의 실행 결과는 무엇인가? 실행 결과에 대해 어떤 문제가 있다고 생각되는가?

(2) Person 클래스나 Student 클래스를 수정하여 문제점을 해결하라.

11. 다음 중 순수 가상 함수는?

```
class Shape {
public:
    void draw()=0;              // ①
    virtual void draw();        // ②
    virtual void draw()=0;      // ③
    virtual void draw() { }     // ④
};
```

12. 순수 가상 함수에 대해 잘못 말한 것은?
① 순수 가상 함수를 가진 클래스는 무조건 추상 클래스이다.
② 순수 가상 함수는 실행이 목적이 아니라, 파생 클래스가 구현해야 할 함수를 알려주기 위한 것이다.
③ 외부 함수도 순수 가상 함수로 선언 가능하다.
④ 순수 가상 함수가 호출되면 동적 바인딩이 일어난다.

13. 다음에서 추상 클래스는?

①
```
class Shape {
    void draw()=0;
};
```

②
```
class Shape {
    virtual void draw()=0;
};
```

③
```
class Shape {
    virtual void draw() {}=0;
};
```

④
```
abstract class Shape {
    virtual void draw()=0;
};
```

14. 다음 코드에 대해 물음에 답하여라.

```cpp
class Shape {
public:
    void paint() { draw(); }
    virtual void draw()=0;
};
class Circle : public Shape {
    int radius;
public:
    Circle(int radius=1) { this->radius = radius; }
    double getArea() { return 3.14*radius*radius; }
};
```

(1) 다음 중 오류가 발생하는 것을 있는 대로 골라라.
   ① Shape shape;
   ② Shape* p;
   ③ Circle circle(10);
   ④ Circle *pCircle;

(2) 다음 코드의 실행 결과 "반지름=10인 원"이 출력되도록 Shape이나 Circle 클래스를 수정하라.

```cpp
Circle *p = new Circle(10);
p->paint();
```

▶ 실행 결과

반지름=10인 원

15. 다음 중 컴파일 시에 바인딩되지 않는 것은?
   ① 중복된 함수 중에서 구분하여 호출
   ② 중복된 연산자 중에서 구분하여 호출
   ③ 범위 지정 연산자(::)를 이용한 함수 호출
   ④ 순수 가상 함수 호출

실습 문제

[1~2] 다음은 단위를 변환하는 추상 클래스 Converter이다.

```cpp
class Converter {
protected:
    double ratio;
    virtual double convert(double src)=0; // src를 다른 단위로 변환한다.
    virtual string getSourceString()=0; // src 단위 명칭
    virtual string getDestString()=0; // dest 단위 명칭
public:
    Converter(double ratio) { this->ratio = ratio; }
    void run() {
        double src;
        cout << getSourceString() << "을 " << getDestString() << "로 바꿉니다. ";
        cout << getSourceString() << "을 입력하세요>> ";
        cin >> src;
        cout << "변환 결과 : " << convert(src) << getDestString() << endl;
    }
};
```

(목표) 추상 클래스를 상속받는
파생 클래스 만들기

1.★ Converter 클래스를 상속받아 달러를 원화로 환산하는 WonToDollar 클래스를 작성
하라. main() 함수와 실행 결과는 다음과 같다. 난이도 4

```cpp
int main() {
    WonToDollar wd(1010); // 1 달러에 1010원
    wd.run();
}
```

```
원을 달러로 바꿉니다. 원을 입력하세요>> 10000
변환 결과 : 9.90099달러
```

(목표) 추상 클래스를 상속받는
파생 클래스 만들기

2. Converter 클래스를 상속받아 km를 mile(마일)로 변환하는 KmToMile 클래스를 작
성하라. main() 함수와 실행 결과는 다음과 같다. 난이도 4

```cpp
int main() {
    KmToMile toMile(1.609344); // 1 mile은 1.609344 Km
    toMile.run();
}
```

Km을 Mile로 바꿉니다. Km을 입력하세요>> 25
변환 결과 : 15.5343Mile

[3~4] 다음 추상 클래스 LoopAdder가 있다.

```cpp
class LoopAdder { // 추상 클래스
   string name; // 루프의 이름
   int x, y, sum; // x에서 y까지의 합은 sum
   void read(); // x, y 값을 읽어 들이는 함수
   void write(); // sum을 출력하는 함수
protected:
   LoopAdder(string name="") { // 루프의 이름을 받는다. 초깃값은 ""
      this->name = name;
   }
   int getX() { return x; }
   int getY() { return y; }
   virtual int calculate() = 0; // 순수 가상 함수. 루프를 돌며 합을 구하는 함수
public:
   void run(); // 연산을 진행하는 함수
};

void LoopAdder::read() { // x, y 입력
   cout << name << ":" << endl;
   cout << "처음 수에서 두번째 수까지 더합니다. 두 수를 입력하세요 >> ";
   cin >> x >> y;
}
void LoopAdder::write() { // 결과 sum 출력
   cout << x << "에서 " << y << "까지의 합 = " << sum << " 입니다" << endl;
}

void LoopAdder::run() {
   read(); // x, y를 읽는다.
   sum = calculate(); // 루프를 돌면서 계산한다.
   write(); // 결과 sum을 출력한다.
}
```

목적 추상 클래스를 상속받는 파생 클래스 만들기

3.★ LoopAdder 클래스를 상속받아 다음 main() 함수와 실행 결과처럼 되도록 ForLoopAdder 클래스를 작성하라. ForLoopAdder 클래스의 calculate() 함수는 for 문을 이용하여 합을 구한다. 난이도 5

```
int main() {
    ForLoopAdder forLoop("For Loop");
    forLoop.run();
}
```

```
For Loop:
처음 수에서 두번째 수까지 더합니다. 두 수를 입력하세요 >> 3 10
3에서 10까지의 합 = 52 입니다
```

4. **LoopAdder** 클래스를 상속받아 다음 **main()** 함수와 실행 결과처럼 되도록 **WhileLoopAdder**, **DoWhileLoopAdder** 클래스를 작성하라. while 문, do-while 문을 이용하여 합을 구하도록 **calculate()** 함수를 각각 작성하면 된다. 난이도 5

추상 클래스를 상속받는 파생 클래스 만들기

```
int main() {
    WhileLoopAdder whileLoop("While Loop");
    DoWhileLoopAdder doWhileLoop("Do while Loop");

    whileLoop.run();
    doWhileLoop.run();
}
```

```
While Loop:
처음 수에서 두번째 수까지 더합니다. 두 수를 입력하세요 >> 3 5
3에서 5까지의 합 = 12 입니다
Do while Loop:
처음 수에서 두번째 수까지 더합니다. 두 수를 입력하세요 >> 10 20
10에서 20까지의 합 = 165 입니다
```

추상 클래스를 활용하는 응용 만들기

5. 디지털 회로에서 기본적인 게이트로 OR 게이트, AND 게이트, XOR 게이트 등이 있다. 이들은 각각 두 입력 신호를 받아 OR 연산, AND 연산, XOR 연산을 수행한 결과를 출력한다. 이 게이트들을 각각 **ORGate**, **XORGate**, **ANDGate** 클래스로 작성하고자 한다. **ORGate**, **XORGate**, **ANDGate** 클래스가 **AbstractGate**를 상속받도록 작성하라.

난이도 4

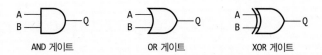

AND 게이트　　　　　OR 게이트　　　　　XOR 게이트

```cpp
class AbstractGate { // 추상 클래스
protected:
  bool x, y;
public:
  void set(bool x, bool y) { this->x = x; this->y = y; }
  virtual bool operation()=0;
};
```

ANDGate, ORGate, XORGate를 활용하는 사례와 결과는 다음과 같다.

```cpp
ANDGate andGate;
ORGate orGate;
XORGate xorGate;

andGate.set(true, false);
orGate.set(true, false);
xorGate.set(true, false);
cout.setf(ios::boolalpha); // 불린 값을 "true", "false" 문자열로 출력할 것을 지시
cout << andGate.operation() << endl; // AND 결과는 false
cout << orGate.operation() << endl; // OR 결과는 true
cout << xorGate.operation() << endl; // XOR 결과는 true
```

```
false
true
true
```

목적 스택을 추상 클래스로 표현하고 구현하기

6.* 다음 AbstractStack은 정수 스택 클래스로서 추상 클래스이다.

```cpp
class AbstractStack {
public:
  virtual bool push(int n) = 0; // 스택에 n을 푸시한다. 스택이 full이면 false 리턴
  virtual bool pop(int& n) = 0; // 스택에서 팝한 정수를 n에 저장하고 스택이 empty이
                                // 면 false 리턴
  virtual int size() = 0; // 현재 스택에 저장된 정수의 개수 리턴
};
```

이를 상속받아 정수를 푸시, 팝하는 IntStack 클래스를 만들고 사용 사례를 보여라.

난이도 5

[7~8] 사각형에 내접하는 도형을 표현하기 위한 Shape 클래스가 있다.

```cpp
class Shape {
protected:
   string name; // 도형의 이름
   int width, height; // 도형이 내접하는 사각형의 너비와 높이
public:
   Shape(string n="", int w=0, int h=0) { name = n; width = w; height = h; }
   virtual double getArea() { return 0; } // dummy 값 리턴
   string getName() { return name; } // 이름 리턴
};
```

7. Shape 클래스를 상속받아 타원을 표현하는 Oval, 사각형을 표현하는 Rect, 삼각형을 표현하는 Triangular 클래스를 작성하라. main()을 작성하고 실행하면 다음과 같다.

`가상 함수를 가진 클래스를 상속받는 파생 클래스 만들기`

`난이도 6`

```cpp
int main() {
   Shape *p[3];
   p[0] = new Oval("빈대떡", 10, 20);
   p[1] = new Rect("찰떡", 30, 40);
   p[2] = new Triangular("토스트", 30, 40);
   for(int i=0; i<3; i++)
      cout << p[i]->getName() << " 넓이는 " << p[i]->getArea() << endl;

   for(int i=0; i<3; i++) delete p[i];
}
```

```
빈대떡 넓이는 628
찰떡 넓이는 1200
토스트 넓이는 600
```

8. 문제 7에 주어진 Shape 클래스를 추상 클래스로 만들고 문제 7을 다시 작성하라.

`가상 함수를 가진 클래스를 추상 클래스로 만들기`

`난이도 6`

 Shape을 추상 클래스로 만들려면 getArea() 함수를 순수 가상 함수로 만들면 된다.

목적 가상 함수, 상속 종합 응용 **9.** 다음 그림과 같은 상속 구조를 갖는 클래스를 설계한다.

모든 프린터는 모델명(model), 제조사(manufacturer), 인쇄 매수(printedCount), 인쇄 종이 잔량(availableCount)을 나타내는 정보를 가진다. print(int pages) 함수와 show() 함수는 가상 함수로 구현하라. print(int pages)는 pages 만큼 프린트하는 함수이고, show() 함수는 현재 프린트의 모델, 제조사, 인쇄 매수, 인쇄 종이 잔량 등을 출력하는 함수이다.

잉크젯 프린터는 잉크 잔량(availableInk) 정보를 추가적으로 가지며, 레이저 프린터는 토너 잔량(availableToner) 정보를 추가적으로 가진다. 이들의 print(int pages) 멤버 함수는 프린터 타입에 맞게 구현하라. 각 클래스를 설계 구현하고 다음과 같이 실행되도록 전체 프로그램을 완성하라. **InkJetPrinter** 객체와 **LaserPrinter** 객체를 각각 하나만 동적으로 생성하여 시작한다. `난이도 7`

```
현재 작동중인 2 대의 프린터는 아래와 같다
잉크젯 : Officejet V40 ,HP ,남은 종이 5장 ,남은 잉크 10
레이저 : SCX-6x45 ,삼성전자 ,남은 종이 3장 ,남은토너 20

프린터(1:잉크젯, 2:레이저)와 매수 입력>>1 4
프린트하였습니다.
Officejet V40 ,HP ,남은 종이 1장 ,남은 잉크 6
SCX-6x45 ,삼성전자 ,남은 종이 3장 ,남은토너 20
계속 프린트 하시겠습니까(y/n)>>y

프린터(1:잉크젯, 2:레이저)와 매수 입력>>2 10
용지가 부족하여 프린트할 수 없습니다.
Officejet V40 ,HP ,남은 종이 1장 ,남은 잉크 6
SCX-6x45 ,삼성전자 ,남은 종이 3장 ,남은토너 20
계속 프린트 하시겠습니까(y/n)>>y

프린터(1:잉크젯, 2:레이저)와 매수 입력>>2 2
프린트하였습니다.
Officejet V40 ,HP ,남은 종이 1장 ,남은 잉크 6
SCX-6x45 ,삼성전자 ,남은 종이 1장 ,남은토너 19
계속 프린트 하시겠습니까(y/n)>>n
```

10. 간단한 그래픽 편집기를 콘솔 바탕으로 만들어보자. 그래픽 편집기의 기능은 "삽입", "삭제", "모두보기", "종료" 의 4가지이고, 실행 과정은 다음과 같다. 난이도 8

```
그래픽 에디터입니다.
삽입:1, 삭제:2, 모두보기:3, 종료:4 >> 1
선:1, 원:2, 사각형:3 >> 1
삽입:1, 삭제:2, 모두보기:3, 종료:4 >> 1
선:1, 원:2, 사각형:3 >> 2
삽입:1, 삭제:2, 모두보기:3, 종료:4 >> 1
선:1, 원:2, 사각형:3 >> 3
삽입:1, 삭제:2, 모두보기:3, 종료:4 >> 3
0: Line
1: Circle
2: Rectangle
삽입:1, 삭제:2, 모두보기:3, 종료:4 >> 2
삭제하고자 하는 도형의 인덱스 >> 1
삽입:1, 삭제:2, 모두보기:3, 종료:4 >> 3
0: Line
1: Rectangle
삽입:1, 삭제:2, 모두보기:3, 종료:4 >> 4
```

힌트 Hint

Shape과 이를 상속받은 Circle, Line, Rect 클래스는 [그림 9-13]을 이용하고 필요한 클래스와 main() 함수를 작성하라. 전체 프로그램은 대략 아래와 같이 구성된다.

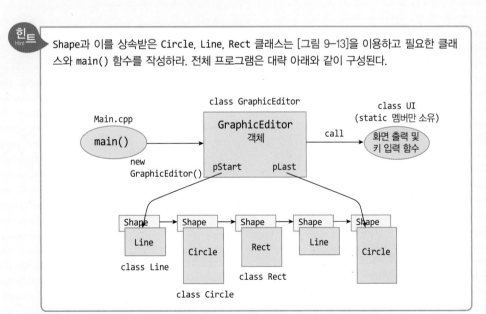

10

템플릿과 표준 템플릿 라이브러리(STL)

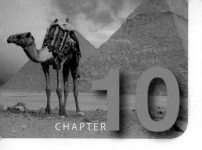

템플릿과 표준 템플릿 라이브러리(STL)

10.1 일반화와 템플릿

함수 중복의 약점

함수 중복
약점

함수 중복은 편리하지만 약점도 있다. 중복된 myswap() 함수를 보자.

```
1    #include <iostream>
2    using namespace std;
3
4    void myswap(int& a, int& b) {
5        int tmp;
6        tmp = a;
7        a = b;
8        b = tmp;
9    }
10   void myswap (double& a, double& b) {
11       double tmp;
12       tmp = a;
13       a = b;
14       b = tmp;
15   }
16
17   int main() {
18       int a=4, b=5;
19       myswap(a, b); // myswap(int& a, int& b) 호출
20       cout << a << '\t' << b << endl;
21
22       double c=0.3, d=12.5;
23       myswap(c, d); // myswap(double& a, double& b) 호출
24       cout << c << '\t' << d << endl;
25   }
```

두 함수는 매개 변수만
다르고 나머지 코드는 동일

동일한 코드 중복

⬅ 실행 결과

5	4
12.5	0.3

myswap() 함수는 두 값을 서로 교환하는 함수이다. 처음에 정수 교환을 위해 void myswap(int& a, int& b) 함수만 작성하였는데, 이후 double 값도 교환하기 위해 void myswap(double& a, double& b) 함수를 중복하여 만들게 되었다. 만일 앞으로 char 타입의 값을 교환할 일이 생긴다면, void myswap(int& a, int& b) 함수의 소스 코드를 복사하여 void myswap(char& a, char& b) 함수를 만들어야 할 것이다. 이런 식으로 매개 변수 타입만 다른 myswap() 함수를 계속 중복 작성한다면, 전체 프로그램의 길이도 늘어나고, 작업 도중 실수의 가능성도 있으며, 함수의 알고리즘을 수정하게 되면 중복된 모든 함수들의 코드를 수정해야 하는 번거로움이 생긴다.

매개 변수 타입만 다른 중복된 myswap() 함수들을 일반화시킨 틀(template)을 만들고, 이 틀로부터 매개 변수 타입을 지정하여 찍어내듯이 myswap() 함수들을 만들어 낼 수 없을까?

일반화와 템플릿 선언

템플릿
template
일반화
generic

템플릿(template)이란 국어사전에서 '형판'이란 뜻이다. 다른 말로 '본 떠 찍어내기 위해 만들어진 틀' 정도로 해석할 수 있다. C++ 언어에도 템플릿의 개념이 있다. C++ 템플릿은 함수나 클래스 코드를 찍어내듯이 생산할 수 있도록 일반화(generic)시키는 도구이다. 지금부터 C++의 템플릿에 대해 알아보자.

●중복 함수의 일반화

template 키워드
템플릿 함수
제네릭 함수

template 키워드를 이용하면, 중복 함수들을 일반화시킨 특별한 함수를 만들 수 있다. 이 함수를 템플릿 함수(template function) 혹은 제네릭 함수(generic function)라고 부른다. [그림 10-1]은 앞의 myswap() 함수를 template 키워드로 일반화시키는 과정을 보여준다.

```
void myswap(int) & a, int & b) {
   int tmp;
   tmp = a;
   a = b;
   b = tmp;
}
```

swap() 함수는 C++ 표준 템플릿 라이브러리에 이미 있기 때문에, 이름 충돌을 피하기 위해 myswap()으로 사용합니다.

```
void myswap(double) & a, double & b) {
   double tmp;
   tmp = a;
   a = b;
   b = tmp;
}
```

중복 함수들

제네릭 함수 만들기

템플릿을 선언하는 키워드

제네릭 타입을 선언하는 키워드

제네릭 타입 T 선언

```
template <class T>
void myswap (T & a, T & b) {
   T tmp;
   tmp = a;
   a = b;
   b = tmp;
}
```

템플릿을 이용한 제네릭 함수

▲template을 이용하여 만든 제네릭 myswap() 함수는 myswap(int &a, int &b)와 myswap(double & a, double & b)의 두 함수를 일반화시킨 것이다.

[그림 10-1] template을 이용하여 myswap() 제네릭 함수를 만드는 과정

●템플릿 선언과 제네릭 타입

template
<class T>
<typename T>

템플릿 함수나 클래스를 작성할 때, 다음과 같이 template이란 키워드로 시작하며 <class T>나 <typename T>로 제네릭 타입 T를 선언한다.

```
template <class T>
template <typename T>
```

제네릭 타입
generic type
일반 타입

제네릭 타입(generic type)이란 C++의 기본 타입이 아니며, 이들을 일반화시킨 새로운 타입으로 일반 타입이라고 부르기도 한다. 제네릭 타입은 개발자가 원하는 아무 이름이나 붙이면 된다. 다음은 T1, T2, T3의 3개의 제네릭 타입을 선언한 사례이다.

```
template <class T1, class T2, class T3>
```

그리고 [그림 10-1]의 템플릿 선언부는 다음과 같이 한 줄에 붙여 써도 상관없다.

```
template <class T> void myswap(T & a, T & b) {
...
}
```

현대의 프로그래밍에서는 중복 함수보다는 제네릭 함수를 만들어 사용하는 것이 추세이다.

템플릿으로부터의 구체화

구체화
specialization
소스 코드
구체화된 함수

중복 함수들을 템플릿화하는 과정의 역과정을 구체화(specialization)라고 부른다. 컴파일러가 함수의 호출문을 컴파일할 때, 구체화를 통해 제네릭 함수로부터 구체적인 함수의 소스 코드를 만들어낸다. 구체화를 통해 생성된 함수를 구체화된 함수(specialized function)라고 부른다.

다음과 같은 myswap() 함수 호출문을 컴파일러가 어떻게 처리하는지 살펴보자.

```
int a=4, b=5;
myswap(a, b); // 제네릭 타입 T에 int를 대입하여 구체화시킨 함수를 생성하고 호출
```

[그림 10-2]는 구체화 과정을 보여주며, 자세히 설명하면 다음과 같다.

1. 컴파일러는 myswap(a, b); 호출문을 컴파일할 때 myswap() 함수를 찾는다.
2. 템플릿으로 선언된 myswap() 함수를 발견한다.
3. 구체화한다.

   myswap(a, b);의 함수 호출문에서 실인자 a, b가 모두 int 타입이므로, 템플릿의 제네릭 타입 T에 int를 대입시켜 구체화된 버전의 myswap(int & a, int & b)의 소스 코드를 만들어 낸다.
4. 구체화된 함수의 소스 코드를 컴파일하고, 이 함수를 호출하도록 컴파일한다.

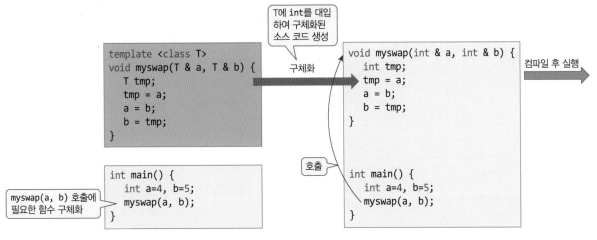

▲함수의 호출문에 따라, 제네릭 타입 T에 int의 구체적인 타입을 대입시켜 구체화된 함수의 소스 코드를 생산한다.

[그림 10-2] 템플릿 myswap()으로부터 myswap(int & a, int & b) 함수의 구체화

[그림 10-3]은 3개의 함수 호출에 대해, 구체화된 버전의 소스 코드를 생성하는 과정을 보여준다.

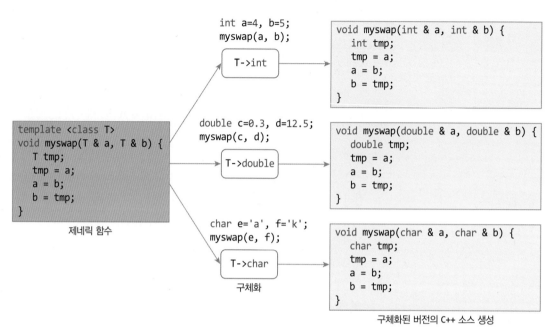

[그림 10-3] 컴파일러에 의해 템플릿으로부터 함수 구체화

> **잠깐!** generic vs. general
>
> 사전적 의미로 볼 때, **generic**은 '일반화된' 혹은 '모든 것에 적용할 수 있는'이라는 뜻으로 사용되며, **general**은 '보통'이라는 뜻으로서 예외적인 것에 대한 반대 표현이다. 템플릿으로 만든 제네릭 함수(**generic function**)는 보통 함수(**general function**)라는 뜻이 아니며, 일반화된 함수라는 뜻이다.

예제 10-1   제네릭 myswap() 함수 만들기

두 값을 서로 교환하는 **myswap()** 함수를 템플릿으로 만들어보자. **int, char** 등 기본 타입과 사용자가 선언한 **Circle** 클래스의 타입도 템플릿의 타입 매개 변수로 구체화할 수 있음을 보여준다.

```cpp
1   #include <iostream>
2   using namespace std;
3
4   class Circle {
5      int radius;
6   public:
7      Circle(int radius=1) { this->radius = radius; }
8      int getRadius() { return radius; }
9   };
10
11  template <class T>
12  void myswap(T & a, T & b) { // 제네릭 함수
13     T tmp;
14     tmp = a;
15     a = b;
16     b = tmp;
17  }
18
19  int main() {
20     int a=4, b=5;
21     myswap(a, b);
22     cout << "a=" << a << ", " << "b=" << b << endl;
23
24     double c=0.3, d=12.5;
25     myswap(c, d);
26     cout << "c=" << c << ", " << "d=" << d << endl;
27
28     Circle donut(5), pizza(20);
29     myswap(donut, pizza);
30     cout << "donut반지름=" << donut.getRadius() << ", ";
31     cout << "pizza반지름=" << pizza.getRadius() << endl;
32  }
```

myswap(int &a, int &b) 함수 구체화 및 호출 (21)

myswap(double &a, double &b) 함수 구체화 및 호출 (25)

myswap(Circle &a, Circle &b) 함수 구체화 및 호출 (29)

→ 실행 결과

```
a=5, b=4
c=12.5, d=0.3
donut반지름=20, pizza반지름=5
```

템플릿 역할

템플릿 함수는 컴파일되지도 호출되지도 않는, 그저 함수의 틀이다. 템플릿의 역할은 제네릭 함수를 선언하고, 컴파일 시점에 구체화시키기 위한 틀을 만드는 것이다. 템플릿 함수로부터 구체화된 버전의 함수가 컴파일되고 호출된다.

구체화 오류

템플릿으로부터 함수를 구체화시키는 과정에서 제네릭 타입 T에 유의해야 한다. 다시 myswap()의 템플릿 선언을 보자.

```
template <class T> void myswap(T & a, T & b)
```

매개 변수 a, b는 모두 타입 T로 선언되어 있기 때문에, myswap()을 호출할 때 두 개의 매개 변수 타입이 동일해야 한다. 다음 코드는 두 개의 매개 변수 s와 t의 타입이 다르기 때문에 잘못된 호출이다.

```
int s=4;
double t=5;
myswap(s, t); // 컴파일 오류. s와 t의 타입이 같아야 함
```
오류

템플릿의 장단점과 제네릭 프로그래밍

소프트웨어의 생산성
유연성
포팅에 취약
오류 메시지가 빈약
디버깅에 많은 어려움

템플릿은 함수의 작성을 용이하게 하고, 함수 코드의 재사용을 가능하게 하여 소프트웨어의 생산성과 유연성을 높인다. 그러나 컴파일러에 따라서 템플릿이 지원되지 않을 수 있기 때문에 포팅에 취약하다. 또한 템플릿과 관련된 컴파일 오류 메시지가 빈약하여 디버깅에 많은 어려움이 있다.

제네릭 프로그래밍
generic programming
일반화 프로그래밍

한편, 템플릿을 사용하여 제네릭 함수나 제네릭 클래스를 만들고 이를 활용하여 프로그램을 작성하는 새로운 프로그래밍 패러다임이 생겨났다. 이를 제네릭 프로그래밍 (generic programming) 혹은 일반화 프로그래밍이라고 부르며 점점 보편화되고 있다. C++, Java, C# 등 여러 언어에서 제네릭 프로그래밍을 지원하며, 이들 언어의 많은 라이브러리들이 제네릭으로 수정되었다. 제네릭을 모르면 고급 개발자가 될 수 없는 상황에 왔기 때문에, 독자들은 보다 집중력을 가지고 학습하기 바란다.

중복 함수가 템플릿 함수보다 우선

배열을 출력하는 템플릿 함수 print()를 만들어보자.

```
1   #include <iostream>
2   using namespace std;
3
4   template <class T>
5   void print(T array [], int n) {
6      for(int i=0; i<n; i++)
7         cout << array[i] << '\t';
8      cout << endl;
9   }
10
11  int main() {
12     int x[] = {1,2,3,4,5};
13     double d[5] = {1.1, 2.2, 3.3, 4.4, 5.5};
14     print(x, 5);
15     print(d, 5);
16
17     char c[5] = {1,2,3,4,5};
18     print(c, 5);
19  }
```

T가 char로 구체화되는 경우, 정수 1, 2, 3, 4, 5에 대한 그래픽 문자 출력

print() 템플릿의 T가 int 타입으로 구체화

print() 템플릿의 T가 char 타입으로 구체화

➡ 실행 결과

```
1       2       3       4       5
1.1     2.2     3.3     4.4     5.5
```

　┌　　　┐　　　　└　　　┘　　　│
　①　　②　　③　　④　　⑤

템플릿 print()의 목적은 int 배열이든, double 배열이든, char 배열이든, 배열에 들어 있는 숫자를 출력하는데 있다. 그런데 int 배열이나 double 배열을 출력하는데에는 아무 문제가 없지만, 다음과 같이 char 배열로 print()를 호출하면,

```
print(c, 5); // c는 char 배열
```

문자로 출력
그래픽 문자를 출력

제네릭 타입 T가 char 타입으로 구체화되어 라인 7에서 << 연산자가 array[i] 값을 문자로 출력한다. 그런데 1, 2, 3, 4, 5 정수 값에 해당하는 ASCII 문자가 없기 때문에, 윈도우 운영체제의 문자 코드표에 정의된 다음 그래픽 문자를 출력한다.

　┌　　　┐　　　　└　　　┘　　　│

우리가 원하는 것은 char 배열의 경우에도 print() 함수가 다음과 같이 숫자를 출력하는 것이다.

```
1   2   3   4   5
```

어떻게 하면 될까?

char 배열의 정수를 출력하는 print()를 템플릿 함수와 중복 작성하면 된다.

템플릿 함수와 이름이 동일한 함수가 중복되어 있을 때, 컴파일러는 **중복된 함수를 템플릿 함수보다 우선하여 바인딩**한다. 예제 10-5는 char 배열의 값을 숫자로 출력하기 위해 함수 print(char array[], int n)을 중복 작성한 사례이다.

중복된 함수를 템플릿 함수보다 우선하여 바인딩

예제 10-5 │ 제네릭 함수와 이름이 같은 중복 함수 작성

char 배열을 출력할 때 문자가 아닌 숫자로 출력하기 위해, print(char array[], int n) 함수를 템플릿 함수와 중복 작성하고 호출하는 사례를 보여준다.

```cpp
1    #include <iostream>
2    using namespace std;
3
4    template <class T>
5    void print(T array [], int n) {
6       for(int i=0; i<n; i++)
7          cout << array[i] << '\t';
8       cout << endl;
9    }
10
11   void print(char array [], int n) { // 템플릿 함수와 동일한 이름의 함수 중복
12      for(int i=0; i<n; i++)
13         cout << (int)array[i] << '\t'; // array[i]를 int 타입으로 변환하여 정수 출력
14      cout << endl;
15   }
16
17   int main() {
18      int x[] = {1,2,3,4,5};
19      double d[5] = {1.1, 2.2, 3.3, 4.4, 5.5};
20      print(x, 5); // 템플릿으로부터 구체화한 함수 호출
21      print(d, 5); // 템플릿으로부터 구체화한 함수 호출
22
23      char c[5] = {1,2,3,4,5};
24      print(c, 5); // char 배열을 숫자로 출력하는 중복 함수 호출
25   }
```

템플릿 함수와 중복된 print() 함수

중복된 print() 함수가 우선 바인딩

→ 실행 결과

```
1        2        3        4        5
1.1      2.2      3.3      4.4      5.5
1        2        3        4        5    ⟵ 주목
```

템플릿 함수에 디폴트 매개 변수 사용

템플릿에서 함수 선언에 디폴트 매개 변수를 사용할 수 있다. 앞의 mcopy() 템플릿이 디폴트 매개 변수를 가지도록 수정하면 다음과 같다.

```cpp
template <class T1, class T2>
void mcopy(T1 src [], T2 dest [], int n=5) { // n의 디폴트 값은 5
    for(int i=0; i<n; i++)
        dest[i] = (T2)src[i];
}
```

mcopy()는 디폴트 매개 변수를 활용하여 다음과 같이 호출할 수 있다.

```cpp
int x[] = {1,2,3,4,5};
double d[5];
mcopy(x, d); // x[]의 원소 5개를 d[]에 복사
```

CHECK TIME

1 다음 두 함수를 일반화시킨 제네릭 함수를 작성하라.

```cpp
int add(int x, int y) {
    int n = x + y;
    return n;
}
double add(double x, double y) {
    double d = x + y;
    return d;
}
```

10.3 제네릭 클래스 만들기

제네릭 클래스 개요

제네릭 클래스
generic class

template을 이용하면 제네릭 클래스(generic class)도 만들 수 있다. 어떤 경우에 제네릭 클래스가 필요할까? int 값을 저장하는 스택, double 값을 저장하는 스택, char 값을 저장하는 스택, Circle 객체를 저장하는 스택 등, 다양한 스택이 있을 수 있다. 그러나 이들 스택 클래스는 데이터의 타입만 다를 뿐이지 알고리즘은 동일하다. 템플릿을 이용하여 스택에 저장되는 데이터 타입을 일반화시킨 제네릭 스택 클래스를 만들어보자.

제네릭 클래스 선언

클래스 선언부 구현부 모두
template

제네릭 클래스를 만들기 위해, 클래스 선언부와 구현부를 모두 template으로 선언한다. 제네릭 클래스의 멤버 함수는 자동 제네릭 함수이다. 지금부터 템플릿을 이용하여 스택 클래스 MyStack을 만드는 사례를 살펴보자.

●제네릭 클래스 선언부

스택에서 다루는 데이터 타입은 하나이므로 제네릭 타입은 T 하나만 필요하다. 제네릭 클래스 MyStack은 제네릭 타입 T와 함께 다음과 같이 선언한다.

```
template <class T>
class MyStack {
    int tos;
    T data [100]; // T 타입의 배열. 스택에 최대 100개의 원소 저장
public:
    MyStack();
    void push(T element); // T 타입 원소 element를 data[]에 푸시
    T pop(); // 스택의 탑에 있는 원소를 data[]에서 팝하여 리턴
};
```

값이 저장되는 스택 공간 data []를 T 타입으로 선언하고, push()의 매개 변수와 pop()의 리턴 타입도 T로 선언한다.

●제네릭 클래스 구현부

MyStack⟨T⟩

클래스 구현부는 멤버 함수를 작성하는 곳으로, 클래스 이름을 MyStack 대신 MyStack<T>로 사용하고, 각 멤버 함수 앞에 template <class T>를 붙여서 제네릭 함

수임을 선언한다. MyStack의 구현부는 다음과 같다.

```
template <class T>
void MyStack<T>::push(T element) {
    ...
}
template <class T> T MyStack<T>::pop() { // 한 줄에 선언할 수 있음
    ...
}
```

제네릭 클래스의 구체화

제네릭 클래스를 이용할 때는 클래스의 이름과 함께 제네릭 타입 T에 적용할 구체적인 타입을 지정해야 한다. 다음은 MyStack의 제네릭 타입 T에 구체적인 타입을 사용한 사례이다.

```
MyStack<int> iStack;   // int 타입을 다루는 스택 객체 생성
MyStack<double> dStack; // double 타입을 다루는 스택 객체 생성
```

컴파일러는 이 선언문으로부터 다음과 같은 구체화 과정을 진행한다.
1. MyStack 템플릿의 T에 int나 double을 적용하여 두 개의 구체화된 버전의 C++ 클래스 소스(specialized class)를 생성한다.
2. 두 C++ 클래스를 컴파일하고 iStack 객체와 dStack 객체를 생성하도록 컴파일한다.

생성된 iStack, dStack 객체들은 다음과 같이 보통 객체처럼 사용하면 된다.

```
iStack.push(3);
int n = iStack.pop();

dStack.push(3.5);
double d = dStack.pop();
```

다음과 같이 제네릭 클래스의 포인터를 선언하고 동적으로 객체를 생성할 수도 있다.

```
MyStack<char> *p = new MyStack<char>();
p->push('a');
char c = p->pop();
delete p;
```

잠깐! **함수의 매개 변수 타입이 제네릭 클래스일 때** ●

함수의 매개 변수 타입이 제네릭 클래스일 때, 함수의 원형을 선언하는 방법을 알아보자. 다음은 **int** 타입의 **MyStack** 객체의 모든 원소를 팝하여 출력하는 함수를 선언하고 호출하는 사례이다.

```
void popAll(MyStack<int> s) { ... } // 매개 변수 s: int 타입의 MyStack 객체

MyStack<int> iStack;
popAll(iStack);
```

앞의 **popAll()** 함수가 실행되면 **iStack** 객체를 복사하여 객체 **s**가 생긴다. 그러나 다음과 같이 참조 매개 변수를 사용하면 객체 복사의 오버헤드를 제거할 수 있다.

```
void popAll(MyStack<int> &r) { ... } // 매개변수 r: int 타입의 MyStack 객체의 참조

popAll(iStack);
```

또한 다음과 같이 함수의 매개 변수로 제네릭 객체의 포인터도 선언 가능하다.

```
void popAll(MyStack<int> *p); // 매개변수 p: int 타입의 MyStack 객체의 포인터

popAll(&iStack);
```

예제 10-6 | 제네릭 스택 클래스 만들기

스택 클래스를 일반화한 제네릭 스택 MyStack을 작성하라.

```cpp
1   #include <iostream>
2   using namespace std;
3
4   template <class T>
5   class MyStack {
6      int tos;// top of stack
7      T data [100]; // T 타입의 배열. 스택 크기는 100
8   public:
9      MyStack();
10     void push(T element); // T 타입 원소 element를 data [] 배열에 삽입
11     T pop(); // 스택의 탑에 있는 데이터를 data[] 배열에서 리턴
12  };
13
14  template <class T>
15  MyStack<T>::MyStack() { // 생성자
16     tos = -1; // 스택은 비어 있음
17  }
18
19  template <class T>
20  void MyStack<T>::push(T element) {
21     if(tos == 99) {
22        cout << "stack full";
23        return;
24     }
25     tos++;
26     data[tos] = element;
27  }
28
29  template <class T>
30  T MyStack<T>::pop() {
31     T retData;
32     if(tos == -1) {
33        cout << "stack empty";
34        return 0; // 오류 표시
35     }
36     retData = data[tos--];
37     return retData;
38  }
39
40  int main() {
```

```
41    MyStack<int> iStack; // int 만 저장할 수 있는 스택
42    iStack.push(3);
43    cout << iStack.pop() << endl;
44
45    MyStack<double> dStack; // double 만 저장할 수 있는 스택
46    dStack.push(3.5);
47    cout << dStack.pop() << endl;
48
49    MyStack<char> *p = new MyStack<char>(); // char 만 저장할 수 있는 스택
50    p->push('a');
51    cout << p->pop() << endl;
52    delete p;
53 }
```

→ 실행 결과

```
3
3.5
a
```

예제 10-7 **제네릭 스택의 제네릭 타입을 포인터나 클래스로 구체화하는 예**

제네릭 타입을 포인터나 클래스 타입으로 구체화할 수 있다. 예제 10-6의 MyStack 제네릭 클래스를 활용하여 int*, Point 객체, Point*, string 문자열 등을 저장하고 사용하는 예를 보여준다.

```
1   #include <iostream>
2   #include <string>
3   using namespace std;
4
5   /* 이 부분에 예제 10-6에 작성한 MyStack 템플릿 클래스 코드가 생략되었음 */
6
7   class Point {
8      int x, y;
9   public:
10     Point(int x=0, int y=0) { this->x = x; this->y = y; }
11     void show() { cout << '(' << x << ',' << y << ')' << endl; }
12  };
13
14  int main() {
15     MyStack<int *> ipStack; // int* 만 저장하는 스택
```

```
16    int *p = new int [3];
17    for(int i=0; i<3; i++) p[i] = i*10; // 0, 10, 20으로 초기화
18    ipStack.push(p); // 포인터 푸시
19    int *q = ipStack.pop(); // 포인터 팝
20    for(int i=0; i<3; i++) cout << q[i] << ' '; // 화면 출력
21    cout << endl;
22    delete [] p;
23
24    MyStack<Point> pointStack; // Point 객체만 저장하는 스택
25    Point a(2,3), b;
26    pointStack.push(a); // Point 객체 푸시. 복사되어 저장
27    b = pointStack.pop(); // Point 객체 팝
28    b.show(); // Point 객체 출력
29
30    MyStack<Point*> pStack; // Point*만 저장하는 스택
31    pStack.push(new Point(10,20)); // 동적 생성 Point 객체 푸시. 포인터만 저장
32    Point* pPoint = pStack.pop(); // Point 객체의 포인터 팝
33    pPoint->show(); // Point 객체 출력
34
35    MyStack<string> stringStack; // 문자열만 저장하는 스택
36    string s="c++";
37    stringStack.push(s);
38    stringStack.push("java");
39    cout << stringStack.pop() << ' ';
40    cout << stringStack.pop() << endl;
41 }
```

0 10 20 출력 → 20
(2,3) 출력 → 28
(10,20) 출력 → 33
java C++ 출력 → 39, 40

실행 결과

```
0 10 20
(2,3)
(10,20)
java c++
```

두 개 이상의 제네릭 타입을 가진 제네릭 클래스

템플릿을 사용하여 2개 이상의 제네릭 타입을 가진 제네릭 클래스를 만들 수 있다. 다음은 T1, T2, T3의 3개의 제네릭 타입을 선언하는 사례이다.

```
template <class T1, class T2, class T3>
```

예제 10-8은 두 개의 제네릭 타입 T1과 T2를 가진 클래스를 만든 사례를 보여준다.

| 예제 10-8 | 두 개의 제네릭 타입을 가진 클래스 만들기 |

```cpp
1   #include <iostream>
2   using namespace std;
3
4   template <class T1, class T2> // 두 개의 제네릭 타입 선언
5   class GClass {
6      T1 data1;
7      T2 data2;
8   public:
9      GClass();
10     void set(T1 a, T2 b);
11     void get(T1 &a, T2 &b);
12  };
13
14  template <class T1, class T2>
15  GClass<T1, T2>::GClass() { // 생성자
16     data1 = 0; data2 = 0;
17  }
18
19  template <class T1, class T2>
20  void GClass<T1, T2>::set(T1 a, T2 b) {
21     data1 = a; data2 = b;
22  }
23
24  template <class T1, class T2>
25  void GClass<T1, T2>::get(T1 & a, T2 & b) {
26     a = data1; b = data2;
27  }
28
29  int main() {
30     int a;
31     double b;
32     GClass<int, double> x;
33     x.set(2, 0.5);
34     x.get(a, b);
35     cout << "a=" << a << '\t' << "b=" << b << endl;
36
37     char c;
38     float d;
39     GClass<char, float> y;
40     y.set('m', 12.5);
41     y.get(c, d);
42     cout << "c=" << c << '\t' << "d=" << d << endl;
43  }
```

data1을 a에, data2를 b에 리턴하는 함수 (line 11)

a=2   b=0.5 출력 (line 35)

c=m   d=12.5 출력 (line 42)

> **실행 결과**
>
> ```
> a=2      b=0.5
> c=m      d=12.5
> ```

CHECK TIME

1 다음은 제네릭 클래스 TestClass를 만든 예로서 몇 가지 오류를 가지고 있다.

```cpp
template <class T>
class TestClass {
    int x;
public:
    void set(T a);
    T get();
};

void TestClass::set(T a) { x = a; }
T TestClass::get() { return x; }
```

(1) TestClass를 올바르게 고쳐라.
(2) 제네릭 타입 T를 int 타입으로 구체화시키는 TestClass 객체 tmp를 선언하라.

10.4 C++ 표준 템플릿 라이브러리(STL)와 활용

map

소프트웨어 개발자의 능력은 라이브러리의 활용 능력에 달려 있다고 해도 과언이 아니다. C++는 소프트웨어 개발자에게 유용한 많은 함수와 클래스를 표준 라이브러리로 제공한다. 이 절에서는 C++에서 제공하는 표준 템플릿 라이브러리(STL)의 개요와 활용에 대해 간단하게 설명한다.

표준 템플릿 라이브러리 개요

표준 템플릿 라이브러리
Standard Template Library
STL

표준 템플릿 라이브러리(Standard Template Library, STL)는 템플릿으로 작성된 많은 제네릭 클래스와 함수 라이브러리로서, HP(Hewlett-Packard) 사의 Alexsander Stepanov와 Meng Lee가 1994년에 처음 세상에 내놓은 이후 일반화 프로그래밍 혹은 제네릭 프로그래밍이라는 새로운 프로그래밍 패러다임을 가져왔다.

ISO/ANSI C++ 표준위에서는 논란 끝에 STL을 C++의 표준으로 채택하여 현재 C++ 표준 라이브러리에 포함하고 있다. STL에 구현된 제네릭 함수나 클래스를 이용하면 보다 쉽게 C++ 프로그램을 구축할 수 있다. Java, C# 등 다른 언어에서도 많은 템플릿 라이브러리들이 사용되고 있으며, 최근에는 그 경향이 더욱 커지고 있다. STL에 포함된 제네릭 클래스와 함수들은 다음과 같이 3종류로 분류된다.

●컨테이너(container) – 템플릿 클래스

컨테이너

데이터를 저장하고 검색하기 위해 담아두는 자료 구조를 구현한 클래스로서, 〈표 10–1〉과 같이 리스트(list), 큐(queue), 스택(stack), 맵(map), 셋(set), 벡터(vector) 등이 있으며, 이들을 컨테이너라고 부른다.

●iterator – 컨테이너 원소에 대한 포인터

iterator
반복자
컨테이너 원소에 대한 포인터

iterator는 반복자라고 불리는 것으로, 컨테이너의 원소들을 하나씩 순회 접근하기 위해 만들어진 컨테이너 원소에 대한 포인터이다. iterator는 〈표 10–2〉와 같이 원소를 읽을 때 사용하는 iterator, 원소를 기록할 때 사용하는 iterator, 둘 다 가능한 iterator 등 다양한 iterator가 있다. 개발자는 자신이 필요한 iterator를 사용하면 된다.

●알고리즘 – 템플릿 함수

템플릿 함수
알고리즘

컨테이너의 원소에 대한 복사(copy), 검색(find, search), 삭제(remove), 정렬(sort) 등의 기능을 구현한 **템플릿 함수**로서 통칭하여 **알고리즘**이라고 부른다. 이들 함수는 〈표 10–3〉과 같은 것들로 컨테이너 클래스의 멤버 함수가 아니다.

알고리즘

컨테이너

iterator

STL을 사용하여 프로그램을 작성하려면, 이 세 가지 중 하나만 사용하게 되는 경우는 드물다. 예를 들어 list 컨테이너에 저장된 값을 검색하거나 삭제하기 위해 iterator를 사용하며, list에 저장된 값을 정렬하기 위해 sort() 등 알고리즘 함수를 사용한다. 사실상 STL의 세 가지 요소가 거의 함께 사용되므로, 독자들은 이 3가지를 모두 알아야 한다.

〈표 10-1〉 STL 컨테이너의 종류

컨테이너 클래스	설명	헤더 파일
vector	가변 크기의 배열을 일반화한 클래스	<vector>
deque	앞뒤 모두 입력 가능한 큐 클래스	<deque>
list	빠른 삽입/삭제 가능한 리스트 클래스	<list>
set	정렬된 순서로 값을 저장하는 집합 클래스. 값은 유일	<set>
map	(key, value) 쌍을 저장하는 맵 클래스	<map>
stack	스택을 일반화한 클래스	<stack>
queue	큐를 일반화한 클래스	<queue>

〈표 10-2〉 STL iterator의 종류

iterator의 종류	iterator에 ++ 연산 후 방향	read/write
iterator	다음 원소로 전진	read/write
const_iterator	다음 원소로 전진	read
reverse_iterator	지난 원소로 후진	read/write
const_reverse_iterator	지난 원소로 후진	read

〈표 10-3〉 STL 알고리즘 함수들

copy	merge	random	rotate
equal	min	remove	search
find	move	replace	sort
max	partition	reverse	swap

> **잠깐!** 컨테이너 분류 ●
>
> STL 컨테이너 클래스는 컨테이너에 저장되는 원소를 다루는 방식에 따라 3가지로 분류된다.
> - 순차 컨테이너(Sequence Container) - vector, dequeue, list 등으로서 연속적인 메모리 공간에 순서대로 값을 저장하고 읽는 컨테이너이다. 인덱스를 사용하여 컨테이너 내의 특정 위치에 있는 값을 읽거나 변경할 수 있다.
> - 컨테이너 어댑터(Container Adaptor) - 다른 컨테이너를 상속받아 기능 중 일부만 공개하여 기능을 제한하거나 변형한 컨테이너로 stack, queue 등이 있다.
> - 연관 컨테이너(Associative Container) - '키'로 '값'을 저장하고 '키'로 검색하여 '값'을 알아내는 컨테이너로서 set, map 등이다.

헤더 파일

std 이름 공간

STL은 std 이름 공간에 작성되었기 때문에, STL을 사용하려면 다음 코드가 필요하다.

```
using namespace std;
```

    그리고 〈표 10-1〉의 컨테이너 클래스를 사용하고자 하면 해당 템플릿이 선언된 헤더 파일을 include 시켜야 한다. 예를 들어 vector 클래스를 사용하고자 하면 다음과 같이 한다.

```
#include <vector>
```

    또한 〈표 10-3〉의 알고리즘 함수를 사용하려면 다음과 같이 헤더 파일을 include 해야 한다.

```
#include <algorithm>
```

vector 컨테이너 활용

vector
인덱스는 0부터 시작

vector는 [그림 10-4]와 같이 가변 길이 배열을 구현한 제네릭 클래스이다. 〈표 10-4〉는 vector 클래스의 멤버 함수와 연산자 함수를 보여준다. vector는 내부에 배열을 가지고 원소를 저장, 삭제, 검색하는 멤버들을 제공한다. vector는 스스로 내부 크기를 조절하므로, 개발자가 vector 크기에 대해 고민할 필요 없다. 오직 〈표 10-4〉에서 제공하는 멤버 함수를 통해 벡터를 사용하면 된다. 벡터의 원소에 대한 인덱스는 0부터 시작한다.

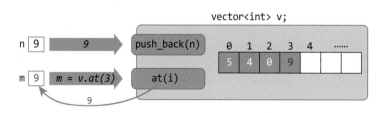

int 타입의 정수를 원소로 가지는 벡터로서 내부에는 int 타입의 배열을 가지고 있으며, 배열 공간이 부족하면 스스로 더 큰 배열을 할당받는 식으로 내부 공간을 조절합니다.

[그림 10-4] int 타입의 벡터 객체

●vector 객체 생성

vector 객체를 생성하기 위해서 <> 내에 다루고자 하는 타입을 지정한다. 다음은 int 타입을 저장하는 vector 객체를 생성하는 코드이다.

```
vector<int> v; // int 타입의 값만 다루는 벡터 객체 생성
```

v는 오직 int 타입만 다루므로 다른 타입의 값을 삽입하면 오류가 발생한다.

●vector에 원소 삽입

push_back()

벡터에 값을 삽입하기 위해서는 push_back() 멤버 함수를 이용한다. push_back()은 삽입되는 값을 벡터의 맨 마지막에 삽입한다. 다음 코드는 1, 2, 3을 순서대로 벡터에 저장하며, 저장된 원소의 개수는 3이 된다.

```
v.push_back(1);
v.push_back(2);
v.push_back(3);
```

●vector의 원소 값 읽기 및 변경

at()

at() 멤버 함수를 이용하면 벡터의 원소에 접근할 수 있다.

```
v.at(2) = 5; // v의 3번째 원소 값을 5로 변경
int n = v.at(1); // v의 두 번째 원소 값을 읽어 n에 저장
```

[]
벡터를 배열처럼

   vector 클래스에는 [] 연산자가 작성되어 있기 때문에, **벡터를 배열처럼 쉽게 사용**할 수 있다. [] 연산자를 이용하여 벡터 내의 원소에 값을 쓰거나 값을 읽는 사례는 다음과 같다.

```
v[2] = 5; // 벡터 v의 3번째 원소 값을 5로 변경
int n = v[1]; // 벡터 v의 두 번째 원소 값을 읽어 n에 저장
```

   [] 연산자를 이용하여 다음과 같이 벡터의 모든 원소를 출력할 수 있다.

```
for(int i=0; i<3; i++)
   cout << v[i] << endl;
```

● vector의 원소 개수 알아내기

size()

벡터에 존재하는 원소의 개수는 size() 함수를 이용하여 알아낼 수 있다. size()를 이용하면 앞의 for 문을 다음과 같이 변경할 수 있다.

```cpp
for(int i=0; i<v.size(); i++)
    cout << v[i] << endl;
```

● vector의 원소 삭제

erase()

벡터에 들어 있는 원소를 개별적으로 삭제하는 멤버 함수로 erase()가 있지만 erase()는 iterator와 함께 사용해야 한다. 우선 간단히 예만 들겠다. iterator는 뒤에서 다룬다.

```cpp
vector<int>::iterator it; // it는 정수 벡터의 원소를 가리키는 포인터
it = v.begin(); // it는 벡터 v의 첫 번째 원소를 가리킨다.
it = v.erase(it); // 벡터 v에서 첫 번째 원소를 삭제한다.
```

erase(it)는 it가 가리키는 원소를 삭제한 후, 벡터의 원소들을 다시 앞으로 한 자리씩 이동시킨다. 그리고 삭제된 다음 원소를 가리키는 포인터를 리턴한다. 그러므로 erase(it) 후에는 다음과 같이 반드시 it가 리턴 값으로 치환되어야 한다.

```cpp
it = v.erase(it); // 삭제 후 erase()의 리턴 값으로 it 재설정
```

〈표 10-4〉 STL vector의 멤버 함수와 연산자 함수

멤버와 연산자 함수	설명
push_back(element)	벡터의 마지막에 element 추가
at(int index)	index 위치의 원소에 대한 참조 리턴
begin()	벡터의 첫 번째 원소에 대한 참조 리턴
end()	벡터의 끝(마지막 원소 다음)을 가리키는 참조 리턴
empty()	벡터가 비어 있으면 true 리턴
erase(iterator it)	벡터에서 it가 가리키는 원소 삭제. 삭제 후 자동으로 벡터 조절
insert(iterator it, element)	벡터 내 it 위치에 element 삽입
size()	벡터에 들어 있는 원소의 개수 리턴
operator[]()	지정된 원소에 대한 참조 리턴
operator=()	이 벡터를 다른 벡터에 치환(복사)

[그림 10-5]는 벡터의 생성과 벡터를 다루는 몇 가지 사례를 자세히 보여준다.

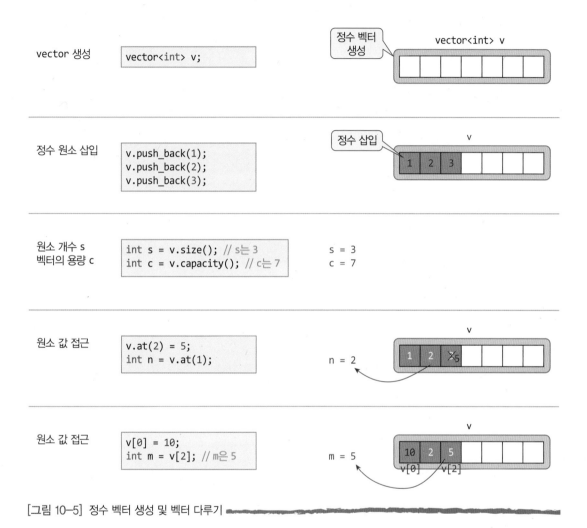

[그림 10-5] 정수 벡터 생성 및 벡터 다루기

> **잠깐!**   STL **설계 원칙** ●
>
> STL 컨테이너는 스스로 크기를 조절하여 원소의 개수로 인한 사용자의 부담을 덜어주고, STL
> **iterator**는 컨테이너 종류에 무관하게 컨테이너의 원소들을 검색할 수 있도록 설계되었다. STL 알
> 고리즘 역시 컨테이너 종류에 상관없이 작동하도록 설계되었다.

예제 10-9 | vector 컨테이너 활용

vector 클래스를 이용하여 정수 벡터를 생성하고 사용하는 간단한 사례를 보인다.

```cpp
1   #include <iostream>
2   #include <vector>
3   using namespace std;
4
5   int main() {
6     vector<int> v; // 정수만 삽입 가능한 벡터 생성
7
8     v.push_back(1); // 벡터에 정수 1 삽입
9     v.push_back(2); // 벡터에 정수 2 삽입
10    v.push_back(3); // 벡터에 정수 3 삽입
11
12    for(int i=0; i<v.size(); i++) // 벡터의 모든 원소 출력
13      cout << v[i] << " "; // v[i]는 벡터의 i 번째 원소
14    cout << endl;
15
16    v[0] = 10; // 벡터의 첫 번째 원소를 10으로 변경
17    int m = v[2]; // m에 3 저장
18    v.at(2) = 5; // 벡터의 3 번째 원소를 5로 변경
19
20    for(int i=0; i<v.size(); i++) // 벡터의 모든 원소 출력
21      cout << v[i] << " "; // v[i]는 벡터의 i 번째 원소
22    cout << endl;
23  }
```

1 2 3 출력 → 13

10 2 5 출력 → 21

→ 실행 결과

```
1 2 3
10 2 5
```

예제 10-10	문자열을 저장하는 벡터 만들기 연습

string 타입의 vector를 이용하여 문자열을 저장하는 벡터를 만들고, 5개의 이름을 입력받아 사전에서 가장 뒤에 나오는 이름을 출력하라.

```
1   #include <iostream>
2   #include <string>
3   #include <vector>
4   using namespace std;
5
6   int main() {
7      vector<string> sv; // 문자열 벡터 생성
8      string name; // 사전에서 가장 뒤에 나오는 이름을 저장하기 위한 변수
9
10     cout << "이름을 5개 입력하라" << endl;
11     for(int i=0; i<5; i++) { // 한 줄에 한 개씩 5개의 이름을 입력받는다.
12        cout << i+1 << ">>";
13        getline(cin, name);
14        sv.push_back(name); // 이름을 벡터에 삽입
15     }
16     name = sv.at(0); // 벡터의 첫 번째 이름
17     for(int i=1; i<sv.size(); i++) {
18        if(name < sv[i]) // sv[i]의 문자열이 name보다 사전에서 뒤에 나옴
19           name = sv[i]; // name을 sv[i]의 문자열로 변경
20     }
21     cout << "사전에서 가장 뒤에 나오는 이름은 " << name << endl;
22  }
```

키보드에서 이름 입력 → 13

name에 가장 뒤에 나오는 이름 저장 → 18, 19

→ 실행 결과

```
이름을 5개 입력하라
1>>황기태
2>>이재문
3>>김남윤
4>>한원선
5>>애슐리
사전에서 가장 뒤에 나오는 이름은 황기태
```

iterator 사용

iterator
원소에 대한 포인터

iterator는 컨테이너 안에 있는 원소들을 하나씩 순차적으로 접근하기 위한 원소에 대한 포인터이다. iterator를 생성해보자. iterator를 생성하려면 컨테이너 템플릿에 구체적인 타입을 지정하여, 원소의 타입이 드러나도록 하여야 한다. 다음은

vector<int>의 원소에 대한 iterator 변수 it를 생성하는 코드이다.

```
vector<int>::iterator it;
```

v.begin()

it 변수는 int 값을 원소로 가지는 벡터의 원소를 가리키는 포인터이다. 현재 it는 어떤 원소도 가리키고 있지 않다. v.begin()은 벡터 v의 첫 번째 원소의 주소를 리턴하므로, 다음 코드를 실행하면 it는 벡터 v에 있는 첫 번째 원소를 가리킨다.

```
vector<int> v;
it = v.begin(); // v의 첫 번째 원소에 대한 주소를 it에 저장한다.
```

iterator를 이용하여 벡터를 접근하는 코드와 실행 과정은 [그림 10-6]에서 자세히 보여준다. 다음과 같이 ++ 연산자를 이용하여 it가 다음 원소를 가리키게 하거나, -- 연산자를 이용하여 후진시킬 수도 있다.

```
it++; // 벡터의 다음 원소를 가리킴
```

it는 포인터이므로 포인터 정수 연산이 가능하다. it++;는 it = it + 1;과 동일하다. 또한 다음과 같이 it가 가리키는 원소의 값을 읽거나 쓸 수 있다.

```
int n = *it; // it가 가리키는 원소의 값을 n에 읽어 온다.
*it = 5; // it가 가리키는 원소에 5를 쓴다.
```

다음 코드를 실행하면 it가 벡터 v의 끝을 가리킨다.

```
it = v.end(); // 마지막 원소 다음 위치에 대한 포인터를 it에 저장한다.
```

v.end()

여기서, v.end()는 마지막 원소가 아니라, 마지막 원소 다음 위치에 대한 주소를 리턴한다는 점을 주목하기 바란다.

모든 원소를 검색

다음은 begin()과 end() 멤버 함수를 이용하여 벡터 v에 있는 모든 원소를 검색하여 출력하는 for 문을 작성한 사례이다.

```
for(it=v.begin(); it != v.end(); it++) {
    int n = *it;
    cout << n << endl;
}
```

이 for 문은 벡터의 모든 원소를 접근하는 전형적인 코드이므로 잘 기억해두기 바란다.

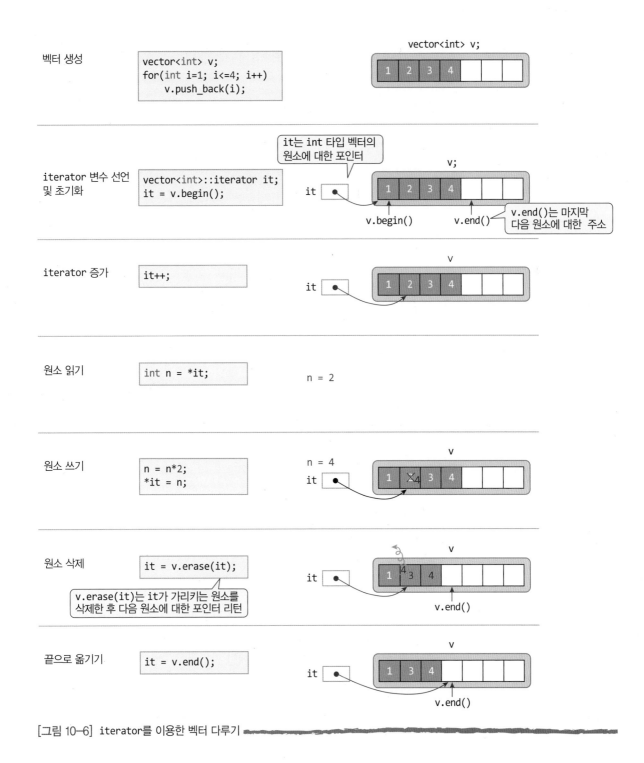

[그림 10-6] iterator를 이용한 벡터 다루기

예제 10-11 iterator를 이용하여 vector의 모든 원소들에 2 곱하기

```cpp
1  #include <iostream>
2  #include <vector>
3  using namespace std;
4
5  int main() {
6     vector<int> v; // 정수 벡터 생성
7     v.push_back(1);
8     v.push_back(2);
9     v.push_back(3);
10
11    vector<int>::iterator it; // 벡터 v의 원소에 대한 포인터 it 선언
12
13    for(it=v.begin(); it != v.end(); it++) { // iterator를 이용하여 모든 원소 탐색
14       int n = *it; // it가 가리키는 원소 값 리턴
15       n = n*2; // 곱하기 2
16       *it = n; // it가 가리키는 원소에 값 쓰기
17    }
18
19    for(it=v.begin(); it != v.end(); it++)   // 벡터 v의 모든 원소 출력
20       cout << *it << ' ';
21    cout << endl;
22 }
```

→ 실행 결과

```
2 4 6
```

map 컨테이너의 활용

map
키
값
<map>

map(이하 맵이라고 부름)은 '키'와 '값'의 쌍을 원소로 저장하고 '키'를 이용하여 값을 검색하는 제네릭 컨테이너이다. 키나 값은 기본 타입(int, double 등), 클래스 타입 모두 가능하지만, 동일한 키를 가지는 원소가 중복 저장되면 오류가 발생한다. map을 이용하기 위해서는 다음과 같이 <map> 헤더 파일과 using 지시어가 필요하다.

```cpp
#include <map>
using namespace std;
```

● map 컨테이너 생성 및 원소 삽입

map을 활용하여, 영어와 한글 단어의 쌍을 원소로 저장하고 영어 단어로 한글을 검색

하는 사전 프로그램을 만들어보자. 먼저 다음과 같이 map 컨테이너를 생성한다.

```
map<string, string> dic; // 키는 영어 단어, 값은 한글 단어
```

insert()

map의 insert() 멤버 함수나 [] 연산자를 사용하여 다음과 같이 원소를 저장한다.

```
dic.insert(make_pair("love", "사랑")); // ("love", "사랑") 저장
dic["love"] = "사랑";                   // ("love", "사랑") 저장
```

●'키'로 검색하여 '값' 알아내기

[] 연산자를 이용하면 '키'로 검색하여 '값'을 알아낼 수 있다.

```
string kor = dic["love"];  // kor은 "사랑"
```

at()

[] 연산자는 찾을 수 없는 경우 빈 문자열("")을 리턴한다. 다음과 같이 at()을 이용하여 검색을 할 수 있지만, at()은 찾을 수 없는 경우 예외를 발생시키므로 예외 처리 코드를 작성해야 하는 부담이 있다.

```
string kor = dic.at("love");  // kor은 "사랑"
```

맵에 '키'의 데이터가 있는 지 검사하기 위해서는 전형적으로 다음 코드를 이용한다.

```
if(dic.find(eng) == dic.end()) // eng의 '키'를 찾을 수 없다면 조건문은 true
```

〈표 10-5〉 map의 멤버 함수와 연산자 함수

멤버와 연산자 함수	설명
insert(pair<> &element)	맵에 '키'와 '값'으로 구성된 pair 객체 element 삽입
at(key_type& key)	맵에서 '키' 값에 해당하는 '값' 리턴
begin()	맵의 첫 번째 원소에 대한 참조 리턴
end()	맵의 끝(마지막 원소 다음)을 가리키는 참조 리턴
empty()	맵이 비어 있으면 true 리턴
find(key_type& key)	맵에서 '키' 값에 해당하는 원소를 가리키는 iterator 리턴
erase(iterator it)	맵에서 it가 가리키는 원소 삭제
size()	맵에 들어 있는 원소의 개수 리턴
operator[key_type& key]()	맵에서 '키' 값에 해당하는 원소를 찾아 '값' 리턴
operator=()	맵 치환(복사)

예제 10-12　　map으로 영한 사전 만들기

map 컨테이너를 이용하여 (영어, 한글) 단어를 쌍으로 저장하고, 영어로 한글을 검색하는 사전을 작성하라.

```cpp
1  #include <iostream>
2  #include <string>
3  #include <map>
4  using namespace std;
5
6  int main() {
7    map<string, string> dic; // 맵 컨테이너 생성. 키는 영어 단어, 값은 한글 단어
8
9    // 단어 3개를 map에 저장
10   dic.insert(make_pair("love", "사랑"));    // ("love", "사랑") 저장
11   dic.insert(make_pair("apple", "사과"));   // ("apple", "사과") 저장
12   dic["cherry"] = "체리";                   // ("cherry", "체리") 저장
13
14   cout << "저장된 단어 개수 " << dic.size() << endl;
15   string eng;
16   while (true) {
17     cout << "찾고 싶은 단어>> ";
18     getline(cin, eng); // 사용자로부터 키 입력
19     if (eng == "exit")
20       break;  // "exit"이 입력되면 종료
21
22     if(dic.find(eng) == dic.end()) // eng '키'를 끝까지 찾았는데 없음
23       cout << "없음" << endl;
24     else
25       cout << dic[eng] << endl; // dic에서 eng의 값을 찾아 출력
26   }
27   cout << "종료합니다..." << endl;
28 }
```

> dic.find(eng)의 결과가 dic.end()의 리턴 값과 같다면 dic에는 eng가 없음

→ 실행 결과

```
저장된 단어 개수 3
찾고 싶은 단어>> apple
사과
찾고 싶은 단어>> lov
없음
찾고 싶은 단어>> love
사랑
찾고 싶은 단어>> exit
종료합니다...
```

STL 알고리즘 사용하기

STL 알고리즘
전역 함수

STL 알고리즘은 전역 함수로서, STL 컨테이너 클래스의 멤버 함수가 아니며 템플릿으로 작성되어 있다. STL 알고리즘 함수는 iterator와 함께 작동한다.

STL sort() 함수의 사용 예를 보자. sort() 함수는 두 개의 매개 변수를 가지고 있다. 첫 번째 매개 변수에 정렬을 시작할 원소에 대한 iterator 주소를, 두 번째 매개 변수는 마지막 원소 다음의 iterator 주소를 주어야 한다. 예를 들면 다음과 같다.

```
vector<int> v;
...
sort(v.begin(), v.begin()+3); // v.begin()에서 v.begin()+2까지, 처음 3개 원소 정렬
sort(v.begin()+2, v.begin()+5); // 벡터의 3번째 원소에서 v.begin()+4까지, 3개 원소 정렬
sort(v.begin(), v.end()); // 벡터 전체 정렬
```

예제 10-13   sort() 함수를 이용한 vector 소팅

정수 벡터에 5개의 정수를 입력받아 저장하고, sort()를 이용하여 정렬하는 프로그램을 작성하라.

```
1   #include <iostream>
2   #include <vector>
3   #include <algorithm>
4   using namespace std;
5
6   int main() {
7      vector<int> v; // 정수 벡터 생성
8
9      cout << "5개의 정수를 입력하세요>> ";
10     for(int i=0; i<5; i++) {
11        int n;
12        cin >> n;
13        v.push_back(n); // 키보드에서 읽은 정수를 벡터에 삽입
14     }
15
16     // v.begin()에서 v.end() 사이의 값을 오름차순으로 정렬
17     // sort() 함수의 실행 결과 벡터 v의 원소 순서가 변경됨
18     sort(v.begin(), v.end());
19
20     vector<int>::iterator it; // 벡터 내의 원소를 탐색하는 iterator 변수 선언
21
22     for(it=v.begin(); it != v.end(); it++) // 벡터 v의 모든 원소 출력
23        cout << *it <<' ';
24     cout << endl;
25  }
```

주목 → 3

벡터 소팅 → 18

실행 결과

```
5개의 정수를 입력하세요>> 30 -7 250 6 120
-7 6 30 120 250
```

10.5 auto와 람다식

auto를 이용한 쉬운 변수 선언

auto

auto 키워드는 C++11 표준부터 의미가 수정되어, 변수 선언문으로부터 변수의 타입을 추론하여 결정하도록 지시한다. auto는 복잡한 형식의 변수 선언을 간소하게 해주며, 타입 선언의 오타나 번거로움을 줄일 수 있게 한다. auto를 사용하여 변수를 선언하는 사례를 보자.

● 기본 사례

다음은 auto를 이용하여 변수 pi를 실수 3.14로 초기화하는 선언문이다.

```
auto pi = 3.14; // 3.14가 실수이므로 pi는 double 타입으로 선언됨
```

컴파일러는 3.14로부터 추론한 결과 pi를 double 타입으로 결정한다. auto를 사용하는 다른 예를 들면 다음과 같다.

```
auto n = 3; // 3이 정수이므로 n을 int로 선언
auto *p = &n; // 변수 p는 int* 타입으로 자동 선언
```

또한 다음과 같이 참조 변수의 선언에도 auto를 사용할 수 있다.

```
int n = 10;
int & ref = n; // ref는 int에 대한 참조 변수로 선언
auto ref2 = ref; // ref2는 int& 타입의 변수로 자동 선언
```

● 함수의 리턴 타입으로부터 추론하여 변수 타입 선언

다음 코드를 보자.

```
int square(int x) { return x*x; }
...
auto ret = square(3); // 변수 ret는 int 타입으로 자동 선언
```

컴파일러는 square()의 리턴 타입이 int이므로 변수 ret의 타입을 int로 추론한다. square() 함수가 double을 리턴하는 함수로 수정되면 변수 ret의 타입도 double 타입으로 자동 결정되는데, auto는 코드의 수정에 따른 오류 가능성을 낮추는 효과가 있다.

● STL 템플릿에 활용

auto를 vector, map 등의 템플릿에 사용하면 복잡한 변수 선언을 간소화할 수 있다. 예를 들어보자. 다음은 정수 1, 2, 3, 4, 5를 저장하는 벡터 v를 선언한다.

```
vector<int> v = { 1,2,3,4,5 }; // 벡터 v에 5개의 원소 1,2,3,4,5 삽입
```

iterator를 이용하여 벡터 v의 원소를 출력하려면 보통 다음 코드를 작성한다.

```
vector<int>::iterator it; // 복잡한 모양의 it 변수 선언
for (it = v.begin(); it != v.end(); it++)
    cout << *it << endl;
```

이 코드는 auto를 이용하여 변수 it를 선언하면 다음과 같이 간략히 작성할 수 있다.

```
for (auto it = v.begin(); it != v.end(); it++) // 변수 it는 vector<int>::iterator
    cout << *it << endl;                        // 타입으로 추론됨
```

예제 10-14   **auto를 이용한 변수 선언**

auto를 사용하여 변수의 타입을 선언하는 다양한 사례를 보인다.

```
1  #include <iostream>
2  #include <vector>
3  using namespace std;
4
```

```
5    int square(int x) { return x*x; }
6
7    int main() {
8      // 기본 타입 선언에 auto 활용
9      auto c = 'a'; // c는 char 타입으로 결정
10     auto pi = 3.14; // pi은 double 타입으로 결정
11     auto ten = 10; // ten은 int 타입으로 결정
12     auto *p = &ten; // 변수 p는 int* 타입으로 결정
13     cout << c << " " << pi << " " << ten << " " << *p << endl;
14
15     // 함수의 리턴 타입으로 추론
16     auto ret = square(3); // square() 함수의 리턴 타입이 int 이므로 ret는 int로 결정
17     cout << *p << " " << ret << endl;
18
19     vector<int> v = { 1,2,3,4,5 }; // 벡터 v에 5개의 원소, 1,2,3,4,5 삽입
20     vector<int>::iterator it;
21     for (it = v.begin(); it != v.end(); it++)
22       cout << *it << " "; // 1 2 3 4 5 출력
23     cout << endl;
24
25     // 템플릿에 auto를 사용하여 복잡한 선언의 간소화
26     for (auto it = v.begin(); it != v.end(); it++)
27       cout << *it << " "; // 1 2 3 4 5 출력
28   }
```

동일한 코드

→ 실행 결과

```
a 3.14 10 10 ─── c, pi, ten, *p의 값 출력
10 9 ─── *p, ret의 값 출력
1 2 3 4 5 ─── 벡터 v 출력
1 2 3 4 5 ─── 벡터 v 출력
```

람다 대수와 람다식

C++11부터 도입된 람다는 람다 대수(lambda calculus)에서 유래한다. 람다 대수에서 람다식(lambda expression)은 수학의 함수를 단순하게 표현하는 방법이다. 다음은 x, y의 합을 계산하는 수학 함수 f를 보여준다.

```
f(x, y) = x + y // x, y의 합을 구하는 수학의 함수
```

이를 수학의 람다식으로 바꾸면, 다음과 같이 이름을 빼고 간소하게 표현한다.

```
(x, y) -> x + y
```

이름 없는 함수
람다식

수학에서 **이름 없는 함수**를 람다식이라고 부른다. 그리고 다음과 같이 괄호와 함께 x, y에 대입될 값을 지정하면 람다식의 계산이 이루어진다. 이 람다식의 계산 결과는 5이다.

```
((x, y) -> x + y)(2, 3)
= 2 + 3
= 5
```

1930년대에 수학(mathematics)에 도입된 람다대수와 람다식은, 1960년대 중반 프로그래밍 언어에 익명의 함수 형태로 도입되었다. 몇 년 전부터는 Java, C#, 자바스크립트, 파이선 등 여러 언어들이 람다식을 도입하였고, C++는 C++11 표준부터 지원한다.

C++에서 람다식 선언

이름 없는 익명 함수
람다식
람다 함수

이제 프로그래밍의 세계로 들어와서 C++의 람다식에 대해 알아보자. 프로그래밍의 세계에서 람다는 이름 없는 익명 함수(anonymous function)로, 람다식(lambda expression) 혹은 람다 함수로 불린다. 람다식의 기본 구조는 [그림 10-7]과 같이 캡처 리스트, 매개 변수 리스트, 리턴 타입, 함수 바디의 4부분으로 구성된다.

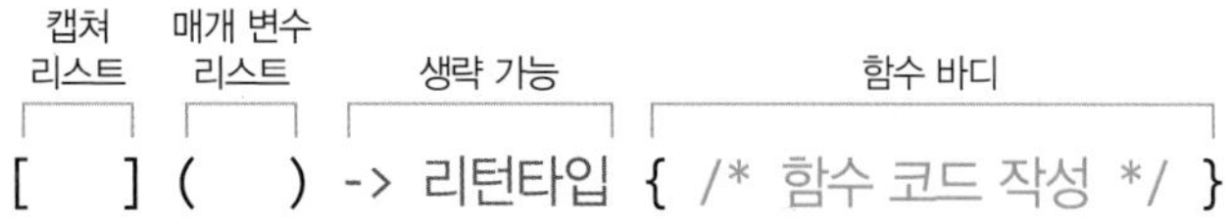

```
  캡처    매개 변수
  리스트   리스트    생략 가능        함수 바디
  [    ]  (     ) -> 리턴타입 { /* 함수 코드 작성 */ }
```
(a) 람다식의 구조

```
[](int x, int y) { cout << x + y; };            // 매개 변수 x, y의 합을 출력하는 람다 작성
[](int x, int y) -> int { return x + y; };      // 매개 변수 x, y의 합을 리턴하는 람다 작성
[](int x, int y) { cout << x + y; } (2, 3);     // x에 2, y에 3을 대입하여 코드 실행. 5 출력
```
(b) 람다식 작성 및 호출 사례

[그림 10-7] 람다식의 기본 구조와 사례

●캡쳐 리스트

캡쳐 리스트는 이름에서도 느껴지듯, 람다식의 외부에 선언된 변수(지역변수, 전역변수) 목록으로, 람다식에서 사용하고자 할 때 나열하며 〈표 10-6〉과 같이 여러 표현들이 있다.

〈표 10-6〉 캡쳐 리스트에 작성 가능한 요소

표현	의미	표현	의미
[x]	변수 x의 값 활용	[&x]	참조 변수 x 활용
[=]	모든 변수의 값 활용	[&]	모든 참조 변수 활용

●매개 변수 리스트

보통 함수의 매개 변수 리스트와 같다.

●함수 바디

람다식이 호출될 때 실행되는 코드로서, 함수를 작성하는 방법과 동일하다.

간단한 람다식 만들기

예제 10-15를 통해 직관적으로 람다식을 선언하고 호출하는 방법을 알아보자.

예제 10-15 **매개 변수 x, y의 합을 출력하는 람다식 만들기**

매개 변수 x, y의 합을 출력하는 람다식은 다음과 같이 작성할 수 있지만,

```
[](int x, int y) { cout << x + y; }; // x, y의 합을 출력하는 람다식
```

다음 예제 코드와 같이 x에 2, y에 3을 전달하면 람다식이 바로 실행된다.

```
1   #include <iostream>
2   using namespace std;
3
4   int main() {
5       [](int x, int y) { cout << "합은 " << x + y; } (2, 3); // 람다식 실행. 5 출력
6   }
```

→ 실행 결과

합은 5

auto로 람다식 저장 및 호출

람다식의 형식은 컴파일러에만 알려져 있기 때문에, 개발자가 람다식을 저장하는 변수를 직접 선언할 수 없다. auto를 이용하면 람다식을 저장하는 변수를 쉽게 선언할수 있다. 예제 10-16을 통해 알아보자.

예제 10-16 | **auto로 람다식 다루기**

auto를 이용하여 변수 love에 람다식을 저장하고, love()의 모양으로 람다식를 호출하는 사례이다.매개 변수 a, b에 문자열이 전달되는 것도 눈 여겨 보라.

```
1   #include <iostream>
2   #include <string>
3   using namespace std;
4
5   int main() {
6      auto love = [](string a, string b) {
7         cout << a << "보다 " <<  b << "가 좋아" << endl;
8      };
9
10     love("돈", "너");   // 람다식 호출
11     love("냉면", "만두"); // 람다식 호출
12   }
```

람다식을 변수 love에 저장

➡ 실행 결과

돈보다 너가 좋아
냉면보다 만두가 좋아

캡쳐 리스트와 리턴 타입을 가지는 람다식 만들기

람다식은, 캡쳐 리스트를 이용하여 주변의 non-static 변수들(지역 변수나 멤버 변수)에 대해 값을 복사하여 받거나 참조를 활용할 수 있다. 예제 10-17은 람다식이 캡쳐 리스트를 통해 외부 변수의 값을 전달받는 사례이며, 예제 10-18은 캡쳐 리스트를 통해 지역 변수의 참조를 전달받고 참조를 이용하여 지역 변수를 변경하는 사례를 보인다.

예제 10-17 **반지름이 r인 원의 면적을 리턴하는 람다식 만들기**

다음은 지역 변수(pi)의 값을 받고, 매개 변수 r을 이용하여 반지름 값을 받아, 원의 면적을 계산하는 람다식 사례이다. 람다식은 원의 면적을 리턴한다.

```
1   #include <iostream>
2   using namespace std;
3
4   int main() {
5       double pi = 3.14; // 지역 변수                          3.14
6
7       auto calc = [pi](int r) -> double { return pi*r*r; }; // 반지름이 r인 원 면적을
                                                                리턴하는 람다식 작성
8       cout << "면적은 " << calc(3); // 람다식 호출. 28.26 출력
9   }
```

지역 변수 pi의 값을 람다식에서 활용한다는 의미

실행 결과

면적은 28.26

예제 10-18 **캡쳐 리스트에 참조 활용, 합을 외부에 저장하는 람다식 만들기**

지역 변수에 대한 참조를 캡쳐 리스트로 받아 활용하는 사례이다. 캡쳐 리스트로부터 참조를 받게 되면, 참조 변수를 통해 외부에 값을 전달할 수 있다. 이 예제는 캡쳐 리스트를 통해 지역 변수 sum에 대한 참조를 받고 합한 결과를 지역 변수 sum에 저장한다. 이런 방식으로 람다식은 지역 변수에 값을 전달할 수 있다.

```
1   #include <iostream>
2   using namespace std;
3
4   int main() {                       람다 내의 sum은 지역 변수
5       int sum = 0; // 지역 변수       sum의 참조이므로 지역 변수
                                        sum을 바꾸게 됨
6
7       [&sum](int x, int y) { sum = x + y; } (2, 3); // 합 5를 지역 변수 sum에 저장
8
9       cout << "합은 " << sum;
10  }
```

실행 결과

합은 5

STL 템플릿에 람다식 활용

람다식은 STL 템플릿을 사용하여 프로그램을 작성할 때 더욱 유용하다. 먼저 예제 10-19를 통해 람다식 없이 STL 알고리즘을 활용하는 경우를 알아보고, 예제 10-20에서 람다식을 사용하여 좀더 간편하게 STL 알고리즘을 사용하는 방법을 알아보자.

예제 10-19　　**STL 함수 for_each()를 이용하여 벡터의 모든 원소 출력**

for_each()는 컨테이너의 각 원소를 검색하는 STL 알고리즘 함수이다. for_each()는 컨테이너의 각 원소에 대해 3번째 매개 변수에 주어진 함수를 호출한다. 이 예제는 정수 1, 2, 3, 4, 5를 담고 있는 벡터의 각 원소를 출력하는 코드이다.

```
1   #include <iostream>
2   #include <vector>
3   #include <algorithm> // for_each() 알고리즘 함수를 사용하기 위함
4   using namespace std;
5
6   void print(int n) {
7      cout << n << " ";
8   }
9
10  int main() {
11     vector<int> v = { 1, 2, 3, 4, 5 };
12
13     // for_each()는 벡터 v의 첫번째 원소(v.begin())부터 끝(v.end())까지 검색하면서,
14     // 각 원소에 대해 3번째 매개 변수인 print(int n) 호출. 매개 변수 n에 각 원소 값 전달
15     for_each(v.begin(), v.end(), print);
16  }
```

> print()를 v의 원소 개수만큼 호출하고 각 원소를 매개 변수 n에 전달

→ 실행 결과

```
1 2 3 4 5
```

예제 10-19에서 print() 함수는 for_each()에서만 호출되고 다른 곳에서는 사용되지 않는다. 이런 경우 예제 10-20과 같이 print() 함수를 람다식으로 바꾸면 전체 코드가 깔끔해진다.

STL 함수 for_each()와 람다식을 이용하여 벡터의 모든 원소 출력

예제 **10-19**의 print() 함수를 익명의 람다식으로 수정하라.

```cpp
1   #include <iostream>
2   #include <vector>
3   #include <algorithm> // for_each() 알고리즘 함수를 사용하기 위함
4   using namespace std;
5
6   int main() {
7      vector<int> v = { 1, 2, 3, 4, 5 };
8
9      // for_each()는 벡터 v의 첫번째 원소부터 끝까지 검색하면서,
10     // 각 원소에 대해 3번째 매개 변수인 람다식 호출. 매개 변수 n에 각 원소 값 전달
11     for_each(v.begin(), v.end(), [](int n) { cout << n << " "; });
12  }
```

→ 실행 결과

```
1 2 3 4 5
```

C++에서 람다식의 의미

C++ 프로그램 작성 시 람다가 꼭 필요한 기능은 아니다. 다만 간단하고 짧게 최적화된 코드를 작성하는데 도움이 된다. 특별히 람다가 유용한 경우는 다음과 같다.

- 한 번만 호출하고 재사용하지 않기 때문에 함수에 이름을 붙일 필요가 없는 경우
- STL 알고리즘 함수의 매개 변수에 연산 코드를 넘기는 경우, 연산 코드를 익명의 람다식으로 작성(예제 **10-20**)

🔘 일반화와 템플릿

- 일반화는 매개 변수의 타입만 다르고 코드가 동일한 함수들을 하나의 틀로 만들고, 이 틀로부터 매개 변수의 타입을 주어 함수를 찍어 내듯이 생산하는 기법이며, 제네릭(generic)이라고 부른다.
- template은 C++ 키워드로서 함수나 클래스를 일반화시키는 도구이다.
- template을 이용하여 작성된 함수를 템플릿 함수 혹은 제네릭 함수라고 부른다.
- 제네릭 함수를 만들 때 개발자는 일반화된 타입 혹은 제네릭 타입(generic type)으로 매개 변수나 리턴 타입을 선언한다.
- 템플릿 함수나 클래스의 제네릭 타입에 구체적인 타입을 주어, 구체화된 버전의 함수나 클래스 코드를 생성하는 작업을 구체화(specialization)라고 한다.

🔘 다양한 제네릭 함수

- 제네릭 함수를 만들 때, 개발자의 필요에 따라 제네릭 타입은 하나 이상 마음대로 선언하면 된다.
- 템플릿 함수와 동일한 이름으로 중복된 함수가 있을 때, 중복 함수가 우선하여 바인딩된다.

🔘 제네릭 클래스

- 클래스도 template 키워드를 이용하여 일반화시킬 수 있다.
- 클래스의 모든 멤버 함수 역시 템플릿 함수로 작성되어야 한다.

🔘 C++ 표준 템플릿 라이브러리

- C++는 템플릿으로 작성된 표준 템플릿 라이브러리(STL)를 제공한다.
- STL은 컨테이너, 여러 알고리즘을 구현한 함수들, 컨테이너의 원소를 접근하기 위한 iterator로 분류된다.
- STL을 사용하기 위해서는 using namespacec std;를 선언하여야 하며, 알고리즘 함수들을 사용할 때는 <algorithm> 헤더 파일을 include 하고, 컨테이너를 사용할 때는 해당 컨테이너 클래스를 가진 헤더 파일을 include 해야 한다. 예를 들어 vector 컨테이너를 사용하려면 <vector> 헤더 파일을 include 해야 한다.
- 벡터는 가변 크기의 배열로서 가장 많이, 쉽게 사용할 수 있는 컨테이너이다. 정수만 저장하는 벡터는 다음과 같이 생성한다.

```
vector<int> v;
vector<int> *p = new vector<int>();
```

- iterator는 컨테이너의 원소들을 접근하기 위한 포인터로서 정수형 vector의 원소를 접근하고자 하면 다음과 같이 선언한다.

```
vector<int>::iterator it;
```

🔘 auto와 람다

- auto는 컴파일러에게 변수 선언문으로부터 변수의 타입을 추론하여 결정하도록 지시한다.

```
auto pi = 3.14; // pi는 컴파일러에 의해 double 타입으로 결정됨
```

- 람다는 이름없는 함수로 람다식, 람다 함수로 불린다. 다음은 두 정수를 매개 변수 x, y를 통해 전달받고 합을 출력하는 간단한 람다식을 만들고 호출하는 사례이다.

```
[](int x, int y) { cout << "합은 " << x + y; } (2, 3); // 람다식 작성 및 호출. 5 출력
```

Open Challenge

영어 어휘 테스트 프로그램 작성

vector 컨테이너 클래스 다루기, 프로그램 구성 능력 향상

영어 단어의 뜻 맞추기 게임을 만들어 보자. 영어 단어와 한글 단어로 구성되는 Word 클래스를 작성하고, vector<Word> v;로 벡터를 생성하고, 프로그램 내에서 여러 개의 Word 객체를 벡터에 삽입해 둔다. 그리고 다음 화면과 같이 랜덤하게 사용자에게 문제를 던지며, 4개의 한글 보기를 출력한다. 4개의 보기 중 정답을 제외한 3개는 벡터에 있는 단어 중에서 랜덤하게 선택한다. 이 문제에서 iterator는 사용할 필요 없다.

난이도 7

벡터에서 랜덤하게 선택된 영어 단어

```
영어 어휘 테스트를 시작합니다. 1~4 외 다른 입력시 종료합니다.
human?
(1) 아기 (2) 인간 (3) 사회 (4) 사진 :>2
Excellent !!
society?
(1) 아기 (2) 그림 (3) 사랑 (4) 사회 :>4
Excellent !!
dall?
(1) 감정 (2) 아기 (3) 인간 (4) 인형 :>4
Excellent !!
emotion?
(1) 감정 (2) 아기 (3) 동물 (4) 인간 :>1
Excellent !!
painting?
(1) 사진 (2) 곰 (3) 사회 (4) 그림 :>1
No. !!
dall?
(1) 인형 (2) 애인 (3) 아기 (4) 사회 :>1
Excellent !!
trade?
(1) 거래 (2) 사진 (3) 아기 (4) 인간 :>0
```

1~4가 아니므로 종료

힌트

랜덤 정수를 발생시키기 위해 다음 두 라인의 코드가 필요하며, <ctime>과 <cstdlib>를 include 해야 한다.

```
srand((unsigned)time(0)); // 시작할 때마다, 다른 랜덤수를 발생시키기 위한 seed 설정
int n = rand(); // 0에서 RAND_MAX(32767) 사이의 랜덤한 정수가 n에 발생
```

연습문제

이론 문제

• 홀수 문제는 정답이 공개됩니다.

1. 일반화와 템플릿에 대해 잘못 설명한 것은?
① 템플릿은 C++에서 일반화를 위한 도구이다.
② 템플릿을 이용하여 함수와 클래스를 일반화할 수 있다.
③ 템플릿을 선언하기 위해 사용하는 키워드는 template이나 generic이다.
④ 제네릭 타입을 선언하기 위해 사용하는 키워드는 class이다.

2. 템플릿에 대해 잘못 말한 것은?
① 템플릿을 사용하면 소프트웨어 생산성과 유연성이 높아진다.
② 컴파일러에 따라 템플릿을 지원하지 않을 수 있기 때문에 포팅에 취약하다.
③ 템플릿을 사용하면 컴파일 오류 메시지가 풍부하여 디버깅에 많은 도움을 준다.
④ 제네릭 프로그래밍이라는 새로운 프로그래밍 패러다임을 가져왔다.

3. 다음에서 템플릿 선언을 잘못한 것은?
① template <class T>
② template (class T)
③ template <typename T>
④ template <typename T1, typename T2>

4. 구체화의 과정은 누구에 의해 이루어지는가?
① 개발자　　　　② 컴파일러　　　　③ 로더　　　　④ 운영체제

5. 다음 두 함수를 일반화한 제네릭 함수를 작성하라.

```
bool equal(int a, int b) {
   if(a == b) return true;
   else return false;
}

bool equal(char a, char b) {
   if(a == b) return true;
   else return false;
}
```

6. 다음 두 함수들을 일반화한 제네릭 함수를 작성하라.

```cpp
void insert(int a, int b[], int index) {
   b[index] = a;
}

void insert(char a, char *b, int index) {
   *(b+index)= a;
}
```

7. 다음 제네릭 함수 선언에서 잘못된 부분을 바르게 고쳐라.

```cpp
template <typename T> int max(T x, T y) {
   if(x > y) return x;
   else return y;
}
```

8. 다음 제네릭 클래스의 선언에서 잘못된 부분을 바르게 고쳐라.

```cpp
template <class TYPE>
TYPE equals(TYPE x, int y) {
   if(x == y) return true;
   else return false;
}
```

9. 다음 제네릭 함수가 있다.

```cpp
template <class T> T avg(T *p, int n) {
   int k;
   T sum=0;
   for(k=0; k<n; k++) sum += p[k];
   return sum/n;
}
```

아래의 호출을 컴파일하여 생성되는 구체화된 버전의 avg( ) 함수의 소스 코드는 무엇인가?

(1) int a[] = {1,2,3,4,5};
    cout << <u>avg(a, 5)</u>;

(2) double d[] = {3.5, 6.7, 7.8};
    cout << <u>avg(d, 3)</u>;

10. 다음 두 개의 함수가 있을 때, 질문에 답하여라.

```cpp
template <class T> void show(T a) {
    cout << a;
}

void show(int a) {
    cout << "special " << a;
}
```

(1) 이 두 함수가 공존할 수 있는가?
(2) 만일 (1)의 답이 '예'라면, show(3.14);를 호출한 결과는?
(3) 만일 (1)의 답이 '예'라면, show(100);을 호출한 결과는?

11. 템플릿에 대한 설명 중 맞는 것은?
① 이 기능은 C++에만 있다.
② 컴파일러는 템플릿 함수나 클래스를 컴파일하여 일반화된 바이너리 코드를 생성한 후, 필요한 구체화를 시행한다.
③ 템플릿 함수와 동일한 이름의 함수가 중복되어 있을 때, 중복 함수가 우선적으로 바인딩된다.
④ 템플릿 함수를 선언할 때 디폴트 매개 변수를 선언할 수 없다.

12. 템플릿 클래스 Container를 작성하고자 한다.

```cpp
template <class T> class Container {
    _____  // T 타입의 포인터 p를 선언하라.
    _____  // 배열의 크기를 나타내는 변수 size를 선언하라.
public:
    Container(int n); // 멤버 변수 p에 n개의 동적 배열을 할당받는 생성자
    ~Container();
    void set(int index, T value) { p[index] = value; } // index 위치에 value 저장
    T get(int index); // index 위치의 값 리턴
};
```

(1) 빈칸을 적절하게 채워라.
(2) 생성자를 작성하라.
(3) 소멸자를 작성하라.
(4) get()을 작성하라.
(5) char 타입의 문자만 저장 가능한 Container 객체 c를 생성하는 선언문을 작성하라(c의 크기는 26).
(6) 문제 (5)에서 생성한 객체 c에 set() 함수를 이용하여 알파벳 'a'~'z'를 삽입하고, get() 함수를 이용하여 반대순으로 화면에 출력하는 main() 함수를 작성하라.

13. C++의 표준 STL 라이브러리가 작성된 이름 공간은 무엇인가?

① std ② template ③ stl ④ algorithm

14. 다음 STL의 각 기능을 사용하기 위해 필요한 헤더 파일은 무엇인가?

(1) vector 클래스 (2) list 클래스

(3) merge 함수 (4) search 함수

15. STL의 vector 클래스를 활용하는 코드이다. 다음 빈칸을 채워라.

```
_____ // double 타입의 벡터 v 생성
v.push_back(3.1);
v.push_back(4.1);

// for 문을 이용하여 벡터 v의 모든 값을 출력하라.
_____
_____
```

16. vector<char> 타입의 객체 v가 함수 print()의 매개 변수로 넘어왔을 때, 반복문을 이용하여 모든 원소를 화면에 출력하고자 한다. 빈칸에 적절한 코드를 삽입하라.

```
void print(vector<char> &v) {
_____

  for(it=v.begin(); it!=v.end(); it++) {
    char c = *it;
    cout << c;
  }
}
```

17. map 컨테이너를 사용하기 위해 필요한 헤더 파일은 무엇인가?

18. 다음 프로그램을 작성하기 위해 map과 vector 중 어떤 것이 더 적합한지 설명하라.

(1) 하루 동안, 온도 센서의 값을 시간별로 읽어 저장하고 시간으로 온도를 검색하는 응용

(2) 지역별로 해 뜨는 시각을 저장하고, 지역이름으로 해 뜨는 시각을 검색하는 응용

실습 문제

★ 표시가 있는 문제는 정답이 공개됩니다.

`목 적` 템플릿 함수 만들기

1.★ 배열을 받아 가장 큰 값을 리턴하는 제네릭 함수 **biggest()**를 작성하라. 또한 **main()** 함수를 작성하여 **biggest()**를 호출하는 몇 가지 사례를 보여라. `난이도 4`

> **힌트**
> Hint
>
> biggest()를 호출하는 코드 사례는 다음과 같다.
>
> ```cpp
> int x[] = {1, 10, 100, 5, 4};
> cout << biggest(x, 5) << endl; // 5는 배열 x의 크기. 100이 출력된다.
> ```

`목 적` 템플릿 함수 만들기

2. 두 개의 배열을 비교하여 같으면 **true**를, 아니면 **false**를 리턴하는 제네릭 함수 **equalArrays()**를 작성하라. 또한 **main()** 함수를 작성하여 **equalArrays()**를 호출하는 몇 가지 사례를 보여라. **equalArrays()**를 호출하는 코드 사례는 다음과 같다. `난이도 5`

```cpp
int x[] = {1, 10, 100, 5, 4};
int y[] = {1, 10, 100, 5, 4};
if(equalArrays(x, y, 5)) cout << "같다"; // 배열 x, y가 같으므로 "같다" 출력
else cout << "다르다";
```

`목 적` 템플릿 함수 만들기

3. 배열의 원소를 반대 순서로 뒤집는 **reverseArray()** 함수를 템플릿으로 작성하라. **reverseArray()**의 첫 번째 매개 변수는 배열에 대한 포인터이며 두 번째 매개 변수는 배열의 개수이다. **reverseArray()**의 호출 사례는 다음과 같다. `난이도 4`

```cpp
int x[] = {1, 10, 100, 5, 4};
reverseArray(x, 5);
for(int i=0; i<5; i++) cout << x[i] << ' '; // 4 5 100 10 1이 출력된다.
```

`목 적` 템플릿 함수 만들기

4. 배열에서 원소를 검색하는 **search()** 함수를 템플릿으로 작성하라. **search()**의 첫 번째 매개 변수는 검색하고자 하는 원소 값이고, 두 번째 매개 변수는 배열이며, 세 번째 매개 변수는 배열의 개수이다. **search()** 함수가 검색에 성공하면 **true**를, 아니면 **false**를 리턴한다. **search()**의 호출 사례는 다음과 같다. `난이도 5`

```cpp
int x[] = {1, 10, 100, 5, 4};
if(search(100, x, 5)) cout << "100이 배열 x에 포함되어 있다"; // 이 cout 실행
else cout << "100이 배열 x에 포함되어 있지 않다";
```

목적 함수의 일반화에 대한 이해, 템플릿 함수 만들기

5.★ 다음 함수는 매개 변수로 주어진 두 개의 int 배열을 연결한 새로운 int 배열을 동적 할당 받아 리턴한다.

```
int * concat(int a[], int sizea, int b[], int sizeb);
```

concat가 int 배열뿐 아니라 다른 타입의 배열도 처리할 수 있도록 일반화하라. 난이도 6

목적 함수의 일반화에 대한 이해, 템플릿 함수 만들기

6. 다음 함수는 매개 변수로 주어진 int 배열 src에서 배열 minus에 들어있는 같은 정수를 모두 삭제한 새로운 int 배열을 동적으로 할당받아 리턴한다. retSize는 remove() 함수의 실행 결과를 리턴하는 배열의 크기를 전달받는다.

```
int * remove(int src[], int sizeSrc, int minus[], int sizeMinus, int& retSize);
```

템플릿을 이용하여 remove를 일반화하라. 난이도 7

목적 템플릿 함수의 구체화의 실패 이해

7.★ 다음 프로그램은 컴파일 오류가 발생한다. 소스의 어디에서 왜 컴파일 오류가 발생하는가?

```cpp
#include <iostream>
using namespace std;

class Circle {
   int radius;
public:
   Circle(int radius=1) { this->radius = radius; }
   int getRadius() { return radius;}
};

template <class T>
T bigger(T a, T b) { // 두 개의 매개 변수를 비교하여 큰 값을 리턴
   if(a > b) return a;
   else return b;
}

int main() {
   int a=20, b=50, c;
   c = bigger(a, b);
   cout << "20과 50중 큰 값은 " << c << endl;
   Circle waffle(10), pizza(20), y;
   y = bigger(waffle, pizza);
   cout << "waffle과 pizza 중 큰 것의 반지름은 " << y.getRadius() << endl;
}
```

아래 결과와 같이 출력되도록 프로그램을 수정하라. 난이도 7

```
20과 50중 큰 값은 50
waffle과 pizza 중 큰 것의 반지름은 20
```

목표 템플릿 함수 작성시 상속
과 연산자 중복의 필요성 이해

8. 문제 7을 푸는 다른 방법을 소개한다.
bigger() 함수의 다음 라인에서 > 연산자 때문에

```
if(a > b) return a;
```

T에 **Circle**과 같은 클래스 타입이 대입되면, 구체화가 실패하여 컴파일 오류가 발생한다. 이 문제를 해결하기 위해 다음과 같은 추상 클래스 **Comparable**을 제안한다.

```
class Comparable { // 추상 클래스
public:
    virtual bool operator > (Comparable& op2)=0; // 순수 가상 함수
    virtual bool operator < (Comparable& op2)=0; // 순수 가상 함수
    virtual bool operator == (Comparable& op2)=0; // 순수 가상 함수
};
```

Circle 클래스가 **Comparable**을 상속받아 순수 가상 함수를 모두 구현하면, 앞의 **bigger()** 템플릿 함수를 사용하는데 아무 문제가 없다. **Circle**뿐 아니라, **Comparable**을 상속받은 모든 클래스를 **bigger()**에 사용할 수 있다. **Comparable**을 상속받은 **Circle** 클래스를 완성하고 문제 7의 **main()**을 실행하여 테스트 하라. 난이도 8

목표 vector 컨테이너 활용
연습

9. STL의 **vector** 클래스를 이용하는 간단한 프로그램을 작성해보자. **vector** 객체를 생성하고, 키보드로부터 정수를 입력받을 때마다 정수를 벡터에 삽입하고 지금까지 입력된 수와 평균을 출력하는 프로그램을 작성하라. 0을 입력하면 프로그램이 종료한다. 난이도 6

```
정수를 입력하세요(0을 입력하면 종료)>>5
5
평균 = 5
정수를 입력하세요(0을 입력하면 종료)>>12
5 12
평균 = 8.5
정수를 입력하세요(0을 입력하면 종료)>>88
5 12 88
평균 = 35
정수를 입력하세요(0을 입력하면 종료)>>-20
5 12 88 -20
평균 = 21.25
정수를 입력하세요(0을 입력하면 종료)>>0
```

정수만 다루는 벡터이므로 vector<int> v;를 이용하면 된다. iterator를 사용할 필요는 없다.

vector에 객체의 삽입, 검
색 응용 연습

10. 나라의 수도 맞추기 게임에 vector를 활용해보자. 나라 이름(nation)과 수도
(capital) 문자열로 구성된 Nation 클래스를 만들고, vector<Nation> v;로 생성
한 벡터를 이용하여 나라 이름과 수도 이름을 삽입할 수도 있고 랜덤하게 퀴즈를 볼
수도 있다. 프로그램 내에서 벡터에 Nation 객체를 여러 개 미리 삽입하여 퀴즈를 보
도록 하라. 실행 화면은 다음과 같으며, 저자는 9개 나라의 이름과 수도를 미리 프로
그램에서 삽입하였다. 문자열은 string 클래스를 이용하라. 난이도 7

```
***** 나라의 수도 맞추기 게임을 시작합니다. *****
정보 입력: 1, 퀴즈: 2, 종료: 3 >> 1
현재 9개의 나라가 입력되어 있습니다.
나라와 수도를 입력하세요(no no 이면 입력끝)
10>>이탈리아 로마
11>>미국 와싱턴
already exists !!
11>>스페인 마드리드
12>>no no        ◀── 입력 종료
정보 입력: 1, 퀴즈: 2, 종료: 3 >> 2
독일의 수도는?베를린
Correct !!
스페인의 수도는?리스본
NO !!
이탈리아의 수도는?로마
Correct !!
영국의 수도는?exit        ◀── 퀴즈 종료
정보 입력: 1, 퀴즈: 2, 종료: 3 >> 1
현재 11개의 나라가 입력되어 있습니다.
나라와 수도를 입력하세요(no no 이면 입력끝)
12>>
```

vector에 객체의 삽입, 검
색 응용 연습

11.* 책의 년도, 책이름, 저자 이름을 담은 Book 클래스를 만들고, vector<Book> v;로 생성한
벡터를 이용하여 책을 입고하고, 저자와 년도로 검색하는 프로그램을 작성하라. 난이도 7

```
입고할 책을 입력하세요. 년도에 -1을 입력하면 입고를 종료합니다.
년도>>2017
책이름>>명품 자바
저자>>Kitae Hwang
년도>>2018
책이름>>명품 C++
저자>>황기태
```

년도>>-1
총 입고된 책은 2권입니다.
검색하고자 하는 저자 이름을 입력하세요>>황기태
2018년도, 명품 C++, 황기태
검색하고자 하는 년도를 입력하세요>>2017
2017년도, 명품 자바, Kitae Hwang

12. vector 컨테이너의 종합 응용 연습 **Open Challenge**를 수정하여 사용자가 어휘를 삽입할 수 있도록 기능을 추가하라. 실행 예는 다음과 같다. 난이도 8

***** 영어 어휘 테스트를 시작합니다. *****
어휘 삽입: 1, 어휘 테스트 : 2, 프로그램 종료:그외키 >> 2
영어 어휘 테스트를 시작합니다. 1~4 외 다른 입력시 종료.
honey?
(1) 주식 (2) 사진 (3) 곰 (4) 애인 :>4
Excellent !!
dall?
(1) 주식 (2) 거래 (3) 애인 (4) 인형 :>2
No. !!
painting?
(1) 자기 (2) 인형 (3) 주식 (4) 그림 :>4
Excellent !!
stock?
(1) 애인 (2) 거래 (3) 곰 (4) 주식 :>-1 ◁ -1을 입력하여 어휘 테스트 종료

어휘 삽입: 1, 어휘 테스트 : 2, 프로그램 종료:그외키 >> 1
영어 단어에 exit을 입력하면 입력 끝
영어 >>pal
한글 >>친구
영어 >>flag
한글 >>깃발
영어 >>circle
한글 >>원
영어 >>prepare
한글 >>준비
영어 >>exit ◁ exit를 입력하면 어휘 삽입 끝

어휘 삽입: 1, 어휘 테스트 : 2, 프로그램 종료:그외키 >> 2
영어 어휘 테스트를 시작합니다. 1~4 외 다른 입력시 종료.
prepare?
(1) 인간 (2) 준비 (3) 인형 (4) 깃발 :>2
Excellent !!
society?

목적 map 컨테이너 활용

13. ★map 컨테이너를 이용하여 (이름, 성적)을 저장하고 이름으로 성적을 조회하는 점수 관리 프로그램을 만들어라. 이름은 빈칸 없이 입력하는 것을 원칙으로 한다. 난이도 6

```
***** 점수관리 프로그램 HIGH SCORE을 시작합니다 *****
입력:1, 조회:2, 종료:3 >> 1
이름과 점수>> 최고수 99          ← 이름은 빈칸 없이 입력
입력:1, 조회:2, 종료:3 >> 1
이름과 점수>> 박저조 55
입력:1, 조회:2, 종료:3 >> 1
이름과 점수>> 이상형 80
입력:1, 조회:2, 종료:3 >> 2
이름>> 박저조
박저조의 점수는 55
입력:1, 조회:2, 종료:3 >> 2
이름>> 최고수
최고수의 점수는 99
입력:1, 조회:2, 종료:3 >> 3
프로그램을 종료합니다...
```

힌트
이름과 점수를 쌍으로 저장할 맵 컨테이너로 map<string, int>를 이용하면 된다. 예제 10-12를 참고하라.

목적 map 컨테이너에 삽입 및
조회 응용

14. 암호 관리 응용프로그램을 map을 이용하여 작성하라. 실행 과정은 다음과 같다. 난이도 6

```
***** 암호 관리 프로그램 WHO를 시작합니다 *****
삽입:1, 검사:2, 종료:3>> 1
이름 암호>> kim java
삽입:1, 검사:2, 종료:3>> 1
이름 암호>> lee C++
삽입:1, 검사:2, 종료:3>> 2
이름? lee
암호? C
실패~~
암호? 124
실패~~
암호? C++
통과!!
삽입:1, 검사:2, 종료:3>> 3
프로그램을 종료합니다...
```

힌트
이름과 점수를 쌍으로 저장할 맵 컨테이너로 map<string, string>를 이용하면 된다. 예 10-12를 참고하라.

<img> 객체 포인터를 vector에 삽입. 삭제 연습

15. vector를 이용하여 아래 Circle 클래스의 객체를 삽입하고 삭제하는 프로그램을 작성하라. 삭제 시에는 이름이 같은 모든 원을 삭제한다. 난이도 8

```cpp
class Circle {
    string name; // 이름
    int radius; // 반지름
public:
    Circle(int radius, string name) {
        this->radius = radius; this->name = name;
    }
    double getArea() { return 3.14*radius*radius; }
    string getName() { return name; }
};
```

```
원을 삽입하고 삭제하는 프로그램입니다.
삽입:1, 삭제:2, 모두보기:3. 종료:4  >> 1
생성하고자 하는 원의 반지름과 이름은 >> 1 donut
삽입:1, 삭제:2, 모두보기:3. 종료:4 >> 1
생성하고자 하는 원의 반지름과 이름은 >> 2 waffle
삽입:1, 삭제:2, 모두보기:3. 종료:4 >> 1
생성하고자 하는 원의 반지름과 이름은 >> 3 pizza
삽입:1, 삭제:2, 모두보기:3. 종료:4 >> 1
생성하고자 하는 원의 반지름과 이름은 >> 4 donut
삽입:1, 삭제:2, 모두보기:3. 종료:4 >> 3
donut
waffle
pizza
donut

삽입:1, 삭제:2, 모두보기:3. 종료:4 >> 2
삭제하고자 하는 원의 이름은 >> donut
삽입:1, 삭제:2, 모두보기:3. 종료:4 >> 3
waffle
pizza

삽입:1, 삭제:2, 모두보기:3. 종료:4 >> 4
```

힌트
Hint

vector<Circle*> v; 형식으로 벡터를 생성한다.
v.erase(it)는 벡터 v에서 it가 가리키는 원소를 삭제하고 난 다음, 벡터 내에 삭제된 다음 지점의 첫 원소에 대한 포인터를 리턴한다. 그러므로 원소를 삭제한 후 다음 원소의 주소를 잡으려면 간단히 다음과 같이 하면 된다.

```cpp
it = v.erase(it);
```

16. vector<Shape*> v;를 이용하여 간단한 그래픽 편집기를 콘솔 바탕으로 만들어보자. Shape과 Circle, Line, Rect 클래스는 다음과 같다. 생성된 도형 객체를 v에 삽입하고 관리하라. 9장 실습 문제 10번의 힌트를 참고하라. 난이도 9

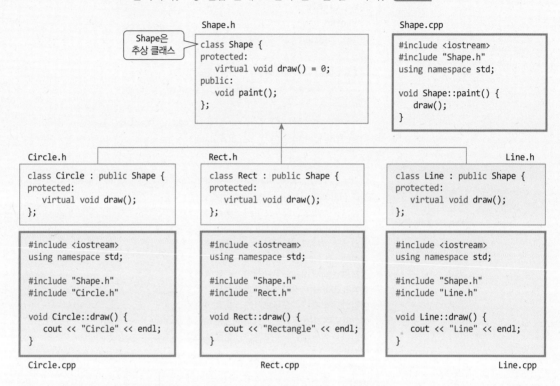

Shape은 추상 클래스

```
Shape.h

class Shape {
protected:
   virtual void draw() = 0;
public:
   void paint();
};
```

```
Shape.cpp

#include <iostream>
#include "Shape.h"
using namespace std;

void Shape::paint() {
   draw();
}
```

```
Circle.h

class Circle : public Shape {
protected:
   virtual void draw();
};
```

```
Rect.h

class Rect : public Shape {
protected:
   virtual void draw();
};
```

```
Line.h

class Line : public Shape {
protected:
   virtual void draw();
};
```

```
Circle.cpp

#include <iostream>
using namespace std;

#include "Shape.h"
#include "Circle.h"

void Circle::draw() {
   cout << "Circle" << endl;
}
```

```
Rect.cpp

#include <iostream>
using namespace std;

#include "Shape.h"
#include "Rect.h"

void Rect::draw() {
   cout << "Rectangle" << endl;
}
```

```
Line.cpp

#include <iostream>
using namespace std;

#include "Shape.h"
#include "Line.h"

void Line::draw() {
   cout << "Line" << endl;
}
```

그래픽 편집기의 기능은 "삽입", "삭제", "모두보기", "종료"의 4가지이고, 실행 과정은 다음과 같다.

```
그래픽 에디터입니다.
삽입:1, 삭제:2, 모두보기:3. 종료:4 >> 1
선:1, 원:2, 사각형:3 >> 1
삽입:1, 삭제:2, 모두보기:3. 종료:4 >> 1
선:1, 원:2, 사각형:3 >> 2
삽입:1, 삭제:2, 모두보기:3. 종료:4 >> 1
선:1, 원:2, 사각형:3 >> 3
삽입:1, 삭제:2, 모두보기:3. 종료:4 >> 3
0: Line
1: Circle
2: Rectangle
삽입:1, 삭제:2, 모두보기:3. 종료:4 >> 2
삭제하고자 하는 도형의 인덱스 >> 1
삽입:1, 삭제:2, 모두보기:3. 종료:4 >> 3
0: Line
1: Rectangle
삽입:1, 삭제:2, 모두보기:3. 종료:4 >> 4
```

11

C++ 입출력 시스템

C++ 입출력 시스템

11.1 C++ 입출력 기초

스트림 개념

스트림
바이트

영어 단어로서 스트림(stream)은 흐르는 시냇물을 뜻하며, 컴퓨터 기술에서 스트림은 연속적인 데이터의 흐름 혹은 데이터를 전송하는 소프트웨어 모듈을 일컫는다. 스트림은 [그림 11-1]과 같이 프로그램과 장치를 연결하며 바이트 단위로 입출력한다. 시냇물에 띄어진 종이배가 순서대로 흘러가듯이, 컴퓨터 스트림은 데이터가 순서대로 지나가도록 한다.

입력 스트림
출력 스트림
cin
cout

C++에서 스트림은 [그림 11-1]과 같이 입력 스트림과 출력 스트림으로 나뉜다. 입력 스트림은 키보드, 네트워크, 파일 등 입력 장치로부터 입력된 데이터를 순서대로 프로그램에 전달하는 객체이며, 출력 스트림은 프로그램에서 출력한 데이터를 프린터나 하드 디스크, 스크린, 네트워크, 파일 등과 같은 목적 장치로 순서대로 보내는 객체이다. C++ 응용 프로그램은 출력 장치에 직접 출력하는 대신 출력 스트림에 출력하고, 입력 장치로부터 직접 입력받는 대신, 입력 스트림으로부터 입력 받는다. C++의 표준 입력 스트림 객체는 cin이며, 표준 출력 스트림 객체는 cout이다.

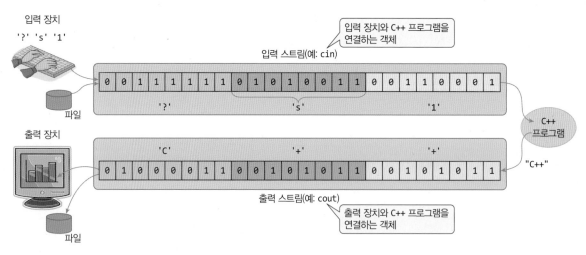

[그림 11-1] C++의 입출력 스트림 개념

C++ 입출력 스트림 버퍼

입력 스트림 버퍼
출력 스트림 버퍼

C++ 입출력 스트림의 중요한 특징은 스트림이 버퍼를 가진다는 점이다. 입력 스트림 버퍼는 입력된 데이터를 프로그램에 전달하기 전에 일시 저장하는 공간이며, 출력 스트림 버퍼는 출력 장치로 보내기 전에 데이터를 일시 저장하는 공간이다. 이제 이들 버퍼가 스트림 내에서 어떻게 이용되는지 알아보자.

키 입력 스트림 버퍼

cin 입력 스트림
제어키
〈Enter〉 키

키보드에 연결된 cin 입력 스트림의 경우를 보자. [그림 11-2](1)에서, 사용자가 입력한 'H', 'e', 'l', 'l', 'u' 키를 순서대로 버퍼에 저장하고 프로그램에게는 전달하지 않는다. 아직 사용자의 키 입력이 끝났다고 볼 수 없기 때문이다. [그림 11-2](2)에서, 사용자는 〈Backspace〉 키를 입력하여 가장 최근에 입력된 'u' 문자를 버퍼에서 지운다. 〈Backspace〉 키는 버퍼에 저장되는 대신 버퍼를 제어하는 제어키의 역할을 한다. [그림 11-2](3)에서, 사용자가 'o'를 입력한다. 그리고 〈Enter〉 키를 입력하면 비로소 'Hello' 문자들은 입력을 기다리고 있는 C++ 프로그램에게 전달된다.

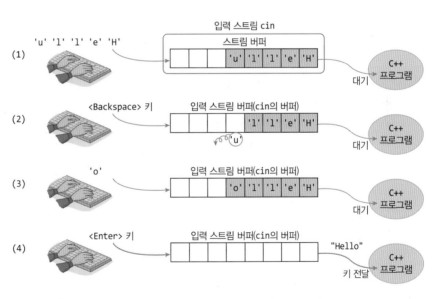

[그림 11-2] 키 입력 스트림과 버퍼의 역할

●스크린 출력 스트림 버퍼

cout 출력 스트림
cout.flush()

스크린에 연결된 cout 출력 스트림의 경우를 보자. [그림 11-3](1)에서, C++ 프로그램이 "C++" 문자열을 출력하면 일단 출력 스트림의 버퍼에 저장된다. 출력 스트림은 보통 '\n'이 도착하거나 버퍼가 꽉 찰 때 스크린에 출력시킨다. 혹은 [그림 11-3](2)처럼 C++ 프로그램이 cout.flush() 명령을 내리면 출력 스트림은 버퍼에 있는 내용을 모두 장치에 출력한다.

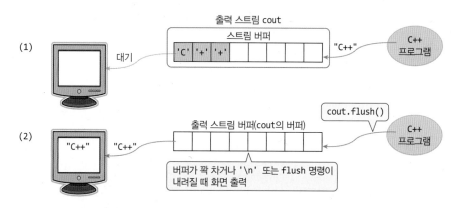

[그림 11-3] 스크린 출력 스트림과 버퍼의 역할

●버퍼의 필요성

C++ 입출력 스트림은 운영체제 API를 호출하여 입출력 장치와 프로그램 사이에서 데이터를 전송한다. 파일 출력 스트림의 경우를 보자. 만일 버퍼가 없다면, 프로그램이 몇 바이트씩 파일 쓰기를 실행할 때마다 운영체제 API를 호출하고, 운영체제 API는 그때마다 하드 디스크에 명령을 내려 파일에 기록한다. 자주 운영체제 API가 호출될수록 하드 디스크나 네트워크 장치가 자주 작동하게 되어 시스템의 효율은 나빠진다. 버퍼가 있다면, 쓰기가 이루어진 데이터를 스트림 버퍼에 모아 두었다가, 한 번에 운영체제 API를 호출하여 파일에 쓰면 운영체제와 장치를 구동하는 횟수가 줄어 시스템 효율이 올라가게 된다. 또한 키 입력 스트림의 경우, 사용자가 입력한 키를 일단 버퍼에 저장하고, 프로그램에게 전달하기 전에 <Backspace> 키를 통해 입력된 키를 수정할 수 있다.

C++ 표준은 스트림 입출력만 지원

저수준 입출력 방식

입출력 방식에는 스트림 입출력과 달리, 버퍼를 가지지 않는 저수준 입출력 방식(raw level console I/O)이 있다. 저수준 입출력 방식에서 키는 입력 즉시 프로그램에게 전달된다. 만일 [그림 11-2]에서 입력 스트림 cin 대신 저수준 입출력 방식이 사용되었다면, 'H', 'e', 'l', 'l', 'u' 키가 입력되는 즉시 프로그램에게 전달되며, 뒤이어 입력된 <Backspace> 키와 'o' 키도 바로 프로그램에 전달된다. 게임과 같은 특별한 응용프로그램 제작을 위해, 대부분의 C++ 컴파일러 회사들이 저마다 독특한 저수준 입출력 라이브러리를 제공한다.

표준 C++
스트림 입출력

　　그러나 표준 C++에서는 오직 스트림 입출력만 다룬다. 스트림 입출력을 이용하여 작성된 C++ 프로그램은 어떤 컴파일러, 어떤 플랫폼과도 호환되지만, 특정 컴파일러에 종속된 저수준 입출력 방식을 사용하는 C++ 프로그램은 다른 컴파일러에서 컴파일되지 않는다. 이 책에서는 표준 C++에서 정한 표준 스트림 입출력에 대해서만 다룬다.

C++ 입출력 라이브러리

**템플릿
다국어**

2003년에 ANSI/ISO C++ 표준위에서는 C++ 입출력 표준을 대폭적으로 수정하였다. 입출력 라이브러리를 **템플릿**을 이용하여 재작성하고, char 타입의 한 바이트로만 문자를 다루도록 작성된 것을 다국어 수용을 위해 여러 바이트로 구성되는 문자를 다룰 수 있도록 개선하였다. 이 변화에 대해 자세히 알아보자.

●2003년 이전의 C++ 입출력 라이브러리

한글 문자

과거 입출력 시스템은 영어와 같이 문자 하나를 한 바이트로 표현하는 언어의 문장만 입출력하도록 작성되었기 때문에, 문자 하나가 2바이트로 구성되는 한글 문자를 입력할 수 없다. 예를 들어보자.

```
char ch;
cin >> ch; // 한글은 2바이트이므로 입력받지 못함
```

**문자를 한 바이트로만 다루는
클래스**

이 코드를 실행하여, '예'를 입력하면, ch에는 '예' 문자의 2바이트 중 한 바이트만 저장된다. cin으로 2바이트로 구성되는 문자를 읽을 수 없다. 과거의 입출력 클래스들은 다음과 같으며, 이들은 모두 문자를 한 바이트로만 다루는 클래스이다.

```
ios, istream, ostream, iostream, ifstream, ofstream, fstream
```

●현 표준의 C++ 입출력 라이브러리

**여러 바이트
다국어**

국제화되는 시대 흐름에 따라, 한 문자를 여러 바이트로 표현하는 다국어의 입출력을 위해 새로운 입출력 표준을 정하지 않을 수 없었다. 이를 위해 ANSI/ISO C++ 표준위에서는 템플릿(template)을 사용하여 C++ 입출력 라이브러리를 일반화시켰다. 대표적인 템플릿 클래스들은 다음과 같으며, [그림 11-4](a)는 이들의 상속 관계를 보여준다.

```
basic_ios, basic_istream, basic_ostream, basic_iostream, basic_ifstream,
basic_ofstream, basic_fstream
```

구체화
구 표준 호환성
char 타입으로 구체화

　　그러므로 새 표준을 사용하는 C++ 개발자들은 이들 템플릿 클래스에 구체적인 타입을 대입하여 입출력 클래스를 **구체화(specialization)**하여 사용해야 한다.

　　그러나 다행스럽게도, 구 표준을 기반으로 작성된 C++ 프로그램과의 호환성을 위해, 현재 입출력 라이브러리의 헤더 파일에 [그림 11-5]와 같이 템플릿을 char 타입으로 구체화시키고, using 키워드를 이용하여 ios, istream, ostream, iostream 등 과거의 이름들을 그대로 사용할 수 있도록 하였다. 저자 역시 이 책에서 ios, istream, ostream, iostream 클래스 이름을 그대로 사용한다. 〈표 11-1〉은 문자 단위로 입출력하는 표준 입출력 스트림 클래스를 간단히 요약한다.

　　표준이 변했다 하더라도 지금도 여전히 cin으로는 한글을 문자 단위로는 읽을 수 없다는 점을 기억하기 바란다.

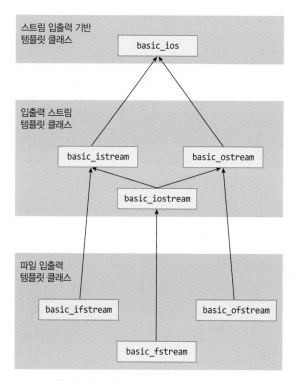

(a) 표준 입출력을 위한 템플릿 클래스들

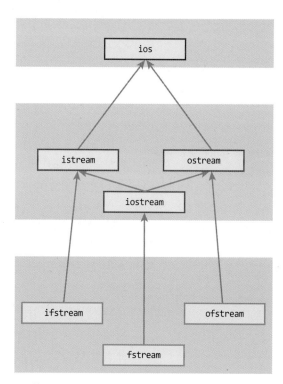

(b) 왼쪽(그림 (a)) 템플릿 클래스에 char 타입의 문자를 입출력하도록 구체화한 클래스들

[그림 11-4] C++의 표준 입출력 템플릿 클래스와 char 타입으로 구체화된 클래스

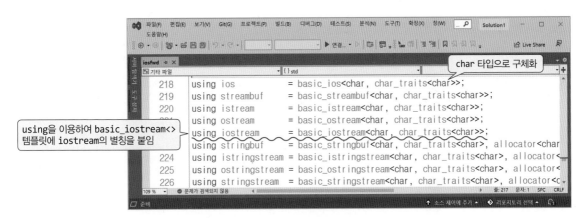

[그림 11-5] 템플릿을 char 타입으로 구체화한 클래스들의 이름을 using을 이용하여 ios, istream, ostream, iostream이라는 별칭을 붙여 사용

〈표 11-1〉 char 단위로 문자를 입출력하는 입출력 스트림 클래스

클래스	설명
ios	모든 입출력 스트림 클래스들의 기본(Base) 클래스. 스트림 입출력에 필요한 공통 함수와 상수, 멤버 변수 선언
istream, ostream, iostream	istream은 문자 단위 입력 스트림. ostream은 문자 단위 출력 스트림. iostream은 문자 단위로 입출력을 동시에 할 수 있는 스트림 클래스
ifstream, ofstream, fstream	파일에서 읽고 쓰는 기능을 가진 파일 입출력 스트림 클래스. 파일에서 읽을 때는 ifstream 클래스를, 파일에 쓸 때는 ofstream 클래스를, 읽고 쓰기를 동시에 할 때 fstream 클래스 이용

C++ 표준 입출력 스트림 객체

<iostream> 헤더 파일을 include 한 C++ 프로그램이 실행되기 시작하면, [그림 11-6]과 같이 cin, cout, cerr 등 표준 입출력 스트림 객체가 생성되며, C++ 프로그램에서는 바로 이들을 사용할 수 있다.

cin
cout
cerr
clog

- cin : 키보드 장치와 연결된 istream 타입의 표준 입력 스트림 객체
- cout : 스크린 장치와 연결된 ostream 타입의 표준 출력 스트림 객체
- cerr와 clog : cerr와 clog 객체는 둘 다 표준 오류 출력 스트림 객체. clog는 버퍼를 거치지만 cerr는 버퍼를 거치지 않고 스크린에 오류 메시지 출력

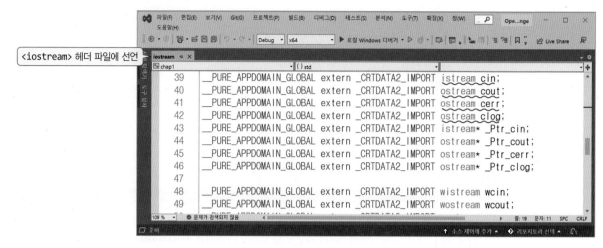

<iostream> 헤더 파일에 선언

[그림 11-6] <iostream> 헤더 파일에 선언된 C++ 표준 입출력 스트림 객체들

잠깐! 표준 C++ 입출력 라이브러리는 누가 만들어 제공하는가?

마이크로소프트, 볼랜드, IBM 등 컴파일러를 만드는 회사에서 자사의 컴파일러를 판매할 때 ANSI/ISO C++ 표준위에서 정한 입출력 클래스들을 구현하여 함께 배포한다.

CHECK TIME

1 입출력 스트림에 내장된 버퍼에 관한 설명 중 틀린 것은?
　① 표준 입출력 스트림은 내부 버퍼를 가지고 있다.
　② flush 명령이 출력 스트림에 존재하는 이유는 버퍼 때문이다.
　③ C++ 표준 입력 스트림은 키 입력 즉시 응용프로그램에게 전달된다.
　④ C++ 표준에서는 스트림 입출력 외에 다른 입출력 방식은 정의하지 않는다.

2 C++의 표준 입출력 라이브러리에 대한 설명 중 틀린 것은?
　① 2003년 이전까지 C++ 입출력 라이브러리는 한 문자를 한 바이트로만 처리한다.
　② 최신 표준의 C++ 입출력 라이브러리는 템플릿으로 작성되어 있다.
　③ ios, istream, ostream, iostream 등은 과거 C++ 입출력 스트림 클래스 이름으로서, 현재 응용프로그램에서 사용할 수 없다.
　④ 현재 C++ 입출력 라이브러리로 문자 한 개가 2바이트 이상으로 표현되는 다국어를 입출력할 수 있다.

11.2 ostream의 멤버 함수를 이용한 문자 출력

ostream 클래스는 << 연산자 외에 화면 출력을 위한 다른 멤버 함수를 제공한다. 다음은 ostream 클래스의 주요 멤버 함수이다.

> *ostream& put(char ch)*
>   ch의 문자를 스트림에 출력
> *ostream& write(char* str, int n)*
>   str 배열에 있는 n개의 문자를 스트림에 출력
> *ostream& flush()*
>   현재 스트림 버퍼에 있는 내용 강제 출력

put()

put()

put()은 문자 단위로 출력하는 함수로서, 다음은 문자 'A'를 출력하는 예이다.

```
cout.put('A');  // 문자 'A' 출력
```

put()은 다음과 같이 ASCII 코드로 직접 문자를 출력할 수 있다.

```
cout.put(33);  // ASCII 코드 33은 문자 '!'이므로 '!'가 출력됨
```

put() 함수는 ostream&를 리턴하므로 다음과 같이 연결하여 사용할 수 있다.

```
cout.put('C').put('+').put('+').put(' '); // "C++ " 출력
```

write()

write()

write()는 char 배열에 들어 있는 문자들을 출력하는 함수로서, 사례는 다음과 같다.

```
char str[] = "I love programming";  // char *str = "I love programming";과 동일함
cout.write(str, 6);  // str에 있는 6개의 문자 "I love" 출력
```

flush()

flush()

flush()는 출력 버퍼에 있는 문자들을 모두 강제로 출력시킨다. 사용 예를 보자.

```
cout.put('A');
cout.flush(); // 스트림 버퍼에 있는 문자 'A'를 화면에 강제 출력한다.
```

cout.put('A')에 의해 출력된 문자 'A'가 스트림 버퍼에 남아 있을 때, cout.flush()에 의해 강제 출력된다. 컴파일러에 따라서 put(), write() 함수가 문자를 버퍼에 기록한 후 바로 버퍼를 출력하기도 하기 때문에, cout.flush() 호출이 필요 없는 경우도 있다.

예제 11-1 **ostream의 멤버 함수를 이용한 문자 출력**

put(), write() 함수를 이용하여 문자를 화면에 출력하는 사례를 보자.

```
1   #include <iostream>
2   using namespace std;
3
4   int main() {
5      // "Hi!"를 출력하고 다음 줄로 넘어간다.
6      cout.put('H');
7      cout.put('i');
8      cout.put(33);            ASCII 코드 33은 '!' 문자임
9      cout.put('\n');
10
11     // "C++ "을 출력한다.                      put() 함수를 연결하여
12     cout.put('C').put('+').put('+').put(' ');   사용할 수 있다.
13
14     char str[]="I love programming";
15     cout.write(str, 6); // str 배열의 6 개의 문자 "I love"를 스트림에 출력
16  }
```

➡ 실행 결과

```
Hi!
C++ I love
```

11.3 istream의 멤버 함수를 이용한 문자 입력

공백 문자

istream 클래스도 >> 연산자 외에 다양한 입력 멤버 함수를 가지고 있다. >> 연산자는 빈칸(<Space> 키), 탭(<Tab> 키), 뉴라인(<Enter> 키) 등 공백 문자(white space) 키를 읽을 수 없지만, istream의 멤버 함수를 사용하면 공백 문자를 읽을 수 있다. istream의 멤버 함수를 사용하여 문자와 문자열을 입력받는 방법을 알아보자.

문자 입력

한글 문자를 읽을 수 없다

문자를 입력받는 get() 함수는 다음 2가지 종류가 있다. 앞서 설명한 바와 같이 이들은 2바이트로 구성되는 한글 문자를 읽을 수 없다.

> *int get()*
>　입력 스트림에서 문자를 읽어 리턴. 오류나 EOF를 만나면 −1(EOF) 리턴
> *istream& get(char& ch)*
>　입력 스트림에서 문자를 읽어 ch에 저장. 현재 입력 스트림 객체(*this)의 참조 리턴. 오류나 EOF를 만나면, 스트림 내부의 오류 플래그(failbit) 세팅(12.7절 참조)

● int get()

get()
공백 문자도 읽어 리턴

get()은 입력 스트림에서 한 개의 문자를 읽어 리턴하며, <Enter> 키 등의 공백 문자도 읽어 리턴한다. get()을 이용하여 한 라인을 읽는 코드를 보자.

```
// <Enter> 키가 입력될 때까지 키보드에서 문자를 읽고 출력하는 코드
int ch;
while((ch=cin.get()) != EOF) { // 키보드에서 문자 읽기
    cout.put(ch); // 읽은 문자 출력
    if(ch == '\n') // <Enter> 키가 입력된 경우 읽기 중단
        break;
}
```

[그림 11-7]은 이 코드가 실행되는 과정을 보여준다. while 문 안에 cin.get()은 키 입력을 대기하다가, 사용자가 <Enter> 키를 입력하면 읽기를 시작한다. 한 번에 한 문자씩 ch 변수에 읽어 들이고 다시 화면에 출력한다. cin.get()은 빈칸뿐 아니라 '\n'(<Enter> 키)도 읽어 리턴한다.

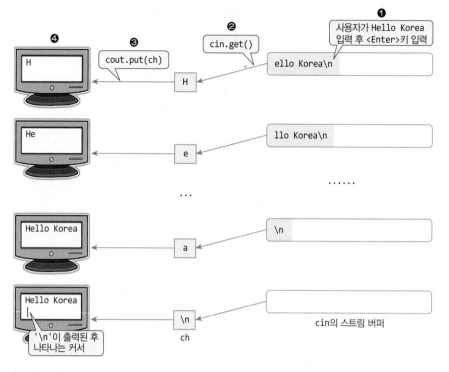

[그림 11-7] cin.get()에 의한 키 입력 과정

잠깐! **get()의 리턴 타입이 char가 아니고 왜 int 타입인가?**

get()은 문자를 리턴하지만, 입력 스트림의 끝을 만나면 EOF를 리턴한다. EOF는 C++ 표준 헤더 파일에 "#define EOF -1"로 int 타입으로 선언되어 있다. 이것이 get()의 리턴 타입이 int인 이유이다.

● istream& get(char& ch)

get(char& ch)
공백 문자를 읽어 리턴

get(char& ch) 함수는 문자를 읽어 참조 매개 변수 ch에 저장하고 리턴한다. 이 함수도 역시 ' ', '\n' 등 공백 문자를 읽어 리턴할 수 있다. get(char& ch)을 이용하여 한 라인을 읽어 들이는 코드는 다음과 같다.

```
char ch;
while(true) {
    cin.get(ch); // 키를 ch에 읽어옴
    if(cin.eof()) break; // EOF 문자 즉 ctrl-z 키가 입력된 경우, 읽기 종료
    cout.put(ch); // 읽은 문자 출력
    if(ch == '\n') // <Enter> 키가 입력된 경우 읽기 중단
        break;
}
```

cin.get(ch)이 EOF를 만나면 cin 스트림 내부에 eofbit 플래그를 세팅하기 때문에, ch에 읽혀진 값이 정확한지 확인하기 위해 cin.eof()를 호출한다. eof() 함수는 스트림 상태에 관한 12.7절을 참고하기 바란다.

예제 11-2   **get()과 get(char&)을 이용한 한 줄의 문자 읽기**

get()과 get(char&)을 이용하여 <Enter> 키가 입력될 때까지 키를 읽고 출력하는 프로그램을 작성해보자.

```cpp
1   #include <iostream>
2   using namespace std;
3
4   void get1() {
5     cout << "cin.get()로 <Enter> 키까지 입력 받고 출력합니다>>";
6     int ch; // EOF와의 비교를 위해 int 타입으로 선언
7     while((ch = cin.get()) != EOF) { // 문자 읽기
8       cout.put(ch); // 읽은 문자 출력
9       if(ch == '\n')
10        break; // <Enter> 키가 입력되면 읽기 중단
11    }
12  }
13
14  void get2() {
15    cout << "cin.get(char&)로 <Enter> 키까지 입력 받고 출력합니다>>";
16    char ch;
17    while(true) {
18      cin.get(ch); // 문자 읽기
19      if(cin.eof()) break; // EOF를 만나면 읽기 종료
20      cout.put(ch); // ch의 문자 출력
21      if(ch == '\n')
22        break; // <Enter> 키가 입력되면 읽기 중단
23    }
24  }
25
26  int main() {
27    get1(); // cin.get()을 이용하는 사례
28    get2(); // cin.get(char&)을 이용하는 사례
29  }
```

→ 실행 결과

```
cin.get()로 <Enter> 키까지 입력 받고 출력합니다>>Do you love C++?   ← <Enter> 키 입력
Do you love C++?
cin.get(char&)로 <Enter> 키까지 입력 받고 출력합니다>>Yes, I do.   ← <Enter> 키 입력
Yes, I do.
```

문자열 입력

문자열을 읽는 get()

istream에는 문자열을 읽을 수 있는 get() 함수도 있다. 다음은 문자열을 읽는 get() 함수의 원형이다.

```
istream& get(char* s, int n)
  입력 스트림으로부터 n-1 개의 문자를 읽어 배열 s에 저장하고 마지막에 '\0' 문자 삽입. 입력 도
  중 '\n'을 만나면 '\0'을 삽입하고 리턴
```

배열 끝에 '\0'을 삽입

이 함수는 배열 끝에 '\0'을 삽입하여 문자열이 되도록 한다. 다음은 str 문자 배열에 문자열을 읽어 들이는 예이다.

```
char str[10];
cin.get(str, 10); // 최대 9개의 문자를 읽고 끝에 '\0'를 붙여 str 배열에 저장
cout << str; // str을 화면에 출력
```

사용자가 'Hello<Enter>'를 입력한다면 cin.get(str, 10)은 총 5개의 문자 'H', 'e', 'l', 'l', 'o'를 읽어 str 배열에 저장한 후 '\0'을 추가하고 리턴한다. str은 'Hello\0'의 총 6개의 문자를 포함한다.

●입력 도중 '\n'을 만날 때

무한 루프
'\n' 문자 제거

get()이 입력 도중 <Enter> 키('\n' 문자)를 만날 때 주의해야 한다. 입력 스트림에서 '\n' 문자를 만나면 읽기를 중단하고 리턴하여, '\n'이 입력 스트림 버퍼에 남아있다. 만일 이 상태에서 다시 읽기를 하게 되면 입력 스트림에 남아있는 '\n'부터 읽기 시작하여 아무것도 읽지 않고 바로 리턴한다. 이 문제로 프로그램은 무한 루프에 빠질 수도 있다. 문자열을 읽은 후 입력 스트림 버퍼에 남아있는 '\n' 문자를 제거하기 위해서 다음과 같이 하면 된다.

```
cin.get(); 혹은
cin.ignore(1); // cin 버퍼에서 문자 1개 삭제
```

예제 11-3은 문자열을 읽는 사례를 보여 준다. 예제 11-3에서 마지막에 있는 cin.ignore(1);을 포함하는 else 문을 제거해보라. 프로그램이 무한 루프에 빠진다.

●입력 도중 EOF나 오류가 발생할 때

get()은 읽기 도중 EOF(ctrl-z 키)를 만나거나 오류가 발생하면 읽기를 중단하고, '\0'를 배열에 삽입하고 리턴한다.

예제 11-3   get(char*, int)을 이용한 문자열 입력

"exit"이 입력되면 프로그램을 종료하도록 프로그램을 작성하라.

```
1    #include <iostream>
2    #include <cstring>      ← strcmp() 함수 때문
3    using namespace std;
4
5    int main() {
6       char cmd[80];
7       cout << "cin.get(char*, int)로 문자열을 읽습니다." << endl;
8       while(true) {
9          cout << "종료하려면 exit을 입력하세요 >> ";
10         cin.get(cmd, 80); // <Enter> 키까지 문자열 읽기. 79개까지 문자 읽음
11         if(strcmp(cmd, "exit") == 0) {
12            cout << "프로그램을 종료합니다....";
13            return 0;
14         }
15         else
16            cin.ignore(1); // 버퍼에 남아 있는 <Enter> 키 ('\n') 제거
17      }
18   }
```

'\n'은 입력 스트림 버퍼에 남겨둠 (줄 10 설명)

이 코드를 제거하면 무한 루프에 빠짐 (줄 16 설명)

입력 버퍼에 남아 있는 '\n' 제거 (줄 16 설명)

→ 실행 결과

```
cin.get(char*, int)로 문자열을 읽습니다.
종료하려면 exit을 입력하세요 >> exi
종료하려면 exit을 입력하세요 >> exiT
종료하려면 exit을 입력하세요 >> exito
종료하려면 exit을 입력하세요 >> exit
프로그램을 종료합니다....
```

잠깐!   get() 함수로 한글 문자와 한글 문자열 읽기 ●

cin은 문자를 한 바이트로만 다루도록 작성되어 있기 때문에, get() 함수는 2바이트로 구성되는 한글 문자를 읽을 수 없다. 하지만, 한글 문자열의 경우 get(char* str, int n) 함수를 호출하고 읽을 문자 개수의 2배 크기의 배열을 str에 넘겨주면 한글 문자열을 읽어 들일 수 있다.

한 줄 읽기

키보드나 파일로부터 읽는 프로그램을 작성하다보면, 한 줄 단위로 읽는 경우가 많다. 다음은 입력 스트림으로부터 한 줄을 읽어 배열에 저장하는 함수이다.

> *istream& get(char* s, int n, char delim='\n')*
>   입력 스트림으로부터 최대 n-1개의 문자를 읽어 배열 s에 저장하고 마지막에 '\0' 문자 삽입. 입력
>   도중 delim에 지정된 구분 문자를 만나면 지금까지 읽은 문자를 배열 s에 저장하고 리턴
> *istream& getline(char* s, int n, char delim='\n')*
>   get()과 동일. 하지만 delim에 지정된 구분 문자를 스트림에서 제거

`getline()`

　getline()은 delim에 지정된 구분 문자를 만날 때까지, 혹은 n-1개의 문자를 모두 읽을 때까지 배열 s에 문자를 읽어 들이는 함수이다. delim 매개 변수가 생략되면 <Enter> 키가 입력될 때까지 한 라인을 읽는다.

　아래는 '\n'을 만날 때까지 최대 79개의 문자를 line 배열에 읽어 들이는 코드이며, [그림 11-8]은 이 코드의 실행 과정을 보여준다.

```
char line[80];
cin.getline(line, 80); // '\n'을 만날 때까지 최대 79개의 문자를 읽어 line에 삽입하고
                       // 끝에 '\0'를 추가한다. '\n'을 line에 넣지 않고
                       // 스트림 버퍼에서 제거한다.
```

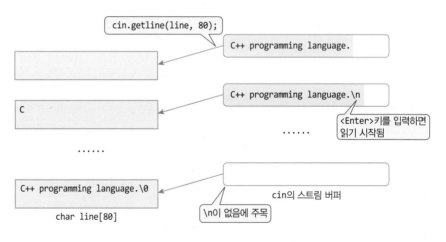

[그림 11-8] cin.getline(line, 80)이 실행되는 과정

`getline()`
`get()`
`무한 루프`

　getline()이 delim 문자를 스트림 버퍼에서 제거하는 것과는 달리, get()은 delim 문자를 버퍼에 그대로 남겨 둔다. 그러므로 get()으로 한 줄 읽기를 하고 난 후, 연이어 get()으로 입력 스트림에서 읽으면 delim 문자를 다시 마주치게 되어 읽지 않고 리턴한다. 그러므로 get()으로 여러 라인을 연속하여 읽을 때 각 라인마다 스트림 버퍼에서 강제로 '\n'을 제거하지 않으면 무한 루프에 빠질 수 있다. 예제 11-3을 참고하라.

잠깐! 한 줄을 읽고자 할 때 get()과 getline() 중 어떤 것이 좋은가?

저자는 **getline()**을 사용할 것을 권한다. **getline()**은 한 줄의 끝을 표시하는 '\n' 문자를 cin의 버퍼에서 제거하기 때문에, 그 다음에 다시 한 줄을 읽을 때 '\n' 처리에 고민하지 않아도 된다.

예제 11-4 **istream의 getline() 함수로 한 줄 읽기**

istream의 **getline()**을 이용하여 빈칸을 포함하는 한 줄을 읽고 다시 그대로 출력하는 프로그램을 작성하라.

```
1   #include <iostream>
2   #include <cstring>
3   using namespace std;
4
5   int main() {
6      char line[80];
7      cout << "cin.getline() 함수로 라인을 읽습니다." << endl;
8      cout << "exit을 입력하면 루프가 끝납니다." << endl;
9      int no = 1; // 라인 번호
10     while(true) {
11        cout << "라인 " << no << " >> ";
12        cin.getline(line, 80); // 한 라인의 문자열 읽기. 79개까지 문자 읽음
13        if(strcmp(line, "exit") == 0)
14           break;
15        cout << "echo --> ";
16        cout << line << endl; // 읽은 라인을 화면에 출력
17        no++; // 라인 번호 증가
18     }
19  }
```

'\n'은 line에 삽입하지 않고, 스트림 버퍼에서 제거

→ 실행 결과

```
cin.getline() 함수로 라인을 읽습니다.
exit을 입력하면 루프가 끝납니다.
라인 1 >> It's now or never.           ← 한글 입력 가능
echo --> It's now or never.
라인 2 >> Come hold me tight.
echo --> Come hold me tight.
라인 3 >> Kiss me my darling, be mine tonight.
echo --> Kiss me my darling, be mine tonight.
라인 4 >> 엘비스 프레슬리 노래입니다.
echo --> 엘비스 프레슬리 노래입니다.
라인 5 >> exit      ← exit이 입력되면 종료
```

입력 스트림의 문자 건너 띄기

ignore()

다음 ignore() 멤버 함수를 이용하면 입력 스트림 버퍼에서 문자들을 제거할 수 있다.

> istream& ignore(int n=1, int delim=EOF)
> 입력 스트림에서 n개 문자 제거. 도중에 delim 문자를 만나면 delim 문자를 제거하고 리턴

ignore()를 사용하는 예를 들어보자.

```
cin.ignore(10); // 입력 스트림에서 10개의 문자 제거
cin.ignore(10, '\n'); // 입력 스트림에서 10개의 문자 제거. 제거 도중 '\n'을 만나면 '\n'을 제거
                      // 하고 중단
```

읽은 문자 개수 알아내기

gcount()

istream의 gcount() 멤버 함수를 이용하여 최근에 읽은 문자의 개수를 알아낼 수 있다.

> int gcount()
> 최근에 입력 스트림에서 읽은 바이트 수(문자의 개수) 리턴. <Enter> 키도 개수에 포함

getline()으로 한 라인을 읽으면 몇 개의 문자를 읽었는지 알 수가 없다. gcount()를 이용하면 <Enter> 키를 포함하여 실제 읽은 문자의 개수를 알아낼 수 있다. 다음 사례를 보자.

```
char line[80];
cin.getline(line, 80);
int n = cin.gcount(); // cin.getline()에서 읽은 문자의 개수 리턴
```

위의 코드에서 사용자가 'Hello<Enter>'를 입력하면 cin.getline(line, 80)가 읽은 문자의 개수는 6이다. 그러므로 cin.gcount()는 6을 리턴한다. 그리고 line[] 배열에는 'Hello\0'가 들어 있다.

하지만 다음과 같이 get()으로 라인을 읽는 경우, 사용자가 'Hello<Enter>' 키를 입력하면 cin.gcount()는 5를 리턴한다.

```
char line[80];
cin.get(line, 80);
int n = cin.gcount();
```

getline()과 달리 get()은 '\n'(<Enter> 키)을 cin의 스트림 버퍼에 그대로 남겨 두기 때문이다.

1 다음은 키보드로부터 EOF(ctrl-z 키 입력, ^Z)를 만날 때까지 문자를 읽고 화면에 출력하는 코드를 작성하고자 한다. 빈칸에 적절한 코드를 삽입하라.

```cpp
int ch;
while( _____ ) {
    cout.put(ch);
}
```

2 다음 코드로 한글 문자를 읽을 수 있는가? 그 이유를 말하여라.

```cpp
char ch;
cin >> ch;
```

3 아래 코드에 대해 설명한 다음 글의 빈칸을 채워라.

```cpp
char buf[80];
cin.getline(buf, 80, '\n');
```

이 코드는 _____ 키가 입력될 때까지 문자열을 읽는다. 읽어 들일 수 있는 총 문자의 개수는 _____개이며, 문자열을 읽은 후 **cin**의 버퍼에서 _____ 문자를 제거한다. 이 코드로 한글을 읽을 수 _____ 다.

11.4 포맷 입출력

포맷 입출력

<< 연산자나 cout의 put(), write() 멤버 함수는 포맷 없이 데이터를 출력한다. C++는 C 언어의 scanf()나 printf()처럼 포맷 입출력을 제공하는가? C++의 입출력 시스템은 다음 3가지 방법으로 포맷 입출력을 지원한다. 포맷 입출력에 대해 하나씩 알아보자.

- 포맷 플래그
- 포맷 함수
- 조작자

포맷 플래그

포맷 플래그
ios 클래스

C++ 입출력 스트림은 [그림 11-9]와 같이 32개의 포맷 플래그(format flag)를 저장하는 멤버 변수를 두고, 이를 참조하여 포맷 입출력한다. 포맷 플래그는 모든 입출력 스트림에서 공통으로 사용되므로, 〈표 11-2〉와 같이 ios 클래스에 정수형 상수로 정의되어 있다. 하나의 플래그는 한 비트(bit)로 표현되며 한 가지 포맷 정보를 표현한다. cin이나 cout은 입출력 시 이 포맷 변수에 세팅된 플래그 값을 반영하여 포맷 입출력을 수행한다. 그러므로 포맷 변수를 적절히 설정하면 입출력 포맷을 제어할 수 있다.

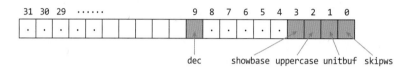

[그림 11-9] 포맷 플래그를 저장하는 스트림 내부 변수

〈표 11-2〉 ios 클래스에 정의된 포맷 플래그(<xiosbase> 헤더 파일)

플래그	값	의미
ios::skipws	0x0001	입력시 공백 문자(스페이스, 탭, 개형문자)를 무시
ios::unitbuf	0x0002	출력 스트림에 들어오는 데이터를 버퍼링하지 않고 바로 출력
ios::uppercase	0x0004	16진수의 A~F, 지수 표현의 E를 대문자로 출력
ios::showbase	0x0008	16진수이면 0x를, 8진수이면 0을 숫자 앞에 붙여 출력
ios::showpoint	0x0010	실수 값에 대해, 정수 부분과 더불어 소수점 이하의 끝자리들을 0으로 출력
ios::showpos	0x0020	양수에 대해 + 기호 출력
ios::left	0x0040	필드를 왼쪽 맞춤(left-align) 형식으로 출력
ios::right	0x0080	필드를 오른쪽 맞춤(right-align) 형식으로 출력
ios::internal	0x0100	부호는 왼쪽 맞춤으로 숫자는 오른쪽 맞춤으로 출력
ios::dec	0x0200	10진수로 출력. 디폴트 설정
ios::oct	0x0400	8진수로 출력
ios::hex	0x0800	16진수로 출력
ios::scientific	0x1000	실수에 대해 과학 산술용 규칙에 따라 출력
ios::fixed	0x2000	실수에 대해 소수점 형태로 출력
ios::boolalpha	0x4000	설정되면, 논리값 true를 "true"로, false를 "false"로 출력하고, 설정되지 않으면, 정수 1과 0으로 출력

setf()
unsetf()

포맷을 지정하는 함수는 setf(), 지정된 플래그를 해제하는 함수는 unsetf()이다.

Long setf(Long flags)
　flags를 스트림의 포맷 플래그로 설정하고 이전 플래그를 리턴한다.
Long unsetf(Long flags)
　flags에 설정된 비트 값에 따라 스트림의 포맷 플래그를 해제하고 이전 플래그를 리턴한다.

만일 정수 30을 16진수로 출력하고자 한다면 다음과 같다.

```
cout.unsetf(ios::dec); // 10진수 해제
cout.setf(ios::hex); // 16진수로 설정
cout << 30 << endl; // 1e 출력
```

비트-OR(|) 연산

여러 플래그들을 비트-OR(|) 연산으로 합치면 여러 포맷을 동시에 지정할 수 있다. 예를 들어 다음과 같이 ios::dec 플래그와 ios::showpoint 플래그를 함께 사용할 수 있다.

```
cout.setf(ios::dec | ios::showpoint); // 10진수 표현과 동시에
                                       // 실수 경우 소숫점 이하 나머지 빈 칸은 0으로 출력
cout << 23.5 << endl; // 23.5000 출력
```

포맷 플래그는 한번 설정하면 해제할 때까지 유지된다.

예제 11-5　setf()와 unsetf()를 사용한 포맷 출력

```
1  #include <iostream>
2  using namespace std;
3
4  int main() {
5     cout << 30 << endl; // 10진수로 출력          30 출력
6
7     cout.unsetf(ios::dec); // 10진수 해제
8     cout.setf(ios::hex); // 16진수로 설정
9     cout << 30 << endl;                           1e 출력
10
11    cout.setf(ios::showbase); // 16진수에 0x접두어 붙이도록 설정
12    cout << 30 << endl;                           0x1e 출력
13
14    cout.setf(ios::uppercase); // 16진수의 A~F를 대문자로 출력
```

```
15    cout << 30 << endl;
16
17    cout.setf(ios::dec | ios::showpoint);  // 10진수 표현과 동시에
                                              // 실수에 소숫점이하 나머지는 0으로 출력
18    cout << 23.5 << endl;
19
20    cout.setf(ios::scientific);  // 실수를 과학산술용 표현으로 출력
21    cout << 23.5 << endl;
22
23    cout.setf(ios::showpos);  // 양수인 경우 + 부호도 함께 출력
24    cout << 23.5;
25 }
```

0X1E 출력 → 15

23.5000 출력 → 18

2.350000E+001 출력 → 21

+2.350000E+001 출력 → 24

실행 결과

```
30
1e
0x1e
0X1E
23.5000
2.350000E+001
+2.350000E+001
```

포맷 함수 활용 – 너비 설정, 빈칸 채우기, 유효 숫자 자리수 지정

ostream 클래스의 멤버 함수 width(), fill(), precision()은 각각 출력되는 필드의 너비, 유효 숫자 개수, 빈칸을 채우는 문자 등을 지정하는 데 사용된다. 이 함수로 지정된 포맷은 << 연산자를 이용하여 출력될 때만 적용된다.

●필드의 최소 너비 설정, width()

width()

숫자나 문자열은 문자의 개수만큼 화면 공간을 차지한다. width() 함수는 하나의 필드가 차지하는 화면의 최소 너비를 지정한다.

```
int width(int minWidth)
   출력되는 필드의 최소 너비를 minWidth로 설정하고 이전에 설정된 너비 값 리턴
```

width() 함수를 사용하는 간단한 예를 들어보자.

```
cout.width(10); // 다음에 출력되는 "Hello"를 10칸으로 지정
cout << "Hello" << endl;
cout.width(5); // 다음에 출력되는 정수 12를 5칸으로 지정
cout << 12 << endl;
```

```
     Hello
   12
```

다만, width()의 효과는 호출 직 후 하나의 필드에만 적용되므로 주의하여야 한다.
다음 소스 예를 보자.

```
cout << '%';
cout.width(10); // 다음에 출력되는 "Korea/"만 10칸으로 지정
cout << "Korea/" << "Seoul/" << "City" << endl;
```

```
%    Korea/Seoul/City
```

cout.width(10)에 의해 지정된 너비 10은 오직 "Korea/" 문자열에만 적용되었다.

●필드의 빈 공간 채우기, fill()

fill()

필드의 실제 크기가 width()에 의해 정의된 너비보다 작을 때, 남은 칸은 빈칸으로 채
워진다. fill() 함수를 사용하면 빈칸을 채울 문자를 지정할 수 있다.

> char fill(char cFill)
>   필드의 빈칸을 cFill 문자로 채우도록 지정하고 이전 문자 값 리턴

빈칸을 '^' 문자로 채우는 예를 들면 다음과 같다.

```
cout.fill('^');
cout.width(10);
cout << "Hello" << endl;
```

```
^^^^^Hello
```

최소 너비를 10으로 지정하고 "Hello" 문자열을 출력하면 5개의 문자가 출력되므로 빈칸에 5개의 '^'가 삽입된다. 디폴트가 오른쪽 정렬이기 때문에 빈칸은 필드의 앞쪽에 생긴다.

●유효 숫자 자리수 지정, precision()

precision()

출력 스트림은 숫자를 출력할 때 유효 숫자 자리수를 디폴트로 6으로 정하고 있다. 개발자는 다음과 같은 precision() 멤버 함수를 호출하여 유효 숫자의 자리수를 변경할 수 있다.

> int precision(int np)
> 출력되는 수의 유효 숫자 자리수를 np개로 설정. 정수 부분과 소수점 이하의 수의 자리를 모두 포함하고 소수점(.)은 제외

출력되는 수의 자리수를 5로 지정하는 간단한 예를 들면 다음과 같다.

```
cout.precision(5);
cout << 11./3.;
```

```
3.6667
```

11./3.은 3.6666666666...이지만, 소수점을 제외하고 다섯 자리의 수는 3.6667이다. 소수점 마지막은 반올림한다.

예제 11-6   width(), fill(), precision()을 사용한 포맷 출력

```
1   #include <iostream>
2   using namespace std;
3
4   void showWidth() {
5     cout.width(10); // 다음에 출력되는 "Hello"를 10 칸으로 지정
6     cout << "Hello" << endl;
7     cout.width(5); // 다음에 출력되는 정수 12를 5 칸으로 지정
8     cout << 12 << endl;
9
10    cout << '%';
11    cout.width(10); // 다음에 출력되는 "Korea/"만 10 칸으로 지정
```

```
12      cout << "Korea/" << "Seoul/" << "City" <<endl;
13  }
14
15  int main() {
16      showWidth(); // width() 사용 사례
17      cout << endl;
18
19      cout.fill('^'); // fill()을 적용한 후 width()의 사례를 보여준다.
20      showWidth();
21      cout << endl;
22
23      cout.precision(5); // precision() 사용 예
24      cout << 11./3. << endl;
25  }
```

실행 결과

```
    Hello
  12
%     Korea/Seoul/City

^^^^^Hello
^^^12
%^^^^Korea/Seoul/City

3.6667
```

조작자

조작자
manipulator
<<, >> 연산자와 함께 사용

입출력 포맷을 지정하는 마지막 방법은 조작자(manipulator) 혹은 스트림 조작자라고 불리는 함수를 이용하는 방법이다. 조작자는 ANSI/IOS 표준 C++ 헤더 파일에 정의된 특별한 원형(function prototype)을 가진 함수로서, 매개 변수 없는 조작자와 매개 변수를 하나 가진 조작자로 나뉜다. 조작자는 항상 <<, >> 연산자와 함께 사용된다.

● 매개 변수 없는 조작자

표준 C++에서 제공하는 매개 변수 없는 조작자는 〈표 11-3〉과 같다. 조작자를 사용하기 위해서 <iostream> 헤더 파일을 include해야 한다.

```
#include <iostream>
```

조작자를 사용하여 포맷 출력하는 간단한 예를 들어보자.

```
cout << hex << showbase << 30 << endl;
```

```
0x1e
```

3개의 조작자
hex
showbase
endl

이 짧은 코드에 hex, showbase, endl의 3개의 조작자가 사용되고 있다. hex는 16진수 형식으로 출력하도록 포맷하며, showbase는 숫자의 진수를 표기하도록 포맷하므로, 출력되는 정수가 16진수의 경우 0x를, 8진수의 경우 0을 숫자 앞에 덧붙인다. endl은 버퍼에 있는 데이터를 모두 출력하고 한 줄 띄도록 포맷하는 조작자이다. 그러므로 이 코드의 실행 결과 30은 16진수 0x1e로 출력되었다.

다른 사례를 하나 더 살펴보자.

```
cout << dec << showpos << 100 << endl;
```

```
+100
```

dec
showpos

이 소스 역시 3개의 조작자를 활용하고 있으며, dec 조작자에 의해 10진수로, showpos 조작자에 의해 '+' 부호를 붙여서 결과적으로 '+100'이 출력된다. 출력 후 다음 줄로 넘어간다.

> **잠깐!** endl과 '\n'
>
> endl이 '\n' 문자 상수로 생각해온 독자가 있다면 이 시간부터는 endl이 조작자 함수임을 잊지 말기 바란다. endl은 버퍼를 모두 출력(flush())하고 다음 줄로 넘어가도록 하는 조작자이다.

〈표 11-3〉 매개 변수 없는 조작자

조작자	I/O	용도
endl	O	스트림 버퍼를 모두 출력하고 다음 줄로 넘어감
oct	O	정수 필드를 8진수 기반으로 출력
dec	O	정수 필드를 10진수 기반으로 출력
hex	O	정수 필드를 16진수 기반으로 출력
left	O	왼쪽 맞춤으로 출력
right	O	오른쪽 맞춤으로 출력

fixed	O	실수 필드를 고정 소수점 방식으로 출력
scientific	O	실수 필드를 과학 산술용 방식으로 출력
flush	O	스트림 버퍼 강제 출력
showbase	O	16진수의 경우 0x로, 8진수의 경우 0을 앞에 붙여서 출력
noshowbase	O	showbase 지정 취소
showpoint	O	실수 값에 대해, 정수 부분과 소수점 이하의 끝자리 이후 남은 공간을 0으로 출력
noshowpoint	O	showpoint 지정 취소
showpos	O	양수인 경우 + 부호를 붙여 출력
skipws	I	입력 스트림에서 공백 문자를 읽지 않고 건너뜀
noskipws	I	skipws 지정 취소
boolalpha	O	불린 값이 출력될 때, "true" 혹은 "false" 문자열로 출력

예제 11-7   **매개 변수 없는 조작자 사용**

```
1  #include <iostream>
2  using namespace std;
3
4  int main() {
5     cout << hex << showbase << 30 << endl;
6     cout << dec << showpos << 100 << endl;
7     cout << true << ' ' << false << endl;
8     cout << boolalpha << true << ' ' << false << endl;
9  }
```

→ 실행 결과

```
0x1e
+100
+1 +0
true false
```
boolalpha 조작자에 의해, "true", "false" 문자열로 출력됨

● 매개 변수를 가지는 조작자

〈iomanip〉 헤더 파일

매개 변수를 가지는 조작자는 〈표 11-4〉와 같으며 매개 변수는 하나이다. 이들은 <iomanip> 헤더 파일에 정의되어 있기 때문에, 이들을 사용하기 위해서는 <iomanip> 헤더 파일을 include 해야 한다.

```
#include <iomanip>
```

매개 변수를 가지는 조작자를 사용하는 예를 보자.

```
cout << setw(10) << setfill('^') << "Hello" << endl;
```

```
^^^^^Hello
```

이 코드는 **10**칸 너비에 **"Hello"**를 출력하고 빈 공간을 **'^'** 문자로 채운다. 오른쪽 정렬(**right**)이 디폴트이므로 **"Hello"**는 오른쪽에 붙여서 출력된다.

〈표 11-4〉 매개 변수를 가지는 조작자

조작자	I/O	용도
resetioflags(long flags)	IO	flags에 지정된 플래그들 해제
setbase(int base)	O	base를 출력할 수의 진수로 지정
setfill(char cFill)	I	필드를 출력하고 남은 공간에 cFill 문자로 채움
setioflags(long flags)	IO	flags를 스트림 입출력 플래그로 설정
setprecision(int np)	O	출력되는 수의 유효 숫자 자리수를 np개로 설정. 소수점(.)은 별도로 카운트
setw(int minWidth)	O	필드의 최소 너비를 minWidth로 지정

예제 11-8   **매개 변수를 가진 조작자 사용**

0에서 50까지 5의 배수를 10진수, 8진수, 16진수로 출력하라.

```
1  #include <iostream>
2  #include <iomanip>
3  using namespace std;
4
5  int main() {
6     cout << showbase;
7
8     // 타이틀을 출력한다.
9     cout << setw(8) << "Number";
```

주목

```
10    cout << setw(10) << "Octal";
11    cout << setw(10) << "Hexa" << endl;
12
13    // 하나의 수를 십진수, 8진수, 16진수 형태로 한 줄에 출력한다.
14    for(int i=0; i<50; i+=5) {
15        cout << setw(8) << setfill('.') << dec << i; // 10진수
16        cout << setw(10) << setfill(' ') << oct << i; // 8진수
17        cout << setw(10) << setfill(' ') << hex << i << endl; // 16진수
18    }
19 }
```

● 실행 결과

setw(8)

```
        8         10        10

    Number    Octal     Hexa
.......0         0         0
.......5        05       0x5
......10       012       0xa
......15       017       0xf
......20       024      0x14
......25       031      0x19
......30       036      0x1e
......35       043      0x23
......40       050      0x28
......45       055      0x2d
```

setfill('.')

showbase

잠깐! 조작자의 특징 ●

조작자는 사용하기 쉽고 출력 코드를 간결하게 만들기 때문에, setf(), width(), fill(), precision() 등의 멤버 함수보다 조작자의 사용을 권한다. 그러나 조작자로 설정한 포맷은 한 번의 입출력에만 적용되므로 입출력마다 포맷을 지정해야 한다.
대부분의 조작자는 내부에서 setf() 함수를 호출한다. hex 조작자 함수는 cout.setf(ios::hex); 를 호출하며 showbase 조작자 함수는 cout.setf(ios::showbase);를 호출한다.

11.5 삽입 연산자(<<)와 추출 연산자(>>)

삽입 연산자의 중복

출력 스트림에 데이터를 출력하는 << 연산자를 삽입 연산자(insertion operator) 혹은 삽입자라고 부른다. 이 삽입자가 연산자라는 사실이 다소 생소하리라 생각된다. 본래 << 연산자는 정수를 비트 단위로 시프트(shift)하는 C++의 기본 연산자이다. 그런데 C++ 입출력 시스템은 다양한 값을 출력할 수 있도록 다음과 같이 ostream 클래스에 << 연산자를 중복 작성하였다.

설명을 위해 복잡한 템플릿 클래스를 단순화했습니다.

```
class ostream : virtual public ios {
    .........
public :
    ostream& operator<< (int n); // 정수를 출력하는 << 연산자
    ostream& operator<< (char c); // 문자를 출력하는 << 연산자
    ostream& operator<< (const char* s); // 문자열을 출력하는 << 연산자
    .........
};
```

삽입 연산자의 실행 과정

지금부터 << 연산자의 실행 과정을 알아보자. 아래 문장은 'a123'을 출력하고 커서를 다음 라인으로 넘기는 그저 평범한 문장이다.

```
cout << 'a' << 123 << endl;
```

　저자는 이 문장에서 3개의 << 연산자가 연속적으로 실행되는 세부 과정을 알게 되었을 때, C++ 언어가 적절한 개념을 절묘하게 조합한 대단한 창작물임을 발견하고 경악하였다. 이 문장은 객체, 입출력 스트림, 연산자 중복, 참조 매개 변수, 참조 리턴이 절묘하게 연결되어 있는 환상적인 문장이다. 저자가 알고 있는 기쁨을 독자들과 함께 누리고자 이 문장이 실행되는 과정을 설명한다. 이 과정을 이해하고 나면 사용자만의 << 연산자나 조작자를 작성하기 쉬워진다. 지금부터 [그림 11-10]을 보면서 삽입 연산자의 실행 과정을 살펴보자.

●리턴 타입이 의미하는 것

ostream 클래스 내에 중복 작성된 모든 << 연산자들은 다음과 같이 ostream&를 리턴한다.

```
ostream& operator << (char c); // 문자를 출력하는 << 연산자
```

ostream&

　　<< 연산자는 출력 스트림에 데이터를 삽입한 후, 출력 스트림(*this)을 리턴한다. 리턴 타입이 ostream&이므로 스트림의 참조가 리턴된다. 만일 리턴 타입이 ostream이라면 스트림의 복사본(*this)이 리턴되고, 그 다음에 실행되는 << 연산은 복사된 스트림에 출력하게 되어, 연속되는 두 << 연산이 서로 다른 출력 스트림에 출력하게 되므로 예상대로 출력이 이루어지지 않는다.

●구체적인 실행 과정

[그림 11-10]은 다음 문장이 실행되는 과정을 잘 보여준다.

```
cout << 'a' << 123;
```

　1. cout << 'a'에서 << 연산자 함수를 호출한다.
　　컴파일러는 이 코드를 아래와 같이 변형하여 컴파일한다.

```
cout . << ( 'a' )
```

　　이 코드는 cout 객체 내의 연산자 함수 operator<<(char c)를 호출하고 'a'를 매개 변수에 넘겨준다.

　2. cout의 연산자 함수 ostream& operator<<(char c)가 실행된다.
　　operator<<(char c) 연산자 함수는 대략 다음과 같은 코드로 되어 있다.

설명을 위해 복잡한
템플릿으로 작성된
<< 연산자 함수를
단순화했습니다.

```
ostream& operator << (char c) {
    ... 현재 스트림 버퍼에 c('a')를 삽입한다.
    ... 버퍼가 차면 장치에 출력한다.
    return *this; // 이 스트림의 참조를 리턴한다.
}
```

　　operator<<(char c) 함수는 문자 'a'를 현재 스트림(cout)의 버퍼에 저장한다. 버퍼가 꽉 차면 화면에 출력한다. 그리고 *this 곧 현재 스트림에 대한 참조를 리턴한다. 현재 스트림이 cout이므로 리턴되는 참조는 cout을 가리킨다. 리턴되는 것은 cout의 복사본이 아니다.

3. << 123을 실행한다.

cout << 'a'의 실행 결과 cout의 버퍼에 'a'가 삽입되고 cout에 대한 참조가 리턴되었다. 그러므로 << 123은 cout << 123을 실행하는 것과 같고, 'a'가 들어 있는 cout의 버퍼에 123을 출력하는 것이다. 다음 연산자가 실행된다.

```
ostream& operator << (int n) {
    ... 현재 스트림 버퍼에 n(123)을 삽입한다.
    ... 만일 버퍼가 차면 장치에 출력한다.
    return *this;
}
```

operator<<(int n) 함수는 매개 변수 n에 전달된 123을 현재 스트림(cout) 버퍼에 저장한다. 버퍼는 "a123"으로 변경되며, 적절한 시점에 화면에 출력된다.

<< 연산자가 cout의 참조를 리턴함으로써, 반복되는 << 연산자에 의해 출력되는 데이터들이 cout의 버퍼를 통하여 화면에 출력된다. 놀랍지 않은가!

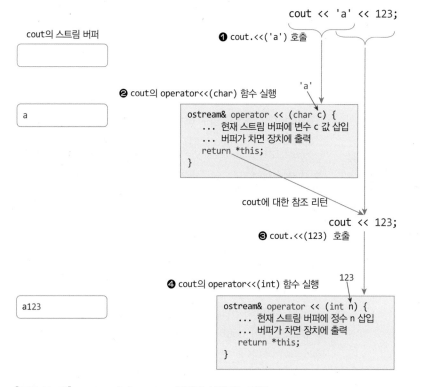

[그림 11–10] cout << 'a' << 123; 문장이 실행되는 과정

사용자 삽입 연산자(⟨⟨) 만들기

독자가 만든 Point 클래스 객체를 다음과 같이 << 연산자를 이용하여 화면에 출력해보자.

```
Point p(3,4);
cout << p;
```

Point 객체를 출력할 수 있는 << 연산자가 C++ 입출력 시스템에 없기 때문에 독자가 직접 << 연산자를 작성해야 한다.

cout << p에 의해 객체 p가 출력되도록 << 연산자를 만들어 보자. [그림 11-11]은 이 과정을 보여준다.

Point 클래스는 다음과 같다.

```
class Point {
    int x, y;
public:
    Point(int x=0, int y=0) {this->x = x; this->y = y;}
};
```

다음 코드는 (3,4)의 점을 표현하는 객체 p를 화면에 출력한다.

```
Point p(3,4);
cout << p; // 사용자는 << 연산자의 중복이 필요하다
```

컴파일러는 cout << p;를 다음과 같이 변형된다.

```
<< ( cout , p );
```

외부 함수로 << 연산자 함수를 작성

이것은 외부에 작성된 << 연산자에 대한 호출이므로, 이에 맞추어 독자는 다음과 같이 외부 함수로 << 연산자 함수를 작성해야 한다.

```
ostream& operator << (ostream& stream, Point a) {
    stream << "(" << a.x << "," << a.y << ")";
    return stream;
}
```

stream 참조 매개 변수에 cout이 전달되고, a에는 객체 p가 전달된다. private 멤버 x, y를 접근할 수 있도록 << 연산자 함수를 Point 클래스에 friend로 선언한다. 결국 이 연산자 함수는 cout에 a.x와 a.y 값을 출력한다.

```
cout << p;
```

컴파일러에
의한 변형 ❶ 실패

```
cout . << ( p );
```

```
class ostream : virtual public ios {
    ...
    ostream& operator << (Point p);
    ...
};
```

이런 연산자 함수는
존재하지 않음

컴파일러에
의한 변형 ❷

```
<< ( cout , p );
```

외부 연산자
함수가 필요함

```
ostream& operator << (ostream& stream, Point a) {
    stream << "(" << a.x << "," << a.y << ")";
    return stream;
}
```

[그림 11-11] cout << p;이 컴파일되는 과정 및 operator<<(ostream&, Point) 함수 코드

●사용자 정의 삽입 연산자 함수의 원형

이제, 사용자가 작성한 클래스의 객체를 cout <<로 출력하기 위한 삽입 연산자(<<)의 일반적인 함수 원형을 알아보자. 사용자가 작성한 UserClass 클래스의 객체를 출력하기 위한 삽입 연산자(<<)의 함수 원형은 다음과 같다. 둘 다 가능하다.

```
ostream& operator << (ostream& outs, UserClass obj);
ostream& operator << (ostream& outs, UserClass& obj);
```

외부 함수로만 작성
프렌드

그리고 이들 연산자 함수는 **외부 함수로만 작성**되어야 하며 UserClass의 private 멤버에 접근하는 경우, UserClass에 프렌드로 선언되어야 한다. 예제 11-9는 사용자가 작성한 Point 객체를 cout에 출력하기 위해 << 연산자를 중복 작성한 예를 보여준다.

예제 11-9   **Point 객체를 스트림에 출력하는 << 연산자 작성**

x, y 좌표로 구성되는 한 점을 표현하는 Point 클래스의 객체를 화면에 출력하는 << 연산자를 작성하라.

```cpp
1   #include <iostream>
2   using namespace std;
3
4   class Point { // 한 점을 표현하는 클래스
5     int x, y; // private 멤버
6   public:
7     Point(int x=0, int y=0) {
8       this->x = x;
9       this->y = y;
10    }
11    friend ostream& operator << (ostream& stream, Point a);
12  };
13
14  // << 연산자 함수
15  ostream& operator << (ostream& stream, Point a) {
16    stream << "(" << a.x << "," << a.y << ")";
17    return stream;
18  }
19
20  int main() {
21    Point p(3,4); // Point 객체 생성
22    cout << p << endl; // Point 객체 화면 출력
23
24    Point q(1,100), r(2,200); // Point 객체 생성
25    cout << q << r << endl; // Point 객체들 연속하여 화면 출력
26  }
```

> private 필드 x, y를 접근하기 위해 이 함수를 Point 클래스에 friend로 선언함.

<< 연산자 함수 작성 → 라인 15

→ 실행 결과

```
(3,4)
(1,100)(2,200)
```

라인 15와 라인 11에 ostream& operator << (ostream& stream, Point& a)로 해도 된다.

예제 11-10   **Book 클래스를 만들고 Book 객체를 스트림에 출력하는 << 연산자 작성**

책이름(title), 출판사(press), 저자(author) 필드를 가진 **Book** 클래스를 선언하고 이들을 모두 매개 변수로 받는 생성자를 구현하라. 그리고 **Book** 클래스의 객체를 화면에 출력하는 연산자 함수 ostream& operator<<(ostream&, Book)를 구현하라.

```cpp
1   #include <iostream>
2   #include <string>
3   using namespace std;
4
5   class Book { // 책을 표현하는 클래스
6      string title;
7      string press;
8      string author;
9   public:
10     Book(string title="", string press="", string author="") {
11        this->title = title;
12        this->press = press;
13        this->author = author;
14     }
15     friend ostream& operator << (ostream& stream, Book b); // friend 선언
16  };
17
18  // << 연산자 함수
19  ostream& operator << (ostream& stream, Book b) {
20     stream << b.title << "," << b.press << "," << b.author;
21     return stream;
22  }
23
24  int main() {
25     Book book("소유냐 존재냐", "한국출판사", "에리히프롬"); // Book 클래스 객체 생성
26     cout << book; // book 객체 화면 출력
27  }
```

`<< 연산자 함수 작성` (line 19 annotation)

➡ 실행 결과

소유냐 존재냐,한국출판사,에리히프롬

추출 연산자의 중복

추출 연산자
extraction operator

cin과 함께 사용되는 >> 연산자를 추출 연산자(extraction operator)라고 부른다. >> 연산자는 cin으로부터 키를 입력받기도 하지만, 파일에서 읽을 때도 사용된다(12장에

서 설명). 본래 >> 연산자는 정수를 비트 단위로 오른쪽 시프트(shift)하는 C++의 기본 연산자이다. 그런데 C++ 입출력 시스템은 다음과 같이 입력 스트림으로부터 값을 입력받는 다양한 >> 연산자를 istream 클래스에 중복 작성하였다.

설명을 위해 복잡한 템플릿 클래스를 단순화했습니다.

```cpp
class istream : virtual public ios {
    .........
public :
    istream& operator>> (int& n); // 정수를 입력하는 >> 연산자
    istream& operator>> (char& c); // 문자를 입력하는 >> 연산자
    istream& operator>> (const char* s); // 문자열을 입력하는 >> 연산자
    .........
};
```

사용자 추출 연산자(>>) 만들기

추출 연산자의 실행 과정은 앞서 설명한 삽입 연산자의 실행 과정과 흡사하므로 생략하고, Point 클래스에 대해 추출 연산자를 만드는 방법을 설명한다.

```cpp
class Point {
    int x, y;
public:
    Point(int x=0, int y=0) {this->x = x; this->y = y;}
};
```

컴파일 오류

    Point 객체 p를 생성하고 다음과 같이 cin >>를 사용하여 키 입력을 받으면 컴파일 오류가 발생한다.

```cpp
Point p; // 디폴트로 x=0, y=0
cin >> p; // 컴파일 오류
```

오류

    당연한 것이지만, Point 객체에 값을 읽어들이는 >> 연산자가 istream 클래스에는 없기 때문이다. 컴파일러는 cin >> p; 문장을 다음과 같이 변형하여 컴파일한다.

```cpp
>> (cin, p);
```

외부 함수

    이에 따라 >> 연산자 함수를 다음과 같이 외부 함수로 작성하면 된다.

```
istream& operator >> (istream& ins, Point &a) {
    cout << "x 좌표>>";
    ins >> a.x; // 스트림으로부터 읽는다.
    cout << "y 좌표>>";
    ins >> a.y; // 스트림으로부터 읽는다.
    return ins;
}
```

참조 타입
friend로 선언

여기서 두 가지 사항이 중요하다. 첫째, 두 번째 매개 변수를 **참조 타입**(Point& a)으로 선언한다. 이는 원본 객체 p에 값을 쓰기 위해서이다. a를 참조 타입으로 사용하지 않으면(Point a), 키 값을 읽어 매개 변수 a에 저장하여도 원본 객체 p가 변하지 않기 때문이다. 둘째, 이 연산자 함수가 private 멤버 x, y를 접근하도록, Point 클래스에 friend로 선언한다.

●사용자 정의 추출 연산자 함수의 원형

이제, 사용자가 작성한 클래스의 객체에 cin >> 를 이용하여 값을 입력받기 위한 >> 연산자의 일반적인 함수 원형을 알아보자. 사용자가 작성한 UserClass 클래스의 객체에 값을 입력받기 위한 추출 연산자(>>)의 함수 원형은 다음과 같다.

```
istream& operator >> (istream& ins, UserClass& obj);
```

예제 11-11 **Point 객체를 스트림에서 입력받는 >> 연산자 작성**

```
1   #include <iostream>
2   using namespace std;
3
4   class Point { // 한 점을 표현하는 클래스
5       int x, y; // private 멤버
6   public:
7       Point(int x=0, int y=0) {
8           this->x = x;
9           this->y = y;
10      }
11      friend istream& operator >> (istream& ins, Point &a); // friend 선언
12      friend ostream& operator << (ostream& stream, Point a); // friend 선언
13  };
14
15  istream& operator >> (istream& ins, Point &a) { // >> 연산자 함수
```

```
16      cout << "x 좌표>>";
17      ins >> a.x;
18      cout << "y 좌표>>";
19      ins >> a.y;
20      return ins;
21  }
22
23  ostream& operator << (ostream& stream, Point a) { // << 연산자 함수
24      stream << "(" << a.x << "," << a.y << ")";
25      return stream;
26  }
27
28  int main() {
29      Point p;  // Point 객체 생성
30      cin >> p;  // >> 연산자를 호출하여 x 좌표와 y 좌표를 키보드로부터 읽어 객체 p 완성
31      cout << p;  // << 연산자를 호출하여 객체 p 출력
32  }
```

→ 실행 결과

```
x 좌표>>100
y 좌표>>200      ← cin >> p 실행
cout << p 실행  (100,200)
```

CHECK TIME

1 다음과 같이 키보드에서 읽어 Circle 객체를 완성하고 다시 화면에 출력하고자 한다.

```
Circle donut;
cin >> donut; // 키보드로부터 값을 읽어 donut 완성
cout << donut; // donut 객체 출력
```

(1) <<와 >> 연산자 함수의 원형은 각각 무엇인가?
(2) <<와 >> 연산자 함수를 새로 만들 때, 기존 **Circle** 클래스의 코드를 수정할 필요가 있는가?

11.6 사용자 조작자 만들기

조작자의 실행 과정

endl

사용자는 새로운 조작자를 만들 수 있다. 조작자를 만들기 전에 조작자가 어떻게 작동하는지 알아보자. 조작자는 항상 <<나 >> 연산자와 함께 실행된다. 지금부터 [그림 11-12]를 보면서 다음 문장의 endl 조작자가 호출되고 실행되는 과정을 설명한다.

```
cout << endl;
```

변형

컴파일러는 << 연산자를 처리하는 방식과 동일하게 앞의 문장을 다음과 같이 **변형**한다.

```
cout . << ( endl ); // 컴파일러에 의해 변형
```

endl() 함수의 주소

이 코드는 다음 << 연산자 함수를 호출하며, endl() 함수의 주소가 매개 변수 _f에 전달된다. endl은 <ostream> 클래스에 작성된 endl() 함수의 이름이므로 함수의 주소이다.

> 설명을 위해 템플릿으로 작성된 << 연산자 함수를 단순화하였습니다.

```
ostream& ostream::operator << (ostream& (* _f)(ostream&)) {
    (*_f)(*this); // *this는 cout
    return *this; // cout의 참조 리턴
}
```

앞의 코드에서 (* _f)(*this);의 의미를 세분화하면 다음과 같다.

- (* _f)   --> endl() 함수 호출문
- (*this)   --> cout 객체
- (* _f)(*this); --> endl(cout); 함수 호출

endl(cout) 호출

결국 << 연산자 함수는 endl(cout)을 호출한다. endl() 함수는 <ostream> 헤더 파일에 구현되어 있는데, 설명을 위해 다음과 같이 단순화하였다.

```
ostream& endl(ostream& outs) {
    outs.put('\n'); // 개행 문자 삽입
    outs.flush(); // 버퍼 강제 출력
    return outs; // 출력 스트림의 참조 리턴
}
```

endl() 함수는 참조 매개 변수 outs에 cout을 전달받아, cout에 개행 문자('\n')를 삽입하고, cout의 버퍼를 모두 화면에 출력한 후, cout에 대한 참조를 리턴한다.

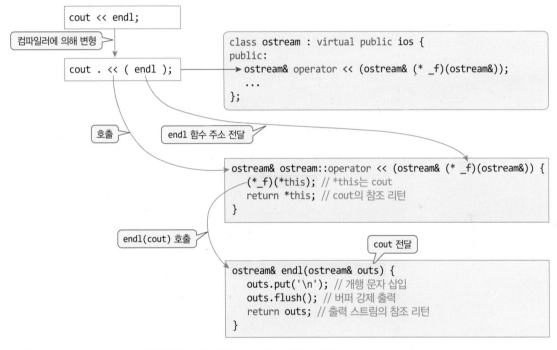

[그림 11-12] cout << endl; 문장에서 endl 조작자 함수가 실행되는 과정

새로운 조작자 만들기

매개 변수 없는 조작자 원형

이제 새로운 조작자를 직접 만들어 보자. endl 조작자의 함수 원형을 되새겨보면 알겠지만, 매개 변수 없는 조작자는 다음과 같이 모두 동일한 원형을 가진다.

> *istream& manipulatorFunction (istream& ins)*
>   입력 스트림에 사용되는 조작자 원형
>
> *ostream& manipulatorFunction (ostream& outs)*
>   출력 스트림에 사용되는 조작자 원형

조작자들은 모두 <<나 >> 연산자에 의해 동일한 형식으로 호출되기 때문에, 다른 형식으로 조작자 함수를 만들 수 없다.

다음은 출력 스트림에 '*'를 5개 출력하는 fivestar라는 조작자를 만든 사례이다.

```
ostream& fivestar(ostream& outs) {
   outs << "*****"; // 스트림에 '*'를 다섯 개 출력
   return outs; // 스트림 리턴
}
```

fivestar 조작자는 다음과 같이 이용된다.

```
cout << fivestar << "C++"; // *****C++ 이 출력된다.
```

입력 스트림에 사용되는 조작자는 예제 11-13을 통해 익히도록 하라.

예제 11-12   **출력 스트림에 사용되는 조작자 만들기**

'*'를 다섯 개 출력하는 fivestar, 오른쪽 화살표를 출력하는 rightarrow, 그리고 시스템 사운드를 발생시키는 beep 조작자를 만들어라. PC에서 '\a' 문자를 출력하면 시스템 비프 음이 발생한다. 이것을 이용하여 beep 조작자를 만들면 된다.

```
1   #include <iostream>
2   using namespace std;
3
4   ostream& fivestar(ostream& outs) {
5      return outs << "*****";
6   }
7
8   ostream& rightarrow(ostream& outs) {
9      return outs << "---->";
10  }
11
12  ostream& beep(ostream& outs) {
13     return outs << '\a'; // 시스템 비프 음(삑 소리) 발생
14  }
15
16  int main() {
17     cout << "벨이 울립니다" << beep << endl;
```

```
18      cout << "C" << rightarrow << "C++" << rightarrow << "Java" << endl;
19      cout << "Visual" << fivestar << "C++" << endl;
20  }
```

→ 실행 결과

벨이 울립니다 ◁── 실제 삑 소리 발생
C---->C++---->Java
Visual*****C++

예제 11-13   입력 스트림에 사용되는 조작자 만들기

```
1   #include <iostream>
2   #include <string>
3   using namespace std;
4
5   istream& question(istream& ins) {         ── 조작자 작성
6       cout << "거울아 거울아 누가 제일 예쁘니?";
7       return ins;
8   }
9
10  int main() {                              ── 조작자 호출
11      string answer;
12      cin >> question >> answer;
13      cout << "세상에서 제일 예쁜 사람은 " << answer << "입니다." << endl;
14  }
```

→ 실행 결과

거울아 거울아 누가 제일 예쁘니?백설공주
세상에서 제일 예쁜 사람은 백설공주입니다.

CHECK
TIME

1 스트림에 한 탭을 출력하는 tab 조작자를 작성하라. tab은 다음과 같이 활용된다.

```
cout << 1 << tab << 2;
```

C++ 입출력의 기초

- 입출력 스트림은 연속적인 데이터의 흐름 혹은 데이터를 전송하는 소프트웨어 모듈이다.
- 입력 스트림은 입력 장치와 프로그램을 연결하며 입력 장치로부터 데이터를 입력받아 프로그램에 순차적으로 전달한다. 출력 스트림은 프로그램과 출력 장치를 연결하며 프로그램에서 출력한 데이터가 순차적으로 출력 장치로 보내지도록 한다.
- C++ 스트림은 버퍼가 있어 모든 데이터는 버퍼를 거쳐 입출력된다.
- C++ 표준 입출력 시스템은 스트림 입출력만 지원한다.
- 구 표준 C++ 입출력 라이브러리의 주요한 클래스로는 ios, istream, ostream, iostream 등이 있으며, 이들은 문자가 한 바이트로만 구성되는 언어만 지원하였다.
- 한 문자가 2바이트 이상으로 구성되는 다국어의 입출력을 위해, 2003년 새 C++ 표준에서는 basic_ios, basic_istream, basic_ostream, basic_iostream 등 템플릿 클래스를 제공한다.

ostream 멤버 함수로 문자 출력

- << 연산자 외 put(), write(), flush() 등 ostream의 멤버 함수로 문자를 출력할 수 있다.

istream 멤버 함수로 문자 입력

- >> 연산자와 get(), get(char&) 등 istream의 멤버 함수로 문자를 읽을 수 있다.
- get(char* str, int len, char delim='\n')이나 getline(char* str, int len, char delim='\n')을 사용하면 한 줄의 문자열을 읽을 수 있다.
- getline()은 한 줄을 읽은 후 delim 문자를 스트림 버퍼에서 제거하지만, get()은 delim 문자를 그대로 남겨두므로 get()을 연속적으로 사용하여 여러 줄을 읽을 때 버퍼에 남겨진 delim 문자를 제거하지 않으면 무한 루프에 빠질 수 있다.

포맷 입출력

- 포맷 입출력은 포맷 플래그를 설정하거나, 포맷 함수를 호출하거나, 조작자를 이용하면 된다.
- 조작자는 매개 변수 없는 조작자와 매개 변수를 하나 가진 조작자로 구분되며, endl, dec, hex, left, right, skipws, boolaplha, setfill, setw 등이 있다.

삽입 연산자와 추출 연산자

- 삽입 연산자(<<)는 스트림에 데이터를 출력하기 위해 ostream 클래스에 작성된 연산자이다.
- 추출 연산자(>>)는 스트림으로부터 데이터를 입력받기 위해 istream 클래스에 작성된 연산자이다.
- 사용자는 자신이 작성한 클래스의 객체를 출력하거나 입력받기 위해, 삽입 연산자(<<), 추출 연산자(>>)를 따로 작성할 수 있다. 사용자가 작성한 클래스가 UserClass라고 할 때 이 두 연산자 함수의 원형은 다음과 같다.

```
ostream& operator << (ostream& outs, UserClass obj);
istream& operator >> (istream& ins, UserClass& obj);
```

사용자 조작자 만들기

- 사용자는 새로운 조작자를 만들 수 있다. 조작자 함수의 원형은 다음과 같다.

```
ostream& manipulatorFunction (ostream& outs); // 출력 스트림에 사용되는 조작자 원형
istream& manipulatorFunction (istream& ins); // 입력 스트림에 사용되는 조작자 원형
```

Open Challenge   사람과 컴퓨터의 가위바위보 대결

사람과 컴퓨터가 가위바위보 게임을 하는 프로그램을 작성하라. 선수 이름은 프로그램 실행 초기에 키 입력받는다. 컴퓨터가 무엇을 낼지는 독자가 마음대로 프로그래밍하면 된다. 저자는 컴퓨터가 랜덤하게 내도록 코딩하였다. 사람이 키보드로부터 입력받고 〈Enter〉 키를 치면 곧바로 결과가 나온다. 가위, 바위, 보가 아닌 다른 문자를 입력하면 다시 입력받는다. 난이도 7

```
***** 컴퓨터와 사람이 가위 바위 보 대결을 펼칩니다.  *****
선수 이름을 입력하세요>>최강
최강>>바위
Computer: 바위
the same
최강>>가위'          잘못 입력
최강>>가위          재입력
Computer: 바위
Computer is winner.
최강>>보
Computer: 바위
최강 is winner.
최강>>보
Computer: 바위
최강 is winner.
최강>>
```

힌트
Hint

1. 추상 클래스 AbstractPlayer 클래스를 작성하고 사람(Human 클래스)과 컴퓨터(Computer 클래스)가 상속받아 각자 turn() 함수를 구현하면 멋있는 코드가 된다.

```cpp
class AbstractPlayer {
   string name;
protected:
   static string gbb[3]; // "가위", "바위", "보"로 생성자에서 설정
public:
   AbstractPlayer(string name) {
      this->name = name;
      gbb[0] = "가위"; gbb[1] = "바위"; gbb[2] = "보";
   }
   virtual string turn()=0; // 리턴하는 값은 "가위", "바위", "보" 중 하나
   string getName() { return name; };
};
```

사람과 컴퓨터는 각각 turn() 함수를 오버라이딩하여 자신이 낼 것을 리턴한다.

2. 랜덤 정수를 발생시키기 위해 다음 두 라인이 필요하며, <ctime>과 <cstdlib>를 include해야 한다.

```cpp
srand((unsigned)time(0)); // 시작할 때마다, 다른 랜덤수를 발생시키기 위한 seed 설정
int n = rand() % 3; // 0~2 사이의 랜덤한 정수 발생. 이것을 가위, 바위, 보로 이용
```

연습문제

이론 문제 · 홀수 문제는 정답이 공개됩니다.

1. C++ 표준 입출력 스트림의 특징이 아닌 것은?
   ① C++ 입력 스트림은 입력 장치에 연결하여 입력된 값을 프로그램에 전달하는 객체이다.
   ② C++ 출력 스트림은 출력 장치와 프로그램을 연결한다.
   ③ C++ 표준 입출력 스트림은 GUI를 지원한다.
   ④ C++ 표준에서 입출력 스트림은 제네릭 클래스로 작성되어 있다.

2. C++ 표준 입출력 스트림은 버퍼를 가지고 있다. 버퍼에 대한 설명 중에서 틀린 것은?
   ① 키 입력 스트림 버퍼는 사용자가 입력 도중 입력된 키를 수정할 수 있게 한다.
   ② 출력 스트림 버퍼는 장치 접근 횟수를 줄여 장치에 대한 접근이 효율적이다.
   ③ 입력된 키들은 키 입력 스트림 버퍼에 일단 저장되고, <Enter> 키를 입력할 때 비로소 C++ 프로그램이 읽어 갈 수 있다.
   ④ cout.plush()는 cout 버퍼를 모두 화면에 출력하게 한다.

3. cin은 어떤 장치와 연결된 스트림 객체인가?

4. cout은 어떤 장치와 연결된 스트림 객체인가?

5. C++로 작성된 프로그램이 실행을 시작하면 자동으로 생성되는 C++ 표준 스트림 객체들에는 어떤 것들이 있는가?

6. 다음에서 템플릿으로 선언된 클래스가 아닌 것은?
   ① basic_ios   ② istream   ③ vector   ④ list

7. 현재 C++ 표준 입출력 라이브러리가 모두 제네릭 클래스로 작성된 가장 주된 이유는 무엇인가?
   ① 다국어 문자의 입출력을 지원하기 위해
   ② 템플릿으로 작성하여 코드의 중복을 줄이려고
   ③ 제네릭 프로그래밍이 추세이므로
   ④ 입출력 속도 향상을 위해

8. 빈칸에 적절한 말을 채워라.

> ios, istream, ostream 클래스는 basic_ios, basic_istream, basic_ostream 템플릿의
> 제네릭 타입을 _____타입으로 구체화시킨 클래스이다.

9. 다음 코드의 실행 결과는 무엇인가? 그 이유는 무엇인가?

```
cout.put('a').put('b').put('c');
```

10. 다음에서 get()과 getline()의 가장 큰 차이점은 무엇인가?

```
char address[100];
cin.get(address, 100);
cin.getline(address, 100);
```

11. "Happy Birthday" 문자열을 입력받는 코드로 잘못된 것은?

```
char tmp[100];
```

① cin >> tmp;   ② cin.get(tmp, 100);
③ cin.get(tmp, 100, '\n');   ④ cin.getline(tmp, 100);

12. 다음 프로그램을 실행하고 키보드로 Happy Birthday<Enter> 키를 입력하였다. 실행 결과는 무엇인가?

```
char line[80];
cin.getline(line, 80);
cout << cin.gcount();
```

13. 다음 중 사용자가 입력하는 <Enter> 키, 즉 '\n' 문자를 변수 ch나 buf 배열에 읽을 들일 수 있는 것은? 복수 개로 답하라.
① char ch; cin >> ch;
② int ch; ch = cin.get();
③ char ch; cin.get(ch);
④ char buf[10]; cin.get(buf, 10);

14. C++에서 포맷 입출력 방법이 아닌 것은?
① 포맷 플래그를 설정하는 setf() 함수 이용
② 출력 포맷을 지정하는 width() 함수 이용
③ endl 등과 같은 조작자 이용
④ flush() 함수 이용

15. 다음 중에서 조작자가 아닌 것은?

① hex ② left ③ endl ④ put

16. 다음 프로그램의 실행 결과는 무엇인가?

```
cout.width(12);
cout.fill('%');
cout << "C++";
```

17. 다음 프로그램의 실행 결과는 무엇인가?

```
cout.width(10);
cout.precision(4);
cout << setfill('~') << left << 2./3.;
```

18. 다음 문장을 사용하고자 할 때 필요한 헤더 파일은 무엇인가?

```
cout << setw(10) << "hello";
```

19. 다음 출력 문장을 실행하기 위한 << 연산자 함수는 어디에 선언되어 있는가? 그리고 << 연산자 함수의 원형은 무엇인가?

```
cout << 'c';
```

20. 조작자에 대해 잘못 말한 것은?

① 조작자는 함수이다.
② 조작자는 반드시 <<나 >>와 함께 사용된다.
③ 사용자는 자신만의 조작자를 만들 수 있다.
④ 조작자는 ostream이나 istream의 멤버 함수이다.

21. 만일 >> 연산자와 함께 사용되는 ignoredigit이라는 매개 변수 없는 조작자가 있다면 ignoredigit의 원형은 무엇인가?

22. 만일 << 연산자와 함께 사용되는 ten이라는 매개 변수 없는 조작자가 있다면 ten의 원형은 무엇인가?

실습 문제

★ 표시가 있는 문제는 정답이 공개됩니다.

목적 cin으로 키 입력 연습

1.★ int cin.get() 함수를 이용하여 키보드로부터 한 라인을 읽고 'a'가 몇 개인지 출력하는 프로그램을 작성하라. `난이도 3`

목적 cin으로 키 입력 연습

2. istream& get(char& ch) 함수를 이용하여 한 라인을 읽고 빈칸(' ')이 몇 개인지 출력하는 프로그램을 작성하라. `난이도 3`

목적 cin.get(), EOF, cin.ignore() 활용

3.★ 한 줄에 '영어문장;한글문자' 형식으로 키 입력될 때, cin.ignore()를 이용하여 ';'이후에 입력된 문자열을 화면에 출력하는 프로그램을 작성하라. 아래에서 ^Z(ctrl-z) 키는 입력 종료를 나타내는 키이며, cin.get()은 EOF를 리턴한다. `난이도 5`

```
I am happy.;나는 행복합니다.
나는 행복합니다.
I am sorry.;미안합니다.
미안합니다.
^Z ──┤ ^Z 키 후 <Enter> 키 입력
```

목적 cin.get(), EOF, cin.ignore() 활용

4. 한 줄에 '영어문장;한글문자' 형식으로 키 입력될 때, cin.ignore()를 이용하여 ';' 이전에 입력된 문자열만 출력하는 프로그램을 작성하라. 아래에서 ^Z(ctrl-z) 키는 입력 종료를 나타내는 키이며, cin.get()은 EOF를 리턴한다. `난이도 5`

```
Good morning.;좋은 아침입니다.
Good morning.
Listen to me!;잘 들으세요!
Listen to me!
^Z ──┤ ^Z 키 후 <Enter> 키 입력
```

목적 getline()으로 string 객체에 문자열 읽어 들이기

5. 다음 프로그램은 예제 11-3의 코드이다. 아래 코드에서 char [] 대신 string을 이용하여 문자열을 다루도록 프로그램을 재작성하라. `난이도 4`

```cpp
#include <iostream>
#include <cstring>
using namespace std;

int main() {
```

```
    char cmd[80];
    cout << "cin.get(char*, int)로 문자열을 읽습니다." << endl;
    while(true) {
        cout << "종료하려면 exit을 입력하세요 >> ";
        cin.get(cmd, 80); // 79개까지의 문자 읽음
        if(strcmp(cmd, "exit") == 0) {
            cout << "프로그램을 종료합니다....";
            return 0;
        }
        else
            cin.ignore(1); // 버퍼에 남아 있는 <Enter> 키 ('\n') 제거
    }
}
```

```
종료하려면 exit을 입력하세요 >> exit program
종료하려면 exit을 입력하세요 >> exitp
종료하려면 exit을 입력하세요 >> exi
종료하려면 exit을 입력하세요 >> exit
프로그램을 종료합니다....
```

> cmd를 string 타입으로 선언하고 cin.get() 대신, string 객체에 문자열을 읽어들이는 getline(cin, cmd) 함수를 사용하라.

[목정] cout으로 포맷 출력 응용 연습

6.★ 다음과 같이 정수, 제곱, 제곱근의 값을 형식에 맞추어 출력하는 프로그램을 작성하라. 필드의 간격은 총 **15**칸이고 제곱근의 유효 숫자는 총 3자리로 한다. 빈칸은 모두 underline(_) 문자로 삽입한다. 난이도 5

```
Number          Square          Square Root
0_____0_____0_____
5_____25_____2.24_____
10_____100_____3.16_____
15_____225_____3.87_____
20_____400_____4.47_____
25_____625_____5_____
30_____900_____5.48_____
35_____1225_____5.92_____
40_____1600_____6.32_____
45_____2025_____6.71_____
```

제곱근을 구하기 위해 sqrt(double x) 함수를 호출하고 <cmath> 헤더 파일을 include 하라.

목점 cout으로 포맷 출력 응용 연습

7. 0에서 127까지 ASCII 코드와 해당 문자를 다음과 같이 출력하는 프로그램을 작성하라. 화면에 출력가능하지 않는 ASCII 코드는 '.'으로 출력하라. [난이도 5]

dec	hexa	char	dec	hexa	char	dec	hexa	char	dec	hexa	char
0	0	.	1	1	.	2	2	.	3	3	.
4	4	.	5	5	.	6	6	.	7	7	.
8	8	.	9	9	.	10	a	.	11	b	.
12	c	.	13	d	.	14	e	.	15	f	.
16	10	.	17	11	.	18	12	.	19	13	.
20	14	.	21	15	.	22	16	.	23	17	.
24	18	.	25	19	.	26	1a	.	27	1b	.
28	1c	.	29	1d	.	30	1e	.	31	1f	.
32	20		33	21	!	34	22	"	35	23	#
36	24	$	37	25	%	38	26	&	39	27	'
40	28	(	41	29	)	42	2a	*	43	2b	+
44	2c	,	45	2d	-	46	2e	.	47	2f	/
48	30	0	49	31	1	50	32	2	51	33	3
52	34	4	53	35	5	54	36	6	55	37	7
56	38	8	57	39	9	58	3a	:	59	3b	;
60	3c	<	61	3d	=	62	3e	>	63	3f	?

---이하 생략---

힌트 문자가 출력 가능한지 알기 위해 bool isprint(int c); 함수를 사용하라. 매개 변수 c는 문자 코드 값이다. 그리고 <cctype> 헤더 파일을 include 하라.

목점 스트림 입출력 연산자(<<, >>) 작성 연습

8.* Circle 클래스는 다음과 같다.

```cpp
class Circle {
    string name;
    int radius;
public:
    Circle(int radius=1, string name="") {
        this->radius = radius; this->name = name;
    }
};
```

Circle 클래스의 객체를 입출력하는 다음 코드와 실행 결과를 참조하여 <<, >> 연산자를 작성하고 Circle 클래스를 수정하는 등 프로그램을 완성하라. [난이도 5]

```cpp
Circle d, w;
cin >> d >> w; // 키보드 입력을 받아 객체 d와 w를 완성
cout << d << w << endl; // 객체 d, w 출력
```

```
반지름 >> 5
이름 >> waffle        ⎫
반지름 >> 20          ⎬  cin >> d >> w;
이름 >> 빈대떡        ⎭
(반지름5인 waffle)(반지름20인 빈대떡)   cout << d << w;
```

9. 다음은 Phone 클래스이다.

스트림 입출력 연산자(<<, >>) 작성 연습

```cpp
class Phone { // 전화 번호를 표현하는 클래스
    string name;
    string telnum;
    string address;
public:
    Phone(string name="", string telnum="", string address="") {
        this->name = name;
        this->telnum = telnum;
        this->address = address;
    }
};
```

Phone 클래스의 객체를 입출력하는 아래 코드와 실행 결과를 참조하여 <<, >> 연산자를 작성하고 Phone 클래스를 수정하는 등 프로그램을 완성하라. 난이도 5

```cpp
Phone girl, boy;
cin >> girl >> boy; // 전화 번호를 키보드로부터 읽는다.
cout << girl << endl << boy << endl; // 전화 번호를 출력한다.
```

```
이름:소녀 시대
전화번호:010-3333-4444   ⎫
주소:소녀 시대 집        ⎬  cin >> girl
이름:싸이                ⎭
전화번호:010-4242-4242
주소:싸이네 집
(소녀 시대,010-3333-4444,소녀 시대 집)   cout << girl
(싸이,010-4242-4242,싸이네 집)
```

(목표) 조작자 작성 연습

10. 다음은 프로그램과 실행 결과를 보여준다. **prompt** 조작자를 작성하여 프로그램을 완성하라. [난이도 5]

```cpp
#include <iostream>
#include <string>
using namespace std;

int main() {
   string password;
   while(true) {
     cin >> prompt >> password;
     if(password == "C++") {
       cout << "login success!!" <<endl;
       break;
     }
     else
       cout << "login fail. try again!!" << endl;
   }
}
```

암호는 "C++" —

```
암호?java
login fail. try again!!
암호?C++
login success!!
```

(목표) 조작자 작성 연습

11.★ 다음은 프로그램과 실행 결과를 보여준다. **pos** 조작자를 작성하라. [난이도 4]

```cpp
#include <iostream>
using namespace std;

int main() {
   int x, y;
   cin >> pos >> x;
   cin >> pos >> y;
   cout << x << ',' << y << endl;
}
```

```
위치는? 3
위치는? 4
3,4
```

목적 객체 지향 구조로 종합 응
용 연습

12. 커피 자판기 시뮬레이터를 C++로 작성해보자. 실행 사례는 다음과 같다. 자판기는 보통 커피, 설탕 커피, 블랙 커피의 3종류만 판매한다. 단순화를 위해 실행 사례에는 총 3인분의 재료만 가지도록 하였다. 커피 메뉴에 따라 필요한 재료들이 하나씩 없어진다. 객체 지향 구조에 따라 필요한 클래스를 작성하여 프로그램을 완성하라. 난이도 8

```
------명품 커피 자판기컵니다.------
Coffee    ***
Sugar     ***
CREAM     ***
Water     ***
Cup       ***

보통 커피:0, 설탕 커피:1, 블랙 커피:2, 채우기:3, 종료:4>> 1
맛있는 설탕 커피 나왔습니다~~
Coffee    **
Sugar     **
CREAM     ***
Water     **
Cup       **

보통 커피:0, 설탕 커피:1, 블랙 커피:2, 채우기:3, 종료:4>> 1
맛있는 설탕 커피 나왔습니다~~
Coffee    *
Sugar     *
CREAM     ***
Water     *
Cup       *

보통 커피:0, 설탕 커피:1, 블랙 커피:2, 채우기:3, 종료:4>> 3
모든 통을 채웁니다.~~
Coffee    ***
Sugar     ***
CREAM     ***
Water     ***
Cup       ***

보통 커피:0, 설탕 커피:1, 블랙 커피:2, 채우기:3, 종료:4>>
```

C++ 파일 입출력

C++ 파일 입출력

12.1 텍스트 파일과 바이너리 파일

파일
텍스트 파일
바이너리 파일

'hwp 파일이 텍스트 파일인가, 바이너리 파일인가?' 이 질문에 대해 정답과 이유를 설명할 수 있다면 독자의 기초는 매우 튼튼하다고 할 수 있다. 이 질문에 대한 답은 잠시 뒤로 미루어 두자. **파일(file)**은 저장 매체에 저장되는 정보로서, 바이트나 블록 단위로 입출력되고, 기록되는 데이터의 종류에 따라 **텍스트 파일(text file)**과 **바이너리 파일(binary file)**로 나뉜다. [그림 12-1]은 두루마리에 기록된 내용으로 텍스트 파일과 바이너리 파일을 비유적으로 보여준다. 왼쪽은 오직 문자들만 기록되는 텍스트 파일이며, 오른쪽은 문자 외에 이미지 등 다양한 정보가 기록된 바이너리 파일이다.

길을 걷고 산들 무엇 하나.
꽃이 내가 아니듯
내가 꽃이 될 수 없는 지금
물빛 몸매를 가진
한 마리 학으로
살아 무엇 하나.

텍스트 파일   바이너리 파일

[그림 12-1] 텍스트 파일과 바이너리 파일 비교

텍스트 파일

텍스트 파일
글자
문자

텍스트 파일은 사람들이 사용하는 글자(letter) 혹은 문자(character)만으로 구성되는 문서 파일이다. 사람들은 문서 편집기로 문서를 작성하여 파일에 저장한다. 문서는 글자 외에 그림이나 동영상, 그래픽 이미지, 색, 사운드 등을 포함하기도 하지만 오직 글자로만 이루어진 문서 파일이 텍스트 파일이다.

ASCII 코드

　사람들이 사용하는 글자에는 한글, 영어 알파벳, 숫자, % # @ < ? 등의 기호가 있으며, 각 글자마다 고유한 바이너리 코드(이진 코드)가 주어진다. 컴퓨터의 등장 초기 영어 문자에 대한 코드 체계가 [그림 12-2]에 보이는 ASCII 코드로 만들어졌으며, 그 후

전 세계 언어의 각 글자에 2바이트의 바이너리 코드를 부여하여 유니코드(Unicode)라는 표준화된 문자 코드 체계를 만들었다. 텍스트 파일은 문자들로만 구성된 파일이므로, 유니코드로 되어 있든 ASCII 코드로 되어 있든 텍스트 파일에는 문자 코드만 저장된다. 다음은 텍스트 파일의 사례이다.

- txt 파일, HTML 파일, XML 파일, C++ 소스 파일, C 소스 파일, 자바 소스 파일

10진수	16진수	문자	10진수	16진수	문자	10진수	16진수	문자	10진수	16진수	문자
0	00	Null	32	20	Space	64	40	@	96	60	`
1	01	Start of heading	33	21	!	65	41	A	97	61	a
2	02	Start of text	34	22	"	66	42	B	98	62	b
3	03	End of text	35	23	#	67	43	C	99	63	c
4	04	End of transmit	36	24	$	68	44	D	100	64	d
5	05	Enquiry	37	25	%	69	45	E	101	65	e
6	06	Acknowledge	38	26	&	70	46	F	102	66	f
7	07	Audible bell	39	27	'	71	47	G	103	67	g
8	08	Backspace	40	29	(	72	48	H	104	68	h
9	09	Horizontal tab	41	29	)	73	49	I	105	69	i
10	0A	Line feed	42	2A	*	74	4A	J	106	6A	j
11	0B	Vertical tab	43	2B	+	75	4B	K	107	6B	k
12	0C	Form feed	44	2C	,	76	4C	L	108	6C	l
13	0D	Carriage return	45	2D	-	77	4D	M	109	6D	m
14	0E	Shift out				78	4E	N	110	6F	n

[그림 12-2] ASCII 코드 샘플

● 텍스트 파일 내부 보기

텍스트 파일은 문자들로만 구성되는 파일이므로, 텍스트 파일에는 문자로 해석 가능한 코드 값들만 존재한다. 텍스트 파일의 내부를 들여다보면서 이를 확인해보자. [그림 12-3]은 Elvis Presley의 'Can't help falling in love'의 노래 가사를 윈도우의 메모장(notepad)으로 elvis.txt에 작성하고, 문서 편집기인 Edit Plus로 이 파일의 바이트를 출력한 사례이다. 각 문자의 ASCII 코드가 elvis.txt 파일에 기록되어 있음을 볼 수 있다. [그림 12-3]에 표기된 각 부분을 구체적으로 설명하면 다음과 같다.

- 파일의 첫 바이트는 0x57로서 문자 'W'에 해당하는 ASCII 코드
- 'river'는 0x72 0x69 0x76 0x65 0x72 값으로 저장
- 빈칸은 \<Space\>에 해당하는 ASCII 코드 값 0x20로 저장
- \<Enter\> 키 하나는 파일에 '\r'(0x0D), '\n'(0x0A)의 두 제어 문자로 기록
- 파일의 마지막 부분의 1961에서 '1'은 문자로서 0x31로 저장. 0x01로 저장되지 않음에 유념하기 바람. 텍스트 파일은 문자들만 다루는 파일이기 때문

텍스트 파일에는 문자 코드가 아닌 어떤 값도 존재할 수 없다. 만일 어떤 파일에 문자로 매핑할 수 없는 바이트가 있다면, 그 파일은 텍스트 파일이 아니라 바이너리 파일이다. 예를 들어 0xFF, 0x01, 0x02 바이트에 해당하는 ASCII 문자는 없으며, 이들 바이트는 텍스트 파일에 존재할 수 없다.

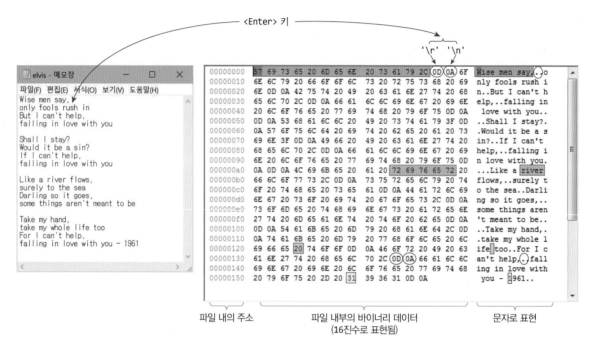

elvis.txt를 Edit Plus로 열어 놓은 화면

▲왼쪽은 메모장으로 작성한 elvis.txt 텍스트 파일을 보여주며, 오른쪽은 Edit Plus에서 hex viewer 인코딩 옵션으로 열어 놓은 화면이다. 오른쪽 화면에서 파일의 바이너리 코드와 대응하는 문자를 볼 수 있다.

[그림 12-3] 텍스트 파일과 그 내부

●텍스트 파일과 〈Enter〉 키

'\r'
'\n'

메모장과 같은 텍스트 편집기들은 사용자가 입력한 〈Enter〉 키를 '\r'과 '\n'의 두 ASCII 코드로 저장하며 이들의 코드 값은 각각 0x0D(십진수 13)와 0x0A(십진수 10)이다. '\r'은 carriage return 제어 코드로서 커서를 현재 줄의 맨 앞으로 옮기도록 하는 지시이며, '\n'은 line feed 제어 코드로서 커서를 현재 있는 위치에서 한 줄 밑으로 옮기도록 하는 지시이다. 다음 줄의 맨 앞으로 넘어가려면 carriage return과 line feed가 모두 필요하다.

바이너리 파일

바이너리 파일

사진 이미지, 오디오, 그래픽 이미지, 컴파일된 코드 등은 문자로 표현되지 않는 바이너리 정보들이다. 바이너리 파일은 문자뿐 아니라, 이런 바이너리 정보를 저장한다. 텍스트 파일의 각 바이트들은 모두 문자들로 해석되지만, 바이너리 파일의 각 바이트는 파일을 만든 응용프로그램만이 해석할 수 있다. 바이너리 파일에는 다음과 같은 것들이 있다.

- jpeg, bmp 등의 이미지 파일
- mp3 등의 오디오 파일
- hwp, doc, ppt 등의 확장자를 가진 멀티미디어 문서 파일
- obj, exe 등의 확장자를 가진 컴파일된 코드나 실행 파일

●바이너리 파일 내부 보기

이미지 파일을 예로 들어 바이너리 파일의 내부를 들여다보자. [그림 12-4]는 jpeg 파일의 내부 바이너리 데이터를 보여준다.

uisee.jpg

문자로 매핑되지 않는 바이너리 값

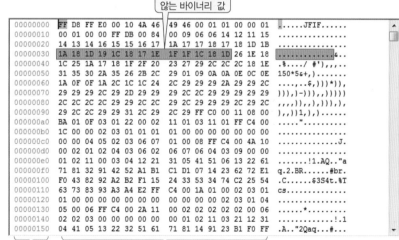

파일 내의 주소   파일 내부의 바이너리 데이터
(16진수로 표현됨)

uisee.jpg를 Edit Plus로 열어 놓은 화면

▲ 오른쪽은 Edit Plus에서 hex viewer 인코딩 옵션으로 이미지 파일을 열어 내부를 보여 준다. 파일의 내부에는 문자로 매핑 되지 않는 바이너리 데이터를 볼 수 있다. 이미지 파일은 바이너리 파일이다.

[그림 12-4] 바이너리 파일과 그 내부

파일에는 문자로 해석할 수 없는 바이너리 값들이 존재한다. 예를 들어 다음은 [그림 12-4]에 보이는 바이너리 바이트의 사례로서, 이에 해당하는 ASCII 문자나 유니코드 문자들은 존재하지 않는다.

```
1A 18 1D 19 1C 18 17 1E
```

문자로 해석할 수 없는 바이너리 값들이 있다면 이 파일은 바이너리 파일이다.

hwp 파일은 텍스트 파일인가 바이너리 파일인가?

바이너리 파일
바이너리 정보로 파일에 저장

hwp 파일은 바이너리 파일이다. 한글 프로그램으로 한글이나 영어로 구성되는 문서를 작성하기 때문에, 혹시 독자들이 hwp 파일이 텍스트 파일이라고 생각할 수 있다. 그러나 조금 더 신중히 생각해보자. 한글 프로그램으로 글자에 색을 입히고, 크기나 서체를 지정하고, 왼쪽 마진, 오른쪽 마진 등 문서의 포맷도 지정한다. 문서나 글자에 지정된 포맷 정보는 문자가 아닌 바이너리 정보로 파일에 저장된다. 또한 한글 프로그램은 비트맵 이미지를 삽입하고, 선, 원 등을 그리기도 하고, 표를 입력하는 등 문자가 아닌 정보를 파일에 저장한다. hwp 파일에는 문자가 아닌 바이너리 바이트들이 저장되며, 이들은 한글 프로그램만이 해석할 수 있다. 이쯤 되면 독자들은 hwp 파일이 바이너리 파일이라는 것을 알 수 있을 것이다.

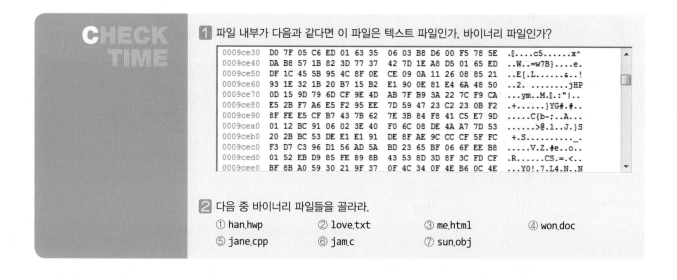

CHECK TIME

1 파일 내부가 다음과 같다면 이 파일은 텍스트 파일인가, 바이너리 파일인가?

```
0009ce30   D0 7F 05 C6 ED 01 63 35   06 03 B8 D6 00 F5 78 5E   .[....c5.....x^
0009ce40   DA B8 57 1B 82 3D 77 37   42 7D 1E A8 D5 01 65 ED   ..W..=w7B}...e.
0009ce50   DF 1C 45 5B 95 4C 8F 0E   CE 09 0A 11 26 08 85 21   ..E[.L.....&..!
0009ce60   93 1E 32 1B 20 B7 15 B2   E1 90 0E 81 E4 6A 48 50   ..2. ........jHP
0009ce70   0D 15 9D 79 6D CF 9E 4D   AB 7F B9 3A 22 7C F9 CA   ...ym.M.[.:"|..
0009ce80   E5 2B F7 A6 E5 F2 95 EE   7D 59 47 23 C2 23 0B F2   .+.....}YG#.#..
0009ce90   8F FE E5 CF B7 43 7B 62   7E 3B 84 F8 41 C5 E7 9D   .....C{b~;..A..
0009cea0   01 12 BC 91 06 02 3E 40   F0 6C 08 DE 4A A7 7D 53   ......>@.l..J.}S
0009ceb0   20 2B BC 53 DE E1 E1 91   DE 8F AE 9C CC CF 5F FC    +.S.........._.
0009cec0   F3 D7 C3 96 D1 56 AD 5A   BD 23 65 BF 06 6F EE B8   .....V.Z.#e..o..
0009ced0   01 52 EB D9 85 FE 89 8B   43 53 8D 3D 8F 3C FD CF   .R......CS.=.<..
0009cee0   BF 8B A0 59 30 21 9F 37   0F 4C 34 0F 4E B6 0C 4E   ...Y0!.7.L4.N..N
```

2 다음 중 바이너리 파일들을 골라라.

① han.hwp　　　② love.txt　　　③ me.html　　　④ won.doc
⑤ jane.cpp　　　⑥ jam.c　　　⑦ sun.obj

12.2 파일 입출력 개요

이제 파일 입출력에 대한 본론으로 들어가서 C++의 파일 입출력 전반에 관한 개요를 살펴보자.

C++ 파일 입출력 라이브러리

ifstream
ofstream
fstream

ANSI/ISO C++ 표준 위원회에서는 개발자들을 위해 파일 입출력 라이브러리에 대한 표준을 별도로 정하였다. [그림 12-5]는 C++ 표준 파일 입출력 라이브러리의 핵심 클래스를 보여준다. ifstream은 파일 읽기 시에, ofstream은 파일 쓰기 시에, fstream은 하나의 파일에 읽기와 쓰기를 동시에 할 때 사용된다. 사실 이들은 [그림 12-6]과 같이 basic_ifstream, basic_ofstream, basic_fstream 등의 템플릿 클래스([그림 11-4] 참고)에 char 타입으로 구체화하고 typedef으로 선언된 클래스이다.

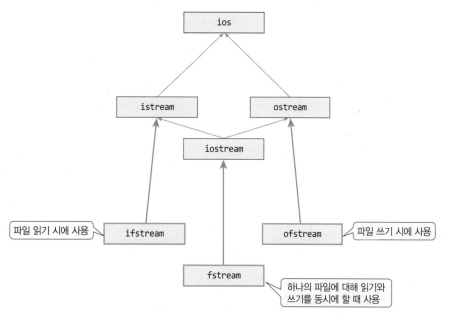

[그림 12-5] 표준 C++ 파일 입출력 클래스와 상속 관계

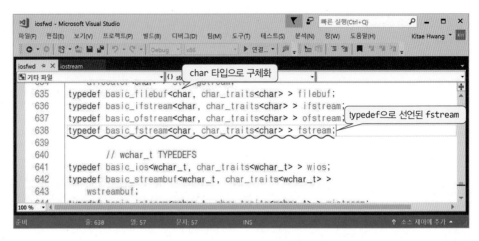

[그림 12-6] ifstream, ofstream, fstream은 C++ 표준 입출력 템플릿에서 char 타입으로 구체화하여 typedef로 선언된 클래스

파일 입출력 스트림은 파일을 프로그램과 연결한다.

파일을 프로그램과 연결

ifstream이나 ofstream은 파일을 프로그램과 연결하는 스트림으로서, 프로그램은 ifstream 객체를 통해 파일에서 읽고 ofstream 객체를 통해 파일 쓰기를 진행한다. [그림 12-7]은 파일과 프로그램을 연결한 파일 입출력 스트림을 보여준다.

istream의 get()
get()
getline()
put()
read()
write()

11장에서 다룬 ios, istream, ostream, iostream 클래스의 멤버 함수들은 파일 입출력에서도 사용된다. istream의 get()은 스트림이 키보드에 연결되어 있다면 키보드에서 문자 하나를 읽고, 스트림이 파일에 연결되어 있다면 파일에서 문자 하나를 읽는다. 그러므로 ifstream 스트림 객체와 ofstream 스트림 객체가 파일을 연결하면, get(), getline(), put(), read(), write() 등의 멤버 함수들은 자연스럽게 스트림에 연결된 파일에서 읽고 쓴다.

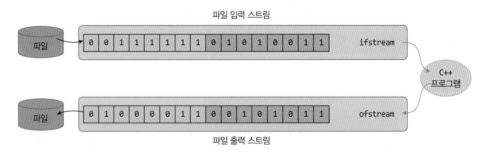

[그림 12-7] 파일 입출력 스트림의 양 끝에는 파일과 C++ 프로그램이 연결된다.

헤더 파일과 namespace

<fstream> 헤더 파일

ifstream, ofstream, fstream을 이용하기 위해서는 <fstream> 헤더 파일과 std 이름 공간이 필요하므로 다음 코드가 필요하다.

```
#include <fstream>
using namespace std;
```

파일 입출력 모드 : 텍스트 I/O와 바이너리 I/O

텍스트 I/O
바이너리 I/O

C++ 파일 입출력 시스템은 파일에 읽고 쓰는 데이터를 문자로 국한한 텍스트 I/O(Text I/O)와, 문자로 해석하지 않고 바이너리 값 그대로 읽고 쓰는 바이너리 I/O(Binary I/O)로 구분한다.

●텍스트 I/O

문자들만 기록하고, 파일에 있는 바이트를 문자로만 해석하는 입출력 방식으로서, 텍스트 파일을 읽고 쓸 때만 사용한다.

●바이너리 I/O

바이트 단위로 바이너리 데이터를 입출력하는 방식이다. 모든 파일을 단순히 바이트의 스트림으로 다루기 때문에, 텍스트 파일이나 바이너리 파일에 상관없이 읽고 쓰기가 가능하다.

파일 입출력 모드는 ifstream, ofstream, fstream의 생성자에 지정하거나 파일 열기(open) 시에 지정하여야 하며 이 방법은 뒤의 12.4절에서 다룬다.

12.3 《와 》 연산자를 이용한 간단한 텍스트 파일 입출력

간단히 텍스트 파일을 읽고 쓰려면 <<, >> 연산자를 사용하면 편리하다. <<, >> 연산자는 오직 텍스트 파일에 대해서만 작동한다.

파일 쓰기를 위한 스트림 객체 생성

텍스트 정보를 파일로 작성하기 위해서는, 우선 다음과 같이 ofstream 클래스를 이용하여 파일 출력 스트림 객체를 생성해야 한다.

```
ofstream fout; // 파일 출력 스트림 객체 fout 생성
```

파일 쓰기는 fout을 이용하여 이루어진다.

파일 열기

open()

텍스트 데이터를 파일에 쓰기 전에, 파일명을 매개 변수로 하고 fout 객체의 open() 멤버 함수를 호출하여 파일을 열어 스트림에 연결해야 한다. 다음은 노래 가사를 텍스트 파일로 작성하기 위해 song.txt를 여는 코드이다.

```
fout.open("song.txt"); // song.txt 파일 열기
```

출력 스트림에 파일을 연결하는 과정

파일 열기는 출력 스트림에 파일을 연결하는 과정이다. 이 과정에서 song.txt가 읽기 전용(read-only) 파일로 이미 존재하거나, 디스크 용량이 모자라는 등 파일 만들기가 불가능한 경우 파일 열기는 실패한다. 앞의 open() 함수는 song.txt 파일이 존재하지 않는다면 빈 song.txt 파일을 새로 만들고, 이미 존재한다면 기존의 song.txt 파일의 내용을 모두 지우고 파일의 맨 앞에서부터 쓸 준비를 한다. open() 함수를 사용하지 않고 다음과 같이 파일 출력 스트림을 생성할 때 파일 열기를 함께 할 수 있다.

```
ofstream fout("song.txt"); // 파일 출력 스트림 생성과 동시에 파일 열기
```

파일 열기 성공 검사

파일 열기가 실패하면 파일 쓰기를 더 이상 진행할 수 없기 때문에, 열기 후에는 반드시 열기의 성공 여부를 검사한다. 파일 열기의 성공 여부는 다음과 같이 확인한다.

```
if(!fout) { // fout 스트림의 파일 열기가 실패한 경우
    ... // 파일 열기 실패를 처리하는 코드
}
```

operator!()
is_open()

!fout은 fout 스트림의 operator!() 연산자 함수를 실행한다. operator!() 함수는 ios 클래스의 멤버이므로 상속받은 모든 입출력 클래스에서 사용가능하다. operator!() 함수는 파일 열기가 실패한 경우 true를, 성공한 경우 false를 리턴한다.
파일 열기는 다음과 같이 is_open() 함수로 검사할 수도 있다.

```
if(!fout.is_open()) { // fout 스트림의 파일 열기가 실패한 경우
    ... // 파일 열기 실패를 처리하는 코드
}
```

is_open()은 파일 열기가 성공한 경우 true를, 실패한 경우 false를 리턴한다. 여기서 !는 중복된 연산자가 아니다.

《 연산자를 이용한 파일 쓰기

이제 << 연산자를 이용하여 텍스트 데이터를 파일에 기록해 보자.

```
int age = 21;
char singer[] = "Kim";
char song[] = "Yesterday";

ofstream fout("song.txt");
if(!fout) return; // 열기 오류
fout << age << '\n'; // 파일에 21과 '\n'을 기록한다.
fout << singer << endl; // 파일에 "Kim"과 '\n'을 덧붙여 기록한다.
fout << song << endl; // 파일에 "Yesterday"와 '\n'을 덧붙여 기록한다.
```

이 코드의 실행 결과 song.txt 파일은 프로젝트 폴더의 소스 디렉터리에 [그림 12-8] 과 같이 기록된다. << 연산자는 문자만 저장하기 때문에, 정수를 문자열로 바꾸어 저 장한다. 그러므로 정수 21은 '2', '1'로 저장된다.

 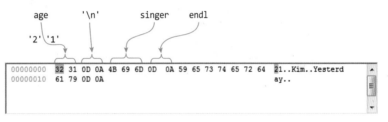

▲ 오른쪽은 song.txt 파일 내부 바이트를 Edit Plus를 이용하여 출력한 화면

[그림 12-8] song.txt 파일과 그 내부

파일 닫기

`close()`

파일 쓰기를 마치면 다음과 같이 close() 함수를 호출하여 파일을 닫는다. 이때 스트 림은 파일과의 연결을 끊는다.

```
fout.close();
```

close() 이후에는 fout을 이용하여 파일 쓰기를 할 수 없다. 다시 파일을 열어야 쓰 기가 가능하다.

예제 12-1 **키보드로부터 입력 받아 텍스트 파일 저장하기**

키보드로부터 이름, 학번, 학과를 입력받아 c:\temp\student.txt 파일에 저장하는 프로그램을 작성하라. 파일에 저장하기 위해서는 **ofstream**과 **<<** 연산자를 이용하라.

```cpp
1   #include <iostream>
2   #include <fstream>
3   using namespace std;
4
5   int main() {
6      char name[10], dept[20];
7      int sid;
8
9      // 키보드로부터 읽기
10     cout << "이름>>";
11     cin >> name; // 키보드에서 이름 입력 받음
12     cout << "학번(숫자로)>>";
13     cin >> sid; // 키보드에서 학번 입력 받음
14     cout << "학과>>";
15     cin >> dept; // 키보드에서 학과 입력 받음
16
17     // 파일 열기. student.txt 파일을 열고, 출력 스트림 생성
18     ofstream fout("c:\\temp\\student.txt");
19     if(!fout) { // 열기 실패
20        cout << "c:\\temp\\student.txt 파일을 열 수 없다";
21        return 0;
22     }
23
24     // 파일 쓰기
25     fout << name << endl; // name 쓰기
26     fout << sid << endl; // sid 쓰기
27     fout << dept << endl; // dept 쓰기
28
29     fout.close(); // 파일 닫기
30  }
```

파일 쓰기를 위한 스트림 fout 생성 및 파일 열기 → 18

파일 열기 성공 검사 → 19

문자열에 \ 문자를 사용하려면 두 개의 \\ 가 필요함

파일 쓰기 → 25

정수 sid가 문자열로 변환되어 저장됨

파일 닫기 → 29

실행 결과

```
이름>>kitae
학번(숫자로)>>20131111
학과>>computer
```

입력한 내용을 c:\temp\student.txt에 저장

예제 12-1을 실행하면 c:\temp\student.txt가 생성되며 [그림 12-9]와 같다.

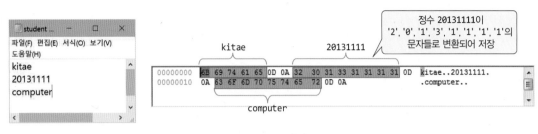

[그림 12-9] c:\temp\student.txt 파일과 그 내부

> **잠깐!** **파일 열기와 닫기는 왜 필요한가?**
>
> **파일 열기(file open)**란 경로명에 파일이 존재하는지, 파일 작성에 필요한 디스크 공간이 있는지, 읽기 전용 파일에 쓰기를 하는지, 접근 금지된 파일을 읽고자 하는지, 디스크는 정상적으로 작동하는지 등을 검사하는 과정이다. 이 모든 검사가 성공하였을 때 비로소 파일 열기가 성공하며 스트림과 연결된다. 파일 열기의 모든 과정은 운영체제에 의해 이루어지며, 열린 파일의 효율적인 입출력을 위한 구조가 형성된다.
>
> 반대로 **파일 닫기(file close)**란 파일 열기 시에 구성한 자료 구조를 해제하여 읽기/쓰기를 끝내는 과정이며, 버퍼에 남아 있는 데이터를 물리적으로 장치에 기록하는 마무리 작업도 포함한다. 파일 닫기를 하지 않고 프로그램이 비정상적으로 종료되는 경우, 버퍼에 남아 있는 데이터가 파일에 기록되지 않을 수도 있다. 가능하면 파일 닫기를 하는 것이 좋다. 일단 파일이 닫히면 읽고 쓰기가 불가능하며, 다시 열기를 해야 읽고 쓸 수 있다. 프로그램이 정상적으로 종료하면 열려진 파일은 모두 자동으로 닫힌다.

파일 열기
파일 닫기

〉〉 연산자를 이용한 텍스트 파일 읽기

파일을 읽는 과정도 파일에 쓰는 과정과 유사하다. 우선 다음과 같이 `ifstream` 클래스를 이용하여 파일 입력 스트림 객체를 생성한다.

```
ifstream fin; // 파일 입력 스트림 객체 fin 생성
```

open()

그리고 open() 함수를 이용하여 파일을 열고, 열기의 성공 여부를 검사한다.

```
fin.open("c:\\temp\\student.txt"); // 파일 열기
if(!fin) { // 파일 열기가 실패한 경우
    cout << "파일을 열 수 없다";
    return 0;
}
```

파일 열기가 성공하였으면 >> 연산자를 이용하여 다음과 같이 파일에서 텍스트 데이터를 읽는다.

```
char name[10], dept[20];
int sid;
fin >> name; // 파일에서 문자열을 읽어 name 배열에 저장
fin >> sid;  // 파일에서 정수를 읽어 sid 정수형 변수에 저장
fin >> dept; // 파일에서 문자열을 읽어 dept 배열에 저장
```

'2', '0', '1', '3', '1', '1', '1', '1'의 문자들을 정수 20131111로 변환

파일 읽기를 마치고자 하면 다음과 같이 파일을 닫는다.

```
fin.close();
```

예제 12-2는 c:\temp\student.txt 파일을 읽어 화면에 출력하는 소스와 실행 결과를 보여준다.

> **잠깐!** 파일의 경로명
>
> 일반적으로 경로명을 말할 때 c:\temp\student.txt라고 표현하지만, 문자열로 표현할 때는 "c:\\temp\\student.txt"라고 명기해야 한다. 문자열에 '\' 문자를 사용하고자 하면 '\\'와 같이 백슬래시를 두 번 사용하도록 하고 있다. 만일 "c:\temp\student.txt"라고 기술하면, 중간에 있는 \t가 탭<Tab> 문자로 해석되어 경로명 오류가 발생한다.

예제 12-2 | **ifstream과 >> 연산자를 이용한 텍스트 파일 읽기**

예제 12-1에서 저장한 c:\temp\student.txt 파일을 읽고 화면에 출력하는 프로그램을 작성하라.

```
1   #include <iostream>
2   #include <fstream>
3   using namespace std;
4
5   int main() {
6      // 스트림 객체 생성 및 파일 열기
7      ifstream fin;
8      fin.open("c:\\temp\\student.txt");
9      if(!fin) { // 파일 열기 실패
10        cout << "파일을 열 수 없다";
11        return 0;
12     }
```

파일 읽기를 위한 fin 스트림 생성

파일 열기

파일의 경로명이 틀리거나, 존재하지 않는 파일을 열려고 하면 열기가 실패한다.

```
13
14    char name[10], dept[20];
15    int sid;
16
17    // 파일 읽기
18    fin >> name;  // 파일에 있는 문자열을 읽어 name 배열에 저장
19    fin >> sid;  // 정수를 읽어 sid 정수형 변수에 저장
20    fin >> dept;  // 문자열을 읽어 dept 배열에 저장
21
22    // 읽은 텍스트를 화면에 출력
23    cout << name << endl;
24    cout << sid << endl;
25    cout << dept << endl;
26
27    fin.close();  // 파일 읽기를 마치고 파일을 닫는다.
28  }
```

파일 읽기 → 18
파일 닫기 → 27

실행 결과

```
kitae
20131111
computer
```

CHECK TIME

1 키보드로부터 전화 번호와 이름을 입력받아 c:\temp\tel.txt 파일에 저장하는 프로그램이다. 밑줄 친 부분을 완성하라.

```
#include <iostream>
#include <fstream>
using namespace std;

int main() {
    _____  // 파일 출력 스트림 객체 fout을 생성한다.
  if(!fout) return 0;
  char tel[100], name[100];
  cin >> tel >> name;  // 전화 번호와 이름을 입력받는다.
    _____  // 파일에 전화 번호와 이름을 저장한다.
    _____  // 스트림을 닫는다.
}
```

12.4 파일 모드

파일 모드란?

파일 모드(file mode)란, 파일을 열 때 앞으로 어떤 파일 입출력을 수행할 것인지 알리는 정보이다. 파일 모드는 〈표 12-1〉과 같이 ios 클래스에 상수로 선언되어 있으며, 파일에서 읽을 것인지, 쓸 것인지, 파일의 맨 뒤에서부터 쓸 것인지, 기존의 파일 내용을 지우고 처음부터 쓰기 시작할 것인지, 텍스트 I/O로 할 것인지 바이너리 I/O로 할 것인지 등을 지정한다.

파일 모드
파일을 열 때

〈표 12-1〉 파일 모드 상수

파일 모드	의미
ios::in	읽기 위해 파일을 연다.
ios::out	쓰기 위해 파일을 연다.
ios::ate	(at end) 쓰기 위해 파일을 연다. 열기 후 파일 포인터를 파일 끝에 둔다. 파일 포인터를 옮겨 파일 내의 임의의 위치에 쓸 수 있다.
ios::app	파일 쓰기 시에만 적용된다. 파일 쓰기 시마다, 자동으로 파일 포인터가 파일 끝으로 옮겨져서 항상 파일의 끝에 쓰기가 이루어진다.
ios::trunc	파일을 열 때, 파일이 존재하면 파일의 내용을 모두 지워 파일 크기가 0인 상태로 만든다. ios::out 모드를 지정하면 디폴트로 함께 지정된다.
ios::binary	바이너리 I/O로 파일을 연다. 이 파일 모드가 지정되지 않으면 디폴트가 텍스트 I/O이다.

파일 포인터

파일 포인터는 파일 내에 읽거나 쓸 위치를 가리키는 특별한 마크로서 **12.8**절에서 자세히 설명한다.

파일 모드 설정

open()
생성자

파일 모드는 파일을 열 때 지정하며, open() 함수나 ifstream, oftsream, fstream의 생성자를 통해 지정한다. open() 함수의 경우, 다음과 같이 두 번째 매개 변수에 파일 모드를 지정한다.

```
void open(const char * filename, ios::openmode mode)
    mode로 지정된 파일 모드로 filename의 파일을 연다.
```

여기서 mode는 〈표 12-1〉에 있는 상수이다. 여러 개의 파일 모드를 동시에 지정하고자 하면, 다음과 같이 |(bit-OR) 연산자를 이용한다.

```
ios::out | ios::app | ios::binary
```

ifstream의 디폴트 파일 모드는 ios::in이고, ofstream의 경우 ios::out이며, fstream의 경우 ios::in|ios::out이다. 또한 텍스트 I/O가 디폴트이다. 파일 모드를 지정하는 사례를 들어보자.

●student.txt 파일에서 처음부터 읽고자 하는 경우
디폴트 파일 모드를 그대로 사용하면 다음과 같다.

```
ifstream fin;
fin.open("student.txt"); // 디폴트 파일 모드(ios::in) 지정. 디폴트는 텍스트 I/O
```

다음과 같이 명시적으로 파일 모드를 지정할 수도 있다.

```
ifstream fin;
fin.open("student.txt", ios::in);
```

●student.txt 파일의 끝에 데이터를 저장하는 경우

```
ofstream fout;
fout.open("student.txt", ios::out | ios::app);
fout << "tel:0104447777"; // 기존의 student.txt 끝에 "tel:0104447777"을 추가 저장
```

●바이너리 I/O로 data.bin 파일을 기록하는 경우

```
fstream fbinout;
fbinout.open("data.bin", ios::out | ios::binary);
char buf[128];
....
fbinout.write(buf, 128); // buf에 있는 128 바이트를 파일에 기록
```

●스트림 객체의 생성자를 이용한 파일 모드 지정

스트림 객체의 생성자

open() 함수 대신 스트림 객체의 생성자를 이용하여 파일 모드를 지정할 수 있다. 앞의 3 가지 사례를 생성자를 이용하여 다시 작성하면 다음과 같다.

```
ifstream fin("student.txt"); // 디폴트 파일 모드(ios::in) 지정
ofstream fout("student.txt", ios::out | ios::app);
fstream fbinout("data.bin", ios::out | ios::binary);
```

12.5 멤버 함수를 이용한 텍스트 I/O

텍스트 파일을 읽고 쓰기 위해서는, 파일 모드를 텍스트 I/O로 지정해야 한다. 텍스트 I/O란 앞서 설명한 것처럼 텍스트 파일에 들어 있는 문자들을 읽거나, 텍스트 파일에 문자들을 쓰는 입출력 방식이다.

get()
put()

C++ 입출력 클래스에는 파일에서 한 바이트를 읽고 쓰는 get()과 put() 함수가 있다. get()과 put()은 각각 istream과 ostream 클래스의 멤버로서, 텍스트 파일이나 바이너리 파일을 막론하고 입출력이 가능하다.

텍스트 I/O 모드로 열기

ios::binary를 지정하지 않으면, 텍스트 I/O로 입출력이 이루어진다. 예를 들면 다음과 같다.

```
const char* file = "c:\\windows\\system.ini"; // 텍스트 파일
ifstream fin; // 파일 입력 스트림 객체 생성
fin.open(file); // 텍스트 I/O로 파일 열기
...
ofstream fout(file); // 파일 출력 스트림을 생성하고, 텍스트 I/O로 파일 열기
```

get()과 put()을 이용한 텍스트 I/O

텍스트 I/O 모드인 경우, get()은 파일에서 문자 한 개를 읽고, put()은 문자 한 개를 파일에 기록한다. 이 두 함수는 11장에서 설명하였지만 다시 한 번 아래에 원형을 기술한다.

```
int get()
    파일에서 문자 하나(한 바이트) 읽어 리턴. 파일의 끝에서 읽으면 EOF(-1) 리턴
ostream& put(char ch)
    파일에 문자 ch 기록
```

예제 12-3은 텍스트 파일 c:\windows\system.ini를 텍스트 I/O 모드로 열고, get()을 이용하여 파일을 읽어 화면에 출력하는 사례를 보여준다.

예제 12-3   **get()을 이용한 텍스트 파일 읽기**

get()을 이용하여 텍스트 파일 c:\windows\system.ini를 읽어 화면에 출력하라.

```cpp
1   #include <iostream>
2   #include <fstream>
3   using namespace std;
4
5   int main() {
6      const char* file = "c:\\windows\\system.ini"; // 읽을 파일명
7      ifstream fin(file);
8      if(!fin) {
9         cout << file << " 열기 오류" << endl;
10        return 0;
11     }
12     int count = 0;
13     int c;
14     while((c=fin.get()) != EOF) { // EOF를 만날 때까지 읽음
15        cout << (char)c; // 읽은 문자를 화면에 출력
16        count++; // 읽은 문자 개수 카운트
17     }
18
19     cout << "읽은 바이트 수는 " << count << endl;
20     fin.close(); // 파일 닫기
21  }
```

파일에서 문자 읽기

→ 실행 결과

```
; for 16-bit app support
[386Enh]
woafont=dosapp.fon
EGA80WOA.FON=EGA80WOA.FON
EGA40WOA.FON=EGA40WOA.FON
CGA80WOA.FON=CGA80WOA.FON
CGA40WOA.FON=CGA40WOA.FON

[drivers]
wave=mmdrv.dll
timer=timer.drv

[mci]
읽은 바이트 수는 206
```

예제 12-8에서는 219 바이트로 카운트 된다.

텍스트 I/O 모드로 읽을 때, get()은 라인의 끝에 있는 '\r\n'의 두 바이트를 '\n'의 한 바이트로 리턴한다. 그러므로 c:\windows\system.ini는 총 13 라인의 219 바이트이지만, 실제 읽은 바이트 수는 각 라인의 '\r' 개수 만큼 13개 모자란 206으로 카운트 된다.

get()과 EOF

파일의 끝

파일의 끝을 만나면 읽기를 멈추어야 하는데, get()은 파일의 끝을 어떻게 인식할까? 지금부터 [그림 12-10]을 보면서, 파일의 끝을 인식하는 방법을 설명한다.

●get() 함수와 EOF 관계

파일 포인터 전진
eof()
EOF(-1)
eofbit 플래그

get()은 한 바이트를 읽고 파일 포인터를 다음 바이트 위치로 전진시킨다. get()이 파일의 마지막 문자를 읽고 나면, 파일 포인터는 전진하여 파일의 끝을 가리킨다. 그러나 파일 끝에 도달하였는지는 아직 알 수 없기 때문에, 이때 eof() 함수를 호출하면 false(파일 끝에 도달하지 않았음)를 리턴한다. 만일 get()을 한 번 더 실행하면, 이때 비로소 get()은 더 읽을 수 없는 파일 끝임을 알게 되어 EOF(-1)을 리턴하고, 스트림 내부에 eofbit 플래그를 1(true)로 설정한다. 이제 eof() 함수를 호출하면 true를 리턴한다.

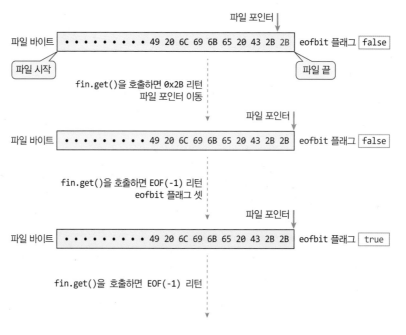

[그림 12-10] get() 함수의 호출과 EOF 관계

●get()으로 파일의 끝을 인지하는 방법

프로그램에서 파일의 끝을 알아내기 위해 get()이 리턴한 값과 EOF를 다음과 같이 비교하면 된다.

```
while(true) {
    int c = fin.get(); // 파일에서 문자(바이트)를 읽는다.
    if(c == EOF) {
        ... // 파일의 끝을 만난 경우. 이에 대응하는 코드를 작성
        break; // while 루프에서 빠져나온다.
    }
    else {
        ... // 읽은 문자(바이트) c를 처리한다.
    }
}
```

이 코드는 다음과 같이 간단하게 작성하기도 한다.

```
while((c = fin.get()) != EOF) {
    ... // 파일에서 읽은 문자(바이트) c를 처리하는 코드
}
```

앞의 코드들은 텍스트 I/O나 바이너리 I/O에 상관없이 파일을 읽는 경우에 사용된다.

●파일의 끝을 잘못 인지하는 코드

eof()

eof()는 오직 eofbit 플래그의 값이 1인지만 확인하여 리턴한다. 그러므로 다음과 같이 eof()를 이용하여 파일의 끝을 검사하면 문제가 발생할 수 있다.

```
while(!fin.eof()) {
    int c = fin.get(); // 문제의 위치. 마지막 읽은 EOF(-1) 값이 c에 리턴된다.
    ... // 읽은 값 c를 처리하는 코드.
}
```

위의 코드는 fin.get()이 파일의 마지막 바이트를 읽고 파일 포인터가 파일 끝을 가리키는 상황에서 while 문의 eof()가 실행되면 eof()는 false를 리턴한다. 왜냐하면 아직 eofbit가 1로 셋되어 있지 않기 때문이다. 이때 다시 int c = fin.get()이 실행되면 eofbit이 1로 셋되고 get()은 EOF(-1)를 리턴하여 c는 -1 값을 가진다. 바로 그 다음 라인에서 c 값(-1)을 정상적으로 읽은 문자로 착각하고 처리하면 문제가 발생한다. fin.get() 함수를 사용할 때는 호출한 이후에 바로 fin.eof()를 호출하여 파일 데이터를 읽었는지 확인하면 모든 문제가 해결된다.

잠깐! get()의 리턴 타입이 int인 이유? EOF 때문

다음 코드는 fin에 연결된 텍스트 파일을 읽고 화면에 출력하는 코드이다.

```
int c;
while((c = fin.get()) != EOF) {
    cout << (char)c;
}
```

이 코드를 보면 두 가지 의문이 든다.

첫째, get() 함수는 한 바이트나 문자 하나를 리턴하는데 왜 리턴 타입이 char가 아니라 int일까?

둘째, get()이 파일의 끝을 만나면 -1(EOF)을 리턴하는데, 파일에 -1이 있다면, 이 둘을 어떻게 구분할 수 있겠는가?

이 질문에 대한 답은 모두 파일의 끝 처리와 연관되어 있다. 만일 스트림이나 파일에 0xFF의 값이 있다고 하면, get()은 0xFF를 리턴한다. 이 때 독자들은 '어! 0xFF는 -1인데, 파일의 끝을 표시하는 -1과 혼동되네!'라고 생각할 수 있다. 그러나 get()은 int 타입으로 값을 리턴하므로, 읽는 바이트 0xFF를 32비트의 0x000000FF로 리턴한다. 이것은 -1이 아니라 255이다. EOF는 -1로서 0xFFFFFFFF이다. get()이 파일에서 0xFF의 값을 읽어 리턴하는 것과 확연히 구분된다. 이것이 바로 get()의 리턴 타입이 int인 이유이다.

ios::app 모드로 텍스트 파일 덧붙여 쓰기

ios::app 모드

ios::app 모드를 이용하면 파일의 끝에 다른 파일을 덧붙여 쓸 수 있다. 예제 12-4는 fstream을 이용하여 c:\temp\student.txt 파일에다 c:\windows\system.ini 파일을 덧붙여 기록하는 예를 보인다. 첫 번째 파일은 끝에 덧붙여 쓰는 파일 모드(ios::out | ios::app)로 열고 두 번째 파일은 읽기 모드(ios::in)로 연다.

```
const char* firstFile = "c:\\temp\\student.txt";
const char* secondFile = "c:\\windows\\system.ini";

fstream fout(firstFile, ios::out | ios::app); // 첫 번째 파일을 추가 쓰기 모드로 열기
fstream fin(secondFile, ios::in); // 두 번째 파일을 읽기 모드로 열기
```

그리고 get() 함수를 이용하여 두 번째 파일 데이터를 읽고, put() 함수를 이용하여 첫 번째 파일에 끝에 덧붙여 기록한다.

예제 12-4   텍스트 파일 연결

fstream을 이용하여 c:\temp\student.txt 파일에 c:\windows\system.ini 파일을 덧붙이는 프로그램을 작성하라.

```cpp
1   #include <iostream>
2   #include <fstream>
3   using namespace std;
4
5   int main() {
6      const char* firstFile = "c:\\temp\\student.txt";
7      const char* secondFile = "c:\\windows\\system.ini";
8
9      fstream fout(firstFile, ios::out | ios::app); // 쓰기 모드로 파일 열기
10     if(!fout) { // 열기 실패 검사
11        cout << firstFile << " 열기 오류";
12        return 0;
13     }
14
15     fstream fin(secondFile, ios::in); // 읽기 모드로 파일 열기
16     if(!fin) { // 열기 실패 검사
17        cout << secondFile << " 열기 오류";
18        return 0;
19     }
20
21     int c;
22     while((c=fin.get()) != EOF) { // 파일 끝까지 문자 읽기
23        fout.put(c); // 읽은 문자 기록
24     }
25
26     fin.close(); // 입력 파일 닫기
27     fout.close(); // 출력 파일 닫기
28  }
```

> c:\temp\student.txt를
> 덧붙여 쓰기 모드로 열기

> c:\windows\system.ini
> 를 읽기 모드로 열기

원본 c:\temp\student.txt

변경된 c:\temp\student.txt

c:\windows\system.ini 파일 본문

텍스트 파일의 라인 단위 읽기

텍스트 파일을 라인 단위로 읽는 경우가 많다. 파일을 라인 단위로 읽는 방법은 다음 두 가지가 있다.

- istream의 getline(char* line, int n) 함수 이용
- getline(ifstream& fin, string& line) 함수 이용

● istream의 getline(char* line, int n)

istream의 getline() 함수는 스트림에 연결된 입력 장치나 파일로부터 한 줄을 읽는 함수로서, 다음과 같이 파일로부터 읽는다.

```
char buf[81]; // 한 라인이 최대 80개의 문자로 구성된다고 가정
ifstream fin("c:\\windows\\system.ini");
while(fin.getline(buf, 81)) { // 한 라인이 최대 80개의 문자로 구성. 끝에 '\0' 문자 추가
    ... // 읽은 라인(buf[])을 활용하는 코드
}
```

라인 단위로 읽는 전형적인 코드

이 코드는 EOF까지 파일을 라인 단위로 읽는 전형적인 코드로서, 잠깐 해석해보자. fin.getline(buf, 81)은 한 라인을 읽고 나서 fin&를 리턴하므로 결국 while(fin)이 실행된다. 이 문장에서 C++11 표준부터 istream 클래스에 만들어져 있는 operator bool () 연산자를 실행하며, () 연산자는 현재 스트림(fin) 내에 오류 상태(failbit이나 badbit)를 검사하고 오류가 발생한 상태이면 false를 리턴한다. 그러므로 만일 fin. getline()이 더 읽을 데이터가 없는 경우 while 문이 끝나게 된다.

예제 12-5 **istream의 getline()을 이용하여 텍스트 파일을 읽고 화면 출력**

c:\windows\system.ini 파일을 istream의 getline() 함수를 이용하여 한 줄 단위로 읽어 화면에 출력하라.

```
1  #include <iostream>
2  #include <fstream>
3  using namespace std;
4
5  int main() {
6     ifstream fin("c:\\windows\\system.ini");
7     if(!fin) {
8        cout << "c:\\windows\\system.ini 열기 실패" << endl;
9        return 0;
10    }
```

```
11
12    char buf[81]; // 한 라인이 최대 80개의 문자로 구성된다고 가정
13    while(fin.getline(buf, 81)) { // 한 라인이 최대 80개의 문자로 구성
14       cout << buf << endl; // 라인 출력
15    }
16
17    fin.close();
18  }
```

→ 실행 결과

```
; for 16-bit app support
[386Enh]
woafont=dosapp.fon
EGA80WOA.FON=EGA80WOA.FON
EGA40WOA.FON=EGA40WOA.FON
CGA80WOA.FON=CGA80WOA.FON
CGA40WOA.FON=CGA40WOA.FON

[drivers]
wave=mmdrv.dll
timer=timer.drv

[mci]
```

● ifstream& getline(ifstream& fin, string& line)

string으로 다루는 것이 훨씬
편하고 안전
getline()
<string> 헤더 파일

문자열은 char buf[] 배열보다 string으로 다루는 것이 훨씬 편하고 안전하다. 이 getline() 함수는 <string> 헤더 파일에 선언된 함수로서 파일에서 한 라인을 읽어 string 객체에 저장한다. string 객체를 이용하면 한 라인이 몇 개의 문자로 구성되는지 염려하지 않아도 된다. getline() 함수를 이용하여 파일을 라인 단위의 문자열로 읽는 코드는 다음과 같다.

```
string line;
ifstream fin("c:\\windows\\system.ini");
while(getline(fin, line)) { // 한 라인을 읽어 line에 저장. 파일 끝까지 반복
    ... // 읽은 라인(line)을 활용하는 코드 작성
}
```

char 배열보다 100배 쉽다

저자는 독자들에게 여기 두 번째 방법을 권한다. string으로 문자열을 다루는 것이 char 배열보다 100배는 쉽다.

예제 12-6 getline(ifstream&, string&)**으로** words.txt **파일을 읽고 단어 검색**

words.txt 파일을 라인별로 읽어 vector<string>의 벡터에 저장하라. 그리고 사용자로부터 문자열을 입력받아 문자열을 포함하는 단어를 벡터에서 검색하여 출력하는 프로그램을 작성하라. words.txt는 한 라인에 하나의 영어 단어만 있는 파일로서, 예제 소스 파일과 같은 폴더에 저장되어 있다.

```cpp
1   #include <iostream>
2   #include <fstream>
3   #include <string>
4   #include <vector>
5   using namespace std;
6
7   void fileRead(vector<string> &v, ifstream &fin) { // fin 파일 전체를 벡터 v에 읽어들임
8     string line;
9     while(getline(fin, line)) { // fin 파일에서 한 라인 읽기
10      v.push_back(line); // 읽은 라인을 벡터에 저장
11    }
12  }
13
14  void search(vector<string> &v, string word) { // 벡터 v에서 word를 찾아 출력
15    for(int i=0; i<v.size(); i++) {
16      int index = v[i].find(word);
17      if(index != -1) // found
18        cout << v[i] << endl;
19    }
20  }
21
22  int main() {
23    vector<string> wordVector;
24    ifstream fin("words.txt");
25    if(!fin) {
26      cout << "words.txt 파일을 열 수 없습니다" << endl;
27      return 0; // 열기 오류
28    }
29    fileRead(wordVector, fin); // 파일 전체를 wordVector에 라인 별로 읽기
30    fin.close();
31
32    cout << "words.txt 파일을 읽었습니다." << endl;
33    while(true) {
34      cout << "검색할 단어를 입력하세요 >>";
35      string word;
36      getline(cin, word); // 키보드로부터 문자열 읽기
37      if(word == "exit") // exit을 입력하면 프로그램 종료
38        break; // 프로그램 종료
```

> v[i] 단어가 word 문자열을 포함하는지 검사. -1이 리턴되면 포함하지 않음

> 라인별로 문자열을 저장할 벡터

> words.txt 파일이 소스 파일과 같은 폴더에 있음

```
39      search(wordVector, word); // 벡터에서 문자열을 검색하여 출력
40   }
41   cout << "프로그램을 종료합니다." << endl;
42 }
```

━● 실행 결과

```
words.txt 파일을 읽었습니다.
검색할 단어를 입력하세요 >>love
belove
clove
cloven
foxglove
glove                          ┌─ love 문자열을 포함하는
love                           │   단어들
lovebird
lovelorn
plover
pullover
sloven
Slovenia                       ┌─ exit을 입력하면
검색할 단어를 입력하세요 >>exit  │   프로그램 종료
프로그램을 종료합니다.
```

12.6 바이너리 I/O

바이너리 I/O는 파일의 각 바이트를 바이너리 값 그대로 읽거나, 변수나 버퍼의 바이너리 값을 그대로 파일에 저장하는 저수준(raw level) 입출력 방식이다. 그러므로 텍스트 파일은 텍스트 I/O나 바이너리 I/O로 읽고 쓰는 것이 둘 다 가능하지만, 바이너리 파일은 반드시 바이너리 I/O를 이용해야 한다.

바이너리 I/O로 파일 열기

ios::binary 파일 모드

바이너리 I/O를 사용하기 위해서는 파일을 열 때 ios::binary 파일 모드를 지정해야

한다. 아래는 desert.jpg 파일을 바이너리 I/O로 입출력하기 위해 파일 스트림을 여는 코드이다.

```
ifstream fin;
fin.open("desert.jpg", ios::in | ios::binary); // 바이너리 I/O로 파일 읽기 모드 설정

ofstream fout("desert.jpg", ios::out | ios::binary); // 바이너리 I/O로 파일 쓰기 모드 설정
fstream fsin("desert.jpg", ios::in | ios::binary); // 바이너리 I/O로 파일 읽기 모드 설정
```

get()와 put()을 이용한 바이너리 I/O

get()
put()

get()과 put()은 텍스트 파일로부터 문자를 읽거나 문자를 기록하는데도 사용되지만, 바이너리 바이트를 읽고 쓰는 데도 사용된다. get()과 put()의 사용법은 텍스트 I/O 나 바이너리 I/O나 동일하다. 예제 12-7은 get()과 put()을 이용하여 이미지 파일을 복사하는 예를 보여준다. 이 예제의 코드는 텍스트 파일을 복사하는데 사용해도 정확히 작동한다.

예제 12-7

get()과 put()을 이용한 이미지 파일 복사

get()과 put() 함수를 이용하여 c:\temp에 있는 desert.jpg를 c:\temp\copydesert.jpg로 복사하라. 이 예제의 실행 전에 출판사 홈페이지에서 제공하는 자료에서 desert.jpg를 미리 temp 폴더에 복사해 두어야 한다.

```cpp
1   #include <iostream>
2   #include <fstream>
3   using namespace std;
4
5   int main() {
6      // 소스 파일과 목적 파일의 이름
7      const char* srcFile = "c:\\temp\\desert.jpg";
8      const char* destFile = "c:\\temp\\copydesert.jpg";
9
10     // 소스 파일 열기
11     ifstream fsrc(srcFile, ios::in | ios::binary); // 바이너리 I/O
12     if(!fsrc) { // 열기 실패 검사
13        cout << srcFile << " 열기 오류" << endl;
14        return 0;
15     }
16
17     // 목적 파일 열기
18     ofstream fdest(destFile, ios::out | ios::binary); // 바이너리 I/O
```

원본 desert.jpg의 경로명

c:\temp\copydesert.jpg로 복사

```
19    if(!fdest) { // 열기 실패 검사
20      cout << destFile << " 열기 오류"<< endl;
21      return 0;
22    }
23
24    // 소스 파일에서 목적 파일로 복사하기
25    int c;
26    while((c=fsrc.get()) != EOF) { // 소스 파일을 끝까지 한 바이트씩 읽는다.
27      fdest.put(c); // 읽은 바이트를 파일에 출력한다.
28    }
29    cout << srcFile << "을 " << destFile << "로 복사 완료" << endl;
30    fsrc.close();
31    fdest.close();
32 }
```

→ 실행 결과

c:\temp\desert.jpg을 c:\temp\copydesert.jpg로 복사 완료

c:\temp 폴더에 있는
desert.jpg

복사된 c:\temp\copydesert.jpg

read()/write()로 블록 단위 파일 입출력

read()
write()
블록 단위로 입출력

get()과 put()은 한 바이트 단위로 입출력을 수행하지만, read()와 write()는 블록 단위로 입출력한다. read() 함수는 istream의 멤버로서 ifstream이 상속받으며, write() 함수 역시 ostream의 멤버이며 ofstream에서 상속받아 사용한다. 이들의 함수 원형은 다음과 같다.

```
istream& read(char* s, int n)
   파일에서 최대 n개의 바이트를 배열 s에 읽어 들임. 파일의 끝을 만나면 읽기 중단
ostream& write(char* s, int n)
   배열 s에 있는 처음 n개의 바이트를 파일에 저장
int gcount()
   최근에 파일에서 읽은 바이트 수 리턴
```

gcount()
실제 읽은 바이트 수

read(char *s, int n)는 읽는 도중 파일 끝(EOF)에 도달하면 읽기를 중단하고 리턴한다. 이런 경우 때문에, read() 함수가 n개의 바이트를 모두 읽었다고 보장할 수 없다. 그러므로 read() 후에 gcount()를 이용하여 실제 읽은 바이트 수를 알아낸다. 예를 들면 다음과 같다.

```
ifstream fin;
fin.open("desert.jpg", ios::in | ios::binary); // 바이너리 I/O 모드로 파일 읽기 지정

char s[1024];
fin.read(s, 1024); // 파일로부터 1024 바이트를 읽어 배열 s에 저장
int n = fin.gcount(); // 앞의 fin.read() 함수가 실제 읽은 바이트 수를 n에 리턴
                      // 배열 s[]에는 n개의 바이트만이 유효.
```

실행 속도가 빠르다

read()를 이용하면 블록 단위로 한 번에 읽기 때문에, 한 바이트씩 읽어오는 get()을 이용하는 것보다 응용프로그램의 실행 속도가 빠르다.

예제 12-8 | **read()를 이용하여 블록 단위로 텍스트 파일 읽기**

read()를 이용하여 한 번에 32바이트씩 c:\windows\system.ini 파일을 읽어 화면에 출력하는 프로그램을 작성하라.

```
1   #include <iostream>
2   #include <fstream>
3   using namespace std;
4
5   int main() {
6      const char* file = "c:\\windows\\system.ini";
7
8      ifstream fin;
9      fin.open(file, ios::in | ios::binary); // 바이너리 I/O 모드로 파일 열기
10     if(!fin) { // 열기 실패 검사
```

```
11        cout << "파일 열기 오류";
12        return 0;
13     }
14
15     int count = 0;
16     char s[32]; // 블록 단위로 읽어들일 버퍼
17     while(!fin.eof()) { // 파일 끝까지 읽는다.
18        fin.read(s, 32); // 최대 32 바이트를 읽어 배열 s에 저장
19        int n = fin.gcount(); // 실제 읽은 바이트 수 알아냄
20        cout.write(s, n); // 버퍼에 있는 n 개의 바이트를 화면에 출력
21        count += n;
22     }
23
24     cout << "읽은 바이트 수는 " << count << endl;
25     fin.close(); // 입력 파일 닫기
26  }
```

→ 실행 결과

```
; for 16-bit app support
[386Enh]
woafont=dosapp.fon
EGA80WOA.FON=EGA80WOA.FON
EGA40WOA.FON=EGA40WOA.FON
CGA80WOA.FON=CGA80WOA.FON
CGA40WOA.FON=CGA40WOA.FON

[drivers]
wave=mmdrv.dll
timer=timer.drv

[mci]
읽은 바이트 수는 219   ◁── 파일의 크기는 219 바이트임
```

예제 12-12에서도 볼 수 있듯이 c:\windows\system.ini 파일의 크기는 정확히 219바이트입니다. 이 예제에서는 이 파일을 읽기 위해 바이너리 I/O 모드를 사용하였지만, 예제 12-3에서는 텍스트 I/O 모드를 사용하여 파일에 존재하는 총 13개의 '\r' 문자를 생략하고 '\n' 문자만 리턴하였기 때문에 206개의 바이트로 카운트된 것입니다. 파일의 바이트 수를 정확히 카운트하려면 바이너리 I/O로 읽어야 합니다.

| 예제 12-9 | read()/write()로 이미지 파일 복사 |

read()와 write()를 이용하여 텍스트 파일이든 바이너리 파일이든 복사하는 프로그램을 작성하라.
원본 파일은 c:\temp에 있는 tulips.jpg이다. 예제 실행 전에 출판사 홈페이지에서 제공하는 자료에서 tulips.jpg를 미리 temp 폴더에 복사해두라.

c:\temp 폴더에 있는 tulips.jpg의 경로명

c:\temp\copytulips.jpg로 복사

```cpp
1   #include <iostream>
2   #include <fstream>
3   using namespace std;
4
5   int main() {
6      // 소스 파일과 목적 파일의 이름
7      const char* srcFile = "c:\\temp\\tulips.jpg";
8      const char* destFile = "c:\\temp\\copytulips.jpg";
9
10     // 소스 파일 열기
11     ifstream fsrc(srcFile, ios::in | ios::binary);
12     if(!fsrc) { // 열기 실패 검사
13        cout << srcFile << " 열기 오류" << endl;
14        return 0;
15     }
16
17     // 목적 파일 열기
18     ofstream fdest(destFile, ios::out | ios::binary);
19     if(!fdest) { // 열기 실패 검사
20        cout << destFile << " 열기 오류" << endl;
21        return 0;
22     }
23
24     // 소스 파일에서 목적 파일로 복사하기
25     char buf[1024];
26     while(!fsrc.eof()) { // 파일 끝까지 읽는다.
27        fsrc.read(buf, 1024); // 최대 1024 바이트를 읽어 배열 s에 저장
28        int n = fsrc.gcount(); // 실제 읽은 바이트 수 알아냄
29        fdest.write(buf, n); // 읽은 바이트 수 만큼 버퍼에서 목적 파일에 기록
30     }
31     cout << srcFile << "을 " << destFile << "로 복사 완료" << endl;
32     fsrc.close();
33     fdest.close();
34  }
```

→ 실행 결과

c:\temp\tulips.jpg을 c:\temp\copytulips.jpg로 복사 완료

c:\temp 폴더에 있는
tulips.jpg

복사된 c:\temp\copytulips.jpg

예제 12-10   `int` 배열과 `double` 변수를 바이너리 파일에 저장하고 다시 읽기

변수나 배열, 혹은 버퍼의 내용을 그대로 저장하기 위해서는 바이너리 I/O를 반드시 사용해야 한다. 바이너리 I/O를 이용하므로 저장된 파일은 바이너리 파일이 된다.

```cpp
1   #include <iostream>
2   #include <fstream>
3   using namespace std;
4
5   int main() {
6      const char* file = "c:\\temp\\data.dat";
7
8      ofstream fout;
9      fout.open(file, ios::out | ios::binary); // 쓰기 모드로 파일 열기
10     if(!fout) { // 열기 실패 검사
          cout << "파일 열기 오류";
11        return 0;
12     }
13
14     int n[] = {0,1,2,3,4,5,6,7,8,9};
15     double d = 3.15;
16     fout.write((char*)n, sizeof(n)); // int 배열 n을 한 번에 파일에 쓴다.
17     fout.write((char*)(&d), sizeof(d)); // double 값 하나를 파일에 쓴다.
18     fout.close();
19
20     // 배열 n과 d 값을 임의의 값으로 변경시킨다.
21     for(int i=0; i<10; i++) n[i]=99;
22     d = 8.15;
23
24     // 배열 n과 d 값을 파일에서 읽어 온다.
25     ifstream fin(file, ios::in);
```

> 바이너리 I/O 설정 (line 9)

> write()로 한 번에 배열을 쓴다. (line 16)

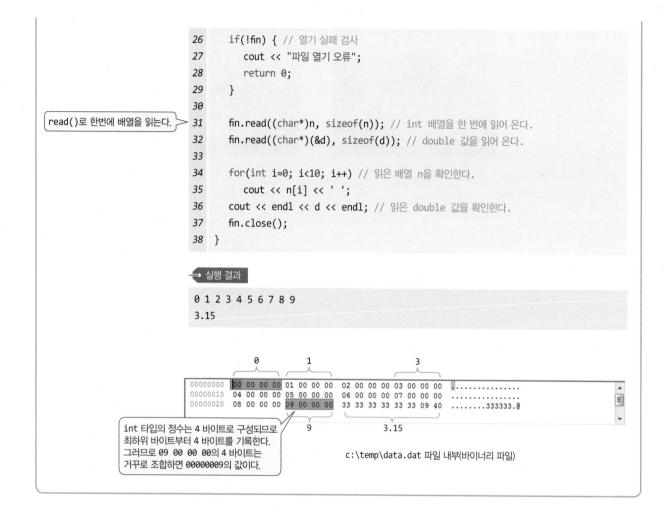

```
26      if(!fin) { // 열기 실패 검사
27          cout << "파일 열기 오류";
28          return 0;
29      }
30
31      fin.read((char*)n, sizeof(n)); // int 배열을 한 번에 읽어 온다.
32      fin.read((char*)(&d), sizeof(d)); // double 값을 읽어 온다.
33
34      for(int i=0; i<10; i++) // 읽은 배열 n을 확인한다.
35          cout << n[i] << ' ';
36      cout << endl << d << endl; // 읽은 double 값을 확인한다.
37      fin.close();
38  }
```

read()로 한번에 배열을 읽는다.

▶ 실행 결과

```
0 1 2 3 4 5 6 7 8 9
3.15
```

```
00000000  00 00 00 00  01 00 00 00   02 00 00 00 03 00 00 00   ................
00000010  04 00 00 00  05 00 00 00   06 00 00 00 07 00 00 00   ................
00000020  08 00 00 00  09 00 00 00   33 33 33 33 33 33 09 40   ........333333.@
```

int 타입의 정수는 4 바이트로 구성되므로 최하위 바이트부터 4 바이트를 기록한다. 그러므로 09 00 00 00의 4 바이트는 거꾸로 조합하면 00000009의 값이다.

c:\temp\data.dat 파일 내부(바이너리 파일)

바이너리 I/O와 텍스트 I/O의 확실한 차이점

바이너리 I/O와 텍스트 I/O는 항상 알 듯 말 듯하다. get()과 read(), put()과 write()가 바이너리 I/O와 텍스트 I/O에 대해 서로 다르게 작동할까? 이 질문에 대한 명료한 답을 통해 바이너리 I/O와 텍스트 I/O를 정확히 구분해 보자.

●파일의 끝을 인식하는 방법에는 차이가 없다.

모드에 상관없이 EOF와 비교

바이너리 I/O와 텍스트 I/O는 파일의 끝을 인식하는 데에는 차이가 없다. get()은 텍스트 I/O든 바이너리 I/O든 파일의 끝을 만나면 모두 EOF(-1)을 리턴한다. 파일의 끝은 모드에 상관없이 EOF와 비교하면 된다.

●텍스트 I/O와 바이너리 I/O는 '\n'를 읽고 쓸 때 서로 다르게 작동한다.

이 차이점에 대해 [그림 12-11]과 함께 자세히 알아보자.

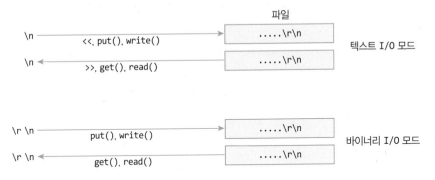

[그림 12-11] '\n'에 대한 텍스트 I/O와 바이너리 I/O의 입출력 차이

1. 텍스트 I/O에서 '\n' 입출력

[그림 12-11]에 보이는 바와 같이 텍스트 I/O로 '\n'을 파일에 출력하면, 파일에는 '\r', '\n'의 두 문자가 기록된다. 반대로 파일에서 '\r', '\n'의 두 문자를 읽고 '\n' 하나만 리턴한다. 이것은 텍스트 파일이든 바이너리 파일이든 동일하다.

임의의 파일에 '\n'을 저장하는 예를 들어 보자.

```
fout << '\n'; // 파일에 '\r', '\n'의 두 문자가 기록된다.
fout.put('\n'); // 파일에 '\r', '\n'의 두 문자가 기록된다.
```

텍스트 I/O로 get()이 읽는 경우는 다음과 같다.

```
int ch = fin.get(); // 파일에서 '\r', '\n'를 읽고 ch에 '\n' 하나만 리턴한다.
```

write()의 경우도 동일하다. 다음 코드를 실행하면 buf[] 배열에 있는 문자 '\n'이 파일에 기록될 때 '\r', '\n'의 두 문자로 변환되어 저장된다.

```
char buf[] = {'a', 'b', '\n'};
fout.write(buf, 3); // 파일에 'a', 'b', '\r', '\n'의 4 바이트 저장
```

이 코드의 실행 결과는 [그림 12-12]와 같이, '\n'이 '\r', '\n'의 두 문자로 기록된다.

[그림 12-12] 텍스트 I/O 모드에서 '\n'을 기록하면 '\r', '\n'의 두 문자로 기록됨

2. 바이너리 I/O에서 '\n' 입출력

바이너리 I/O인 경우 '\n'과 '\r'을 특별하게 다루지 않고 그대로 읽고 쓴다. 다음 코드는 '\n'만 저장한다. 이것은 텍스트 파일이든 바이너리 파일이든 동일하다.

```cpp
ofstream fout("c:\\temp\\student3.txt", ios::out | ios::binary);
char buf[] = {'a', 'b', '\n'};
fout.write(buf, 3); // 파일에  'a', 'b', '\n'의 3 바이트 저장
```

이 코드의 실행 결과 [그림 12-13]과 같이 '\n'만 기록된다. 이것은 [그림 12-12]와 분명히 다르다.

[그림 12-13] C:\temp\student3.txt 내부. 바이너리 I/O에서 '\n'을 기록하면 '\n'만 기록됨

결론적으로 텍스트 I/O 전용 함수와 바이너리 I/O를 위한 전용 함수가 따로 있는 것이 아니다. 텍스트 I/O와 바이너리 I/O의 파일 모드 설정에 따라 get(), put(), write(), read() 함수가 '\n'에 대해 다르게 작동할 뿐이다. 물론 <<와 >> 연산자는 텍스트 I/O 모드에서만 작동하며 '\n'을 읽어 사용자에게 리턴하지도 못한다.

12.7 스트림 상태 검사

스트림의 상태
오류 정보

파일 입출력 스트림은 스트림의 상태(stream state)를 저장하는 멤버 변수를 두고, 입출력이 진행되는 동안 발생한 오류(error) 정보를 유지한다. 스트림 상태를 나타내는 멤버 변수는 [그림 12-14]와 같고, <표 12-2>는 각 오류 비트 상수를 보여준다. 응용프로그램에서는 스트림의 상태를 검사하기 위해 <표 12-3>의 함수를 이용하면 된다. 예제 12-11은 파일 입출력 시 오류가 발생하는 경우 스트림의 상태를 검사하는 몇 가지 사례를 보여준다.

스트림 상태(stream state) 정보

badbit failbit eofbit

[그림 12-14] 스트림 상태를 저장하는 멤버 변수의 각 오류 비트들

〈표 12-2〉 스트림의 상태를 나타내는 각 비트

비트	설명
eofbit	파일의 끝을 만났을 때 1로 세팅
failbit	정수를 입력받고자 하였으나 문자열이 입력되는 등 포맷 오류나, 쓰기 금지된 곳에 쓰기를 시행하는 등 전반적인 I/O 실패 시에 1로 세팅
badbit	스트림이나 데이터가 손상되는 수준의 진단되지 않는 문제가 발생한 경우나 유효하지 않는 입출력 명령이 주어졌을 때 1로 세팅

〈표 12-3〉 스트림의 상태를 검사하는 멤버 함수

멤버 함수	설명
eof()	파일의 끝을 만났을 때(eofbit=1) true 리턴
fail()	failbit나 badbit가 1로 세팅되었을 때 true 리턴
bad()	badbit이 1로 세팅되었을 때 true 리턴
good()	스트림이 정상적(모든 비트가 0)일 때 true 리턴
clear()	스트림 상태 변수를 0으로 지움

예제 12-11   스트림 상태 검사

파일 입출력 스트림의 상태를 검사하는 사례를 들어보자. 존재하지 않는 파일을 파일 입력 스트림으로 열 때와, 존재하는 파일을 열 때 스트림 상태를 검사해 본다. 그리고 파일 읽기가 끝나는 시점에서 다시 스트림의 상태를 검사해본다.

```cpp
1  #include <iostream>
2  #include <fstream>
3  using namespace std;
4
5  void showStreamState(ios& stream) {
6    cout << "eof() " << stream.eof() << endl;
7    cout << "fail() " << stream.fail() << endl;
```

```
8       cout << "bad() " << stream.bad() << endl;
9       cout << "good() " << stream.good() << endl;
10  }
11
12  int main() {
13      const char* noExistFile = "c:\\temp\\noexist.txt"; // 존재하지 않는 파일명
14      const char* existFile = "c:\\temp\\student.txt"; // 존재하는 파일명
15
16      ifstream fin(noExistFile); // 존재하지 않는 파일 열기
17      if(!fin) { // 열기 실패 검사
18          cout << noExistFile << " 열기 오류" << endl;
19          showStreamState(fin); // 스트림 상태 출력
20
21          cout << existFile << " 파일 열기" << endl;
22          fin.open(existFile);
23          showStreamState(fin); // 스트림 상태 출력
24      }
25
26      // 스트림을 끝까지 읽고 화면에 출력
27      int c;
28      while((c=fin.get()) != EOF)
29          cout.put((char)c);
30
31      cout << endl;
32      showStreamState(fin); // 스트림 상태 출력
33
34      fin.close();
35  }
```

존재하지 않는 파일을 열 때, 스트림의 상태가 어떻게 변하는지 알기 위한 열기 시도 → (라인 16)

정상적인 파일을 열 때, 스트림의 상태가 어떠한지 보기 위한 열기 시도 → (라인 22)

EOF를 만났을 때, 스트림의 상태 출력 → (라인 32)

→ 실행 결과

```
c:\temp\noexist.txt 열기 오류
eof() 0
fail() 1        ← 라인 19 실행 결과
bad() 0
good() 0
c:\temp\student.txt 파일 열기
eof() 0
fail() 0        ← 라인 23 실행 결과
bad() 0
good() 1
kitae
20131111        ← 라인 28~29 실행 결과
computer
eof() 1
fail() 1        ← 라인 32 실행 결과
bad() 0
good() 0
```

c:\temp\student.txt 파일이 있어야 함

```
student -...    —    □    ×
파일(F) 편집(E) 서식(O) 보기(V)
도움말(H)
kitae
20131111
computer
```

> **잠깐!** **파일의 마지막에 파일의 끝을 나타내는 EOF(-1) 데이터가 있을까?** ●─────
>
> 파일의 끝이란 구체적으로 무엇일까? **파일의 끝**은 파일의 마지막 데이터가 기록된 지점을 지난 물리적인 끝 지점이다. 텍스트 파일의 경우 역사적으로 **DOS** 운영체제 시절에는 파일의 마지막에 **EOF** 문자(**0x1A**)를 자동으로 기록하였다. 그리고 읽는 도중 **0x1A**를 만나면 파일의 끝으로 인식하였다. 그러나 이 방식은 **DOS** 시절부터 비교적 과거의 마이크로소프트의 운영체제에서만 통용되어 왔으며, 맥(**Mac OS**)이나 유닉스(**Unix**) 등 운영체제마다 조금씩 다르게 나타난다.
>
> 현재 윈도우 운영체제에서는 텍스트 파일의 끝에 **0x1A**를 자동으로 기록하지 않는다. 메모장으로 파일을 작성해보면 파일의 끝에 **0x1A**가 자동으로 삽입되지 않는 것을 볼 수 있다. 그러나 과거에 만들어진 파일의 경우 **0x1A**가 있을 수도 있다. 한편, 바이너리 파일의 경우에는 파일의 끝을 나타내는 특정 데이터가 정의된 적이 없다.
>
> 텍스트 파일이든 바이너리 파일이든, 텍스트 I/O든 바이너리 I/O든, 파일의 끝을 인식하는 작업은 **운영체제(OS)**의 몫이다. 입출력 라이브러리는 운영체제의 도움을 받아, **API** 함수를 통해 응용프로그램에게 파일의 끝을 알린다. 운영체제의 파일 시스템은 각 파일의 크기 정보를 가지고 있기 때문에, 파일 읽기가 진행되는 동안 파일 포인터가 파일의 끝에 도달하는지 알 수 있다. 파일 포인터가 파일의 마지막 데이터를 넘어 접근하게 되면, 이때 파일의 끝에 도달하였음을 기억해두고, 입출력 라이브러리가 요청할 때 이 사실을 알려준다.

파일의 끝
운영체제

12.8 임의 접근

순차 접근과 임의 접근

순차 접근
임의 접근
디폴트는 순차 접근

C++ 입출력 라이브러리의 get(), put(), read(), write() 입출력 함수들은, 마지막으로 읽은 다음 위치에서 읽고, 마지막으로 기록한 다음 위치에 기록한다. 우리는 지금까지 이런 입출력의 특징을 자연스럽게 받아들이며, 파일의 처음부터 끝까지 순차적으로 읽거나 순차적으로 파일에 기록하는 순차 접근(sequential file access) 방식만 다루었다. C++ 입출력 시스템은 순차 접근뿐 아니라, 파일 내에 임의의 위치로 옮겨 다니면서 읽거나 쓰는 임의 접근(random file access) 방식도 지원한다. C++ 파일 입출력 시스템의 디폴트는 순차 접근 방식이다.

파일 포인터

파일 포인터

파일은 연속된 바이트의 집합이다. C++ 파일 입출력 스트림은 파일 내의 읽고 쓸 바이트의 위치를 가리키는 파일 포인터(file pointer)라는 특별한 마크(mark)를 두고 있다. C++에서 파일 포인터는 다음 2가지 종류가 있으며, 열려진 파일(혹은 스트림)마다 별도의 파일 포인터가 유지된다.

get pointer
put pointer

- get pointer – 파일 내의 읽기 지점을 가리키는 파일 포인터
- put pointer – 파일 내의 쓰기 지점을 가리키는 파일 포인터

ifstream이나 읽기 모드(ios::in)로 열려진 fstream은 get pointer만을 가진다. get(), read(), getline(), >> 등의 읽기 연산은 get pointer가 가리키는 지점에서 읽고, 읽은 바이트 수만큼 get pointer를 전진시킨다. 반대로 ofstream이나 쓰기 모드(ios::out)로 열려진 fstream은 put pointer 만을 가진다. put(), write(), << 등의 쓰기 연산은 put pointer가 가리키는 위치에 데이터를 쓰고 쓴 바이트 수만큼 put pointer를 전진시킨다.

파일 모드와 파일 포인터

파일 포인터의 위치
파일 모드

파일 포인터의 위치는 파일 모드에 따라 다르게 설정된다. [그림 12-15]는 파일 모드에 따른 파일 포인터의 위치를 보여준다. 읽기 모드(ios::in)로 파일을 열면 get pointer는 파일의 맨 처음 위치를 가리키며, 쓰기 모드(ios::out)로 파일을 열면 put pointer가 파일의 맨 처음 위치를 가리킨다. ios::ate 모드로 파일을 열면 put pointer를 파일의 맨 끝, 즉 EOF 위치를 가리키며 여기서부터 쓰기가 시작된다. ios::app 모드로 파일을 열면 put pointer는 파일의 처음 위치를 가리키지만, 파일 쓰기를 하면 자동으로 맨 끝으로 put pointer를 옮겨서 파일의 끝에 쓰기를 수행한다.

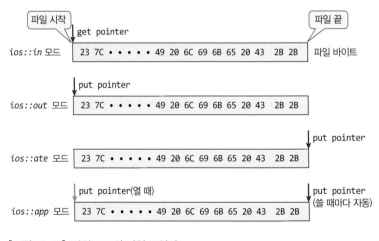

[그림 12-15] 파일 모드와 파일 포인터

임의 접근 방법

파일 포인터
임의의 위치로 이동
절대적 위치
상대적 위치

임의 접근 방법의 핵심은 파일 포인터의 위치를 임의의 위치로 이동시키는데 있다. 파일 포인터는 읽기나 쓰기 이후 항상 전진하지만, 다음 멤버 함수를 이용하면 언제든지 파일 포인터를 임의의 위치로 이동시킬 수 있다. 다음 멤버 함수에서 streampos는 파일 포인터의 절대적 위치 값으로 실제 long 타입이며, streamoff는 파일 포인터의 상대적 위치 값으로 역시 long 타입이다. seekbase에 사용되는 상수는 〈표 12-4〉와 같다.

---

istream& seekg(streampos pos)
  정수 값으로 주어진 절대 위치 pos로 get pointer를 옮김

istream& seekg(streamoff offset, ios::seekdir seekbase)
  seekbase를 기준으로 offset 만큼 떨어진 위치로 get pointer를 옮김

ostream& seekp(streampos pos)
  정수 값으로 주어진 절대 위치 pos로 put pointer를 옮김

ostream& seekp(streamoff offset, ios::seekdir seekbase)
  seekbase를 기준으로 offset 만큼 떨어진 위치로 put pointer를 옮김

streampos tellg()
  입력 스트림의 현재 get pointer의 값 리턴

streampos tellp()
  출력 스트림의 현재 put pointer의 값 리턴

〈표 12-4〉 seekbase로 사용되는 ios::seekdir 타입의 상수

seekbase	설명
ios::beg	파일의 처음 위치를 기준으로 파일 포인터를 움직인다.
ios::cur	현재 파일 포인터의 위치를 기준으로 파일 포인터를 움직인다.
ios::end	파일의 끝(EOF) 위치를 기준으로 파일 포인터를 움직인다.

인덱스 0부터 시작

　　파일 포인터는 인덱스 0부터 시작한다. seekg()와 tellg()는 입력 스트림에서만 사용하고, seekp()와 tellp()는 출력 스트림에서만 사용한다. [그림 12-16]은 seekg() 함수로 get pointer를 이동시키는 사례를 보여준다. 그림과 함께 아래의 코드 사례를 보자.

● 절대 위치로 파일 포인터 옮기기

다음은 seekg(5)를 이용하여 파일의 인덱스 5(0부터 시작) 위치로 파일 포인터를 옮기고 0x49 값을 읽는 사례이다.

```
fin.seekg(5); // get pointer를 파일의 인덱스 5 위치로 옮긴다.
int n = fin.tellg(); // n은 5가 된다.
int c = fin.get(); // c=0x49
```

●상대 위치로 파일 포인터 옮기기

매개 변수를 2개 가진 seekg(), seekp() 함수는 seekbase를 기준으로 offset만큼 상대 위치로 파일 포인터를 움직인다. 사용 예를 들면 다음과 같다.

```
fin.seekg(10, ios::beg); // 파일 시작점을 기준으로 get pointer를 10바이트 전진시킨다.
fin.seekg(-1, ios::cur); // 현재 위치에서 get pointer를 한 바이트 후진시킨다.
fin.seekg(0, ios::end); // 파일의 맨 끝(EOF 위치)으로 get pointer를 움직인다.
                        // 여기서부터 읽을 데이터는 없다.
```

●파일의 맨 마지막 문자를 읽는 경우

```
fin.seekg(-1, ios::end); // get pointer를 파일의 마지막 문자 위치로 보낸다.
int c = fin.get(); // 파일의 마지막 문자 0x2B를 c에 읽어 온다.
                   // get() 실행 후 get pointer는 EOF를 가리킴
```

●10바이트 간격으로 문자를 읽고자 하는 경우

```
int c;
while((c=fin.get()) != EOF) { // get()에 의해 get pointer는 1바이트 전진 이동
    fin.seekg(9, ios::cur);   // 나머지 9바이트를 건너뛰어 get pointer 전진 이동
}
```

●텍스트 파일을 거꾸로 화면에 출력하는 경우

```
fin.seekg(0, ios::end); // get pointer를 파일의 EOF 위치로 이동
int fileSize = fin.tellg(); // get pointer 값이 바로 파일의 크기임
for(int i=0; i<fileSize; i++) {
    fin.seekg(fileSize-1-i, ios::beg); // 파일의 처음을 기준으로 get pointer 이동
    int c = fin.get();
    cout << (char)c;
}
```

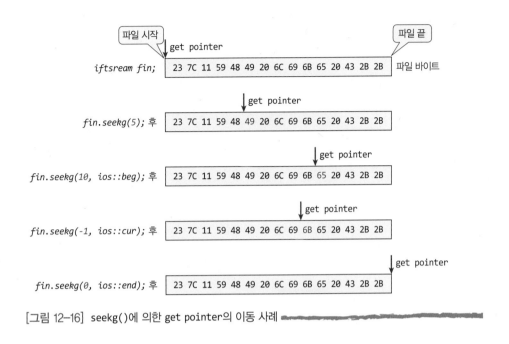

[그림 12–16] seekg()에 의한 get pointer의 이동 사례

파일 포인터를 이용하여 파일 크기 알아내기

C++ 표준 입출력 라이브러리에서는 파일 크기를 아는 방법을 제공하지 않는다. 그렇지만 파일 포인터를 이용하여 파일 크기를 쉽게 알아 낼 수 있다. 파일 포인터를 파일의 맨 끝으로 이동시킨 뒤 파일 포인터의 위치를 알아내면 그 값이 바로 파일 크기이다. 리눅스나 유닉스의 C++, 윈도우의 Visual C++ 등 많은 컴파일러들이 파일 크기나 파일 속성을 다루는 그들만의 비표준 파일 입출력 라이브러리를 제공하지만, 상호 호환성은 없다. 예제 12-12는 파일 크기를 알아내는 코드를 보여주며, 텍스트 파일이든 바이너리 파일이든 상관없이 작동한다.

파일 포인터를 파일의 맨 끝으로 이동
파일 크기

예제 12-12　**파일 크기 알아내기**

c:\windows\system.ini 파일의 크기는 몇 바이트인지 알아내어 출력하라.

```
1  #include <iostream>
2  #include <fstream>
3  using namespace std;
4
5  long getFileSize(ifstream& fin) {
6      fin.seekg(0, ios::end); // get pointer를 파일의 맨 끝으로 옮김
7      long length = fin.tellg(); // get pointer의 위치를 알아냄
```

```
8      return length; // length는 파일의 크기와 동일
9  }
10
11 int main() {
12    const char* file = "c:\\windows\\system.ini";
13
14    ifstream fin(file);
15    if(!fin) { // 열기 실패 검사
16       cout << file << " 열기 오류" << endl;
17       return 0;
18    }
19    cout << file << "의 크기는 " << getFileSize(fin);
20    fin.close();
21 }
```

→ 실행 결과

c:\windows\system.ini의 크기는 219

c:\windows\system.
ini 파일의 속성 보기 창.
파일 크기가 219바이트임
을 확인

요약 SUMMARY

텍스트 파일과 바이너리 파일

- 글자 혹은 문자로만 구성되는 파일이 텍스트 파일이며, 문자와 그림, 표, 색, 그래픽 등을 저장하기 위해 문자가 아닌 바이너리 바이트가 저장된 파일이 바이너리 파일이다.
- \<Enter\> 키를 입력하면 텍스트 파일에 '\r', '\n'의 두 문자 코드가 기록된다.

파일 입출력 개요

- C++ 표준은 파일 읽기를 위해 ifstream, 쓰기를 위해 ofstream, 읽기와 쓰기를 동시에 처리하는 fstream 클래스를 제공하며, 이들은 각각 istream, ostream, iostream을 상속받기 때문에 이들이 가진 입출력 함수들을 모두 사용할 수 있다.
- 파일 입출력 스트림 클래스는 파일을 프로그램과 연결한다.
- 텍스트 I/O는 문자 단위로 읽고 쓰는 모드이며, 바이너리 I/O는 바이트 단위로 읽고 쓴다.
- \<\<와 \>\> 연산자는 모두 텍스트 I/O로 텍스트 파일만 입출력한다.
- 파일 입출력을 위해서는 스트림 객체를 생성하고, 읽거나 쓰고자하는 파일을 열어 스트림과 연결하고, 파일 읽기나 파일 쓰기를 진행하며, 마지막에 스트림 즉 파일을 닫아야 한다.

파일 모드

- 파일 모드는 파일을 열 때 지정하는 것으로 앞으로 있을 파일에 대한 입출력 방식을 뜻한다.
- 파일 모드는 파일에서 읽을 것인지, 기존 내용을 지우고 처음부터 쓸 것인지, 파일의 맨 끝에 추가하여 쓸 것인지, 텍스트 I/O를 사용할 것인지 바이너리 I/O를 사용할 것인지 등을 지정한다.

멤버 함수를 이용한 텍스트 I/O

- get()은 파일에서 문자를 읽어 리턴하고, put()은 파일에 문자를 기록한다.
- EOF는 정수 -1로 선언되어 있는 상수로서, get()이 파일의 맨 마지막 바이트를 읽고 난 후 다음을 읽을 때 리턴하는 값이다. get()이 리턴한 값과 EOF를 비교하여 파일의 끝까지 읽었는지 판단한다.

바이너리 I/O

- 바이너리 I/O는 각 바이트를 바이너리 값 그대로 읽거나 기록하는 저수준 입출력 방식이다.
- get()은 바이너리 I/O로 작동하면 파일에서 한 바이트를 읽고, put()은 한 바이트를 기록한다.
- read()는 한 블록을 읽는 함수이며, 실제 읽은 바이트 수는 gcount() 함수로 알 수 있다.
- 바이너리 I/O와 텍스트 I/O는 파일의 끝을 인식하는 데에는 차이점이 없으며, '\n'을 읽거나 쓸 때 다르게 작동한다. 바이너리 I/O에서 '\n'을 기록하면 '\n'만 저장되지만 텍스트 I/O의 경우 '\r', '\n'의 두 문자가 저장된다. 또한 바이너리 I/O로 파일에서 '\r', '\n'의 두 문자를 나란히 읽을 때 두 문자를 그대로 읽어 오지만, 텍스트 I/O의 경우 '\r', '\n'의 두 문자를 읽고 '\n'만 리턴한다.

스트림 상태 검사

- 파일 입출력 시스템은 입출력이 진행되는 동안 오류 상태를 멤버 변수에 저장한다.
- 파일의 끝을 만났는지(eof()), 오류가 발생하였는지(fail()) 등을 리턴하는 함수를 제공한다.

임의 접근

- 임의 접근이란 파일 내에 원하는 위치로 옮겨 다니면서 입출력하는 방식이다.
- 파일 포인터는 파일 내에 다음에 읽거나 쓸 위치를 가리키는 인덱스(마크)이다.
- C++ 파일 포인터는 다음에 읽을 위치를 가리키는 get pointer와 쓸 위치를 가리키는 put pointer를 따로 유지한다. 입출력 함수가 실행되면 파일 포인터는 항상 읽거나 쓴 바이트만큼 증가한다.
- seekg(), seekp()를 이용하여 읽거나 쓰기 전에 파일 포인터를 파일 내의 임의의 위치로 옮긴다.
- get pointer, put pointer의 위치를 알아내기 위해 tellg(), tellp() 함수를 사용한다.

Open Challenge

행맨(HangMan) 게임 만들기

목적

텍스트 파일 읽기, **string** 다루기

간단한 행맨 게임을 만들어보자. 프로그램은 사용자 모르게 영어 단어 하나를 선택하고 몇 개의 글자를 숨긴 다음 화면에 출력하여, 사용자에게 이 단어를 맞추게 하는 게임이다. 숨긴 글자의 개수가 많을수록 난이도가 높다. 이 도전 주제에서는 2개의 글자만 숨기도록 하라. 한 단어에서 5번 틀리면 프로그램을 종료하라. 행맨 프로그램에 사용되는 단어 파일은 독자들에게 배포된 **words.txt** 파일을 이용하라. 이 파일에는 한 줄에 하나의 영어 단어만 적혀있다. `난이도 7`

```
-------------------------------
지금부터 행맨 개임을 시작합니다.
-------------------------------
or-inar-
>>d
ordinar-
>>y
ordinary
Next(y/n)?y
--lindri-
>>n
--lindri-
>>g
--lindri-
>>c
c-lindric
>>a
c-lindric
>>o
c-lindric
>>u
5번 실패 하였습니다.
cylindric
Next(y/n)?n
```

힌트

1. words.txt 파일에 있는 한 단어를 랜덤하게 선택하기 위해 두 가지 작업이 필요하다. 우선 랜덤 수를 발생시키기 위해 프로그램 초기에 시드(seed)를 다음과 같이 변경한다.

```
srand((unsigned)time( 0 ));
```

그리고 words.txt 파일에 들어 있는 총 단어의 개수가 25143개이므로 다음과 같이 0~25142 사이의 난수를 발생시켜 단어를 선택한다.

```
int n = rand() % 25143;
```

2. 파일에서 읽는 코드는 예제 12-6을 참고하라
3. words.txt를 vector<string>에 모두 읽고 게임을 진행하는 문제는 실습 문제 11에 있다.

연습문제

이론 문제   • 홀수 문제는 정답이 공개됩니다.

1. 다음에서 텍스트 파일이 아닌 것은?
   ① test.hwp   ② test.cpp   ③ test.htm   ④ test.c

2. 다음에서 텍스트 파일은?
   ① test.doc   ② test.jpg   ③ test.au   ④ iostream

3. 파일 입출력을 하기 위해 필요한 헤더 파일은?

4. 텍스트 I/O와 바이너리 I/O에 대해 설명한 것 중 옳은 것은?
   ① 텍스트 I/O 방식으로 텍스트 파일과 바이너리 파일을 모두 읽을 수 있다.
   ② ifstream이나 ofstream의 디폴트 방식은 바이너리 I/O이다.
   ③ 텍스트 I/O와 바이너리 I/O는 파일의 끝을 알아내는 방법에 차이가 있다.
   ④ 텍스트 I/O와 바이너리 I/O는 '\n'을 입출력하는데 차이가 있다.

5. 메모장으로 Welcome 입력 후 <Enter> 키를 입력하고, C++ 입력 후 <Enter> 키 없이
   test.txt 파일에 저장하였다.

   (1) test.txt 파일의 바이트 수는 얼마인가? 속성 창으로 보라.
   (2) ASCII 표를 참고하여 test.txt에 저장된 바이트를 16진수로 말하라.
   (3) 아래 코드는 파일의 문자 개수를 세는 코드이다. 실행하였을 때 출력되는 count
      값은 얼마인가?

```
ifstream fin("test.txt");
int ch, count=0;
while((ch = fin.get()) != EOF)
   count++;
cout << count;
```

   (4) 위 코드에서 ifstream fin("test.txt");를 ifstream fin("test.txt",
      ios::binary);로 변경하면 출력되는 count 값은 얼마인가?

6. 다음과 같이 메모장으로 **test.txt** 파일을 작성하였다. **0123456789** 뒤에 **\<Enter\>**
키가 있지만, **Integer** 뒤에는 **\<Enter\>** 키가 없다.

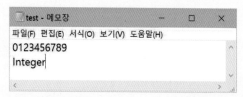

(1) **test.txt** 파일의 바이트 수는 얼마인가?

(2) **ASCII** 표를 참고하여 **test.txt**에 저장된 바이트를 16진수로 말하라.

(3) 아래 코드는 파일의 문자 개수를 세는 코드이다. 실행하였을 때 출력되는 **count**
값은 얼마인가?

```
ifstream fin("test.txt");
char ch;
int count=0;
while(true) {
    fin.get(ch);
    if(fin.eof()) break;
    count++;
}
cout << count;
```

(4) 위 코드에서 **ifstream fin("test.txt");**를 **ifstream fin("test.txt",**
ios::binary);로 변경하면 출력되는 **count** 값은 얼마인가? **count** 값이 서로 다
른 이유는 무엇인가?

7. 다음 두 라인을 최대한 간소화하여 한 라인으로 작성하라.

```
ifstream fin;
fin.open("test.txt", ios::in);
```

8. 다음과 같이 파일을 여는 코드가 있다. 파일 열기가 실패하면 "열기 실패"라고 출력하
고 리턴하는 **if** 문을 작성하라.

```
ofstream fout("song.txt");
```

9. `ifstream` 타입의 스트림 fin에 대해 다음 코드의 의미를 잘 설명한 것은?

```
if(!fin) {
    // 문장 A
}
```

① 파일 열기가 실패하면 fin이 NULL이 되므로, fin이 NULL인지 검사하며, 열기가 실패하면 문장 A를 실행한다.

② if 문을 if(fin == NULL)로 바꾸어도 동일하다.

③ ifstream 클래스의 ! 연산자가 실행되어 파일 열기가 실패하였으면 true를 리턴한다.

④ if 문을 if(fin.is_open())으로 바꾸어도 동일하다.

10. 다음 코드의 뜻을 정확히 설명한 것은?

```
ifstream fin;
fin.open("test.www", ios::in | ios::binary);
```

① test.www 파일은 텍스트 파일이다.

② test.www 파일이 텍스트 파일인지 바이너리 파일인지 모른다.

③ test.www 파일을 텍스트 모드로 읽기 위해 열었다.

④ test.www 파일이 바이너리 파일이므로 바이너리 모드로 열었다.

11. 다음은 fin에 연결된 텍스트 파일을 256바이트 단위로 읽어 화면에 출력하는 코드이다. 코드를 완성하라.

```
void fread(ifstream &fin) {
    _____  // 버퍼 buf를 선언한다.
    while(!fin.eof()) {
        fin.read(buf, 256);
        _____  // 실제 읽은 바이트를 알아낸다.
        _____  // write()를 이용하여 읽은 데이터를 화면에 출력한다.
    }
}
```

12. 다음은 fin에 연결된 텍스트 파일을 1024바이트 단위로 읽어 화면에 출력하는 함수이다. 코드를 완성하라.

```
void fread(ifstream &fin) {
  _____ // 버퍼 buf를 선언한다.
  while(true) {
    fin.read(buf, 1024);
    _____ // 실제 읽은 바이트 수를 알아낸다.
    _____ // write()를 이용하여 읽은 데이터를 화면에 출력한다.
    if(_____) // 읽은 바이트가 1024보다 작으면
      break; // 루프를 중단한다.
  }
}
```

13. 파일의 끝을 알리는 EOF 데이터가 파일의 맨 끝에 존재하는가?

14. EOF는 C++ 입출력 라이브러리에 선언된 상수이다. EOF의 타입과 값은 실제 얼마인가?
① int 타입으로 0   ② char 타입으로 0
③ int 타입으로 –1   ④ char 타입으로 -1

15. C++ 입출력 라이브러리에 선언된 EOF의 값은 실제 얼마인가?
① 0x00   ② 0xFF
③ 0x00000000   ④ 0xFFFFFFFF

16. 파일 열기의 과정 동안 이루어지지 않는 작업은?
① 읽기 모드로 파일을 여는 경우, 파일이 존재하는지 확인한다.
② 읽기 모드로 파일을 여는 경우, 파일의 EOF에 도달하였는지 확인한다.
③ 쓰기 목적으로 파일을 여는 경우, 디스크의 용량이 충분한지 확인한다.
④ 쓰기 목적으로 파일을 여는 경우, 읽기 전용(read-only) 파일인지 확인한다.

17. 바이너리 파일을 텍스트 I/O로 읽으면 문제가 생길 수 있다. 어떤 경우에 문제가 생기는가?

18. 텍스트 파일을 바이너리 I/O로 읽어 몇 줄인지 검사하는 다음 코드가 있다. 코드에 문제가 있는가?

```
ifstream fin("text.txt", ios::binary);
int ch;
int linecount=0;
while((ch = fin.get()) != EOF) {
  if(ch == '\r')
    linecount++;
}
```

19. 임의 접근과 관계가 가장 먼 것은?
① get pointer   ② ios::binary
③ seekp()   ④ tellg()

20. fin은 ifstream 타입의 스트림 객체라고 할 때, get pointer를 파일의 맨 앞에서 100바이트의 위치로 옮기는 한 줄짜리 코드는 무엇인가? 0바이트부터 시작한다.

21. 다음 코드의 실행 후 n 값은 얼마인가?

```
fin.seekg(10, ios::beg);
fin.seekg(10, ios::cur);
fin.seekg(10, ios::cur);
long n = fin.tellg();
```

22. 파일을 거꾸로 읽어 화면에 출력하고자 할 때 다음 빈칸에 적절한 코드는 무엇인가?

```
void reverseReadFile(ifstream& fin) {
  fin.seekg(0, ios::end);
  int length = fin.tellg();
  for(int i=0; i<length; i++) {
    fin.seekg(_____, ios::beg);
    cout << (char)fin.get();
  }
}
```

실습 문제

★ 표시가 있는 문제는 정답이 공개됩니다.

※ 실습 문제에 필요한 **words.txt** 파일은 출판사 홈페이지의 배포 자료에 있다.

●목적● 텍스트 파일 읽기.
ifstream 활용

1.★ 메모장을 이용하여 **c:\temp\test.txt** 파일을 다음과 같이 편집한 후, 이 파일을 읽어 출력하는 프로그램을 작성하라. 난이도 3

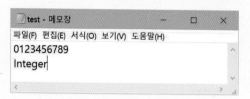

●목적● 라인 단위로 텍스트 파일 읽기. ifstream과 getline() 활용

2. **c:\windows\system.ini** 파일의 읽고 라인 번호를 다음과 같이 붙여 화면에 출력하는 프로그램을 작성하라. 난이도 5

```
1 : ; for 16-bit app support
2 : [386Enh]
3 : woafont=dosapp.fon
4 : EGA80WOA.FON=EGA80WOA.FON
5 : EGA40WOA.FON=EGA40WOA.FON
6 : CGA80WOA.FON=CGA80WOA.FON
7 : CGA40WOA.FON=CGA40WOA.FON
8 :
9 : [drivers]
10 : wave=mmdrv.dll
11 : timer=timer.drv
12 :
13 : [mci]
```

힌트
Hint

```
ifstream fin("c:\\windows\\system.ini");
string line;
getline(fin, line);을 이용하여 루프를 돌면서 한 라인씩 읽으면 간편하다.
```

●목적● 텍스트 파일 읽기.
ifstream 활용

3. 영문 텍스트 파일을 읽고 영문 글자를 모두 대문자로 출력하라. **c:\windows\system.ini**로 테스트 하라. 난이도 4

●목적● 텍스트 파일 읽기/쓰기.
ifstream/ofstream 활용

4.★ 영문 텍스트 파일을 읽고 영문 글자를 모두 대문자로 변환하여 저장하라. **c:\windows\system.ini**를 읽고 대문자로 변환한 파일을 **c:\temp\system.txt** 파일로 저장하여 테스트 하라. 난이도 5

목표 텍스트 파일 읽기 응용

5. C++ 소스 파일에서 //로 구성된 주석문을 빼고 출력하는 프로그램을 작성하라. "//"와 같이 문자열 속에 //가 있는 경우는 없는 것으로 가정한다. .cpp 파일을 하나 준비하여 소스 폴더에 놓고 테스트하라. 저자는 정답 소스 파일로 하였다. `난이도 6`

목표 텍스트 파일 읽기 응용

6. c:\windows\system.ini를 c:\temp\system.txt로 복사하는 동안 10%를 진행할 때마다 '.'과 바이트 크기를 다음과 같이 출력하는 프로그램을 작성하라. `난이도 6`

```
복사 시작...
.21B 10%
.21B 20%
.21B 30%
.21B 40%
.21B 50%
.21B 60%
.21B 70%
.21B 80%
.21B 90%
.21B 100%
219B 복사 완료
```

목표 바이너리 I/O 응용

7. 텍스트 파일이든 바이너리 파일이든 원본 파일을 바이트 단위로(문자 단위가 아님에 유의) 거꾸로 사본에 저장하는 프로그램을 작성하라. c:\windows\system.ini 파일을 원본으로 하고 c:\temp\system.txt 파일로 저장하여 테스트하라. `난이도 6`

 힌트 '\r'과 '\n' 때문에 ios::binary 모드를 사용해야 한다. 거꾸로 저장된 파일을 다시 거꾸로 저장하여 프로그램에 오류가 없는지 확인하라.

목표 바이너리 I/O 및 포맷 출력

8. c:\windows\system.ini 파일을 읽어 아래와 같이 Edit plus처럼 16진수와 문자로 출력하는 프로그램을 작성하라. `난이도 7`

```
c:\windows\system.ini 출력

3b 20 66 6f 72 20 31 36    2d 62 69 74 20 61 70 70    ; for 16    - bit app
20 73 75 70 70 6f 72 74    0d 0a 5b 33 38 36 45 6e    s upport    . . [ 3 8 6 E n
68 5d 0d 0a 77 6f 61 66    6f 6e 74 3d 64 6f 73 61    h ] . . w o a f    o n t = d o s a
70 70 2e 66 6f 6e 00 0a    45 47 41 38 30 57 4f 41    p p . f o n . .    E G A 8 0 W O A
2e 46 4f 4e 3d 45 47 41    38 30 57 4f 41 2e 46 4f    . F O N = E G A    8 0 W O A . F O
4e 0d 0a 45 47 41 34 30    57 4f 41 2e 46 4f 4e 3d    N . . E G A 4 0    W O A . F O N =
45 47 41 34 30 57 4f 41    2e 46 4f 4e 0d 0a 43 47    E G A 4 0 W O A    . F O N . . C G
41 38 30 57 4f 41 2e 46    4f 4e 3d 43 47 41 38 30    A 8 0 W O A . F    O N = C G A 8 0
57 4f 41 2e 46 4f 4e 0d    0a 43 47 41 34 30 57 4f    W O A . F O N .    . C G A 4 0 W O
41 2e 46 4f 4e 3d 43 47    41 34 30 57 4f 41 2e 46    A . F O N = C G    A 4 0 W O A . F
4f 4e 0d 0a 0d 0a 5b 64    72 69 76 65 72 73 5d 0d    O N . . . . [ d    r i v e r s ] .
0a 77 61 76 65 3d 6d 6d    64 72 76 2e 64 6c 6c 0d    . w a v e = m m    d r v . d l l .
0a 74 69 6d 65 72 3d 74    69 6d 65 72 2e 64 72 76    . t i m e r = t    i m e r . d r v
0d 0a 0d 0a 5b 6d 63 69    5d 0d 0a                   . . . . [ m c i    ] . .
```

힌트

isprint() 함수를 이용하여 출력가능한 문자가 아닌 경우 '.'을 출력하면 된다.

파일 읽기와 vector 응용

9. 텍스트 파일을 모두 읽어 다음과 같이 라인을 출력하는 프로그램을 작성하라. 아래는 c:\windows\system.ini를 사용한 사례이다. **난이도 7**

```
C:\windows\system.ini 파일 읽기 완료
라인 번호를 입력하세요. 1보다 작은 값을 입력하면 종료
: 1
; for 16-bit app support  ← 라인 1 출력
: 6
CGA80WOA.FON=CGA80WOA.FON
: 10
wave=mmdrv.dll
: 30  ← 라인 30 없음
: 13
[mci]
: -1
종료 합니다.
```

힌트

각 라인은 getline(ifstream&, string&) 함수를 이용하여 읽고, vector<string>에 삽입하여 관리하면 쉽다.

바이너리 I/O 연습

10. ★두 파일이 같은 지 비교하는 **FileCompare** 프로그램을 만들어라. 바이너리 I/O를 이용하여야 한다. 두 개의 이미지 파일을 준비하고 테스트 하라. **난이도 7**

파일 읽기, vector, string 종합 응용

11. **Open Challenge**의 행맨 프로그램을, 처음부터 **words.txt** 파일을 모두 읽어 단어 별로 vector<string>에 저장하고 게임을 진행하는 방식으로 수정하라. **난이도 8**

파일 읽기, vector, string 종합 응용

12. ★단어가 들어 있는 **words.txt** 파일을 읽어 단어 별로 vector<string>에 저장하고, 단어를 입력받아 오직 한 글자만 다른 단어를 모두 출력하라. 틀린 단어가 입력되면 '단어 없음'을 출력하라. "exit"을 입력하면 프로그램을 종료하라. **난이도 8**

```
... words.txt 파일 로딩 완료
검색을 시작합니다. 단어를 입력해 주세요.
단어>> blue
blur
clue
flue
glue
단어>> sky
say
shy
ski
sly
soy
spy
단어>> exit
```

13. 단어가 들어 있는 **words.txt** 파일을 읽어 단어 별로 **vector<string>**에 저장하고 사용자가 입력한 문자열로 시작되는 모든 단어를 출력하는 프로그램을 작성하라. **"exit"**을 입력하면 프로그램을 종료하라. 난이도 8

문제 파일 읽기, **vector**, **string** 종합 응용

```
... words.txt 파일 로딩 완료
검색을 시작합니다. 단어를 입력해 주세요.
단어>> love
love
lovebird
lovelorn
단어>> fat
fat
fatal
fate
fateful
father
fathom
fatigue
fatten
fatty
fatuous
단어>> fathor
발견할 수 없음
단어>> exit
```

14. **read()** 함수를 이용하여 c:\windows\system.ini 파일의 크기를 화면에 출력하는 프로그램을 작성하라. 이때 **get()** 함수나 **seekg()**, **tellg()** 함수를 사용하면 안 된다. 난이도 7

문제 바이너리 I/O 응용

13

예외 처리와 C 언어와의 링크 지정

예외 처리와 C 언어와의 링크 지정

13.1 실행 오류와 오류 처리

실행 오류의 종류와 원인

실행 오류의 원인

프로그램을 작성하다 보면, 컴파일이 잘 된 프로그램이라도 실행 중에 비정상 종료하거나 틀린 결과를 내기도 한다. 보통 이러한 실행 오류의 원인은 크게 두 가지로 나뉜다.

● 개발자의 논리가 잘못된 경우

개발자의 논리가 잘못 작성되면, 결과가 틀리게 나오거나 잘못 설정된 조건문 때문에 엉뚱한 코드를 실행하게 된다.

● 예외에 대한 대책을 준비하지 않는 경우

프로그램에 논리는 정확히 작성되었지만, 오류를 유발할 수 있는 예측 못한 입력이나 예외적인 데이터의 발생을 탐지하는 코드가 작성되어 있지 않는 경우, 실행 중에 오류가 발생할 수 있다. 정수 입력을 기다리는데 사용자가 문자를 입력하거나, 파일명을 입력받을 때 사용자가 틀린 파일명을 입력하거나, 양수만 다루는 문제에서 음수를 입력하거나, 나누는 수가 0인 상황이 발생하거나, 할당받은 배열보다 더 큰 문자열을 입력하는 등 많은 경우가 있다. 훌륭한 개발자라면 항상 예측 못한 사용자 입력이나 예외 상황 발생을 걸러내도록 프로그램해야 한다.

예외 상황에 대한 대처가 없는 코드 사례

예외 상황에 대한 대처가 없는 평범한 코드에 오류가 발생하는 사례를 보자. 예제 13-1은 2^3과 같이 밑수(base)와 지수부(exponent)가 모두 양수인 지수 값을 계산하는 함수에서 오류가 발생하는 경우를 보여준다.

main()에서 다음과 같이 호출하면 정상적으로

예제 13-1 | **예외 상황에 대한 대처가 없는 프로그램 사례**

밑수(base)와 지수부(exponent)를 매개 변수로 지수 값을 계산하는 함수 사례이다. 이 함수는 양수 입력만 처리하도록 작성되어 있어 2^{-3}에 대해 1이라고 계산하는 오류를 범하고 있다.

```cpp
1   #include <iostream>
2   using namespace std;
3
4   int getExp(int base, int exp) { // base의 exp 지수승을 계산하여 리턴
5     int value=1;
6     for(int n=0; n<exp; n++)
7       value = value * base; // base를 exp번 곱하여 지수 값 계산
8     return value;
9   }
10
11  int main() {
12    int v= getExp(2, 3); // 2의 3승 = 8
13    cout << "2의 3승은 " << v << "입니다." << endl;
14    int e = getExp(2, -3); // 2의 -3승은 ?
15    cout << "2의 -3승은 " << e << "입니다." << endl;
16  }
```

지수부에 음수 전달 ─▶ 14

◀─ 실행 결과

```
2의 3승은 8입니다.
2의 -3승은 1입니다. ◀─ 오답!
                    1이 아니라 1/8
```

계산되어 v의 값이 8이 된다.

```cpp
int v = getExp(2, 3); // 2³ = 8
```

그러나 지수부에 −3을 주어 호출하면, 다음은 e에 오답(1)을 리턴한다.

오류 `int e = getExp(2, -3); // 2⁻³ = 1. 수학적으로 틀린 답. 오류 발생!!`

getExp() 함수의 for 루프는 처음부터 n<exp 조건에 걸려 value 값 1을 리턴한다.

음수가 넘어오는 상황에 대처하지 않고

이 상황은, base나 exp에 음수가 넘어오는 상황에 대처하지 않고, 당연히 양수만 넘길 것이라는 개발자의 낙관적인 코팅의 결과로 빚어진 것이다. 결과적으로 getExp()는 튼튼하게 작성된 함수가 아니며, 매개 변수에 따라 오류가 발생할 소지를 가진 부실한 함수이다. 오류를 유발하는 잘못된 값을 걸러내는 장치를 가지고 있어야 튼튼한 함수가 된다.

조건문과 리턴 값을 이용하는 전형적인 오류 처리

if 조건문으로 오류 상황을 검사하여 오류 코드를 리턴하는 방법은 잘못된 입력 값을 걸러내어 오류 발생을 막는 전형적인 방법이다. 예제 13-1의 getExp() 함수를 수정하여, 매개 변수가 음수인 경우 –1을 리턴하고, 정상적인 계산이 이루어지면 계산된 값을 리턴하도록 작성해보자. 예제 13-2는 예제 13-1의 getExp() 함수를 수정한 코드이다.

예제 13-2   **if 문과 리턴 값을 이용한 오류 처리**

```
1   #include <iostream>
2   using namespace std;
3
4   int getExp(int base, int exp) { // 매개 변수 중 하나라도 음수이면 -1을 리턴한다.
5      if(base <= 0 || exp <= 0) {
6         return -1; // 오류 리턴
7      }
8      int value=1;
9      for(int n=0; n<exp; n++)
10        value = value * base; // base를 exp번 곱하여 지수 값 계산
11     return value; // 정상 리턴. 계산된 값 리턴
12  }
13
14  int main() {
15     int v=0;
16     v = getExp(2, 3); // v = 2의 3승 = 8. getExp()는 8 리턴
17     if(v != -1)
18        cout << "2의 3승은 " << v << "입니다." << endl;
19     else
20        cout << "오류. 2의 3승은 " << "계산할 수 없습니다." << endl;
21
22     int e=0;
23     e = getExp(2, -3); // 2의 -3승?. getExp()는 -1 리턴
24     if(e != -1)
25        cout << "2의 -3승은 " << e << "입니다." << endl;
26     else
27        cout << "오류. 2의 -3승은 " << "계산할 수 없습니다." << endl;
28  }
```

오류 검사 추가 (line 5)

→ 실행 결과

```
2의 3승은 8입니다.
오류. 2의 -3승은 계산할 수 없습니다.
```

리턴 값과 참조 매개 변수를 이용한 오류 처리

참조 매개 변수
함수의 리턴 값은 true/false

예제 13-2의 getExp() 함수는 계산된 정상 값과 오류 코드를 리턴 값에 동시에 표현하는 복잡성을 가지고 있다. 예제 13-2의 getExp() 함수를 개선해보자. 참조 매개 변수를 이용하여 계산한 값을 리턴하고, 함수의 리턴 값은 true/false로 오류인지 아닌지만 알리도록 수정해보자. 예제 13-3은 수정된 코드를 보여준다.

예제 13-3	리턴 값과 참조 매개 변수를 이용한 오류 처리

계산된 결과를 저장하는 참조 매개 변수

true/false로 오류
인지 아닌지 리턴

```cpp
1   #include <iostream>
2   using namespace std;
3
4   bool getExp(int base, int exp, int &ret) { // base의 exp 지수승을 계산하여 ret에 저장
5       if(base <= 0 || exp <= 0) {
6           return false; // 오류 리턴
7       }
8       int value=1;
9       for(int n=0; n<exp; n++)
10          value = value * base; // base를 exp번 곱하여 지수 값 계산
11      ret = value; // 계산 값을 ret에 저장
12      return true; // 정상 리턴. 계산된 값은 ret에 있음
13  }
14
15  int main() {
16      int v=0;
17      if(getExp(2, 3, v)) // v = 2의 3승 = 8. getExp()는 true 리턴
18          cout << "2의 3승은 " << v << "입니다." << endl;
19      else
20          cout << "오류. 2의 3승은 " << "계산할 수 없습니다." << endl;
21
22      int e=0;
23      if(getExp(2, -3, e)) // 2의 -3승?. getExp()는 false 리턴
24          cout << "2의 -3승은 " << e << "입니다." << endl;
25      else
26          cout << "오류. 2의 -3승은 " << "계산할 수 없습니다." << endl;
27  }
```

→ 실행 결과

```
2의 3승은 8입니다.
오류. 2의 -3승은 계산할 수 없습니다.
```

13.2 예외와 예외 처리

예외란?

예외
exception
예외 처리기

실행 중, 프로그램의 오동작이나 결과에 영향을 미치는 예상치 못한 상황 발생을 예외 (exception)라고 부른다. 예제 **13-1**에서 양수만 처리하도록 작성된 **getExp()** 함수에 예상치 못하게 음수가 넘어와서 2^{-3}을 1로, 오답을 내게 한 것이 바로 예외이다. 훌륭한 소프트웨어 개발자들은 어떤 예외가 발생해도 소프트웨어가 오동작하지 않도록 오류 탐지와 처리 코드를 포함시킨다. 이 부분에서 고수와 하수가 갈린다.

[그림 13-1]은 이물질을 탐지하여 걸러내는 피자 기계를 보여준다. 피자를 만드는 기계에 돌과 같은 이물질이 들어오면 기계가 고장 나거나 돌이 섞인 피자가 만들어진다. 그러므로 피자 기계는 돌과 같은 이물질을 걸러내는 장치가 필요하다. 여기서 돌은 예외에 비유되고, 돌이나 이물질을 걸러내는 장치는 예외 처리기에 비유된다.

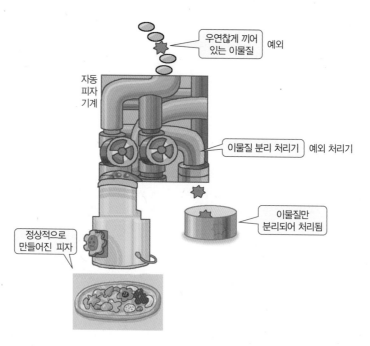

[그림 13-1] 피자를 만드는 기계. 이물질을 탐지하여 걸러내는 장치를 가지고 있다.

C++ 예외 처리

운영체제는 하드웨어나 시스템 자원을 다루는 중에 발생하는 예외를 응용프로그램에게 알려주는 예외 처리 기능을 따로 두고 있다. 그러나 이 장에서 다루는 예외 처리는 C++ 응용프로그램의 실행 중 발생하는 예외에 대해 오동작을 막는 구조적 방법으로, 순전히 C++ 언어 차원에 국한된다. 운영체제가 탐지한 예외를 C++ 프로그램에서 받거나 처리하고자 하면, 운영체제 API를 이용하고 운영체제 매뉴얼에 주어진 별도의 방법으로 코딩해야 한다.

> **잠깐!**   예외와 예외 처리는 많은 언어에 공통적으로 있는 개념
>
> 예외는 C++뿐 아니라, Java, C# 등 많은 언어에서 다루어진다. Java의 경우 시스템에서 발생하는 예외들을 자바 응용프로그램에 쉽게 알려주도록 만들어져 있고, 예외 처리 코드를 삽입하지 않는 자바 소스에 대해 컴파일 오류를 발생시켜 실행 중에 실행 오류나 오동작 가능성을 최소화한다. 하지만 C++의 경우 개발자가 스스로 예외에 대한 경각심을 가지고 예외 탐지와 처리 코드를 작성해야 한다.

예외 처리 기본 형식, try-throw-catch

C++에서 예외를 탐지하고 예외에 대처하는 코드는 **try-throw-catch** 구조로 작성하며, 전형적인 모양은 다음과 같다.

```
try { // 예외가 발생할 가능성이 있는 실행문. try {} 블록
    .....................
    예외를 발견한다면 {
        throw XXX; // 예외 발생을 알림. XXX는 예외 값
    }
    예외를 발견한다면 {
        throw YYY; // 예외 발생을 알림. YYY는 예외 값
    }
}
catch(처리할 예외 파라미터 선언) { // catch {} 블록
    예외 처리문
}
catch(처리할 예외 파라미터 선언) { // catch {} 블록
    예외 처리문
}
```

● try { } 블록

try { } 블록
catch() { } 블록
throw 문

예외가 발생할 소지가 있는 문장들은 try { } 블록으로 묶고 예외를 처리할 catch() { } 블록을 바로 연결하여 선언한다. 하나의 try { } 블록에 여러 개의 catch() { } 블록을 연달아 선언할 수 있다. try { } 블록 내에는 예외 발생을 탐지하는 코드를 작성해야 하며, 예외가 탐지되면 throw 문을 실행하여 예외 발생을 알린다.

● throw 문

> 예외를 던진다
> 예외 값

throw 문은 try { } 안에서 실행되는 문으로, 현재 실행 중인 프로그램 내에 예외의 발생을 알린다. 이것을 소위 '예외를 던진다'라고 하며 다음과 같이 '예외 값'을 던진다.

```
throw 예외 값;
```

예를 들면 다음과 같다.

```
throw 3; // int 타입의 예외 값 3을 던짐
throw "empty stack"; // char* 타입의 문자열 예외를 던짐
```

throw가 던진 예외는 연결된 catch() { } 블록에서 처리된다. 물론 이때 throw가 던진 예외 값을 받도록 작성된 catch() { } 블록이 있어야 한다. throw 문이 실행되면 바로 catch() { } 블록으로 점프하여 실행되므로, throw 문 다음에 있는 나머지 try { } 블록 코드는 실행되지 않는다.

> '예외 값'의 타입과 일치하는
> catch() { } 블록이 실행

try { } 블록 내에는 여러 개의 throw 문이 가능하다. throw 문이 예외를 던지면, 던져진 '예외 값'의 타입과 일치하는 catch() { } 블록이 실행된다.

● catch(처리할 예외 파라미터 선언) { } 블록

> 예외 파라미터

예외를 처리하는 코드는 catch() { } 블록으로 만든다. 그리고 catch()의 () 안에 '예외 값'을 받는 **예외 파라미터**(exception parameter)를 선언한다. 예외 파라미터는 함수 파라미터와 같이 '예외 타입'과 '매개 변수'로 선언하며, throw 문이 던진 '예외 값'의 타입이 '예외 타입'과 일치하는 경우에 '예외 값'이 '매개 변수'에 전달되고 catch() { } 블록이 실행한다. throw 문에서 던진 '예외 값'을 받을 catch() { } 블록이 작성되어 있지 않으면 프로그램은 바로 종료된다.

> 한 개만 선언 가능

예외 파라미터는 한 개만 선언 가능하다.

throw와 catch

throw 문으로 던지는 예외는 catch() { } 블록에 의해 처리되므로 이들의 관계는 밀접하다. throw는 정수(int), 문자(char), 문자열(char*), 실수(double), 객체 등 다양한 타입의 예외 값을 던질 수 있다.

```
throw 3;
throw "empty stack";
throw -1;
throw 0.9;
throw 'q';
throw Circle(3);
```

예외는 던져진 '예외 값'의 타입으로 구분하며, 하나의 catch() { } 블록은 하나의 예외 타입만 처리한다. [그림 13-2]는 int 타입의 예외를 던지는 throw 문장과 int 타입의 예외를 처리하는 catch() { } 블록의 예를 보여 준다.

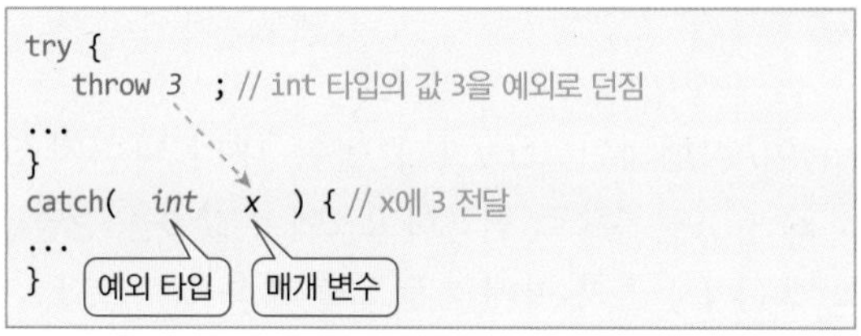

```
try {
    throw 3  ; // int 타입의 값 3을 예외로 던짐
...
}
catch(  int  x  ) { // x에 3 전달
...
}   [예외 타입]   [매개 변수]
```

[그림 13-2] throw의 예외 값과 catch()의 예외 파라미터

이제, throw 문과 catch() { } 블록의 몇 가지 사례를 들어보자.

● double 타입의 예외를 던지는 throw와 catch() { } 블록

```
try {
    throw 3.5; // double 타입의 예외 던지기
    ...
}
catch(double d) { // double 타입 예외 처리. 3.5가 d에 전달됨
    cout << "실수 값 " << d << "는 처리할 수 없음";
}
```

● 문자열 예외를 던지는 throw와 catch() { } 블록

```
try {
    throw "음수 불가능"; // char* 타입의 예외 던지기
    ...
}
catch(const char* s) { // const char* 타입의 예외 처리. "음수 불가능" 문자열이 s에 전달됨
    cout << s; // "음수 불가능" 출력
}
```

try-throw-catch의 예외 처리 과정

제어의 흐름

예외가 처리되는 구체적인 과정을 자세히 알아보자. [그림 13-3]은 0으로 나누는 예외를 처리하기 위한 예외 처리기를 작성한 사례이다. 이 사례를 통해 예외가 발생하는 경우와 그렇지 않은 경우에 따라 제어의 흐름이 어떻게 변하는지 보여준다.

우선 [그림 13-3](a)는 예외가 발생하지 않는 경우이다. n 값이 5이므로 else 문을 실행하고 try { } 블록의 나머지 코드를 실행한 후 catch() { } 블록을 건너 뛰어 다음 코드로 넘어간다.

[그림 13-3](b)는 예외가 발생하는 경우이다. n이 0이므로, 0으로 나누기가 이루어지는 것을 막기 위해 if 문에서 다음과 같이 int 형의 예외를 발생시킨다.

```
throw n; // 정수 예외를 던진다. n 값, 0이 catch 문의 x에 전달된다.
```

throw n;이 실행되면, try { } 블록 내의 나머지 코드를 실행하지 않고 바로 catch(int x) { } 블록으로 점프하고 x에 n 값 0을 전달한다. catch() { } 불록이 실행된 후 catch() { } 블록 아래의 코드를 계속 실행한다.

n 5
sum 15

```
try {
    if(n == 0)
        throw n;
    else {
        average = sum / n;
        .....
        .....
    }
    .....
}
catch(int x) {
    cout << "예외 발생!! ";
    cout << x << "으로 나눌 수 없음" << endl;
    average = 0;
}
cout << "평균 = " << average << endl;
```

→ 실행 결과

평균 = 3

(a) 예외가 발생하지 않는 경우

n 0
sum 15

```
try {                        오류 탐지 코드
    if(n == 0)               예외 발생. n을 x에 전달
        throw n;
    else {
        average = sum / n;
        .....
        .....
    }
    .....
}
catch(int x) {               예외 처리 코드
    cout << "예외 발생!! ";
    cout << x << "으로 나눌 수 없음" << endl;
    average = 0;
}
cout << "평균 = " << average << endl;
```

x 0

→ 실행 결과

예외 발생!! 0으로 나눌 수 없음
평균 = 0

(b) 예외가 발생한 경우

[그림 13-3] 예외에 따른 제어의 흐름

예제 13-4 0이나 음수로 나누는 오류를 탐지하고 예외 처리하는 코드

합과 인원수를 입력받아 평균을 내는 코드에, 인원수가 0이거나 음수가 입력되는 경우 예외 처리하는
프로그램을 작성하라. 프로그램은 무한 루프를 돌면서 반복한다.

이 예제 코드는 정수만 다루도록 작성되어 있어, 사용자가 실수나 문자를 입력하는 경우에 대한 대처가 없습니다.

```cpp
1   #include <iostream>
2   using namespace std;
3
4   int main() {
5      int n, sum, average;
6      while(true) {
7         cout << "합을 입력하세요>>";
8         cin >> sum;
9         cout << "인원수를 입력하세요>>";
10        cin >> n;
11        try {
12           if(n <= 0)   // 오류 탐지
13              throw n; // 예외 발생. catch(int x) 블록으로 점프
14           else
15              average = sum / n;
16        }
17        catch(int x) {
18           cout << "예외 발생!! " << x << "으로 나눌 수 없음" << endl;
19           average = 0;
20           cout << endl;
21           continue;
22        }
23        cout << "평균 = " << average << endl << endl; // 평균 출력
24     }
25  }
```

→ 실행 결과

```
합을 입력하세요>>15
인원수를 입력하세요>>5
평균 = 3

합을 입력하세요>>12
인원수를 입력하세요>>-3
예외 발생!! -3으로 나눌 수 없음

합을 입력하세요>>25
인원수를 입력하세요>>0
예외 발생!! 0으로 나눌 수 없음

합을 입력하세요>>
```

CHECK
TIME

1 다음 빈칸에 적절한 단어를 기입하라.

예외가 발생할 가능성이 있는 코드를 _____ 블록으로 감싸고, 예외를 탐지하는 조건
문에서 예외가 탐지되면 _____ 문을 이용하여 예외 발생을 알린다. 발생된 예외는
_____ 블록에서 처리된다.

2 다음 코드가 있다. 물음에 답하여라.

```cpp
int getCubeVolume(int a) { // a는 한 변의 길이. 부피를 계산하여 리턴
    try {
        if(a <= 0) throw a; // 변의 길이가 양수가 아니면 예외
        else return a*a*a; // 부피 리턴
    }
    catch(int x) { // 정수형 예외 처리
        cout << "육면체의 변은 양수이어야 한다." << endl;
        return 0;
    }
}
```

(1) int n = getCubeVolume(5);에서 예외가 발생하는가? n 값은 무엇이 되는가?
(2) int n = getCubeVolume(-5);에서 예외가 발생하는가? n 값은 무엇이 되는가?

13.3 예외 처리에 대한 자세한 설명

이 절에서는 throw 문과 catch() { } 블록과의 관계, 그리고 catch() { } 블록에 예외
파라미터를 선언하는 방법, 다양한 try-throw-catch 블록 형태 등 예외 처리에 대해
자세히 다룬다.

하나의 try { } 블록에 다수의 catch() { } 블록 연결

하나의 try { } 블록에 여러 개의 catch() { } 블록을 연결하여, try { } 블록에서 발
생시키는 여러 타입의 예외를 처리할 수 있다. 이 경우 예외 타입과 일치하는 catch()
{ } 블록이 실행된다. 다음 예를 보자.

```
try {
    ...
    throw "음수 불가능";
    ...
    throw 3;
    ...
}
catch(const char* s) { // 문자열 타입의 예외 처리. "음수 불가능"이 s에 전달
    ...
}
catch(int x) { // int 타입 예외 처리. 3이 x에 전달됨
    ...
}
```

try { } 블록에는 두 개의 catch() { } 블록이 연결되어 있다. throw "음수 불가능"; 코드가 실행되면 catch(const char* s) { } 블록으로 점프하여 실행하고, throw 3;의 문장이 실행되면 catch(int x) { } 블록으로 점프하여 실행한다.

함수를 포함하는 try { } 블록

가장 많은 작성 사례

가장 많은 프로그램 작성 사례로서, try { } 블록에서 호출한 함수가 예외를 던지는 경우이다. [그림 13-4]의 예를 보자.

[그림 13-4]의 코드에서는 try { } 블록에서 호출한 multiply() 함수가 매개 변수 x, y 중에서 하나라도 음수가 있으면, 예외를 던진다. 이 예외로 인해 multiply() 함수는 정상적으로 리턴하지 않고 바로 catch(const char* negative) { } 블록으로 점프한다.

함수 호출

```
int main() {
    try {
        int n = multiply(2, -3);
        cout << "곱은 " << n << endl;
    }
    catch(const char* negative) {
        cout << "exception happened : " << negative;
    }
}
```

```
int multiply(int x, int y) {
    if(x < 0 || y < 0)
        throw "음수 불가능";
    else
        return x*y;
}
```

예외 던지기

→ 실행 결과

exception happened : 음수 불가능

[그림 13-4] 함수에서 throw를 실행하는 경우

함수들이 여러 번 중첩되어(nested) 호출된다고 하더라도 try { } 블록 안에서 호출된 함수에서 throw 문을 실행하는 경우는 try { } 블록에 연결된 catch() { } 블록에서 예외가 처리된다.

예제 13-5 | **지수 승 계산을 예외 처리 코드로 재작성 - getExp()의 완결판**

지수 승을 계산하는 예제 **13-1, 13-2, 13-3**의 오류 처리 코드를 **try-throw-catch** 블록을 이용한 예외 처리 방식으로 작성하라.

```cpp
1   #include <iostream>
2   using namespace std;
3
4   int getExp(int base, int exp) { // base의 exp 지수승을 계산하여 리턴
5     if(base <= 0 || exp <= 0) { // 오류 검사
6       throw "음수 사용 불가"; // 예외 발생     ◁ 23번 라인으로 바로 점프
7     }
8     int value=1;
9     for(int n=0; n<exp; n++)
10       value = value * base; // base를 exp번 곱하여 지수 값 계산
11    return value; // 계산 결과 리턴
12  }
13
14  int main() {
15    int v=0;
16    try {
17      v = getExp(2, 3); // v = 2의 3승 = 8
18      cout << "2의 3승은 " << v << "입니다." << endl;
19
20      v = getExp(2, -3); // 2의 -3승 = ?
21      cout << "2의 -3승은 " << v << "입니다." << endl;
22    }
23    catch(const char *s) {
24        cout << "예외 발생 !! " << s << endl;
25    }
26  }
```

예외 발생 ▷ 20

→ 실행 결과

```
2의 3승은 8입니다.
예외 발생 !! 음수 사용 불가
```

예제 13-6   **문자열을 정수로 변환하기**

문자열을 정수로 변환하는 stringToInt() 함수를 작성하라. 정수로 변환할 수 없는 문자열의 경우 예외 처리하라.

```cpp
1   #include <iostream>
2   #include <cstring>
3   using namespace std;
4
5   // 문자열을 정수로 변환하여 리턴
6   // 정수로 변환하기 어려운 문자의 경우, char* 타입 예외 발생
7   int stringToInt(const char x[]) {
8       int sum = 0;
9       int len = strlen(x);
10      for(int i=0; i<len; i++) {
11          if(x[i] >= '0' && x[i] <= '9') // '0'~'9' 사이의 숫자인 경우
12              sum = sum*10 + x[i]-'0';
13          else // 숫자가 아닌 문자의 경우, 수로 변환할 수 없음
14              throw x; // char* 타입의 예외 발생          27번 라인으로 바로 점프
15      }
16      return sum;
17  }
18
19  int main() {
20      int n;
21      try {
22          n = stringToInt("123"); // 문자열을 정수로 변환
23          cout << "\"123\" 은 정수 " << n << "로 변환됨" << endl;
24          n = stringToInt("1A3"); // 문자열을 정수로 변환. 정수로 변환할 수 없는 문자열
25          cout << "\"1A3\" 은 정수 " << n << "로 변환됨" << endl;
26      }
27      catch(const char* s) {
28          cout << s << " 처리에서 예외 발생!!" << endl;
29          return 0; // 프로그램 종료
30      }
31  }
```

예외 발생 (23번 라인 지시)

➡ 실행 결과

```
"123" 은 정수 123로 변환됨
1A3 처리에서 예외 발생!!
```

예외를 발생시키는 함수의 선언

throw 문을 가지고 있는 함수는 함수 선언문에 예외 발생을 명시할 수 있다. 그 형식은 함수에서 발생시키는 모든 예외 타입을 함수 원형 뒤에 throw()의 괄호 안에 나열한다.

예를 들면, int 타입과 char* 타입의 예외를 던질 수 있도록 작성된 vauleAt() 함수는 다음과 같이 선언한다.

```cpp
double valueAt(double *p, int index) throw(int, char*) {
    if(index < 0)
        throw "index out of bounds exception"; // char* 타입 예외 발생
    else if(p == NULL)
        throw 0; // int 타입 예외 발생
    else
        return p[index];
}
```

이런 식으로 함수를 선언하는 것이 의무 사항은 아니지만 다음과 같은 장점이 있다.

●프로그램의 작동을 명확히 한다.

컴파일러는 함수 선언문의 throw()에 선언되지 않은 예외가 발생하면 프로그램을 중지시키도록 컴파일한다. 그러나 컴파일러에 따라서는 그냥 넘어가기도 한다.

●예외와 관련된 프로그램의 가독성을 높인다.

원형만 봐도 함수에서 발생시키는 예외를 알 수 있어, 코드를 쉽게 이해할 수 있다.

> **잠깐!** 어떤 예외라도 포착하는 catch() { } 블록 ●
>
> 생략 부호(...)
>
> catch의 () 안에 예외 파라미터 대신 **생략 부호**(...)를 주면, 어떤 예외라도 포착할 수 있다. 그러나 catch(...) { } 블록은 반드시 마지막 catch()로만 사용해야 한다. 예를 들면 다음과 같다.
>
> ```cpp
> try {
>     throw .....;
> }
> catch(int x) { 예외처리코드 } // int 타입의 예외 처리
> catch(...) { 예외처리코드 } // 그밖의 모든 예외 처리. 반드시 마지막 catch()로만 사용
> ```

예제 13-7은 예외 처리를 가진 스택 클래스를 만드는 사례이다. 이 책에서 스택 클래스를 작성한 여러 사례가 있었지만, 예제 13-7은 완결판이라고 볼 수 있다. 스택 empty나, full 상황에 예외를 발생시켜 실행 오류가 발생하였음을 알린다.

예제 13-7   예외 처리를 가진 스택 클래스 만들기 - 스택 클래스의 완결판

스택이 꽉 차거나 비어있을 때 push(), pop() 함수가 호출되면 예외를 발생시키는 정수형 스택 클래스를 작성하라.

MyStack.h

```
1   #ifndef MYSTACK_H
2   #define MTSTACK_H
3
4   class MyStack {
5      int data[100];
6      int tos;
7   public:
8      MyStack() { tos = -1; }
9      void push(int n) throw(char*);
10     int pop() throw(char*);
11  };
12
13  #endif
```

MyStack.cpp

```
1   #include "MyStack.h"
2
3   void MyStack::push(int n) {
4      if(tos == 99)
5         throw "Stack Full";
6      tos++;
7      data[tos] = n;
8   }
9
10  int MyStack::pop() {
11     if(tos == -1)
12        throw "Stack Empty";
13     int rData = data[tos--];
14     return rData;
15  }
```

Main.cpp

```
1   #include <iostream>
2   using namespace std;
3
4   #include "MyStack.h"
5
6   int main() {
7      MyStack intStack;
8      try {
9         intStack.push(100); // 100 푸시
10        intStack.push(200); // 200 푸시
11        cout << intStack.pop() << endl; // 팝 200
12        cout << intStack.pop() << endl; // 팝 100
13        cout << intStack.pop() << endl; // "Stack Empty" 예외 발생
14     }
15     catch(const char* s) {
16        cout << "예외 발생 : " << s << endl;
17     }
18  }
```

→ 실행 결과

```
200
100
예외 발생 : Stack Empty
```
라인 13의 3번째 pop()에서 예외 발생

중첩 try { } 블록

try { } 블록 내에 다른 try { } 블록을 중첩(nested) 작성할 수 있다. 이때, 안쪽 try { } 블록의 throw에서 던진 예외를 처리할 catch() { } 블록이 없으면, 바깥 쪽 try { } 블록에 연결된 catch() { } 블록에 예외가 전달된다. [그림 13-5]의 사례를 보자.

```
try {
    ...
    throw 3;                       ← try 블록에 연결된
    ...                               catch 블록으로 점프
    try {
        throw "abc";
        ...
        throw 5;
        ...
    }
    catch(int inner) {
        cout << inner; // 5 출력
    }
}
catch(const char* s) {            ← 바깥 try 블록에 연결된
    cout << s; // "abc" 출력          catch 블록으로 점프
}
catch(int outer) {
    cout << outer; // 3 출력
}
```

[그림 13-5] 중첩된 try 블록과 throw의 예외 처리

[그림 13-5]의 코드에서 안쪽 try { } 블록에서 throw 5;가 실행되면 catch(int inner) 블록이 실행된 후, 바깥의 catch(int outer) { } 블록을 지나쳐 다음 코드로 제어가 넘어간다. 또한 throw "abc";가 실행되면, 이를 처리할 catch() { } 블록이 없기 때문에, 바깥쪽 try { } 블록에 연결된 catch(const char* s) { } 블록에 의해 처리된다.

throw 사용 시 주의 사항

throw 문을 사용할 때 주의할 몇 가지만 정리해보자.

●throw 문의 위치

항상 try { } 블록 안에서 실행 abort()

throw 문은 항상 try { } 블록 안에서 실행되어야 한다. 그렇지 않은 경우 시스템은 abort() 함수를 호출하여 프로그램을 종료시킨다. 다음 문장은 컴파일 오류는 아니지만 throw 3;이 실행되면 프로그램이 중단된다. throw 3;이 try { } 블록에 속해 있지 않기 때문이다.

```
오류  throw 3; // 실행되면 프로그램이 비정상 종료된다.
      ...
      try {
          ...
      }
      catch(int n) {
          ...
      }
```

● 예외를 처리할 catch() { } 블록이 없으면 프로그램은 종료된다.

throw가 던지는 타입의 예외를 처리할 catch() { } 블록이 선언되어 있지 않은 경우,
throw 문이 실행되면 시스템이 abort() 함수를 호출하여 프로그램을 비정상 종료시킨
다. 다음 경우를 보자.

```
      try {
오류      throw "aa"; // char* 타입의 예외를 처리할 catch() { } 블록이 없기 때문에 프로그램 종료
          ...
      }
      catch(double p) {
          ...
      }
```

● catch() { } 블록 내에도 try { } catch() { } 블록을 선언할 수 있다.

예를 들면 다음과 같다.

```
      try {
          throw 3;
          ...
      }
      catch(int x) {
          try {
              throw "aa"; // 아래의 catch(const char* p) { } 블록에서 처리된다.
              ...
          }
          catch(const char* p) {
              ...
          }
      }
```

CHECK TIME

1 다음 중 컴파일 오류가 나는 것과 실행 중에 프로그램이 강제 종료되는 경우를 각각 찾아라.

①
```
try {
    throw 3;
}
int x;
catch(int t) {
}
```

②
```
try {
    throw 3;
}
catch(const char* s) {
}
```

③
```
try {
    throw 3;
}
```

④
```
try {
}
catch(const char* s) {
}
```

13.4 예외 클래스 만들기

예외 값
클래스
더 많은 정보를 전달

'예외 값'으로 int, double 등의 기본 타입을 사용할 때보다 클래스를 사용하면 catch() { } 블록에 더 많은 정보를 전달할 수 있다. 지금부터 '예외 값'으로 사용할 클래스를 작성해보자. 예제 13-8은 두 양수를 입력받아 나누기한 결과를 출력하는 프로그램에 음수가 입력된 경우와 0으로 나누기가 발생하는 경우 서로 다른 예외로 처리하도록 예외 클래스를 작성한 사례이다.

예제 13-8	예외 클래스 만들기

```
1   #include <iostream>
2   #include <string>
3   using namespace std;
4
5   class MyException {
6       int lineNo;
7       string func, msg;
8   public:
9       MyException(int n, string f, string m) {
```

사용자가 만든 기본 예외 클래스

```
10        lineNo = n; func = f; msg = m;
11     }
12     void print() { cout << func << ":" << lineNo << ", " << msg << endl; }
13  };
14
15  class DivideByZeroException : public MyException {
16  public:
17     DivideByZeroException(int lineNo, string func, string msg)
18        : MyException(lineNo, func, msg) { }
19  };
20
21  class InvalidInputException : public MyException {
22  public:
23     InvalidInputException(int lineNo, string func, string msg)
24        : MyException(lineNo, func, msg) { }
25  };
26
27  int main() {
28     int x, y;
29     try {
30        cout << "나눗셈을 합니다. 두 개의 양의 정수를 입력하세요>>";
31        cin >> x >> y;
32        if(x < 0 || y < 0)
33           throw InvalidInputException(33, "main()", "음수 입력 예외 발생");
34        if(y == 0)
35           throw DivideByZeroException(35, "main()", "0으로 나누는 예외 발생");
36        cout << (double)x / (double)y;
37     }
38     catch(DivideByZeroException &e) {
39        e.print();
40     }
41     catch(InvalidInputException &e) {
42        e.print();
43     }
44  }
```

주석:
- **0으로 나누는 예외 클래스** → (line 15)
- **잘못된 입력 예외 클래스** → (line 21)
- **InvalidInputException 객체를 예외 값으로 던짐** → (line 33)
- **DivideByZeroException 객체를 예외 값으로 던짐** → (line 35)
- **라인 번호 / 함수명 / 예외 메세지** → (line 33)
- **임시 객체 생성** → (line 36)

→ 실행 결과

```
나눗셈을 합니다. 두 개의 양의 정수를 입력하세요>>2 5
0.4
```

```
나눗셈을 합니다. 두 개의 양의 정수를 입력하세요>>200 -3
main():33, 음수 입력 예외 발생
```

```
나눗셈을 합니다. 두 개의 양의 정수를 입력하세요>>20 0
main():35, 0으로 나누는 예외 발생
```

13.5 C++ 코드와 C 코드의 링킹

C 언어의 역사가 오래된 만큼 C 언어로 작성된 많은 라이브러리와 소스 코드가 존재하며, 지금도 C 언어는 여러 분야에서 활발히 사용되고 있다. 현재 많은 C++ 프로그램 개발자들이 기존에 작성된 C 소스 코드를 이용하거나 C 라이브러리를 사용하고 있기 때문에, 독자들은 C++ 프로그램에서 C 코드를 연결하여 사용하는 방법을 알아둘 필요가 있다. 서로 다른 언어로 작성된 프로그램을 연결하여 사용하는 것은 어렵고 복잡하지만, C++ 언어는 C 언어의 확장이기 때문에 상대적으로 쉽다.

이제, C 언어로 작성된 소스 코드나 이미 컴파일된 목적 코드를 C++ 프로그램에서 사용하는 방법을 알아보자.

C/C++ 컴파일러의 이름 규칙

이름 규칙

모든 컴파일러는 소스 코드를 컴파일하여 목적 코드(obj 파일)를 만들 때, 소스 코드에 있는 변수, 함수, 클래스의 이름을 변형하여 저장한다. 이를 흔히 이름 규칙(naming mangling)이라고 부른다. C 컴파일러와 C++ 컴파일러는 서로 다른 이름 규칙을 가지고 있다.

비주얼 C/C++를 대상

C 언어와 C++의 이름 규칙을 제대로 알아야, C 언어로 작성된 함수를 호출하거나 C 전역 변수를 사용하는 C++ 프로그램의 링킹을 제대로 이해할 수 있다. 지금부터 비주얼 C/C++를 대상으로 C 컴파일러와 C++ 컴파일러의 이름 규칙에 대해 알아보자.

●C 컴파일러의 이름 규칙

밑줄표시문자('_')

C 컴파일러는 C 소스 코드를 컴파일하여 목적 코드(obj 파일)를 만들 때 함수 이름 앞에 밑줄표시문자('_')를 붙인다. 예를 들어 다음 C 함수를 컴파일한다고 하자.

```
int f(int x, int y)
int main()
```

C 컴파일러는 이 두 함수가 사용되는 C 소스 코드의 모든 곳에 다음과 같이 이름을 변경하여 목적 파일에 저장한다.

```
_f
_main
```

C 컴파일러의 이름 규칙은 매개 변수의 존재나 리턴 타입은 전혀 반영하지 않는

_f
_main

다. [그림 13-6]은 main.c와 f.c로 구성되는 C 프로그램의 컴파일과 링크 과정을 보여준다. 여기서 C 컴파일러에 의해 C 함수 이름이 어떻게 변경되는지에 초점을 맞추었다. main.c가 컴파일되면, main.obj에 f()의 이름이 _f로, main() 함수의 이름도 _main으로 저장된다. f.c가 컴파일되면 역시 f.obj에 함수 f()의 이름이 _f로 기록된다. 이제, main.obj와 f.obj가 링크되면, main.obj에서 호출하는 함수 _f가 f.obj에서 발견되고, 호출하도록 정확히 링킹이 이루어져서 main.exe 파일이 만들어진다.

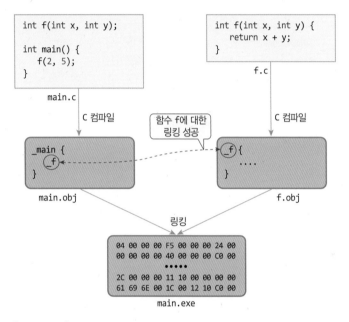

[그림 13-6] C 프로그램의 컴파일과 링킹

잠깐! C 언어에서 함수 중복이 불가능한 이유

C 언어에서 함수 중복이 불가능한 이유는 바로 C 컴파일러의 이름 규칙의 한계 때문이다. int f(int x)나 int f(int x, int y) 함수 모두 매개 변수의 존재 여부와 관계없이 _f라는 이름으로 컴파일되어, 같은 이름의 함수 _f가 목적 코드에 2개 존재하게 되므로 컴파일 오류나 링크 오류가 발생한다.

●C++ 컴파일러의 이름 규칙

매개 변수 개수와 타입, 리턴 타입 등을 참조

C++ 컴파일러의 이름 규칙은 C 컴파일러와 다르다. C++ 컴파일러는 목적 코드를 만들 때 함수의 매개 변수 개수와 타입, 리턴 타입 등을 참조하여 복잡한 기호를 포함하는 이름을 붙인다. 이렇게 함으로써 중복 함수(overloaded function)들이 목적 파일 내에서 구분된다. 예를 들어 보자. 다음과 같은 이름의 C++ 함수가 있다고 하자.

```
int f(int x, int y)
int f(int x)
int f()
int main()
```

C++ 컴파일러는 이 4개의 함수들을 컴파일하여 목적 코드 내에 다음과 같은 이름을 붙인다.

```
?f@@YAHHH@Z     // int f(int x, int y)의 이름 f를 변환한 이름
?f@@YAXH@Z      // int f(int x)의 이름 f를 변환한 이름
?f@@YAHXZ       // int f()의 이름 f를 변환한 이름
_main           // int main()의 이름 main을 변환한 이름
```

3개의 f() 함수가 매개 변수 타입과 개수, 리턴 타입을 반영하여 서로 다른 이름으로 변형되어 있음을 알 수 있다. 그러나 예외적으로 main() 함수만은 항상 _main으로 이름을 붙인다. 이 과정은 [그림 13-7]에서 자세히 보여준다. [그림 13-6]의 main.c와 f.c를 main.cpp와 f.cpp로 변경하고 C++ 컴파일러로 컴파일한다. main.obj와 f.obj 모두 함수 int f(int x, int y)의 이름이 ?f@@YAHHH@Z로 붙여져 있으며 main.obj와 f.obj가 성공적으로 링크된다.

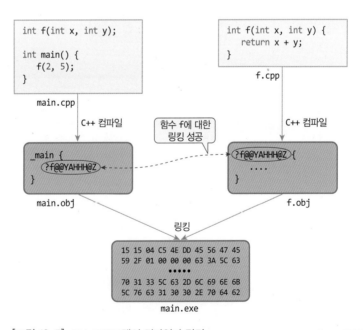

[그림 13-7] C++ 프로그램의 컴파일과 링킹

C++ 프로그램에서 C 함수 호출시 링크 오류가 발생하는 경우

링크 오류
이름 규칙이 서로 다르기 때문

C 언어로 작성된 함수를 C++ 프로그램에서 그냥 호출하면 링크 오류가 발생한다. 그 이유는 앞서 설명한 바와 같이 C와 C++ 컴파일러 사이의 이름 규칙이 서로 다르기 때문이다. 링크 오류가 발생하는 구체적인 상황을 설명해보자.

[그림 13-8]은 main.cpp와 f.c 파일을 컴파일하고 링크하여 exe 파일을 만드는 과정을 보여준다.

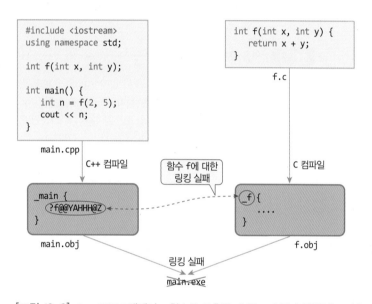

[그림 13-8] C++ 프로그램에서 C 함수를 호출할 때 링크 오류가 발생하는 경우

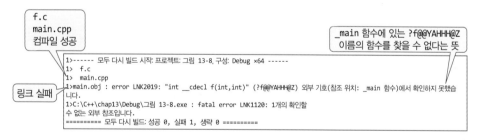

[그림 13-9] C++ 프로그램에서 C 함수를 호출할 때 발생한 링크 오류 메시지

C++ 컴파일러는 main.cpp를 컴파일할 때, C++ 이름 규칙을 사용하여 함수 f()가 등장하는 모든 곳에 아래 이름으로 main.obj에 기록한다.

?f@@YAHHH@Z

한편, f.c는 C 컴파일러에 의해 컴파일되고, 함수 f()의 이름이 다음과 같이 f.obj 파일에 기록된다.

```
_f
```

이제, main.obj와 f.obj를 링크할 때, 링커는 main.obj에서 호출하는 ?f@@YAHHH@Z 이름의 함수를 f.obj에서 발견할 수 없기 때문에 링크 오류를 발생시키며, [그림 13-9] 는 비주얼 C++에서의 링크 오류 메시지를 보여 준다.

> **잠깐!** **이름 규칙의 표준**
>
> 이름 규칙(naming mangling)에는 표준이 없다. 컴파일러마다 목적 코드에 함수의 이름을 붙이는 방법이 서로 다르다. 그러므로 서로 다른 컴파일러로 컴파일된 목적 파일들은 링크되지 않는다. 예를 들어 볼랜드 C++로 컴파일한 목적 코드를 비주얼 C++에서 작성한 목적 코드에서 링크하여 사용할 수 없다.

정상적인 링킹, extern "C"

C 언어의 이름 규칙으로 컴파일 extern "C"

이제, [그림 13-8]의 링크 오류를 수정해보자. C++ 컴파일러에게 main.cpp 안에 등장하는 함수 f()가 C 언어로 작성된 것임을 알려주어, f() 이름에 대해서만 C 언어의 이름 규칙으로 컴파일 하도록 지시하면 된다. 이 지시문은 extern "C"를 이용하며 다음과 같이 쓴다.

```
extern "C" int f(int x, int y);
```

이 지시문에 의해 C++ 컴파일러는 함수 f()의 이름을 C 이름 규칙으로 컴파일한다. 만일 C 언어로 작성된 함수가 여러 개 있다면 다음과 같이 묶어서 선언해도 된다.

```
extern "C" {
    int f(int x, int y);
    void g();
    char s(int []);
}
```

혹은 다음과 같이 여러 개의 C 함수 원형이 선언된 헤더 파일을 통째로 지정할 수 있다. 실제로 C++ 표준 라이브러리의 헤더 파일은 이런 지시문을 많이 사용하고 있다.

```
extern "C" {
    #include "mycfunction.h"
}
```

[그림 13-10]은 extern "C" 지시문을 사용하여 C++ 프로그램에서 C 함수를 호출할 때 링크 오류가 발생하지 않는 코드 사례이다. [그림 13-10]에서, int f(int x, int y)는 f.c 에 작성된 C 함수이므로, main.cpp에는 int f(int x, int y) 함수만을 extern "C"로 선언하였다. 그 결과 main.obj에는 f() 함수와 g() 함수의 이름이 각각 다음과 같이 컴파일되었다.

```
_f
?g@@YAHHH@Z
```

링커는 main.obj에서 찾고자 하는 함수 _f와 ?g@@YAHHH@Z를 f.obj와 g.obj에서 정확히 찾을 수 있기 때문에, 링크가 성공적으로 이루어진다.

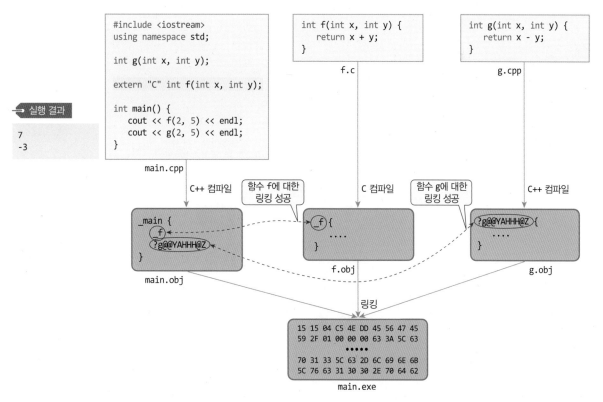

[그림 13-10] extern "C"를 사용하여 링크 성공

1 C++ 컴파일러가 목적 파일을 만들 때 C++ 함수의 이름을 복잡하게 붙이는 이유는 무엇인가?

① 함수 중복 때문에

② 컴파일의 효율 때문에

③ 다른 프로그램이 눈치 채지 못하게 하기 위해

④ 다른 언어와 링킹을 쉽게 하기 위해

2 다음은 C 라이브러리 cgraphic.lib에 포함된 함수들의 원형을 선언한 "cgraphic.h" 헤더 파일을 보여준다.

```
void drawline(int, int, int, int);
void paint();
```

이 두 개의 C 함수를 호출하는 다음 main.cpp 코드에 컴파일 오류가 발생한다. 오류가 발생하지 않도록 수정하라.

```
#include "cgraphic.h"
int main() {
   drawline(10, 10, 20, 20);
   paint();
}
```

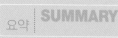

🔵 실행 오류와 오류 처리

- 컴파일이 잘 된 프로그램도 예상치 못한 입력 값이나 논리적 실수로 실행 중에 오류가 발생할 수 있으며, 이때 프로그램이 비정상 종료된다.
- 실행 중에 발생하는 오류로 프로그램이 비정상 종료되는 것을 막기 위해, 실행 오류의 발생을 탐지하고 이에 대처하는 코드가 작성되어야 한다.

🔵 예외와 예외 처리

- 예외(exception)란 예상치 못한 입력이나 상황 발생으로 실행 오류를 유발할 수 있는 사건을 말하며, 예외 처리(exception handling)란 예외 발생 시 대처하는 코드이다.
- C++에서는 **try-throw-catch** 구조로 예외를 처리한다.
- C++에서의 예외 처리는 운영체제가 알려주는 예외를 C++ 응용프로그램에서 처리하는 것이 아니다. 사용자가 작성한 프로그램 내에서 사용자 스스로 탐지한 실행 오류를 예외로 처리하는 것을 말한다.
- 예외를 탐지하고, 예외 처리를 지시하는 **throw** 문을 가진 코드들을 **try { }** 블록으로 묶는다.
- 하나의 **try { }** 블록에는 반드시 1개 이상의 **catch() { }** 블록이 연결되어야 하며, **throw** 문에 의해 던져진 예외를 처리할 **catch() { }** 블록이 없다면 시스템에 의해 강제 종료된다. **throw** 문은 다음과 같이 예외 값을 던지는 문장이며, **catch() { }** 블록은 () 안에 처리하고자 하는 예외 타입을 선언한다.

```
try {
    throw 10; // int 타입의 예외 발생. 예외 값 10 던지기
}
catch(int x) { ... }
```

- **throw** 문이 던지는 예외 값의 타입과 일치하는 **catch() { }** 블록이 실행된다.
- **catch() { }** 블록이 실행된 후 정상적인 제어를 따라 계속 실행한다.
- **try { }** 블록이나 **catch() { }** 블록 내에 **try-catch** 블록을 둘 수 있다.
- **try { }** 블록 내에서 호출한 함수에서 **throw** 문이 실행되면 **try { }** 블록과 연결된 **catch() { }** 블록으로 점프한다.
- **throw** 문을 가진 함수는 원형 선언문에 **throw()** 지시어를 두고 () 안에 예외 타입을 선언하여 함수가 발생시킬 수 있는 예외 타입을 알려준다. 다음은 **max** 함수가 **int** 타입의 예외를 발생시킬 수 있음을 선언한다.

```
int max(int x, int y) throw(int);
```

🔵 C++ 코드와 C 코드의 링킹

- 소스 프로그램에 작성된 함수, 변수, 클래스를 컴파일하여 목적 파일에 저장할 때, 컴파일러는 이들의 이름을 변환하여 저장한다. 이것을 이름 규칙 혹은 **naming mangling**이라고 부른다.
- C 컴파일러와 C++ 컴파일러의 이름 규칙이 서로 다르기 때문에 이 두 언어로 작성된 프로그램은 링크 시에 오류가 발생한다.
- 함수를 C 컴파일러의 이름 규칙에 따라 컴파일 하도록 C++ 컴파일러에게 지시하기 위해 **extern "C"**를 사용한다. 예를 들어 **int f(int x, int y)** 함수가 C 소스 파일에 작성되어 있다면, C++ 소스 프로그램 내에 다음과 같이 선언한다.

```
extern "C" int f(int x, int y);
```

Open Challenge

CPU 시뮬레이션과 예외 만들기

목적

예외 처리 연습

CPU가 명령을 처리하는 과정은 크게 명령어의 fetch, decode, execute의 3단계로 이루어진다. 일반적으로 CPU는 decode 스텝에서 없는 명령 코드를 발견하거나, execute 스텝에서 0으로 나누는 상황이 발생하면 하드웨어 예외(hardware exception)를 발생시키고 실행을 중단한다.

CPU의 이런 명령어 처리 과정을 프로그램하고, 하드웨어 예외를 처리하는 코드를 포함시켜라. CPU가 처리할 수 있는 명령어는 ADD, SUB, MUL, DIV의 4가지이며 모두 2개의 정수를 피연산자로 다룬다. 사용자로부터 한 줄에 하나씩 명령어를 입력받고 명령어를 처리하여 결과를 출력하고, 예외를 처리하라. 예외가 발생하는 경우는 다음 4가지이다. 난이도 7

● 라인에 아무 명령어도 없는 경우 – fetch 스텝
● 없는 명령어 코드의 경우 – decode 스텝
● 잘못된 형식의 피연산자나 피연산자가 2개가 아닌 경우 – decode 스텝
● 0으로 나누는 경우 – execute 스텝

명령어는 대소문자를 구분한다.

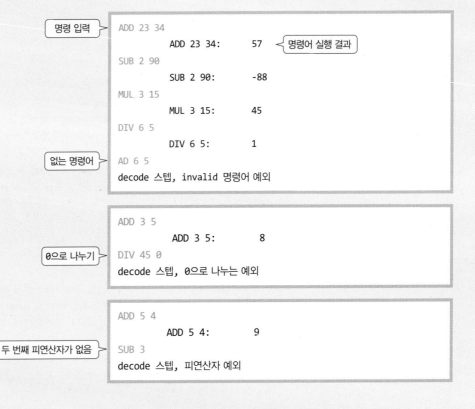

```
ADD 3 5
        ADD 3 5:           8
SUB 2 5
        SUB 2 5:          -3
MUL a 6
decode 스텝, 피연산자 타입 예외
```

a는 숫자 아님

<Enter> 키

```
fetch 스텝, 명령 라인 없음
```

이 문제를 풀기 위해, 저자는 다음 두 개의 클래스를 작성하였다.
• CPU 클래스 – CPU의 행동을 시뮬레이션하는 클래스
• HardwareException 클래스 – 하드웨어 예외 정보를 담는 클래스로서, 예외 값으로 전달

이들 클래스의 선언부는 대략 다음과 같다. 참고하기 바란다.

```cpp
class CPU { // CPU의 행동을 시뮬레이션하는 클래스
    string instruction; // 명령어
    int op1, op2; // 두 개의 피연산자
    string cmd; // 명령어 코드("ADD", "SUB", "MUL", "DIV")
    void fetch() throw(HardwareException); // 명령어를 키보드로부터 읽어 온다.
    void decode() throw(HardwareException); // 명령어 코드가 무엇인지 판별
    void execute() throw(HardwareException); // 명령어 코드에 따라 명령 실행
public:
    void run(); // CPU의 행동 시뮬레이션. 루프를 돌면서 fetch(), decode(), execute()를 순차적
                // 으로 호출
    static int stringToInt(string x) throw(string); // 문자열을 정수로 바꾸어 리턴
};

class HardwareException { // 하드웨어 예외 정보를 담는 예외 클래스
    string step; // 예외가 발생한 실행 스텝("fetch", "decode", "execute") 문자열
    string msg; // 예외를 설명하는 메시지 문자열
public:
    HardwareException(string step="", string msg="");
    string getStep();
    string getMsg();
    void setMsg(string msg);
    void what(); // 스텝을 출력한다.
};
```

이론 문제 · 홀수 문제는 정답이 공개됩니다.

1. 프로그램 실행 중 오동작이나 결과에 영향을 미치는 실행 오류 발생을 무엇이라고 부르는가?
   ① 예외 　　　　　② 컴파일 오류 　　　③ 동적 바인딩 　　　④ 인터럽트

2. 예외 처리와 관련된 C++ 키워드가 아닌 것은?
   ① try 　　　　　② throw 　　　　③ except 　　　④ catch

3. 하나의 try { } 블록에 연결되는 catch() { } 블록은?
   ① 있어도 되고 없어도 된다.
   ② 반드시 1개만 있어야 한다.
   ③ 여러 개 만들 수 있다.
   ④ 개발자가 catch() { } 블록을 지정하지 않으면 디폴트 catch() { } 블록이 만들어진다.

4. catch() { } 블록에 대해 틀린 설명은?
   ① throw 문에서 던진 예외를 처리하는 블록이다.
   ② 예외 파라미터는 매개 변수 선언과 동일하지만, 매개 변수는 오직 하나만 선언한다.
   ③ catch() { } 블록은 예외를 처리한 다음 실행을 중단한다.
   ④ 하나의 catch() { } 블록은 오직 하나의 예외 타입만 처리한다.

5. 다음 코드의 실행 결과는?

```
int m=3;
try {
   throw &m;
}
catch(int* y) {
   *y = 100;
   cout << m;
}
```

6. 다음 코드의 실행 결과는?

```cpp
try {
    throw 3;
}
catch(int x) {
    try {
        cout << x;
        throw "aa";
    }
    catch(const char* p) {
        cout << p;
    }
}
```

7. 다음 프로그램의 실행 결과는?

```cpp
try {
    throw 3;
}
catch(int x) {
    try {
        throw x + 1;
        cout << x;
    }
    catch(int y) {
        cout << y;
    }
}
```

8. 다음 각 문항에 따라 다음 프로그램의 실행 결과는?

```cpp
int n, m;
try {
    if(n == 0)
        throw "0을 다루지 않음";
    if(m % n == 0)
        throw 0;
    cout << m % n;
}
catch(int x) {
    cout << x;
}
catch(const char* s) {
    cout << s;
}
```

(1) n = 0; m = 5; 의 경우

(2) n = 5; m = 10; 의 경우

(3) n = 6; m = 10; 의 경우

9. 다음 함수가 있다.

```cpp
void printDouble(int m) {
    try {
        if(m < 0) throw m;
        else m = m*2;
    }
    catch(int y) {
        cout << "음수는 다루지 않음";
    }
    cout << m << endl;
}
```

다음과 같이 호출할 때 실행 결과는?

(1) printDouble(5);

(2) printDouble(-3);

10. 다음 코드를 실행하면 어떻게 되는가?

```cpp
int n = 20;
throw n;
try {
    n = n/2;
}
catch(int x) {
    cout << n;
}
```

11. throw() 지시어를 덧붙여 다음 함수를 선언하라.

```cpp
int get() {
    int n;
    cout << "0에서 10까지의 수를 입력>>";
    cin >> n;
    if(n < 0)
        throw "음수 입력 불가";
    if(n > 10)
        throw "너무 큰 숫자";
    return n;
}
```

12. 다음 함수 선언문의 의미는 무엇인가?

```
int big(int x, int y) throw(int);
```

13. 다음과 같이 선언된 함수에 대해 잘 설명한 것은?

```
int open(string name, int mode) throw(int, char*);
```

① open() 함수가 실행되는 동안 반드시 예외가 발생한다.
② open() 함수가 발생시키는 예외는 int 타입과 char* 타입의 두 종류뿐이다.
③ open() 함수는 예외 처리를 하였기 때문에 실행 오류가 발생하지 않는다.
④ open() 함수의 매개 변수에 값이 잘못 넘어오면 그때 예외가 발생한다.

14. 다음 함수는 어떤 부분이 잘못되었는가?

```
bool isEven(int x) throw(bool) {
    if(x < 0) throw "음수 예외 발생";
    if(x % 2) return true;
    else return false;
}
```

15. 컴파일러가 소스 파일을 컴파일하여 목적 코드를 만들 때, 소스 파일 내의 변수, 함수, 클래스 등의 이름(identifier)을 변형하는 것을 무엇이라고 부르는가?

16. 다음 문장은 main.cpp 파일 안에 들어 있는 코드의 일부분이다. 두 문장은 각각 어떤 뜻을 내포하고 있는가?

```
extern void put(char*);
extern "C" void print(char*);
```

17. C 언어에서 같은 이름의 함수를 여러 개 만드는 함수 중복이 불가능한 이유는 무엇인가?

18. 비주얼 C로 컴파일하면 다음 C 함수의 이름이 목적 파일에 저장될 때 어떤 이름으로 변환되는가?

```
void print(int x, int y);
int main();
```

19. C와 C++로 각각 작성된 다음 프로그램에 오류가 있는가? 있다면 오류를 수정하라.

```
/* main.cpp */
int add(int x, int y);
int main() {
   int n = add(3,5);
}
```

```
/* add.c */
int add(int x, int y) {
   return x + y;
}
```

20. 다음 소스에 대해 물음에 답하라.

```
/* main.cpp */
int subtract(int x, int y);
int multiply(int x, int y);
int main() {
   int n = subtract(3,5);
   int m = multiply(3,5);
}
```

```
/* subtract.c */
int subtract(int x, int y) {
   return x + y;
}
```

```
/* multiply.c */
int multiply(int x, int y) {
   return x*y;
}
```

(1) subtract.c의 컴파일 시에 오류가 발생하는가? 발생하면 오류를 수정하라.
(2) multiply.c의 컴파일 시에 오류가 발생하는가? 발생하면 오류를 수정하라.
(3) main.cpp의 컴파일 시에 오류가 발생하는가? 발생하면 오류를 수정하라.
(4) 이들을 링크할 때 링크 오류가 발생하는가? 발생하면 오류를 수정하라.

실습 문제

목적 예외 처리와 예외 발생 이해, throw 문을 가진 함수 만들기

1. ★ sum() 함수의 원형은 다음과 같다.

```
int sum(int a, int b);
```

sum() 함수는 매개 변수로 주어진 a에서 b까지 양의 정수 합을 구하여 리턴하는 함수이다. 만일 a가 b보다 크면 "잘못된 입력"을, 두 수 중 하나라도 음수이면 "음수 처리 안 됨"의 예외를 throw 한다. sum() 함수를 호출하는 main()의 사례는 다음과 같다. sum() 함수를 구현하라. 난이도 4

```
int main() {
  try {
    cout << sum(2,5) << endl;      ← 14 출력
    cout << sum(-1,5) << endl;
  }                           예외 발생 초래
  catch(char* s) {
    cout << s << endl;
  }
}
```

```
14
음수 처리 안 됨
```

목적 예외 처리 코드 작성

2. 0~100점 사이의 점수를 입력받아 학점을 F(60 미만), D(70 미만), C(80 미만), B(90 미만), A(100 이하)로 출력하는 프로그램을 작성하라. 점수가 0~100 사이가 아닌 경우 예외로 처리하라. 난이도 4

목적 예외 처리 코드 작성

3. 0에서 9 사이의 정수를 키보드에서 입력받아 리턴하는 get() 함수의 원형은 다음과 같다.

```
int get() throw(char*);
```

get() 함수는 사용자가 0에서 9 사이의 값을 입력하지 않는 경우 문자열("input fault")의 예외를 발생시킨다. get() 함수를 작성하라. get() 함수를 이용하여 두 개의 정수를 키보드부터로부터 입력받아 두 수의 곱을 출력하는 main() 함수를 작성하라. main() 함수는 while 문을 무한 반복한다. 난이도 5

```
0~9 사이의 정수 입력 >> 5
0~9 사이의 정수 입력 >> 6
5x6=30
0~9 사이의 정수 입력 >> 7
0~9 사이의 정수 입력 >> -2
input fault 예외 발생, 계산할 수 없음
0~9 사이의 정수 입력 >> 4
0~9 사이의 정수 입력 >> 3
4x3=12
0~9 사이의 정수 입력 >>
```

예외 상황 파악, 예외 처리 코드 작성

4. 다음 코드에서 **getFileSize()** 함수는 매개 변수에 NULL이 넘어오면 **-1**을, 파일을 열수 없으면 **-2**를 리턴하고, 정상적인 경우 파일 크기를 리턴한다.

```cpp
#include <iostream>
#include <fstream>
using namespace std;

int getFileSize(const char* file) {
    if(file == NULL) return -1; // file이 NULL 포인터이면 -1 리턴
    ifstream fin(file);
    if(!fin) return -2; // 열기가 실패하면 -2 리턴
    fin.seekg(0, ios::end);
    int length = fin.tellg();
    return length;
}

int main() {
    int n = getFileSize("c:\\windows\\system.ini");
    cout << "파일 크기 = " << n << endl; // 파일 크기 = 219가 출력됨
    int m = getFileSize(NULL);
    cout << "파일 크기 = " << m << endl; // 파일 크기 = -1이 출력됨
}
```

위 프로그램을 수정하여 **try-throw-catch** 블록으로 예외 처리하고 프로그램을 완성하라. 프로그램을 실행하면 다음과 같다. 난이도 6

```
파일 크기 = 219
예외 발생 : 파일명이 NULL 입니다.
```

목적 예외 상황 파악. 예외 처리
코드 작성

5.★ 다음은 정수를 입력받아 구구단을 출력하는 프로그램이다. 그런데 이 프로그램은
1~9가 아닌 정수가 입력되는 것을 걸러내지 못하고, 특히 문자가 입력되면 무한루프
에 빠지게 된다.

```cpp
#include <iostream>
using namespace std;

int main() {
   int n;
   while(true) {
      cout << "양수입력>> ";
      cin >> n;
      for(int i=1; i<=9; i++)
         cout << n << 'x' << i << '=' << n*i << ' ';
      cout << endl;
   }
}
```

다음과 같이 실행되도록 **try-throw-catch**를 이용하여 이 프로그램을 수정하라. 난이도 6

```
양수 입력 >> 5
5x1=5 5x2=10 5x3=15 5x4=20 5x5=25 5x6=30 5x7=35 5x8=40 5x9=45
양수 입력 >> -1
잘못된 입력입니다. 1~9 사이의 정수만 입력하세요
양수 입력 >> s
입력 오류가 발생하여 더 이상 입력되지 않습니다. 프로그램을 종료합니다
```

힌트
Hint

cin >> n;에서 사용자가 문자 s를 입력하면 failbit이 셋되므로 cin.fail() 함수를 통해
입력 오류가 발생한 사실을 알아낼 수 있다.

목적 예외 처리를 포함한 고급
코드 작성

6. 다음 원형과 조건을 가진 concat() 함수를 작성하라.

```cpp
int* concat(int a[], int sizea, int b[], int sizeb);
```

concat() 함수는 배열 a와 배열 b를 연결한 새로운 배열을 생성하여 리턴한다. 그러
나 만일 메모리가 부족하거나, 배열 a나 b가 NULL 이거나, sizea나 sizeb가 양수가
아닌 경우 int 타입의 예외를 발생시킨다. concat() 함수를 활용하는 코드와 실행
결과는 다음과 같다. 난이도 6

```
int main() {
   int x[] = {1,2,3,4,5};
   int y[] = {10,20,30,40};
   try {
      int* p = concat(x, 5, y, 4); // 5 대신에 0을 입력하면 예외가 발생
      for(int n=0; n<9; n++) cout << p[n] << ' ';
      cout << endl;
      delete [] p;
   }
   catch(int failCode) {
      cout << "오류 코드 : " << failCode << endl;
   }
}
```

```
1 2 3 4 5 10 20 30 40
```

목적 예외 처리를 포함한 고급 코드 작성

7. 예제 12-7의 파일 복사 프로그램을 예외 처리 코드를 삽입하여 수정하라. `난이도 6`

목적 try-catch 블록으로 튼튼한 코드 만들기 연습

8. try-catch 블록을 사용하면, 프로그램 내 오류 검사 if 문으로 인해 반복되고 길어지는 코드를 간소화할 수 있다. 다음 함수 copy()는 int [] 배열을 복사하여 복사본 배열의 포인터를 리턴한다. 복사가 여의치 않는 경우 참조 매개 변수인 failCode에 적절한 오류 코드를 삽입하고 NULL을 리턴한다. copy() 함수의 원형을 int* copy(int* src, int size);로 고치고 copy()와 main() 모두 try-catch 블록을 이용하여 수정하라. 코드가 튼튼하고 단순해진다. `난이도 7`

```cpp
#include <iostream>
using namespace std;

int* copy(int* src, int size, int& failCode) {
   int* p = NULL;
   if(size < 0) {
      failCode = -1; // too small
      return NULL;
   }
   else if(size > 100) {
      failCode = -2; // too big
      return NULL;
   }
   p = new int [size]; // 메모리 할당
   if(p == NULL) {
```

```
      failCode = -3; // memory short
      return NULL;
   }
   else if(src == NULL) {
      failCode = -4; // NULL source
      delete [] p;
      return NULL;
   }
   else { // 정상적으로 배열을 복사하는 부분
      for(int n=0; n<size; n++) p[n] = src[n];
      failCode = 0;
      return p;
   }
}

int main() {
   int x[] = {1,2,3};
   int ret;
   int *p = copy(x, 3, ret);
   for(int i=0; i<3; i++) cout << p[i] << ' ';
   cout << endl;
   delete [] p;
}
```

```
1 2 3
```

C 함수를 호출하는 C++
프로그램 작성

9.★ 다음은 C 코드로서 **get.c** 파일에 저장되어 있다.

```
#include <stdio.h>
int get() {
   int c;
   printf("숫자를 입력하세요>>");
   scanf("%d", &c);
   return c;
}
```

> 비주얼 스튜디오에서 scanf로 인한 오류를 막으려면
> 첫줄에 다음 문 삽입
> #define _CRT_SECURE_NO_WARNINGS

get() 함수를 호출하여 두 정수를 키보드로부터 입력받아 아래 실행 화면과 같이 곱을 출력하는 프로그램을 **mul.cpp** 파일로 저장하고, **get.c**와 **mul.cpp** 파일로 구성되는 프로젝트를 작성하라. 난이도 5

```
숫자를 입력하세요>>5
숫자를 입력하세요>>60
곱은 300입니다.
```

C 함수를 호출하는 C++ 프로그램 작성

10. 다음 printline(int count) 함수는 한 줄에 count 개의 '*'를 출력하는 함수이다.

```
#include <stdio.h>

void printline(int count) {
  int n;
  for(n=0; n<count; n++) printf("*");
  printf("\n");
}
```

이 함수를 print.c 파일에 저장하라. 그리고 printline()을 호출하여 다음과 같이 화면에 출력하는 프로그램을 pr.cpp 파일로 작성하고, print.c와 pr.cpp 파일로 구성되는 프로젝트를 생성하여 실행하라. 난이도 5

```
*
**
***
```

Check Time 정답

1장 Check Time 정답

Check Time(p.21)

1. ② 소프트웨어
2. ① C++

Check Time(p.24)

1. C > C++ > Java > C#
2. ③ Basic
3. ② 호환성

Check Time(p.31)

1. ① 캡슐화
2. ① 멀티스레딩

Check Time(p.36)

1. ① C++ 코드의 디버깅을 효율적으로 하기 위해
2. (1) main.obj, f.obj, g.obj
   (2) 링크(link) 또는 링킹(linking)

2장 Check Time 정답

Check Time(p.60)

1. int
2. 오류가 발생하는 라인은 다음 두 라인으로서, std와 cout 에 대한 선언이 없기 때문이다.

```
std::cout << "Hello\n"; // 화면에 Hello 문자열을 출력하고 다
                        음 줄로 넘어감
std::cout << "첫 번째 맛보기입니다.";
```

3. ③ 객체
4. ② 연산자

5. std::cout << "황기태" << std::endl << "서울시 성북구";

Check Time(p.64)

1. ④ 파일명
2. ① namespace
3. std
4. using namespace std;

Check Time(p.69)

1. ① cin
2. ② <Enter> 키가 입력될 때
3.

```
#include <iostream>
using namespace std;
int main() {
    int radius;
    cin >> radius;
    double area = 3.14*radius*radius;
    cout << area;
}
```

Check Time(p.77)

1. ③ 사용자는 한글 20 글자로 구성된 문자열을 입력할 수 있다.
2. cin.getline(city, 21, '.');

3장 Check Time 정답

Check Time(p.100)

1. 클래스(class)
2. 다른 객체와 서로 정보를 주고받기 위해 객체의 일부 요

소를 공개한다.

3. (1) 사람
- 상태 속성 : 나이, 이름, 직업, 기분 상태, 수면 상태
- 행동 속성 : 먹는다, 잔다, 웃는다, 생각한다, 뛴다.

(2) 자동차
- 상태 속성 : 배기량, 연식, 색깔, 운행 상태(정지 상태인지 주행 중인지)
- 행동 속성 : 앞으로 간다, 뒤로 간다, 멈춘다.

(3) 카메라
- 상태 속성 : on/off 상태, 메모리양, 현재 찍은 컷수, 렌즈 밝기, 플래시 상태, 사진 이미지, 이미지 저장 메모리
- 행동 속성 : 켠다, 끈다, 사진을 찍는다, 렌즈 밝기를 조절한다, 플래시를 터뜨린다, 찍힌 사진을 본다. 사진을 지운다.

Check Time(p.120)

1. `Circle coin(3);` 라인은 `Circle(int)`의 생성자를 필요로 하고 있지만 클래스 `Circle`에 이러한 생성자가 없어서 컴파일 오류가 발생한다. 다음과 같이 `Circle` 클래스를 수정하여야 한다.

```
class Circle {
public:
  Circle(int r) { radius = r; }
  int radius;
  double getArea();
};
```

2. 컴파일 오류가 발생하는 라인은 ①이다. 생성자는 리턴 타입을 선언할 수 없다. 그러므로 ①을 `Circle(short r);`로 수정하여야 한다.

Check Time(p.126)

1. a생성자 > b생성자 > c생성자 > c소멸자 > d생성자 > d소멸자 > b소멸자 > a소멸자

Check Time(p.133)

1. ②. 인라인 함수를 사용하면 컴파일된 크기가 늘어나서 실행 파일이 커지는 단점이 있다. 그러나 이것이 실행 속도에 영향을 미치지는 않는다.

Check Time(p.136)

1. C++에서 클래스 멤버의 디폴트 접근 권한은 <u>private</u>이며, 구조체 멤버의 디폴트 접근 권한은 <u>public</u>이다.

4장 Check Time 정답

Check Time(p.160)

1. (1) `p = &poly;`
   `p->draw();`
   (2) ④. `poly`는 포인터가 아니므로 -> 연산자를 사용할 수 없다.

Check Time(p.169)

1. (1) 기본 생성자가 호출되어 결과는 다음과 같다.
   `100 100 100`
   (2) 각 생성자들이 호출되어 결과는 다음과 같다.
   `6 8 5 100`
   (3), (4) 이 두 문제의 정답을 포함하는 전체 소스는 다음과 같다.

```
#include <iostream>
using namespace std;

class Sample {
  int a;
public:
  Sample() { a = 100; cout << a << ' '; }
  Sample(int x) { a = x; cout << a << ' '; }
  Sample(int x, int y) { a = x*y; cout << a << ' '; }
  int get() { return a; }
};

int main() {
  Sample arr[3];
  Sample arr2D[2][2] = { {Sample(2, 3), Sample(2, 4) },
                {Sample(5), Sample()} };
  cout << endl;

  // 여기서부터 (3)번 답
  Sample *p = arr;
  int sum = 0;
```

```
  for(int i=0; i<3; i++) {
    sum += p->get();
    p++;
  }
  cout <<  "sum = " << sum << endl; // 실행 결과 sum = 300

  // 여기서부터 (4)번 답
  sum = 0;
  for(int i=0; i<2; i++) {
    for(int j=0; j<2; j++) {
      sum += arr2D[i][j].get();
    }
  }
  cout <<  "sum = " << sum << endl; // 실행 결과 sum = 119
}
```

Check Time(p.175)

1. (1) double *dp = new double(3.14); 혹은
   double *dp = new double; *dp = 3.14;
   (2)

```
#include <iostream>
using namespace std;

int main() {
  int *p = new int [5]; // 동적 배열 할당
  for(int i=0; i<5; i++)
    cin >> p[i]; // 배열에 저장
  int biggest = p[0];
  for(int i=1; i<5; i++)
    if(biggest < p[i])
      biggest = p[i]; // 가장 큰 값 찾기
  cout << biggest; // 가장 큰 값 출력
  delete [] p; // 배열 반환
}
```

2. (1) delete [] p; -> delete p;로 수정
   (2) delete [] p; 라인 삭제. 이미 q 포인터를 이용하여 메모리를 반환하였기 때문에 이 라인은 삭제해야 함.

Check Time(p.189)

1. ③. this는 컴파일러가 객체의 멤버 함수에 매개 변수로 몰래 삽입하는 객체에 대한 포인터이다.

Check Time(p.202)

1. 다음과 같이 출력된다.
   9
   Hello C++!!
   C
   6
   -1
   Ho C++!!

5장 Check Time 정답

Check Time(p.222)

1. '값에 의한 호출'은 실인자의 (값)을(를) 함수 매개 변수에 (복사) 하므로 매개 변수와 실인자는 서로 공간을 (공유하지 않는)다. '주소에 의한 호출'은 함수 호출 시 (주소)가 매개 변수로 전달되므로, 함수 내에서 (포인터 타입)의 매개 변수를 이용하여 실인자의 값을 (변경)할 수 있다.

Check Time(p.229)

1. ②
2. '주소에 의한 호출'이 부담이 적다. '값에 의한 호출'은 실인자 객체가 매개 변수 객체에 복사되는 오버헤더가 발생하지만, '주소에 의한 호출'은 포인터만 전달되므로 오버헤더가 상대적으로 작다.

Check Time(p.235)

1. (1) ①
   (2)
   Sample &x = a;   // 객체 a에 대한 참조 변수 x 선언
   Sample *y = &a; // 객체 a에 대한 포인터 변수 y 선언
   x.show();   // 변수 x를 이용하여 show() 함수 호출
   y->show();   // 변수 y를 이용하여 show() 함수 호출

Check Time(p.245)

1. ①
2. (1) f(n); 호출 결과 n = 5로 변경 없음

(2) g(&n); 호출 결과 n = -5로 변경

(3) h(n); 호출 결과 n = -5로 변경

3. (1) ar[0]가 100으로 변경됨. 따라서 ar = {100, 1, 3, 5, 7}로 변경

(2) ar[1] ~ ar[4]까지의 값을 모두 더해 ar[0]에 저장. ar = {16, 1, 3, 5, 7}로 변경

(3) v는 ar[2]의 공간을 참조하므로, v++의 결과는 ar[2]++이 된다. ar = {16, 1, 4, 5, 7}로 변경

6장 Check Time 정답

Check Time(p.283)

1. ④. 소멸자는 중복될 수 없다.
2. 함수들은 <u>이름</u>이 같아야 한다. 함수들은 <u>매개 변수</u>의 개수나 타입이 달라야 한다.

Check Time(p.291)

1. ④. 디폴트 매개 변수 a는 보통 매개 변수 앞에 선언될 수 없다.
2. ①. 보통 매개 변수 name에 값을 넘겨주지 않았기 때문
3.

```
int sum(int a, int b=10) {
    return a + b;
}
```

Check Time(p.295)

1. ①. 예를 들어 f(10, 10); 호출 시 중복된 두 함수 중 어떤 함수를 호출하는지 모호함

Check Time(p.307)

1. <u>인스턴스</u> 멤버 변수는 객체가 생성될 때마다 객체 내에 메모리 공간을 할당받지만, <u>static</u> 멤버 변수는 프로그램이 시작할 때 객체 외부에 메모리 공간을 할당받아 생긴다. 그러므로 <u>static</u> 멤버 변수는 동일한 클래스 타입의 모든 객체들에 의해 공유된다.
2. ④. static 함수에서는 non-static 멤버 b에 대한 접근이 허용되지 않는다.
3. ③. 멤버 함수 f()는 non-static 멤버이므로 클래스 이

름으로 호출할 수 없다.

7장 Check Time 정답

Check Time(p.326)

1. ②. 프렌드 함수는 클래스의 멤버 함수가 아니다.
2.

```
friend int f(Sample);           // (1) 함수 f()를 프렌드로 선
                                //     언하라
friend void Test::f(Sample);    // (2) Test 클래스의 함수
                                //     f()를 프렌드로 선언하라
friend Test;                    // (3) Test 클래스의 모든 함
                                //     수를 프렌드로 선언하라
```

Check Time(p.332)

1. ③. **라는 연산자는 C++의 기본 연산자가 아니므로 중복이 불가능하다.
2. + 연산자를 Money 클래스의 멤버 함수로 구현하면, 다음과 같다.

```
class Money {
    Money operator+(Money op2); // + 연산자 함수의 원형을 쓰라
};
```

+ 연산자를 외부 함수로 구현하면 그 원형은 다음과 같다.

```
Money operator+(Money op1, Money op2);
```

3. ④ 동적 바인딩

Check Time(p.342)

1.

```
class Power {
public:
    bool operator>(int op2); // (1)번 답
    Power operator&(Power op2); // (2)번 답
};
```

2. (1) cout . << (n) ;로 변형한다.

(2)

```
class ostream {
public:
    ostream& operator << (int op2);
};
```

참조를 리턴하도록 선언하는 이유는 cout << n << m << 3; 과 같이 << 연산자를 연속적으로 사용하고자 함이다. 즉 cout << n;의 연산을 마치고 바로 cout << m의 연산이 내부적으로 일어나기 위해서는 << 연산자 함수는 cout의 복사본이 아닌 cout 그 자체를 리턴하여야 한다. 이를 위해 참조를 리턴한다. 자세한 것은 11장을 참고하기 바란다.

Check Time(p.356)

1. ① 3 < donut. 첫 번째 피연산자(3)가 객체가 아니므로 멤버 함수로 < 연산자를 작성할 수 없다.
2. 클래스 멤버가 아닌 외부 함수로 작성된 연산자 함수는 클래스의 private, protected 멤버를 접근할 수 없다. 연산자 함수가 클래스의 private, protected 멤버를 자유롭게 접근할 수 있도록 하기 위해 연산자 함수를 클래스의 프렌드로 초대한다.

8장 Check Time 정답

Check Time(p.378)

1. ③ 빌 게이츠는 자식에게 재산을 많이 물려주지 않을 것이라고 말했다.
2. ③ C 언어와의 호환성

Check Time(p.386)

1. 업 캐스팅 : ② p = &ctv;
   다운 캐스팅 : ③ q = (ColorTV*)&tv;
2. ④

Check Time(p.396)

1. (1) x=8, y=5, m=30
   (2) x=8, y=4

Check Time(p.409)

1. (1) StudentWorker 클래스의 다음 멤버에서 id 변수를 사용할 때 모호성으로 인해 컴파일 오류가 발생한다.

```
public: void getId() { return id; }
```

   (2) 모호성을 해소하기 위해 다음과 같이 가상 상속으로 선언한다.

```
class Student : virtual public Person { };
class Worker : virtual public Person { };
```

2. 컴파일 타임

9장 Check Time 정답

Check Time(p.446)

1. (1) 각 보기의 실행 결과는 다음과 같다.
   ① p->f();의 실행 결과 -> A::f()
   ② p->g();의 실행 결과 -> B::g()
   ③ q->f();의 실행 결과 -> B::f()
   ④ q->g();의 실행 결과 -> B::g()
   동적 바인딩이 일어나는 보기는 ② p->g();
   (2) delete p;가 실행되면 다음 한 줄 출력
   ~A()
   delete q;가 실행되면 다음 두 줄 출력
   ~B()
   ~A()
   (3) delete p; delete q; 모두 동일하게 다음 두 줄 출력
   ~B()
   ~A()

Check Time(p.456)

1. ③
2. ②

10장 Check Time 정답

Check Time(p.481)

1. 구체화(specialization)
2. 구체화 과정은 컴파일러에 의해 컴파일 시에 처리된다.
3. 템플릿으로부터 T를 double 타입으로 구체화하면 다음 코드가 생성된다.

```
double add(double data [], int n) {
    double sum = 0;
    for(int i=0; i<n; i++) sum += data[i];
    return sum;
}
```

4. ③ sum(3.5, 6); // 두 개의 매개 변수 타입이 다르기 때문이다.

Check Time(p.487)

1. 제네릭 함수와 이를 호출하는 main()을 작성한 사례는 다음과 같다.

```
#include <iostream>
using namespace std;

template <class T> T add(T x, T y) {
    T z = x + y;
    return z;
}
int main() {
    cout << add(2,3) << ' ' << add(3.5, 5.6);
}
```

Check Time(p.495)

1. (1) TestClass를 올바르게 수정하면 다음과 같다.

```
template <class T>
class TestClass {
    T x; // int -> T
public:
    void set(T a);
    T get();
};
template <class T> // 이 부분 추가
void TestClass<T>::set(T a) { x = a; } // <T> 추가

template <class T>  // 이 부분 추가
T TestClass<T>::get() { return x; } // <T> 추가
```

(2) tmp의 선언문은 다음과 같다.

```
TestClass<int> tmp;
```

11장 Check Time 정답

Check Time(p.540)

1. ③
2. ③

Check Time(p.551)

1.

```
int ch;
while( (ch = cin.get()) != EOF ) {
    cout.put(ch);
}
```

2. 한글 문자를 읽을 수 없다. cin은 basic_istream 템플릿으로부터 char 타입으로 구체화하여 생성된 객체이므로 char 타입의 문자만 다룬다. 그러므로 2바이트로 구성되는 한글 문자는 다룰 수 없다.

3. 이 코드는 <Enter> 키가 입력될 때까지 문자열을 읽는다. 읽어 들일 수 있는 총 문자의 개수는 79 개이며, 문자열을 읽은 후 cin의 버퍼에서 '\n' 문자를 제거한다. 이 코드로 한글을 읽을 수 있 다.
(한글 한 글자당 2바이트로 한글 문자열을 buf[] 배열에 읽어 들일 수 있다. 한글 39글자까지 읽을 수 있다.)

Check Time(p.571)

1. (1)

```
ostream& operator << (ostream&, Circle);
istream& operator >> (istream&, Circle&);
```

(2) 사용자가 만드는 <<나 >> 연산자 함수가 Circle 클래스의 private 멤버를 접근하는 경우, Circle 클래스에 friend로 선언되어야 한다. 이런 경우 Circle 클래스의 코드를 수정해야 한다.

Check Time(p.575)

1. 조작자 tab은 다음과 같다.

```
ostream& tab(ostream& outs) {
    return outs << '\t';
}
```

12장 Check Time 정답

Check Time(p.592)

1. 바이너리 파일이다. 첫줄에 05, 01, 06, 03 등 문자로 해석할 수 없는 바이너리 값들이 들어 있으므로 바이너리 파일이다.

2. ① han.hwp ④ won.doc ⑦ sun.obj

Check Time(p.601)

1.

```cpp
#include <iostream>
#include <fstream>
using namespace std;

int main() {
   ofstream fout("c:\\temp\\tel.txt"); // 파일 출력 스트림
                                       객체 fout을 선언한다.
   if(!fout) return 0;
   char tel[100], name[100];
   cin >> tel >> name; // 전화 번호와 이름을 입력받는다.
   fout << tel << name; // 파일에 전화 번호와 이름을 저장한다.
   fout.close();        // 스트림을 닫는다.
}
```

2.

```cpp
extern "C" {
#include "cgraphic.h"
}

int main() {
   drawline(10, 10, 20, 20);
   paint();
}
```

13장 Check Time 정답

Check Time(p.654)

1. 예외가 발생할 가능성이 있는 코드를 try { } 블록으로 감싸고, 예외를 탐지하는 조건문에서 예외가 탐지되면 throw 문을 이용하여 예외 발생을 알린다. 발생된 예외는 catch() { } 블록에 의해 처리된다.

2. (1) 예외가 발생하지 않는다. n 값은 125
   (2) 예외가 발생한다. n 값은 0

Check Time(p.662)

1. 컴파일 오류가 발생하는 것 : ①, ③
   실행 중에 프로그램이 강제 종료되는 경우 : ②

Check Time(p.670)

1. ① 함수 중복 때문에